조금도 옆길로 새거나 얼버무리는 부분 없이 역사를 조사하고 ███████ 독자에게 놀라움을 안긴다. 누구라도 유머와 연민, 분노, 관용이 적재적소에서 제 구실을 하는 이 책을 두고 너무 공격적이어서 못 읽겠다고 하기는 힘들 것이다."

—《시카고 트리뷴 북 월드Chicago Tribune Book World》

"진정한 의미에서 급진적인 책이다. 이 책을 읽은 독자라면 강간에 관한 사고방식을 바꾸게 될 뿐 아니라, 남성과 여성의 관계에 대한 사고방식을 근본적으로 바꾸지 않을 수 없게 될 것이다. …… 브라운밀러는 눈부신 재능으로 설득력 있게 논리를 전개한다. ……《우리의 의지에 반하여》는 철저한 조사와, 신중한 자료 수집을 기반으로 명쾌하게 쓰인 책이다. 이 책은 강간에 관한 객관적인 통계를 제시할 뿐 아니라 예상을 뛰어넘는 독창성을 보여주며 사회가 당연한 듯 용인해온 전제를 뒤엎는다. …… 지난 10년간 나온 책 중 손에 꼽을 만한, 기념비적 저작."

—《휴스턴 크로니클Houston Chronicle》

"놀랍고도, 강력한, 결정판이자 기념비적 저작. 브라운밀러는 이토록 폭발력 있는 발견을 해냈으면서도 들뜨지 않고 급진적 수사를 피하면서 독자에게 그 내용을 훌륭하게 전달하는 일에 집중했다. ……《우리의 의지에 반하여》는 기념비적 저작이며 독자가 새로운 인식에 눈뜨게 해준다. 나는 이 책을 읽으면서 여성으로서 나의 위치를 근본부터 다시 생각해야만 했는데, 너무나 불편하면서도 반드시 거쳐야만 하는 값진 경험이었다."

—《세인트루이스 포스트-디스패치St.Louis Post-Dispatch》

"놀라운, 기념비적인, 철저하고도 섬세한, 흡입력 있는, 독창적인 저작. 브라운밀러는 미국 문화의 여러 양상이 어떻게 강간과 연관되어 있는지 규명해냈고, 그것이 이 책이 우리 사회에 가장 크게 기여한 부분이다."

—《커먼윌commonweal》

"매우 중요한 역사 고전. 누구든 이 책을 읽고 나면 결코 이전과 같은 상태로 돌아갈 수 없다."

—《빌리지 보이스The Village Voice》

"이제껏 대중이 접할 수 있었던 책 중 가장 포괄적인 강간 연구서. 우리가 강간이라는 파괴적인 범죄에 대해 취해온 태도를 새로운 시각으로 돌아보게 만드는 책."

—《뉴스위크Newsweek》

우리의 의지에 반하여

남성, 여성 그리고 강간의 역사

남성,

여성

그리고

강간의 역사

Against Our Will

우리의
의지에
반하여

수전 브라운밀러 지음 ― 박소영 옮김

오월의봄

이 책을 쓰는 동안 가장 자주 받은 질문은 짧고 노골적이며 불쾌한 것이었다. "강간당한 적 있어요?"

나도 짧게 받아친다. "없습니다."

가는 곳마다 비슷한 질문을 받았지만 묻는 이도 나도 만족한 적이 없는 듯하다. 사람마다 질문하는 동기가 달랐기 때문이다. 어떤 이들은 내가 저자로서 자격이 충분한지를 이중으로 문제 삼기 위해 저렇게 질문한다. '범죄학자도 아니고 피해자도 아니라면 도대체 무슨 자격으로 그런 책을 쓰는데?'(어째서 나를 그냥 흥미로운 주제로 글을 쓰는 작가로 받아들이지 못할까? 오히려 그게 의문스럽다.) 다른 이들은 고약한 호기심으로 뒤틀린 논리를 깔고 질문하지 않았나 의심된다. 강간에 대해 쓰기로 작정한 여자라면 어두운 개인사라든가 끔찍한 비밀, 실제든 상상이든 성적으로 학대당한 경험, 과거 어느 시점에 대한 트라우마와 고착, 자신을 평생토록 비틀며 세상을 향해 뭔가 고발해야 한다는 강박에 빠져 있게 한 나쁜 경험을 갖고 있겠지.

실망시키긴 싫지만 내 대답은 여전히 "없습니다"이다. 여기저기서 공정하지 못한 대우를 받은 적은 있을지 몰라도 강제로 당한 적은 없다. 그럼에도 강간에 대한 책을 써야만 한다고 확신한 시점이 왔고, 내 평생 이 책을 쓰는 것보다 더 혹독하게 체계적인 노력을 기울여 집요하게 추진한 기획은 없었다.

　저자와 주제가 짝을 이루는 과정은 불가사의하다. 1968년에 나는 정치적 파문을 일으킨 어떤 인종 간 강간 사건에 관한 글을 써서 한 잡지에 기고한 적이 있다. 그러니 나는 오래전부터 전문가였던 양 초연하게 이 사실을 지목하면서 이미 그때부터 강간이 내 전문 주제였다고 주장할 수도 있었다. 요즘처럼 강간이 화제가 되기 수년 전에 이미 강간을 내 영역으로 삼았노라고 우겨볼 수도 있었다. 하지만 그렇게 한다면 솔직하지도 올바르지도 못한 짓이 될 것이다. 그때 내가 글을 쓴 잡지는 '남자를 위한 잡지'라고 자부하는 부류의 잡지였고, 나도 그런 잡지에 글을 쓰게 되어서 자랑스러웠으며, 강간 사건을 의혹의 시선으로 보는 관점에서 이야기를 썼기 때문이다. 지금 돌이켜보면, 그렇게 의혹을 품는 관점을 취하지 않았다면, 그렇게 냉혹하게 '객관성'을 빙자하지 않았다면 내 글은 그 잡지에 실릴 수 없었을 것이다. 그 기사를 위해 수십 명과 인터뷰를 하면서도 정작 피해자를 찾아가거나 피해자와 이야기하는 일은 시도조차 하지 않았다. 나는 피해자에게 아무런 동류의식을 느끼지 못했으며, 그녀에게 일어난 일이 어떤 정도로든 나에게도 일어날 수 있다는 것을 사적으로나 공적으로나 전혀 인정하지 않았다.

　나는 언제나 강한 여자를 자처해왔는데, 그저 스타일상 강해 보이는 것이었고 솔직히 연극적인 허세도 좀 있었다. 나는 전투적이며 경계심에 차 있고 공격적인 말투를 구사하는 사람이다. 스스로의 사고방식을 잘 알고 자기 원칙에 따라 행동하는 사람이라고 여기고 싶어 한다. 이런 성향으로 인해 때로는 글쓰기보다 정치를 더 열심히 했다. 그러나 훌륭한 정신의 소유자라면 자신의 사고방식에 충실하면서도 유연하고 변화에 열려 있어야 한다는 것도 알고 있다. 나이를 먹어가면서 절대적인 것은 거의 없으며 다양한 관점이 존재한다는 사실을 깨닫게 되었다.

예전에 나는 강간 사건에 관해서도 내가 평소 동일시해온 정치 집단이나 이념, 명분과 충돌을 일으키지 않는 입장을 취했다. 민권운동*이 해오던 대로 강간범으로 지목된 피고에게 연민과 지지를 표하고 피고 측 변호인처럼 굴며 영웅주의에 빠지는 태도를 보였던 것이다. 내가 존경하는 사람들이 그런 식의 운동을 옹호했고, 급진적이고 극적인 이야기를 원하는 내 취향에는 복잡하고 음모론적인 이야기가 매력적으로 느껴졌기에 내 입장을 다시 검토해볼 필요도 느끼지 않았다. 그런 태도가 반여성적일 수 있다고는 전혀 깨닫지 못했다. 그런 태도에 동조함으로써 내심 원하던 안도감—'나한테는 그런 일이 일어날 리 없어'—을 얻고 있다는 사실도 깨닫지 못했다.

그러다가 1970년 어느 가을 저녁, 여성 동료들이 강간에 대해 토론하는 것을 보고 나는 그야말로 경악해서 새된 소리를 질러댔다. '나는 어떤 것이 강간이고 어떤 것이 아닌지 분명 안다고. 강간은 성범죄이고 병든, 미친 정신의 산물이라고. 강간은 페미니즘의 주제가 아니고, 강간이란 그러니까…… 강간이 뭐였지? 어쨌든 나는 강간

---

* 1960년대에 절정을 이루며 전 세계적으로 전개된 '법 앞의 평등'을 요구하는 정치 운동. 비폭력 시민 저항, 시민 불복종, 보이콧 등이 이 운동을 대표하는 운동 방식이었다. 미국에서는 흑백으로 좌석을 분리한 버스에서 백인 좌석에 앉은 후 체포된 로자 파크스를 중심으로 시작된 몽고메리 버스 보이콧 운동(1955)과 에멧 틸 사건(1955) 등이 큰 반향을 일으키며 전국 규모의 집단적 운동이 되었고, 인종, 피부색, 종교, 출신 지역, 성별 등에 따른 차별을 금지한다고 명시한 1964년 미국 민권법The Civil Rights Act of 1964을 국회에서 통과시켰다. 마틴 루서 킹은 이 운동의 대표적인 인물이다. 흑인 민권운동은 페미니즘 운동과 성소수자 운동에도 큰 영향을 끼쳤다. 이 책의 저자인 브라운밀러를 비롯해 당대의 급진 페미니즘 운동을 형성한 여성들은 흑인 민권운동으로 사회 변혁 운동을 시작한 경우가 많았다.—옮긴이

우리의 의지에 반하여

피해자가 어떤 여성들인지 좀 안다고! 여성운동은 강간 피해자와 통할 만한 구석이 전혀 없다고. 강간 피해자란 그러니까…… 어, 어떤 사람들이지? 그들이 누구였지?'

그날 저녁 이후로 수많은 저녁과 긴 오후를 보내며 나는 배웠다. 바로 옆에 있는 여성이 강간 피해자일 수 있다는 사실을, 자신의 순서가 오면 조목조목 분명하게 어떤 일을 겪었는지 언어로 표현한 여성들에게 배웠다. 나에게는 그런 일이 일어나지 않았으며 그럴 가능성도 없다는 수준의 인식에 머물던 나와 달리 그들은 사회가 여성을 피해자로 만드는 방식victimization을 자신의 경험을 통해 이해하고 있었다. 강간 위협이 내 인생에 깊이 영향을 끼쳐왔다는 사실을, 내가 부인하려 들었던 방식을 통해 배웠다.

쉽게 배운 것은 아니다. 나는 논쟁하고 맞서고 비웃고 부인했다. 강간 경험을 공개적으로 말하는 대회를 열자는 제안에 나는 마지못해 동의했다. 진짜로 여성들이 나서서 강간 경험을 증언하도록 만들 수 있는 것인지, 그렇게 해서 무얼 할 수 있는지 의아했다(실제로 여성들이 해낸 일은 내 상상을 넘어섰다). 나는 '하는 데까지 해보자'는 취지에서 강간 학술 대회를 제안했다. 학술 대회는 개인의 경험을 풀어내는 말하기 대회와는 다르다. 학술 대회는 객관적 정보, 통계, 조사와 연구를 요구한다. 나는 우리가 실제로 뭘 할 수 있을지 내심 못 미더워했다. 그러나 그저 잠자코 있지 못하는 성격 탓에 제안하고는 일종의 자문위원으로 부수적인 역할만 맡은 그 학술 대회는 나에게 계시의 순간이 되었다. 그곳, 고등학교 강당에서 나는 마침내 내 자신의 공포를, 내 자신의 과거를, 지적인 척 합리화한 자기방어를 직면했다. 내가 받아온 교육에는 매우 중요하지만 직면하기 두려웠던 무언가가 빠져 있었다. 여성과 남성의 관계, 섹스, 힘, 권력을 보는 방식이 빠져 있었던 것이다. 그때까지 아무도 내게 이런 치명적인 결함이 있다는 사실을 알려주지 않았지만 페미니스트 자매들은 바로 그 점을 직시할 수밖에 없도록 만들어주었다.

강간에 대한 사고방식을 바꾼 한 명의 여성으로서 나는 이 책을 썼다.

1975년 2월 뉴욕에서

수전 브라운밀러

차 례

이 책을 쓰기까지 ──────────────────────── 4
서문 ──────────────────────────────── 12

1. **강간의 대중심리** ─────────────────── 19
    강간을 정치적으로 분석하기 ───────────── 20
    남성연대와 강간 ──────────────────── 24

2. **태초에 법이 있었다** ──────────────── 27
    성경 속 강간 이야기 ───────────────── 32
    강간과 결혼 그리고 재산 ──────────────── 39

3. **전쟁과 강간** ───────────────────── 51
    제1차 세계대전 ──────────────────── 66
    제2차 세계대전 ──────────────────── 78
    방글라데시 ───────────────────────── 123
    베트남전쟁 ───────────────────────── 134

4. **폭동, 포그롬 그리고 혁명** ─────────── 173
    미국 독립혁명 ──────────────────────── 175
    포그롬 ──────────────────────────── 184
    모르몬 박해 ─────────────────────── 190
    흑인을 대상으로 삼은 폭도 폭력: KKK────── 192
    백인을 대상으로 삼은 폭도 폭력: 콩고 ────── 201

5. 미국 역사에 관한 두 가지 연구: 인디언과 노예제 —— **215**

인디언 —————————————————— **216**

노예제 —————————————————— **236**

부록: 전문가들의 오류 ———————————— **261**

6. 통계로 본 강간범: 신화에서 과학으로 ———— **267**

짝패와 집단, 패거리 ————————————— **286**

과시적인 성적 모독 행위 ———————————— **297**

강간살인 ————————————————— **301**

7. 인종 문제 —————————————————— **321**

강간은 정치 범죄다 ————————————— **322**

인종 간 강간과 인종차별적 판결 ———————— **327**

노예제 남부의 강간 콤플렉스 ————————— **332**

린치와 강간 ———————————————— **342**

스코츠버러 사건 —————————————— **352**

인종 간 강간 사건과 미국의 진보 운동 ————— **360**

윌리 맥기 사건 ——————————————— **367**

에멧 틸 사건 ———————————————— **377**

정치적 보복으로서 강간 ———————————— **381**

8. 권력과 성폭력 ————————————————— **393**

감옥 강간: 동성 간 경험 ———————————— **396**

경찰 강간 ————————————————— **413**

아동 성 학대 ———————————————— **417**

9. 강간 영웅 신화 ————————————————— **435**

여성 통제 수단으로서 강간 ——————————— **438**

강간을 남자다운 행동으로 찬양하기 —————— **446**

연쇄살인범 신화 —————————————— **450**

강간 영웅의 실체 —————————————— **459**

대중문화의 강간 미화 ———————————— **465**

강간 신화의 말로: 농담처럼 무마하기 —————— **474**

10. 여성이 강간을 원한다고? —————————— **479**

　강간 신화의 핵심 명제 ——————————— **484**

　프로이트주의의 강간 이데올로기 —————— **490**

　여성이 의식적으로 즐기는 강간 환상 ———— **502**

　성녀: 좋은 여자는 죽은 여자다 —————— **510**

　대중문화 속의 아름다운 피해자 —————— **518**

　"금발의 전직 쇼걸, 호텔 스위트룸에서 살해당하다" ——— **523**

　여성 잡지: "그는 내가 그 짓을 하게 만들었어!" ——— **531**

11. 강간 말하기 ——————————————— **541**

12. 여성이 반격한다 ——————————— **587**

　법, 남성 중심적 관념의 산물 ———————— **593**

　법 집행자 대다수가 남성인 현실 —————— **605**

　미디어의 반여성 선전선동 ———————— **609**

　여성들의 첫 번째 반격 —————————— **620**

　남성들의 충고는 필요 없다 ———————— **622**

　반격! 이제 강간 이데올로기를 끝장내자 ——— **626**

감사의 말 ——————————————————— **634**

미주 ————————————————————— **639**

옮긴이의 말 ————————————————— **673**

찾아보기 ——————————————————— **685**

서문

《우리의 의지에 반하여》는 페미니스트 이론과 운동이 풍미한 10년의 한복판에서 출간되었다. 여성들이 직접 나서서 사회질서에서 여성이 머무를 위치를 규정해온 갖가지 완강한 전제를 뒤엎은 시대였다. 이 시기의 운동으로부터 기원한 모든 긍정적인 변혁에 하나하나 경의를 표하고 싶지만, 이 지면에서는 강간 반대 운동에 한정해 이야기하겠다.

거대한 사회변혁 운동이 일어난 후에는 언제나 그렇듯, 후일 상대적으로 안전하고 유리한 고지에 선 사람들은 과거에 무엇을 가지고 그리들 야단법석을 떨었는지, 그런 소동이 어떻게 시작되었는지 의아해하기 마련이다. 한 문장으로 말해보겠다. 1970년대에 강간을 반대하는 운동이 전례 없는 새로운 전략―말하기 대회, 위기대응 센터, 24시간 신고전화, 불공정한 법조항을 수정하기 위한 주별 캠페인―을 펼치며 전국에서 폭발적으로 일어났고, 서방 세계 전체로 확산되었다. 요즘도 국제뉴스를 보면 공공장소에서 벌어진 윤간과 전형적인 전시 강간 소식이 등장하고, 그런 소식을 통해 남성 폭력이 제지되지 않을 경우 어떤 지경에 이르는지 볼 수 있다. 물론 1970년대 미국이 그 정도까지 끔찍한 상황은 아니었으나, 나는 당시 우리가 벌였던 투쟁이 오늘날도 다시 한 번 반복되는 모습을 발견하곤 한다.

우리의 의지에 반하여

미국 강간 반대 운동의 핵심이자 가장 뛰어난 특징은 피해자의 관점에 초점을 맞췄다는 점이다. 믿기 어렵겠지만 그 당시에는 새로운 발상이었다. 대중이 강간과 아동 성 학대를 바라보는 태도는 온통 남성만의 관점을 통해 형성되어 있었다. 정신분석 이론부터 경찰 수사와 사법재판, 인기 소설과 영화, TV 토크쇼, 나이트클럽 코미디의 단골 소재까지, 일상에서 마주치는 야한 농담과 느끼한 희롱은 물론이고 과학적 사실이라며 거창하게 공표하는 이야기에 이르기까지 어디서든 남성의 관점이 관철되었다. 오늘날 뉴스를 읽는 독자들에게도 익숙한 이야기로 들릴까?

그때까지 여성은 자기 신체의 온전성physical integrity을 침해하는 범죄를 당해도 드러내 말하지 못했는데, 말해도 아무도 믿어주지 않는 경우가 많았을뿐더러 상당한 수치심을 떠안아야만 했다. 여성들에게 강간이란 두려워 말할 수 없는 무엇이었다. 너무나 어이없게도 여성의 신체적 자기결정권과 관련된 모든 것이 여성으로서는 말할 수 없는 주제였다. 페미니스트들은 이미 몇 년 전 낙태 경험을 함께 이야기하는 의식 고양 모임을 통해 낙태권을 중요한 사회적 의제로 만든 경험이 있었다. 이 의식 고양 과정을 활용해 이번에는 여성 자신이 경험한 성폭력을 직접 말하는 것으로 싸움을 시작했다.

나는 1971년에 동료들과 함께 '뉴욕 급진 페미니스트 강간 말하기 대회'와 그로부터 한 주 후에 열린 '강간에 관한 주말 학술 대회'를 주최했다. 두 행사가 준 가르침은 나에게 충격과 환희를 동시에 안겼다. 여성이 실제 스스로 경험하고 증언한 내용은 여성들이 성관계에 기꺼이 동의하고도 허위 고발을 한다는 그 시대의 표준 서사와 정확히 반대였다. 내가 두 행사에서 배운 것은, 강간은 권력과 지배를 확인하려는 고의적인 행위이자, 도덕 기준 없는 남성들이 저지르는 모욕 행위이며, 대부분의 피해자가 가해자에게 살해당할까봐 두려워한다는 사실이었다.

그로부터 4년 후 이 책이 서점에 나왔다. 나는 도서관 서고에 묻혀 있는 역사를 파헤쳐 강간의 패턴과 규모를 발굴해보자는 목표를 세웠다. 내가 도서관 색인에서 강간이라고 분류된 항목을 찾아보는 식으로 쉽게 연구했다고 짐작한다면 오산이다. 그럴 수 있으면 좋았겠지만, 견고한 오크 서랍에 담긴 손때 묻은 3×5 색인카드로 이루어진 그 시절 도서관 색인에는 강간이라는 주제에 직접 접근할 수 있는 경로가 아예 없다시피 했다. 다행히도 사서들은 자신이 맡은 특정 주제 컬렉션에 어떤 자료가 있는지 알고 있었고, 듀이 십진분류법의 불가사의한 하위 항목 중 어디를 뒤져야 강간 관련 역사 기록을 찾을 수 있는지 안내해주었다.

나는 전쟁을 다루는 이 책의 3장에 이루 말할 수 없는 자부심을 느낀다. 베트남과 방글라데시에서 일어난 대규모 집단 강간에 관한 뉴스 몇 편으로 연구를 시작했다가 결국 이 책에서 큰 분량을 차지하게 되었다. 3장은 전시에 강간이 만연하는 현상과 관련해 내가 할 수 있는 한 최대로 많은 역사 증거를 수집하고자 노력한 결과이다. 이후 바람직한 변화가 일어나서 이제 인도주의 단체와 국제법정은 강간이 전쟁에서 일반적으로 이용되는 도구임을 인정하며 그런 현실을 규탄한다. 그럼에도 한 가지 변치 않는 나쁜 소식은 남자들이 여전히 전시에 강간을 한다는 사실이다. 영토분쟁이 일상인 지역에서 군인들은 비전투원에게 저지른 일이 '남자들이 그렇지'라는 말로 해명되거나 용서받을 수 없다는 것을 아직도 모르고 있다.

이 지구의 거대한 지역이 여전히 전시 강간이나 약탈 같은 전래의 악습과 여성은 소유물이라는 오래된 믿음을 따르고 있다. 그러니 여전히 할 일이 많다.

몇몇 진화생물학자는 '남자들이 그렇지'가 거스를 수 없는 암울한 숙명이라고 굳게 믿는다. 강경한 몇몇 신다윈주의자는 (공격성과 난교 성향 및 재생산하려는 충동을 탑재한) 수컷이 최소한의 비용을 투자해 자기 유전자를 퍼뜨리려 할 때 강간은 비용 대비 효과가 높은 전략이 된다는 이론을 내놓는다. 강간과 자식 부양에 실패한 것이 자연스러운 행동이라고 설명해주다니 이 얼마나 환상적인 논증인가! 좀 더 바람직한 관점을 가진 이들은 다른 인간 사회보다 훨씬 품위 있는 사회가 분명 존재한다는 사실과 인간 사회가 악의에 찬 잔혹 행위와 고문을 예전만큼 용인하지 않는다는 사실을 주목한다. 내가 진화의 명령 중 어느 쪽을 따르는지는 굳이 말할 필요가 없을 것이다.

7장 '인종 문제'는 이 책에서 가장 많은 논란에 휘말린 부분으로, 나는 그 때문에 상당히 충격을 받았다. 일부 좌파 인물들은 자기확신에 눈이 멀고 자기만의 완고한 우선순위에 사로잡힌 나머지 7장의 내용에 노발대발하기로 작정이라도 한 듯했다. 그들은 '정치적으로 올바른' 강간 분석은 스코츠버러 사건과 에멧 틸 사건으로 시작해서 그 두 사건으로 끝나야 한다며 내 연설을 방해하거나 익명으로 쓴 반박 전단을 돌렸다. 이 일은 오늘날까지도 나를 슬프게 한다. 그들은 스코츠버러와 에멧 틸 사건을 기존과 다른 관점에서 분석하면 이단이라고 주장했다. 독자 여러분이 해당 장을 직접 읽어보고 판단하시라.

이 책이 출간되자 전국에서 언론의 찬사와 주목(신문마다 주말 도서 리뷰 섹션이 있었던 시절 그 섹션 1면에 실렸으며 TV와 라디오에 수없이 보도되었다)이 쏟아졌고, 2년간 대학순회강연 연사로 21개 도시를 돌아다니며 저자로서 행사를 열 수 있었다. 그 덕분에 여성과 아이를 대상으로 삼는 폭력 행위에 대한 전통적 관점을 뒤엎는 신기원을 이룬 운동에서 나는 이 책과 함께 중요한 역할을 맡을 수 있었다.

그럼에도 강간 농담이 다시 유행하는가? 그런 것 같다. 사람들은 아직도 강간 피해자가 믿을 만한지 의문을 제기하고 피해자의 평판에 흠집을 내지 못해 안달인가? 물론이다. 사람들이 여전히 페미니스트는 유머감각이 없다고 말하는가? 물론이다.

그럼에도 불과 수십 년 전까지만 해도 수치와 불신 때문에 상상조차 할 수 없었던 성폭력에 대항하는 전투를 통해 놀라운 발전을 쟁취해낸 것은 사실이다. 이 지면을 빌려 그 사실을 함께 기념하자. 더이상 침묵할 수 없었던 피해자들은 당면한 상황을 뒤집고 진실을 폭로하기 위해 아래에 시대순으로 나열한 발전의 세 단계마다 창조적인 전략을 발휘했다.

- 직장 내 성적 괴롭힘(성희롱)이 직업상 평등을 부인하는 차별 관행이라는 점을 법이 인정했다. '성적 괴롭힘sexual harassment'이라는 용어는 1975년 코넬대학교 캠퍼스에서 만들어졌다.

- 종교적 의무에 따라 젊은이를 통솔하고 가르쳐온 사제들이 영향력을 남용해 이 젊은이들을 성적으로 학대했다. 수십 개 가톨릭 교구에서 가해자 사제들을 수십 년간 보호했으나, 그에 맞선 투쟁이 결국 눈부신 성공을 거두었다. 격분한 부모들이 항의하기 위해 찾아갈 때마다 수많은 주교와 대주교, 추기경은 경찰을 부르는 대신 가해자 사제를 다른 교구로 전근 보내는 방식으로 사건을 은폐했다. 수백 명의 남녀가 모여서 '사제에게 학대당한 생존자 네트워크The Survivors Network of those Abused by Priests, SNAP'라는 조직을 만들었고, 서로의 고통스러운 기억을 치유하고 대담하게 맞서 싸우기 위해 협력했다. 그 결과 1992년에 마침내 성범

죄자 사제 기사가 신문 헤드라인에 등장할 수 있었다. 이 조직의 활동은 민사소송으로 여러 성당이 줄지어 파산하도록 만들었고, 어마어마한 규모로 이루어진 교회 내 성 학대 및 은폐 시도를 국제 스캔들로 만들었다.

• 미군에 복무하는 여성과 남성에 대한 성폭력에 대항하는 '무관용 zero tolerance' 정책. 수년간 군대 내에서는 정식으로 고소된 성폭력조차 지휘 계통을 거치는 과정에서 무시되거나 기각되어왔다. 한 다큐멘터리 영화가 배포되고 의회 조사가 이루어진 후 고소하기 두려워하던 피해자들은 증언에 나서게 되었다.

이 책《우리의 의지에 반하여》는 이제 나온 지 40년이 되어가며, 30개 언어로 번역되었다. 이 글을 쓰는 시점에서 가장 최근에 나온 번역본은 중국어판이었다. 뉴욕 공립 도서관은 영예롭게도 내 작업을 20세기에 가장 중요한 역할을 한 100권의 책 중 하나로 선정했다. 독자 여러분도 기뻐할 사실이라 여겨 덧붙인다.

2013년 7월 15일
수전 브라운밀러

강간의 대중심리

강간을 정치적으로 분석하기

성 장애sexual disorder 연구를 개척한 리하르트 폰 크라프트에빙Richard von Krafft-Ebing은 강간에 대해서는 할 말이 거의 없었던 듯하다. 그의 유명한 저서《성의 정신병리Psychopathia Sexualis》(1886)는 강간 행위와 그 행위자의 문제를 놀랄 만큼 소홀히 다루고 넘어간다. 그는 믿을 만한 근거가 있다면서, 강간범이란 대부분 도덕적으로 타락했을 뿐 아니라 지능이 떨어지는 이들이라고 주장한다.[1] 크라프트에빙은 이렇게 가차 없는 일반화로 강간 문제에서 손을 씻은 후, 훨씬 더 그의 호기심을 끄는 주제인 정상 지능의 마찰성욕도착자와 페티시스트 문제를 음미하는 쪽으로 눈길을 돌린다.

크라프트에빙 이후 20~40년의 간격을 두고 주요 저술을 내놓은 프로이트 역시 강간에 대해서는 침묵했다. 인용할 만한 구절이나 분석, 통찰을 찾아봤자 헛수고이다. 남근의 우월성이라는 개념을 발명한 정신분석의 아버지는 정작 실제 삶에서 남근이 강력한 무기로 사용되는 상황을 탐구해보고자 한 적이 전혀 없었던 것으로 보인다. 그제자들도 대가大家가 무관심한 주제에 관심을 두지 않았다. 알프레트 아들러Alfred Adler는 역사를 통해 남성과 여성 간의 권력 투쟁이 계속되

우리의 의지에 반하여

어왔다는 사실을 잘 알면서도 강간에 관해서는 언급하지 않았다. 카를 구스타프 융Carl Gustav Jung은 신화적인 해석을 시도한 일부 저작에서 흘끗 지나치듯 극히 모호한 방식으로만 강간에 대해 언급했다. 헬렌 도이치Helene Deutsch와 카렌 호나이Karen Horney는 각각 나름의 관점에서 여성이 강간에 대해 느끼는 공포와 환상을 포착했으나, 감히 주제넘게 굴지 않는 여성의 본분에 충실하게 남성과 여성의 실제 현실에는 눈을 감아버렸다.

그리고 위대한 사회주의 이론가인 마르크스, 엥겔스와 여러 제자 및 동지들은 계급 억압 이론을 발전시키고 '착취' 같은 단어를 일상 어휘에 추가했으면서도 역시나 이상할 정도로 강간에 대해서는 침묵했으며 그들이 분석한 경제구조에 강간을 집어넣을 자리를 찾지 못했다. 오직 아우구스트 베벨August Bebel만이 계급, 사유재산, 생산수단의 형성 과정에서 강간이 갖는 역사적 중요성을 이해하고 그 역할을 파악하려 시도했다.《여성론Die Frau und der Sozialismus》(1904)에서 베벨은 마르크스주의 분석이 허용하는 한도 내에서 최대한 상상력을 발휘해 땅과 가축, 노동력을 두고 벌어지는 선사시대 부족 간 싸움을 간략히 그려낸다. "땅을 경작하기 위해 노동력이 필요해진다. 경작물과 가축으로 이루어지는 부는 노동력이 많을수록 커진다. 노동력을 얻기 위한 투쟁은 먼저 여성을 강간하는 것으로 시작되고 나중에는 정복한 부족 남자들을 노예로 만드는 데 이른다. 정복자에게 여성은 노동자이자 쾌락의 대상이 된다. 남성은 노예가 된다."[2] 남자가 노동력을 찾는 것을 원인으로 두고 강간을 그 결과로 놓은 것은 그다지 정확하지 않았지만, 이 구절은 엥겔스가《가족, 사유재산, 국가의 기원The Origin of the Family, Private Property and the State》(1884)에서 무엇을 보지 못했는지 깨닫게 해준다. 그러나 베벨은 독일 공장에서 일하는 여성의 임금과 노동조건을 연구하는 쪽을 더 마음 편하게 여겼고 그쪽으로 열정을 쏟았다.

강간 문제를 '남성 강간 이데올로기masculine ideology of rape'[3]로서 통찰한 이는 히틀러와 마르크스, 프로이트 셋 모두에 대한 분노에 사로잡혀 반쯤 미친 천재 빌헬름 라이히Wilhelm Reich였다. 그러나 《성혁명The Sexual Revolution》(1936)의 첫 장에는 저 짧은 구절만 달랑 등장할 뿐 더 이상 설명은 나오지 않는다. 라이히의 고뇌에 찬 정신은 그러기엔 너무나 혼란스러운 상태였다. 강간을 정치적으로 분석하는 작업은 반골 중의 반골인 라이히조차 해내기 힘들 정도로 그 자신이 속한 성별에 대한 반역이었을 것이다.

그리하여 강간을 분석하는 과업은 현대 페미니스트의 몫으로 남게 되었다. 이제 드디어 남성 섹슈얼리티를 들여다보지 못하게 하던 속박에서 벗어나, 우리 자신의 피해 경험으로부터 진실과 의미를 발견하는 일에 착수할 수 있게 된 것이다. 우리가 맡은 이 연구 과업에서 가장 중요한 일은 강간이 역사를 가진다는 사실을 인식하고 역사를 분석하는 도구를 이용해서 우리가 현재 처한 조건을 아는 것이다.

내가 아는 한 자연 서식지, 즉 야생 상태에서 강간하는 동물을 관찰한 동물학자는 없다.* 우리와 가장 가까운 친척뻘인 영장류를 포함해 동물의 세계에서 성교, 혹은 좀 더 적절한 표현으로 '짝짓기'란 암컷이 만들어낸 생물학적 신호로 발동되는 주기적인 활동이다. 짝짓기는 암컷의 발정 주기를 따르면서 발동되고 '통제되는' 것으로 보인다. 그 종의 암컷이 발정기에 들어가면 확연히 드러나는 신체 신호를

---

* 브라운밀러의 주장과 달리, 이후 동물도 성행위를 강제하는 경우가 많이 관찰되었다. 인간만 강간한다는 이 장의 주장이 비판받자, 브라운밀러 본인은 그에 대한 반응으로 서문에서 진화생물학을 비판적으로 언급한 구절을 추가했다.—옮긴이

발하면서 교미를 원하며 준비된 상태가 되고 수컷은 흥미를 보이게 된다. 발정기가 아닐 때는 흥미를 보이지 않고 짝짓기도 없다.

제인 구달Jane Goodall은 곰베 국립공원에서 야생 침팬지를 연구했는데, 침팬지 암컷과 수컷이 모두 "여러 상대와 관계를 맺지만 그렇다고 모든 암컷이 구애하는 수컷을 모조리 받아준다는 의미는 아니"[4]라고 언급했다. 구달은 한 암컷이 발정기가 되어 성기 부위가 눈에 띄는 분홍색으로 부풀어오른 상태에서도 자기를 쫓아다니는 수컷에게 강한 혐오감을 드러내는 모습을 관찰했다고 기록했다. 구달은 "수컷이 그녀가 도피처로 삼은 나무를 흔들어서 떨어지게 만든 적은 있지만, 그가 정말로 그녀를 '강간'하는 모습은 한 번도 보지 못했다"고 썼으며, 덧붙여 "그럼에도 그 수컷은 자주 끈질기게 자기가 원하는 것을 고집했다"고 썼다. 또 한 명의 동물행동학 연구자 레너드 윌리엄스Leonard Williams는 "암컷의 초대와 적극적인 협조 없이 수컷 원숭이가 짝짓기에 성공하는 것은 사실 불가능하다. 원숭이 사회에는 강간과 매춘이 없는 것은 물론이고 수동적 동의조차 존재하지 않는다"[5]고 단언했다.

동물학자들은 강간이라는 주제에 대해 입을 연 적이 거의 없다. 그들에게는 강간이 과학적으로 중요한 주제가 아니었다. 하지만 인간은 다른 동물과 다르다는 것을 우리는 안다. 우리 종의 경우 1년 365일 내내 교미할 수 있으며 여성의 발정 주기가 교미를 통제하지 않는다. 인간 암컷인 우리는 '분홍색으로' 변하지 않는다. 시각이나 후각으로 확연히 알아챌 수 있는 발정 신호가 우리 종의 짝짓기 과정에는 없는데, 아마도 진화 과정에서 사라졌을 것이다. 그 사라진 자리에 인간은 문명의 흔적으로서 복잡한 심리적 신호와 충동의 체계 및 쾌락 구조를 발달시켰다. 인간의 성욕은 두뇌에서 발생하며 인간의 성행위는 동물처럼 대자연의 번식 패턴에 얽매여 있지 않다. 생물학적으로 결정된 짝짓기 시기가 따로 없는 인간 수컷은 원하면 언제든 암컷에게 성적 관심을 표현할 수 있으며, 그의 심리적 충동은 그녀가 생물학적으로 준비가 되어 있는지 여부에는 조금도 영향을 받지 않는다. 이 모든 것이 가리키는 핵심은 인간 수컷이 강간할 수 있다는 사실이다.

남성연대와 강간

남성은 강간을 할 수 있는 신체 구조를, 여성은 강간에 취약한 신체 구조를 지녔다는 사실이 양성의 생리 자체를 구성하는 기본 토대가 된다. 프로이트가 말한바, 어린아이가 부모의 성교 장면을 가해자와 피해자가 있는 폭력의 장면으로 오인하는 저 '원초적 장면' 이전에, 이미 양성의 신체 구조 자체에 강간의 가능성이 내재되어 있는 것이다. 음경을 질에 넣는, 따로 떨어진 두 부위를 맞물려야만 하는 생물학적 우연이 없었다면 우리가 아는 강간도 교미도 없었을 것이다. 혹자는 자연의 디자인을 해부학적으로 개선하려 들 수도 있겠지만 내게 그런 대안은 비현실적으로 느껴진다. 인간의 성행위는 종을 재생산하는 역사적 목표를 성공적으로 수행해왔으며 약간의 친밀함과 쾌락도 제공한다. 개인적으로는 이런 성행위 과정에 아무런 불만이 없다. 하지만 인간의 신체 구조로 인해 강제 삽입 행위가 가능하다는 사실을 피해갈 수는 없다. 이 단 하나의 요인이 남성 강간 이데올로기를 창조할 수 있는 조건이 되었다. 남자들은 강간할 수 있다는 것을 발견했고, 그렇게 했다. 나중에, 훨씬 나중에야 그들은 특정 상황에 한해 강간을 범죄로 간주하게 되었다.

원시 남녀가 살았을 폭력으로 얼룩진 풍경을 떠올려보자. 만약 그 시대에 선견지명이 있어 자기 몸의 온전성을 유지할 권리를 깨우친 여성이 있었다면, 그녀는 그것을 지켜내기 위해 지옥에 온 듯 싸워야 했을 것이다. 저 털 많고 두 다리로 걷는 인류 조상 수컷이 그녀가 기꺼이 자유롭게 몸을 섞을 호모 사피엔스가 못 된다는 사실을 벼락 맞은 듯 갑자기 깨달은 순간, 먼저 돌을 집어던진 쪽은 남자가 아니라 여자였을 것이다. 남자가 그 반응에 크게 놀라면서 예상치 않은 격투가 벌어졌을 것이다. 발 빠르고 활기찬 그녀는 발로 차고, 물고, 밀면서 도망치지만, 남자가 그녀에게 한 것과 **똑같은 방식, 즉 강간으로 보복할 수는 없었다.**

선사시대 여성의 의식에 찾아든 희미한 자각이 그녀를 공격한 남성의 마음에는 정반대의 반응을 일으켰을 것이다. 첫 번째 강간이 여성의 첫 거부로 인해 계획 없이 벌어진 격투였다면, 두 번째 강간은 의심할 여지없이 계획된 것이었다. 가장 초기의 남성연대^{male} bonding는 무리지어 사냥감을 찾아다니던 남자들이 한 여자를 윤간하는 형태였을 것이다. 이렇게 남성연대가 이루어진 이래로 강간은 남성의 특권일 뿐 아니라, 남성이 여성에게 힘을 과시하는 기본 무기이자 여성에게 두려움을 일으키며 남성의 의지를 관철하는 주요 동인이 되었다. 여성이 온몸으로 저항하고 싸우는데도 그 몸에 강제로 삽입하는 일은 여성의 존재를 지배했다고 선언하는 수단, 즉 힘의 우위와 남자다움의 승리를 증명하는 궁극의 수단이 되었다.

남성이 자신의 성기를 두려움을 일으키는 무기로 쓸 수 있다는 사실을 발견한 일은 불의 사용과 돌도끼의 발명과 함께 선사시대에 이루어진 가장 중요한 발견으로 꼽아야만 한다. 강간은 선사시대부

터 지금까지 결정적인 기능을 수행해왔다. **모든 남성이 모든 여성을**
공포에 사로잡힌 상태에 묶어두려고 의식적으로 협박하는 과정이
바로 강간이다.

2

태초에 법이 있었다

힘으로 보복하는 원시적 체계, 즉 눈에는 눈이라는 탈리오 법칙 lex talionis에 기반해 사회질서를 유지했던 저 빈약하기 짝이 없는 초창기부터 여성은 법 앞에 불평등했다. 성기의 구조라는 해부학적 숙명으로 인해 인간 수컷은 타고난 포식자가 되고 인간 암컷은 먹잇감으로 제공되었다. 여성은 혐오스러운 육체 정복에 굴복하면서도 같은 방식 — 강간에는 강간 — 으로는 보복할 수 없었을 뿐 아니라, 그 잔혹한 격투로 인해 임신을 하고 원치 않는 아이를 출산하거나 심지어는 다치고 죽을 수도 있었다.

여성에게 남은 선택지는 기껏해야 한 가지뿐이었다. 다른 여성들에게 도움을 청한다 해도 그들은 남성 공격자보다 몸집이 작고 약하기 일쑤였다. 결정적으로 여성 조력자는 징벌적 보복을 할 수 있는 기본 신체 수단을 갖지 못했으며, 제한된 범위에서 방어 행위를 할 수 있을 뿐이었다. 그런데 포식자 남성 중 일부가 여성을 선택해 보호자로 행동하는 경우가 있었다. 위험한 거래는 그렇게 성사되었을 것이다. 일부일처제나 모성애, 사랑에 이끌리는 본능이 아니라 언제든 강간당할 수 있다는 공포야말로 여성이 남성에게 종속되도록 만든 최초의 원인이며, 역사적으로 여성이 어떻게 의존적 존재가 되었고 보호를 대가로 한 짝짓기에 의해 가축화되었는지 설명해주는 가장 중요한 열쇠이다.

일단 남자가 특정한 여자의 몸에 자기 것이라고 이름 붙이게 되면, 이는 전사로서 그의 위상을 보여주는 증표가 될 뿐 아니라, 커다란 성적 편의를 누리는 일이 되었다. 그는 그 대가로 자기 여자를 공격할 가능성이 있는 상대와 싸우거나, 상대의 여자를 강간해 보복한다고 협박해서 쫓아내야 했다. 그러나 여성은 **남성**들의 성 학대로부터 보호받기 위해 다시 또 한 명의 **남성**에게 터무니없이 부당한 비용을 치러야만 했다. 게다가 남성들로부터 다른 여성을 보호할 수 없는 자기 성별의 타고난 무능에 실망하고 환멸을 느낀 여성은 다른 여성들과 말 그대로 거리를 두면서 각자 고립되었고, 이 문제가 여성들이 모여 사회적 조직을 만들 때 유령처럼 떠돌며 오늘날까지도 악영향을 끼치곤 한다. 여성을 보호하는 역사적 책무는 후일 남편, 아버지, 남자 형제, 문중 등의 형태로 공식화되었으며, 이런 책무를 짊어진 자들은 대가로 1파운드의 살을 가져가는 정도로 멈추지 않았다. 그들은 여성의 지위를 가축 수준까지 떨어뜨렸다. 순결과 일부일처제는 남자가 남자로부터 여성을 보호해준다는 대가로 역사를 통해 여성에게 부과한 값이었다. 그리하여 여성의 몸을 침해하는 범죄는 남성의 재산을 침해하는 범죄가 되었다.

짝짓기 혹은 오늘날 우리가 결혼이라는 이름으로 알고 있는바, 영구 보호를 보장하는 부부 관계 계약의 초기 형태는 남자가 여자를 강제로 납치해서 강간하는 행위로부터 제도화되었다. 신부 약탈은 진귀한 옛 풍습 정도로 넘길 일이 아니다. 그야말로 진짜 전투였다. 남성은 폭력을 통해 여성에 대한 소유권을 설정하고 그것이 자기 권리임을 입증했다. 이 같은 강제압류 방식은 남성이 여성을 취득하려 할 때 전적으로 용인되는 방식이었고,[1] 영국에는 15세기까지도 그런 풍습이 남아 있었다. 한 전기작가에 따르면, 막대한 영지와 재산을 상속받은 아키텐의 엘레오노르는 그녀의 몸을 취해 영지와 재산을 차지하려는 봉신에게 '유괴'당할지 모른다는 공포[2]에 시달리며 초년을 보냈다. 최근 타사다이족이 석기시대 상태로 발견된 필리핀 우림 지역에는 오늘날까지도 신부 납치 관습이 남아 있다.[3] 시칠리아 시골[4]과 아프리카 일부 지역에는 강제납치혼 관념이 여전히 남아 관습에 영향을 끼친다. 반투어를 쓰는 케냐 서남부의 구시족은 족외혼을 하는데, 그들에게는 "싸운 사람과 결혼한다"[5]는 속담이 있다.

남자가 여자를 폭력적으로 납치해 강간하는 현실 때문에 초보적인 형태의 배우자 보호 조약이 수립되었고, 그것이 어느 시점에 이르자 남성권력이 완전히 공고해진 형태인 가부장제로 발전했다는 가설을 세우는 것이 가장 이치에 맞아 보인다. 여성은 남성에게 최초의 영구적 취득물이자 첫 번째 부동산으로서 '아버지의 집'을 세우는 초석이었다. 남성이 강제로 자신의 영역에 배우자를 귀속시키고 나중에는 자손까지 귀속시킨 것이 소유권 개념의 시초이다. 위계적 지배질서와 노예제, 사유재산의 개념은 이 초기의 여성 종속에 기원을 두고 있으며 여성의 종속을 기반으로 삼아야만 가능했다.

여성의 입장에서 강간을 정의하면 한 문장으로 가능하다. 한 여성이 어떤 남자와 성관계를 하지 않기로 선택했는데 남자가 그녀의 의사에 반해 행위를 계속하면 그것이 바로 강간이라는 범죄 행위이다. 여성이 잘못한 것은 하나도 없는 문제인데도, 여성의 관점을 반영한 이런 정의가 법에 적용된 적은 현재까지 단 한 번도 없다. 초기 서약을 모여서 작성한 고대 가부장들은 남성권력을 공고히 구축할 목적으로만 강간을 이용했다. 그러니 그들이 강간을 여성에 대한 남성의 범죄로 봤을 리 만무하다. 여성은 남성 소유의 부속물이지 독립적인 존재가 아니었다. 그러니 남성들이 강간을 여성의 동의 여부에 달린 문제로 생각할 리 없었을 뿐 아니라, 여성이 신체 온전성을 유지할 권리에 기반을 둔 강간 정의를 용납했을 리도 없다. 그리하여 강간은 뒷문을 통해서 법에 기입되었으니, 남성이 남성에게 저지르는 재산상의 범죄가 되었다. 물론 여기서 재산이란 여성이다.

고대 바빌론법과 모세 율법은 부족 지배 질서가 생기고 도시국가라는 형태로 영구 정착이 완료된 후 수세기가 지나고서야 서판에 문자로 새겨진 법이다. 그 시대에 노예제와 사유재산, 여성의 종속은 당연한 현실로 받아들여졌고, 오늘날까지 전해지는 가장 초기의 성문법은 당시의 계층화된 삶을 고스란히 보여준다. 성문법은 그 시작부터 재산을 가진 남자들 사이의 엄숙한 협정으로서 가능한 한 물리적 폭력 대신 재화와 은을 교환하는 문명화된 방식으로 자신들의 이해관계를 보호하기 위해 만들어졌다. 부족의 영토나 도시 밖에서는 여전히 여성을 힘으로 납치하는 일이 준비된 전리품을 거두는 행위로 완전히 용인되었다. 하지만 사회질서가 용인하는 범위의 전리품 쟁탈전도 언제든 무질서로 치달을 수 있었다. 가부장에게 돈을 지불하고 아내를 얻는 편이 더 문명화되고 덜 위험한 방식이었다. 그리하여 신부 가격을 법에 문자로 명시했는데, 은 50조각이었다. 이렇게 복잡하고 빙 돌아가는 경로를 통해 범죄 행위로서 강간이라는 개념이 처음으로 법에 스며들었다. 이것은 남성의 관점에서 정의된 개념이었다. 가부장의 관점에서 강간은 새로운 거래 방식을 위반하는 범죄로 정의되었는데, 한마디로 처녀성 절도로서 공정가격을 치르지 않고 가부장의 딸을 도용하는 죄였다.

4,000년 전 즈음 2미터가 넘는 높이의 섬록암 비석에 새겨진 함무라비 법전[6]에는 독립된 여성에 대한 기록이 나오지 않는데, 바로

이런 기록의 부재야말로 바빌론법 아래에서 여성이 독립적인 지위를 허용받지 못했던 현실을 드러낸다. 법전에 등장하는 여성은 아버지의 집에 사는 약혼한 처녀이거나 남편의 집에 사는 적법한 아내뿐이었다. 함무라비법에서는 약혼한 처녀가 강간당한 경우 강간한 남자를 체포해 죽이지만 피해를 입은 소녀에게는 죄를 묻지 않았다. 가부장이 자신이 부양하는 여성에 대해 어느 정도의 권력과 권리를 갖는지 짐작할 수 있는 흥미로운 대목이 있는데, 자기 딸을 '알게 된'(즉 근친상간을 저지른) 아버지의 경우 도시 성벽 바깥으로 추방하는 정도로만 처벌했다는 것이다. 불행히도 강간당한 **기혼** 여성에게는 강간한 자와 똑같은 책임을 물었다. 그 경우 사건의 경위와 무관하게 무조건 간통으로 분류했고 **양쪽 당사자 모두를** 묶어서 강에 던졌다. 이런 가혹한 처벌에 항고하는 방법은 흥미로운 진실을 드러낸다. 남편은 원한다면 강물에 던져진 부인을 다시 끌어낼 수 있었고, 왕은 잘못을 저지른 남자를 풀어줄 수 있었던 것이다.

성경 속 강간 이야기

고대 히브리인은 함무라비 법전의 영향을 받았지만 찬란한 티그리스와 유프라테스강은 없었기 때문에 강물에 빠뜨리는 대신 돌을 던져서 사형을 집행했다. 모세가 시나이산 정상에서 신으로부터 받아온 서판의 내용을 보면, 십계명에 간통하지 말라는 계명이 단독으로 한 번 나오는 것으로도 모자라, 이웃의 집과 밭, 하인, 소와 나귀에 더해 이웃의 아내를 탐하지 말라는 계명이 한 번 더 나온다. 그런데 '강간하지 말라'는 내용은 한 번도 등장하지 않는다. 바빌론의 자매들

우리의 의지에 반하여

처럼 히브리 문화의 기혼 여성도 강간당하면 간통으로 간주되어 책임을 져야 했고 돌이킬 수 없이 더럽혀진 것으로 간주되었다. 그녀는 도시의 성문 앞에서 강간범과 함께 죽을 때까지 돌을 맞았다. 그러나 마지막 숨을 들이켜기 직전 슬픔에 빠진 남편의 손에 구조될 수도 있었던 바빌론 여성과 달리 이스라엘 여성이 받은 형벌은 취소될 길이 없었다. 실제 사례든 허구든 간통 사면은 〈요한복음〉의 시기까지 기다려야 했는데, 〈요한복음〉에 이르러서야 저 유명한 예수의 말 "너희 중에 죄 없는 자가 먼저 그녀를 돌로 치라"[7]는 구절이 등장한다.

진정한 히브리법의 강간 범죄 개념은 범해진 자가 아닌 범한 자에게만 불법 행위를 저지른 책임을 묻는 것이라지만, 그것은 십계명보다 훨씬 나중에 쓰인 〈신명기〉의 두텁게 엉킨 수풀을 파헤쳐야만 겨우 발견할 수 있는 좁은 길이다.

히브리인들답게 바빌론법보다는 좀 더 꼬치꼬치 세밀하게 따지는 법을 만들기는 했지만, 히브리 사회질서[8] 아래에서도 처녀들은 결혼을 통해 은 50조각에 매매되었다. 좀 더 노골적으로 말하자면 가부장이 예비 신랑 내지 신랑 가족에게 파는 것은 딸의 파열되지 않은 처녀막에 대한 권리였고, 그 처녀막은 그가 완전히 소유하고 통제하는 재산 중 하나였다. 처녀막에 가격표가 붙은 이스라엘의 딸은 깨끗한 새 상품임을 확실히 하기 위해 감시하에 살았고, 훼손된 상품이라서 유리한 거래를 이끌어낼 수 없게 되면 첩으로 팔렸다.

더럽혀지면 책임을 져야 하는 히브리 아내처럼 히브리의 딸은 누가 자기 몸에 손대지 못하게 지킬 의무가 있었다. 만약 남자가 도시 성벽 안에서 처녀를 강간하면 가해자와 피해자 둘 다 똑같이 돌에 맞아 죽는 처벌을 받았는데, 도시에서는 여자가 비명을 지르면 바로 구출될 수 있는데 비명을 지르지 않은 것이라고 장로들이 판단했기 때문이다. 이 지혜로운 가부장들께서는 여자가 도시 바깥의 들판에서 일하다가 강간당했을 경우 있는 힘껏 소리를 질러도 아무도 듣지 못할 수 있다는 점을 인정해 신중한 해결책을 적용했다. 강간범은 여자의 아버지에게 보상으로 그녀의 신부 가격이었을 은화 50세켈을 지불하고 여자와 결혼하도록 명령받았다. 하지만 당시에는 영유아기에 약혼이 이루어지는 일이 흔했고, 들판에서 강간당한 처녀가 이미 약혼했을 경우 히브리의 분노가 강간범의 머리에 일방적인 보복을 내렸다. 이 경우 민사적으로 돈과 상품을 교환하는 방식은 어떤 식으로든 허용되지 않았고, 기존의 약혼이 무효로 될 뿐 아니라 여자 아버지의 가문은 회복할 수 없는 명예 손상을 겪어야 했다. 단 한 번의 재판으로 부주의한 강간범은 돌에 맞아 죽는 형에 처해지고, 여자는 벌을 받지 않지만 그녀를 가질 의향이 있는 자에게 인하된 가격에 팔렸다.

초기 아시리아의 피의 복수 원칙[9]을 잘 아는 한 권위자에 따르면 탈리오 법칙하에서 강간당한 처녀의 아버지는 그 대가로 강간범의 아내를 잡아서 범할 수 있었다. 모세 율법이 성문화되기 전 히브리의 강간 응징 방식은 이보다 한층 잔혹한데, 특히 가해자가 부족 밖의 이방인일 경우 더욱 그랬다. 성경에 나오는 디나 이야기[10]는 히브리의 딸을 범하는 자에게 어떤 응징이 따르는지 보여주는 경고였다. 이는 젊은 여자에게 아버지의 집에서 너무 멀리 벗어나면 어떤 일을 겪는지 엄중히 경고하는 역할을 하는 예화이기도 했다.

〈창세기〉에서 전하기를 디나는 야곱과 레아 사이에 태어난 딸로 처녀였다. 그녀는 여자 친구들을 만나러 외출했다가 유대인이 아닌 자에게 강간당했다. 디나를 범한 자는 자기 부족의 율법에 따라 야곱의 가족에게 자기가 범한 여자와 결혼하게 해달라고 했다. 야곱의 아들들은 동의하는 척하면서, 여자를 간절히 바라는 젊은 남자에게 그와 그의 미개한 부족 남자 모두가 할례를 해야 한다고 요구했다. 성경에 따르면 그로부터 3일 후 저 비유대인 부족이 할례 시술로 인한 고통에 아직 시달리고 있을 때, 야곱의 아들 무리가 들이닥쳐 고통으로 허약해진 남자들을 도살하고 여자와 가축을 사로잡았다. 그렇게 해서 야곱 가문은 가문의 명예를 지켰지만, 정작 디나에게 어떤 이득이 있었을지는 의문스럽다.

엄청난 보복이 뒤따를 것이라고 협박해 이스라엘 양가의 딸을 강간으로부터 지켜내는 일은 분명 심각한 사안이었겠지만, 디나의 사례에서 볼 수 있듯 히브리 부족의 남자들은 그 이웃 부족 남자들과 마찬가지로 자기들이 정복한 부족의 여자를 강간하는 일에 아무런 죄책감도 없었다. 바로 그것이 부족이 번영하고 성장하는 방식이었기 때문이다. 사로잡힌 노예 여자는 합법적으로 하인, 농장 일꾼, 첩이나 다음 세대 노예를 재생산하는 용도로 쓰일 수 있었는데, 이는 18세기 미국의 노예 소유자가 흑인 여성 노예를 다루던 방식과 매우 유사하며, 실제로 미국 노예제 옹호자들이 노예제를 종교적으로 정당화할 때 이 성경 예화를 종종 인용하기도 했다.

이스라엘의 12지파 연합 내에서, 즉 다른 민족에 대항한 전쟁이 아니라 이스라엘 민족 내부에서 부족 간 전쟁이 벌어지는 와중에 사로잡힌 여성들이 어떤 일을 당했는지 보여주는 이야기가 〈사사기〉에 담겨 있다.[11] 레위 지파 사람 하나가 첩과 함께 길을 가다가 베냐민 지파의 영토에서 어떤 노인에게 하룻밤 쉬어갈 곳을 청했다. 이방인이 도시에 들어왔다는 소문을 들은 베냐민 남자 몇이 같은 남성인 그를 성폭행하기로 작정하고 노인의 집 앞으로 찾아왔다. 레위인을 맞아들였던 집 주인은 혈기 넘치는 젊은이들이 정력을 대신 쏟아내도록 처녀인 자신의 딸과 레위인의 첩을 제공하려 했다. 젊은이들은 딸을 정중히 거절하고 밤새도록 레위인의 첩을 강간했다. 다음날 아침 문간에서 죽은 첩을 발견한 레위인은 자신의 명예를 지키기 위해 이스라엘의 다른 부족들을 소환했다. 뒤따라 일어난 전투에서 베냐민 남자 다수와 베냐민 여자 전부가 학살당했다. 이쯤 되자 히브리 장로들은 여자가 없는 베냐민족이 완전히 멸족될까봐 심각하게 염려하게 되었다. 그래서 장로들은 베냐민 남자들이 실로의 처녀 400명을 붙잡아 강간하도록 주선해 그들이 합법적인 아내를 확보하도록 했다.

당시의 질서에 따르면 합법적인 저 모든 강간 이야기에서, 성경이 강간당한 여성이 겪었을 곤경에는 전혀 무관심하고 가문을 위해 복수하는 아버지나 남자 형제들만 걱정하는 것은 전혀 놀랄 일이 아니다. 히브리와 기독교, 무슬림 전통 모두가 그 유명한 보디발의 부인 이야기[12]를 중요한 도덕 교훈을 담은 예화인 양 다루는데, 이것은 자기중심적이며 탐욕스러운 남성이 유사 이래 한결같이 품어온 걱정거리를 반영하는 이야기이기도 하다. 복수심에 불타는 여자가 거짓으로 성폭력을 당했다고 고발하는 바람에 훌륭하고 정직한 우리 동료가 졸지에 억울한 일을 당할 수도 있다는 걱정 말이다.

고대 히브리인 요셉은 이집트인 보디발의 집에서 지위 높은 노예였다. 창세기에 따르면 보디발의 부인 — 이름은 전해지지 않는다 — 은 이 히브리 노예에게 욕정 어린 눈길을 보냈다. 그녀는 "나와 동침하자"면서 요구에 응하지 않으려는 요셉을 매일같이 성가시게 했으며, 고결한 요셉은 그때마다 그녀에게 두 사람 모두의 주인인 보디발의 존재를 주지시켰다. 어느 날 요셉과 보디발의 부인은 집에 단둘이 있게 되었다. 보디발의 부인이 기회를 놓치지 않고 요셉의 "옷을 잡고" 이르되 "나와 동침하자"고 했다. 아마 그 말을 듣자마자 요셉이 도망쳤을 텐데도 보디발의 부인은 강간 내지는 성경의 표현상 강간에 상응하는 일을 당했다고 소리치기 시작했다.

이것은 어디까지나 히브리 남성의 관점에서 쓰인 이야기임을 잊지 말자. 보디발이 집에 돌아오자 부인이 요셉의 찢어진 외투를 보여주며 울부짖었다. "히브리 종이 …… 나를 희롱하려고 내게로 들어왔어요!" 보디발은 가장 아끼던 노예를 감옥에 보낼 수밖에 없었다. 하지만 신은 기대를 저버리지 않고 히브리인의 편에 남았다. 그는 감옥에서 다시 한 번 죄수 우두머리 비슷한 것이 되었고, 파라오의 꿈을 제대로 해몽한 것을 계기로 완전히 사면받아 이집트의 총리대신 지위까지 신분 상승을 이룬다. 결국 보디발의 아내 이야기가 주는 도덕 교훈이란 무시당한 여자, 그중에서도 특히 비유대인 여자는 강간당했다고 거짓으로 주장해 훌륭한 남자를 지독한 곤경에 빠뜨릴 수 있다는 것이다.

보디발의 아내 전설은 이런저런 형태로 여러 고대 문명에서 단골 주제로 등장한다.[13] 코란의 가르침에서도 요셉의 불운은 중요한 위치를 점하며, 비슷한 주제의 이야기가 기원전 1300년경 이집트 민간 전승에도 존재한다. 이 주제의 변주는 켈트 신화에도 나타난다. 성 행태를 연구해온 한 역사가에 따르면 숱한 이야기를 통해 낭만적으로 묘사된 십자군의 역사에도 이 주제가 자주 반복되어 나타난다. "십자군의 침대에 뛰어드는 탐욕스러운 처녀는 주로 사라센인"인데, 그 성전이라는 것이 성배를 찾는 십자군 쪽이 저지른 강간과 약탈로 악명 높았다는 사실을 감안하면 매우 의미심장하다. 비난받을 책임을 모조리 다른 인종이나 민족의 음탕한 여성에게 돌리는 이런 강간 설화가 보편적으로 널리 퍼져 있는 것은 결코 우연이 아니다. 호전적인 민족들은 상습적으로 다른 민족을 정복하는 과정에서 이런 신화를 만들어서 퍼뜨리면 대단히 효율적이라는 사실을 발견했을 것이다. 승리의 과실을 취하면서 죄책감까지 면죄받을 수 있으니 이보다 좋은 방식이 있겠는가?

몇 세기가 흐르면서 유대 여성들은 어느 정도 독립성을 보장할 조치를 얻어내기 시작했다. 그와 함께 성경을 해석하는 학식 있는 남성들은 강간까지는 아닌 듯한 서로 유혹했을 소지가 있는 행위를 점점 더 많이 걱정하는 모습을 보였다. 한 현대 유대교 율법 권위자의 저술에 따르면, 아버지가 죽었거나 결혼하지 않은 독립적인 여성이 출현하면서 "그녀 자신이 소송 당사자가 된"[14] 사건을 다루기 위해 강간 범죄 기소를 좌우하는 기본 원칙이 변하기 시작했다. 또한 "그녀가 행위에 동의했느냐가 보상금 여부에 커다란 영향을 끼쳤다". 유대 민족의 지식 엘리트였던 중세 탈무드 이론가들은 이 새로운 사태에 사나이답게 대처할 방법을 찾고자 했다. 그들은 처녀인 것이 확실한 여성에게만 강간을 고소할 자격을 부여했고, '성적 열망'을 겉으로 드러낸 처녀는 비유대 여성, 포로, 노예와 함께 법이 정한 비처녀로 분류했다.

탈무드 해석에 따르면, 강간당한 처녀는 더 이상 강간범과 결혼할 필요가 없었다.[15] 만약 그녀가 준독립적인 지위를 획득했고 세 살에서 열두 살 반—랍비들은 몇 살을 진정한 처녀로 간주할 수 있는지의 문제만큼은 정말로 까다롭게 따졌다—사이라면 본인이 직접 50코인의 벌금을 받을 수 있었다. 여성이 돈을 가질 수 있도록 허용한 일은 강간을 아버지의 신성한 재산권을 침해하는 행위인 처녀성 절도로 간주해온 전례의 관점에 질적인 변화를 가져왔다. 그제야 돈을 지불하는 일이 처녀와 삽입성교를 즐긴 대가를 지불한다는 의미를 넘어 **한 여성의 몸에 상해를 입힌 일**에 대한 징벌적 손해배상으로 여겨지게 된 것이다. 여성의 입장에서는 실로 진보였다. 그것도 대단히 힘들게 얻은 진보였다. 하지만 위대한 유대교 신학자 마이모니데스가 강간당한 처녀는 금전으로 보상받을 권리가 없다고 집요하게 논박했다.[16] 다행히도 그는 최종 승자가 되지 못했다.*

강간과 결혼 그리고 재산

초기 영국법에서 강간과 그에 대한 처벌의 개념이 변화하는 과정은 서로 모순되는 접근 방식이 뒤엉킨 경이로운 미로인데, 법학 일반이 점차 인도적으로 변해가는 흐름을 반영하는 동시에 강간이 여성의 몸에 대한 범죄인지 아니면 남자의 사유재산에 대한 범죄인지를 혼동하는 남자들의 영원한 불치병을 반영한다.

1066년 노르만 정복 이전에 강간에 대한 처벌은 사형과 신체절단형이었다.[17] 이토록 무거운 처벌은 강력한 귀족의 보호하에 살던 지체 높고 부유한 처녀를 강간한 경우에만 적용되었다. 봉건제는 중세 초기에 토지 소유권이 상속 가능한 권리가 되면서 뿌리내렸는데, "기억할 수 없을 만큼 옛날부터 관습을 통해 아버지에게서 아들로 계승된 땅들은 …… 여러 가지 상속 방식 중 특히 후견과 결혼 제도를

---

* 마이모니데스는 12세기 이후로 긴 시간 동안 유대 철학 사상을 지배한 거인이었으나 여성과 관련한 문제만큼은 다른 랍비들이 이 엄격한 구성주의 법학자의 주장을 자주 기각했다. 위대한 마이모니데스가 당시 상당히 인기를 얻은 얇은 섹스 설명서의 저자이기도 했다는 사실은 거의 알려져 있지 않다. 그 얇은 책자에는 여성의 모습은 거의 나오지 않고 주로 음식이 나온다. 마이모니데스의 섹스 설명서란, 저자가 보증하는, 발기를 지속하게 해줄 음식 조리법 모음집이었다. Maimonides' sex manual: Moses Maimonides, "On Sexual Intercourse," *Medical Historical Studies of Medieval Jewish Medical Works*, Brooklyn: Rambash Pub.Co., 1961, Vol.1.

통해 유지되었다".[18] 그러다가 여성도 재산을 상속할 수 있게 되었다. 여기에는 살아 있는 남성 상속자가 없는 경우 달리 어쩔 수 없기도 했고, G. G. 쿨튼G. G. Coulton이 절묘하게 표현한바[19] "결혼 거래"란 귀족 사이에서 벌어지는 수익성 좋은 사업인 데다 "오늘날 사람들이 투자하고 지분을 거래하는 것과 같은" 태도로 실행되었던 배경이 있었다. 명백히 경제적인 이유 때문에 상속녀는 상위 권력자의 허락 없이는 결혼할 수 없었고, 허락 없이 결혼할 경우 상속한 재산을 잃었다. 일단 결혼 생활이 시작되면 아무도 부부 관계의 법적, 종교적 신성함에 이의를 제기하지 않았기에 모험심이 강하고 신분 상승을 꿈꾸는 기사들은 납치혼을 통해 "상속녀를 훔치는" 관습을 부와 권력을 거머쥐기 위한 정규 절차처럼 여기게 되었다. 기록에 따르면 15세기 헨리 7세의 칙령에 이르러서야 상속녀를 훔치는 일이 중죄로 규정되었다.[20]

고딕 문학은 '상속녀 훔치기'를 엄청나게 낭만적인 주제로 만들었다. 거기에는 한밤의 밀회와 충직한 여종과 우레와 같은 말발굽 소리가 가득하다. 그렇지만 실상 그것은 사랑이 아니라 땅에 대한 욕망 때문에 벌어진 일이었다. 만약 납치당한 처녀가 강제 결혼 전에 어떻게든 도망쳤거나 악당이 결혼식도 하기 전에 그녀를 가지려고 하면, 처녀는 자기 주군의 장원 재판소에 시정을 요구할 수 있었다. 그당시 사형에 이를 수 있는 중죄에 대한 재판은 육체적인 시련을 주는 방식으로 이루어졌는데 '진실'을 끌어내기 위해 물이나 뜨거운 쇳덩어리가 사용되었다.

13세기 사람인 헨리 드 브랙턴Henry de Bracton은 우리에게 저 고대 색슨 시대에 관해 알려줄 최고의 권위자로 후대 영국 법학의 거두인 에드워드 코크Edward Coke와 매슈 헤일Matthew Hale, 윌리엄 블랙스톤William

우리의 의지에 반하여

Blackstone도 인정한 바 있다. 브랙턴의 저술[21]에 따르면, 10세기 애설스탠 왕의 통치하에서 남자가 처녀의 의지에 반해 그녀를 땅에 쓰러뜨리면 "그는 왕의 은총을 박탈당한다. 다시 말해 그가 여자의 옷을 벗기고 그 몸 위에 올라가는 파렴치한 일을 저지른 경우 전 재산을 잃게 된다. 그가 그녀와 함께 누운 경우 그는 목숨과 사지를 잃게 된다". 이때 응징은 당사자를 처형하는 것만으로 끝나지 않았다. 브랙턴이 이어서 쓴 구절에 따르면 "그가 저지른 불명예에 걸맞게 그의 말도 엉덩이에 최대한 가깝게 고환과 꼬리를 잘라 창피를 당하게 된다". 강간범의 개에게도 비슷한 운명이 기다리고 있었으며 만약 그가 매를 소유했다면 매의 "부리와 발톱과 꼬리를 자르게" 되어 있었다.

강간범의 목숨을 거두고 그가 소유한 동물의 몸을 여기저기 자르고 나면, 강간범의 땅과 돈은 강간당한 처녀에게 주어졌다. 그런데 강간범이 구원받을 수 있는 방법이 하나 있었다. 강간당한 처녀가 왕과 교회에 자신을 범한 자와 결혼하겠다고 허락을 구하면 그는 끔찍한 죽음을 사면받을 수 있었던 것이다.[22] 남자들의 최우선 관심사는 재산 합병이었기에 왕과 교회는 자기들 영지에 가장 이득이 되거나 불편을 끼치지 않는 방식으로 땅을 배정하고자 했고, 강간당한 처녀는 그런 기준에 따라 결혼 여부를 허락받아야 했을 것이다.

11세기에 정복자 윌리엄은 사려 깊게도 재산을 가진 처녀를 강간한 경우 거세하고 두 눈을 제거하는 정도로 처벌 강도를 줄였다.[23] 윌리엄의 시대에는 재판의 형태가 시련을 가하는 방식에서 결투로 진실을 가리는 방식으로 바뀌었는데, 여간 큰돈을 걸지 않는 한 처녀가 자신을 대신해 목숨 걸고 싸워줄 기사도 정신이 넘치는 친척을 구하기는 힘들었을 것이다. 영국법 역사 연구자인 프레더릭 폴록Frederick Pollock과 F. W. 메이틀랜드 F. W. Maitland는 "여성의 고소 능력은 결투를 할 수 없어서 축소된 측면이 있다"[24]고 언급한 바 있다.

거세와 시력 박탈은 브랙턴의 시대인 13세기까지도 처녀 강간에 적용되는 형벌로 남아 있었는데, 브랙턴은 이 법의 취지 ― '사지에는 사지' ―를 이렇게 설명한다. "그에게 처녀의 아름다움을 보여주어 처녀를 갈망하게 만든 그 눈을 잃게 하라. 욕정을 불러일으킨 고환을 잃게 하라."[25]

아키텐의 엘레오노르와 결혼한 플랜태저넷 가문의 헨리 2세는 12세기 영국에 프랑크법의 원리를 들여왔다. 강간당한 처녀가 민사 소송을 제기하거나 '상고'해 기소장이 접수된 경우 결투가 아니라 국왕 관할 순회재판정에서 배심원들이 판결하는 방식으로 재판을 진행한 것이다. 이렇게 소송 방식에서 확실한 진보가 이루어졌다. 브랙턴은 이런 소송이 어떤 형태로 이루어져야 적절한지에 대해 극도로 세심하게 접근했다. 그는 〈처녀 강간 상고에 대하여〉라는 제목의 글을 썼다. 비처녀가 당한 강간을 상고하는 방법은 그가 쓴 개요서 어디에서도 찾아볼 수 없는데, 국왕 관할 재판만 다루는 글이었기 때문이다. 당시에는 살인과 신체 상해, 중대 절도 같은 중범죄만 국왕 관할 재판 대상이었고, '가벼운' 범죄들은 이전처럼 지방 영주의 장원 재판소에서 다뤘다. 브랙턴의 글은 강간당한 이가 처녀이거나 남편이 "그녀의 품에서 살해된" 부인일 경우에만 여성이 왕의 법정에 상고할 수 있었다는 사실을 보여준다.[26] 강간당한 처녀가 따라야 하는 소송 절차란 다음과 같았다.

그런 행위가 발생했을 경우, 그녀는 지체 없이 범인을 잡아달라고 고함을 치며 가까운 읍내로 가서 평판이 좋은 남자에게 그녀가 입은 상처, 흘린 피와 피 묻은 옷을 보여줘야 한다. 그리고 같은 방식으로 백리 행정관, 국왕 법정 변호사, 검시관, 판사에게 가야 한다. 국왕 앞이나 국왕 관할 고등 법정에서 직접 고발할 수 없는 경우 그녀는 지방 재판소로 가 보라는 말을 들을 것이고, 1심 지방 재판소에서 소송을 진행하게 된다. 그녀가 고발한 내용은 연월일과 함께 한마디도 빠짐없이 정확하고 상세하게 검시관의 기록에 기재되어야 한다. 순회재판관이 오면 그녀는 하루 동안 진술할 수 있는 기회를 얻는다. 이때 지방 재판소에서 진술한 바와 똑같이 진술해야 하며 재판소를 떠나면 안 되는데, 진술 내용이 변해서 소송이 취하되는 일을 방지하기 위함이다.[27]

만약 강간으로 고소당한 남자가 무죄를 주장하면 "처녀 여부에 대해 진실을 말하기로 맹세한, 법을 준수하는 네 명의 여성이 그녀의 몸을 검사해 진실을 밝힌다". 처녀성이 파괴된 사실이 입증될 경우 재판은 그대로 진행된다. 여전히 처녀라고 밝혀질 경우 소송은 기각되고 허위 신고자는 구속된다.

브랙턴에 따르면 고발당한 남자 쪽에서 자기를 방어할 수 있는 방법은 여러 가지가 있었다.

고소가 있기 수년 전이나 수일 전부터 그가 그녀를 첩이나 정부로 들였을 경우 …… 또는 그가 그녀의 의사에 반해서가 아니라 동의하에 순결을 취한 경우, 그녀가 그의 다른 첩이나 결혼 상대가 미워서 고소했거나 친척이 부추겨서 고소했을 경우, 그 행위가 이루어진 것으로 추정되는 날짜에 영토 바깥의 다른 곳에 있었을 경우에 그는 혐의에서 제외된다. …… 고소에서 누락된 사실이 있을 때도 혐의에서 제외될 수 있으며 …… 내가 다 기억하지는 못하지만 혐의에서 제외될 수 있는 조건은 매우 많다.[28]

피고가 열심히 방어했는데도 남성 판사가 유죄를 선고하는 경우가 생기면, 우리의 피해자이자 기소녀victim-prosecutrix*에게는 강간범을 끔찍한 절단형으로부터 자비롭게 구원해주기 위해 강간범과 결혼한다는 유서 깊은 선택지가 주어지곤 했다.

브랙턴은 강간범을 결혼으로 구제하는 이런 유서 깊은 관례가 사회구조에 상당히 해를 끼칠 수 있다고 나름대로 인정했다. "평민들이 좋은 가문의 귀족 여성을 단 한 번 더럽히는 행위만으로 그녀와 가문에게 영구적인 불명예를 주고 결혼도 할 수 있"[29]기 때문이었다. 또 한편으로는 "강간한 남자가 귀족이고 강간당한 여자가 평민일 경우를 가정해보자. 더럽혀진 사람 쪽에서 선택권을 행사해 귀족과 결혼할 것인지 말 것인지 결정할" 수 있기 때문에 사회구조를 위협한다고 여겼다.

어쩌면, (귀족 남성이 자기 시력과 고환을 너무나 소중히 여긴 나머지) 강간당한 평민 여성에게 선택권이 생길 수도 있었겠지만, 실상 귀족 남성이 평민을 강간한 일로 유죄를 선고받을 가능성은 낮았다. 시드니 페인터Sydney Painter의 《중세사History of the Middle Ages》(1953)에 따르면 "귀족의 범죄는 그의 하인에게 책임을 묻는 것이 규칙이었다".[30] 페인터는 어린 소녀가 큰길에서 납치당해 기사의 집으로 끌려간 후 기사와 그 하인에게 강간당한 사례를 든다. "그녀가 자신의 자유의지로 그 집에

---

* '기소녀prosecutrix'라는 용어는 영국사에서 강간 재판이 이루어지려면 한 여성이 민사소송을 직접 제기하는 짐을 짊어져야 했던 시대에서 유래한 것이다. 물론 오늘날은 여성이 아니라 국가가 강간을 기소하지만 '기소녀'라는 표현은 여전히 강간범의 변호인이 작성한 항소이유서에 '고소인complainant'이나 '피해 추정인' 따위의 표현과 함께 자주 등장한다. 법률 용어 대부분이 아무리 고색창연하다고 해도, '기소녀'라는 표현은 개인적인 보복을 위해 냉혹하게 소송을 건다는 의미를 함축하기에 피고 측 변호인이 선호한다는 사실을 부정하기는 힘들 것이다.

들어온 것이 아니라는 이야기를 뒤늦게야 들었고, 그래서 공포에 질렸다는 기사의 주장을 법정이 진지하게 인정해주었다. …… 영국에서조차 그랬다." 그리고 이어서 이렇게 썼다. "봉건 지배계급의 일원은 왕이나 상위 영주에게 범죄를 저지르지 않는 한 거의 기소당할 가능성이 없었으며, 혹여 기소당하더라도 처벌당할 가능성은 더더욱 없었다."

(여기서 "영국에서조차"가 중요하다. 중세시대에는 야만적인 아내 구타, 궁정 성매매를 비롯해 봉건적 압제와 무법 상태가 어디랄 것 없이 만연했으나,[31] 대륙에서 여성이 처한 상황은 영국보다 훨씬 더 나빴던 것으로 보인다. 초야권 jus primae noctis 혹은 대감의 권리droit du seigneur[32]는 장원의 영주 밑에 있는 농노나 봉신 신분인 신랑 신부가 영주에게 일정량의 생산물을 기한 내로 지불하지 않으면 영주가 그 대가로 신부의 처녀성을 취할 권리를 갖는 관습으로 분명 일종의 강간이었다. 독일, 프랑스, 이탈리아, 폴란드의 일부 지역에서는 이것이 비정기적으로 강요된 흔적이 있지만, 영국에는 그런 흔적이 없다. 그렇다고 해서 당대 영국을 과대평가할 필요는 없는데, 당시 법은 가장 진화한 법이라 해도 봉건계급의 법일 뿐으로 봉건 귀족의 이익을 보호하기 위해 설계되었기 때문이다. 훨씬 후대인 18세기에 일어난 일이지만, 볼티모어의 일곱 번째이자 마지막 영주였던 프레더릭 캘버트가 모자 업자인 세라 우드콕을 강간해서 벌어진 재판과 무죄 선고 과정[33]은 봉건법이 강간을 어떻게 다루었는지 짐작할 수 있는 좋은 예이다. 그는 29세의 모자 만드는 처녀를 납치해서 일주일 이상 감금했다. 재판에서 그는 여자가 동의했다고 주장하며 이렇게 항변했다. "난봉꾼이라 불렸으니 나는 내 모든 경솔한 행동을 충분히 속죄했네. 가치 없는 여자에게 경솔하게도 미약한 애착을 가진 바람에 법정에 범죄자로 노출되는 불명예로 고통받았으니 그것으로 충분히 죄값을 치렀다고 확신하네." 판사와 배심원단도 이 말에 동의했던 것으로 보인다. 볼티모어 공의 사례에 놀라운 점이 있다면, 그 사건이 재판까지 가기는 했다는 점일 것이다.)

재산이 있는 처녀가 아닌 경우, 즉 브랙턴이 세심하게 열거하는 바 "기혼 몸종과 수녀, 과부, 첩, 심지어 창녀"가 강간당했을 경우 정의는 어떻게 구현되었을까?[34] 브랙턴은 '처녀 강간 상고'에 대해서는 그토록 상세하게 절차와 처벌 방식을 서술하더니 처녀가 아닌 여성을 강간한 자에 대해서는 "이 부류에 대한 처벌은 여기서 말한 바를 따르지 않는다"고만 언급하고 서둘러 넘어가버린다. 처녀가 아닌 여성을 강간하는 경우도 "심각"할 수 있다고 언급하고도 말이다. 그는 정확히 어떤 처벌이 뒤따르는지 적지 않았는데, 나름대로 좋은 의도에서 그럴 만한 이유가 있어서 그랬을 수도 있다. 판례로 따를 수 있는 유죄판결이 거의 없었을 수도, 처벌이 일관되지 않아서였을 수도, 그를 비롯한 법조계의 남성 동료들이 그런 종류의 사건은 사법적으로 큰 관심을 기울일 가치가 없다고 여겼을 수도 있다. 실은 세 가지가 모두 원인이었을 가능성이 높다. 법사학자인 폴록과 메이틀랜드는 "이런 경우에 관해서는 판례를 거의 찾을 수 없다. 13세기에 강간 상고는 종종 있었다. 하지만 파기되거나 방치되거나 중재로 끝나는 경우가 많았다"[35]고 언급했다. 그럼에도 브랙턴이 살던 13세기에 장원 재판소가 적어도 원칙상으로는 법적 강간 개념을 "몸종과 수녀, 과부, 첩, 심지어 창녀"가 강간당한 경우까지 확장했다는 사실은 중요하다. 브랙턴이 지나가듯 쓴 저 구절은 아마 역사상 최초로 저런 부류의 여성들을 글로 언급한 기록일 것이다.

13세기 말 에드워드 1세가 발포한 웨스트민스터법[36]은 엄청나게 발전한 법적 사고방식을 보여주는데, 이때부터 왕(미국인은 '왕crown'을 '국가'로 바꿔 읽으면 된다)이 처녀가 강간당한 사건뿐 아니라 모든 종류의 강간 기소에 적극적으로 관심을 보이게 된다. 이뿐만 아니라 현대의 법에서 의제강간의 원칙, 즉 어린이와 육체 관계를 맺는 일을 그 자체로 중죄로 보며, 이때 '동의' 여부는 전혀 따지지 않는 원칙 역시 이 시대의 법에 기원을 두고 있다.[37]

처녀뿐 아니라 기혼 여성 강제 강간*까지 왕의 관할권을 확장했을 뿐 아니라 두 경우에서 남성 가해자가 받는 처벌에 차이를 두지 않았다는 점에서 웨스트민스터법은 결정적인 중요성을 갖는다. 게다가 왕이 관할하는 재판에서는 결혼으로 가해자를 구원하게 만드는 비열한 관습을 영원히 금지하면서 처녀 강간과 기혼 여성 강간의 차이가 더욱 희미해졌다. 그리하여 왕이 주관하는 재판이 전례 없이 남편의 소유권을 간섭하게 되자, 웨스트민스터 의회는 권리 구제의 차원에서 경범죄로 분류할 가벼운 강간죄를 새로 정의해 법으로 제정하는 편이 적절하다고 보았다. 이 경-강간죄lesser ravishment는 유부녀가 자신을 '더럽히는' 일에 격렬히 저항하지 않아서 논란이 되는 경우 적용할 수 있는 법으로, 이런 사건에서 고통을 받는 피해자가 남편이라고 보고 부인에게서 미망인 상속 권리를 무조건부로 빼앗았다. 부부 사이에서 강간이 일어난 경우 이 법은 원리상 남편에 의한 강간은 성립할 수 없다고 보았는데, 남편과의 관계에 부인이 영구히 '동의'한다는 것이 결혼서약에 포함되어 있고 결코 철회될 수 없다는 이유였다. 이런 관점은 지금도 여전히 유지되고 있다.[38]

에드워드 1세는 새로운 법이 실제로 효력을 발휘하게 하려고 강간당한 여성이나 그 친척이 40일 내에 개인 소송을 제기하지 못할 경우 기소권이 자동으로 왕에게 넘어가도록 하는 칙령을 내렸다. 전대까지만 해도 처녀에게만 적용했던 이런 장치를 모든 강간 사건에 적

---

* 폭행이나 협박을 통해 강제로 삽입성교한 경우. 강간미수와 강간할 의도의 폭행까지 포함. 단 폭행이나 협박 여부와 상관없이 성립하는 의제강간은 포함되지 않는다.-옮긴이

용한 이 대담한 발상은 법과 여성 양자 모두의 관점에서 거대한 진일 보였다. 이 조치로 인해 강간이 더 이상 가문의 불행이나 영지 및 재산에 대한 위협이 아닌 공공 안전의 문제이자 국가의 관심사가 되었기 때문이다.

1275년 제정된 첫 번째 웨스트민스터 법령은 강간에 대해 2년 감금형과 왕이 임의로 정하는 벌금 정도의 미약한 수준의 처벌을 규정하는 데 그쳤는데, 이는 물론 거대한 제도적 변화가 초래할 충격을 완화하기 위해서였다. 애초에 웨스트민스터 의회에서 만든 법은 오직 의도치 않은 사후 효과를 통해서만 여성의 권리를 인정하는 성격을 가졌다. 웨스트민스터법이 거침없이 추구한 역사적 목표는 여성의 권리 신장이 아니라 왕의 손에 정치권력을 집중시키는 것이었기 때문이다. 그런데 그로부터 10년이 채 지나지 않아 소심했던 첫 번째 법령을 개정한 두 번째 웨스트민스터 법령이 나왔다. 이 새로운 두 번째 법 이후로 "기혼 여성, 부인이나 처녀"를 그녀의 동의 없이 강간한 남자는 누구든 왕의 법에 따라 더할 수 없는 중죄를 저지른 자로 간주해 사형[39]에 처했다.

현실에서는 양피지에 쓰인 내용만큼 위력을 발휘하지 못했지만 이 법 덕분에 강간이 공공의 이익에 반하는 위법 행위라는 개념만큼은 확고히 수립되었다.

13세기 이후부터 20세기에 이르기까지는 거의 변화가 없었다. 헤일, 블랙스톤, 존 헨리 위그모어John Henry Wigmore 등 후대의 법학계 거인들은 여성 피해자에게 의혹의 눈길을 보내면서 그녀의 동기와 '명성'을 염려하는 태도를 포기하지 않았다.

블랙스톤은 이렇게 언급했다. "만약 그녀가 악랄한 평판의 소유자이고 본인 외에 진술을 입증해줄 다른 사람이 없을 경우, 고소할 기회가 있었는데도 상당 기간 상처를 숨겨왔을 경우, 강간 행위가 일어났다고 주장한 장소가 다른 사람들이 소리를 듣고 구하러 올 수 있는 곳인데도 격렬하게 소리를 지르지 않았을 경우 등 위에 열거한 상황이나 그와 유사한 상황이라면 그녀의 증언은 사실이 아니거나 꾸며낸 것이라고 확신까지는 아니라도 강력히 의심해볼 만하다."[40]

3

전쟁과 강간

이것이 나의 무기, 이것이 나의 총

업무용 물건이자, 유흥용 물건이지

—훈련 담당 하사관의 노래

그 말을 듣고 나는 그에게 말했다. 아무리 성실하게 노력해도 강간은 무조건 일어나게 되어 있고, 그럴 때 가능한 한 신속하게 사건의 세부 사항을 알고 싶은데, 그래야만 범인들을 제대로 교수형에 처할 수 있다고 말했다.

—조지 S. 패튼 주니어 장군,《내가 아는 전쟁 War As I Knew It》[1]

전시 강간에 대해 **남성은** 꽤 웃기는 태도를 취한다. 강간은 어쨌든 일어나게 되어 있다. 부도덕한 일이지만 불가피하다. 남자가 남자답게 굴면 자기들끼리 끝장을 볼 때까지 싸우고, 새로운 땅을 정복하고, 다른 민족을 지배하며, 승리를 향해 나아갈 때면 **무조건** 강간이 일어날 수밖에 없다는 것이다.

그리고 실제로 그래왔다. 종교전쟁에도 강간이 동반된다. 첫 번째 십자군에 속한 기사와 순례자는 콘스탄티노플로 행군하는 도중 성폭행을 저지르기 위해 발길을 멈추고는 했다.[2] 강간은 혁명전쟁의 동반자이기도 하다. 조지 워싱턴George Washington이 남긴 기록[3] 중에는 1780년 7월 22일 제7펜실베이니아 연대 소속인 토마스 브라운이라는 자가 패러머스에서 강간죄로 사형당했다는 기록이 있는데, 브라운은 이미 한 번 강간으로 유죄판결을 받은 전과가 있었다. '정의로운' 전쟁인지 '정의롭지 않은' 전쟁인지에 따라 전시 강간 여부가 달라지지는 않았다. 제1차 세계대전 시 야만적인 독일군이 벨기에를 통과할 때 강간은 테러의 도구였다. 제2차 세계대전에서 러시아군이 베를린으로 진격할 때 강간은 보복의 도구였다. 전시에 강간은 지역이나 국적에 관계없이 번성했다. 파키스탄 군대가 방글라데시를 공격했을 때, 후일 파키스탄 외교부 장관이 사용한 표현에 따르면 "애석하게도" 감당할 수 없을 정도로 많은 강간이 발생했다.[4] 미군이 베트남 산악지대에서 수색과 파괴 활동을 벌이는 과정에서도 강간은 지겨움을 달래는 수단으로서 단연 두각을 드러냈다.

현대로 오면서 전시 강간은 전쟁에 관한 국제 규약하에 범죄 행위로 불법화되었다. 미국통합군법 120조에서 강간은 사형이나 감금형을 받는 범죄이다. 그럼에도 강간은 여전히 전시라면 으레 있기 마련인 행위로서 집요하게 계속되고 있다.

전시 강간에 관해 흔히 다음과 같이 주장한다. 정부나 조직이 전시에 살인을 그냥 용인하는 정도를 넘어 영웅적 행위로 옹호하기 시작하면, 인간의 생명을 빼앗은 행위와 용납 불가능한 다른 폭력 행위 사이의 경계도 사라질 수밖에 없고, 불행히도 그 와중에 강간은 전쟁이라는 게임의 피할 수 없는 부산물이 된다는 것이다. 이런 논리에 따르면 강간당한 여성은 폭격을 피하지 못한 민간인 희생자처럼 단지 '애석하게' 발생한 피해—전쟁에서 발생하기 마련인 사상자—가 되며, 어린이, 가옥, 개인 소유물, 교회, 제방, 물소 및 다음해 거둬들인 수확물 등과 다를 바 없이 취급된다. 그러나 전쟁에서 강간이란 목표에서 빗나간 폭탄이나, 개인적으로 아는 사이가 아닌 대상을 향한 약탈과 방화, 의도적인 매복공격, 대량학살, 심문에 동반되는 고문 같은 것과는 질적으로 다른 동시에, 저 모든 것의 속성을 포함한다. 강간은 전쟁이 초래한 증상이거나 전시의 극단적인 폭력을 입증하는 증거이기만 한 것이 아니다. 전시 강간은 평시에도 익숙한 이유를 구실로 삼는 익숙한 행위다.

전쟁은 평시에도 남성이 가지고 있던 여성에 대한 멸시를 극대화해 폭발시키는 데 더할 나위 없는 심리적 배경을 제공한다. 군대는 그들만 독점할 수 있는 무기가 발휘하는 잔혹한 힘과 병사 간 정신적 결속, 명령을 하달하고 복종하는 남성적 훈육 과정, 위계에 따른 명령 체계의 단순한 논리를 통해 남자다움이 무엇인지 규정하고 그것을 구성원에게 주입한다. 그리고 그 과정을 통해서 여성이 진짜로 중요한 세계와는 관련 없는 주변적 존재이며 중심부에서 벌어지는 일을 수동적으로 구경만 하는 존재라는 남자들의 오랜 의혹을 확신으로 만들어준다.

전시 강간을 저지르는 남자들은 본래 평범한 이들이지만, 세상에서 가장 배타적으로 남자만 받아주는 집단의 일원이 되면서 평범치 않은 존재가 된다. 전투에서 승리한 집단은 민간인일 때는 꿈도 꿔보지 못한 힘을 손에 쥐게 된다. 그리고 그 힘은 남성에게만 허용된 힘이다. 이들에게는 여성이 없는 세계라는 비현실적인 상황이 무엇보다 중요한 현실이 된다. 생명을 **만드는** 일보다 생명을 거두는 일이 더 중요하고 의미 있는 일처럼 되어버리고 손에 쥔 총은 곧 권력이 된다. 전쟁이 낳은 병이 또 병을 낳는 악순환이 일어난다. 상당수 군인이 군대에서 얻은 우월감을 여성에게, 자기 자신에게, 그리고 다른 남자에게 증명하려 들게 되는 것이다. 전쟁은 승리의 미명하에 총의 힘으로 남성에게 암묵적인 강간 면허를 부여한다. 전시 강간 행위와 그 행위를 정당화하는 방식은 '기사도'나 문명의 얇은 껍데기를 벗어던진 가장 거침없는 상태의 남성 심리를 보여준다.

여자를 지키기 위해 싸우는 일은 고대 원시부족들이 서로 음식을 지키기 위해 싸우는 일과 같은 활동이었는데, 아직도 일부 지역에는 그런 활동이 남아 있다. 실용적 기질의 히브리인은 일어날 수 있는 모든 사태를 법으로 적어두지 못해 안달해왔지만, 전쟁에서 사로잡힌 여성의 지위 문제만큼은 대수롭지 않은 양 처리했다. 〈신명기〉에 따르면 히브리 남자는 여성 포로를 노예나 첩으로 삼을 수 있었지만 결혼은 법적으로 권장되지 않았다.[5] 만약 히브리 남자가 여성 포로와 결혼한다면, 그 여성은 히브리 여성과 달리 특별한 사유나 복잡한 절차 없이 이혼당할 수 있었다.

고대 그리스인에게 강간은 전시 규칙에 따르는 한 사회적으로 허용되는 행위였는데, 전사에게 정복당한 여자란 합법적인 전리품이었으므로 전사가 붙잡은 여자를 부인이나 첩, 노예, 진지의 포상물로 이용하는 것은 전혀 수치스러운 행위가 아니었다. 호메로스Homeros의 《일리아스Ilias》를 보면, 파리스가 헬레네와 함께 보석을 훔쳐 달아나자 스파르타의 메넬라오스가 헬레네를 다시 데려오려고 하면서 트로이 전쟁이 벌어진다. 1,000척의 배를 띄울 만큼 아름다운 헬레네의 얼굴은 궁극의 전리품이었다. 헬레네는 여왕이었기 때문에 트로이에 머물 때 파리스의 부인으로 대접받았지만 신분이 낮은 여성은 헬레네보다 낮은 처우를 감내해야 했다. 트로이인 크리세이스는 스파르타군에게 잡힌 후 아가멤논에게 전리품으로 할당되어 진지에서 그를 수발하는 첩이 되었는데, 크리세이스의 아버지가 딸을 되찾기 위해 아폴로 신에게 도움을 청했다. 크리세이스를 돌려줄 수밖에 없게 된 아가멤논은 화가 나서 크리세이스 대신 브리세이스를 차지했다. 브리세이스는 그의 장수인 아킬레우스가 전쟁으로 얻은 노예 첩이었다. 브리세이스를 빼앗긴 아킬레우스는 자기 천막에 칩거하며 전투를 거부했고, 이 일 때문에 스파르타 동맹이 하나로 뭉칠 명분까지 위태로워졌다. 아가멤논은 다시 군대를 단결시키기 위해 세심히 화해를 이끌어내야만 했다. 그는 아킬레우스에게 격식을 갖춰 브리세이스를 돌려보냈고, 자기 보물창고에서 신중하게 골라낸 전리품도 함께 보냈다. 삼발이 그릇 7개, 거대한 솥 20개, 말 12마리, 금화 10 탈렌트와 여자 공예가 7명이 그 선물이었다. 브리세이스는 그토록 공들인 협상이 성사된다면 아킬레우스가 자기와 결혼할지도 모른다는 희망을 품었지만, 아킬레우스는 그녀와 결혼하지 않았다. 그는 전장의 노획물로 여자를 만나는 편을 더 편하게 여겼다.

사비니 여성들이 강간당한 사건은 전시에 여자를 약탈한 수많은 사례 중에서도 특히 유명한데, 로마 건국을 추동한 사건으로 회자되면서 여러 세기에 걸쳐 예술가의 상상력을 사로잡았다. 예술가들은 하나같이 사로잡힌 사비니 여자들을 육감적이고 나긋나긋하며 즐거워하는 듯한 모습으로 그렸다. 성 아우구스티누스가 이 강간 사건을 언급한 구절을 찾아보면, 흥미롭게도 강간 자체는 비난하지 않고 강간한 절차가 정정당당하지 못했다며 설교하는 모습을 볼 수 있다.

사비니 사람들이 딸을 주지 않으려 든 처사가 부당하긴 했지만, 그렇다고 해서 강제로 그 딸들을 빼앗은 것은 훨씬 더 부당한 처사이다. 잡혀간 딸을 돌려달라는 자에게 대항해 전쟁을 벌이는 것보다는 딸과 결혼하겠다는 부탁을 거절한 자에게 전쟁을 선포하는 편이 더 정의로웠을 것이다. …… 먼저 전쟁에서 이긴 후 부당하게 거부하는 여자를 승자로서 취했다면, 전시의 법을 따르는 일로 무리가 없었을 것이다. 그러나 거부하는 여자를 먼저 차지한 후 분노한 여자의 부모들을 적으로 삼아 전쟁을 벌였으니, 이는 평화 시의 법을 어긴 정의롭지 못한 일이었다.[6]

아우구스티누스가 이 과정을 '떳떳하지 못한 속임수'라고 부른 것은 전쟁 후가 아닌 전쟁 **전에** 여자를 납치해 강간했기 때문이었다.

그렇다면 전시 강간은 언제부터 범죄가 되었을까? 물론 어느 날 갑자기 종이 울리면서 역사의 이 시점부터 전시 강간을 세계 어디서든 제대로 된 전사라면 절대 해서는 안 될 범죄 행위로 간주한다고 선언하는 식으로 변화가 일어나지는 않았다. 역사적으로 여성의 권리 신장은 국가의 발전처럼 지역에 따라 들쭉날쭉 고르지 않게 이루어졌다. 546년 로마를 점령한 동고트 왕 토틸라가 자기 병사들이 로마 여성을 강간하지 못하게 했다는 기록이 있지만, 내가 이 잘 알려지지 않은 역사의 편린을 발굴했을 때 원 자료에는 이런 경고도 함께 붙어 있었다. "토틸라는 야만의 시대에 홀로 빛나는 기사도의 모범을 보여 준다."[7] 그러니 토틸라는 시대를 앞서간 예외적인 남성인 셈이다.

기록으로 남아 있는 군법 중 가장 오래된 것으로는 1385년 잉글랜드의 리처드 2세가 선포한 강간 금지 조항이 있다. 군인의 행동을 다스리기 위한 24개 조항 중 하나에서 리처드 왕은 "어떤 여자에게든 강제로 하는 …… 무뢰한이 있어서는 안 되며, 그럴 경우 교수형에 처한다"고 명한다.[8] 당대에 교회를 약탈한 무뢰한에게 적용한 것과 똑같은 형벌이었다. 17세기에 이르러서야 네덜란드의 법학자이자 국제법의 아버지라 불리는 휴고 그로티우스Hugo Grotius가 국제 군사법을 상세히 집필하는 과정에서 어떤 나라에서는 여자의 명예를 더럽히는 행위가 허용되는 반면 다른 나라에서는 그렇지 않은 현실을 비교해볼 필요를 느꼈다. 그로티우스는 문명화된 국가일수록 강간을 용인하지 않는다고 주장했다.[9] 비록 책에서만 통하는 이야기였을지라도 전시 강간 불법화는 여성을 위한 중요한 진보였다. 물론 처벌이 있든 없든, 그것이 엄격하게 적용되든 아니든 아랑곳없이 전시 강간은 계속 번성했다.

전쟁에서 통하는 단순한 규칙이 있다면 바로 이기는 편이 강간한다는 것이다. 이렇게 되는 데는 실용적 원인과 심리적 원인 두 가지가 있는데, 결코 패자가 승자보다 강간을 기피할 만큼 더 고결하거나 도덕적으로 우월해서는 아니다. 실용적 원인은 이긴 편의 군대가 패배한 편의 영토를 가로질러 행군할 수 있기 때문이다. 패배한 쪽의 영토를 지나면서 강간을 한다면 당연히 패배한 쪽 여성의 몸이 주로 대상이 될 수밖에 없다. 심리적 원인은 강간이 정복자의 행위이기 때문이다. 이는 그저 뻔한 동어반복이 아니다. 강간이 정복자의 행위라는 말은 왜 남성이 전시 강간을 멈추지 않는지를 설명해준다.

적의 여자를 진지에서 나눠주는 포상물이나 노예 노동력으로 이용하지 않게 되었을 뿐 아니라, 상대적으로 문명화된 왕과 장군들이 전시 강간을 배척하게 된 후에도 강간은 여전히 승리를 보장해주는 보증수표처럼 여겨졌다. 중세시대 평민 보병의 경우 지휘관에게 제대로 된 보상을 받는 일이 드물었기에 강간하고 약탈할 기회는 그들에게 얼마 안 되는 특권 중 하나였다. 비잔틴 황제 알렉시우스는 첫 번째 십자군 원정대를 모집하기 위해 그리스 여자가 얼마나 아름다운지 선전해야 했다. 동고트의 토틸라처럼 모범이 되는 전례가 존재했음에도 1204년 콘스탄티노플이 함락되자 고대 도시가 적에게 무너질 때마다 거의 언제나 그랬듯 강간과 약탈이 연달아 일어났다. 트로이의 헬레네 이래로 "전리품은 승자에게 속한다"는 격언이 변함없이 여성을 대상으로 언급되어오기는 했지만, 여성을 순전히 소유물로만 취급하는 옛 방식은 시간이 가면서 훨씬 더 교묘한 가치 체계로 대체되었다. 세월이 흐를수록, 강간으로 여성을 제압하는 일이 승리를 측정하는 척도이자, 군인의 남성다움과 성공을 증명하는 징표인 동시에 군복무에 대한 실질적인 보상이 되었다. 여성 자체가 재산이었던 시대로부터 여성의 몸에 접근할 기회를 전쟁에서 주어지는 보상처럼 이용하는 체계가 자라나온 것이다.* 1812년 뉴올리언스에서 장군으로 참전 중이던 앤드루 잭슨은 이를 두고 '전리품과 미녀Booty and Beauty'[10]라고 불렀다고 한다. 물론 본인 휘하의 군인들 말고 적군인 영국인들의 행태를 비웃는 표현이었다.

강간하는 군인 본인이 자신의 행동을 저렇게까지 냉소적으로 바라보지는 않았을 것이다. 대의명분으로 두텁게 무장한 군인이라면 강간을 이데올로기나 신에 의해 정당화되는 영웅적 행위인 양 여겼

---

* 전투의 보상으로 여성의 몸에 접근할 수 있게 해주는 것이 오랜 관습이었고, 전시 강간과 성매매가 언제나 연결되어 함께 다닌 역사가 있기 때문에 성매매 문제를 건드리지 않고 전시 강간을 논하기는 불가능하다. 여기서 나는, 남자들이 손쉽게 성매매를 할 수 없으면 '욕구를 충족하기 위해' 강간을 하게 된다는 논리를 답습하려는 것이 아니다. 군인이 권리와 쾌락을 이해하는 방식 자체에 두 행위, 즉 동의하지 않는 여성을 강간하는 행위와 협조적인 여성의 몸과 서비스를 구매하는 행위가 항상 나란히 붙어다닌다는 사실을 유념하자는 것이다. 군사기지 근처에서 이루어지는 성매매는 역사적으로 군대를 따라다니는 비전투 종군 인력과 관련 있는 현상이지만, 이렇게만 서술하면 역사를 호도하는 서술이 될 여지가 있다. 미국 독립혁명까지만 해도 비전투 종군자란 군인들이 기본적으로 필요로 하는 것을 제공하는 직업으로 전쟁 수행의 뗄 수 없는 일부였다. 여성 비전투 종군자—이들 중 많은 수가 군인의 아내였는데—는 요리하고 세탁하며 남편의 간호사 역할을 한 것은 물론 성적인 역할도 수행했다. 그러다가 군대와 플로렌스 나이팅게일이 요리, 세탁, 간호 등의 업무를 가져가자 비전투 종군자에게는 성적 역할만 남게 되었다. 흥미롭게도 군인이 외국인 여성과 결혼하는 일은 복잡한 군대 규정으로 어렵게 만들어놓은 반면, 성매매 여성에게 접근하는 것은 대체로 권장했다.

을 것이다. 프랑스 종교전쟁 때는 군인들이 (설마 진짜로 신이 허락한 것은 아니겠지만) 열렬히 신의 이름을 내세우며 많은 여성에게 성폭력을 저질렀다. 지역 교구 사제로 꼼꼼한 일기를 남긴 클로드 아통은 1567년 12월 18일 프로뱅 근처에서 일어난 강간 사건에 관해 주목할 만한 묘사를 남겼다. 사건의 피해자는 한 위그노 교도 여인이었다.

르블랑 씨와 부인이 어떤 군인들의 손아귀에 떨어졌다. 군인들은 부인과 남편을 각각 붙잡고는 서로 말하거나 쳐다보지 못하도록 했다. 군인들은 실컷 쾌락의 도구로 이용하고 발과 다리와 머리 모두 헐벗은 채로 거리를 걷게 만든 후에야 여자를 풀어줬다. 그녀가 걸친 것이라고는 속옷과 앞치마뿐이었는데 온통 피로 붉게 물들어 있었다. 12월 18일에 일어난 일이다. 생 에울 교회 앞에 이르자 그들은 그 가여운 위그노 교도를 교회 안으로 데리고 들어갔다. 아침 8시에서 9시 사이였다. 그들은 교회 입구에서 여자를 강제로 성수에 담근 후 얼굴에 성수를 뿌렸고, 사제가 미사를 집전하고 있던 중앙 제단으로 끌고 갔다. 거기서 그녀는 강제로 무릎을 꿇고 미사가 진행되는 동안 불 켜진 초를 들고 있어야 했다. …… 그들은 그녀에게 신께 용서를 빌라고 했다. …… 진실된 가톨릭 신앙을 배반하고 거짓된 위그노 신앙을 지지한 끔찍한 죄를 저질렀으니 용서를 빌라고 했다.[11]

한편, 평민 군인이 아닌 기사와 지주들만큼은 지체 높은 가문의 여성이 군인에게 성폭행당하지 않도록 보호할 책임을 (지위가 낮은 여성까지 보호하지는 않을지라도) 기꺼이 감당했다고 주장하는 문헌도 있다. 장 프루아사르Jean Froissart가 쓴 영국·프랑스 간의 백년전쟁 연대기는 기사도를 보여주는 낭만적인 사례로 가득 차 있다. 이를테면 에드워드 3세가 푸아성을 점령했을 때, 사람들이 모조리 도망가 텅 빈 성에 귀족 여성 두 명만 남아 "먼저 도착한 두 기사가 구원하지 않았다면 신분 낮은 궁수들에게 강간당할 뻔한" 장면을 들 수 있다. 프랑스 기사도에 관한 책을 쓴 시드니 페인터는 이렇게 평했다. "프루아사르는 영국과 프랑스의 기사들이 전쟁 중 자기 손에 떨어진 귀부인들을 정중하게 대했다고 쓰기를 즐겼다. 수녀원이 약탈당해 수녀들이 강간당한 경우에는 독일인이 저지른 일이라고 지적하는 일을 잊지 않았다."[12] 하지만 기사들이 언제나 신분에 걸맞게 행동한 것은 아니었다. 연대기 저자 E. 몽스트렐레E. Monstrelet가 충격에 사로잡혀 기록한 바에 따르면, 프랑스군이 1414년 수아송을 함락했을 때는 귀족 남성들도 평민 군인과 함께 "모든 지위의 여성들을 무차별하게 강간했다".

승리를 거둔 군대의 시점에서 강간은 순전히 승리의 기쁨에 도취해 저지르는 행위가 된다. 국가 단위의 테러와 정복이 보여주는 커다란 패턴의 일부로 강간을 인식하는 일은 사후에만 가능하다. '사후에야' 이런 인식이 가능한 이유는 강간하려는 충동이 복잡한 정치적 동기 부여에서 비롯되는 것이 아니라, 그냥 언제나처럼 여성의 신체 온전성을 무시하는 데서 비롯되기 때문이다. 그러나 전시 강간은 충동이 생겨 어쩌다 저지른 일에 그치지 않고 군사적 효과도 불러일으킨다. 피해를 입은 쪽에게는 협박을 당해 사기가 떨어지는 것과 비슷한 효과를 발휘하는 것이다.

가해한 쪽의 국가가 강간을 시인하는 일은 거의 없다.* 전시 강간

---

* 미국의 경우는 예외였다. 미군이 저지른 강간 사건은 미국에서 상당한 주목을 받았다. 군법회의에서 증인이 범인을 잘못 알아봤다며 강력하게 혐의를 부인하는 방식으로 피고 변호가 이루어지면서 대중의 이목을 끈 사건들도 종종 있다. 예를 들어 제2차 세계대전 중 일

기록은 전쟁의 포연이 가신 후 적이 저지른 일을 취합해 분석하고 정치선전용으로 가공하면서 남게 된다. 정복당한 나라의 남자들은 '우리의 여자'가 강간당한 일을 궁극의 수치이자 치명타로 여기기 마련이다. 패배한 국가의 국민은 강간을 적이 그들을 의도적으로 파괴하기 위해 이용하는 수단으로 간주한다. 남자들은 '내 여자'가 강간당한 일을 사실상 자기가 겪는 패배의 고통으로 전유해온 유구한 전통을 가지고 있다. 이런 자기중심적 관점은 어느 정도 실용적인 쓸모가 있다. 딸과 아내처럼 자기가 아끼며 함께 지내는 여성들이 강간당할 경우 진심으로 염려하는 마음과는 별개로, 남성에게 지배자가 벌인 강간이란 정복당한 처지에서 겪게 되는 성(性)불능을 설득력 있게 설명해줄 증거가 된다. 여성을 소유하는 것이 남성으로서 성공을 보증하는 징표였듯, 여성을 보호하는 일 역시 오랫동안 남성으로서 자부심을 보증하는 징표였다. 그런데 점령군이 벌인 강간은 패배한 쪽 남성의 힘과 소유권에 대한 환상을 모조리 파괴한다. 강간을 통해 여성의 몸은 상징적인 전쟁터가 되며, 승리자가 개선식을 벌이는 광장이 된다. 여성의 몸에 가하는 행위가 남자들끼리 주고받는 메시지가 되는데, 한쪽에게는 승리의 산 증거이고 다른 쪽에게는 패배와 상실의 산 증거인 것이다.

1746년 4월, 컴벌랜드 공이 이끄는 조지 왕의 군대가 스코틀랜

본과 오키나와에서 그리고 한국전쟁에서 원고가 범인을 잘못 지목했다며 피고를 변호한 사례가 있다. 피고는 모두 흑인이었다. 비슷한 사례로 1971년 수면에 떠오르게 된 독일 주둔지에서 복무했던 두 미군의 사례가 있다. 베트남전쟁 때는 많은 언론이 동남아시아 전쟁의 공포를 기록하고 폭로하는 과정에서 미군 강간 사건도 당대에 바로 공개되었다. 시대가 달라지며 그만큼 인식이 바뀌었다고 할 수 있겠다. *We Charge Genocide*, New York: Civil Rights Congress, 1951, pp.124－125; Herbert Aptheker, *History and Reality*, New York: Cameron Associates, 1955, pp.254－278; David Breasted, "Two Black GI's on Rape Rap Seek Justice," *New York Daily News*, June 9, 1971.

드 하일랜드에서 일어난 반란을 진압했다. '보니 프린스 찰리'의 깃발 아래 싸운 하일랜드 씨족은 컬로든 전투에서 철저히 학살당했고, 잔혹한 평화 유지 계획이 뒤따르면서 스코틀랜드에서 조직된 부족으로서의 생명에 종지부를 찍었다. 현대 영국 사학자인 존 프레블John Prebble은 저 자부심 높은 옛 씨족이 간직해온 기록으로부터 컬로든 전투와 그 여파에 관한 이야기를 수집했다.[13] 프레블은 그가 찾아낸 이야기를 그대로 글로 옮겼는데, 씨족 남자의 관점에서 볼 때 씨족 여자가 강간당한 일은 잉글랜드 침략자가 고의적으로 저지른 압제 행위였다.

전투가 벌어지는 동안 컬로든 황야에서 여성의 시체가 성적으로 훼손당한 일은 이 이야기의 시작에 불과하다. 조지 색빌 공이 보병 부대를 이끌고 간 모이다트 지역은 맥도널드 씨족이 반란을 일으킨 후 "항복할 열의를 전혀 보이지 않았"던 지역이었다. 씨족 남자 몇 명이 고함을 지르며 군대의 후미를 습격해서 말과 보급품을 차지했다. 색빌은 "군대가 다음 마을에서 보복하는 것을 허용했"는데, 이때 "부족 여자들은 먼저 강간을 당한 후 남편, 아버지, 형제, 아들이 총에 맞고 총검에 찔리는 것을 붙들린 채 지켜봐야 했다".

록하트 소령의 소대는 인버릭에서 협곡을 통과했다.

도강과 모리스턴강이 합류하는 지점인 검은 폭포에서 이소벨 맥도널드는 다섯 명의 군인에게 강간당했다. 남편은 들꽃 사이에 숨어서 그 장면을 지켜보며 괴로워했다. 다른 여성들 역시 불타는 자신의 집 앞에서 강간당했다. …… 강간당한 여자들은 아홉 달이 지날 때까지 남편과 함께 눕지 않겠다는 맹세를 했다. 글렌모리스턴의 영주는 이소벨 맥도널드와 다른 여자들을 떠올리며 이렇게 이야기했다. "그런 해결책에 남편들이 동의했습니다. 다행히도 강간으로 인해 아이를 가져 몰락하거나 몹쓸 병에 걸리는 일은 일어나지 않았어요."

다음 목적지인 스트래스글래스에 있는 치점 씨족과 프레이저 씨족의 땅에서 록하트의 군대는 임신한 여자도 강간했다.

그해 7월, 스콧 대령이 찰스 왕자의 잔당을 색출하려고 아우터헤브리디스 열도까지 수색망을 넓혔다. 그는 존 퍼거슨 대령이 이끄는 군함 퍼니스H. M. S. Furnace호를 타고 섬과 섬 사이를 오갔다. "라세이 섬의 영주 존 맥클라우드는 스콧의 군대가 로나 섬에서 눈먼 소녀를 강간했다고 이야기했다. …… 라세이 섬에서는 …… 크리스티 몽고메리와 매리언 맥클라우드라는 이름의 두 소녀를 강간했다."

퍼거슨 대령은 5월부터 웨스턴 아일스 부근을 돌아다녔고, 신선한 소고기와 양고기를 얻으려 여러 섬을 습격했을 뿐 아니라, 칸나 섬에 살던 맥도널드 씨족 일원의 말에 따르면 "결혼을 했든 안 했든 섬이란 섬은 다 뒤져 젊은 여자와 소녀를 강간하려고" 돌아다녔다. 칸나 섬의 여자들은 동굴에 숨었다.

소녀 두 명이 산다는 에반 모 맥키삭의 오두막을 찾아간 선원들은 그 어머니만 남아 있는 것을 발견했다. …… 선원들은 칼을 빼 위협해서 남편을 붙잡은 후 부인을 강간하려 했으나 그녀는 어둠 속으로 도망쳤다. 선원들은 취한 채로 커틀러스를 휘두르고 소리 지르며 그녀를 쫓아갔지만 늪에 숨은 그녀를 보지 못하고 지나쳤다. 로버트 포브스에게 이 이야기를 해준 칸나 섬의 맥도널드 씨족 사람이 전한 바에 따르면, 맥키삭 부인은 임신한 상태였으며 그날 동트기 전에 유산으로 죽었다고 한다.

그 후 퍼니스호 선원들은 에이그 섬에 상륙해서 가축을 도살하고 가옥을 약탈하며 "한두 명의 소녀를 강간했다".

프레블이 수집한 기록에 따르면, 복수한 여성이 적어도 한 명은 있었다. "아핀에서 한 소녀는 군인이 가축을 쏴 죽인 후 그녀를 강간하려 하자 그를 돌로 쳐서 죽였다. 시체는 비밀리에 에어드 지역 어딘가에 매장되었다."

전쟁 중에는 강간이 벌어지는 동안 남편이나 아버지가 지켜보게 되는 경우가 꽤 흔하다. 이소벨 맥도널드가 강간당할 때 덤불에 숨어 있던 남편처럼 강요당해서가 아니라 그냥 근처에 있었기 때문일 경우도 있지만, 에반 모 맥키삭의 경우처럼 지켜보게끔 고의적으로 강요당하는 경우가 더 많다. 강간하는 자의 관점에서 강간이 여성의 몸을 공격하는 일인 동시에 그 남편이나 아버지를 공격하는 행위이기 때문이다. 강간 사건 후에 남편이 보이는 태도 역시 흥미롭다. 인버릭에서 강간당한 여성들은 9개월간 남편과 동침하지 않았다. 글렌모리스턴 영주는 부인이 먼저 그런 계획을 제안하자 남편도 동의했다고 하지만, 남편이 혐오감에 사로잡혀 강간당한 부인을 버리는 경우가 더 일반적이었다. 최근에도 방글라데시에서 강간당한 여성을 집단적으로 거부하는 현상이 나타났다. 평화 시처럼 전시에도 강간당한 여성의 남편은 비난받을 책임을 주로 아내가 지게 만든다. 그렇지 않아도 허상일 뿐인 부인에 대한 남편의 소유권이 침해당했다며 소유물에게 책임을 돌리고 비난하는 것이다.

연구자가 아닌 평범한 독자라도, 역사서를 읽다보면 강간이 말할 수 없는 어떤 것처럼 취급될 뿐 아니라 전시 강간마저도 그렇다는 사실을 쉽게 알아차릴 수 있다. 진지한 역사학자가 전시 강간을 기록하는 일에 시간을 쓰는 경우는 거의 없는데, 이는 신뢰할 만큼 단단한 증거가 남아 있는 경우가 드물기 때문일 뿐 아니라 학자 개인의 가치관이나 취향 때문이기도 하다. 여기서 다룬 컬로든 이야기처럼 상세하게 기록이 남은 경우가 오히려 예외에 가깝다. 잉글랜드군이 스코틀랜드를 점령하면서 조직적으로 저지른 강간은 다른 정복전쟁에서도 드러나는 커다란 패턴에 완벽히 들어맞는다. 또한 자부심 넘치며 긴밀한 유대 관계로 조직된 씨족이 어떻게 완전히 멸망했는가를 돌이켜 분석해보고자 할 때도 논리적으로 아귀가 맞는 주제이다. 아마도 이런 이유에서 스코틀랜드의 하일랜드 영주들은 강간이 군사적으로 중요한 행위였다는 점을 이해했고, 매우 드물게 고통스러운 기록을 보존했을 것이다. 전시 강간에 대한 기록이 이 정도로 충실하게 보존된 경우는 제1차 세계대전에 이르기 전까지는 찾아보기 힘들다.

제1차 세계대전

1914년 8월 독일의 벨기에 침공과 함께 강간은 갑자기 패배와 수모를 표현할 때 국제적으로 가장 인기 있는 은유가 되었다. 강간이 이렇게 전례 없는 주목을 받게 된 것은 물론 전 세계가 갑자기 여성의 권리를 이해하게 되어서는 아니었다. 그 진짜 이유는 전쟁이 새로운 형태로 진화해서 선전선동을 과학적으로 활용하게 되었기 때문이었다.

내가 이 절에서 다루는 제1차 세계대전 시기의 강간에 관한 자료 중 가장 완전하고도 사실에 입각한 지식은 전쟁 발발 당시 옥스퍼드 대학교에서 그리스의 역사가 투키디데스를 연구하는 젊은 학자였던

A. J. 토인비^{A. J. Toynbee}에게 빚지고 있다. 그는 1917년 제1차 세계대전의 상황을 담은 두 권의 얇은 책을 냈는데, 하나는 전쟁 초기 몇 달간 벨기에의 상황을 다룬 책이고, 다른 하나는 프랑스에서 전개된 전쟁 양상에 관한 책이다.[14] 두 책 모두 기본적으로 독일군의 잔혹 행위를 기록한 개요서로서 연합국 조사 위원회가 자료를 수집한 후 가능한 한 독일 측 기록과 대조 검토해 제작되었다. 토인비를 비롯한 당대인들이 관찰한 바에 따르면, 독일의 작전 참모들은 제1차 세계대전의 첫 세 달간 의도적으로 테러 작전을 펼쳤다.*

토인비의 표현을 빌리자면, 독일군은 리에주에서 루뱅까지 한 줄로 연결되는 공포의 낫 자국을 냈다. 가옥이 불타고 마을은 약탈당했으며 시민은 총검에 찔리고 여성은 강간당했다. "다수의 여성이" 트레멜루 지역에서 강간당했다. 롯첼라에서는 "어떤 소녀가 다섯 명의 독일군에게 강간당한 후 미쳐버렸다". 카펠오부아에서는 "독일군이 한 여성을 강제로 쓰러뜨려 붙잡고, 그 옆방에서 딸을 돌아가며 범했"다는 증언이 나왔다. 코르빅루에서는 "16세 소녀가 군인 여섯 명에게 당했고, 저항했다는 이유로 다섯 군데를 총검에 찔렸다". 루뱅 포위공격에서 살아남은 목격자는 이렇게 보고했다. "여자와 아이는 격리되었다. …… 어떤 독일군이 나에게 다가와서 킬킬대면서 여자는 다 강간할 거라고 했다. …… 말은 안 통했지만 몸짓으로 충분히 무슨 뜻인지 알 수 있었다."

---

* 《8월의 포성The Guns of August》(1962)에서 바버라 터크먼Barbara Tuchman은 독일의 테러 작전은 19세기 군사 이론가인 클라우제비츠에게 영향을 받은 것이라고 썼다. 그녀가 클라우제비츠를 너무 문자 그대로 이해한 것 같긴 하나 당시 독일인들 역시 클라우제비츠를 그녀와 같은 방식으로 이해했다. 터크먼의 책이 가진 더 큰 문제는 테러 사례에 강간을 포함하는 수고를 피해갔다는 점이다. 아마도 그녀는 전후 연합군 측 선전선동의 거짓을 폭로하고 해체하려던 사람들에게 지나치게 영향을 받은 나머지 강간 사례를 뺀 것 같다.

여기까지는 벨기에에서 8월에 벌어진 일이다. 프랑스에서 11월에 벌어진 일도 같은 패턴이다. 쥬이슈흐모항에서는 "독일인 둘이 약탈한 샴페인 병을 들고 집에 들어와 18세 소녀를 범했으며, 번갈아 강간하는 동안 한 명은 총검으로 소녀의 어머니를 위협해 꼼짝 못하게 했다". 페르테고쉐에서는 "독일인들이 집에 쳐들어와 네 살 먹은 아이가 보는 앞에서 그 어머니를 범했다". 아미지에서 "그들은 총검을 빼들고 손에 리볼버를 든 채로 한 여성을 범했다". 버텅바저쉬에서 "그들은 세 살 먹은 아이가 있는 방에서 어머니를 강간했다". 생시레프로방에서는 "남편이 나가 있는 동안 아이 넷을 데리고 있던 여성을 그 집에 하룻밤 묵던 독일 자전거 부대원이 범했다". 파스에서 비트리발로 가는 길목에서는 "한 군인이 강간하려는 의도를 품고 한 여자에게 접근했는데 여자가 그를 밀어버렸다. 그는 즉시 여자의 가슴을 총검으로 쳤다. 그녀가 쓰러지는 것을 봤다".

샤토티에리, 샤르멜, 제르베빌레…… 독일군이 지나는 동네마다 강간 이야기가 나왔다. 10월 내내 프랑스 북부에서 테러가 계속되고, 마르느강 전투로 잠시 소강 상태가 된다. 플랑드르 지역 및 프랑스와 벨기에 국경 지역에서도 비슷한 이야기가 반복된다. 대륙법을 전공한 영국 교수 J. H. 모건J. H. Morgan은 바이을 지역이 점령당한 8일 사이에 강간당했다고 증언한 30명의 여성이 남긴 기록을 조사했다. 모건은 조심스러운 변호사이기도 했기 때문에 여성들에게 그들이 입은 상해를 증명할 의료 기록을 요구해서 받아두었다. 모건 교수는 후일 자신의 연구 결과를 책으로 출간했다.

독일군이 여성의 명예를 해한 잔혹 행위의 빈도를 보면, 장교들이 그런 행위를 용인했을 뿐 아니라 부추겼다고 확신할 수밖에 없다. …… 최소 다섯 명의 장교가 직접 그런 범행을 저질렀는데, 본인이 먼저 본보기를 보이고 다른 남자들이 따랐다. …… 어떤 법정도 토를 달 수 없을 정도로 증거가 많은 사례가 하나 있는데, 19세의 젊은 여자가 장교에게 강간당하는 동안 다른 장교는 그 어머니의 목을 움켜쥐고 리볼버를 겨누고 있었다. 그 후 두 명의 장교는 역할을 바꾸었다. 장교와 병사는 보통 두 명이 짝을 이루어 수색을 했고, 임시 거처를 찾는 척 속여서 문을 열게 하거나 대놓고 문을 부수고 들어가기도 했다. 피해자들은 얻어맞고 발로 차이기 일쑤였고 언제나 장전된 리볼버로 위협당했다.[15]

니에프, 라벤티, 로르지, 아르망티에르, 에스테르…… 비슷한 사례가 끝도 없이 나온다.

1914년 말이 되면서 전투 전략은 혁명적인 변화를 겪게 된다. 역사가들은 대체로 이 시점에 전쟁이 '현대화되었다'는 데 동의한다. 참호, 가시철망, 기관총, 독가스와 방독면이 대규모로 진군하는 군대를 대체한 것이다. 믿을 만한 정보에 따르면, 이렇게 전쟁이 현대화된 시기를 기점으로 강간 및 다른 테러 무기 사용 빈도가 극적으로 감소한다.

흥미롭게도 1917년의 젊은 토인비는 두 현상이 연관된다는 사실을 애써 부인했다. 토인비는 독일군이 참호전을 도입하면서 강간을 비롯한 테러 전술을 포기하게 된 것이 아니라, 전략적 의도를 가지고 3개월이라는 한정된 기간 동안만 잔혹 행위를 저지른 것이라고 확신했다.

전선이 요지부동 상태라 그렇게 된 것이 아니다. 서쪽에서야 독일이 더 이상 영토를 확장할 수 없었지만, 러시아와 발칸 쪽으로는 어느 때보다도 더 많이 침략해 들어가면서도 이전과 같은 종류의 잔혹 행위를 저지르지 않았다. 이 사실에 비춰볼 때 1914년 독일군이 민간인에게 저지른 조직적 군사 행동은 의도적으로 시작해 의도적으로 중지한 정책의 결과로 보인다. 이 가설은 독일군이 보여주는 특이한 행동 양상을 설명해줄 것이다.[16]

나로서는 독일군이 저지른 강간을 마키아벨리적 책략의 일환으로 보는 이런 가설이 무척 매력적으로 느껴지는 한편, 혹시 토인비가 역사학의 대의보다 전쟁 승리를 위한 선전선동의 대의에 맞춰 저 문장을 쓴 것은 아닐지 염려되기도 한다. 대전의 첫 몇 달간 발생한 강간이 독일군이 의도한 전술의 일환이라고 믿는 편이 논리적인 결론일 수도 있다. 하지만 일부러 조장하기보다는 그저 제지하지 않은 것이었다면, 참호전이라는 새로운 전쟁 시스템에 의해 강간할 **기회**가 차단되고, 교착 상태로 인해 점령지를 넓히지 못해 강간 **빈도**가 줄었으며, 시간이 지날수록 가공할 만한 인명 손실이 발생하면서 강간이 야기하는 **공포**를 압도했다고 결론을 내리는 편이 좀 더 합리적이다.

전쟁의 첫 3개월이 지난 후에는 연합국 측이 더 이상 강간 기록을 취합하거나 소문을 입증하려 애쓰지 않았다. 그럴 필요가 없었기 때문이다. 전쟁은 대단히 효율적이고 새로운 전쟁 수단을 탄생시켰는데 바로 국제적 프로파간다를 과학적으로 이용하는 것이었다. 초기에는 독일군이 일시적으로 주도권을 가졌지만 선전선동전이 열기를 띠면서 연합군이 판세를 장악하고 단호히 움직이기 시작했다. 연합국 측 여론 조작자의 노련한 손을 거치자 강간은 거의 하룻밤 사이에 국제 여론에서 독일군을 특징짓는 비열한 범죄가 되었고, 전시에 잔혹 행위를 취미 삼는 '타락한 독일 놈들'의 실상을 고발하는 증거가 되었다.

이전까지 강간은 영토를 정복하면 따라오는 특권이었을 뿐 이 정도로 스펙터클하게 부메랑처럼 활용된 적이 없었다. 양측의 선전선동 기술자는 중립국인 미국을 포섭하기 위해 경쟁을 벌였으나 상상력이 부족한 독일은 한 번도 기회를 잡지 못했다. '훈족의 강간'이라는 표현은 미국에서 즉각 독일군이 저지른 만행의 대명사처럼 쓰이게 되었다. 이 표현은 죄 없는 벨기에 사람들이 당한 전쟁 범죄를 상징했고, 아름다운 프랑스가 겪은 곤경을 극적으로 묘사하는 말이 되었다. 이전까지의 선전선동에서 독일군이란 매독과 욕정을 가득 품고 뿔 달린 투구를 쓴 채 신나게 대성당을 파괴하고 도서관을 불태우며 아기를 총검으로 찢어 불구로 만들고 아무 데나 침을 뱉는 무지막지한 야만인이었다. 강간은 이런 판에 박힌 페르소나에 진짜 같은 생생함을 불어넣었다. 강간을 이용한 선전선동은 미국인들을 자극해 그들이 애국심으로 부푼 마음을 안고 '자유차관 국채'를 사도록 만들었다. 선전선동에 담긴 강간 이미지가 어찌나 강력했던지, 이는 독일군이 실제로 저지른 테러보다도 더 효과가 있었다. 선전선동을 통해 강간은 미국인이 전쟁에 뛰어들 감정적 기반을 마련해주었다.

선전선동에 대한 연구를 개척한 작업으로서 1927년 《세계대전에서의 선전선동 기법Propaganda Technique in the World War》이라는 연구서를 낸 H. D. 라스웰H. D. Lasswell은 이렇게 썼다. "만약 사람들이 처음부터 격분하지 않는다면 잔혹 행위를 이용하라. 그것이 혐오를 불러일으키는 손쉬운 방법이다."[17] 선전선동에서 강간이 지니는 가치에 대해 라스웰은 다음과 같이 말한다. "그런 종류의 이야기는 사악한 범죄자에 대한 분노를 이끌어낸다. …… 게다가 강력하면서도 은밀한 모종의 충동을 만족시킨다. (선전선동물을 본 이들이-옮긴이) 적에게 강간당한 젊은 여성의 모습을 보고 적국의 강간범에게 은밀히 대리만족을 느끼게 하는 것이다."

라스웰의 프로이트식 분석은 남성 심리의 실상을 슬쩍 드러낸다. (라스웰이 남성을 특정하지는 않았지만, 여성이 대리만족을 느끼는 식으로 반응할 것 같지는 않다.) 벨기에와 프랑스에서 그렇게 엄청나게 많은 수의 강간이 실제로 벌어졌는지 독자가 의심하도록 내버려둔 채 라스웰이 저런 문장을 썼다는 사실을 감안하면 더욱 그렇다. 저 인용문의 바로 다음 구절은 그가 이 주제에 대해 마지막으로 쓴 문장이다. "아마도 이런 이유 때문에 그런 종류의 이야기가 그토록 인기 있고 어디에나 존재하는 것이다." 연합국의 선전선동 공장이 최대로 가동되면서 외설적인 방식으로 강간에 몰두하는 글이 대량으로 쏟아져 나왔는데, 라스웰의 이론은 그런 선전물이 나올 수 있었던 이유 역시 잘 설명해 준다.

N. D. 힐리스N. D. Hillis라는 사람이 썼다는 《독일의 잔혹 행위: 그들의 본성과 철학German Atrocities: Their Nature and Philosophy》은 1918년에 영국, 미국, 캐나다에서 동시에 출간된 것으로 대량생산된 선전선동용 산문의 전형을 보여준다.[18] 왕년에 브루클린에서 인기 있는 성직자였다는 저자는 독일군이 강간하는 이유에 관한 자기만의 놀라운 이론을 정성을 다해 쌓아올린다. 그는 독일군의 강간은 여성에 대한 적대감과 당연히 아무런 관계가 없다고 장담한다. 강간의 목표가 여성이 아니라 독일에 대적하는 남성이라는 것이다.

평범한 미국인이 퇴근해서 집에 돌아왔는데 그가 없는 사이에 부인과 아이가 학살당하고 난자당한 것을 발견했다면, 그는 다음날 출근할 수 없을 것이다. …… 평상시 하던 일로 돌아갈 수 있을 정도로 마음을 다잡기까지는 수주가 흐를 것이다. 독일군 작전 참모들은 바로 이 점에 착안해 잔혹 행위가 군사수단으로 가치를 지닌다는 사실을 발견했다. 어린 여자를 강간하는 일이니 그들의 병사는 위험을 무릅쓸 필요도 없다. …… 하지만 무장한 적군이 아내와 아이가 잔혹 행위를 당했다는 소식을 접하면 정신적으로 무너져 전투에 무력해질 것이라 기대했다.

힐리스 목사는 한 프랑스 병사의 절규를 보여준다.

 "독일군이 1년간 내 땅에 있었어요. …… 내 작은 집과 가게는 사라졌어요! 아내는 아직 젊은데! 내 어린 딸—내 딸은 단지 작은, 작은 아이일 뿐인데! 그 아이를 여자라고 여긴 적이 한 번도 없는데, 대체 왜! 그리고 우리 신부님이 보낸 편지에는 이렇게 써 있었어요. 내 젊은 아내와 그토록 작은 딸아이가 두 달 안에 그 짐승들의 애를 낳게 될 거라고요!"

그러고 나서 힐리스는 엄숙하게 덧붙인다.

 이처럼 영혼까지 파괴한 만행을 두고 어떻게 잠정적인 평화를 논한단 말인가. 조건 없는 항복만이 유일한 답이다.

힐리스는 능수능란하게 생생한 영상을 그려낸다.

 독일군은 햄 근처의 마을을 초토화시키면서 14세에서 40세 사이의 여성 54명을 끌고 갔다. 이들은 기지 여성들과 함께 후방에 있었던 여성들로, 훈족 놈들이 나중을 위해 맡겨둔 것이었다. 지난 4월 어느 쌀쌀

한 아침, 한 프랑스 젊은이가 참호 판자 바닥에 누워 있다가 여자가 거칠게 비명 지르는 소리를 들었다. 그는 발끝으로 서서 참호 너머를 몰래 훔쳐보았다. …… 여자는 일주일간 잔인하게 학대당한 끝에 완전히 미쳐버렸다. 그러자 독일 병사들이 여자를 참호 위로 올려 보낸 후 총검으로 밀어 프랑스 전선 쪽으로 보낸 것이다. …… 프랑스 병사가 본 장면은 암청색 치마를 입은 젊은 여성이 허리는 찢기고 가슴은 드러낸 채로 머리카락을 어깨까지 풀어헤친 모습이었다. 그녀는 혼란에 빠진 채 양군의 전선 사이 무인 지대에 서 있었다. 갑자기 그녀가 미친 듯이 웃음을 터뜨렸다. …… 프랑스군이고 독일군이고 상관없이 전쟁 중이라는 사실을 순간 잊을 정도로 무시무시한 광경이었다! 결국 독일군 한 명이 소총을 어깨에 얹었다. 그녀는 다시 제 발로 일어서서…… "독일 새끼들아! 이 독일 새끼들아!" 하고 소리쳤다. 이윽고 그의 소총에서 날카로운 소리가 났고, 이 젊은 여성은 서서히 쓰러졌다.

그런 뒤 힐리스는 회심의 일격을 날린다.

이러하니 평화협정을 하자거나 승리 없는 평화를 운운하는 소리를 들으면, 연합국 병사는 눈에 불꽃이 튈 수밖에 없다.

그러나 이 책에서 진정 걸작인 부분은 바로 다음 단락이다.

여성을 대상으로 삼는 잔악한 범죄

난자당한 여성의 몸을 보여주는 그 사진을 보고 수많은 미국인이 경악했다. 어머니의 가슴은 누구에게나 영원히 신성하기에, 모든 여성의 가슴은 신성한 것이다. 연합군 장교와 벨기에 소년의 몸을 난도질하는 것만으로는 부족했는지 그들은 여성 고유의 사랑스러움에 칼을 들이댔다. …… 훈족은 군에 입대하자마자 …… 왼쪽 팔에서 피 몇 방울을 채취하여 바서만 검사를 위해 혈액 배양을 한다. 검사 결과 병이 없으면 기지 여성에게 접근할 수 있는 카드를 받는다. 이 기지 여성은 독일 군인의 편의를 위해 후방에 배치된다. 바서만 검사 결과 매독에 걸린 것으로 밝혀진 군인은 …… 기지 여성에게 접근해서는 안 되며, 접근할 경우 개처럼 총살당한다. 매독에 걸린 군인이 기지 여성에게 병을 옮기면 그 여성이 다시 다른 병사들을 감염시키게 되고, 이런 악순환이 반복되면 곧 카이저(독일 황제-옮긴이)에게 남는 군인이 없게 되기 때문이다. 그리하여 몹쓸 병을 가진 병사에게 남은 기회란 …… 벨기에나 프랑스 여성을 잡는 것뿐이다. 그러나 그가 이용한 여성들은 그에게 병을 옮게 되어 다음 독일 병사를 감염시킬 것이다. 매독에 걸린 독일군은 프랑스나 벨기에 여성을 이용한 후 다음에 올 독일 병사에게 경고 표시를 남겨야만 자기 목숨을 건질 수 있다. 그 때문에 여성의 가슴을 도려내는 것이다. 형제 독일인에게 병을 옮긴 죄로 고발당해 목숨을 잃을 가능성이나 그 자신의 욕정에 비하면 여성의 목숨은 아무것도 아닌 것이다.

이런 부류의 자극적인 선전선동을 읽다보면, 강간을 이용한 덕분에 독일군의 폭력을 교묘하게 연합군의 이득으로 전환시킬 수 있었으니, 프랑스와 벨기에에서 강간당한 여성은 결과적으로 자국을 방어하는 역할을 수행한 셈이라고 진지하게 말할 수도 있겠다는 생각이 든다. 그러나 누구에게도 의무로 떠맡길 수 없는 이런 특별한 기여가 역사적으로 적절히 인정받았으리라 여기는 독자가 있다면, 그 생각을 바로잡아주길 바란다. 제1차 세계대전에서 강간을 가지고 노는 방식이 한 가지 더 있었으니, 강간을 이용하는 그 최종 단계는 바로 강간이 일어났다는 사실을 완전히 부인하는 것이었다.

전쟁이 끝나자 불 보듯 뻔한 반작용이 일어났다. 연구자들은 제 1차 세계대전에서 새로이 발전한 선전선동 기술의 비밀을 풀기 위해 거기 담긴 이야기 중 무엇이 사실이고 무엇이 허구인지 구분하는 일 부터 시작했다. 이런 연구는 여성(특히 강간당했다고 말한 여성)에게 불리 한 쪽으로 심하게 기울어진 편향을 보였다. 연합군 쪽의 선전선동 제 작물에는 역겨운 거짓말이 꽤 섞여 있었고, 전문가들은 그런 거짓을 어렵지 않게 밝혀냈다. 전시에 날조된 이야기 중 유명한 예로는, 적 국의 아이가 자라서 전투에 참가하지 못하게 만들려고 독일 병사들 이 벨기에 아이의 손을 잘랐다는 이야기가 있다. 널리 유포된 잔혹 행위 사진 몇 장은 다른 전장에서 가져온 것이었다. 선동을 위해 실 제보다 과장했다는 것을 감안해도 논란의 여지가 없는 극단적인 사 건들도 많다. 랭스 대성당이 불탄 것은 사실이다. 루뱅의 도서관도 진짜로 파괴당했다. 그렇다면 그 많은 여성들이 강간당한 일은 사실 인가? 강간은 "고발하기는 가장 쉽지만 입증하기는 가장 어렵다"는 평판이 있지만, 실은 거짓임을 입증하기가 가장 쉬운 전통을 자랑하 는 범죄였다. 합리적인 전문가들은 강간 기록이 거짓임을 밝혀내는 일이 터무니없이 쉽다고 여기고는 결국 터무니없는 방식으로 작업 을 했다.

1941년 예일대학교 출판부에서 출간된《1914~1919년의 잔혹 행 위 선전선동Atrocity Propaganda, 1914-1919》이라는 연구서는 두꺼운 부피를 자 랑하면서도 전시 강간 문제는 단지 몇 문장만으로 익살스럽게 일축 해버린다.[19] 몇 문장에 불과하지만 자세히 살펴볼 만한데, 선전선동 의 본질을 파헤치겠다는 진지한 연구 작업에 '우리 남자들끼리'라는 논리가 어떻게 악영향을 끼치는지 보여주는 완벽한 예이기 때문이다. 저자 제임스 M. 리드James M. Read는 프랑스에서 작성된 독일 테러 기록을 보고 '강간과 절도des viols et des vols'라는 표현이 자주 등장한다는 사실에 주목한다. (미국 도시에서 일하는 형사라면 강간과 절도가 붙어다니는 것에 대해 놀라지 않을 것이다. 강간과 절도는 기회만 되면 함께 저지르는 범죄이니 말이다.) 리드는 '강간과 절도'라는 표현이 '너무 보기 좋게 연속으로' 나타난다며 순전한 날조까지는 아닐지라도 신빙성이 의심된다고 주장한다. 그런 주장을 통해 그는 독자로 하여금 프랑스 기록에 실제로 범죄 비슷한 것이 있다면 그건 강간이 아니라 프랑스식 두운 반복 과장법일 것이라고 짐작하게 만든다!

강간 기록의 신빙성에 나름대로 치명타를 가했다고 여긴 리드는 반 문단을 더 할애해서 일을 마무리한다. 리드는 독일군이 철수한 후 수집된 전쟁 첫해 10~11월에 프랑스 북부에서 발생한 427건의 잔혹 행위에 대한 증언이 얼마나 믿을 만한 것인지 스스로 자문하면서 이렇게 쓴다. "300건은 진실을 서약하고 내놓은 증언이고, 약 100건은 증언이 없으며, 그 외 나머지는 증언자의 이름조차 없다. 이름이 없는 경우는 강간당한 여성 본인이 증언한 것인데, 그중 한두 편은 터무니없을 정도로 구체적인 사실이 결핍되어 있다. '콩피에뉴의 X 여사(38세)'의 증언이 그 예이다." 리드 교수는 X 여사의 진술이 이례적인 사례라고 스스로 인정하면서도 굳이 인용한다. "나는 진실을 말할 것을 선서합니다, 내가 피해자였다는 사실을 담은 진술서를 작성하는 데 동의하지만, 이 기록이 일반에게 공표된다면 나는 완전히 파멸할 것입니다······" 이 증언을 인용한 후 리드는 자신의 주장에 쐐기를 박듯 다음 문장을 쓴다. "다소간 증언을 회피하는 분위기를 보여주는 이 발언 뒤에 기록된 것은 4열에 걸쳐 연달아 찍혀 있는 점뿐이다."

자신이 겪은 굴욕이 문서에 기록되고 공표되는 일을 달갑지 않게 여기는 X 여사의 태도는 오늘날의 현실을 살펴봐도 결코 이례적이지 않다. 그녀는 어쨌든 콩피에뉴에서 평생을 살아야 했다. 문서에 찍힌 점들은 그녀의 진실성을 부정하는 증거가 아니다. 그 점들은 그저 역사 앞에 적나라한 세부 묘사를 늘어놓길 거부한 것일 뿐이다. 토인비와 모건의 저서가 잘 보여주듯 훨씬 더 상세한 다른 증언들도 있다. 그러나 리드는 제1차 세계대전의 선전선동을 주제로 엄청난 분량의 주석이 달린 연구서를 쓰면서도 강간에 관해서는 유독 콩피에뉴 X 여사의 증언만 골라낸 후 그 사례가 전시 강간 기록의 전형인양 제시했다. 리드 교수에게 필요했던 것은 강간 기록이 자기처럼 존경받을 만한 위상의 학자가 다룰 만한 것이 못 된다는 주장을 뒷받침해줄 증거였고, 이는 X 여사의 사례만으로 충분했다.

제2차 세계대전

제3제국의 충성스러운 어용 철학자들이 설명했듯, 파시즘의 본질은 정상 사회가 남성적이라고 여기는 가치를 과장한 것이다. 괴벨스 본인도 그런 식으로 말했고,[20] 괴벨스 전에 영감의 원천인 니체는 이렇게 가르쳤다. "남자는 전쟁을 위해 훈련받아야 하며 여자는 전사의 즐거움을 위해 훈련받아야 한다."[21] 따라서 제2차 세계대전 초기에 히틀러의 군대가 빳빳하게 무릎을 펴고 행진하며 유럽을 뒤덮는 과정에서 강간 이데올로기가 그 꽃을 활짝 피웠다는 사실은 그다지 놀랍지 않다.

히틀러는 언제나 대중은 본질상 여성적이라고 말했으며, 그의 공격성과 카리스마는 청중에게서 마조히즘에 가까운 굴복과 복종 — 일종의 정신적 강간 — 을 이끌어냈다. ……그는 청중을 설득한 것이 아니라 지배했다.[22]

히틀러의 연설에 대한 이 생생한 묘사는 그의 측근인 알베르트 슈페어Albert Speer*의 것이지만, 여기 쓰인 은유는 분명 히틀러 본인의 것이다. 나치의 목표는 그저 이기거나 설득하는 것이 아니라 지배하는 것이었으며, 그것이 문제의 핵심이었다. 나치는 대중이 연약하고 여성스럽다고 간주하고 제도적으로 관리하려고 했는데, 유대인 대중은 특히나 더 약하고 여성스럽다고 생각했고, 볼셰비키 대중도 유대인만큼 약하고 여성스럽다고 (게다가 볼셰비키는 괴상하게도 여성이 남성과 동등하다는 페미니즘 관념까지 받아들인다고) 여겼다. 여성성을 열등함과 연결시키는 이런 논리는 자연히 강간을 억압 수단으로 삼는 결과를 낳는다.

제3제국은 유대인을 여성에, 아리안족의 우월성을 남성의 우월성에 비유하는 사고방식을 널리 퍼뜨렸는데, 에바 파이지스Eva Figes와 케이트 밀렛Kate Millett이 나치의 이런 유비를 분석한 바 있다.[23] 남성이 여성을 완전히 정복할 수 있는 우월한 힘과 권력을 지녔다고 여성에게 과시하는 행동의 정수가 강간이듯, 독일 병사가 자신이 가치 있는 초인이라는 것을 증명하려고 강간을 한 것은 파시즘의 사고틀 내에서 완벽히 논리적인 귀결이었다. 독일 병사의 무기 목록에 강간이 없다면 그것이 오히려 **비논리적**이다. 독일군이(일본군도 마찬가지인데) 궁

---

* 제2차 세계대전 당시 독일의 군수장관.-옮긴이

극의 목표를 성취하는 데 강간은 매우 중요하고도 논리에 부합하는 역할을 했다. 그 목표란 '열등한 민족'을 철저히 모욕해 완전히 파괴한 후 자신들이 지배민족이 되는 체제를 세우는 것이었다.

나치가 은밀히 계획하고는 '자생적인' 폭동이라고 주장했던 1938년 11월 '수정의 밤' 폭동 사태는 유대인이 파리 주재 독일 하급 외교관을 암살한 사건이 발단이 되어 뮌헨에서 시작되었고, 독일 전역으로 확산되었다.[24] 유대인 여성을 윤간하는 사건이 처음으로 발생한 것도 이 사태에서였다. 수정의 밤에 일어난 일은 독일이 정식으로 전쟁을 일으킨 후 여러 장소에서 계속해서 되풀이한 패턴의 원형이 되었다.

독일군은 폴란드와 러시아 마을을 침략했을 때도 수정의 밤 사태에서 관찰된 첫 단계 패턴을 변치 않고 고수했다. 민가를 약탈할 때 유대인 가정을 가장 먼저 찾아가서 유대인 소녀를 끌어내 고문하고 강간했고, 부모가 보는 앞에서 그런 일을 벌이는 경우도 많았다. 지역마다 시기가 조금씩 다르지만 수일, 수주, 혹은 수개월이 흐른 후에는 '심각한' 두 번째 단계가 시작되었다. 유대인을 한 곳으로 몰아 총기 난사하거나 게토로 몰아넣었고, 결국은 짐칸에 실어 강제수용소로 보낸 것이다. 그곳에서 그들은 이른바 '최종 해결책The Final Solution'을 시행했다. 소피아 글루쉬키나라는 이름의 한 러시아 유대인은 크라스니시에서 독일이 저지른 테러의 패턴을 보여주는 목격담을 남겼고, 이 목격담은 전쟁 범죄 공판 증언 기록이라는 감정이 최대한 배제된 건조한 형식으로 오늘날까지 보존되었다.[25]

전쟁 전 나는 민스크에 살았다. 1941년 6월 24일, 나는 전선으로 떠나는 남편을 배웅했다. 여덟 살짜리 자식을 데리고 걸어서 도시 밖으로 나

우리의 의지에 반하여

가 동쪽으로 갔다. 고향인 크라스니시로 가서 아버지와 형제들을 만날 계획이었다. 나는 7월 13일 크라스니시에서 독일군에게 잡혔다.

7월 25일, 시의 주민은 모두 모이라고 지시하는 공문을 받았다. 독일 군은 주민들을 모아놓고 누구나 유대인의 집에 입주할 수 있다고 말했다. 유대인에게는 독일 병사의 명령에 무조건 복종해야 한다고 공표했다.

그들은 민가를 뒤지고 다니기 시작했고 사람들을 끌어내 옷을 벗기고 곤봉과 채찍으로 때렸다.

8월 8일, SS친위대가 내가 사는 집에 쳐들어왔다. 그들은 내 형제 보리스 세메노비치 글루쉬킨을 붙잡았다. 그는 38세였다. 그들은 그를 때리고 길거리에 내동댕이치며 괴롭힌 후 지하 저장고에 던져넣었다. 다음날 그들은 공문을 보냈다. "모든 주민을 유대인 놈 공개처형에 초대한다." 내 형제가 끌려나왔고, 그의 가슴에 곧 처형될 것이라는 말이 새겨져 있었다. 그는 옷이 벗겨진 상태로 말꼬리에 묶여 질질 끌려다녔다. 처형의 순간이 왔을 때 그는 이미 반쯤 죽은 상태였다.

다음날 새벽 2시, 그들이 다시 문을 두드렸다. 사령관이 들어와서 처형된 유대인의 아내를 내놓으라고 했다. 그녀는 남편의 끔찍한 죽음에 경악해 울고 있었다. 세 아이들도 울고 있었다. 그녀가 끌려나가는 것을 보고 살해될 것이라고 생각했으나, 독일군은 예상보다 훨씬 더 짐승같이 굴었다. 그들은 바로 앞마당에서 그녀를 강간했다.

8월 27일, 특수파견대가 도착했다. 그들은 유대인을 한 곳에 몰아넣은 후 가지고 있던 물건을 모두 넘기라고 지시했다. 그러고 나서 유대인은 게토로 이동했다. 독일군은 한 구역의 땅에 가시철망으로 울타리를 두른 후 '게토, 출입 금지'라는 표지를 달았다. 모든 유대인은, 어린아이조차도, 가슴과 등에 노란색 천으로 만든 육각뿔 별을 달아야 했다.

2월의 어느 밤, SS대원들이 막사로 들이닥쳤다. 그들은 에타 쿠즈네초바라는 18세 소녀를 골라 끌어내서 치마를 벗으라고 명령했다. 그녀는 거절했고 한동안 얻어맞았다. 소녀의 어머니는 그들이 소녀를 죽일까봐 두려워서 작게 말했다. "저항하지 마." 소녀는 옷을 벗었다. 그들은 소녀를 의자 위에 올려놓고 손전등으로 몸을 비추며 고문과 폭행을 가했다. 말로 다 형용할 수 없는 상황이었다. ……[26]

이 두 번째 강간을 목격한 후, 소피아 글루쉬키나는 어린 아들을 데리고 숲으로 도망가서 빨치산 부대에 합류했다. 그녀가 도피해 있는 동안 크라스니에 남아 있던 유대인들은 한꺼번에 도시 광장으로 끌려나와 총살당했다. 이 간결한 회고는 이렇게 끝난다. "우리는 2년간 싸웠고, 마침내 붉은 군대를 만나는 날이 왔다……"

엄격한 '인종 오염'[27] 금지 명령에 따라 독일인이 유대인을 강간하는 일은 원칙적으로 금지되었다. 인종 오염 금지 명령이란 1935년 뉘른베르크 인종법의 일부로서, 아리안의 '피'를 오염시키는 일을 막기 위해 결혼과 혼외정사를 금지했을 뿐 아니라, 그 자체의 비틀린 논리에 따라 강간까지 금지했다.[*] 인종 오염 행위를 하다가 적발될 수 있다는 두려움 때문에 심각한 갈등을 겪은 독일 병사도 있었던 것으로 보인다. 베르겐-벨젠 강제수용소 생존자인 살라 파블로비치Sala Pawlowicz의 회고록에 그런 갈등을 보여주는 일화가 등장한다. 폴란드 마을 라스크에 살았던 살라 파블로비치는 마을이 독일에 점령된 후 경찰서에서 겪은 끔찍한 경험을 글로 남겼다. 그녀는 사소한 이유로

---

[*]   인종 오염 금지는 미국에서 노예제 전후 시기에 '인종 혼합' 금지가 법의 일부였던 것과 비슷한데, 그 법은 백인 남자가 흑인 여자를 강간하는 경우에는 거의 영향을 미치지 않았다. 이 책 5장에서 노예제 강간을 다루는 부분을 보라.

빌미를 잡혀 경찰에 소환되었는데, 여러 명의 게슈타포 남자 앞에서 강제로 옷을 벗은 후 구타당했고, 그중 한 명이 그녀를 옆방으로 끌고 갔다.

그곳은 작은 사무실이었고 독일인은 무겁고 긴 채찍을 손에 쥐고 있었다. "복종하는 법을 모르는군…… 내가 알려주지. 하지만 널 가질 수는 없어, 더러운 것, 왜냐하면 넌 유대인이니까, 더러운 쓰레기니까. 부끄러운 줄 알아!" 그는 채찍으로 내 가슴을 내리쳤다. "너처럼 더러운 유대인에게는 나 대신 이런 게 제격이지, 이런 게!" 그는 그렇게 말하며 계속 채찍으로 후려쳤고 나는 기절했다.[28]

파블로비치가 의식을 되찾았을 때 그녀는 길거리에 벌거벗은 채로 피범벅이 되어 누워 있는 자신을 발견했다. 나치는 밤마다 젊은 여자를 찾아 게토를 습격했고, 어머니가 그녀를 숨기려 했지만 결국 나치의 시야에서 벗어날 수 없었다. 그녀가 보기에는 자신만 그런 특별한 취급을 당한 것이 아니었다. 독일군은 유대인 집단 일반에게 가학성애적으로 수치를 주는 일을 일삼았다. 독일군들은 낮에 "기분 전환" 삼아 남녀노소를 가리지 않고 모은 후 옷을 벗게 했다. "그들은 우리가 강제로 옷을 벗고 바닥에 눕게 한 후 그 옆으로 걸어 다니면서 낄낄거리고 음란한 소리를 해댔다. 그리고 나서 우리는 벌거벗은 등에 채찍을 맞으며 게토 안에서 쫓겨 다녔다. 그들이 한 일 때문에 나는 수치심을 느껴야 했다."[29]

독일군이 바르샤바 게토에서 탄압을 강화한 시기에도 성적 수치심을 주는 수법이 한몫을 했다.[30] 나치가 임명한 유대인 행정 위원회였던 바르샤바 유덴라트 위원들이 수집한 증언에 따르면, 1939년 후반부터 1940년 전반 사이에 독일군은 유덴라트*가 유대인 소녀를 공급하는 매음굴을 만들게끔 회유하려 했으며, 그 업소는 두 영역으로 나뉘어 하나는 장교를 상대하고 다른 하나는 일반 병사를 상대할 예정이었다. 하지만 실제로 바르샤바 게토에 유대인 매음굴이 들어선 적은 없었던 것으로 보인다. 유덴라트 위원들은 매음굴을 운영하는 일이 넘어서는 안 될 마지막 선이라고 여겼다고 한다. 그리하여 독일 병사들이 임시변통으로 게토를 집단 습격해서 젊은 여자를 찾을 수밖에 없었다는 것이다.

　게토의 산부인과 의사들은 강간 피해자에게 체계적으로 파상풍 백신을 접종했다. 바르샤바에 있었던 유대인 의사의 증언에 따르면, "물론 피해자의 이름은 숨겨주면서" 접종했다. 이 의사는 이렇게 증언한다. "스비에토크스카 거리의 한 거울 가게에서 유대인 소녀들이 집단으로 강간당하는 사건이 일어났다. 독일군은 거리에서 가장 예쁘고 건강한 소녀들을 끌고 가서 거울을 포장하라고 지시했다. 작업이 끝난 후 소녀들은 강간당했다." 프란치스칸스카 거리에서 벌어진 비슷한 사건을 증언한 선서 진술서도 있다. "40명의 유대인 소녀가 독일 장교들이 차지하고 있던 집으로 끌려갔다. 소녀들은 술을 마시도록 강요당한 후 자신을 고문하는 자들 앞에서 옷을 벗고 춤을 추라는 명령을 받았다. 소녀들은 맞고 학대당하고 강간당하면서 새벽 3시까지 붙잡혀 있었다."

　이 증언들은 최종적인 '게토 청소'가 있기 전인 1943년에 뉴욕에서 출간된 《폴란드 유대인의 블랙 북The Black Book of Polish Jewry》에 실려 있다. 내가 검토한 바르샤바 게토 자료들 중 실화든 소설이든 강간 사

＊　제3제국 시기 독일의 강제에 의해 창설된 유대인 평의회.-옮긴이

건을 자세히 기록한 자료는 이 책밖에 없었다. 그저 기록 과정에서 간과된 것일 수도 있고, 무시무시한 게토 파괴와 유대인이 영웅적으로 보여준 마지막 저항이 너무나 강렬해서 강간 이야기가 묻혔을 수도 있지만, 나는 그보다 더 부정적인 원인 때문에 강간 이야기가 남겨지지 못했다고 본다. 전시에 출판된 《폴란드 유대인의 블랙 북》은 연합군을 돕기 위한 선전선동용 책이었다. 전시에 강간 이야기는 이용가치가 있었지만, 전쟁이 끝난 후에는 더 이상 여성의 말을 믿어주거나 여성만 겪는 특수한 비극을 중요하거나 의미 있는 주제로 간주할 정치적 필요가 없어졌다.

독일군에게서 압수해 1946년 뉘른베르크 전범 재판에 제출된 문건들은 독일군이 강간을 테러용 무기 삼아 상습적으로 이용했다는 가설을 입증해준다.[31] 독일군이 이런 문건을 만들어 남기게 된 사유가 참으로 기가 막히다. 독일 당국은 점령 도시에서 법이 잘 지켜지고 있는지 감시한다는 핑계를 대며 자못 진지하게 '비공식적' 잔혹 행위에 대한 정보를 수집하곤 했다. 이때 독일 당국의 '공식' 입장이란 "통제할 수 없는 일부" 독일군이 도를 넘은 추악한 행위를 저지른 것이라며 책임을 일부 개인에게 떠넘기는 것이었다. 독일 당국은 후일 게토 지도자들에게 매음굴이라는 공식적 탄압 조치에 협조하라고 종용할 때도 이 "통제할 수 없는 일부"를 핑계 삼는 탁월한 수완을 발휘했다. 한편 좀 더 복잡한 동기에서 정보 수집이 이루어지기도 했는데, SS친위대 내에서 경쟁자에게 불리한 증거를 쌓아두고 싶은 지휘관의 욕망이 동기일 때도 있었다. 1940년 2월 폴란드에서 어떤 독일군 사령관이 SS친위대에 대한 항의 사례를 모은 긴 목록을 만들었는데, 그 목록의 마지막 33번째 항목은 침대에 누워 있던 유대인 10대 소녀 두 명을 끌고 나간 두 경찰의 사례였다. 소녀 한 명이 먼저 폴란드인 묘지 안에서 강간당했다. 다른 한 명은 독일인들에게 "다음 차례는 너야, 5즈위티를 주겠다"는 이야기를 들었고, 난폭하게 당한 후 심한 부상을 입었다. 이 기록을 작성한 군사령관은 SS친위대가 200만이나 되는 유대인의 문제를 다루면서 **아마추어같이** 군다고 격노했다.

'최종 해결책'에서 살아남은 유대인 정통파 및 종교 지도자들은 옛 교리를 확장해 새로운 현실을 수용하려고 애썼다. 강간은 기존 철학과 관행을 흔드는 문제였고, 사람들이 랍비에게 찾아와 조언을 요구했기에 랍비들은 강간 문제에 어떻게든 답을 내놓아야 했다.

리투아니아의 코브노 게토에 있었던 한 랍비는 줄어가는 그의 양떼가 여러 가지 어려운 상황에서 맞닥뜨린 의문을 세심하게 정리했다. 이를테면, 유대인 강제 노동자가 코셔^{Kosher}*가 아닌 수프를 배급받을 때 그 수프를 먹어도 되는가? 그렇다. 먹을 수 있다. 목숨을 구하기 위해 세례 증명서를 사서 구비해도 되는가? 안 된다. 코브노 내에 독실한 신앙을 가진 할례자가 남아 있지 않은데, 할례를 해본 적 없는 의사에게 할례를 받아도 되는가? 된다. 독일이 임신한 유대인 여자는 모두 사형에 처한다는 포고령을 발표했는데, 낙태나 피임을 해도 되는가? 그렇다. 자살은? 안 된다.

또한 이 랍비는 다음과 같이 썼다.[32]

게토에서 풀려난 직후, 나는 중요한 질문을 하나 받았다. 내게 직접 질문한 사람뿐 아니라 독일군이 가한 모욕과 신체적 학대를 겪고 살아남은 유대인 여성 모두와 관계 있는 질문이기에 여기 적어둔다. 훌륭한

---

* 유대교 식사 관련 율법 카샤룻kashrut에 따라 선별, 손질한 음식.-옮긴이

가문의 젊은 여성이 나를 찾아와 자기가 독일군에게 수치스러운 일을 당한 불쌍한 자매들 중 하나라고 하며 눈물을 흘렸다. 독일군은 그녀의 몸을 학대했을 뿐 아니라, 팔에 '히틀러 군대의 창녀'라는 문구를 문신으로 새겼다. 그녀는 풀려난 후 남편을 찾을 수 있었고, 부부는 관계를 회복해 제대로 된 유대 가정을 꾸리고자 했다. 부부는 독일군의 손에 아이들을 모두 잃었다. 그러나 남편은 그녀의 팔에 새겨진 끔찍한 문신을 보고 경악했다. …… 남편과 아내로서 함께 살기 전에, 그들은 우선 그녀가 그의 부인이 되어도 괜찮은지에 대해 명확한 답을 듣고 싶어 했다.

이에 랍비는 아래와 같이 답했다.

어떤 남자도 이 같은 곤경에 처한 독실한 유대 여성에게 비난의 말을 던지고 싶지는 않을 것이다. 오히려 우리는 고통받은 만큼 보상받을 것이라고 분명히 선언해야 한다. 그들에게 쓸데없는 고통을 더해주는 일은 없어야 한다. 이와 비슷한 처지의 부인과 이혼한 남편들은 비난받아 마땅하다. 이 경우 부인의 팔에 새겨진 저주스러운 문구를 없애려고 노력할 필요가 전혀 없다는 것이 내 의견이다. 오히려 그 문신을 보존하고 드러내 보이라고 권하고 싶다. 불명예와 수치의 징표로서가 아니라 학살당한 사람들을 대표하는 명예와 용기의 상징으로서 말이다. 그 문신이 우리와 세상으로 하여금 신은 그의 민족을 탄압한 자에게 보복해왔으며 또 보복할 것이라는 점을 되새기게 만들라.

물론 독일군이 러시아로 진격하는 과정에서 유대인 여성들만 강간당한 것은 아니었다. 모든 여성이 희생자였다. 뉘른베르크 재판에서 제시된 증거를 보면 그 패턴이 명확히 드러난다.

뉘른베르크 재판에서 소련 검찰은 누구보다도 참담한 기억과 잘 보존된 기록으로 무장하고 있었다. 소련은 연합국 중 가장 많은 인명 손실을 겪었으며, 긴 전쟁 기간 동안 자료를 수집하고 증언을 모아두고 있었다. 소련의 외무장관 V. M. 몰로토프V. M. Molotov가 준비한 'U.S.S.R 증거 문서 51번'은 1941년 암흑기에 나치가 저지른 잔혹 행위의 정수를 보여준다. 1942년 1월 연합국 행정부로 보내는 전쟁 중간보고서로 작성된 이 문서는 1946년 2월 14일 '몰로토프 문서'라는 이름으로 뉘른베르크 재판에 제출되었다. "모든 점령지에서 성인 여성과 소녀들이 몹시 비열한 잔혹 행위를 당했다"고 그 외교관은 적었다.[33]

- 우크라이나 드니프로페트로우스크 지방의 보로다예프카 마을에서 파시스트들이 모든 여자와 소녀를 범했다.
- 스몰렌스크에 속하는 베레조브카 마을에서 술에 취한 독일 병사들이 16세에서 30세 사이의 모든 여성과 소녀를 폭행하고 노략질했다.
- 스몰렌스크 도심에서 독일군은 호텔 중 하나를 성매매 업소로 만들게 한 후 수백 명의 여자와 소녀들을 몰아넣었다. 그들은 팔과 머리채를 붙들린 채 무자비하게 거리로 끌려나왔다.
- 각처에서 성욕에 미친 독일 깡패들이 가옥을 습격해 친척과 아이 앞에서 여자와 소녀를 강간하고, 자기가 강간한 여자를 웃음거리로 삼고는 잔혹하게 살해했다.
- 리비우시에서는 옷 공장에서 일하던 여성 32명이 나치돌격대에게 강간당한 후 살해되었다. 술에 취한 독일 병사들은 리보프의 젊은 여자와 소녀들을 케슈츠코 공원으로 끌고 가서 무자비하게 강간했으며……
- 벨라루스의 보리소프시에서 75명의 여성과 소녀들이 피난을 가던

중 독일군 손아귀에 떨어졌다. 그들을 강간한 독일군은 그중 36명을 잔인하게 살해했다. 훔머라는 이름을 가진 독일 장교의 명령하에 병사들은 16세 소녀 L. I. 멜추코바를 숲속으로 데려가 강간했다. 잠시 후 숲으로 끌려온 다른 여성들은 멜추코바가 죽은 채 나무 근처 판자에 못 박혀 있는 것을 보았다. 독일군은 이 여성들이 보는 앞에서 멜추코바의 가슴을 도려냈다. V. I. 알페렌코와 V. H. 베레즈니코바가 그 자리에 있던 여성들이다.

• 모스크바의 즈베니고로드 지역 보로프카 마을에서는 파시스트들이 후퇴하는 와중에 여성 몇 명을 강제로 납치했다. 여성들이 저항하고 애원했음에도 아이를 떼어놓고 끌고 갔다.

• 레닌그라드 지방 티흐빈시에서 H. 콜레데츠카야라는 15세 소녀가 포탄 파편에 맞아 (원래 수도원이었던) 병원으로 옮겨졌는데, 그곳에 독일 병사들 무리가 있었다. 그들은 소녀가 부상당했는데도 개의치 않고 강간했으며 소녀는 그로 인해 사망했다.

여기까지 열거한 사건은 모두 독일군이 파죽지세로 침략해 들어가던 전쟁 초기에 벌어졌다. 하지만 뉘른베르크 재판에서 프랑스 검사의 차례가 오자 전시 강간의 또 다른 양상이 드러나게 된다. 군사적 응징 내지 보복의 수단으로 강간을 이용한 것이다.

1944년 여름, 독일이 프랑스를 점령한 후 마키Maquis*가 저항 활동을 벌였을 때 이를 응징하려고 벌인 만행에 대한 증언이 증거로 채택되어 공판 기록에 기입되었다. 마키의 근거지는 베쿠르 지방이었다.

---

* 제2차 세계대전 중 주로 산악 지역에서 독일에 맞서 싸운 프랑스의 무장 게릴라 단체.-옮긴이

1944년 6월 15일, 독일군은 생도나트 마을에 '깜짝' 습격을 벌였다. "마키는 이미 며칠 전에 마을을 떠난 뒤였다. …… 13세에서 50세 사이의 54명의 여성들이 미친 병사들에게 강간당했다." 1944년 6월 20일에도 니스를 습격하며 비슷한 일을 저질렀다.

> …… 프르슬에서 그 지역의 몇몇 마키 부대에게 공격당하자, 이 몽골 놈들의 파견대는 보복을 하려고 언제나 그렇듯 친위대의 명령에 따라 레지스탕스 대원 두 명이 숨어 있던 농장으로 갔다. 레지스탕스를 생포하는 데 실패한 병사들은 농장 주인 부부를 체포한 후, 온갖 잔혹 행위와 강간을 저지르다가 기관총으로 쏴버렸다.[34]

프랑스 측 검사가 재판에 제출할 문서를 추려내는 과정에서도 남성들이 여성의 강간을 다룰 때 적용하는 표준 검열 기제가 작동했다. "제가 저 잔혹 행위를 세세하게 인용하지 않는 것을 법원이 용서해주리라 봅니다." 그리고 나서 검사는 정중하게 말했다. "이 지역에서 강간당한 여성들을 검진한 니콜라이데스 박사의 진단서를 제출합니다."

1946년, 멀리 동쪽의 도쿄에서도 뉘른베르크 국제 전범 재판과 꼭 닮은 재판이 열렸다. 제2차 세계대전의 최종 승자들은 일본의 전쟁기계를 철저히 조사했고, '떠오르는 태양의 나라'가 지배민족 이론—여기서는 중국이 '열등한 민족'의 역할을 강요받았다—에 사로잡혀 저지른 만행을 단죄했다. 이 재판을 통해 난징에서 일본군이 저지른 강간의 전모가 드러났는데, 사태가 벌어진 지 거의 10년이 지난 시점이었다.

일본군이 1937년 12월 중국의 수도 난징을 점령하면서 이루 말할 수 없이 심각한 만행을 벌였지만, 그 사실이 외부로 전해지는 속도는 너무나 느렸다. 장제스 장군은 일본군의 침략이 있기 전에 국민당 군대를 빼내서 수도를 서쪽의 한커우로 옮겼다. 도망칠 만한 재력이 있는 중국인들은 도망갔고 방어력이 사라진 도시에는 빈곤층과 몇 안 되는 외국인 선교사만 남아 있었다. 선교사들은 거기 남으라고 선발된 사람들이었으며 미국 국적을 가지고 있는 사람도 몇 명 있었다. 일본군이 쳐들어와 점령했을 때, 난징에 남은 민간인들이 겪은 일은 대규모 성폭력의 도가니라고밖에는 달리 표현할 길이 없는 사태였다.

장제스 총통의 명령으로 공식 뉴스는 침묵했지만, 끔찍한 대량 강간을 비롯한 온갖 폭력을 고발하는 소식이 비공식 경로로 새어나왔다. 그런데 1월에 막상 그 침묵이 깨지자 희한한 현상이 일어났다. 물론 난징은 의심의 여지없이 불법 잔혹 행위의 희생자였다. 서방 언론이 새어나온 정보를 파고든 덕에 난징에서 벌어진 악랄한 살상과 약탈에 관한 이야기가 진지하게 전 세계의 주목을 받게 되었다. 그런데 유독 강간 이야기만큼은 국제 언론인들도 조심스럽게 — 거의 언급을 꺼리는 태도로 — 다루었다. 미국의 《라이프Life》는 "확인 과정을 거치지 않은 강간 사건 몇 개가 보고되었다"[35]는 식으로 기사를 썼다.

서방 언론이 회의적인 태도를 취했지만 난징에서 조직적인 대량 강간이 벌어졌다는 이야기는 보기 드물게 끈질긴 생명력을 유지했다. '난징의 강간Rape of Nanking'이라는 말이 전 세계적으로 난징 침공의 대명사처럼 사용될 정도였다. 1938년 6월, 도시에 남아 있던 선교사 조직인 난징 국제 구호 위원회Nanking International Relief Committee는 난징 지역이 입은 피해에 대한 조사를 완료했다. 이들이 내놓은 60쪽 분량의 보고서는 어떻게 대규모 파괴가 자행되었는지 상세하게 기록한 모범 사례이다. 중국인이 살해당하거나 상해를 입은 사례를 나이, 성별, 직업, 사망 유형에 따라 분류했고, 백분위로 수치화해 기록했다. 일본 병사가 저지른 방화와 약탈로 인한 재산 피해는 보기 좋게 구역 단위로 추산했다. 가축 손실과 겨울 작물 피해 기록을 보면 물소, 황소, 당나귀, 밀, 보리, 누에콩과 완두, 유채(공교롭게도 유채는 영어로 '강간 씨앗rape seed'이다)까지 각각 고유의 자리를 얻어 피해 사실을 영구적으로 인정받았다. 이 모든 피해가 '난징의 강간'이라는 이름으로 불렸으나, 정작 보고서의 편집자가 강간에 관해 남긴 말은 이것뿐이다. "조사 방법 및 용어 선택에서 강간을 배제하긴 했지만, 부상당한 여성 중 65퍼센트는 15세에서 29세 사이의 연령이었다는 사실을 밝혀 둔다."[36]

전시 강간 사건이 대체로 그래왔듯, 난징의 강간도 저 지점에서 입증되지 않은 전시 루머의 영역으로 밀려나 역사에서 사라질 뻔했다. 하지만 세계대전이 끝난 후 연합국 세력은 극동 국제 군사재판을 열기로 결정했다. 이 재판에서 일본군이 인류에게 저지른 가공할 만한 범죄를 증명하기 위해 몇 년 전만 해도 조사하기 힘들다던 — 그토록 완벽하다던 '조사 방법 및 용어' 선택에서 '배제'된 — 사실이 갑자기 중요하게 취급되기 시작했다. 그 결과 난징 침략을 지휘한 마쓰이 이와네 장군이 도쿄 재판에 피고로 출두하게 되었다.

도쿄 재판은 강간당한 여성을 증인으로 소환하지는 않았으나 목격자가 충분히 있었다. 전쟁 피해에 관한 공식 보고서에서 강간을 배제했던 바로 그 선교사들이 주요 증인이 되었다. 그들이 강간 범죄에 무심하지 않았다는 사실이 재판을 통해 드러났다. 오히려 강간 문제가 너무나 어마어마해서 그들을 마비시켰던 듯했다. 미국 선교사 제

우리의 의지에 반하여

임스 매캘럼이 쓴 '난징 일기' 중 한 페이지가 증거로 채택되었다.

> 이 정도로 잔인한 만행에 대해서는 듣도 보도 못했다. 강간! 강간! 강간! 밤사이 최소 1,000건의 강간 사건이 있었으며, 낮에도 많이 발생했다. 저항하는 경우 …… 총검에 찔리거나 총에 맞았다. 하루에도 수백 건 이상 기록할 수 있었다.[37]

선교 기관인 진링대학교 기숙사 감독자였던 첸슈이팡 부인은 상당히 긴 증언을 남겼다.[38] 침공이 시작되자 선교사들은 진링대학교를 국제 안전지대로 선언했고, 학교 부지는 만 명이 넘는 겁에 질린 여성과 아동의 피난처가 되었다. 그러나 '안전지대'는 여성에게 별로 안전하지 못했다. 첸슈이팡은 이렇게 증언했다. "일본군은 병사를 찾는다는 핑계로 학교로 들어와서 우리가 데리고 있던 소녀들을 원했다." 1937년 12월 17일 밤, 병사 한 무리가 대학에 쳐들어와서 11명의 젊은 여자를 데려갔다. 그중 아홉 명은 나중에 학교로 돌아왔지만 "끔찍할 정도로 강간과 학대를 당한" 상태였다. "다른 두 소녀에 대해서는 결국 아무 소식도 듣지 못했다"고 첸슈이팡은 증언했다. 이와 비슷한 사례는 아주 많았다.[39]

여러 증언자가 비슷한 이야기를 했다. 군복을 입은 남자 네댓 명이 소녀들을 끌고 갔다. 납치당한 여성들은 낮에는 군인의 옷을 빨고 밤에는 15명에서 40명에 이르는 남자에게 소위 '봉사'를 강요당했다. 여성들이 휴식 중인 병사들 앞에서 섹스 쇼를 하도록 강요당했다. 총부리로 위협하며 아버지가 딸을 강제로 강간하도록 한 사건들도 있었다. 이런 이야기 다수가 비슷한 결말로 끝난다. 군인 무리는 여자를 붙잡아 일을 끝내고 난 후 질에 막대기를 쑤셔넣거나 목을 벴다.

창키아제 부인의 진술이 기록으로 남아 있다.

　　일본군은 난징에 들어온 첫날부터 우리 집에 불을 질렀다. 집이 타버려서 우리는 난민수용소로 가야 했다. 내 어머니, 남동생과 그의 아내, 내 두 아이와 각각 다섯 살, 두 살 먹은 남동생의 두 아이가 함께 길을 갔다.

　　우리가 난징시의 라오웡포우라는 곳에 이르렀을 때, 칼을 찬 장교 몇을 포함한 12명의 일본 병사를 만나게 되었다. 칼을 찬 군인 하나가, 내가 보기에는 장교였는데, 내 올케를 잡아서 그 남편과 아이들이 보는 앞에서 강간하고 죽였다. 그 남편과 아이들도 그 자리에서 살해당했다. 두 아이는 엄마가 강간당하는 것을 보고 울었다는 이유로 살해당했으며 그녀의 남편은 부인과 아이를 보호하려다 살해당했다. 다섯 살짜리 소녀의 입에 아이의 옷을 틀어막아 질식해 죽게 만들었고 남자아이는 총검으로 찔렀다. 부부 역시 총검에 찔려 죽었다. 나의 어머니도 그때 총검에 당했는데 12일 후에 죽었다. 나는 땅에 쓰려졌다가 나중에 내 두 아이를 데리고 도망쳤다.

　　이 모든 일이 오전 10시, 훤한 대낮에 난징의 대로변에서 일어났다. 나는 이 모든 일을 목격했다. 나는 난민수용소 방향으로 계속 갔고, 가는 길에 많은 수의 민간인 남녀의 시체를 보았다. 여자들은 옷이 벗겨진 상태였고, 강간당한 듯 보였다. 20구 정도의 시체를 보았는데 주로 여자였다.[40]

난징 침략이 일어났을 때 15세였던 윙판제는 다음과 같은 선서 진술서를 제출했다.

1937년 12월 13일 일본이 도시에 들어오기 직전, 나와 아버지, 여동생은 난민 수용 지역 안에 있는 상하이 100번가의 건물로 거처를 옮겼다. 500명이 그 건물에서 지냈는데, 왜놈들이 자주 와서 여자를 찾았다. 어느 날 밤, 어떤 여자가 바깥마당에서 강간을 당했다. 그녀가 강간당하는 동안 건물 안의 모두가 비명 소리를 들을 수 있었다. 왜놈들이 떠난 후 그녀를 찾았지만 이미 데려가버린 뒤였다. 왜놈들이 그 집으로 트럭을 끌고 와서 거기 살던 여자들을 찾아 실어가는 것도 두 번 봤다. 그렇게 끌려간 후 딱 한 명 빼고는 아무도 돌아오지 않았는데, 간신히 집으로 돌아온 소녀는 나에게 트럭에 실려간 소녀들 모두가 왜놈 여럿에게 여러 번 강간당했다고 말했다. 간신히 집으로 돌아온 이 단 한 명의 소녀가 나에게 이런 이야기를 해줬다. 소녀들 중 하나가 강간당하는 모습을 직접 보았는데, 왜놈들은 강간을 한 후 그 소녀의 질을 들풀로 찔러댔고 그 때문에 죽었다고 한다. 이때가 내 나이 15세였다. 나는 왜놈들이 그 집에 올 때마다 숨어 있었고, 다행히 잡히지 않았다. ……[41]

난징은 완전히 무방비 상태였다. 외국인 선교사 20여 명으로는 그 흐름을 끊기에 역부족이었다. 선교사들이 중립지대라 선언한 지역에서조차 일본군이 여자를 강간하러 다니는 상황이었다. 관련 증언을 살펴볼수록, 선교사가 일본군을 쫓아버리려 애쓰며 그야말로 이리 뛰고 저리 뛰는 일이 얼마나 슬프도록 터무니없고 부질없는 일이었던지 깨닫지 않을 수 없게 된다. 한동안은 선교사들도 일본 당국에 매일같이 잔혹 행위를 보고하려고 노력했다. 그 보고에서 추산한 바로는 하루 평균 적어도 10건의 윤간 사건이 있었다(실은 '표본 사례'라고 부른 사건이 10건이었다). 중국인의 이름은 거의 기록되지 않았다. 1937년 12월 16일에 작성되었으며 후일 법적 절차에 따라 증거로 채

택된 한 보고서를 읽어보면, 위낙 실상이 참혹해서 참담해질 뿐 아니라, 보고서 작성자가 사건의 경중을 따지는 관점 때문에 또 한번 참담한 심정이 된다. 항목 12번과 13번의 내용은 다음과 같다.

12. 12월 14일 밤 10시, 첸잉샹의 한 중국인의 집에 11명의 일본군이 들어가서 4명의 중국 여성을 강간했다.

13. 12월 14일, 일본군이 미국 선교사인 그레이스 바우어 양의 집에 들어와서 모피 달린 장갑을 빼앗고 테이블에 있던 우유를 모두 마신 후 손으로 설탕을 퍼먹었다.[42]

하지만 여러 가지 의미에서 참담한 상태의 이 보고서는 군사법정에서 결정적인 역할을 수행했다. 도쿄 재판정은 "점령당한 첫 한 달간 그 도시에서 2만여 건의 강간이 일어났다"*[43]고 판단했다. 최종변론에서 법원은 다음과 같이 언급했다.

피해자 자신이나 그녀를 지키려는 가족이 조금이라도 저항하면 그에 대한 처벌로 사살하는 일이 흔했다. 미성숙한 소녀나 늙은 여성조차 상당수가 도시 전역에서 강간당했으며, 강간과 연계된 비정상적이고 가학적인 행위가 많이 자행되었다. 많은 여성이 강간당한 후 살해되었고 사체를 심하게 훼손당했다. …… 일본군의 잔혹한 만행은 완강한 방어가 마침내 무너져서 군대가 잠시 통제되지 않은 상태였다는 변명이나 일부 병사의 행동이라는 구실로는 용서할 수 없는 것이다. 일본군은 도

---

* 도시의 크기와 법행의 빈도로 볼 때, 난징의 강간은 그로부터 34년 후 일어난 방글라데시의 강간 사태와 견줄 만하다.

시 점령 후 6주가 넘는 긴 기간 동안 강간, 방화, 살인을 계속해서 저질 렀다.[44]

난징 침략이 있기 한 달 전 마쓰이 장군은 "난징 정부와 괘씸한 중국인들을 벌주는 일"이 자신의 임무라고 거만하게 말했다.[45] 그는 "일본군의 영광으로 중국을 빛내"길 원했으며, 그렇게 선언했다. 하지만 10년 후 도쿄 법정이 심사숙고해서 내린 결론은 점령군이 벌인 도시 약탈이 "비밀리에 명령을 받았거나 고의로 저지른"[46] 일이라는 것이었다. 마쓰이 장군은 난징 강간 사건에 책임이 있다고 인정되어 교수형을 선고받았다.

마쓰이는 변론에서 불법 잔혹 행위에 대한 고발을 모조리 부인 했다. 특히 강간 증언에 대해서는 순전히 "루머다, 중국인이 그런 정보를 돌렸는데 아마 재미로 그랬을 것"[47]이라고 말했다. 또한 그는 반대 심문에서 격분하며 이런 말을 반복했다. "내가 말하고 싶은 건 단지 내 지휘 아래 있는 각각의 부대와 그 휘하 병력의 규율과 도덕에 내가 직접적으로 책임이 있는 건 아니라는 겁니다."[48] 그의 정보장교인 나카야마 야스토 소령은 자신의 상관보다는 조금 더 예의바른 태도를 보였다. 여성을 대상으로 한 강간 및 폭행 사례에 대해 나카야마는 이렇게 증언했다. "저는 제한된 범위 내에서 그런 일이 몇 건 있었다고 믿습니다. 이 법정에서 제가 감히 의견을 내놓을 주제는 못 되지만, 그런 일이 앞으로는 일어나지 않기를 희망합니다."[49]

당사자도 '제한된 범위 내에서' 믿는다는데, 하물며 도쿄 전범 재판이 없었다면 누가 난징 강간 사건의 전체 실상을 믿겠는가? 어느 나라나 그랬듯 일본 정부도 헤이그 협약하에서는 강간이 용납될 수 없는 비양심적 범죄라는 것을 염두에 두고 있었고, 그래서 자기들이 저지른 범죄의 유감스러운 자취를 덮으려고 최선을 다했다. 그런 은폐 시도 자체가 전후 재판에서 정식 증거로 채택되었다.

1939년 2월, 일본 육군성은 전장의 지휘관들에게 일급비밀 지령을 내렸는데, 그 지령에는 병사들이 휴가로 집에 돌아갔을 때 특정 주제로는 대화하지 못하도록 막으라는 내용이 노골적으로 담겨 있었다.[50] 이 지령은 난징과 한커우 점령 후에 나왔는데, 떠오르는 태양의 전사들이 자기가 어디에 있었고 무슨 일을 했는지에 대해 입을 가벼이 놀렸던 것이다. 이 지령에는 해서는 안 될 발언의 예시가 담겨 있었으며, 모두 외신에서 발췌한 구절로 만든 예시였다.

—"한 중대장이 강간에 관한 상부 지령을 비공식적으로 알려왔다. '문제에 휘말리지 않으려면, 일을 끝낸 뒤 돈을 지불하든지 눈에 띄지 않는 곳에서 죽여라.'"

—"만약 전쟁에 참여한 군인이 개인적으로 수사를 받게 된다면, 살인이나 강도, 강간으로 유죄를 받을 것이다."

—"우리는 ○○○에서 일가족 네 명을 붙잡았다. 우리는 그 딸을 매춘부처럼 데리고 놀았다. 그런데 그 부모가 딸을 돌려달라고 요구해서 그들을 죽였고, 그 딸은 부대가 출발할 때까지 가지고 놀다가 죽였다."

—"전투에 참가한 반년간 내가 배운 것이라고는 강간과 절도뿐이다."

당시 미국은 아직 참전하지 않은 상태였고, 저 비밀 지령은 자국뿐 아니라 미국을 비롯한 다른 나라에서 비판적인 여론이 생기지 않게 막으려는 시도였다.

미국인 아그네스 뉴턴 키스Agnes Newton Keith는 제2차 세계대전 기간에 보르네오의 일본 전쟁포로 수용소에 갇혀 있었다. 그녀는 나중에 자신의 강인한 모험담을 담은《셋이 집에 왔다Three Came Home》(1946)를 썼는데, 거기에는 수용소에서 강간당할 뻔했으며 그 사실을 알리려다가 보복성 폭력의 피해자가 되었다는 이야기가 담겨 있다. 키스가 짐작하기에는 일본인 간수들이 서구인 억류자를 성 학대 하지 말라는 명령을 받은 듯 보였다고 한다. 그러나 어느 이른 아침 그녀가 막사 계단에 앉아 있는데 간수 한 명이 오더니 그녀에게 담배 한 갑을 던졌다.

간수는 주저하다가 킬킬거리더니 …… 내 위로 빠르게 몸을 굽혔고, 두 손으로 거칠게 내 가슴을 만지고, 손을 내 허벅지로 가져가서 다리 사이로 난폭하게 찔러넣었다. 나는 너무 놀라서 움직일 수가 없었다. 순간 아무 생각도 할 수 없었지만, 그나마 바지를 입고 있었던 게 다행이었다.

그다음에 일어난 일은 너무나 불쾌한, 한 여성으로서 그보다 더 화가 날 수 없을 정도로 불쾌한 일로, 여성으로서 몸과 마음 모두에 상처를 입는 일이었다. 그 군인은 힘이 세고 거칠고 잔인하며 역겨웠고 나에게 수치를 주는 짓을 즐겼다. 그런 짓을 쾌락으로 여기는 사람이 있다는 사실을 나는 그때 처음 접했다. 설사 그전에 비슷한 일을 접했다고 해도 그건 분명 내가 결코 좋아했을 리 없는 사고방식이었다.[51]

계속해서 실랑이를 벌이다가 키스가 가까스로 폭행범의 배를 걷어찼다. "그는 비틀거리며 계단 아래로 물러나서 어찌할지 머뭇거렸다. 입을 맞출지, 죽일지, 바지를 올린 후 떠날지." 이때 막사 안에 있던 여자 몇 명이 그녀의 비명을 듣고 몰려나왔고, 계획이 틀어진 간수는 "떨어진 소총을 집어 들고 불만스럽게 발길을 돌렸다".

아그네스 키스는 이에 굴하지 않고 수용소 당국에 강간 미수에 대해 보고했으나, 당국은 그녀가 '거짓말'을 했다면서 오히려 그녀에게 갈비뼈 골절과 어깨 탈구를 선사했다.

제2차 세계대전 기간에 여성에게 자행된 여러 가지 학대 중 가장 악랄한 행위는 군인의 쾌락을 위해 강제로 여성을 붙잡아서 제도화한 수용소 성매매 시설과 강제수용소 내에서 벌어지는 강간이다. 살아남기 위해서 저항하지 않고 강간을 받아들일 수밖에 없는 처지를 이용했기 때문이다. 바티칸 문서국에서 나온 기록에 따르면,[52] 이미 1942년 3월에 브라티슬라바의 교황 특사였던 대주교 주세페 부르지오는 교황 피우스 12세에게 나치가 동부전선의 독일군을 위해 젊은 유대인 여성을 창녀로 만들려고 끌고 갔으며 유대인 전부를 강제 이송할 준비를 하고 있었다고 보고한 바 있다.

카체트니크 Ka-tzetnik는 악몽과도 같은 소설 《인형의 집House of Dolls》(1955)에서 이름 없는 강제 성매매 시설에 갇힌 유대인 여성들이 매일 오후 2시에 정확히 도착하는 독일 병사들을 위해 간이침대를 준비하는 모습을 묘사한다. 죽음의 위협 아래 매일 반복된 그 일은 끔찍하게도 '기쁨의 의무'[53]라고 불렸고, 군인들은 그 일을 마친 후 자기가 사용한 '인형'의 성능을 기록해 보고하게 되어 있었다. 부정적인 보고가 3회 누적되면 죽음을 의미했다. '카체트니크 135633'은 이 익명 작가의 아우슈비츠 수감번호였고, 그가 소설의 형태로 쓰기는 했지만—소설 중 어떤 부분은 도저히 실화라고 믿기 힘들 만큼 무시무시하다—인형의 집이 실제로 존재했다는 것을 의심할 이유는 거의 없다.

바르샤바 게토에 있었던 유대인 여성 알리나 브루다 박사는 아우슈비츠에서 허가를 얻어 의사 업무를 했는데, 그녀의 회고록을 보면 아리아인 여성 죄수로 이루어진 아우슈비츠 성매매 시설 이야기가 책의 한 장을 차지하고 있다.[54] 그녀는 은밀히 그 여성들을 치료하고 낙태시술을 했다고 한다. 소련의 유대인 반파시스트 위원회가 수집한 증언록을 보면, "매일 밤 유대인 처녀 두 명을 요구한 악명 높은 페테카우가 지배하던" 루마니아 툴친의 강제수용소에 관한 증언이 나온다.[55] 1944년 네덜란드에 있던 나치 강제수용소 부흐트가 해방된 상황을 다룬《뉴욕 타임스New York Times》1면 기사는 "수용소 관리자들이 젊은 유대인 여성을 범하는 일이 일상이었다"[56]고 전한다. 뉘른베르크 재판에서는 독일이 스몰렌스크시를 점령한 기간에 "수백 명의 [러시아] 여성과 소녀들을 몰아넣어 만든"[57] 독일 성매매 시설이 있었다는 증언이 나왔다. 도쿄 재판에서도 일본이 중국 광시 지역의 구이린시를 점령했을 때 "공장을 세운다는 구실로 여성을 모집해서 일본군에게 성매매를 하도록 강요했다"[58]는 증거가 나왔다.

나는 제2차 세계대전 시기에 해방군이 여성에게 굴종을 강요했던 추축국 점령군과 확연히 대조되는 태도와 행동을 보였다고 말하고 싶었다. 적어도 뉘른베르크와 도쿄에서 나온 증거만 보면 사실인 듯 보였다. 독일과 일본이 보인 패턴을 보면, 가장 실용적인 테러 수단이어서 그랬든, 자신들이 지배민족이라는 철학을 표현하려고 그랬든 여성에 대한 경멸을 노골적으로 표현하고 있었다. 강간은 파시스트가 지배를 표현하는 행위로 제격이었고, 심지어 의도적으로 그렇게 개념화되었다. 그러나 남성만 따로 선발해 총을 쥐어주고, 그 총에서 나오는 권력을 잠재적으로 모든 여성에게 휘두를 수 있게 만드는 제도는 이미 그 속성상 강간 가능성을 품고 있다. 전시 강간에서 한 여성이 피해자로 선택되는 이유는 그 여성이 적을 대표하기 때문이 아니다. 그녀가 여성이고, **고로** 적이어서 선택되는 것이다.

남자로만 구성된 군대는 특유의 남성지배 감각에 흠뻑 빠져들 수밖에 없고, 결국 추축국의 전쟁기계의 본질은 단지 그런 남성 이데올로기를 더 심한 강도로, 용납할 수 없을 만큼 부풀려서 실행했다는 것이다.

선악은 승패와 별개지만 1945년에는 정의로운 쪽이 승자가 되었고, 심판대 앞에 끌려나온 패자는 누구도 부인할 수 없는 궁극의 악이었다. 제2차 세계대전의 홀로코스트 기록을 살펴본 사람이라면 누구라도 지옥의 심연을 직접 들여다본 듯한 느낌에서 벗어날 수 없게 된다. 하지만 뉘른베르크와 도쿄에서 심판관의 역할을 맡은 이들은 승자로서 그 전쟁에서 빠져나왔다. 책임이 부과된 쪽은 **반대편**이었다. 연합군의 잔혹 행위를 드러내고 심판하기 위해 소집된 국제재판은 없었으며, '적'인 여성으로부터는 어떤 전쟁 범죄 증언도 수집되지 않았고, 우리 편인 연합군의 유죄를 입증하는 일급비밀 문서가 인정사정 없이 백일하에 드러난 적도 전혀 없었다. 강간을 연구하는 관점에서 보자면 증거가 불공정하게 편향되어 있다는 사실을 인정할 수밖에 없다.

강간에 관한 한 제2차 세계대전에서 양측이 똑같았다고 주장하려는 것은 결코 아니다. 그랬을 거라고 믿지는 않는다. 하지만 연합군이 강간을 저지른 것은 사실이다. 그것도 꽤 열정적으로 저질렀다. 독일이나 일본처럼 '열등한 민족을 말살'한다는 계획의 논리적 귀결로 성폭력을 실천한 것은 아니라고 해도, 여성 피해자에게는 여전히 끔찍한 보복이다. 속속들이 정복하겠다는 동기는 앙갚음 내지는 복수하겠다는 동기(혹은 변명)로 대체될 수 있다. 여기에도 일종의 논리가 존재한다. 나는 연합군의 강간이 그들 강간범의 입장에서는 꽤 흥겨운 행위였을 수도 있겠다는 의혹을 갖고 있다. 여성 혐오 정서가 영예롭고 복수심에 불타는 투쟁으로 위장하고 왕성하게 흘러넘쳐 행동으로 발산되었거나, 강간이 선한 싸움을 하고 있는 영웅적인 전투원의 활기찬 자기과시처럼 여겨진 것은 아닌지 매우 의심스럽다.

소련의 소설가 일리야 에렌부르크 Ilya Ehrenburg 는 노련한 종군기자로 변신해 1942년 최전선에 나가 독일군의 강간 이야기로 가득 채운 기사를 송고했다. 그 기사들은 이데올로기적 선동으로 흠뻑 물들어 있었다.

저 더러운 색골들이 지금 러시아에 당도했다. 그들이 우리의 집을 오염시키고 있다. 그들은 우리 여자들을 유린하고 몹쓸 병을 옮기고 있다. 붉은 군대의 남자들이여, 우리 소녀들의 명예의 이름으로, 우리 여자들의 이름으로, 인간의 순수성의 이름으로 이 음탕한 독일 놈들을 박살내자![59]

에렌부르크는 애국주의에 불을 붙이고자 했는데, 그 방면에서 오래전부터 확실한 효험이 입증된 바 있는 '우리 여자 지키기'보다 더 좋은 불쏘시개가 어디 있겠는가? 물론 당시가 스탈린그라드 전투 직전의 암울한 시기였다는 사실을 감안하면 에렌부르크가 "한시라도 서둘러 입대하는 것이 러시아 남자를 족쇄로부터 구하고 러시아 여자를 불명예로부터 구하는 길"[60]이라는 극도로 단순한 슬로건을 만든 일을 이해하고 용서할 수도 있다. 그러나 인간 순수성에 호소해 군대에 헌신하자던 그의 주장은 3년 후 빛을 잃은 헛소리가 되어버린다. 잠에서 깬 큰곰처럼 일어난 저 영광스러운 붉은 군대가 결국 베를린으로 가는 길에 "음탕한 독일 놈들"에 견줄 만큼 흉포하게 여자들을 강간했기 때문이다.

독일 여배우 힐데가르트 크네프Hildegard Knef는 분노에 차서 쓴 자
서전《선물로 준 말The Gift Horse》(1971)에서 여성의 관점으로 베를린 함
락을 묘사한다. 크네프가 문간에 서서 오데르강의 프랑크푸르트, 슈
트라우스베르크, 슈핀들러스펠트에서 여자와 아이를 싣고 온 난민
트럭이 덜컹거리며 지나가는 것을 보고 있을 때, 한 여자가 외쳤다.
"어서 떠나요, 러시아인들이 당신을 강간할 거예요." 크네프는 **만행
을 피하기 위해** 독일 군복을 입고 있었다고 한다. 그녀는 한 남성 동
지와 함께 임시 벙커에 웅크리고 앉아 있다가 어떤 비명 소리를 들
었다.

비명, 무시무시하고 가슴이 미어지는 비명, 높고 가늘며 새된 소리.
나는 옆 구멍에 있는 이를 조심스럽게 불렀다. 거기 있어요?
네.
저 비명 소리는 뭐죠?
러시아인들이 저 위 집에서 여자들을 덮친 거예요, 젠장, 젠장, 젠장,
젠장할.[61]

여배우는 결국 잡혀서 러시아 심문자와 주목할 만한 대화를 주
고받았다. "독일 군복 입고 뭘 했지?" 그가 더듬거리는 독일어로 여
러 번 물었다. 그녀가 냉랭하게 답했다. "강간당하고 싶지 않았거든."
이 대답에 화가 난 소련 장교는 "러시아 군인은 강간하지 않는다! 독
일 돼지가 강간한다!"[62]고 고함쳤다.

그러나 러시아 군인은 강간을 했다. 훌륭한 베를린 함락 연구서
인《마지막 전투The Last Battle》(1966)의 저자 코닐리어스 라이언Cornelius
Ryan은 제대로 된 관점에서 전시 강간을 다룬 몇 안 되는 역사가였

다.[63] "성적 공격을 당할 수 있다는 두려움이 도시 전체를 먹구름처럼 덮고 있었다." 라이언은 제2차 세계대전 시기 6년간 베를린은 거의 여자만 있는 도시였다는 이야기로 책을 시작한다. 소련군이 진격해올 때 도망친 난민들은 베를린 사람들에게 앞으로 어떤 일이 생길지 본 대로 전했다. 최전방의 붉은 군대는 잘 훈련되어 있으며 품행이 바르다. 그들은 강간하지 않는다. 하지만 그다음에 오는 군대는 오합지졸 폭도에 가깝고, 잔혹 행위를 저지르는 것은 바로 그들이다. (완벽히 이치에 맞는 이야기다. 스탈린그라드 전투의 참전 용사를 비롯한 최전방 부대는 자기 조국을 대표해 영웅답게 적을 심판할 임무를 지니고 있었다 — 반면 후위를 맡은 자들은 전쟁에서 가장 감정이 충만해지며 만족스러울 순간 — 독일 땅을 밟고 진군하는 첫 번째 러시아인이 되는 순간 — 을 놓쳤고, 그래서 사람과 재산에 보복을 가하는 쪽으로 기울었을 것이다.)

소문은 결국 사실이 되었는데, 라이언은 이렇게 적었다. "잘 통솔된 참전 용사들 뒤로 대규모 러시아 부대가 왔는데 …… 정복자의 권리, 즉 패배한 쪽의 여자들을 요구했다." 라이언이 베를린 연구를 진행한 시기는 1960년대 초반이었고 인터뷰 팀의 도움을 받았다. 1945년의 베를린에는 당시 벌어진 광란의 규모를 기록으로 남길 만큼 제대로 운영되는 정부가 전혀 없었지만, 1960년대까지도 그 광란의 상흔이 완전히 아물지 않아서 역사가는 어렵사리 직접 경험자의 설명을 얻을 수 있었다.

우르술라 쾨스터는 러시아 병사들이 소총으로 문을 두드렸을 때 자기 부모와 세 아이와 함께 지하 대피소에서 자고 있었다. 네 명의 러시아군은 지하 창고를 뒤져서 통조림과 시계 몇 개를 압수한 후, 총부리를 휘둘러 그녀의 부모와 아이들을 붙들어둔 채 차례로 그녀를 강간했다. 동틀 녘에는 군인 두 명이 더 와서 지하 창고로 가는 길을 찾아냈고, 그들 역시 그녀를 강간했다.

안넬리제 안츠는 어머니와 같이 자다가 비명을 지르며 침대에서 끌려나온 후 소련 장교에게 강간당했다. 그는 일을 마치고 그녀의 머리카락을 쓰다듬으면서 "착한 독일인아"라고 속삭이면서 아무에게도 그가 강간했다고 말하지 말라고 요구했다. 다음날 그녀 앞으로 음식꾸러미 하나가 떨어졌다. 안넬리제의 언니인 일제는 양손에 권총을 들고 지하 저장고에 들어온 병사에게 강간당했다. 그는 그녀의 스웨터와 스키바지를 벗기더니 "너 독일군이냐?"라고 물었다. 일제는 인터뷰한 사람에게 이렇게 이야기했다. "나는 그 말에 놀라지 않았습니다. 너무 굶주려서 여자로 보기 힘들 정도로 마른 상태였어요." 강간범은 일을 마친 후 일제에게 이렇게 말했다. "이게 독일군이 러시아에서 한 짓이야." 그러고는 떠났다가 다시 돌아왔다. 남은 밤을 그녀와 보내기 위해서였고, 다른 군인들로부터 그녀를 보호하려는 목적도 있었다. 이른바 그 '보호'라는 것은 꽤 오래 지속되었다. 그녀는 그 후 다른 군인에게 또 강간당했지만 말이다.

17세였던 하넬로레 폰 체무다는 술 취한 군인 무리에게 강간을 당했다. 일을 마친 후 그들은 그녀의 몸에 세 발을 쏘았으나 그녀는 살아남았다.

방공호 관리인 마르가레테 프로마이스트는 두 번의 밤과 낮이 지나는 동안 "러시아인들이 방공호로 몰려오고 또 몰려와 약탈하고 강간하는" 것을 지켜보았다. "거부할 경우 여자들은 살해당했습니다. 총에 맞기도 했고 어떤 식으로든 살해당했어요. …… 나는 예닐곱 명의 여자 시체를 찾아냈는데, 모두 강간당한 자세 그대로 누워 있었고 머리는 심하게 맞아 손상된 상태였습니다." 프로마이스트 본인은 "난 당신들에게는 너무 늙었다"고 말해보았으나 강간당했다.

성심수녀회가 운영하는 고아원이자 산부인과 병원인 달렘의 집의 쿠네군다 원장수녀는 군인들이 우크라이나 출신 요리사 레나를 강간하지 못하게 막으려다 총에 맞았다. 산부인과 병동에는 임산부와 막 출산한 여성을 강간하는 군인들이 들끓었다.

강간당할 수 있다는 공포나 강간당했다는 수치심 때문에 자살한 여성도 있었다. 석탄재나 요드, 붕대를 이용해 가능한 한 매력 없고 병든 모습으로 변장해 강간을 피한 이들도 있었다. 어떤 이들은 숨을 만한 기발한 장소를 찾거나 위험이 지나갈 때까지 지하실이나 구덩이에 숨어 있었다. 어떤 이들은 "소련 병사가 시도를 멈추고 다른 곳을 찾아갈 정도로 사납게 싸워서 강간으로부터 스스로를 구했다". 욜렌타 코흐도 그렇게 맞서 싸운 사람이었다. 한 군인에게 속아 공범이 기다리는 빈집으로 들어간 코흐는 "두 남자가 차라리 그녀가 떠나는 편을 반길 정도로 저항했다".

도라 얀센은 결핵에 걸렸다고 주장해 강간을 피했다. 하인인 잉게는 얀센만큼 운이 좋지 않아서 걸을 수 없을 정도로 심한 상처를 입었다. 얀센 부인은 거리로 달려나가서 장교처럼 보이는 남자에게 무슨 일이 일어났는지 말했다. 하지만 그는 이렇게 답했다. "독일군은 러시아에서 그보다 더 나쁘게 굴었어."

히틀러-유겐트* 대원이었던 클라우스 퀴스터는 세 명의 러시아 군인이 거리에서 여자를 잡아 어느 건물 복도로 끌고 가는 것을 보았다. 그도 따라갔다. 군인 중 하나가 클라우스에게 권총을 겨눴다. 다른 한 명은 나머지 한 명이 여자를 강간하는 동안 그녀를 붙잡고 있었다. 클라우스는 강간을 마친 러시아인이 건물을 나가는 모습을 보

---

* 독일 나치당이 만든 청소년 조직.-옮긴이

왔다. "나, 나는 커다란 돼지야"라며 울부짖는 군인의 얼굴에 눈물이
흘러내리고 있었다.

1951년 쾰른대학교의 테오도르 슈이더 박사가 지휘하는 반공산
주의 독일 학자 위원회는 1944~1945년 사이 붉은 군대가 연신 승전
보를 날리는 동안 동부 및 중앙 유럽에서 독일 국민이 도망치거나 축
출된 사례를 수집해 기록했다.[64] 이 책의 1권은 제2차 세계대전 후 설
정된 국경선인 오데르-나이세 선의 동쪽, 지금은 폴란드가 된 지역
에 있던 독일 난민의 운명에 초점을 맞췄다. 이 책에서 개인 증언을
추린 영어 요약판에는 러시아와 폴란드 군인이 저지른 대량 강간에
관해 여성이 증언한 진술서가 30건 가까이 포함되어 있다. 증언들은
서로 비슷한데, 그 내용의 유사성은 기록을 조작하면서 생긴 것이 아
니라 전시 여성 경험의 보편성에서 비롯된 것이다.

증언자 중 한 명인 E. L.은 러시아군이 포젠(지금의 포즈난)에 들어
올 때 그 도시에 갇혀 있었다. 그녀는 이렇게 증언했다.

밤에 침대에 누워 있으면 언제나 계단을 올라오는 발소리가 들려왔
다. 러시아군의 발소리였다. 폴란드인들이 독일인이 살고 있는 집을 알
려준 것이었다. 그들은 문이 열릴 때까지 소총 개머리판으로 두드려댔
다. 러시아 군인들은 내 어머니나 아주머니까지 인정사정없이 침대에
서 끌어냈고, 한 손에 자동권총을 들고 우리를 위협해 강간했다. 그리고
다음 무리가 올 때까지 더러운 장화를 신은 채 침대에 누워 있었다. 조
명이 없었기 때문에 모든 일은 손전등 빛 아래에서 일어났고, 우리는 그
짐승들이 어떻게 생겼는지조차 잘 볼 수 없었다. 낮에는 힘들게 일해야
했고, 밤에는 러시아인들이 쉽게 놔두지 않았다. …… 강간이라는 표현
조차 사치스러울 정도로 비참한 상황이었는데, 여자들은 수동적인 기

구나 다름없는 상태가 되어 스스로를 지킬 수도 거절할 수도 없는 채로 그저 고통만 받아야 했다.[65]

브레슬라우(현 브로츠와프)의 한 학교 선생은 "누구한테 신고를 할 수 있었겠습니까?"라며 비슷한 경험을 이야기한다. "어딜 가든 집 잃은 개처럼 쫓겨 다니는 신세였습니다."[66]

이처럼 전쟁 직후에는 아무도 독일 여성의 이야기를 들어주지 않았으나, 이후 그 이야기를 필요로 하는 이들이 나타난다. 뉘른베르크에서 소련 검사는 나치가 테러와 종족 말살을 위해 체계적인 군사 작전의 일환으로 여성에게 강간을 자행했다는 사실을 보여주려고 했다. 도쿄 재판에서 연합국은 일본을 대상으로 뉘른베르크와 비슷한 판례를 만들었다. 바르샤바 게토의 유대인은 외부에 도움을 청하면서 그들이 체계적으로 말살당하고 있다는 것을 입증하기 위해 유대인 여성이 대규모로 강간당한 사실을 이용했다. 제1차 세계대전의 선전선동가 중 하나였던 A. J. 토인비는 훈족이 자행한 짐승 같은 테러 작전의 증거로서 강간을 이용하려고 했고, 스코틀랜드 하일랜드의 영주들은 강간을 잉글랜드가 스코틀랜드 민족을 말살하려고 시도한 증거로 사용했다. 따라서 반공산주의 성향의 독일 교수들이 강간 기록을 수집해서 그로부터 민족주의적 의의를 찾으려 든 것 역시 뻔한 패턴의 일부일 뿐이다.

소련 장교와 병사가 저지른 독일 여성과 어린이 강간은 진정한 의미에서 체계적이었다. 엄청난 숫자의 강간당한 여성이 겪은 신체적·정신적 고통과 별개로, 그런 일을 저지를 수 있는 그 야만성과 파렴치함은 그 자체로 독일인으로 하여금 두려움과 공포를 품게 만들었다. 이 강간 행위는 유럽인의 정신으로는 납득할 수 없는 역겨운 사고방식과 실천의 결과임이 명백하다. 이는 일정 정도 러시아가 가진 아시아적 전통과 관념에서 비롯된 것이 틀림없다. 그런 전통과 관념에 따르면 여성은 보석이나 귀중품, 주택, 상가와 같은 전리품일 뿐이다. 소련군의 정신적 배경에 이런 종류의 근본적인 동기가 있다고 보지 않고서야 그 강간 행위의 규모와 본질을 이해할 길이 없다.[67]

이 독일 교수들은 여기서 한발 더 나아간다. 에렌부르크가 최전방 급보와 애국주의 전단을 써서 러시아 군대가 강간하게끔 선동했다는 것이다.[68]

에렌부르크는 기묘한 지점에서 러시아군이 저지른 죄를 대신 매맞아주는 하인 역할로 불쑥 불려 나오는데, 이는 그 자체로 연구해볼 만한 주제이다. 영국에서 1959년 출간된 독일 제독 데니츠의 회고록에는 에렌부르크가 쓴 전단 문구가 인용되어 있다.

죽이자! 죽이자! 독일 인종에게서 사악함을 빼면 남는 것이 없다! …… 스탈린 동지의 훈시를 따르자. 파시스트 짐승들의 소굴로 쳐들어가서 단번에 영원히 박멸해버리자! 저 독일 여자들의 인종적 자부심을 강제로 박살내자. 그들을 합법적인 전리품으로 삼자. …… 붉은 군대의 용맹한 병사들이여![69]

동시대의 빈 사회학자 카를 베드나리크Karl Bednarik는 에렌부르크의 전단을 액면 그대로 받아들여 이렇게 쓴다. "이 대목에서 에렌부르크는 허울뿐인 이데올로기 뒤에 숨어서, 먹이를 찾아 날뛰는 군대에게 패배한 적국의 여자를 안전한 배출구 삼아 던져주자는 주장을 하고 있다."[70]

공평을 기하기 위해 말해두자면, 나는 에렌부르크가 쓴 수백 건의 최전방 특보를 살펴보았지만 "독일 여자들의 인종적 자부심을 박살내자"와 "그들을 합법적인 전리품으로 삼자" 같은 내용의 문구를 찾지 못했다. 코닐리어스 라이언은 책에 데니츠가 인용한 구절을 재인용하면서, 에렌부르크가 썼다는 증거는 찾을 수 없었지만 전단에서 에렌부르크의 이름을 직접 봤다는 사람들을 여러 명 인터뷰했다고 썼다. 라이언은 진위를 밝히고자 모스크바까지 찾아갔지만, 소련 신문 편집자와 역사가들이 강간 문제 전반에 대해 '방어적'이었다고 한다.[71] 그가 이야기해본 모스크바 역사가 대부분은 러시아 군대가 오데르로 진격하면서 풀려나게 된 전쟁포로들이 아마 복수심에 불타서 질 나쁜 잔혹 행위를 저질렀을 것이라고 둘러댔다. 한 신문 편집자는 그에게 이렇게 말했다. "당연히 우리도 백 퍼센트 신사는 아니었지. 그전에 본 게 너무 많았거든."

라이언은 에렌부르크가 과도한 선동을 한다는 이유로 군사 신문 《붉은 별Red Star》지에서 공개적으로 비판받은 적이 한 번 있다는 사실을 발견했다. 라이언은 이 정도면 에렌부르크가 실제로 저 전단을 썼다는 증거로 충분하다고 여기고 그렇게 믿어버린 듯하다. 하지만 나는 날조된 선전선동 전단의 역사를 잔뜩 본지라 라이언처럼 확신하지는 못하겠다. 에렌부르크가 유대인이었다는 사실을 염두에 두면, 저 사악한 장려 문구는 패배한 나치의 구미에 너무나 딱 맞는 선물이며, 악랄한 반유대주의 위서인 《시온 장로 의정서Protocols of the Elders of Zion》(1903)와 비슷한 냄새마저 난다.

베드나리크는 붉은 군대가 앙갚음으로 더 잔혹한 파괴를 일삼는 것을 막기 위해 독일 여성의 몸을 희생양 삼아 던져주자는 식으로 에렌부르크가 고의로 선동했다고 주장했다. (그러면서도 정작 자신이 인용한 에렌부르크 전단의 정확한 출처는 밝히지 않았다.) 참 흥미로운 외삽법이다. 독일 교수들처럼 베드나리크도 책임을 떠넘길 **누군가**가 필요한 나머지 무리하게 외삽법을 적용한 것이다. 유고슬라비아의 공산주의자였다가 격렬하게 반공산주의로 돌아선 밀로반 질라스Milovan Djilas 또한 《스탈린과 나눈 대화Conversations with Stalin》(1962)에서 붉은 군대의 강간에 대해 논했다. 물론 이 책은 지나치게 감정에 치우쳐 있으며 전적으로 믿을 만한 책은 못 된다. 각 지역 주민들이 신고한 기록에 따르면 소련군은 유고슬라비아에서 121건의 강간을 저질렀고, 강간 살인도 여러 건 저질렀다고 그는 썼다. "붉은 군대가 지나간 지역이 유고슬라비아의 북동부 일부뿐이라는 사실을 염두에 둔다면 이 숫자는 결코 하찮은 것이 아니다." 질라스는 스탈린 본인에게 직접 그 문제를 들이밀어봤다고 한다.

"질라스, 질라스!" 러시아 독재자는 그에게 이렇게 답했다. "질라스 당신은 작가라면서 인간이 무엇 때문에 고통받는지, 인간의 마음이 어떤지도 모른단 말인가? 피와 불, 죽음을 숱하게 겪으며 수천 킬로미터를 지나온 한 병사가 여자와 즐기거나 사소한 말썽을 좀 일으켰다 한들 그것도 이해를 못하나?"[72]

물론 모든 러시아 군인이 강간범은 아니었으며, 붉은 군대의 잔혹 행위에 대한 독일 측 증언록을 보면 여성에게 친절을 베푼 사례도 없지 않다. 그러나 소련군이 저지른 일의 책임을 에렌부르크의 선동 탓으로 돌리거나, 스탈린이 '남자는 원래 그래'라는 식의 태도를 취한 탓으로 돌리거나, 심지어는 어떤 민족적 특성 탓으로 돌려봤자 부질없는 짓이다. 전쟁 시기든 평화 시기든 남자들은 명령이나 허가, 특별한 전통 문화 없이도 언제나 강간을 저질러왔다. 소련군의 강간에 특별히 아이러니한 점이 있다면, 자신들이 '새로운 소비에트 인간'이라고 그토록 생색을 낸 러시아인들이 결국 전시에는 구태의연한 인간 남자로 판명되었다는 사실이다. 사회주의 이데올로기의 문제는 당 정치위원이 의도적으로 복수심에 사로잡힌 군인들에게 여성의 몸을 먹이 삼도록 선동하는 데 악용될 수 있다는 점에 있지 않다. 사회주의 이데올로기가 지닌 진짜 문제는 오히려, 붉은 군대가 어떤 이데올로기의 교화를 받았든 그 교화 과정에 여성이 당해온 성적 억압은 내용으로 포함되지 않았다는 점에 있다. 1945년 독일과 동유럽에서 붉은 군대가 여성의 몸과 손목시계를 앞에 두고 다른 점령군과 전혀 다를 바 없이 행동했다는 사실이야말로 직면하기 힘든 정치적 진실이다.

알렉산드르 솔제니친Aleksandr Solzhenitsyn의 《수용소 군도Gulag Archipelago》(1973~1978)의 한 대목에서 이 러시아 작가가 겪은 이데올로기적 혼란을 엿볼 수 있다. 그는 전방에서 스탈린을 비판하는 편지를 썼다는 이유로 지위를 빼앗기고 감방에 갇힌 후 "부드러운 검은 헬멧을 쓰는 전차병으로서 진솔하고 다정한 군인"인 세 명의 감방 동료를 만나는데, 그 세 명이 목욕탕에 침입해 두 명의 독일 여성 농민을 강간하려다가 기소되었다는 사실을 알게 된다. 솔제니친은 아무 거리낌 없이 그 독일 여성들이 "천박한 계집들"이라고 단정한다. 엄격하고 타협 없는 공산주의 윤리의 판관인 솔제니친이 보기에 세 명의 동료는 잘못된 판결로 보복당한 것이었는데, 그 여자들 중 한 명이 "방첩 부대 대장의 소유였기 때문이다. 아니나 다를까".

솔제니친은 전시 강간의 의미나 문제점, 실제로 효과가 있는 강간 억제 및 처벌 시스템은 무엇인지 깊이 생각하기는커녕, 강간은 애초에 범죄가 아니며 그저 술에 취하는 것을 과하게 즐기는 성향 때문에 일어나는 일이라고 솔직하게 생각을 털어놓는다. 그의 유일한 관심사는 비열한 경찰국가의 참상을 폭로하는 것뿐이었고, 그것이 그의 한계였다. 그리하여 그는 이런 궤변을 늘어놓는다.

그렇다! 독일 영토에서 전쟁을 벌인 3주간 우리 모두는 여자가 독일인일 경우 강간하거나 쏴버려도 된다는 것을 매우 잘 알고 있었다. 이는 전공을 세우는 일이나 다름없었다. 만약 폴란드 여자나 추방된 우리 러시아 여자였다면 벌거벗겨 정원에 풀어놓고 쫓아다니거나 엉덩이를 찰싹 치면서 즐기는 게 다였을 것이다. 그런데 여자가 방첩 부대 대장의 "부대용 아내"였다는 이유만으로, 후방 깊숙한 곳에 앉아 있던 하사관 따위가 세 명의 최전방 장교의 어깨에서 최전방 사령부가 수여한 계급장을 떼어버렸다. ……[73]*

조지 S. 패튼 주니어George S. Patton Jr 장군은 제2차 세계대전을 회고하며 본의 아니게 우리에게 강간의 본질을 통찰할 기회를 준다.[74] 북아프리카 원정 작전으로 1942년 모로코에 머물 때, 패튼은 술탄의 보좌관과 까다로운 문제를 처리하면서 "내가 아무리 성실하게 노력해

---

* 소련의 반체제 인사 중 자신의 정치적 고뇌를 너무 중요하게 여긴 나머지 여성의 권리에 대해서는 극단적일 만큼 둔감한 모습을 보인 사람은 솔제니친뿐만이 아니었다. 물리학자 발레리 찰리제가 미국에 왔을 때,《뉴욕 타임스》편집장인 해리슨 솔즈베리는 그가 여성해방운동에 대해 무엇을 알고 어떤 생각을 가지고 있는지 알아내려고 했다. 질문을 받고 어리둥절했지만 쓸 만한 답변을 하고 싶었던 찰리제는 "일부다처제 결혼계약에 참여하는 여성의 권리"에 대해 횡설수설하더니 코카서스와 중앙아시아 지역의 명예로운 전통과 소수민족의 자결권을 납치혼을 당할 여성의 '권리'와 연결시켰다. "예를 들어, 소련 당국은 신부를 유괴하는 의식을 강제 납치라고 본단 말입니다. 소련법은, 이 경우엔 유럽법에 기반을 둔 것인데, 민족 전통을 침해하고 다양한 민족의 전통을 모욕합니다." Chalidze: Harrison E. Salisbury, "Struggling Now for Human Rights: A Talk with Valery Chalidze," *New York Times Magazine*, Mar. 4, 1973, p.60.

도 강간은 무조건 일어나게 되어 있"다고 말했다. 그가 지휘하는 미군 병사가 저지르는 강간을 완전히 예방할 방법은 없다는 뜻이었다. 패튼이 범행을 저지른 미국인은 교수형에 처할 것이라고 약속하자 상대는 그 처형이 "모로코인에게 큰 기쁨이 될 것"이라고 답했다. 1년 후 패튼이 시칠리아 공격을 지휘하게 되자, 저 대화를 나눴던 모로코인이 이번에는 피해를 받는 쪽이 아니라 주는 쪽이 되었는데 이때 피해자는 이탈리아 여성이었다. 이 모든 것이 패튼에게는 일종의 농담거리였다.

모로코 군대와 관련해서 웃기는 일이 하나 있었다. 어느 날 시칠리아인 하나가 나를 찾아와서 모로코군, 그들이 부르는 식으로는 굼Goums이 저지른 일을 고발하러 왔다고 했다. 그는 굼 놈들이 다 도둑이며 살인자고 종종 강간에 탐닉한다는 것을 잘 알고 있다면서, 그거야 다 이해하고 감수하지만 그놈들이 집에 와서 그의 토끼를 죽이고 거실에서 껍질을 벗기는 짓만은 해도 너무한 것 아니냐고 말했다.

비토리오 데 시카 Vittorio De Sica 의 강력한 영화 〈두 여인 Two Women〉(1961)은 이탈리아에서 벌어진 저 강간을 사뭇 다른 시점에서 제시한다. 한 어머니(소피아 로렌이 연기함)와 처녀인 딸이 전쟁에서 살아남지만 폭격으로 파괴된 성당에서 승리를 자축하는 모로코 군인들에게 윤간당한다. 두 여성이 강간당하는 장면은 이 영화가 전쟁과 생존의 본질에 대해 던지는 가장 역설적인 논평이다. 나는 '할리우드 텐'** 중 한 명이었던 시나리오 작가 존 하워드 로슨의 강의를 들은

** 1947년 미국 하원의 비미활동 조사 위원회가 공산주의자들이 미국 영화에 공산주의 선전

적이 있는데, 그는 데 시카가 강간하는 군인 역으로 아프리카인을 골랐다며 화를 냈다. 내가 기억하기로 로슨은 그 배역 선정이 노골적인 인종차별이나 다름없다고 여겼고, 누구나 알듯 제2차 세계대전에서 악당은 독일이니 영화 속의 강간범도 당연히 독일군이어야 한다는 식이었다. 로슨의 이런 비판은 강간에 대한 구좌파의 사고방식을 보여주는 아주 좋은 예이다. 적이 강간을 하면 그 적이 얼마나 짐승 같은 자들인지 보여주는 증거가 되지만, 우리 편이 강간을 하면 그 사실을 화제로 꺼내는 행위가 정치적 협잡이 된다. 그러나 진실의 편에 서 있는 이는 데 시카이다.

로슨은 데 시카에게 인종주의의 혐의를 제기했지만, 영화 〈두 여인〉에 관한 한 그것은 전혀 근거 없는 소리이다. 하지만 슈투트가르트 지하철 사건을 둘러싼 논란을 보면, 인종주의 내지는 어두운 피부색의 사람들에 대해 최악의 것만 믿으려는 편향이 실제로 작용한 경우도 있었던 것으로 보인다.[75]

1945년 6월 '공정고용관행법'에 반대하는 필리버스터에 참여한 미시시피의 신진 상원의원 제임스 O. 이스트랜드는 군대의 고위 관계자에게 받은 정보라면서 "상당수의 흑인 군인들이" 노르망디 공격 당시와 그 이후에 강간을 저질러서 무기를 회수해야 했다고 주장했다. 이스트랜드는 군 당국이 포착할 수 있었던 노르망디 강간 33건 중 26건이 흑인이 저지른 사건이었다고 폭로했다. 이스트랜드는 "인종마다 고유한 특성이 있다"고 주장하면서 동료 의원들에게 슈투트가르트 사건을 또 다른 예로 제시했다. "프랑스군이 슈투트가르트에

내용을 실었을지 모르니 조사해야 한다는 이유를 들어 할리우드 종사자들을 증인으로 소환했다. 할리우드 텐이란 이 조사에 증인으로 협조하지 않아 의회 모독죄로 기소된 10인을 지칭한다.—옮긴이

들어갔을 때, 양가에서 자란 기독교인 독일 여성 수천 명이 지하철에 갇혀 있었다. 그들은 4~5일간 거기 갇혀서 아프리카에서 온 세네갈 군인에게 성폭력 범죄를 당했다. 이렇게 무서운 일이 현대사회에서 일어났다. 백인 군인이라면 그런 범죄를 저지르지 않았을 것이다."

전미 흑인 지위향상 협회NAACP를 비롯한 여러 인권단체와 프랑스 영사관이 즉각 그에게 항의했고, 일주일 후 연합군 최고사령부가 짤막한 공식 답변을 발표했다. "노르망디 작전에 임한 전투 부대에는 흑인이 한 명도 없었다. 흑인이 있던 부대는 근무 부대뿐이다"*라는 언급 외에는 "드릴 말씀이 없다"는 공식 답변이었다. 연합군 사령부는 슈투트가르트에 무슨 사건이 있었든 전혀 "아는 바가 없다"고 했다. 애초에 슈투트가르트에는 지하철도 없었다.

슈투트가르트 지하철 사건이 남부의 반인종 통합주의 지도자가 날조한 인종주의적 상상의 산물이었을 뿐이라면 참 좋았을 것이다. 하지만 한 달 후, 슈투트가르트의 독일인 경찰서장인 카를 베버가 본인 이름으로 보고서를 발표했다. 슈투트가르트에 지하철은 없지만 시내 전차와 기차를 위한 중앙역이 있으며, 이곳에 자동차 통행을 위해 만들어진 바겐부르크라는 이름의 유명한 큰 터널이 있다는 것이다. 4월에 슈투트가르트를 점령한 군인은 세네갈인이 아니라 모로코인이었다. 보고서에 따르면 지역 경찰은 1,198건에 이르는 강간 사건을 확인했다. "피해 여성의 나이는 14세에서 74세에 이르렀다." 확인된 피해 여성 대부분이 "자신의 집에 있다가 터번을 쓴 모로코인에게

---

* 당시 흑인 병력은 인종으로 분리되어 전투 역할을 맡지는 못했던 듯하다. 하지만 노르망디 상륙 거점에서 주요 보급 경로였던 그 유명한 '레드 볼 익스프레스Red Ball Express'(미군들에게 물자를 보급해주는 보급대—옮긴이)로 복무한 인력의 대다수는 흑인이었다. John D. Silvera, *The Negro in World War II*, Passaic, N. J.: The Military Press, Inc., 1946

당했다. 그들은 전리품을 얻으려고 문을 부수고 들어왔다. 네 명의 여성이 살해당했고, 다른 네 명은 강간당한 후 자살했다. 남편이 강간당한 부인을 죽이고 나서 자살한 경우도 한 건 있다".

미군은 제2차 세계대전에서 강간을 얼마나 저질렀을까? 독일군이나 러시아군, 모로코군의 악명을 따라잡지 못했던 것은 확실하다. 미군은 그들이 싸우고 점령했던 유럽 영토에서 해방자를 자처했고, 지역 인민들도 대체로 그렇게 보았다. 승리한 영웅에게 적용되는 유구한 전통에 따르면 해방자에게는 여성의 몸이 선물로 주어지곤 하는데, 이것이 마치 여성 개인이 '마땅한 보답'이나 일종의 모험으로 스스로 몸을 내놓는 것인 양 간주되어왔다. 하지만 실상은 경제적 궁핍 때문인 경우가 많았다. 이탈리아가 항복한 후 로마가 어떤 비참한 상태에 있었는지를 보여주는 책을 쓴 두 명의 역사가는 당시 상황을 두고 "이탈리아 여성들은 음식 통조림 하나를 위해 어떤 일이든 마다하지 않았다"[76]고 간결하게 표현했다.

"여자들이 긴 행렬을 이룬 걸 봤어야 해." 팔레르모의 한 늙은 여성이 사회학자 다닐로 돌치Danilo Dolci에게 말했다. "양키들 — 백인이랑 흑인 — 이 여기 오고 나서 아주 대호황이었지. …… 미군이 공원에 부대를 세웠는데 남편들이 자기 부인을 그리로 데려가서 돈을 받았어. 한 명이 나오면 다음 남자가 들어갔어. 줄을 서서 기다렸지. '올 롸잇. 굿 포크. 원 달라.' 공원 관리인들이 양키들 편히 지내라고 매트리스까지 가져다줬어."[77]

미군의 경우 자유거래 행위였다는 점이 흐릿하게나마 전시 강간과 차이를 보이지만, 실상 전시 성매매와 전시 강간의 경계는 뚜렷하지 않다. 나치 친위대 경찰이 유대인 소녀에게 "다음 차례는 너야. 5 즈워티를 주겠다"고 말했을 때, 그들은 자기가 저지른 강간 행위를 피해자도 책임을 공유하는 매춘 행위로 바꾸려고 시도했던 것이다. 일본의 지휘관 역시 똑같은 원리를 활용했다. 그는 전장의 자기 부하들에게 강간으로 야기되는 문제를 피하려면 "그들에게 돈을 지불하든가 아니면 죽여라"라고 말했다. 정복당한 국가의 여성들을 강제로 데려와서 만든 독일과 일본의 군대 성매매 시설은 뉘른베르크와 도쿄 재판에서 추축국의 전쟁 범죄로 취급되었다. 내가 아는 한 제2차 세계대전 기간 동안 미군이 성매매를 목적으로 여자들을 강제로 소집한 적은 없지만, 전쟁으로 피폐해진 상태에서 해방된 국가의 굶주린 여성에게 달러의 유혹이란 그 자체로 충분히 일종의 강제로 작용했다.

그럼에도 전시 강간과 성매매를 실제로 구분할 수 있는데, 그것은 성매매가 가능해도 강간을 더 선호하는 부류의 남자들이 언제나 있기 때문이다.

"강간은 기꺼이 섹스해줄 여자나 창녀가 있든 없든 상관없이 일어납니다"라고 미국 군사재심법원의 일원이 워싱턴에서 내게 말해주었다.[78] "군인이 있는 곳엔 언제나 창녀가 있게 마련인데도 말이지요."

"그러면 남자들은 대체 무엇 때문에 전쟁 중에 강간을 합니까?" 내가 수사적으로 반문했다.

"저도 모릅니다." 그가 답했다. 마지못해 대화에 응했던 그는 은퇴한 대령이었는데 자기 이름을 밝히지 말아달라고 했다.

나는 제2차 세계대전 동안 강간 사건을 다룬 미 육군 고등 군법회의U.S. Army General Court-Martial의 관련 통계에서 건질 만한 것이 있는지 알아보려고 워싱턴에 갔다. 물론 군에서 재판과 유죄판결을 받았다고 기록한 인원의 합계는 미군이 저지른 실제 강간의 숫자를 정확히

〈표 1〉 제2차 세계대전 당시 강간 사건을 다룬 미군 고등 군법회의 자료(1942.1.~1947.6.)

기간	유죄판결 건수
1942년 1~6월	1
1942년 7~12월	10
1943년 1~6월	25
1943년 7~12월	43
1944년 1~6월	52
1944년 7~12월	82
1945년 1~6월	60
1945년 7~12월	247
1946년 1~6월	355
1946년 7~12월	50
1947년 1~6월	46
합계	971

반영하는 것과는 거리가 멀었다. 하지만 통계자료는 적어도 시작점이 될 수 있고 어떤 전망을 제시해줄 수도 있었다. 게다가 그 통계조차도 내가 찾아보기 전까지 누가 찾아본 적이나 있는지 의심스러운 상황이었으니 한번 확인은 해봐야 할 것 같았다.

미군 법무감실은 최선을 다해 내 요청에 응해주었다. 그들은 1942년 1월부터 1947년 6월까지의 기간 동안 강간 사건으로 열린 고등 군법회의에서 나온 유죄판결의 숫자를 6개월 단위로 정리해서 나에게 넘겨주었다.(〈표 1〉)

이 자료에는 공군의 유죄판결 사례까지 담겨 있었다(해군과 해병대의 경우 제2차 세계대전 시기의 정보를 이용할 수 없었다). 군법에서 강간은 사형에 처할 수도 있는 중범죄이기 때문에 강간과 관련한 자료는 고등 군법회의 장부에서 뽑아낼 수 있었다. 하지만 민간의 법 집행 절차와 마찬가지로 군대에서도 강간 사건을 재판 전에 좀 더 가벼운 혐의로 낮춰서 기소하는 경향이 있다. '강간할 의도로 저지른 폭행' '소

도미^{Sodomy}'* '소도미 의도로 저지른 폭행' '미성년자와의 성관계^{carnal}
^{knowledge}'(민간법의 의제강간에 해당), 그 밖에 잡다한 행위를 포괄하는 '외
설적이고 음탕한, 부적절한 행동' 등의 죄명을 활용해 군은 강간범
의 혐의를 가볍게 해주려고 노력했을 것으로 추정된다. 강간의 최대
형량이 사형인 데 비해 '소도미'의 최대 형량은 징역 10년이기 때문
이다.

군사법부는 강간보다 가벼운 혐의로 유죄판결을 받은 경우의 통
계는 제공하지 않았으며, 강간으로 유죄를 받은 수와 비교할 강간 신
고 건수, 강간으로 체포된 수, 재판까지 간 강간 사건의 숫자도 제공
하지 않았다. 베트남전쟁의 경우 관련 자료가 있으므로 비교를 위해
그 자료를 살펴보면, 군에서 재판까지 간 강간이 유죄판결을 받은 경
우는 약 60퍼센트로 민간 법정의 유죄판결 비율보다 조금 높았다.

군사법부는 강간으로 유죄가 확정된 미군에게 주로 어떤 형이
선고되었는지 공개하지 않았고, 전장에 따라 분류한 자료 또한 공개
하지도 않았는데, 이는 역사에 누가 되는 일이다. 군사법부는 단지
971건의 유죄판결 중 52명의 군인이 사형되었다는 사실만 공개했다.
추가로 18명(971명에 포함되지 않은 사례)이 강간과 살인을 한꺼번에 저
질러 유죄를 받아 사형되었다. (군은 1962년 이후로는 사형에 처할 수 있는 심
각한 범죄에 실제로 사형을 내린 적이 없다.)

제2차 세계대전 시기 군대의 강간 유죄판결 기록으로 확실히 알
수 있는 사실이 한 가지 있다. 전체 유죄판결 중 3분의 2가 전쟁 기간
이 아니라 점령 기간에 내려졌다는 점이다. 한 군법원 서기관이 확인

---

* 미국 통합군법UCMJ 125조는 항문 성교, 구강 성교, 수간 등을 '비자연적 성적 교섭', 즉 '소
도미'로 규정해 처벌했다. 2003년 미 연방 대법원은 '소도미법'이 위헌이라고 판결했고, 이
후 합의에 의한 동성 간 성관계에는 사실상 적용되지 않고 있다.—옮긴이

해준 바에 따르면, 점령 기간 유죄판결 건수가 늘어난 것은 전시에 일어난 사건에 대한 판결이 전쟁 이후로 연기되었기 때문이 아니었다. 그는 이렇게 말했다. "제2차 세계대전 동안 군법회의는 사건 현장에서 즉시 열렸습니다. 범죄를 저지르면 바로 재판을 받았고, 연기되는 일은 없었어요. 그때는 워싱턴 재심법정까지 가는 일 없이 해당 전장의 사령관이 바로 법적 조치를 취할 수 있었습니다."

또한 1942년에서 1946년으로 가면서 강간 유죄판결이 제곱 비율로 증가한 현상은 군대 증원 — 1941년 미군에 동원된 인원은 200만 명이었으나 1945년에는 1,200만 명이었다 — 을 반영하는 것을 넘어서 전쟁의 실상을 드러내는 수치라는 것이 서기관의 의견이었다. 그는 이렇게 말했다. "점령 기간에는 군인 개인들이 재량껏 쓸 시간이 더 많기 때문에 강간이 더 많이 일어납니다."

지난 20년간 군법회의를 심리하며 보낸 육군 대령의 의견이니 가벼이 넘길 말은 아니다. 그러나 점령 기간에는 군대 판관들도 시간이 많아서 군법회의를 더 많이 했을 수도 있다. 강도 높은 전투가 전개되는 동안에는 피해자가 적국 여자인 경우 군법정이 재판을 소집하는 것을 그리 달갑게 여기지 않았을 것이라고 가정하는 편이 타당해 보인다. 게다가 전시에 피해 여성이나 그 가족이 사건을 공개하고, 그 사건에 적절한 권한을 가진 사람을 찾아내 고소까지 할 수 있었을 가능성은 매우 희박하다. 전쟁이 끝난 후 점령 기간이 수년간 지속되면서 점령군과 민간의 책임 당국 사이에 협력 비슷한 것이 형성되었고, 그런 뒤에야 강간 사건이 사법처리될 기회가 좀 더 생겼을 것이다.

방글라데시

인디라 간디Indira Gandhi의 군대가 서파키스탄을 제압하면서 방글라데시 전쟁을 갑작스럽게 매듭지었을 때, 벵골 여성이 피해자가 된 대규모 강간 사태가 있었다고 암시하는 작은 기사가 미국 신문에 실렸다. 내가 처음 읽은 것은《로스앤젤레스 타임스Los Angeles Times》가 배급한 기사로, 1971년 크리스마스 며칠 전《뉴욕 포스트New York Post》에 실려 있다. 셰이크 무지부르 라만Sheikh Mujibur Rahman의 방글라데시 정부가 파키스탄 군대 때문에 특별한 고통을 겪은 벵골 여성이 존재한다는 사실을 인정해 방글라데시 독립전쟁 중 강간당한 모든 여성을 '국가 영웅'으로 추대했다는 내용이었다. 기사 뒷부분에는 불길한 문장이 붙어 있었다. "여성이 외부로부터 격리된 상태로 살아가는 전통적인 벵골 촌락 사회에서 강간 피해자는 외면당하기 일쑤이다."[79]

크리스마스 이틀 후, 종군기자 조지프 프라이드Joseph Fried가 쓴 더 적나라한 기사가《뉴욕 데일리 뉴스New York Daily News》에 실렸다. 방글라데시 제소르에서 발신된 기사였는데, 프라이드는 젊은 벵골 여성들이 9개월간 거리에 보이지 않다가 다시 모습을 드러냈다고 썼다. 시골의 친척집으로 보내진 여성들도 있었고, 숨어 있던 이들도 있었다. 프라이드는 이렇게 썼다. "이런 예방 조치가 모두에게 효과를 발휘하지는 못했지만, 현명한 처사였음이 증명되었다."

수많은 피해자와 목격자가 파키스탄 군인과 라자카르 용병이 밤에 트럭을 타고 몰려와서 마을을 급습하고 여자들을 강제로 끌어냈다고 증언했다. 여성들은 그 자리에서 바로 강간당하거나 군대 수용소로 끌려갔다. 인도군이 파키스탄군 요새로 쳐들어갈 때까지 거기 있었던 여자들도 있다. 파괴된 마을의 생존자들은 묵티 바히니 해방군 편이라고 의심받을 경우 부인이 남편 앞에서 강간당하고 남편은 처형당했다고 울면서 이야기했다. 이 중 파키스탄 '정규군'이 저지른 일이 얼마나 되는지는 불확실하다. 파키스탄 장교들은 자신의 군대가 잘 훈련되어 있어 '그런 종류의 일'을 저질렀을 리 없다고 주장했다.[80]

혹시 다른 신문에 실린 것 중에 놓친 이야기가 있을까봐 나는 《뉴욕 타임스》 외신 편집장인 친구에게 전화해보았다. "벵골 여성 강간 사건이라고?" 그는 웃음을 터뜨렸다. "《뉴욕 타임스》가 다룰 만한 이야기는 아니네." 《뉴스위크Newsweek》에서 일하는 친구도 비슷하게 회의적이었다. 둘 다 본인들 앞으로 오는 원고는 모두 주의 깊게 살펴보았다고 했다. 두 남자 모두 좋은 언론인이었지만, 내가 갑자기 엉뚱한 나무에 짖어댄다고 여기는 기색이 역력했다.*

그러다가 1월 중순에 벵골 강간 사태 소문이 갑작스럽게 신빙성을 획득했다. 세계 교회 협의회의 아시아 구호국 총무가 제네바에서 기자회견을 열어 방글라데시에서 2주간 목격한 일을 이야기한 것이다.[81] 켄타로 부마 목사는 9개월의 분쟁 기간 동안 20만 명이 넘는 벵골 여성이 파키스탄 군인에게 강간당했다고 보고했다. 20만이라는 숫자는 수도 다카에 있는 방글라데시 정부가 제공했다. 그는 강간당한 여성 중 수천 명이 임신했다고 발표했다. 그리고 지역 전통 때문에 무슬림 남편들은 다른 남자가 손댄 부인을 다시 받아들이려고 하지 않았다. 부인이 강제로 일을 당했는데도 그랬다. "방글라데시의

---

* NBC의 리즈 트로타는 당시에 방글라데시 강간 이야기를 조사한 몇 안 되는 미국 기자 중 하나다. 그녀는 TV 주말 뉴스에 기사를 내보냈다.

새 정부는 그런 전통을 깨려고 최선을 다하고 있다"고 부마는 기자들에게 알렸다. "정부는 남편에게 피해자 여성을 국가 영웅으로 간주해야 한다고 설득하고 있다. 부인을 다시 집으로 데려가는 남자가 있기는 있지만 정말이지 너무나 적은 숫자이다."

그 많은 기자들이 방글라데시 현지에서 찾아내지 못한 이야기가 막상 제네바에서 터지자 AP와 UIP통신을 타고 전 세계로 전파되었고, 결국《뉴욕 타임스》도 그 이야기를 네 단락으로 압축한 형태로나마 싣게 되었다.

런던, 뉴욕, 로스앤젤레스, 스톡홀름을 비롯한 각지에서 인본주의 단체와 페미니스트 단체가 대응 기구를 조직했다. "전쟁으로 이미 삶을 파괴당한 무고한 여성들이 다시 남편 손에 완전히 파멸당하다니 이루 말할 수 없을 만큼 끔찍하다"고 11명의 여성으로 구성된 단체가 쓴 글이 1월《뉴욕 타임스》에 실렸다.[82] "이 일은 …… 남자들이 해방을 위해 투쟁할 때조차도 자기들이 자기 여자에게 저지른 부당한 처사에는 얼마나 무지한지 보여주는 생생한 예이다." 역사상 처음으로 전시 강간이라는 사안에 초점을 맞춘 국제 원조가 조직되었다. 국제 가족계획 연맹 런던 본부의 긴급구호 담당자가 벵골 피해자에 대한 국제 원조를 조직한 것이다.[83] 원조 활동 초창기에 방글라데시 정부는 가장 큰 협력자였다. 그러나 몇 개월 후, 독립전쟁 기간 동안 방글라데시 여성을 곤경에 빠뜨린 장본인은 파키스탄군만이 아니었다는 사실이 서서히 드러났다.

벵골**은 인구가 7,500만 명으로 방글라데시 정부가 1971년 3월

** 힌두교가 많은 서벵골은 인도에 속하고, 무슬림이 많은 동벵골은 방글라데시에 속한다. 이 책에서는 방글라데시 독립 전후 시기를 다루고 있어 독립 이전 방글라데시를 지칭하기 위해 지역명 벵골을 사용한 것으로 보인다.-옮긴이

인도의 도움으로 독립을 선언할 때까지는 동파키스탄이라는 공식
명칭으로 불리는 지역이었다. 서파키스탄에서 온 군대가 반란군을
진압하기 위해 동파키스탄으로 들어가서 9개월에 걸쳐 테러를 자행
했으나, 인도가 군사를 보내 서파키스탄군을 2주 만에 진압했다. 이
과정에서 300만 명이 목숨을 잃고 1,000만 명이 국경을 넘어 인도로
도망쳤으며 20만 내지 30만에서 최대 40만 명의 여성(서로 다른 세 가
지 통계가 다양하게 인용되었다)이 강간당한 것으로 추정된다.[84] 강간당
한 여성 중 80퍼센트는 무슬림이었지만, 이는 방글라데시 인구 구성
을 반영하는 수치로 힌두교와 기독교 여성도 예외는 아니었다.[85] 무
슬림 벵골 여성 대부분은 '푸르다purdah'라는 엄격한 격리 관행에 따라
베일을 쓰고 격리된 공간에서 살아왔는데, 이 공간은 심지어 같은 집
안 남자와도 분리되어 생활하게끔 되어 있는 은밀한 곳이었다.[86] 파
키스탄 역시 대부분 무슬림이었으나 그것 외에 방글라데시와 공통
점은 전혀 없었다. 하나의 종교 전통을 공유하고 있지만 양쪽은 외양
부터 달랐는데, 골격이 작은 벵골인에 비해 펀자브의 파키스탄인은
키가 크고 피부색이 밝으며 '우락부락'한 골격이었다. 강간으로 임신
한 벵골 여성에게는 이런 인종적인 차이[87]가 육체적 시련 이상의 고
통을 더해주었을 것이다.

    파키스탄 정규군이 휩쓸고 점령한 땅은 뉴욕주보다 조금 더 큰
면적에 엄청난 인구가 밀집해 생활하는 상태였으니(방글라데시는 전 세
계에서 가장 인구밀도가 높은 나라 중 하나이다), 파키스탄군이 길지 않은 기
간에 막대한 숫자의 벵골 여성을 대상으로 치고 빠지는 식의 강간을
실행하기 좋은 조건이었다. 실은 묵티 바히니 '해방 전사' 쪽도 제대
로 된 저항 세력과는 거리가 멀었다. 여러 피해자가 증언한바, 파키
스탄군 앞잡이 노릇을 한 비하리스족 무슬림 —라자카르 용병으로

불렸다 — 이 가장 광적인 강간범이었다. 법질서 전반이 무너지면서 묵티 바히니까지 강간에 가세했는데, 이는 제2차 세계대전 시기 어느 편 군인이든 그리스와 이탈리아 마을을 지나면서 그 지역 여성 농민을 강간했던 역사를 떠올리게 한다.[88]

오브리 메넌Aubrey Menen은 방글라데시로 취재원을 보내 치고 빠지는 식의 강간이 실행된 과정을 글로 재구성했다.[89] 인도계 가톨릭교도 소설가인 메넌은 로맨스물이라도 쓰듯 전형적인 주인공을 내세웠는데, "마을의 미녀"이며 결혼한 지 한 달 된 17세 힌두 신부를 주인공으로 택했다. 그녀는 결국 강간당하게 되는데, 메넌은 그녀의 "고전적인 엉덩이"를 관능적으로 묘사해도 되는 예술 면허라도 받은 양 군다. "…… 위대한 산스크리트어 시인 칼리다사*가 규정했듯 완벽하게 반으로 가른 멜론 두 쪽 모양을 하고 있다."

메넌은 피해자의 아버지에게 정보를 얻었다. 파키스탄 군인들이 10월 어느 날 트럭을 타고 작은 마을에 왔다. 그들은 주도면밀하게 예의를 차리면서 "소책자를 나눠준다"는 구실로 집집마다 찾아다녔다. 군인들은 마을 사람 중 누구도 알아듣지 못하는 언어를 사용했기 때문에 군인과 주민 사이에는 거의 대화가 없었다. 한 달 된 새신부는 "평화로운 분위기에서" 한 군인에게 코코넛 주스를 내왔다.

밤 10시 정각, 군인들이 트럭을 타고 다시 오더니 골진 철판으로 만든 그 집의 문을 발로 차 부수고 가족들을 깨웠다. 모두 여섯 명의 군인이 들어왔고 피해자 아버지의 이야기로는 술에 취한 사람은 없었다. 메넌은 이 장면을 다음과 같이 묘사한다.

---

* 4~5세기에 활동한 인도의 시인.-옮긴이

두 명은 신혼부부의 방으로 들어갔다. 나머지 군인은 가족들과 함께 뒤에 남았는데 그중 한 명이 가족들에게 총을 겨눠 움직이지 못하게 했다. 고함치듯 명령하는 소리와 이에 저항하는 신랑의 목소리가 들려왔다. 숨죽인 울음소리가 조금 들리다가 곧 가라앉았고, 다시 조용해졌다.

몇 분이 지난 후 군인 중 하나가 옷차림이 흐트러진 채 밖으로 나왔다. 그는 자기 동료들에게 소리 없이 씨익 웃어 보였다. 다른 군인들이 그 방에 교대로 들어갔다. 마을의 미녀는 그렇게 여섯 명 모두에게 강간당했다. 그 후 여섯은 서둘러 그 자리를 떠났다. 아버지는 딸이 의식을 잃은 채 간이침대 위에 피를 흘리며 누워 있는 것을 발견했다. 그녀의 남편은 자기가 뱉은 토사물 위에 무릎을 꿇고 앉아 있었다.

메넌은 피해자의 아버지와 인터뷰한 후 다카의 강간 피해자 보호소에 있던 피해자를 찾아냈다. 그녀는 "정말로 아름다웠"지만, 그는 그녀가 입매를 "이상"하게 일그러뜨리는 것을 발견했다. 그 입매는 경직되고 긴장되어 있었다. 그녀는 자기가 저 작은 고향마을로 돌아갈 수 있는지 의심스러워했다. 한 달간 남편이었던 자는 그녀를 보지 않겠다고 했으며, 그녀의 아버지는 "수치스러워"했고, 마을 사람들은 그녀를 "원치 않았다"고 했다. 당혹스러운 현실에 서로 말을 잇지 못하다가 다시 대화가 시작되었지만, 대단히 긴장된 분위기였다고 그는 전한다.

나는 작별을 고했다. 그녀가 나를 다시 불렀을 때 나는 문 앞에 있었다.
"후주르Hoozur," 인도식 존칭이다.
"네?"
"당신은 그자들이 처벌당하는 것을 보게 될 겁니다." 그녀가 말했다.

우리의 의지에 반하여

"처벌당해야죠. 처벌당해야 해요. 처벌을."

메넌은 노련한 필치로 마을의 미녀 이야기를 풀어냈지만, 강간 당하고 거부당한 벵골 여성 수천 명의 고통을 마치 드라마처럼 만들었다. 그보다 덜 낭만적인 시선으로 사태를 관찰한 사람들은 더 현실적인 연구 결과를 제공했다. 9개월간의 탄압 사태에서 8세 소녀와 75세 할머니까지 여러 명이 성폭행을 당했다.[90] 파키스탄군이 저지른 만행은 벵골 여성을 강간하고 가버리는 정도에 그치지 않았다. 그들은 수천 명을 납치해 밤에 이용할 목적으로 군대 막사에 가뒀다. 도망치지 못하도록 벌거벗겨서 가둬두었다.[91] 한 인도 기자가 쓴 기사에 따르면, 어떤 부대에서는 "노골적으로 남성을 일으키려는 시도로" 병사들에게 포르노 영화를 보여줬다.[92]

다카의 한 보도사진가는 13세의 카디가와 인터뷰를 했다. 그녀는 다른 소녀 네 명과 학교로 걸어가던 중 파키스탄 군인 무리에게 납치당했다. 다섯 소녀 모두 모하메드푸르의 군 성매매 시설에 갇혔고, 전쟁이 끝날 때까지 6개월간 포로로 붙잡혀 있었다. 카디가는 매일 두 명의 남자에게 지속적으로 학대당했는데, 다른 여성들은 하루 일곱 명에서 열 명까지도 감당해야 했다고 한다. (어떤 증언에서는 하룻밤 사이 80번 폭행당한 사례도 언급된다. 내가 쓰면서도 도저히 납득하기 불가능한 수준의 육체적 학대이다.) 카디가의 말에 따르면, 군인들은 처음에는 비명을 지르지 못하게 하려고 그녀의 입에 재갈을 물렸다. 몇 달이 더디게 흐르고 포로들의 영혼이 망가져가자 군인들은 아주 단순한 보상 체계를 고안해냈다. 그들은 소녀들이 굴복할 때까지 일일 배급식량을 주지 않거나 음식을 아예 주지 않았다.

부유한 과부인 카말라 베굼은 다카의 교외에 살고 있었다. 전쟁이 시작되자 그녀는 두 딸을 숨기려고 시골로 보냈다. 그녀 자신은 남아도 큰 문제가 없을 거라고 여겼는데, 주의를 끌기에는 '너무 늙었다'고 믿고 안심했던 것이다. 그녀는 자기 집에서 세 명의 남자에게 강간당했다. 둘은 파키스탄군이었고 나머지 하나는 라자카르였다.

카디가와 카말라 베굼을 인터뷰한 이는 여성 사진가인 베랑제르 다라공Bérengère d'Aragon으로, 다카의 낙태진료소에서 인터뷰가 이루어졌다.[93]

9개월의 전쟁 기간 동안 벵골 여성이 겪은 강간과 납치, 강제 성매매는 치욕의 첫 단계에 불과했다. 무지부르 라만 수상이 강간 피해자를 국가 영웅으로 선언하면서 피해자 여성을 사회에 재통합시키려는 불행한 캠페인이 시작되었다.[94] 이 캠페인의 취지는 피해자 여성이 자신을 달갑지 않아 하는 남편에게 순조롭게 돌아갈 수 있게 돕고, 피해자가 미혼이라면 미혼인 묵티 바히니 자유전사 중에서 신랑을 찾아준다는 것이었다. 여성의 정조를 보존하고 여성을 '푸르다'라는 관습으로 격리하는 것을 원칙으로 삼는 국가 치고는 획기적인 발상이었지만, '그들을 시집보내자'는 캠페인은 시작부터 삐걱거렸다. 야심 넘치는 극소수의 신랑들이 나서서 정부가 신부 아버지 격이니 근사한 지참금을 제공하길 바란다고 대놓고 이야기했던 것이다.

"남자들은 최신형 빨간색 일본 차부터 출판 못한 시를 출판해달라는 요구까지 별별 요구를 다했다"고 한 정부 관계자가 씁쓸하게 털어놓았다. 방글라데시 정부로서는 예상하지 못했을 또 다른 걸림돌은 바로 강간당한 여성 본인의 의향이었다. "많은 수가 잠시라도 남자와 같은 공간에 있는 것을 견디지 못했다"고 이 관계자는 인정했다.

그러나 정부는 결혼보다 더 긴급한 걱정거리와 직면해야 했다.

국제 가족계획 연맹이 보낸 의사들은 전염성 부인과 질환이 걷잡을 수 없이 퍼졌다는 사실을 발견했다. 한 호주 의사는 "검사를 받은 강간 피해자 거의 모두가 성병에 걸려 있다"고 《뉴욕 타임스》에 이야기했다.

가장 심각한 문제는 임신이었다. 강간으로 임신한 여성이 몇 명인지 정확한 통계를 내기는 어렵지만, 2만 5,000명이 일반적으로 인정되는 숫자다.[95] 숫자를 정확히 헤아리기 힘들다고 해도, 강간으로 임신한 여성들이 어떤 심정일지 헤아리기 위해 그렇게 많은 상상력이 필요치는 않을 것이다. 아기를 출산하고 싶은 여성은 거의 없었다. 산달이 가까워진 여성들은 아이의 운명에 거의 관심을 보이지 않았다. 강간으로 가진 아이를 기르기 두려워하는 심정은 누구나 이해할 만한 일이다. 게다가 벵골 문화는 펀자브인처럼 생긴 피부색 옅은 사생아와 그 어머니를 용인하지 않을 것이라고 공공연히 이야기하는 것이 방글라데시 사회의 분위기였다.

돈이 있는 집안은 딸을 캘커타의 낙태시술 전문가에게 보낼 수 있었지만, 시골 마을에서는 수치와 자기혐오에 더해 아무런 대안도 없는 상황이 비이성적인 해결책을 끌어냈다. 런던에 기반을 둔 '국제 낙태연구 및 훈련 센터'의 제프리 데이비스 박사는 방글라데시의 외딴 시골에서 몇 개월간 일했는데, '셀 수 없는' 자살과 영아살해가 일어났다는 이야기를 들었다고 보고했다. 가능한 선택지는 쥐약과 익사였다. 그는 다양한 재래식 방법으로 스스로 낙태를 시도하다가 합병증을 얻은 여성도 5,000여 명에 이르는 것으로 추정했다.[96] 캘커타의 마더 테레사 수녀원은 아기를 해외로 입양 보내고자 하는 여성들을 위해 다카에 문을 열었다. 그러나 테레사 수녀의 지명도에도 불구하고 그 보호소에 방문한 강간 피해자는 거의 없었다.[97] 낙태라는 선택지가 주어지자 낙태하는 편을 택했기 때문이다. '여성의 사회 복귀를 위한 방글라데시 중앙기구'가 새롭게 창설되었고, 이 기구가 가족계획 연맹과 협력해 다카 및 17개의 외진 지역에 원치 않은 임신에 대처할 진료소를 마련했다. 진료소가 수술을 시작한 첫 한 달 동안 다카의 진료소에서만 100건의 중절수술이 시행되었다.[98]

벵골 여성들이 만든 '여성의 사회 복귀를 위한 방글라데시 중앙기구'는 영웅적인 투쟁을 벌였다. 여성 전문가의 수가 극도로 적은 나라에서 기술을 가진 여성들이 피해자가 된 자매들을 돕고자 앞으로 나섰다. 그중 한 명인 의사 헬레나 파샤Helena Pasha는 전쟁 전까지 철저히 낙태를 반대했지만, 이 기구에서는 금전 보상을 받지 않고 시간과 기술을 제공했다.[99] 타헤라 샤피크Tahera Shafig 같은 사회 활동가는 정신적 외상을 입고 남자들에게 거부당한 강간 피해자들에게 원조와 위안을 제공하는 활동을 조직했다. 그녀는 강간이나 강제 성매매 같은 표현으로 벵골 여성이 겪은 일을 지칭하는 것은 부적절하고 옳지 않다면서 '고문'이라는 표현을 사용했다.

사회 복귀란 위안, 친절, 낙태시술을 제공하는 것 이상을 의미했다. 여성이 만든 이 조직은 집이 없고 가족에게 거부당한 여성을 위한 직업훈련을 제공하고자 했다. 수공예, 속기와 타자라는 너무 뻔한 선택지이긴 했지만 대부분의 여성이 자기가 살던 시골 마을 바깥으로 나가본 적이 한 번도 없다는 것을 감안하면 작은 진보였다. 물론 '사회 복귀'라는 표어로 기대한 가장 장기적인 목표는 여전히 결혼이었다. "수입이 있는 여성은 다른 이들보다 결혼 전망이 더 나을 것"[100]이라고 한 사회 활동가가 건조하게 말했다. 그러나 다수의 고문당한 여성들에게는 원조와 구제가 너무 늦게 당도하거나 전혀 오지 않았다. "아아, 우리는 사창가에 빠져 곤경을 겪는 사람들이 있다는 보고를 받았습니다."[101] 한 남성 관료가 알려주었다. "이루 말할 수 없는 비극이죠."

이렇게 무시무시한 사태의 전모가 일파만파로 드러나는 와중에도, 군사 논리에 부합하는 설명을 기대하는 사람들은 거듭 반복해 왜 대량 강간이 일어나는가 하는 수수께끼로 돌아갔다. "그런데 테러 작전에 강간도 포함됩니까?" 오브리 메넌이 벵골 정치인을 찔러보았다. 정치인은 반사적으로 답했다. "군인이 병영에서 무슨 얘길 하겠어요? 여자와 섹스 얘기 말고." 정치가는 혼잣말하듯 이야기했다. "그런 군인들 손에 총을 쥐어주고 밖에 나가서 사람들을 겁먹게 만들라고 하면 머릿속에 제일 먼저 떠오르는 게 뭐겠어요?"[102] 그러다가 자신의 대답이 야기할 파장이 걱정된 정치인은 이렇게 말을 마쳤다. "알겠지만 우리 벵골 여성들이 대단히 아름답지요." 인도 소설가인 물크 라지 아난드Mulk Raj Anand는 강간이 사전에 계획된 것이라고 확신했다. 의도적인 군사 정책이 아니면 강간이 그토록 조직적으로 광범위하게 일어날 수 없다는 것이다. 아난드는 대량 강간이 "서파키스탄이 계획한 일로서 새로운 종을 창조하려는 의도적인 시도"[103]이거나 벵골 민족주의를 희석시키려는 시도였다고 기자들에게 격한 어조로 말했다.

이 모든 이론과 추측은 방글라데시의 대규모 강간이 현대사에 전례가 없는 범죄라는 잘못된 가정에 기반을 두고 있다.

사실 방글라데시 대량 강간은 역사상 전무후무한 사태가 아니다. 방글라데시가 점령당한 9개월간 인구 1인당 강간 발생 비율은, 1937년 난징시 점령 한 달 동안의 강간 발생율보다 높지 않고, 제1차 세계대전 첫 3개월간 독일군이 벨기에와 프랑스에서 거침없이 진군하며 저지른 1인당 강간율보다 높지 않으며, 제2차 세계대전 동안 소련의 모든 마을에서 여성이 겪은 범죄 숫자보다 크지 않다. 이 모든 전쟁에서도 합리적인 답을 찾는 이들은 '테러 작전'과 '의도적인 군사 정책'이라는 설명을 제시했지만 후일 잊혔다.

하지만 방글라데시 이야기는 한 가지 점에서 이채를 띤다. 역사상 처음으로 전시의 여성 강간과 대규모 강간이 그 복합적인 후유증까지 포함해 진지하게 국제사회의 관심을 받았다는 사실이다. 이는 셰이크 무지부르 라만 정부가 필사적으로 국제 원조와 재정 지원을 요청했기에 가능했다. 하지만 무엇보다도 페미니즘 운동이 강간을 정치적인 문제로 보는 새로운 인식을 가능케 하고, 원치 않는 임신의 해결책으로서 낙태를 실용적으로 받아들이게 만든 덕에 강간 사태에 주목하는 국제 공조라는 결정적인 진전이 이루어진 것이다. 그리하여 서구의 관점에서는 잘 알려지지 않은 지구 한 구석에서 일어난 '말로 표현할 수 없는' 범죄가 국제사회의 조사 대상이 될 수 있었다. 무장하지 않은 여성이 무장한 남성들에게 당하는 특수한 테러 이야기를 모두가 진지한 사안으로 경청하는 기회가 처음으로 열린 것이다.

베트남전쟁

《펜타곤 문서The Pentagon Papers》가 출판되면서 세상에 알려진 미군의 베트남전쟁 개입과 관련된 기밀문서 중에는 미 공군 대령 에드워드 G. 랜스데일이 1954~1955년에 지휘한 비밀 임무에 관한 보고서가 있다.[104] 프랑스가 점령했던 도시 디엔비엔푸가 함락된 직후 프랑스가 제네바에서 베트민Viet Minh(베트남 독립동맹군)과 회담하는 동안 '비정규전에서 베트남인을 지원'한다는 목표로 준군사작전을 수행하고

정치-심리적 전투(국방부 용어로 짧게 줄여 '심리전Psywar')를 벌이는 임무
였다.

이 '심리전'은 호찌민의 베트민 군대를 혼란에 빠뜨리고 베트민
과 중국 공산당의 유대를 약화시키기 위해 조작된 루머를 교묘하게
주입하는 작전이었다. 첫 번째 루머 작전은 강간을 이용했다. 미국은
1945년 중국 국민당 군대가 했던 일을 상기시키면서, 베트민이 권력
을 잡으면 결국 중국에게 점령당할지도 모른다고 두려워하는 베트
남인의 심리를 이용해 여론을 조작하려고 했다. 미국은 베트남인으
로 이루어진 심리전 부대를 훈련시켜서 민간인 복장을 하고 하노이
에 잠입해서 한 중공군 연대가 북베트남 마을의 여성들을 강간했다
는 루머를 퍼뜨리게 했다.《펜타곤 문서》에 실린 랜스데일 팀의 보고
에 따르면 "그 부대는 지시를 따라 은밀히 민간인 복장을 하고서 임
무를 수행하러 갔지만 돌아오는 데 실패했다. 그들은 베트민에게 투
항했다".

미국이 개입한 20년뿐 아니라 식민 통치한 프랑스에 맞선 애초
의 독립전쟁이 시작된 이래로 베트남전쟁은 여러 가지 집단과 관계
가 복잡하게 얽히고설켜 있는 강간의 도가니였다. 이를 제대로 이해
하기 위해서는 사회학적 접근이 필요하다. 이 강간의 도가니 속에서
각각의 집단은 강간과 관련해 각기 다른 행동 양상을 보였는데, 그런
차이가 생기는 방식을 잘 살펴보면 강간을 가능케 하는 정신 구조가
어떻게 구성되는지 통찰을 얻을 수 있다. 물론 어떤 면에서는 베트남
전쟁도 다른 전쟁과 그다지 다르지 않았다. 외국인 특파원에게 강간
이 외부로 송고할 만한 뉴스로서 충분한 가치를 지닌다고 여겨지는
일이 극히 드물었다는 점에서만큼은 그랬다.

1972년 12월 파리에서 이루어진 '평화' 회담이 마침내 심화 단계

에 이르렀을 때, 나는 뉴욕에서 피터 아넷Peter Arnett과 여러 번에 걸쳐 긴 인터뷰를 했다.[105] 피터 아넷은 베트남에서 8년간 AP 특파원으로 일했다. 다른 사이공* 언론인처럼 이 퓰리처상 수상자도 베트남에서 일어난 강간에 대한 이야기는 한 번도 기사로 다루지 않았지만, 역시 다른 사이공 언론인들처럼 실제로 강간 사건이 있었다는 사실만은 분명히 알고 있었다. 일단 말을 꺼내자 아넷은 강간에 관해 다양한 층위에서 상세하게 이야기를 풀어냈다.

1954년까지 베트남을 점령했던 외세는 프랑스였다. 아넷이 보기에는 돈을 받고 일하는 프랑스 외인 부대가 강간과 약탈을 용인했던 것에 비해 프랑스의 낙하산 부대는 규율이 엄격했다고 한다. 하지만 이는 아넷 본인의 관점이라기보다 '미국인이 오기 전'의 삶은 전부 옛날이야기가 되어버린 남베트남인들이 그에게 그런 식으로 이야기한 것일 수도 있다.

아넷은 남베트남군ARVN이 긴 전쟁의 초기에는 거의 강간을 저지르지 않았지만 분쟁이 격해지면서 야수처럼 되어갔고 점점 더 많은 강간을 저지른 것으로 보인다고 이야기했다. 남베트남군의 징계 기구는 언제나 느슨했으니 전쟁 초기 그들의 강간을 억제한 요인은 다른 데 있었다. 정부가 통제하는 지역인 큰 도시에서는 불법 행위를 저지르면 언제든 처벌당할 위험이 따랐는데, 강간당한 여성이 연줄 좋은 집안의 딸이나 부인일 수 있었기 때문이다. "남베트남군이 사이공을 지나가면서 강간을 할 수 없었던 것은 확실합니다." 아넷은 이렇게 말했다. 하지만 군사작전 기간에는 상황이 달라졌다. "정부가 통제하는 지역이 압박 — 구정 대공세를 떠올려보세요 — 을 받으

---

* 　베트남 수도 호찌민의 과거 명칭.-옮긴이

　　우리의 의지에 반하여

면서 무슨 일이든 일어날 수 있게 되었습니다. 평시와는 달리 문제가 발생해도 집단이 시정할 수 없었습니다. 정부가 통제하지 않는 지역, 자유사격 지역이야 언제나 만만한 대상이었지요."

남베트남 군인은 기지에서 가족과 함께 지낼 수 있었다. 아넷이 보기에는 부인과 함께 지냈다는 조건과 그렇지 못한 경우에도 누구나 섹스에 접근할 수 있었다는 조건(성매매 시스템은 이미 베트남 전통의 일부가 되어 있었다) 때문에 남베트남 군인들이 강간을 덜 저지른 듯했다. 또 다른 요인으로는 병영 내에 부인과 아이가 있다는 사실 자체가 다른 여성을 강간하지 못하도록 하는 도덕적 압력으로 작용했을 수도 있다는 점을 들 수 있다. 또한 남베트남군의 군사작전은 언제나 기지 근처에서 짧은 기간 수행되었다. 남자들이 자기 부인이나 성매매 업소를 쉽게 방문할 수 있다는 사실을 알고 있었을 뿐 아니라, 작전상 지나가는 마을에 사는 소녀가 자신의 친척이거나 아는 사이일 가능성이 높았던 것이다. "친척 관계여서 강간을 모면한 사례가 매우 많습니다." 아넷은 그렇게 결론지었다.

친척 관계가 강간을 제지하는 역할을 했다는 이야기는 좀 더 살펴볼 필요가 있다. 미국의 남북전쟁 역시 베트남전쟁처럼 형제간의 싸움이라는 성격을 띠는데, 강간 문제를 조금이라도 다룬 극소수의 역사가들은 남북전쟁이 강간이 적게 발생한 전쟁이었다고 보았다.[106] 아는 이의 여동생은 물론 아는 이의 친구의 여동생도 공격해서는 안 된다는 규칙이 남자들끼리 통하는 명예에 관한 불문율의 일부이기 때문이다. 모르는 여자일 경우 인간으로 취급하지 않기가 더욱 쉽기 때문에 강간범과 피해자가 서로 모르는 사이라는 조건은 강간 발생의 중요 요소가 된다.

외신 보도에 따르면, 남베트남군과 대조적으로 남베트남군 레인

저Rangers — 베트남 각처로 파견되었던 정예 전투 부대 — 는 더 높은 강간 발생율을 보였다. 낯선 지역에 파견된 레인저 부대는 가족 연고가 없었고 지역 여성의 반응을 살필 동기가 부족했다. 게다가 남베트남군의 정예 집단으로서 우쭐해져서 스스로를 액션스타처럼 여긴 탓도 있었을 것이다.

이와 비슷하게 남베트남 정규군은 1970년 5월 단기간 캄보디아를 침략하는 과정에서 지나가는 모든 마을을 거리낌 없이 약탈하고 강간했는데, 론 놀Lon Nol 정부(미국이 '우리 편' 캄보디아 정부라고 부른 정부)가 공식적으로 항의했을 정도였다.[107] "같은 민족을 강간하는 게 더 힘들었겠죠." 아넷은 자기가 모은 사실들을 조합해보다가 갑자기 깨달은 듯 이렇게 말했다.

친공산주의파인 시아누크 왕자는 후일 저 캄보디아 침공을 두고 응우옌반티에우Nguyen Van Thieu 대통령이 자기에게 "도움을 준 셈"이라면서 비틀린 농담을 했다. "진짜, 도움이 되었다니까요." 왕자가 이탈리아 언론인 오리아나 팔라치에게 말했다. "시리크 마타크Sisowath Sirik Matak*는 북베트남군과 베트콩이 캄보디아에서 형편없는 행실을 보인다고 말해왔습니다. 그런데 티에우의 군대가, 그 야만적인 짐승들이 아이를 죽이고 여자를 강간하고 집과 사원을 불태우자 마타크는 인정하지 않을 수 없었습니다. '시아누크 편 베트남인이 더 낫다.' 한마디로 티에우가 그 짐승들을 보내지 않았다면 크메르루주Khmer Rouge** 숫자가 그렇게 불어날 일도 없었을 것입니다. 젊은 캄보디아인들이 그렇게 수만 명씩 저항 세력이 되어 모여들지 않았을 것이란 말

---

* 전 캄보디아 총리.-옮긴이
** 캄보디아의 좌익 무장단체.-옮긴이

입니다."[108]

전쟁이 대단히 오랫동안 지속되면서 강간을 저지를 때 지역과 국적을 고려하는 경향이 약화되었다. "전쟁 중에 친구가 죽는 것을 보면 당신도 사악한 마음을 먹게 됩니다." 아넷은 그렇게 될 수밖에 없다고 믿었다. "어떤 군대에도 적용되는 진실입니다. 결국 먹고 마시고 섹스하는 일 말고는 아무 생각도 없는 상태가 되지요." 남베트남군도 그랬다. 전쟁 초기에는 거의 강간하지 않았던 그들이 점차 강도 높은 만행을 저지르게 된다. "주요 학대main molesting" — 아넷의 표현이다 — 가 벌어진 장소는 특수심문본부였다. "그들은 베트콩에 관한 정보를 찾는다는 구실로 마을에서 매력적인 젊은 여자를 골라서 연행해 심문본부로 데려갔습니다. 가끔 숲으로 끌고 가는 수도 있었는데 그 경우 우리 기자들도 비명 소리를 들었어요. 그들은 그녀를 풀어주기 전까지 줄지어 강간했을 겁니다. 여자를 지휘관에게 데려갔는데 지휘관이 여자네 가족과 아는 사이이면 여자를 풀어주었습니다."

아넷은 심문 부대가 한 여성을 숲으로 데려갔을 때 비명을 들은 기자 중 하나였지만, 그 자리에 있었던 다른 기자들과 마찬가지로 그 사건에 대해 더 조사하지 않았다. "남베트남인들은 내향적인 사람들이고 그 일도 언제나 은밀히 했습니다. 미국인에 비하면 다들 보는 곳에서 윤간을 하는 경우가 적었어요." 그는 사회학적 방식으로 변명을 시도했다. 그는 "전쟁 후 군대감옥에서 풀려난 여자라면 모두 자신이 강간당했다고 말했을 것"이라고 인정하면서도 기자들이 방관할 때 보이는 전형적인 태도로 강간은 "입증하기가 어렵다"고 말했다. 《타임Time》지는 1972년 12월 사이공의 정치범에 관한 요약 기사에서 조심스러운 태도로 이렇게 언급했다. "무시무시한 이야기가 넘쳐나는데 사이공 사람들 대부분은 그 이야기를 사실로 받아들인다.

최근 중앙경찰본부에서 풀려난 한 여성은 심문자가 그녀의 질에 고무막대를 쑤셔넣었다고 전했다."[109]

여성 정치범 고문은 예전부터 강간을 비롯한 다양한 방식의 성기 학대를 포함해왔다. 가학적 고문을 하다보니 그 자체의 논리에 따라 성고문까지 하게 된 것이든, 그저 적대적인 성행위를 저지르고 싶어서 정보를 실토하게 만들려고 그랬다는 핑계를 이용한 것이든 성고문이 여성에게 어떤 결과를 초래하는지는 너무나 확실하다. 1944년 독일군은 마키를 도운 사람들을 고문하고 강간했고, 10년 후 프랑스 낙하산 부대는 알제리 저항 세력의 지도자들을 고문하고 강간했다.[110] 1972년에는 남베트남의 심문본부에서 일어난 공포스러운 일에 더해 아르헨티나에서도 여성 정치범에게 강간과 전기충격을 가했다는 이야기가 나왔다.[111] 브라질에서는 "고문자가 한 여성을 그 남편 앞에서 강간하는" 보복 행위를 저질렀을 뿐 아니라, 남녀 죄수의 성기에 전기충격과 심각한 구타를 가했다고 한다.[112] 6개월 후 앙골라와 모잠비크의 식민지에서도 포르투갈인이 이런 패턴을 반복했고,[113] 다시 1년 후 칠레의 군부가 이 패턴을 반복했다.[114] 세계 곳곳에서 정치적 정보를 확보하겠다는 구실을 들며 여성을 강간했다.

뉴질랜드인인 아넷은 중립적인 입장에서, 자기뿐 아니라 사이공 언론인들 사이에 베트콩과 북베트남군은 강간을 저지르지 않는다는 것이 상식으로 알려져 있었다고 말했다. "베트콩은 테러를 일상적인 무기로 사용했습니다." 아넷이 직설적으로 말했다. "그들은 마을 지도자들을 줄 세워 참수했지만 그들의 응징 체계에 강간은 없었습니다. 그들은 약탈하거나 음식을 훔치거나 강간하는 일을 규칙으로 금지했고, 혹 그들이 그런 일을 저질렀다는 소식이 들리면 기자들은 놀랐습니다. 베트콩이 강간을 저질렀다는 이야기는 거의 듣지 못했습

우리의 의지에 반하여

니다."

베트콩은 그저 도덕적으로 호소하는 방식으로만 강간을 금지한 것이 아니었다. 미군 정보부는 죽은 베트콩으로부터 입수한 문서를 기자들에게 정기적으로 공개했다. 아넷은 그 문서 중에서 베트콩 군인이 강간으로 문책받아 후방으로 쫓겨나거나 심지어는 총살당했다는 보고서를 여러 건 보았다. "베트콩은 강간범을 처형했다는 사실을 선전하고 싶어 했다"고 그가 말했다. "그들은 강간을 심각한 범죄로 취급했습니다. 강간이나 약탈을 심각한 정치적 과오로 간주했어요. 그뿐 아니라 그들은 적에게 강간당한 여성을 영웅으로 칭송하면서 적이 저지른 잔혹 행위의 살아 있는 산 증거로 삼았어요."*

아넷의 분석에 따르면, 베트콩이 강간을 저지르지 않은 원인이 효율적인 문책 시스템에만 있는 것은 아니었다. 그가 보기에는 베트콩 여성이 군사작전에서 중요한 역할을 수행했다는 사실, 그리고 남자들과 함께 동등하게 싸우는 여성이 존재한다는 사실이 다른 여성에 대해서도 성적 모욕과 학대를 하지 못하게끔 작용했다. 또 그가 보기에 게릴라 부대는 그 특성상 인민들, 즉 여자와 남자 모두의 호의에 의지해야만 살아남을 수 있었다. 이뿐만 아니라 아넷은 베트콩이 혁명 임무에 대한 '헌신적 사명감'이라고 부를 만한 것을 품고 있

---

* 농민으로 이루어진 게릴라 혁명군은 강간하지 않는다는 발상은 1928년 위대한 중국 장군 주더Chu Teh의 간명한 연설에 기원을 둔다. 장군의 모토는 "인민으로부터 바늘 하나 실 한 오라기도 취하지 말라"였다. 주더의 규율은 그의 적 국민당이 저지른 만행과는 커다란 차이가 있었다. "어느 집에서 자고 떠나든 지푸라기 하나라도 돌려준다. 인민에게 예의바르게 말하고 가능한 한 돕는다. 빌린 물건은 모두 돌려준다. 피해를 입혔다면 모두 보상한다. 모든 상거래에서 정직하게 처신한다. 가옥에서 떨어진 곳에 변소를 파고 떠나기 전에 흙으로 덮어 위생을 유지한다. 여성을 성추행하지 않는다. 포로를 학대하지 않는다." Agnes Smedley, *The Great Road: The Life and Times of Chu Teh* (1956), New York: Monthly Review Press, 1972, p.229, 301.

었다고 말했다. 이 정서가 어떤 것인지 좀 더 자세히 설명하기 위해 그는 흥미로운 비유를 끌어들였다. "저는 베트남전쟁에 참전한 내내 한 번도 업소에 가지 않은 미군 장교를 몇 압니다. 이 남자들은 말 그대로 섹스가 필요 없을 정도로 전쟁 승리에 헌신적으로 몰입한 상태였습니다. 물론 미군 사병의 경우에는 사정이 또 다르지만요. 베트콩도 그런 미군 장교와 비슷한 헌신적 사명감으로 자신의 욕정을 통제했으리라 봅니다."

인터뷰를 하는 동안 이 AP 특파원과 나 사이에는 여러 번 의견 대립이 있었다. 그는 '욕정'이라든가 남성의 강력한 성적 욕구가 전시 강간 발생율과 관계가 있으며, 그 때문에 군대 성매매 업소를 활용하면 강간이 줄어들 거라고 여겼다. 나는 그런 의견에 전혀 동의하지 않지만, 이 책에 그의 언급을 공정하게 인용하려고 최선을 다했다. 베트남전쟁 관찰자의 99.9퍼센트가 남자였고, 그들은 (강간 문제에 대해 그나마 생각을 해본 경우라면) 대체로 베트콩이 강간을 저지르지 않는다는 사실을 인정하기 힘들어했다.* UPI의 캄보디아 국장인 케이

---

* CBS 특파원 댄 래더는 1965~1966년에 베트남에 배치되었는데, 1년간 베트남에서 지냈지만 정치적 입장에 따라 강간하는 습성에 차이가 있는지 전혀 느끼지 못했다고 말했다. "물론 사람들이랑 이야기할 때 강간이 제 머리에 가장 먼저 떠오르는 주제는 아니었습니다." 래더는 그렇게 인정했다. "보통 제가 다룬 이야기는 총격, 포격, 폭격이었습니다. 헬리콥터에 올라탄 후 기사가 될 만한 장면을 재빨리 찍고 필름을 사이공으로 부치는 식이었죠. 저는 강간 이야기를 다룬 적이 없지만, 당신이 그 일을 했어도 아마 그랬을 겁니다. 어디를 둘러보든 공포와 잔혹 행위가 만연했습니다. 베트남에 있는 동안 강간 이야기를 수십 번 듣기는 했습니다. 울고 있는 여자를 보고, 그 얼굴에 떠오른 누구든 알아볼 수 있는 비통함과 분노의 표정을 보면 강간당했다는 것을 알게 됩니다. 제 경험에 한계가 있긴 하지만, 제 결론은 마을을 지나간 군대는 모두 그 짓, 닭을 훔치고 손에 닿는 대로 엉덩이를 움켜쥐는 그런 종류의 짓을 했다는 것입니다. 적어도 제 경험에 따르면, 미군과 한국군이 아마 그중 최악─잃을 게 가장 없었으니까─이었지만, 그렇다고 다른 편이 도덕적으로 우월했다고는 말하지 못하겠습니다. 베트남전쟁은 오합지졸들 간의 전쟁이었고, 어느 편이고 할 것 없이 여자들에게 고통을 주었습니다." 1975년 2월 24일 뉴욕시에서 댄 래더와 나눈 인터뷰.

트 웹Kate Webb의 경험이 이 사실을 입증한다. 웹은 뉴질랜드인 아넷처럼 베트콩에게 생포되어 23일간 포로로 잡혀 있었다. 몇 개월 뒤 풀려난 그녀는 이렇게 이야기했다. "모두들 내가 강간당했는지를 알고 싶어 했습니다. 내가 아니라고 답하면 대개 실망하는 듯 보였어요. 그들은 베트남인들의 엄격한 행동 규율을 이해하지 못했습니다."[115]

미국인 마저리 넬슨Marjorie Nelson 박사는 1967년에서 1969년까지 베트남 민간인을 위한 의료 재활 센터에서 일했으며 구정 대공세 때 다른 미국 여성과 함께 베트남의 중부 도시 후에에서 베트콩에게 붙잡혔는데, 그녀 역시 풀려난 후 강간당하지 않았다고 번번이 답해야 했다. 넬슨은 이렇게 말했다. "누구라도, 그러니까 베트남에 있던 미군이라면 누구라도 마음에 떠올렸을 질문이기는 합니다. 분명 일어날 수 있는 일이고, 우리가 그런 일을 겪지 않은 건 그저 운이 좋아서라는 식으로도 생각해봤습니다. 하지만 잡혀 있는 동안 베트콩 간부들은 우리만큼이나 그런 일이 일어날까봐 걱정했고, 우리에게 프라이버시를 존중하겠다고 확실히 말했습니다."[116]

이제 미군 쪽으로 가보자. 처음으로 마주치게 되는 것은 제도화된 성매매이다. 베트남에 주둔하는 미군이 늘어날수록 여성의 몸은 전쟁의 보상이며, 소다수나 아이스크림처럼 우리 편 사내아이들을 건강하고 행복하게 지켜줄 필수 보급품이라는 암묵적인 군사 이론이 일상의 관행으로 자리 잡았다. 금전을 통해 여성의 몸에 접근할 수 있다는 조건이 베트남전쟁에서 강간 이데올로기를 장려한 것은 아니라고 할 수 있지만, 그렇다고 강간 이데올로기를 딱히 저지한 것도 아니었다.

조지 S. 패튼 장군은 강간 발생에 대해 실용주의적으로 접근해보고자 했다. 제2차 세계대전 지휘관으로 복무하는 동안 군대 내 성매매를 실험하고 싶어 했다. 하지만 그 발상을 결국 포기했는데, 이유는 성매매 시설이 본토의 부인과 어머니들에게 반감을 불러일으켜 전쟁 총력 지원 노선에 방해가 될 것을 우려해서였다.[117] 패튼의 발상은 제2차 세계대전에서 실현되지 않았지만, 그의 유령이 베트남전쟁에서 그 발상을 승인하게 된다.

군대 내의 성매매 전통은 미국이 주둔하기 훨씬 전부터 이미 베트남에 확립되어 있었다. 말년의 버나드 폴Bernard Fall은 베트남전쟁의 초기 양상에 관해 생생하게 적으면서 여성을 전쟁에 이용하는 방식에 프랑스군이 얼마나 특별한 기여를 했는지 열의를 다해 상세히 묘사했다. 그에 따르면 프랑스 군대 내에는 알제리에서 수입한 소녀들로 이루어진 '전장 이동 성매매 시설Bordel Mobile de Campagne', 이른바 B.M.C.가 있었다. "B.M.C.는 전투지역에서 부대와 함께 다녔다"고 폴은 썼다. "대체로 인도차이나의 프랑스군은 미국 기자와 공무원들의 눈에 띄지 않게 군대 내 성매매 시설이 있다는 사실을 숨겼다. '어떤 떠버리가 나서서 미국의 지원금이 프랑스군을 위한 매음굴을 유지하는 데 쓰이고 있다고 말한다면 어떤 난리가 날지 상상을 해보라'고 한 대령이 말했다." 프랑스군이 항복했을 때, 저 유명한 디엔비엔푸 요새 안에도 이동 성매매 시설이 있었다고 한다.[118]

인도차이나에서 미군이 프랑스군을 완전히 대체하기 전에 전쟁이 이미 남베트남 사회를 충분히 망쳐놓았고, 군대 성매매를 위해 외국 여성을 수입할 필요조차 없는 지경이었다. 물론 이것이 전쟁 이전의 베트남에 성매매가 없었다는 이야기는 아니다. 아넷은 나에게 이렇게 이야기했다. "성매매는 유서 깊은 전통이었습니다. 어떤 가장들은 돈이 필요할 때 일상적으로 딸을 파는 일을 어려워하지 않았어요." 기나긴 전쟁이 계속되면서 성매매는 수천의 남베트남 여성들에

우리의 의지에 반하여

게 그야말로 유일한 경제적 해결책이 되어갔다. AP 기사에 따르면 1966년까지 이 문제는 계속해서 악화했고, 이 때문에 사이공에서 수백 명의 여성 교육자, 작가, 사회 활동가가 모여 '베트남 여성 인권과 존엄 수호 위원회'를 조직했다. AP는 이 위원회의 첫 회의에서 '쓰라린 말'이 오갔다고 전한다. "전쟁이 야기한 참혹한 현실 때문에 우리 국민은 미국 달러라면 무엇이든, 즉 자기 부인, 아이들, 친척과 친구까지 팔 수 있는 상태가 되어버렸다"고 한 여성 교육자가 말했다.[119] 그러나 베트남 여성 수호 위원회는 베트남전쟁의 압도적인 현실에 휩쓸려 들어갔고, 다시는 그 위원회에 관한 소식을 들을 수 없었다.

미군도 점차 성매매 사업에 뛰어들었는데, 전쟁이 확대되자 이 사업도 커졌다. 이 확대 과정은 전쟁에서 남자는 여성의 몸을 필요로 한다는 전제에 기초한 것이었다. 아넷이 보기에 미군이 자체적으로 성매매 업소를 운영하고 규제하는 지경에 이른 것은 그가 '맥나마라 이론The McNamara theory'이라 부른 발상의 당연한 귀결이었다. "1965년, 그 발상의 핵심은 군인들이 만족스러운 상태를 유지하게끔 관리하자는 것이었습니다. 아이스크림, 영화, 수영장, 피자, 핫도그, 세탁 서비스와 '후치메이드hootch maids'를 제공했죠. '후치메이드'는 처음에는 매춘부가 아니라 허드렛일을 시킬 하녀로 데려온 것이었습니다. 그러다 '후치메이드'와 개인적으로 만나 섹스를 하는 군인이 생겼는데, 가까이 있어서 만나기 쉬운 상대를 취한 것이었죠. '후치메이드' 중 많은 수가 결국 성매매 여성이 되었지만, 초기에는 성매매를 하다가 적발되면 해고당했습니다."

'후치메이드'는 성매매가 시설화로 가는 첫 단계였다. 접대부와 마사지 업소가 뒤따라 등장했다. 아넷에 따르면 '문제'를 일으킨 이들은 대부분 후방지역의 군대에 속해 있었다. "불만과 따분함이 넘쳐

났습니다. 이 사내들은 자기가 전투에 투입되지도, 훈장을 받지도 못할 것이라는 사실을 알고 있었습니다. 그들은 차를 끌고 시내의 불법 성매매 업소로 갔습니다. 원래 성매매 업소는 성병과 보안 문제 때문에 출입이 금지된 곳이었죠." (마사지 업소는 사이공에서 뉴욕에 이르기까지 어디에서든 성적 행위의 애매한 회색지대로, 언제나 합법적인 것으로 간주되었다.)

1965년 다낭에 기지를 둔 해병대가 부대 단위로 기본 한 달에 한 번 시내에 다녀오는 방식을 시험하기 시작했다. 아넷의 말에 따르면 그것은 재앙이나 다름없었다. "그들은 짐승처럼 도시를 휩쓸었는데, 통제할 방법이 없어서 혼돈 그 자체였습니다." 이런 일을 경험한 후 해병대 지휘부는 병사들을 기지 안에만 머물게 하기로 결정했지만, 결국 거스를 수 없는 수요와 공급의 법칙이 작동하게 되었다. '도그패치Dogpatch'라는 이름으로 알려진 마사지 업소와 마약상, 성매매 업소로 가득한 판자촌이 곧 기지를 둘러쌌다. "해병대 병사가 밤에 철망을 부수고 나가려고 하는 것을 지휘관이 용인했다"고 아넷은 말했다.

아넷의 주장으로는(나는 동의하지 않지만) 성매매 시설이 들어설 때 미 육군은 해병대보다는 "좀 더 계몽된" 상태였다고 한다. 1966년 중부 고원의 안케에 있는 제1기갑사단과 사이공 북쪽 25마일 지점인 라이케의 제1보병사단, 플레이쿠의 제4보병사단이 기지 주위에 군대 공창을 설치했다.[120]

라이케의 '유흥지역'은 제1보병사단 3연대 기지에 속해 있었다. 헌병이 출입구를 지키며 가시철망을 두른 1에이커(약 4,046제곱미터) 넓이의 시설이었다. 이 시설은 보안상의 이유로 낮에만 문을 열었다. 시설 내부에는 핫도그, 햄버거, 기념품을 파는 상점이 있었지만 가장 핵심이 되는 유흥거리는 각각 30미터 길이의 두 개의 콘크리트 막사로, 4,000명에 달하는 연대 군인에게 서비스를 제공하는 군대 성매매 업소였다. 각 건물은 술 마시는 바 두 개, 연주용 무대 하나와 베트남 여성이 숙식하며 일하는 60개의 커튼 친 쪽방으로 구성되어 있었다.

쪽방 안에 있는 것은 얇은 매트리스가 놓인 평상 하나와 여성이 옷을 갈아입을 때 쓰려고 벽 한쪽에 박아둔 못 하나가 전부였다. 못이 박히지 않은 반대편 벽에는 방문한 군인에게 실내장식 겸 자극 효과를 제공하는 《플레이보이Playboy》 전면 누드 화보가 걸려 있었다. 라이케 유흥 센터의 쪽방에 사는 여성들은 스프레이로 공들여 부풀린 머리 모양으로 야하게 꾸몄고, 그들 다수가 서구의 페티시를 받아들여 실리콘을 주입해서 가슴을 크게 만들었다. 아넷의 묘사에 따르면, 성적 서비스는 "빠르고 단도직입적이며 틀에 박힌 방식"으로 이루어졌으며, 여성들은 미군 고객이 한 번 올 때마다 500피아스터(당시 미국 돈 2달러에 상응)를 받았다. 미군은 항상 피아스터로 지불했다. 여성은 한 번 성매매를 할 때마다 200피아스터(75센트)를 받았고, 나머지 돈은 여러 단계에 걸친 성매매 산업의 먹이사슬로 흡수되었다. 라이케의 전형적인 성매매 여성은 하루에 8~10번 성매매를 했으므로 그녀의 미군 고객보다 한 달 평균 소득이 더 높았다. 아넷은 이 시스템이 사실상 그렇게 자유롭다고는 할 수 없는 눈가리고 아웅식 '자유기업'으로 운영되었다는 사실을 알려주었다.

이 성매매 업소에 투입된 인력은 전시에 가족과 집을 잃은 난민과 사이공에서 오래전부터 술집일을 해온 경력자들이었다. 뇌물을 받은 지역 지도자가 이런 사람들을 모집하면 역시나 자기 몫의 뇌물을 챙긴 라이케의 시장이 이들을 넘겨받아서 라이케로 데려왔다. 말하자면 미군은 인력 조달과 가격 조정을 베트남 민간인에게 맡김으로써 이런 부분에서는 자신들의 손을 깨끗이 유지했고, 건강과 안전에 관련된 부분만을 규제하고 통제했다. "미군 위생병이 여자들의 성병 여부를 가리기 위해 매주 검진과 표본 채취를 했다"고 아넷이 이야기해주었다.

군기지에 있는 군대 성매매 업소('신시티'나 '디즈니랜드' '붐붐 팔러' 같은 이름으로 불린다)는 별 두 개짜리 장군인 사단장의 결정으로 건설되었으며, 대령 지위의 연대장이 직접 운영 통제를 했다. 더 분명하게 말하자면, 베트남의 군대 성매매 업소는 미 육군 참모총장인 윌리엄 C. 웨스트모어랜드와 사이공의 미 대사관, 미 국방성의 은총으로 존재했던 것이다.

주로 임질이었던 성병은 베트남에서 군대의 주요 관심사였다. 사이공 바깥의 한 공창에는 벽에 "표지를 단 여자는 깨끗합니다"라는 뜻의 안내가 걸려 있었다. 혹시라도 이 안내를 놓칠세라 반대편 벽은 "표지가 없는 여자는 병에 걸려 있습니다"라는 문구를 내걸고 있었다. 성병에 걸린 경우 상관에게 보고하는 것이 모든 부대에서 의무로 정해져 있었는데, 성병 감염 여부가 군인의 건강 상태뿐 아니라 군사 규율을 얼마나 잘 지키는지를 반영한다고 간주했기 때문이다. 부대의 성병 감염률이 높으면 지휘관은 인사고과에서 낮은 평가를 받았다. 아넷은 "대부분의 부대는 성병 감염률에 대해 허위 보고를 했다"고 여겼다. 베트남전쟁에서 보고된 성병 감염률은 다른 전쟁이나 민간인 집단의 평시 감염률과 비교해볼 때 "처음부터 높았다" (1969년 미군의 성병 발병률은 1,000명당 200명이고, 같은 시기 미국 내의 발병률은 1,000명당 32명이었다).[121] 중대장들은 숫자를 줄이기 위해 종종 기발한 방법을 사용했다. 아넷의 이야기로는, 어떤 지휘관은 자기 중대에 성병 감염이 전혀 없다고 자랑하면서 자기 부대원을 대단히 모험적인 방식으로 보호했다고 말했다. "그는 자기 중대원들을 아예 군대 내 공식 업소에 가지 못하게 했습니다. 공식 업소를 믿지 않았으니까요. 그는 기지의 자기 구역에 여섯 명의 여자들을 격리해놓고는 페니실린을 매일 한 대씩 맞도록 했습니다."

자신의 나라에 외국 군대가 주둔한 결과 '직업란에 성매매라고 써야 하는 처지'가 되어버린 베트남 여성의 삶을 탐사하는 작업은 안타깝게도 이 책이 다룰 수 있는 범위를 넘어선다. 성매매가 사면초가 상황에 처한 나라에 막대한 이익을 제공하는 원천이 된 과정, 사이공 성매매 업소가 10대 소녀들로 가득한 현실, 결핵과 성병 등 성매매와 관련된 질병과 그로 인한 죽음까지 이 모든 이야기는 그 현실에서 살아남은 이들에게 마땅히 존중의 예를 표하며 더 상세히 논의되어야만 한다. 이제까지 미군의 공식적인 성매매와 그와 관련된 성병 통제에 관해 살펴보았는데, 이는 미군이 저지른 강간의 배경이 된 군대의 사고방식을 이해하기 위해서였다.

상대적으로 엄격한 도덕률을 적용하려 시도했던 해병대를 제외하면 미군은 군사기지에서 여성의 몸을 이용하는 일을 그저 '병사들을 행복하게 해주는' 방법 중 하나 정도로 여겼다. 물론 장교에게까지 성매매를 권장하지는 않았다. 군대 성매매 시설은 직급이 낮은 보병, 소위 '꿀꿀이grunt'들을 위한 것이었다. 이들은 베트남전쟁에서 얻는 것이 가장 적은 이들이며, 자신을 달래고 진정시킬 무엇인가가 필요한 이들이었다. 그런 위안이 필요한 이유는 아마도 자신이 왜 싸우는지 이해할 수 없는 전쟁에 참전했기 때문이거나, 자신이 죽을 수도 있는 가능성을 매일 직면해야 했기 때문이었을 것이다. 아넷이 나에게 유념해야 한다며 다음과 같이 말했다. "이 사내들은 항상 '오늘 밤 섹스해야지. 내 인생에서 마지막일 수도 있으니'라고 생각했죠."

미군이 성매매 사업에 뛰어들게 된 동기는 사실 이런 불안과 불만을 누그러뜨리기 위해서였지 수컷 고유의 충동 때문에 군인이 여성의 몸을 필요로 한다는 근거 없는 믿음 때문이 아니었다. 베트남전쟁의 규정 복무 기간은 1년으로 여자 없이 지내기에 터무니없이 긴 기간이 아니었고, 내가 알기로는 평범한 자위로 성적 긴장을 완화시킬 수 있는 기간이다. 한 미군 전쟁포로는 1973년 2월 본국으로 송환되며 이렇게 말했다. "섹스 없이 살 수 없다는 생각은 순전히 말도 안 되는 생각입니다. 제가 매일 간절히 꿈꾼 것은 오로지 음식과 약뿐이었습니다."[122] 또한 군이 성병 예방 교육 영화와 성병 관련 인사고과 제도를 통해 성병 예방을 강조한 것은 분명 훌륭한 일이지만, 그러면서도 정작 강간을 저지르지 못하게 경고를 주는 교육과 제도는 전혀 없었다.[123]

병력이 최고치에 이르렀을 때 미국은 보병과 해병 12개 사단을 통틀어 거의 55만 명에 가까운 인원을 남베트남에 배치했다. 한 명이 전장에 나가면 그의 예비 인력이자 지원 역할로 아홉 명이 필요했기에 시기를 어떻게 잡든 전투에 투입할 수 있는 인원은 6~7만을 넘지 않았으며 이 중 다시 5분의 1만이 인구밀도가 높은 지역에서 작전을 수행했다. 여기에 우리가 전시 강간에 대해 알고 있는 것을 적용해보면, 베트남에서 접근성과 기회라는 강간의 두 가지 전제 조건을 만족시키는 상황에 있었던 미군은 전쟁의 어느 시기를 잡든 1만 4,000명은 넘지 않는다고 볼 수 있다. 베트남의 험악한 산악지대에는 사람들이 많이 살지 않으므로 강간도 더 적게 발생하는 것이 이치에 맞을 것이다. 이와 대조적으로 인구 밀집 지역에서 복무한 두 사단, 즉 메콩델타의 9사단과 중부 해안을 따라 작전을 수행했던 아메리칼 사단(악명 높은 윌리엄 L. 캘리 중위 소속 사단)은 잔혹 행위로 특별히 악명이 높았다.

미국은 이 기나긴 전쟁 내내 강도 높은 선전선동을 벌였지만, 정작 미국 병사들은 자신이 누군가를 '해방'시키고 있다고 믿지 않았으며, 상대 역시 미군을 해방군으로 여기지 않았다. 실전에 투입된 이들은 부질없고 절망적인 준전투 상황에 계속 시달렸다. 아넷은 이렇게 설명했다. "고정된 표적도, 목적도, 차지해야 할 큰 도로도 없었습니다. 경계순찰을 돌고 또 돌다가 찾으면 파괴하는 식이었습니다. 기지 둘레만 벗어나면, 정부가 통제하는 마을만 벗어나면 모든 것이 바로 적의 영역이었고, 모든 민간인이 적으로 간주되었죠. 분대 단위에서 강간을 저지르기 너무 쉬운 조건이었습니다. 군인들은 통역자 없이 마을에 들어갔습니다. 아무도 베트남어를 할 줄 몰랐고, 이 때문에 상대를 익명의 낯선 타인으로 여기기가 더 쉬웠죠. 미군은 아무 여자나 수상한 자로 붙잡았고, 베트남 사람들 입장에서는 법에 의지할 방법이 거의 혹은 전혀 없는 상황이었습니다."

전시에 강간과 약탈은 항상 함께 붙어다니지만 남베트남 마을에는 약탈할 거리가 거의 없었다. 아넷은 키 크고 강한 미국 남자와 이와 대비되는 연약하고 작은 골격의 베트남 여성이 나란히 놓이면서 과장된 '남자다움-여성스러움'의 역학이 만들어졌고 이 역학이 강간의 배경이 되었다고 보았다(비슷한 상황이 방글라데시에서도 벌어졌다). 미군은 남베트남군처럼 혼자서 강간하기보다는 윤간을 더 많이 했다. "이는 미군이 안전을 위해 언제나 2인조로 함께 다니라고 훈련받았기 때문입니다. 그들은 작전 중에 주민과 사적으로 친교를 맺는 일이 위험하다고 교육받았습니다." 그가 보기에 성적 폭력이 일어날 가능성이 줄어드는 경우는 다음과 같은 상황이었다. "정식 장교, 대위나 중위인 중대장이 함께하는 경우입니다. 이런 경우 부사관과 병사들은 위태로운 일을 덜 하게 되죠." 끝으로 아넷은 1965년부터 미군

	재판	유죄판결
강간	38	24
강간 및 폭행(통합 기소)	5	3
강간 의도로 폭행	8	4
강간미수	18	10
소도미	11	5
소도미 미수	5	3
미성년자와 성관계(의제 강간)	1	1
합계	86	50(유죄 선고율: 58%)

이 어떤 잔혹 행위를 저질렀든 "미군의 개인 행동은 역사적으로 프랑스군과 그 용병들이나 일본군이 보여준 것보다 훨씬 나은 수준이었다"고 주장했다. 아넷은 이런 결론에 그의 베트남인 아내와 아내의 가족 및 다른 사람들도 동의했다고 말했다.

1965년 1월 1일부터 1973년 1월 31일까지 강간 및 강간과 관련된 고발에 대해 미 육군 군법회의가 발표한 통계는 〈표 2〉와 같다.[124]

이 지점에서 베트남전쟁을 한국전쟁과 잠시 비교해보자. 전시 강간의 역사를 추적하는 우리의 긴 여정에서 불필요한 중복과 과잉을 최대한 피하기 위해 이제까지 한국전쟁에 관해 이야기할 기회를 아껴두고 있었다. 1951년 5월 31일부터 1953년 5월 30일 사이의 기간 동안 한국전쟁에서 미 육군 고등 군법회의가 유죄를 선고한 숫자에 불완전하게나마 접근이 가능한데, 이 중 강간이 23건, 강간을 의도한 폭행이 9건이다. 이는 미국이 베트남전쟁에 개입한 8년간보다 한국전쟁에 참전한 2년간 더 많은 강간과 강간을 의도한 폭행이 발생했다는 것을 의미한다. 베트남에서 미군 병력의 최고치가 54만 3,400명이었던 데 비해 한국에서 미군 병력 최고치는 39만 4,000명이었던 것[125]도 염두에 두어야 한다. 이 제한된 비교에서 내릴 수 있는 결론은

<표 3> 미 공군 군법회의 통계(1965~1973, 베트남·태국·필리핀)

	재판	유죄판결
강간	2	2(강간 1건, 가벼운 범죄 1건)
134조("외설적이고 음란한 행동")*	12	8

<표 4> 전 세계 미 공군기지 군법회의 통계(1965~1973)

강간 유죄판결	추가 유죄 선고, 강간으로 기소되었으나 '가벼운 범죄'로 판결	134조에 근거한 유죄판결
58	11	554

둘 중 하나로, 한국전쟁에서 군인 한 명당 저지른 강간이 실제로 훨씬 더 많았거나(그럴 것 같지는 않다), 베트남전쟁에서 강간 기소와 관련된 수사 및 군법회의가 더 느슨하게 진행되었던 것이다.

베트남전쟁에서 다른 병과의 군법회의 통계는 더욱 구하기 어렵다. 미군의 다른 병과에 여러 번 자료를 요청했으나, 내가 알게 된 것은 육군 사법부가 외부에 가장 열려 있으며, 협조해봤자 얻을 것이 별로 없다는 것을 알면서도 가장 협조적이라는 사실이었다. 여기서 얻을 것이 별로 없다는 표현은 법무감실의 은퇴한 대령이 말한 의미에서 그렇다는 것이다. "우리가 당신에게 어떤 자료를 넘겨주든 한편에서는 육군이 범죄자 소굴이라고 비난하고, 다른 한편에서는 우리가 엉터리 캥거루 재판을 한다고 비난할 겁니다."[126]

1965년에서 1973년 사이 베트남, 태국, 필리핀에서 강간 및 강간 관련 기소에 관한 공군 군법회의 통계는 〈표 3〉과 같다.[127]

공군은 나에게 같은 기간 미국 본토에 있는 군사기지를 포함한 전 세계 범위의 통계(〈표 4〉)도 공개했다.*

---

* 미국 통합군법 134조는 다음과 같은 잡다한 상세 항목을 두루 포괄하는 조항이다. 성추행 indecent assault, 소도미를 의도한 폭행, 강간을 의도한 폭행, 16세 이하 어린이에 대한 추행, 성기 노출, 외설적인 말, 외설적이고 선정적인 행동과 같은 항목뿐 아니라, 채무 불이행, 서

년도	해군		해병대
1970	미성년자와 성관계 1		강간 1
1971	0		강간 2, 가벼운 범죄 2
1972	강간 0, 가벼운 범죄 1		강간 8, 가벼운 범죄 2
1973	강간 1, 가벼운 범죄 1		강간 2

내가 들은 바로는 컴퓨터화된 정보 검색 방식으로 전환하는 작업 때문에 베트남전 관련 해군과 해병대의 군법회의 통계는 오직 1970년에서 1973년 사이의 것만, 그것도 강간과 미성년자와 성관계 (의제강간), "가벼운 범죄"에 한해서만 접근 가능했다.(〈표 5〉 참고) 해군 쪽 사람은 자기네 분과의 통계자료가 부족한 이유에 대해 영악하게 둘러댔다. "알잖아요, 우리 공군은 땅에 머물지 않으니까요."[128]

〈표 5〉의 숫자 몇 개를 보고 도대체 무슨 의미를 읽어낼 수 있겠

신 조작, 만취로 인한 무질서한 행동, 운전 시 교통법규 위반, 낙오 등을 포함한다. UCMJ 120조는 강간과 미성년 강간에 대한 조항이며, 125조는 소도미에 관한 규정이며, 128조는 폭행에 관한 규정이다. 이 법전에 따르면 120조에 따라 강간으로 유죄판결 시 사형까지 선고할 수 있고(1962년 이후 군사재판법으로 사형을 당한 사례는 없다) 강제노동으로 몇 년 형이든 선고할 수 있다. 미성년자와 성관계 시 최대 형량은 15년이다. 125조에 따라 강제적 소도미로 판결받으면 최대 10년 형이 부과되고, 상대가 16세 이하일 경우 최대 20년 형이 부과된다. 134조에서 가장 형량이 무거운 항목은 강간을 의도한 폭행으로 최대 20년까지 선고할 수 있다. 134조에 의한 성추행(이 조항은 '미수'가 된 경우까지 모두 포함하는데)의 형량은 최대 5년까지 가능하다. 성범죄를 재판하는 수단으로서 134조의 인기가 높아지는 현상은 주목할 만한 가치가 있다. 두말할 것 없이 이 조항으로 더 적은 형량을 적용할 수 있기 때문에 선호되는 것이다. 진보 세력이 군대의 안팎에서 감시하고 압박하면서, 제2차 세계대전 이후로 군은 성범죄뿐 아니라 모든 범죄를 군법회의에 회부할 때 더욱 신중해졌다. 이를테면, 1954년에는 복무자 중 8.2퍼센트가 군법회의에 회부되었으나 1971년에는 3.5퍼센트로 감소했다. 각 범죄의 정의와 최고형에 관한 정보는 *Manual for Courts-Martial*, United States, U.S. Government Printing Office, 1969, Chap. 25, pp.13－15. 재판 회부율 하락에 관해서는 *Task Force on Administration of Military Justice in the Armed Forces*, U.S. Government Printing Office, 1972, Vol. I, pp.9－11. 134조가 폭넓게 적용되는 상황에 대해서는 *Task Force*, I, p.26를 참고하라.

는가? 베트남에서 미군이 실제로 저지른 강간이 얼마나 되는지 추정하기에는 아무런 도움도 안 되는 자료이다. 미국에서 5건의 강간 중 한 건만 신고된다고 하면, 베트남에서 실제로 발생한 강간 중에서 신고된 비율은 몇 퍼센트일까? 강간 생존자가 영어를 알지 못하며, 법에 의지할 방법이 거의 혹은 전혀 없고, 피해자를 적이라고 지칭하거나 '국a gook'(동아시아인을 비하하는 말), '슬로프a slope' '슬랜트a slant'(눈꼬리가 올라간 동양인이라는 멸칭)' 또는 '동양 여자female Oriental'라고 지칭하는 표현이 군법회의 보고서의 공식 언어로까지 사용되는 상황에서 실제로 일어나는 강간 사건 중 과연 몇 퍼센트나 보고되었을까?

미 육군 사법부의 법정 서기관은 나에게 군법회의에 이른 건수와 비교할 수 있는 체포 숫자에 관한 원자료를 제공하지 못했고, 선고된 형기에 대한 공식 통계표도 내놓지 못했다. 나는 몇 개의 유죄판결에 대해 피상적인 조사밖에 하지 못했고, 내가 받은 인상으로는 강간에 내려지는 전형적인 형벌은 2년에서 8년간의 중노동이었다. 피해자가 살해당한 경우조차도 그랬다. 또한 소도미와 강간미수, 소도미 미수로 기소하는 편이 선호되었는데, 이런 죄목은 형벌이 더 가벼웠기 때문이다. 또한 그렇게 유죄판결을 받는다 해도 통상 재심 위원회에서 형이 반토막 나는 경향이 있었다.

《뉴요커New Yorker》의 필자 다니엘 랭Daniel Lang은 베트남에서 일어난 한 미군 윤간 사건에 관해 상세히 썼다.[129] 1966년 11월, 수색정찰 중이던 5인 분대가 중부 산악지대 카트 투옹의 작은 마을에 접근했다. 이들의 5일짜리 임무는 해당 지역에서 베트콩을 찾아내는 일반적인 수색 임무였으나, 마을에 들어간 이들은 젊은 여자를 찾아내 5일간의 '붐붐'을 위해 그녀를 데리고 다녔다. 남자들은 수색 임무가 종료될 5일 후 그녀를 죽이고 시체를 숨기게 될 것이라는 사실을 스스로 알고 있었다. 랭은 다섯 군인의 이름은 가명으로, 피해자의 이름 판티 마오Phan Thi Mao는 실명으로 거론했는데, 정작 다섯 명의 군인들은 군법회의 절차에 들어가기 전까지는 피해자의 이름도 몰랐다.

남자들은 마오의 입에 금니가 있어서 재미있다는 이유로 그녀를 골랐다. 그녀는 스무 살 정도의 나이였다. 군인들이 스스로 무슨 의도로 여자를 끌고 가는지 아는 만큼이나 마을 여자들 역시 끌려가면 무슨 일을 당하게 될지 알고 있었고, 마침내 마오의 손이 등 뒤로 묶이자 여자들은 몸을 웅크리고 눈물을 흘리며 서로를 붙잡았다. 너무나 애처롭게도, 마오의 어머니가 딸을 보호하기 위해 할 수 있었던 일이라고는 군인들을 쫓아가서 딸의 스카프를 전해주는 일뿐이었다. 그리고 군인 한 명이 스카프를 받아서 포로의 입에 묶었다.

수색 중이던 다섯 명 중 단 한 명, 스벤 에릭슨 일병만이 마오를 강간하고 살해하는 데 참여하지 않았다. 랭이 이 참극에 대해 쓴 바에 따르면, 마오에게 필요 이상으로 잔인한 행위를 저지른 이유는 남자들이 남성성 내지는 수컷의 쪼는 서열을 두고 경쟁했기 때문이었다. 에릭슨이 윤간에서 자기 차례가 왔을 때 거절하자, 수색 지휘자였던 토니 미저브 병장은 에릭슨이 동성애자에 겁쟁이라며 조롱했다. 범행 추종자 중 하나였던 마누엘 디아즈는 후일 군 검사에게 머뭇거리며 말하길, 웃음거리가 될까봐 두려워서 다른 사람들을 따르기로 했다고 털어놓았다. "그래요, 당신이 그 수색대에 있었다고 해봅시다. 당장 이 사내들이 내 앞에 있고 날 비웃으려고 벼르고 있습니다. 당신은 금방 소대에서 왕따가 될 겁니다."

마오를 살해한 후 그들은 "베트콩 하나, 교전 중 사살"이라고 보고했다. 에릭슨은 이 범행이 처벌되지 않은 채로 지나가게 두지 않겠다고 결심했으나, 그가 기지로 돌아왔을 때 상관들은 기묘하게 저항

우리의 의지에 반하여

하는 태도를 보였으며, 이야기를 들은 다른 소대원들도 그를 고자질하는 말썽꾼으로 취급했다. 에릭슨은 전우들이 자신을 수류탄으로 죽이려 했다고 반쯤 확신했다. 그는 "내가 무엇을 할 수 있을지는 지위와 양심을 모두 갖고 있어서 나를 도와줄 수 있는 사람을 찾아내는 데 달려 있었다"고 랭에게 이야기했다. "그런 사람을 찾지 못했다면 나는 명령 체계 아래 묻혀 아무것도 하지 못했을 겁니다."

에릭슨은 수류탄으로 살해당할 뻔했다고 주장한 지 하루 만에 즉결로 다른 부대로 보내졌다. 그리고 마침내 그곳에서 그에게 공감하는 군 내 모르몬교 사제를 만났고, 사제는 수사과에 강간 사건을 알렸다. 부패하고 있던 마오의 시체가 에릭슨이 지목한 언덕에서 발견되었고, 마오의 자매가 소환되어 조심스럽게 조사를 받았다. 다음 해 겨울에는 범행을 저지른 남자 넷 각각에 대해 별개의 군법회의가 열렸다. 피고 측은 재판 때마다 에릭슨의 남자다움을 문제 삼았다. "사내가 되는 일에 관한 한 그는 평균 이하였습니다." 에릭슨이 속했던 소대의 한 병장이 증언했다. 반면 토니 미저브 병장에 대해서는 "내가 아는 한 최고의 전투병 중 하나였다"고 한 상급자가 증언했다. 피고 중 한 명을 제외하고는 자신들이 아무 잘못도 저지르지 않았는데 유죄판결을 받게 되었다고 믿으며 재판을 치렀다. 종신형으로 가장 무거운 형을 받은 한 명마저도 재심에서 8년으로 감형을 받았다.

베트남전쟁에서 잔혹 행위로 가장 악명 높은 사건인 1968년 3월 16일의 밀라이 대학살에서도 강간이 한 역할을 했다.[130] 여기서 밀라이 사건에 대한 육군의 수사 내용과 윌리엄 L. 캘리 중위를 피고로 세운 군법회의 내용을 세상에 알린 《뉴요커》의 세이무어 M. 허시 기자에게 감사를 표해야겠다. 그는 이후에 밀라이에서 벌어진 파괴 행위에 대해서도 꼼꼼히 기록을 했다. 그가 남긴 기록 덕에 우리는 평상시의 일상에서 여성을 대상으로 삼아 계속되는 전쟁이 더 거대한 전쟁의 일부임을 통찰할 수 있게 되었다.

허시와 《뉴욕 타임스》 기자인 조지프 렐리벨드를 비롯한 여러 사람의 이야기에 따르면, 밀라이 학살이 있기 한 달 전부터 아메리칼 사단의 어니스트 메디나 대위가 이끄는 찰리 중대원들이 꽝응아이 성의 자신들의 기지 근처에서 여자들을 학대하기 시작했다. 여러 건의 강간이 자행된 사실을 부대 내에서는 모두 알고 있었음에도 어떤 문책도 없었다고 한다. 한번은 아기를 곁에 두고 들에서 일하던 한 농민 여성을 윤간하고 살해하는 일이 벌어졌고, 무리 중 한 명이 자신의 인스터매틱 카메라로 그 장면을 하나하나 단계별로 촬영했다.

찰리 중대는 이른바 '꿀꿀이' 부대였다. 허시는 이렇게 썼다. "언제나 그렇듯 보병 부대에 배치된 자들은 군에 들어올 때 육군 자질검사와 적성검사에서 낮은 평가를 받은 부류였다." 찰리 중대원의 대다수가 군대 모집에 자발적으로 지원한 사람들이었고 18세에서 22세 사이였으며 거의 반수는 흑인이었다.

군대가 밀라이의 노인과 여자, 아이들을 조직적으로 사살하기 시작한 것은 어느 아침식사 시간이었다. 오전 10시 30분에는 무장하지 않은 사람들을 악의적으로 살상한 만행(사망자 수는 109명에서 567명까지 다양한 추정이 있다. 육군 범죄수사과는 347명으로 본다[131])이 이미 거의 끝나가던 상황으로, 군인들은 빈둥거리며 담배를 피우거나 남아 있는 오두막을 남김없이 불사르고 남은 사람이나 부상자를 쏴 죽이면서 열기를 식히는 중이었다. 바로 이 시점에, 밀라이 '작전'을 공식적으로 기록하기 위해 국방부에서 파견되어 사진 기록 임무를 수행하던 지원병 제이 로버츠와 론 해벌이 그날 첫 번째로 자행된 강간을 목격했다. 허시는 두 사람이 기억한 바를 기록해두었다. "남자 몇 명이 15

세 정도 되어 보이는 호리호리한 베트남 소녀를 골라냈다. 그들은 그녀를 집단으로부터 끌어내 블라우스를 잡아 뜯기 시작했고, 가슴을 애무하려고 했다. 여자와 아이들이 비명을 지르며 울었다. 미군 한 명이 소리쳤다. '이 여자 정체가 뭔지 한번 보자고.' 다른 자가 말했다. 'V. C. 붐붐.' 이 말은 그녀가 베트콩 창녀라는 뜻이었다. …… 한 늙은 부인이 미친 듯한 분노에 휩싸여 소녀를 보호하려고 덤벼들었다. 로버츠는 이렇게 말했다. '그녀는 혼자서 동시에 두세 명의 사내를 대적하며 물리쳤다. 정말 대단했다. 보통 그들은 꽤 수동적인데…… 해벌이 그 자리에 왔을 때까지도 그들은 그 영계의 블라우스조차 못 벗긴 상태였다.' 미군 중 한 명이 결국 소총 개머리판으로 노부인을 때렸고, 다른 자가 그녀를 뒤에서 세게 찼다."

종군사진가의 존재를 의식한 군인이 두 여자를 총으로 쏘면서 그 상황은 갑작스럽게 마무리되었다. 두 명이 살해된 직후 해벌이 찍은 사진은 21개월 후 밀라이 사건이 대중에게 알려지면서 《라이프》에 실렸다. 베트남에서는 티에우–끼Nguyen Van Thieu-Nguyen Cao Ky 정권에 대한 '체제 내 야당' 지도자인 쩐 반 돈 의원이 밀라이 사건에 대해 독자적으로 조사하고 있었다. 그는 학살에서 살아남은 마을 지도자인 두 탄 논에게 《라이프》에 실린 사진을 보여주었다. 논은 사진 속의 두 여자가 자기 부인과 딸이라고 확인해주었다.

돈 의원의 조사는 밀라이 학살 와중에 일어난 강간, 강간미수, 강간살인에 더해 더 많은 사실을 밝혀냈다. 쌀농사를 짓던 레 똥은 미군이 한 여성의 아이들을 죽인 후 그 여성을 강간하는 장면을 목격했다. 콰라는 이름의 농부는 13세 소녀가 강간살인되는 것을 목격했다. 그 일을 저지른 자들이 바로 콰의 아내에게도 달려들었으나, 강간을 저지르기 직전 작은 아들이 총알로 벌집이 된 채 어머니의 몸 위에 쓰러졌고, 그녀는 피를 뒤집어쓰게 되었다. 군인들은 그녀에게 흥미를 잃고 떠났다.

허시는 군인 정보원들 한 명 한 명에게 강간에 관해 물어본 후 이렇게 썼다. "중대원 대다수는 3월의 그날 강간이 있었다는 사실을 알고 있었으나 그에 대해 이야기하기를 꺼려했다." 3소대 분대장이었던 존 스메일은 이야기를 꺼리는 이유에 대해 철학적인 설명을 내놨는데, 허시는 깊은 충격을 받아 그 말을 고스란히 인용했다. 스메일은 "강간은 일상사"라고 말했다. "강간 얘기를 꺼내면 여기 안 걸릴 사람이 없어요. 누구나 최소 한 번은 했으니까요. 이봐요, 이 친구들도 인간이에요."

허시에게 정보를 제공한 존 폴의 이야기로는 그날 저녁 그는 병사 중 몇 명이 해변을 따라 내려가 근처에 있는 작은 부락에서 여자 두 명을 데려온 것을 보았지만 그 여자들에게 무슨 일이 일어났는지는 정확히 알지 못한다고 했다. 그레고리 올슨과 로이 우드는 그 다음날 아침 소탕 작전에서 일어난 사건을 생생하게 기억했다. 베트남 남자 세 명과 여자 한 명이 한 부락의 불타는 오두막에서 뛰쳐나오다가 들켰고, 2소대 대원들이 그들을 쫓아갔다. 남자들은 도망갔으나 여자는 잡혔다. 올슨은 여자가 벌거벗겨진 채 어떤 병사의 어깨에 얹혀 있는 것을 보았다. 올슨은 이렇게 말했다. "그는 그 여자랑 곧 할 건데 여자가 너무 더럽다고 말했습니다." 로이 우드는 올슨보다 좀 더 명확한 기억을 가지고 있었다. 2소대 전체가 "그녀의 엉덩이를 잡았다"고 그는 기억했다. "그들 모두가 그녀를 강간했습니다. …… 그녀를 갈기갈기 찢어버렸어요." 그 후 그 여성은 심하게 피를 흘리면서도 가까스로 도망쳤다. 결국 찰리 중대원 대부분이 2소대가 집단 강간을 저지른 사실을 알게 되었는데, 그 여자가 북베트남군 간호장교라는 식으로 소문이 퍼졌다. "분명 억센 여자였을 겁니다." 우드는 어떤 경탄에 젖어 말했다. "그 남자들을 전부 감당했잖아요."

헬리콥터 사격수였던 로널드 L. 라이덴아우어는 침묵하기에는 양심에 거리낀다고 느꼈고, 워싱턴에 끈질기게 편지를 보내 밀라이 조사가 지속되는 데 크게 기여했다. 라이덴아우어는 찰리 중대가 학살을 자행하고 난 며칠 후 공중에서 처음으로 참상을 목격했다. 작은 마을은 폐허가 되어 있었다. 라이덴아우어와 헬리콥터 조종사는 쌀 경작지 위를 비행하다가 들판에 쓰러진 시체를 발견했다. 조종사는 좀 더 가까이에서 보려고 헬리콥터를 더 아래쪽으로 움직였다. "여자였어요." 라이덴아우어는 후일 그 이야기를 하면서도 감정을 추스르지 못했다. "사지를 벌린 자세였는데 마치 누가 일부러 전시하듯 그렇게 둔 것 같았습니다. 그녀의 다리 사이에는 제11여단의 휘장이 있었습니다. 여봐란듯이 명예 휘장처럼 전시되어 있었어요."

찰리 중대에서 최소 세 명이 밀라이 학살과 연관된 강간으로 공식 기소되었다. 결국 육군은 공식조사를 통해 밀라이에서 조직적인 강간이 실제로 일어났다고 인정했지만,[132] 피의자들에게 제기된 공소는 조용히 취하되었다.[133]

밀라이 학살이 있은 지 3개월 후에는 출라이의 사단 본부 근처에서 아메리칼사단 제11보병여단 대원들이 또 다른 윤간 사건을 일으켰다. 군이 '심각한 사건'으로 판단한 이 사건에는 장교 두 명과 사병 세 명 이상이 연루되어 있었다.[134] 여러 차례의 군법회의 — 늘 그렇듯 피의자마다 따로따로 재판을 진행했다 — 에서 매번 나온, 모두가 인정하는 증언에 따르면, 1968년 6월 2일 B 중대 1소대원들이 드래곤 밸리에서 작전을 수행하다가 '동양인' 남자 여럿과 여자 둘을 붙잡았다. 두 여성은 10대 소녀였는데 북베트남군 간호장교이거나 베트콩

일 것이라고 의심받았다. 두 소녀 중 나이가 더 어린 옌은 14세였다.

B 중대 중대장인 레너드 골드먼 대위는 대대 본부로부터 포로를 심문 부대로 수송할 헬기가 없다는 무선연락을 받았다. 그는 부사관에게 하룻밤만 포로를 지키고 있으라고 지시했다. "그날 밤 발생한 사건은 논란의 여지가 없습니다." 부자연스럽게 격식을 차린 어투의 골드먼의 항소 발언은 그렇게 시작된다.

두 명의 여성 억류자가 B 중대의 1소대원 여러 명에게 다수의 강간, 소도미 및 여러 가지 학대를 당하게 되었다고 말하면 충분합니다. 1968년 6월 3일 아침, 여성 두 명을 포함한 이 억류자들은 착륙지역으로 안내를 받아 갔고, 거기서 항소인의 부대원이 여자 간호사[옌]를 살해했습니다. 항소인은 R&R[휴가와 휴양] 기간이었고, 중대장 대행이었던 D 중위가 베트콩 남자 억류자 한 명에게 장전된 M-16 소총을 제공하면서 간호사를 쏘라고 명령했습니다. 베트콩은 간호사의 목을 쏘았고, 그 후 D 중위가 간호사의 머리에 두 발을 더 쏘았습니다. 항소인은 살해 사건 당시 그 자리에 있지 않았고, 나중에 그 사건에 대해 보고를 받았는데 "어떤 미친 놈이 소총을 쥐고 간호사를 쏴버렸다"고 들었습니다.

옌의 시체는 이틀 후 시찰 방문 때 발견되었다. 나이가 더 많은 간호사는 헛간에 3일간 갇혀 있다가 풀려났다. 골드먼이 부사관에게 했던 말이 재판 과정에서 밝혀졌다. "만약 그녀가 군 정보부까지 가서 심문을 받게 되면 현장에서 무슨 일이 있었는지 다 말할 거고, 우리는 모두 교수형을 당할 거야."

그러나 누구도 그 일로 교수형을 받지 않았다. 골드먼 대위는 옌이 강간 및 살해당한 사실을 보고하지 않은 죄로 기소되었고, "동양인 여자를 보호하기 위해 적절한 안전조치를 적용하지 못한"죄로 벌금 1,200달러를 선고받았고 스스로 사임하는 것을 허용받았다. 발췌문에 'D 중위'라고 언급된 윌리엄 H. 디윗 중위는 재판에 설 수 없는 정신적 무능력자임이 공표된 후 복무를 면제받아 미국으로 돌아갔다. 사병인 말린 D. 구스밀러와 윌리엄 C. 피크 주니어는 각각 강간과 소도미로 기소되었는데, 모두 중노동 1년 형을 받았으며 그마저도 재심에서 6개월로 감형받았다. 그리고 나머지 두 명 중 한 명은 무죄를 선고받았으며, 한 명은 주요 증인으로서 피고에게 불리한 증언을 해서 기소를 면제받았다.

군법회의, 유죄판결 그리고 결국은 감형. 보통은 이조차도 이루어지지 않는다. 한 베트남 참전용사의 표현에 따르면 강간은 "SOP(standard operating procedure, 군대 표준행동 지침)나 다름없었"다. 게다가 목격 당시 즉시 개입해 범행을 멈추게 하는 것은 고사하고 자기 동료에게 불리한 보고를 할 만큼 개인으로서 용기와 도덕성을 갖춘 미군은 드물었다.

"그들은 주변에 사내들이 많을 때만 그런 짓을 합니다."[135] 참전용사 조지 필립스는 작가인 루시 코미사에게 이렇게 말했다. "아시겠지만 그런 일을 하면서 우쭐한 기분을 느끼는 겁니다. 자기가 무엇을 할 수 있는지 서로에게 보여주는 거죠. '난 이런 걸 할 수 있어' 하고 보여줄 사람이 없다면 그런 일은 하지 않을 겁니다."

"당신도 강간한 적이 있나요?"

"안 했습니다."

"왜 안 했습니까?"

"나도 모릅니다. 그냥 안 했어요. 물론 중대에서 말이 돌기는 했죠, 왜 있잖아요, '저 위생병은 안 했대' 그런 식으로."

"이런 사건이 있었다고 보고한 사람은 있었나요?"

"아니요. 아무도 안 했습니다. 감히 할 수가 없죠. 보고했다가는 다음에 현장에 나갔을 때 살아서 돌아오지 못할 겁니다. 시체운반용 부대에 담겨 돌아오겠죠. 내가 알 게 뭐야, 그년은 베트남 년, '국'일 뿐인데. 이런 식으로들 생각하는 거예요."

제리 사무엘즈라는 이름을 사용한 한 베트남 탈영병은 토론토에서 작가 로저 윌리엄스에게 이렇게 이야기했다. "제가 하사관 한 명과 다른 두 녀석이랑 같이 코끼리부들 덤불 속에서 영계 넷을 잡았죠. 우리가 그 영계들을 따먹었지. 걔들 쪽에서 너무 원했어요. 총을 맞느니 그 짓을 하겠다고 하더라고요. 그러다가 여자애 하나가 자기한테 그 짓을 하는 놈한테 뭐라고 욕하는 것 같았는데…… 그놈이 무기를 잡더니 그냥 여자를 날려버렸어요. 음, 그래서 우리 셋도, 무기를 집어 들고 다른 영계 셋을 날려버렸어요. 바로 그렇게…… 나랑 다른 놈들이랑 다 같이 그랬는데, 나중에 우리끼리 벙커 안에서 잔뜩 취해가지고 왜 그랬는지 이야기를 많이 했어요. 그놈이 처음 여자를 쐈을 때 우리는 왜 잠시나마 생각해보지도 않고 바로 무기를 뽑아 들고 나머지를 쏴버렸는지 우리끼리도 이해가 안 됐거든요."[136]

1971년 2월, 100명 이상의 참전 군인이 모여 베트남 복무 기간 동안 목격하고 행했던 잔혹 행위에 대해 증언하는 공개 포럼을 열었다. 그때 모인 이들이 바로 '전쟁에 반대하는 베트남 참전용사들Vietnam Veterans Against the War, VVAW'로, 이들은 저 말하기 대회에 '윈터솔저Winter Soldier 조사: 미국의 전쟁 범죄 진실 규명'이라는 이름을 붙였다. 이들은 고통스러워하면서도 강인한 태도로 자신이 목격한 바를 청중에게 이야기했는데, 전시에 침략자가 된 경험으로 인해 냉소적이면서도 죄책감에 시달리며 이른 나이에 현실에 눈을 떠버린 젊은이들만의 어조로 말했다. 참전용사들마다 하나같이 놀랍도록 비슷한 이야기를 털어놓았다.[137] 트럭을 타고 지나가며 C호 군용 휴대 식량을 일부러 길에 늘어선 베트남 거지 아이들의 머리를 노리고 던졌다든가, '급맹사Mad Minutes'*로 기지 둘레를 따라 무차별 사격을 했다든가, 심문 과정에서 남녀 포로의 성기 부위에 전선으로 군용 전화기를 연결하는 일을 '전화벨 시간'이라고 불렀다든가, 농작물을 초토화시킨 이야기가 전형적이다. 그리고 늘 그렇듯 조직적으로 자행된 특유의 여성 학대가 등장했다.

스코트 카밀 부사관은 1966년 3월부터 1967년 11월까지 제1해병사단, 제11해병연대, 제1대대의 전방 관측 장교를 역임하고 후일 VVAW의 대표가 된 사람으로, 당시 사회자와 다음과 같은 대화를 나눴다.

카밀: 우리는 마을로 들어가서 사람들을 수색한다면서 모든 여자들에게 옷을 전부 벗게 한 후, 그들이 아무것도 숨기지 않았다는 것을 확인한다는 구실로 남근으로 여자 몸을 수색했습니다. 그건 강간이었지만 수색의 일환이라며 실시되었습니다.

사회자: 수색이라며 말이죠. 그곳에 장교는 없었습니까?

카밀: 있었습니다.

사회자: 그 일은 중대 단위에서 실행되었습니까?

카밀: 네, 중대 단위였습니다.

사회자: 그 일이 벌어질 때 중대장이 주변에 있었습니까?

---

* 수동연발소총으로 1분 내에 300야드 목표물에 15발 이상 쏠 수 있도록 하는 제1차 세계대전 전후 영국군의 보병 훈련 방식에서 유래했다. 베트남전쟁에서는 기관총으로 단시간에 집중 연사하는 것을 의미한다.–옮긴이

카밀: 그렇습니다.

사회자: 그가 그 일을 승인한 것입니까, 모른 척한 것입니까 아니면……

카밀: 그가 하지 말라고 말한 적은 없고, 그는 그 일에 관해 어떤 말도 하지 않았습니다. 여기서 핵심은 언론이 취재하는 작전일 때는 금지되는 행위가 언론이 없을 때는 용인되었다는 겁니다. 저는 한 여성이 저격수, 그러니까 우리 쪽 저격수의 총에 맞아 어떻게 되었는지 본 적이 있습니다. 우리가 가까이 가자 물을 달라고 하더군요. 중위가 그녀를 죽이자고 했습니다. 그가 여자의 옷을 벗기자 여러 명이 여자의 양쪽 가슴을 찌르고 사지를 벌린 후 질에 야전삽을 밀어넣었는데, 그 와중에도 그녀는 계속 물을 달라고 했습니다. 그들은 삽을 빼낸 다음에는 나뭇가지를 썼고, 그러고 나서 그녀를 쏴버렸습니다.

사회자: 당신이 보기에는 동료들이 그런 일을 저지르면서 어떻게 느끼는 것 같았습니까? 베트남인에게는 무슨 짓을 해도 괜찮다고 여긴 걸까요?

카밀: 베트남인을 같은 인간이라고 여기지 않았어요. …… 그들은 '국', 그러니까 동남아 것이거나 빨갱이였고, 그래서 그렇게 취급해도 괜찮다고 여겼죠.*

1966~1967년에 해병 제1사단, 제5연대, 제3대대 소속이었던 토머스 헤이드먼 일병은 '불타는 제5해병대'가 어떤 짓을 일삼았는지 이야기했다.

---

* 카밀을 비롯한 여러 사람의 증언을 보면, 저 악명 높은 보스턴 교살자(6장 참고)가 저지른 신체 훼손과 그로테스크한 만행들이 발상이든 실천이든 모든 면에서 미군이 베트남에서 저지른 만행과 전혀 다르지 않다는 사실을 확인할 수 있다.

거의 농담하듯 그런 일을 했는데…… 그러면 언제나 웃음이 터져나왔거든요. 마을을 지나가다 여자가 눈에 띄면 그런 짓을 했습니다. 그러니까 여자의 옷을 최소 상반신이 드러나도록 잡아당겨 찢는 거였죠. 동료들이 그러는 걸 여러 번 봤고, 저도 직접 몇 번 하기도 했는데 아마 서른 번에서 마흔 번 정도 본 것 같아요. 단지 상대가 여자라고, 보고 웃어도 될 만큼 충분히 나이를 먹은 여자라고 생각해버리고 민간인의 옷을 최소 상반신이 다 드러나도록 잡아 찢은 거예요. 그냥 옷을 찢어서 내리는 거예요. 그런 옷들은 한 손으로도 쉽게 찢을 수 있었거든요. 아주 얇은 실크라든가 그런 소재였으니까. 그렇게 찢은 옷을 배수로에 처박고 우리는 계속 갈 길을 갔죠.

마이클 맥클러스커 병장 역시 1966~1967년에 해병 제1사단 1군단 공보관실에서 근무했다. "거기서 근무했다는 건 제가 사진보고원으로서 대부분의 시간을 현장에서 보냈다는 것을 의미합니다. 그 체험은 벗기고 또 벗기는 똑같은 영화를 계속해서 보는 것과 비슷했습니다."

그다음 사건은 같은 9월, 출라이 소총 부대의 아홉 명의 분대가 마을에 들어가서 저지른 일이었습니다. 자기들끼리 '베트콩 창녀'라고 부른 어떤 여자를 뒤쫓기로 되어 있었습니다. 그들은 마을로 들어가서 그 여자를 그냥 체포하지 않고, 강간했습니다. 모든 대원이 그녀를 강간했습니다. 그중 한 명이 나중에 저에게 군화를 신은 채로 여자랑 사랑을 나눈 건 처음이었다고 이야기했습니다. 그 분대를 지휘한 것은 사실상 이등병이었습니다. 지휘관은 병장이었지만 별로 쓸모가 없는 인간이었고 이등병이 분대를 좌우하도록 내버려두었습니다. 나중에 그 병장이 자기는 그 공격에서 아무 역할도 하지 않았고 그 공격이 자기 도덕관에는 어긋나는 것이었다고 말하더군요. 자기가 말해봤자 어차피 아무도 듣지 않을 것 같아서 분대를 제지하지 않았다면서, 자기는 마을의 다른 쪽으로 가서 스스로를 한심하게 여기며 그냥 앉아서 땅바닥만 우두커니 바라보고 있었답니다. 어쨌거나 그들은 여자를 강간했고, 마지막으로 관계를 가진 남자가 여자의 머리를 쏘았습니다.

제이미 헨리 병장은 1967~1968년에 제4보병사단에서 복무했다. 당시 그는 19세였다. 그는 미 육군 범죄수사대에 그가 아는 정보를 제공했다. "나는 수사대에 범죄자의 이름, 날짜, 좌푯값 등을 제공했습니다. 하지만 그들은 아마 제 신고를 거짓으로 여겼을 겁니다."

우리는 작은 마을로 들어갔습니다. 19명의 여자와 아이들을 VCS, 즉 베트콩 용의자로 간주하여 한 곳에 모았고, 중위는 그렇게 사람들을 모아놓은 후 무선으로 대위를 불러서 어떻게 처리할지 물었습니다. 대위는 아침에 대령에게 받은 명령을 단순 반복했습니다. 움직이는 것은 다 죽이고 가지고 싶은 것이 있다면 내키는 대로 가져도 된다. …… 제가 소위 '베트콩 용의자'라고 모아놓은 사람들이 있는 쪽을 봤더니, 두 남자가 열아홉 살 정도로 보이는 대단히 예쁜 소녀를 오두막 바깥으로 끌어내는 중이었습니다. 아무것도 걸치지 않은 상태여서, 저는 그녀가 이미 강간을 당했을 거라고 생각했습니다. 강간은 군대 표준행동 지침이나 다름없었으니까요. 그녀는 19명의 여자와 아이들이 모여 있던 곳으로 던져졌고, 그 주변에 서 있던 다섯 남자가 M16으로 완전자동사격을 시작했습니다. 그게 끝이었죠. 우리 중대에는 그 과정을 무선으로 다 들었던 중위가 있었는데 결국 미쳐버렸습니다. 그는 그 얘기를 모두에게 알리려고 했습니다. 하지만 다음날 그는 진정을 되찾았고 그 다음날은 그 일에 대해 더 이상 이야기하지 않았습니다.

아메리칼사단의 제198경보병여단에서 1967~1968년에 특기병/4로 근무한 조 갤벌리는 이렇게 이야기를 시작했다. "저는 보병 중대의 일병이었습니다. 보병 중대란, 베트남에서 민간인들에게 총알을 퍼부은 인간이 75명 있다는 걸 의미합니다."

그 사람들은 미군이 무슨 짓을 할지 알고 있었고, 그래서 소녀가 있으면 당연히 숨기려고 했습니다. 우리는 자기 집 지하의 방공호 같은 곳에 숨어 있던 소녀 하나를 발견했습니다. 소녀는 끌려나온 후 가족과 마을 사람들 앞에서 6~7명의 남자들에게 강간당했습니다. 사건은 단지 이 한 건에 그치지 않았습니다. 이건 제가 기억하는 첫 번째 강간일 뿐입니다. 저는 이런 종류의 사건을 적어도 10건에서 15건은 보았습니다.

마이클 헌터 병장은 1968년부터 1970년 사이 베트남에서 두 차례 복무했다. 처음 베트남에 갔을 때는 제1공중기갑수색사단에서 복무했다.

제가 속했던 제7여단 5대대의 브라보 중대가 구정 대공세 이후 후에 외곽에 있을 때 한 마을에 들어가서 적의 움직임을 수색한다며 저지른 잔혹 행위에 대해 이야기해보겠습니다. 그 후로 비슷한 일이 여러 번 반복되었습니다. 우리는 마을에서 상당수의 민간인 무리와 맞닥뜨렸습니다. 우리는 그들을 마을 한쪽 끝으로 끌어냈고, 여자들은 따로 분리해서 분대장이 이끄는 분대가 지켰습니다. 정확히 말하자면 젊은 여자들만 골라낸 거였죠. …… 여자들은 총부리로 위협받으면서 앞에 있는 미군의 성욕을 순순히 받아들이지 않으면 도주로 간주해 총으로 쏘겠다는 말을 들었습니다. 물론 베트남어를 전혀 모르는 사람이 전달할 수 있는 최선의 언어로 그런 뜻을 전한 것이죠. 여자 세 명이 강간에 굴복했으니, 어쨌든 요점은 전달된 거죠.

필라델피아에서 온 특기병/4였던 티몬 해절린은 제1군수사령부 제243야외근무 중대의 묘지등록소대에 배치되었다. 그는 닥토로 보내졌다.

저는 기지에 들어오는 KIA(Killed in Action, 전사자)를 수습하는 일을 하면서 중대원들과 친구가 되었고, 그들을 기본적으로 좋은 사람들로 여기고 있었습니다. 우리는 밤에 모여서 이야기를 나누곤 했습니다. 어느 날은 동료들이 모두 모이는 곳에 갔는데, 비명 소리가 들렸습니다. 누군가가 몹시 겁을 먹은 게 틀림없었죠. 저는 문을 열고 들어가면서 친구 한 명을 불렀습니다. 그런데 그가 한 아가씨의 머리 한쪽을 때리고 있었습니다. 그 여자는, 다들 아시겠지만, 베트남인은 미국인보다 훨씬 작죠. 그러니 작은 베트남 여자 하나를 다치게 하는 건 일도 아니겠죠? 그런데도 그들은 인정사정없이 여자를 몇 대 쳤고, 결국 그녀는 소리쳤습니다. "나 한다, 나 한다, 나 한다." 그리고 그들 일곱이 그녀를 짓밟았습니다. 저는 그 사내들이 어떤 사람들인지 알아요, 기본적으로 진짜 나쁜 사람은 아니었다고요. 무슨 말인지 아시겠어요? 그 사람들이 그런 짓까지 할 수 있게 만든 게 뭔지 도무지 납득할 수 없었지만, 그런 일이 매일 반복되는 일과였어요.

1969~1970년에 제1공중기갑수색사단 제11기갑수색연대 제1비행 중대의 대민 담당관이었던 존 말로리 대위는 다음과 같이 가차 없이 증언했다.

북베트남 육군 간호장교가 제11기갑수색연대 군인들에게 살해당한 사건이 있었습니다. 그들은 여자를 살해한 후 차량에 사용하는 윤활유 주입기를 질에 넣었고, 그녀의 몸은 윤활유로 가득 차 있었습니다.

1969년에 꽝응아이에서 아메리칼사단 제11보병여단에 배속된 제635군사정보 파견대에서 심문자로 일한 특기병/5 돈 자굴로네스는 "우리 포로 대다수가 여자였습니다. 어머니와 딸이 같은 포로 그룹으로 묶여 들어오는 일이 드물지 않았습니다"라고 말했다.

그들은 언제나처럼 스파이라는 혐의를 씌워 한 여성을 끌고 왔습니다. 벙커에서 심문을 계속했지만 그녀는 입을 열려고 하지 않았습니다. 이름조차도 말하지 않은 것 같습니다. 옷을 벗기고 강간할 거라고 위협했지만 아무 효과도 없었습니다. 그녀는 대단히 잘 견뎌냈다고, 조용히 서서 반항적으로 그들을 노려볼 뿐이었죠. 그러자 그들은 그녀의 음모를 불태우겠다고 위협했습니다. 그들은 라이터 불을 당겼고, 그녀에게 불이 붙었습니다. 아마 진짜로 불까지 붙이려는 의도는 아니었을 거예요. 그녀가 쇼크 상태로 의식을 잃은 듯 보이자 그들이 위생병을 불렀습니다. 위생병이 오자 그들은 여자가 혼수 상태에 빠진 이유를 말라리아라고 기록해서 병원으로 보내라고 지시했습니다. 위생병들은 그렇게 했습니다. 이후 아무도 그 사건에 대해 다른 조치를 취하지 않았습니다.

역사적 기록을 적어두자면, 윈터솔저 조사회가 시작된 이 시기에 페미니스트 운동과 반전운동은 서로 분리되어 뚜렷이 다른 길을 가면서 상대방의 이슈를 배제한 채 자신들의 이슈에만 몰두하는 식으로 움직였다. 양쪽 운동의 구성원들은 그들의 힘과 이데올로기, 우선순위에 따라 한쪽 아니면 다른 쪽으로 이끌렸고 그렇게 분리된 상황을 조금도 씁쓸해하지 않았다. 당시 나는 페미니스트 대의명분에 전적으로 헌신했던 여성 중 한 명이었고, 평화운동 쪽으로부터 "여성해방운동이 평화운동과 연대한다는 사실을 보여줄 수 있도록" 반전시위에 "자매들을 데리고 나와" 행진하고 발언해달라는 요청을 여러 번 받았다. 그때 나는 평화운동이 베트남에서 일어난 강간과 성매매 문제에 관심을 기울이면 함께하겠다고 했지만, 반전운동가들은 냉랭한 침묵으로 대답을 대신했다. 당시 그들이 내세운 표어는 "반제국주의"와 "미국의 침략전쟁"이었고, 그들이 배지에 새긴 "베트남 강간을 중단하라Stop the Rape of Vietnam"라는 구호는 여성 학대가 아닌 고엽제 살포를 의미했다.

양쪽 집단이 대화를 할 때 반전 집단은 페미니스트들을 의식화시키려 든 반면, 우리는 페미니스트로서 스스로를 의식화했기에 둘 사이에는 팽팽한 긴장감이 흘렀다. 안타깝게도 평화운동은 베트남에서 벌어진 여성 학대를 고유의 중요성과 가치를 지닌 독립적인 주제로 여기지 않았다. 우리 여성운동 집단은 우리만의 독립적인 목소리를 찾고자 싸웠지만, 안타깝게도 여성운동의 힘만으로는 전쟁에서 여성이 겪는 문제에 대중의 이목을 집중시키지 못했다. 시기가 맞지 않았다.

4

폭동, 포그롬 그리고 혁명

인종주의적이거나 정치적인 함의를 띤 봉기, 폭동, 혁명과 소규모 분쟁은 남성이 강간 욕망을 배출할 기회를 제공해주는 데 그치지 않고, 강간 실행을 정당화하는 이데올로기를 제공한다. 이 와중에 각각의 강간 사례는 선전선동에 이용할 만한 가치가 있을 때만 증언의 형태로 보존되는데, 피해자 여성이나 믿을 만한 목격자의 증언부터 신문 기사, 명백히 편파적인 동기로 제작된 선동 팸플릿까지 그 형태가 다양하다. 사건이 일어나고 공식 조사를 통해 기록이 남기도 하지만 이런 경우는 매우 드물다.

역사가들은 그렇게 보존된 대개의 강간 기록을 중요하지 않거나 신빙성이 떨어지는 기록으로 간주하며 무시하는 태도를 취해왔다. 간혹 내용에 생생함을 더하거나 강렬한 인상을 주기 위해 강간 이야기를 약간 다루는 역사책도 있지만, 어쩌다 일어난 고립된 사건 이상으로는 다루지 않는다. 폭동이나 혁명 와중에 발생하는 집단 강간을 '국내'에서 매일 발생하는 강간 사건과 같은 종류의 범죄로 보는 시도는 아예 없었는데, 일상적으로 일어나는 강간이 최근까지도 '일탈' 행위 정도로 여겨졌던 것이다. 반면, 역사적 강간 — 남자들의 영혼을 시험하는 종말론적 사건과 관련된 강간 — 은 일상이 아니라 '전시 잔혹 행위'가 만들어낸 지옥의 영역에 속하는 사건으로 분류되었고, 차라리 과장된 허구라고 여기고 싶어질 정도로 불편하고 충격적인 일이라 사후에는 실제로 그런 사건이 있었는지 자체를 의심받았다. 게다가 우리가 알다시피 여성의 경험은 언제나 의심받고 무시당하는 현실도 이런 경향에 한몫을 더한다. 강간 사건이 의혹의 영역으로 강등되어 역사에서 배제되는 이유가 하나 더 있다. 언제나 다른 정치적 동기를 가지고 강간 사건을 폭로하고 싶어 하는 이들이 항상 존재했고, 이들이 강간 사건의 진실 여부보다는 자신의 정치적 전망에 따라 사건을 판단했기 때문이다. (나 역시도 이런 과오를 저지른 적이 있다.) 따라서 이제껏 드러나지 않았던 여성의 역사의 진짜 모습을 보려면 강간에 관한 모든 이야기를 수집해 그것들이 서로 어떻게 연관되어 있는지 살펴보는 작업이 필요하다.

미국 독립혁명

미국의 애국파는 이미 1768년부터 영국군이 저지른 성적 학대에 관한 기록을 수집하기 시작했다.[1] 타운센드법에 대한 반감으로 식민지 민심이 동요하자, 영국군은 그해 11월 보스턴에 상륙해 도시를 사실상의 주둔지로 만들었다. 그 후 군인과 지역 주민 사이에 계속 충돌이 일어나다가 결국 그 유명한 보스턴 학살 사건이 일어나게 된다. 익명의 미국인 집단─헨리 녹스, 그린리프 일가, 존 애덤스, 조사이어 퀸시가 그 일원이었다고 추정된다─은 영국군이 배에서 내린 순간부터 군대에게 점령된 도시의 상태를 매주 보고하는 문서를 비밀리에 준비했고, 그들에게 동조하는 보스턴, 뉴욕, 런던의 진보적 신문에 그 글을 배포하고 있었다. 《사건 신문A Journal of Occurrences》 혹은 《이 시대의 신문A Journal of the Times》이라는 이름으로 알려진 이 무기명 주간 칼럼은 1년 넘게 나오다가 그 시작만큼이나 갑작스럽게 종료되었다. 한 역사가에 따르면, 이것은 "미국 신문의 기원이 된 최초의 체계적인 뉴스 수집 및 판매 행위"였으며, 유선통신 시대 이전에 등장한 일종의 연합뉴스 판매 방식이었다.

애국파는 '오만한 권력'이 한 도시에서 어떤 일을 자행하는지 폭로하려고 칼럼을 작성했다고 말했다. 이들이 "이 도시에 진을 친 군대의 엄청난 부적절성과 그로 인한 주민의 고충"을 보여주기 위해 수집한 소식에는 영국군이 강간을 시도했다는 이야기도 상당수 포함되어 있었다. 애국파가 보기에 영국군이 보스턴 여성들을 성적으로 괴롭힌 사건은 혈기 넘치는 군인 개인이 산발적으로 저지르는 정신 나간 행동이 아니라, 식민지 탄압의 일환으로 보였다. 그들은 이렇게 썼다. "아마도 가장 존경받을 만한 주민을 이런 식으로 다루면 우리가 군사정부를 두려워하게 되어 권리와 특권 같은 사소한 것들을 곧 포기할 것이라 여기고 계획한 듯하다." 관련 기사 몇 개를 직접 인용해보겠다.

- 1768년 11월 9일: 롱레인에 사는 기혼 여성이 밤에 귀가하다가 거의 죽기 직전까지 목을 졸렸다. 그 후 그녀는 땅에 쓰러졌고 엄청나게 추잡한 일을 당했다. 뉴보스턴의 또 다른 여성은 무례한 취급을 당했다. …… 이런 학대 사례를 언급하는 이유는 군 지휘관에게 군대를 좀 더 주의 깊게 통제하라고 넌지시 말하기 위해서가 아니라, "이 도시에 진을 친 군대의 엄청난 부적절성과 그로 인한 주민의 고충"을 보여주기 위해서다. …… 어떤 주민도 자기가 딛고 선 땅이 어디인지, 이 도시가 자기가 살던 곳이 맞는지 믿을 수 없게 된 시대이다.

우리의 의지에 반하여

• 1768년 12월 12일: 며칠 전 저녁 무렵 마을의 기혼 여성 한 명이 한 집에서 다른 집으로 가는 길에 군인에게 붙잡혔다. 그는 그녀에게 엄청나게 무례한 일을 저질렀다. 롱레인 근처에서는 군인 몇 명이 길에서 한 여성을 가로막더니 끌고 가자고 소리쳤다. 그녀는 대단히 놀랐지만 다행히도 근처의 민가로 도망칠 수 있었다. 또 다른 여성은 군인에게 쫓기다가 도시 북단에 있는 어떤 집에 들어갔는데, 이 군인이 감히 쫓아 들어와서 대단히 추잡한 행위를 했다. …… 이런 사례는 우리가 이 새 보안관 나리들에게 기대할 수 있는 것이 무엇인지 잘 보여주는 또 하나의 표본이라 하겠다.

• 1769년 4월 30일: 군대가 시의 한가운데 진을 치고 있는 상황은 주민들에게 고통을 주는 만큼이나 군대 자체를 망치는 일이기도 하다. 하루하루가 군인들의 방탕함 및 그로 인한 폭력으로 가득 차 있다. 보스턴 북쪽 끝에 사는 한 나이 든 여성은 며칠 전 저녁 아무도 없는 집에서 아래층 방에 있었는데, 군인 하나가 들어와서 그녀가 테이블에 성경책을 두고 앉아 있는 것을 보더니 그녀의 독실함을 칭찬하고 성경의 일부 구절에 대해 설교 비슷한 것을 하려 들었다. 곧 할 말이 떨어진 그는 자기 엉덩이 부근에 심하게 부어오른 곳이 있다면서 그녀가 살펴보고 도와주면 기쁘겠다고 했다. 선량한 여성은 그의 요구대로 시중을 들었으나, 이 비열한 쓰레기는 그녀의 어깨를 잡아 바닥에 쓰러뜨린 후 그녀의 나이를 개의치 않고 강간을 시도했다. 그러나 그녀가 그 야만적인 행위에 저항하고 비명을 지르는 바람에 성공하지 못했다. 그는 서둘러 떠나는 게 낫겠다고 생각했는지 셔츠와 다른 리넨 물품 한 꾸러미를 챙겼다. 주민들이 일상생활을 영위하기 위해 빨래와 다림질을 부탁하려고 그 집에 맡긴 물건이었다.

• 1769년 5월 17일: 한 여성이 군인 한 명을 비롯한 남자 몇 명이 자신

을 폭행하려 했다며 러독 판사에게 신고했다. 때맞춰 사람들이 나타나 그녀를 보호해서 강간은 피할 수 있었고, 군인은 도망쳤다고 한다.

• 1769년 7월 3일: 6월 27일 화요일 아침, 체이스 씨 가게에 들러 생선을 사려고 남부 시장으로 간 한 여성이 자유의 나무 아래서 기절한 채 발견되었다. 사람들이 물을 가져가서 그녀를 깨웠으나 그녀는 곧 사망했다. 조사 위원회가 소집되었고, 조사 결과 그녀는 브리지워터에 사는 세라 존슨이라는 여성으로 밝혀졌다. 이달 24일경에는 그녀의 몸에 폭력이 자행된 흔적과 증거가 발견되었다. 신원 미상의 군인들이 저지른 폭력이 그녀의 사인으로 추정된다. 이 사건에 소환된 의사들은 시체를 조사한 결과 여기저기 검푸른 멍이 들어 있었다면서, 이것이 그녀가 겪은 폭력을 입증한다고 발표했다. 부검으로 발견한 흔적을 종합해볼 때 그녀가 최근 강간을 당했고 있는 힘껏 저항했다는 소견이었다. 또한 그녀가 현기증 내지 실신에 이를 정도로 저항하면서 극도로 힘을 소모한 것이 직접적인 사인일 것이라고 했다.

한편 애국파의 반대편이 강간에 관해 얼마나 무신경했는지를 보여주는 기록도 존재한다. 미국 독립혁명이 절정에 이른 시기인 1776년 8월, 프랜시스 로던 선장이 삼촌인 헌팅던 백작에게 보낸 편지를 보면,[2] 그는 남부 여성들이 영국군에게 강간을 당하고도 공개적으로 문제를 제기하지 않았다며 고마워한다. 그리고는 당시 격전지였던 뉴욕시 인근 스태튼 섬의 여성들에 관해 "사티로스처럼 방탕한" 영국군에게 "아름다운 요정"이나 다름없었다며 이렇게 썼다. "소녀는 장미를 꺾으러 덤불숲에 들어가면서 강간 위협을 감수해야만 했는데, 그런 격렬한 방식에 전혀 익숙하지 않았기에 적절히 체념하며 견디는 법을 몰랐던 것이죠. 그 결과 우리는 매일 이렇게 흥미진진한 군법회의를 엽니다."

이런 태도는 1777년 1월 조지 미섬 대령이 앤서니 웨인 장군에게 보낸 짧막한 공식 보고와 대조된다. "적이 후퇴하면서 대대적인 파괴를 저질렀는데, 휘그파의 집뿐 아니라 토리파의 집까지 가리지 않고 불을 질렀다. 프린스타운의 많은 부분이 파괴되었다. 휘그파뿐 아니라 토리파의 아내와 딸들도 강간당하고 납치당했다."[3]

영국군과 헤센 용병은 뉴욕과 뉴저지에서 민간인을 학대해 악명을 떨쳤다.[4]《펜실베이니아 이브닝 포스트Pennsylvania Evening Post》기자들이 그들이 저지른 강간에 관해 기사를 남겼다.

오늘 아침 당신에게 글을 보내고 나서 영국군이 저지른 여러 건의 지독한 약탈에 대해 상세하게 들을 기회가 있었다. 페니타운 주변에 주둔 중인 콘월리스 경의 군대가 저지른 일에 관한 이야기였다. 16명의 여성이 무자비한 만행을 피하기 위해 숲으로 도망쳤지만 거기서 붙잡혀 끌려갔고, 한 남자는 부인과 딸(10세 아이)이 강간당하는 끔찍한 치욕을 겪었다고 한다. 이 이야기는 그 남자가 슬픔으로 거의 질식할 듯한 상태가 되어 친구에게 한탄하다가 발설한 것인데, 그 친구가 내게 이 이야기를 해주면서, 또 한 명의 13세 소녀가 자기 아버지 집에 있다가 잡혔고, 1마일쯤 떨어진 한 헛간으로 끌려가 한 번의 강간에 그치지 않고 다섯 명의 야수에게 학대당했다는 이야기도 함께 해주었다. 이 같은 만행이 이 밖에도 여러 건 벌어진 게 확실하다. …… 우드브리지 근처에서 잔인한 사건이 하나 더 있었다. 이 지역에서 가장 존경받는 신사가 자신이 가장 아끼는 딸이 비명을 지르며 우는 소리에 놀라서 가보니 영국 장교가 그녀를 강간하고 있었던 것이다. 그는 그 자리에서 장교를 죽였다. 그러자 다른 장교 두 명이 달려들어 그에게 조명탄 두 발을 쐈다. 그로

인해 그는 부상을 입어 쇠약해진 상태이다.[5]

1777년 당대에 익명의 저자가 쓴 트렌턴과 프린스턴 전투에 대한 기록이 있다. 거기서 글쓴이는 '26일간의 압제' 기간에 벌어진 방화, 강도, 약탈을 다음과 같이 기록했다.

이 강탈과 노략질이 초래한 손실은 어마어마하며 그로 인해 피해자들은 엄청난 곤경에 빠졌다. 그러나 그런 약탈마저도 내가 아직 언급조차 하지 않은 또 하나의 지독한 잔혹 행위에 비하면 아무것도 아닌데, 그건 바로 여성을 유린한 만행이다. 정의와 이성에 반하는 인간 본성의 결함으로 인해 우리는 그토록 잔인한 범죄로 고통받은 무고한 이들을, 그들이 살아 있는 동안 괄시했다. 전쟁이 끝난 후에도 처참하게 지속되는 비난을 피하기 위해 수많은 정직하고 고결한 여성들이 그런 경멸의 태도에 고통받았고, 자신의 삶이 비참해지는 것을 두려워한 나머지 그 일을 비밀로 숨겼으며, 그리하여 저 죽어 마땅한 범죄가 형벌을 피했다고 나는 믿는다. 전시의 저 비정상적 범죄자들은 자신들이 벌을 받지 않고 떠날 수 있으리라고 확신했고, 그런 확신 때문에 이런 일을 더욱 자주 저질렀다.[6]

이 익명 저자는 "친애하는 《이브닝 포스트》"가 언급한 바 있는 강간 사건에 주목하면서 "또 다른 기만적인 악행"에 대한 이야기를 덧붙인다.

프린스턴에서 2마일 정도 떨어진 펜스넥에 숙영하던 하우 장군의 경기병 두 명은 반란군을 찾는 척하며 젊은 여성에게 접근했다. 그들은 반란군 일부가 헛간에 숨어들었다며 여성에게 그곳에서 가장 숨기 좋은 장소를 보여달라고 요구했다. 그녀는 (그곳에 아무도 없는 것을 알았지만) 헛간까지 함께 가서 아무도 없다는 사실을 확인시켜주었다. 한 놈이 그녀를 유린하는 동안 다른 한 놈은 그녀가 움직이지 못하도록 붙잡고는 비명 소리를 막기 위해 목을 졸랐다. 그렇게 한 놈이 일을 마친 후 다른 짐승도 그녀에게 지독한 범죄를 반복했고, 일을 마친 놈은 교대로 목을 조르고 있었다. 그녀는 어떤 농부의 딸이다. 하지만 앞서 말했듯 이 여성에게 쏟아질 비난을 피하기 위해 그녀와 그 아버지의 이름은 비밀에 부칠 수밖에 없다.

이 저자는 강간에 대한 책망이 여성 피해자에게 전가되는 일을 염려했을 뿐 아니라, 평생에 걸친 관찰에 근거한 결론이라며 이렇게 주장했다. "바로 이런 점에서 이 전쟁은 인디언전쟁보다 훨씬 더 악랄한데, 인디언이 아무리 포로를 잔혹하게 취급했다고 해도 여성을 강간했다는 이야기는 들어보지도 읽어보지도 못했기 때문이다."

1777년 새해 첫날, 조지 워싱턴 장군은 휘하의 미대륙군에게 "누구든 약탈하는 일"을 금지하는 특별 명령을 내렸다.[7] "…… 여성과 어린이에 대해 인간애와 친절을 보이는 것이 자유를 위해 싸우는 용감한 미국군을 영국인이든 헤센인이든 저 악명 높은 용병 약탈자들과 구분해줄 것이라 기대한다." 3장 서두에서 언급했듯, 워싱턴의 군대도 강간으로부터 완전히 자유롭지는 않아서 강간 범죄를 저지른 군인을 사형한 기록이 있지만, 언제나 그렇듯 국외의 땅에서 싸우는 침략군 쪽이 더 많은 성 학대를 저지르는 전형적인 패턴이 여기서도 확인된다. 같은 해 1월, 대륙회의는 조지 왕의 군대가 저지른 비정상적 행위들을 조사하기 위한 위원회를 지명했고, 4월에 보고서를 내

놓았다.[8]

이 보고서의 내용은 네 부분으로 나뉜다. 지역 황폐화와 재산 파괴, 포로에 대한 비인간적인 대우, 저항이 불가능한 대상에게 저지른 야만적이고 불필요한 살육 그리고 여성 학대가 각 부분의 주제이다. 여성 학대는 4장에서 대단히 조심스럽게 다루고 있다.

위원회는 기혼 및 미혼 여성에게 실제로 강간이 자행되고 극히 외설적인 취급을 받은 사례가 여러 건이라는 믿을 만한 정보를 갖고 있다. 그러나 이런 종류의 사건은 본질상 그로 인한 상처를 회복하기가 다른 어떤 피해 사례들보다 힘들며, 이런 사건으로 고통받는 사람은 본인에게 전혀 죄가 없는데도 불구하고 관련 사실이나 본인의 이름이 알려지는 일을 일종의 모욕으로 여긴다. 이 사안과 관련해 지휘관들이 받은 신고가 몇 건 있고, 치안판사 앞에서 선서진술서를 작성한 사례도 한 건 있지만, 페닝턴에서 군인 한 명이 하루가 채 안 되는 시간 동안 구금되었다는 사실 외에 위원회는 형벌이 부과되거나 배상이 이루어진 경우를 전혀 발견하지 못했다.

위원회는 정치적 분석을 시도하면서 군인이 저지른 이런 학대 행위는 그들이 군대에서 학습한 어떤 관점을 반영한 것이라고 결론지었다. 군인은 사람들을 "원칙에 따라 자신의 권리를 지키고자 하는 자유인이 아니라, 법질서 전반에 반항하고 봉기하여 사회 그 자체를 전복하려 드는 무법자이자 난봉꾼으로 보도록 배웠고, 그런 관점에 따라 대했다. 이는 너무나 우울하지만 의무이기에 보고할 수밖에 없는 진실에 관해 위원회가 내놓을 수 있는 가장 자비롭고도 솔직한 설명이다."

대륙회의는 적군에게 배포하기 위해 이 조사 위원회의 보고서를 6,000부(2,000부는 독일어로) 인쇄하라고 명령했으나,[9] 이 명령이 실제로 실행되었는지는 확인되지 않았다. 그리고 성 학대 관련 선서진술서는 원래 한 건보다 훨씬 많았지만, 조사 위원회가 멋대로 누락한 것이었다. 뉴저지의 헌터든 지역에서는 재러드 색스턴이라는 이름의 치안판사가 이틀 동안 여섯 건의 선서진술서를 받았다.[10] 여섯 사건 모두 헌터든 카운티에서 "지난 12월 어느 날에" 일어났다고 기록되어 있다. 대체로 반란군을 찾는다는 구실로 두 명 이상의 군인들이 집에 들어오며 사건이 벌어졌고, 영국군 야영지로 끌려가 추가 범행을 당한 여성도 두 명 이상 있었다. 피해자들(임신 5개월이었던 메리 캠벨, 13세의 아비가일 팔머, 엘리자베스·세라 케인 자매, 과부인 메리 필립스 그리고 레베카 크리스토퍼)은 문맹이었기에 증언록에 기호 표시를 하는 것으로 서명을 대신했다.

메리 캠벨의 선서진술서가 이런 사건의 전형을 보여준다.

뉴 저지
헌터든 카운티

카운티에 사는 대니얼 캠벨의 아내 메리 캠벨은 전능하신 하느님 그분의 성스러운 전도자들 앞에 전술한 바와 같이 맹세하며 진술합니다. 지난 12월의 어느 날 영국 왕의 군대에 속한 군인 몇 명이 선서증인인 그녀가 있던 그녀 아버지의 집에 왔고, 군인 중 하나가 그녀에게 문밖으로 나와 이야기를 하자고 했습니다. 그녀는 거절하면서 할 말이 있다면 집 안에서 얼마든 이야기할 수 있다고 했지만, 군인 두 명이 그녀의 팔을 붙잡고 집 밖으로 끌어내 근처에 있던 오래된 상점으로 끌고 갔습니다. 그들은 상점 문을 부숴서 열더니 그녀가 아무리 울부짖고 애원하고 욕설을 퍼부어도 아랑곳 않고 끌어당기면서 만약 입 닥치지 않는다면 총검으로 찔러 죽인다고 협박했습니다. 그녀의 어머니도 그런 비열하고 잔인한 방식으로 딸을 이용하지 말아달라고 애원하고 간청했죠. 그러나 결국 말씀드린 군인 중 세 명이 성공적으로 이 선서증인의 몸을 알았는데, 그녀는 당시 임신이 5개월 이상 진행된 상태였습니다. 이 선서증인은 더 이상 진술하지 않겠습니다.

1777년 3월 22일 증인이 판사 앞에서 선서함.

재러드 색스턴, 헌터든의 치안 유지와 증언을 위해 지명된 판사로서 서명함.

그녀, 메리 M. 캠벨(서명 표시)

포그롬

역사적으로 유대인 여성은 희생양이 되는 소수 집단의 일원으로서 폴란드와 러시아를 비롯해 그들이 살게 된 곳에서 무시무시한 포그롬^{Pogrom}*이 일어날 때마다 강간 피해자가 되었다. 1648년 헤트만^{Hetman}**인 보그단 흐멜니츠키^{Bogdan Khmelnitskiy}가 이끈 코사크 반란은 우크라이나 민족주의의 기념비적인 사건이지만, 우크라이나의 유대인

---

* 19~20세기 제정 러시아에서 벌어진 유대인 학살을 지칭하는 단어로, 러시아어에서 유래했다. 주로 유대인 학살을 지칭할 때 쓰이지만, 인종, 종교로 인해 고립된 소수 집단을 학살하는 경우를 지칭할 때 사용되기도 한다.-옮긴이
** 코사크 지도자를 지칭하는 표현.-옮긴이

에게는 잊지 못할 재앙이었다.[11] 코사크인에게 유대인이란 그 땅에 살지 않으면서 지대만 걷어가 미움을 받는 폴란드인 지주를 대신해 지대를 받는 족속으로 알려져 있었다. (유대인은 땅을 소유하는 것이 법으로 금지되어 있었기에 거래를 대행하는 환영받지 못하는 역할을 해야 했다.) 흐멜니츠키의 코사크 기병은 말을 타고 작은 마을을 지나가면서 유대인 여자를 강간하거나, 그저 그들이 가는 경로에 있었을 뿐인 무고한 아이들을 포함해 수많은 사람을 살해하고 불구로 만들었고, 그런 식으로 민족주의적 원한을 발산했다.

흐멜니츠키가 일으킨 포그롬과 비슷한 사태가 1881~1882년 우크라이나에서 다시 한 번 일어났는데, 그때도 역시 소작농들이 지대 수금자인 유대인의 존재를 문제 삼았다. 비슷한 사태는 이후로도 주기적으로 반복되었다. 1891~1892년에도, 1903~1906년에도, 1919~1920년에도 비슷한 일이 일어났던 것이다. 각각의 사태마다 서로 다른 고유한 이데올로기적 배경이 있었지만, 매번 "유대인을 쳐부수자"는 구호가 신과 조국을 위한 투쟁 구호로 부활했으며, 유대인 여성은 그때마다 매번 강간을 당했다. 차르의 정부도 이런 양상에 공모한 바가 없지 않았다. 사태가 혁명으로까지 번지면 차르의 존재가 위협받을 수 있으므로 "유대인을 쳐부수자"는 구호는 차르의 압제로부터 관심을 돌리기 좋은 방향 전환 전략이 되었다.

안데 매너스Ande Manners는 초창기 포그롬에 대해 다음과 같이 서술했다.[12] "두서없고 서툰 수준이었다. 수백 개의 깃털 침대를 칼로 베고, 집과 상점을 약탈했으며, 수십 명을 살해했다. 여기저기서 두개골 몇 개와 팔다리를 부러뜨리고 소녀와 여자를 강간했다." 그녀는 깃털 침대를 베는 일이 두 겹으로 중요한 의미를 지녔다고 말해준다. 훌륭한 결혼 생활의 상징 — 부드러운 매트리스는 유대인 신부의 지참금이었다—일 뿐 아니라, "불안한 부모들은 욕정이 넘치는 약탈자 코사크군으로부터 딸을 지키기 위해 자기 딸을 그 속에 숨겨놓는 경우가 있었다". 다른 은신처는 피클 통—오페라 가수 비벌리 실스 Beverly Sills의 어머니가 포그롬 시기에 그렇게 숨어 있었다—이나 흙과 모래 무더기였다. (KKK가 말을 타고 왔을 때 남부의 흑인들도 비슷한 장소에 숨었다.) 후기의 포그롬은 남김없이 학살하는 식으로 변형되었지만, 그 와중에도 강간은 일종의 전술로서 활용되었다. 강간은 살인의 전주곡이 되었으나 그에 뒤따른 대량학살이 불러일으킨 공포에 묻혀 잊혔다.*

1919년에 시작된 포그롬은 백군과 적군 사이에 격렬한 내전이 벌어지는 와중에 러시아혁명의 총체적 혼란 한가운데에서 (그런 혼란에 편승해) 일어났다.[13] 안톤 데니킨과 라브르 코르닐로프의 백군에서 나온 난폭한 의용군들에게는 "유대인을 쳐부수자"가 오랫동안 모든 문제에 대한 해결책이었는데, 이번에는 그것이 공산주의자의 위협이라는 새로운 문제에 대한 해결책으로 부상했다. 그에 따라 그들은 악랄한 파괴를 일삼았다. 시온주의 조직과 러시아 적십자의 보고서에 이 사태가 기록되어 있다. (소비에트도 유대인이 겪는 곤경을 염려하긴 했지만, 그들은 혁명을 벌이고 있었기 때문에 그 이상은 하지 못했다. 그들은 "붉은 군대에 들어오세요!"라고 충고할 뿐이었다.) 적십자 보고서에 따르면 '슈테틀'(작은 유대인 마을)에서 벌어진 전형적인 포그롬은 이런 식이었다. "무리가 읍내로 쳐들어와 모든 거리로 쏟아져 들어갔고, 작은 무리로

---

* 포그롬이 일어났을 때 유대인 여성들이 당한 강간과 지리적 평행을 이루는 사건으로 같은 시기인 1895년과 1915년에 터키인이 아르메니아 여성에게 저지른 대량 강간 사건이 있다. 이는 터키가 아르메니아 민족을 절멸시키기 위해 벌인 끈질긴 노력의 일환이었다. Henry Morgenthau, *Ambassador Morgenthau's Story*, Doubleday, 1918을 보라.

나뉘어 유대인 가옥에 침입했으며, 나이와 성별을 가리지 않고 만나는 모든 사람을 죽였는데, 여자를 만나면 살해하기 전에 짐승같이 범했다."

적십자는 "평범하고 단순한 수준의 포그롬이 일어난" 라디셴카에서 온 유대인 난민의 상태를 꼼꼼히 기록했다. "7월 9일, 소작농 한 명이 라디셴카에서 온 마지막 유대인 두 명을 우만에 있는 유대인 병원으로 데려왔다. …… 유대인 소녀 두 명이었는데, 경악할 만큼 구타당해 심하게 멍든 상태였으며 소녀 중 한 명은 코를 잘렸고 다른 한 명은 팔이 부러졌다. 둘은 지금 키예프에 있는데 성병으로 고통받고 있다."

한 시온주의 조직은 크레멘추크의 상황을 보고했다. "의용군이 마을에 들어오자마자 파괴가 시작되었다. …… 모든 집이 단 하나의 예외도 없이 약탈당했다. 강간 신고가 350건 있었다. 12세 아이부터 60세의 늙은 여자까지 예외는 없었다. 작은 소녀들은 강간당한 후 변소에 던져졌다."

600명이 살해당하고 1,200명이 부상을 입은 파스토프의 상황을 알리는 보고서에는 이렇게 적혀 있다. "군인들이 완전히 야수같이 흥분한 상태로 미성년 소녀에게 달려들었고, 막을 힘이 없는 부모가 보는 앞에서 소녀들을 강간했다. 유대인이 피난처로 삼고자 했던 유대교 회당 뜰에서 특히나 잔혹한 일이 벌어졌다. 그 뜰은 여성, 아이, 노인과 강간당한 어린 소녀의 시체로 뒤덮였다. 많은 사람이 미쳐버렸다."

예카테리노슬라프에 있던 반볼셰비키 유대인 몇 명은 데니킨 장군에게 긴급히 아부 어린 호소문을 보냈다.

지치고 탄압당한 유대인들은 질서와 평화를 애타게 바라고 있습니다. 유대인 인구의 다수가 부르주아지에 속하기 때문에 프롤레타리아트 독재로부터 구해줄 의용군이 어서 오기를 고대하고 있습니다. 이들은 다가오는 군대를 기쁨으로 반기며 돈과 사람으로 도울 준비가 되어 있습니다. 하지만 대단히 불행하게도 유대인들은 희망을 잃고 있습니다. …… 점령 시 불쾌한 일이 생길 수도 있다는 사실이야 충분히 이해합니다만, 매우 유감스럽게도 어쩌다가 산발적으로 불쾌한 일이 발생한 것이 아니라, 의용군이 진입한 곳에서는 언제나 조직적으로 불쾌한 일이 벌어졌다는 사실을 지적해야겠습니다. 그중에서도 특히 난폭했던 것이 예카테리노슬라프에서 벌어진 사태로, 4개 거리의 유대인 가옥이 모조리 약탈당했으며 수백 명의 유대인 소녀가 잔혹 행위를 당하고 많은 유대인이 살해당했습니다. 예카테리노슬라프에서 일어난 포그롬은 여전히 진행 중이고……

물론 여기서 이데올로기도 한몫했다. 한 유대인은 하리코프에서 포그롬이 벌어지는 와중에 약탈자에게 이런 말을 들었다고 한다. "이게 다 너희 트로츠키 잘못이야."

주기적으로 포그롬이 일어나며 유대인 여성이 강간당하게 되자 랍비들은 강간당한 유부녀를 남편의 침대로 돌아갈 자격이 없는 간통한 여자로 간주해온 관념을 유지하는 데 부담을 느끼게 되었다.[14] 그리하여 결국 실용주의가 승리하게 된다. 유대인이 디아스포라를 통해 널리 흩어져 다른 민족의 법 아래 살아온 이래로 랍비의 법은 실상 강제력이 없었다. 하지만 전통적으로 여자를 '자신들의' 영토처럼 여겨온 남자들의 마음속에서는 더럽혀진 여자라는 관념이 심리적 지배력을 뿌리 깊게 유지하고 있었다. 이런 태도는 유대인에게만

우리의 의지에 반하여

한정된 것이 아니라 상당히 보편적으로 널리 퍼져 있다. 강간 후 이혼은 결코 드문 일이 아니다.

오래전부터 유대인 여성을 따라다닌 고삐 풀린 듯 음탕하다는 평판(로웨나와 대비되는 레베카라든가*, 헨리 밀러Henry Miller가 빈번하게 쓰는 표현으로 "두툼한 유대인 보지")은 유대인 여성이 반복해서 집단적으로 강간당해온 역사에 기원을 두고 있다. 유대인 여성이 음탕하다는 평판은 남성의 관점에서 섹스 판타지를 여성에게 투사한 결과 생긴 것이다. 이런 면에서 유대인 여성과 흑인 여성은 공통점을 가진다. 오늘날 미국에서 흑인 여성을 따라다니는 음탕하고 난잡하다는 평판 역시 유대인 여성처럼 강제로 강간당한 빈도가 굉장히 높았던 역사에서 유래했을 것이다.

제2차 세계대전 말 장 폴 사르트르Jean Paul Sartre가 쓴 《반유대주의자와 유대인Anti-Semite and Jews》(1946)의 유명한 구절은 그런 현상에 대해 꽤나 시적인 통찰력을 보여준다. "'아름다운 유대 여자'라는 표현에는 '아름다운 루마니아인'이나 '아름다운 그리스인' 혹은 '아름다운 미국인' 등과는 상당히 다른 매우 특별한 성적 의미가 담겨 있다. 이 표현은 강간과 대학살의 아우라를 지니고 있다. '아름다운 유대 여자'라는 말은 차르 치하에서 코사크 기병들이 머리채를 붙잡고 불타는 마을 거리를 질질 끌고 다니던 여자를 뜻한다. 또한 유대 여자는 채찍질 성애자 고객을 상대하는 특별한 업무에서 명예의 전당 자리를 예약해놓았는데……"[15]

---

* 월터 스콧의 소설 《아이반호》(1819)에서 주인공 아이반호를 사랑하는 두 여성. 로웨나는 앵글로색슨계이고 레베카는 유대계이다.-옮긴이

모르몬 박해

우크라이나의 포그롬이나 미국에서 일어난 모르몬 박해, 백인 폭도가 흑인에게 주기적으로 가하는 폭력은 시공간상 상당히 멀리 떨어진 지점에서 발생한 것이지만, 이 모든 사건에서 여성은 비슷한 일을 겪었다는 사실을 주목할 필요가 있다. 역사의 매 막간마다 남성들이 집단을 이뤄 여성을 멸시하고 비하하는 행동을 하는데, 그런 집단은 도덕적 명분("공공선을 위해서")을 제공하는 이데올로기로 무장한 상태이며, 때로는 공식적으로 조직된 민병대가 그런 일을 저지르는 경우도 있다. 역사의 매 막간마다 테러 작전이나 어떤 민족을 말살하자는 목표가 남성에게 강간 면허를 부여한다. 다른 남성의 소유물을 활발히 파괴하는 행위는 집단이 상대에게 품은 증오와 경멸을 상징하는 행위가 되었으며, 이때 다른 남성의 소유물이란 가구, 가축, 그리고 여성이었다. 그리고 이렇게 집단을 이룬 강간범들은 피해자가 '매력적'이든 아니든 전혀 개의치 않았다. 이 사실은 성적 매력이 강간 행위와 전혀 관계가 없다는 근거를 제공한다는 점에서 매우 중요하다. 집단 속에서 강간은 힘과 지배를 표현하는 수단이 된다. 남성 집단 내에서 서로 인정받기 위해 여성을 거의 무생물 같은 대상으로 취급하는 것이다.

후기 성도 교회Latter-day Saints 혹은 모르몬교로 불리는 교단이 1831년 미주리주의 인디펜던스시에 지역 주민들을 경악하게 만들며 정착하기 시작했다.[16] 일부다처제는 아직 모르몬 교회법으로 지정되지 않은 시기였기 때문에 오히려 문제가 되지 않았다. 미주리 주민들은 모르몬교도가 신과 직접 소통한다는 살아 있는 선지자 조지프 스미스를 믿는 것과, 그들의 괴상하고 배타적인 생활 방식을 견디기 힘들

우리의 의지에 반하여

어 했다. 무엇보다도, 후대의 관점에서 본다면 놀라운 면모인데, 모르몬교도가 자유흑인과 물라토 개종자를 기꺼이 받아들이는 태도를 견디지 못했다. 지역민들은 그런 태도가 "우리 검둥이들을 망치고 유혈사태를 선동할 것"이라고 여겼다. (당시 미주리주는 노예제도를 승인하고 있었다.)

1833년 4월 인디펜던스에서 소란스러운 군중집회가 열렸고, 그로부터 2개월 후 미주리에서 위험인물들을 몰아내자는 '요구서'가 돌았다. 내용인즉, "우리의 아내와 딸"을 위해서 "가능한 한 평화롭게, 그러나 여의치 않다면 강제로" 모르몬교도를 몰아내자는 것이었다. (모르몬교가 보존하고 있던 군중 요구서에는 내용이 몇 줄 더 있다. "우리는 남자들을 채찍질하고 죽일 것이다. 우리는 그들의 아이를 말살하고 그들의 여자를 강간할 것이다!") 모르몬교도는 자신들의 정착지가 이미 미국 영토의 서쪽 끝에 있어 더 이동하면 곧장 인디언 지역으로 들어갈 수밖에 없고, 그래서 인디언들이 "무방비 상태의 우리 여자와 아이들을 학살할 수 있"는 상황이라고 답했다. 그러자 군중은 자기들이 얼마나 진지하게 요구하고 있는지 보여주기 위해 모르몬교 신문국으로 쳐들어가 인쇄기를 박살냈다. 결국 모르몬교도는 그해 내로 카운티를 떠나겠다는 합의서에 서명했고, 대다수가 넓은 미주리강을 건너 북쪽의 클레이 카운티와 콜드웰 카운티로 이주했다.

그러나 미주리 주민들은 이것으로 만족하지 않았다. 1838년 10월 주지사가 민병대를 소집해 악명 높은 명령을 내렸다. "모르몬교도를 적으로 취급해야 하며, 공공선을 위해서 필요하다면 주 바깥으로 내쫓거나 몰살시켜야만 한다." 이때 모르몬교도의 주요 정착지는 콜드웰 카운티 파웨스트에 있었다. 민병대는 파웨스트로 진군해서 조지프 스미스를 비롯한 모르몬 지도자들을 속여 항복을 받아냈다. 그

러고 나서는 모르몬교 공식 역사에 따르면 그들은 다음과 같은 일을
저질렀다고 한다.

폭도들은 파웨스트의 비무장 주민들을 풀어준 후, 무기를 찾는다는
구실로 모든 집을 뒤지고 바닥을 뜯어내고 건초더미를 뒤엎고 의도적
으로 무차별하게 많은 재산을 파괴했으며, 그저 재미로 상당수의 가축
을 총으로 쏴 쓰러뜨렸다. 사람들은 가장 귀중한 재산을 강탈당하고 모
욕당했으며 채찍에 맞았다. 하지만 이것이 최악이 아니었다. 상당수 여
성들은 강제로 순결을 더럽히는 일을 당했다. 몇 명은 벤치에 묶인 채
인간의 껍질을 뒤집어쓴 짐승들에게 죽을 때까지 반복해서 강간당했
다. 무시무시한 협박이 나온 것은 몇 년 전이었는데 …… 결국 그대로
실행한 것이다. **우리는 그들의 여자를 강간할 것이다!**[17]

민병대는 조지프 스미스를 비롯한 여러 명이 억류되어 있던 야
영지로 다시 돌아왔다. "서로 자신이 어떤 살인과 약탈을 했는지 이
야기하며 고결한 부인과 처녀를 강간했다고 자랑했는데, 포로들은
그들이 상세히 묘사한 범죄 내용이 너무나 역겨워서 몸서리쳤다."[18]
결국 모르몬교도는 이렇게 미주리에서 쫓겨났다. 그들은 걸어서 일
리노이주까지 갔지만 그곳에서도 스미스는 감방에 갇혀 린치를 당
했으며, 유타주에 이르러서야 평화와 번영을 누릴 수 있었다.

흑인을 대상으로 삼은 폭도 폭력: KKK

남북전쟁 이후 재건 기간에 백인들은 무리를 이루어 남부 흑인

공동체를 공격했다. 그들은 교회와 학교, 집을 불태웠을 뿐 아니라 여성을 강간했다. 1866년 5월의 멤피스 폭동은 백인이 시에 주둔하는 주 흑인 민병대에게 적대감을 품고 있다가 폭발한 사태였다.[19] 피해자들이 보기에 폭도는 대다수가 아일랜드계였고, 지역 백인 경찰과 결탁해 흑인 공동체 전체에 보복을 가한 것이었다. 이 과정에서 46명의 흑인과 다섯 명의 백인이 살해되었다. 흑인 여성 여러 명은 사후 의회 조사에서 강간에 대해 이렇게 증언했다.[20]

프랜시스 톰프슨: 화요일 밤 1시에서 2시 사이에 경찰 두 명을 포함해 총 일곱 명의 남자가 집에 왔습니다. 별을 달고 있어서 경찰이라는 사실을 알았습니다. …… 그들은 달걀과 햄, 비스킷을 좀 먹어야겠다고 했습니다. 저는 비스킷과 진한 커피를 준비했고 모두 자리에 앉아 그걸 먹었습니다. 저와 함께 사는 소녀가 하나 있었습니다. 이름은 루시 스미스고 16세 정도였습니다. 그들은 저녁식사를 마치더니 데리고 잘 여자를 원한다고 했습니다. 우리는 그런 부류의 여자가 아니니 나가달라고 답했습니다. …… 그중 한 명이 저를 붙잡아 얼굴 한쪽을 때렸고 목을 졸라 숨이 막히게 했습니다. 루시는 창문으로 도망치려고 했지만 한 명이 그녀를 쓰러뜨리고 목을 졸랐습니다. 그들은 권총을 빼더니 자기들 뜻대로 몸을 만지게 내버려두지 않으면 집에 불을 지르고 우릴 쏴버릴 거라고 말했습니다. 일곱 명 모두가 우리 둘을 강간했습니다. 네 명이 저와 관계했고 나머지는 루시와 했습니다.
질문: 상처를 입었습니까?
답변: 저는 두 달간 앓았습니다. 3일간은 고열에 시달리며 누워 있어야 했습니다.

루시 스미스: 우리는 트렁크 두 개를 갖고 있었습니다. 그들은 자물쇠를 풀지 않고 억지로 잡아당겨서 열더니 프랜시스의 100달러와 프랜시스의 친구가 맡겨두었던 200달러를 챙겼습니다. …… 그들은 저를 이용할 계획이었고, 결국 그렇게 했습니다. 저는 그런 일을 해본 적이 없다고, 하고 싶지 않다고 했습니다. 한 명이 하게 만들어주겠다더니 목을 졸랐습니다. …… 첫 번째 남자가 접촉을 끝낸 후 다른 남자가 저를 붙잡고 범하려고 했지만, 제 상태가 너무 좋지 않아서 그러지 못했습니다. 그는 주먹으로 저를 한 대 때리더니 빌어먹을 것이 죽게 생겼으니 아무 짓도 못하게 되었다고 말했습니다.

질문: 상처를 입었습니까?

답변: 첫 번째 남자가 한 일 때문에 피를 흘렸습니다.

루시 팁스: 남자들이 밤에 떼 지어 들이닥쳤습니다. …… 무턱대고 문을 부수고 들어와서 남편은 어디 있냐고 물었습니다. 저는 남편이 출타 중이라고 했습니다. …… 저는 이렇게 말했습니다. "제발 제게 아무것도 하지 마세요, 두 아이랑 그냥 여기 있게 해주세요."

질문: 그들이 당신에게 무슨 일을 했습니까?

답변: 대단히 나쁜 행동을 했습니다.

질문: 당신을 강간했습니까?

답변: 네, 위원님. …… 한 명이 그 짓을 했습니다. 다른 남자는 이렇게 말하더군요. "여자를 그냥 내버려둬. 그 여자는 그런 짓 할 만한 상태가 아니잖아." …… 다른 남자들이 저를 침대에 두고 집을 약탈하는 동안 이 남자는 계속 그 짓을 했고……

질문: 당신이 그 짓을 할 만한 상태가 아니라는 건 무슨 뜻이었나요?

답변: 저는 크리스마스 이후부터 임신한 상태였습니다.

질문: 집에 방이 몇 개였나요?

답변: 한 칸짜리 집입니다.

질문: 그러니까 그 남자들 모두가 같은 장소에 있는데 그 일이 벌어진 겁니까?

답변: 그렇습니다, 위원님.

신시아 타운젠드:

질문: 동네에서 여성이 폭력을 당한 사례가 있습니까?

답변: 있습니다, 위원님. 저는 몇몇 추악한 행위들에 대해 알고 있습니다. …… 저희 집 근처에 해리엇이라는 여자가 삽니다. 결혼하기 전 이름은 메리웨더였지요. …… 서너 명의 남자가 따로따로 그녀와 접촉을 했습니다. 그녀는 혼자 거기 누워 있었죠. 모두가 돌아가면서 그녀와 접촉을 하고 난 뒤 그중 하나가 그녀의 입도 이용하려 들었습니다. ……

질문: 그 남자들이 그 집으로 들어가는 것을 봤습니까?

답변: 그렇습니다. 저는 그들이 그 집에 들어가는 것을 봤고 나오는 것도 봤습니다. 제가 지금 증언한 내용은 그들이 떠난 후 그녀가 밖으로 나와서 제게 해준 이야기입니다. 그 일 이후 그녀는 한번씩 정신이 나간 상태가 되었고, 남편도 그녀를 떠났습니다. 그 남편은 요새에서 나온 후 무슨 일이 벌어졌는지 알게 되자 그녀와 관계를 끊겠다고 했습니다.

1866년 멤피스 폭동은 조직화되지 않은 형태로 벌어진 일이었다. 그런데 비슷한 시기 테네시주에서는 은밀하게 조직된 테러 집단이 우후죽순 생겨났고, 순식간에 다른 주까지 퍼져나갔다. 이 테러 집단이 바로 '큐 클럭스 클랜The Ku Klux Klan, KKK'으로, 그들은 남북전쟁 후 의회의 주도로 전개된 이른바 '급진 재건' 운동을 중단시켜 남부를 지키겠다는 애국심과 기사도를 명분으로 내세웠다.²¹ 강간과 관련된 KKK의 이데올로기는 전형적인 방식으로 이중적이다. 그리피스D. W. Griffith가 영화 〈국가의 탄생Birth of a Nation〉(1915)에서 KKK에게 동조하는 관점으로 잘 그려낸 바 있듯, 그들은 흑인의 위협으로부터 남부 여성을 '보호'하겠다며 피의 서약과 비밀 의식, 맹세 같은 것을 했다. 그러나 이런 맹세는 노예제에서 유지된 법질서 덕에 남북전쟁 전에는 흑인 남성이 백인 여성을 강간하는 일이 발생하지 않았다는 잘못된 전제에 기대고 있었다. 이는 KKK가 스스로 날조해 유포한 전제일 뿐이었다. KKK가 겉으로 내세운 성스러운 임무란 재건 정책이 초래한 법질서의 공백을 자력으로 메우겠다는 것이었다. 하지만 진짜 목표는 백인 여성과 아무런 관계도 없었다. 물론 남성 집단이 진짜 목적을 숨기기 위해 여성을 '보호'한다는 명분을 내세운 경우는 KKK가 처음도 마지막도 아니다. KKK가 밤마다 말을 타고 돌아다니며 추구한 진짜 목표는 새로이 투표권을 얻은 흑인 남성 유권자를 협박해서 쫓아내는 것이었는데, 이들은 당연히 재건파인 공화당 급진파를 지지할 것이기 때문이었다. KKK는 흑인들을 협박하기 위해 익명의 협박편지를 보냈고, 귀신 같은 의상을 입고 다니며 채찍질, 방화, 살인을 공공연히 저질렀으며, 흑인 여성을 강간하는 일도 협박 수단의 하나로 삼았다.

1871년 의회 합동 위원회는 그즈음 의회법에 의해 불법이 된 KKK의 활동을 조사하기 시작했다.²² 하지만 한발 늦은 조치였다. 여러 주를 조사해 수집한 증거들은 KKK의 테러 활동으로 인해 재건 운동이 어떻게 무너져갔는지를 뚜렷이 증명하고 있었다. 흑인 여성 여러 명이 강간에 대해 증언했다.

해리엇 심릴(사우스캐롤라이나주 요크 카운티): 그들은 우리 집 양반을 찾는다며 일요일 밤에 처음 찾아왔습니다. 그 후 다시 한 번 왔을 때는 인원이 더 많았습니다. …… 우리 집 양반을 부르며 나오라고 했지만 나는 지금 없다고 답했습니다. …… 그들이 우리 집을 한참 동안 뒤졌는데 한 시간쯤 머물렀습니다. …… 그들은 내 얼굴에 침을 뱉고 내 눈에 흙을 뿌렸습니다. …… 그자들은 찬장을 부숴서 연 후 파이를 다 먹어치우고, 고기 두 조각을 취했습니다. …… 잠시 후 나를 문밖으로 데려가더니 자기들이 원하는 것은 우리 집 양반이 민주당 쪽에 표를 던지는 것뿐이라고 했습니다. 그가 민주당 쪽에 합류하기만 하면 더 이상 상관치 않겠다고 했습니다. 그들은 나를 문밖으로 끌어낸 후 큰길까지 끌고 나가서 강간했습니다.

질문: 몇 명이었습니까?

답변: 세 명이었습니다.

질문: 돌아가면서 그랬습니까?

답변: 네, 위원님.

질문: 당신을 바닥에 쓰러뜨리고요?

답변: 그렇습니다, 그들이 저를 쓰러뜨렸습니다.

질문: 당신을 강간한 남자들이 누구인지 아십니까?

답변: 네, 누구였는지 지목할 수 있습니다. 체스 맥컬럼과 톰 맥컬럼, 그리고 큰 짐 하퍼……

엘런 파튼(미시시피주 머리디언): …… 그들이 우리 집에 마지막으로 찾아온 건 수요일 밤이었습니다. …… 월요일, 화요일, 수요일에 왔었지요. 월요일 밤까지만 해도 해치지 않을 거라고 했습니다. 화요일 밤에는 무기가 필요하다며 왔더군요. 무기는 없다고 하니까 내 말을 믿겠다고 했습니다. 그런데 수요일 밤에 다시 오더니 옷장과 트렁크를 부숴서 뒤지고 저를 강간했습니다. 여덟 명이 집 안으로 들어왔습니다. 집 밖에 정확히 몇 명이나 더 있었는지는 모르겠습니다. 모두 백인 남자들이었습니다. …… 저는 마이크 슬래몬 씨가 무리에 끼어 있는 걸 보고 보호를 청하기 위해 그를 불렀습니다. …… 슬래몬은 정체를 숨기려고 방수포로 얼굴을 가리고 있었는데, 저를 붙잡고 있던 남자가 저한테 이름을 부르지 말라고 했습니다. 그 후 그는 저를 식당으로 데려가더니 자기가 시키는 대로 하라고 했습니다. 저는 그런 짓은 할 수 없다고, 제가 할 일이 아니라고 거부했습니다. 그러자 그는 이렇게 답했습니다. "신께 맹세코, 하게 만들어주지." 그러더니 저를 넘어뜨렸습니다. …… 그는 검정 벨벳 모자를 쓰고 있었습니다. 저에게 볼일이 끝난 후 그는 집 안을 돌아다니며 공화당 급진파를 지지하는 연맹원을 찾는다고 말했습니다. 그가 권총을 뽑아 들어서 굴복할 수밖에 없었습니다. 그러니까 나를 쓰러뜨려 아프게 했을 때 말이죠. …… 그 때문에 그에게 굴복한 겁니다. 그는…… 권총으로 저를 아프게 했습니다. ……

KKK가 피해자에게 노골적으로 땅을 원한 사례도 있다.

한나 터트슨(플로리다주 클레이 카운티): 그들이 우리 집에 온 그날 밤, 개가 두 번 짖었습니다. …… 일어나서 문밖으로 나갔지만…… 아무것도 보지 못했습니다. 그래서 다시 집 안으로 들어갔는데, 침대에 눕자마자 남자 다섯 명이 문을 박차고 불쑥 나타났습니다. 부서진 문이 마루 한가운데로 떨어지면서 그들도 쓰러졌습니다. 제일 처음 몸을 일으킨 사람은 조지 맥레이였는데…… 이렇게 말하더군요. "자 이제 들어들 오게, 트루 클럭스." 제가 비명을 지르자 조지 맥레이는 바로 제 목을 붙잡아 졸랐습니다. …… 그러고 나서 여러 명이 달려들더니 저를 문밖으로 끌고 갔습니다. 밖으로 끌려나온 후 짐 필립스와 조지 맥레이, 헨리 백스터가 그 자리에 있는 것을 제 눈으로 분명히 목격했습니다. …… 그들은 저를 커다란 아름드리 소나무까지 끌고 가더니 제 손을 나무에 묶었습니다. 그자들은 제 옷을 벗기고 찢어서 손바닥만큼의 천 쪼가리도 남지 않은 상태로 만들었습니다. 그들이 저를 묶는 와중에 제가 이렇게 말했어요. "자네들, 지금 나한테 뭘 하려는 거야?" 그들이 말했습니다. "닥쳐, 곧 알게 될 테니. 당신은 다른 사람이 소유한 땅에서 살고 있어." 제가 말했습니다. "아니야. 나는 내 땅에서 살고 있어. 나는 150달러를 내고 이 땅을 샀고 버딩턴 대위와 먼디 씨가 나에게 여기 머물라고 했는데." 그자들은…… 한참 동안 저를 채찍으로 때렸습니다. …… 조지 맥레이는 저에게 추문이 될 만한 어이없는 짓을 했습니다. 저를 수치스럽게 취급했단 말입니다. …… 그는 제 다리 사이로 무릎을 들이밀면서 이렇게 말했습니다. "빌어먹을, 다리 벌려." 다시 한 번 분명히 말하는데, 그자가 터무니없고 추잡한 짓을 했단 말입니다. 바로 조지 맥레이가 그랬다고요. 그자는 거기 앉아서 이런 말을 했습니다. "이봐 늙은 부인, 내가 당신이랑 관계하게 가만히 있지 않으면 죽여버리는 수가 있어." ……
그들은 나를 채찍질했고 …… 술 같은 것을 내 머리에 부었는데 그 냄새가 3주 동안이나 가시지 않아서 너무나 역겨웠습니다. ……

질문: 작물을 몇 가지나 했습니까?

답변: 두 가지를 했습니다……

질문: 당신은 그들 중 누군가가 '당신과 관계하고 싶다'고 말했다고 했습니다.

답변: 그렇습니다.

질문: 그게 누구였나요?

답변: 조지 맥레이입니다.

질문: 그가 그렇게 하도록 내버려두었습니까?

답변: 아니요. 조지 맥레이가 정말 악랄하게 굴었고 게다가 저는 완전히 벌거벗은 상태였습니다. 이보세요, 그자가 내 자궁을 망가뜨려서 지금도 어떤 날은 걷기도 힘들단 말입니다.

지금까지 인용한 증언은 대부분 거다 러너$^{Gerda Lerner}$가 발굴한 자료로, 그녀가 출간한 자료주의적 역사서인《하얀 미국의 검은 여성들$^{Black Women in White America}$》(1972)에서 발췌한 것이다. 그런데 러너는 책에서 이렇게 강조했다. "공화당의 대의명분에 찬성하는 남편이나 남자 친척이 있는 백인 여성이 강간과 폭행을 당한 기록은 없다. 강간과 폭행은 흑인 여성에게만 한정되었다."[23] 러너는 백인 여성 강간 기록이 없다는 점에 이렇게 의미를 부여함으로써 흑인 여성을 성적으로 학대하는 일이 흑인만을 특별히 대상으로 삼은 정치적 행위였다는 것을 입증하고자 했다. 그러나 이런 논리 전개 방식은 "흑인 여성이 강간당했을 경우 그 범죄는 정치적인 것이지만, 백인 여성이 강간당했을 경우는 그 고발이 히스테리적인 것"이라는 구좌파적 입장과 위험할 정도로 가깝다(이 책 7장 '인종 문제'를 보라). 그러므로 나는 기록을 바로잡을 필요를 느낀다.

KKK 활동을 연구한 한 역사가에 따르면, KKK는 부도덕함을 처벌한다는 구실로 간통 혐의가 있는 백인 여성과 "KKK 일원에게 동의하지 않는 정숙한 부인도 종종" 채찍질했다.[24] KKK의 인디애나 지부 그랜드 드래건(KKK의 수장-옮긴이)인 D. C. 스티븐슨이 받은 재판은 엄청난 화제를 불러일으켰는데, 그 재판에서 그는 백인 여성을 강간 살해한 혐의로 유죄판결을 받았다. 이것은 KKK의 성적 테러가 인종을 가리지 않는다는 사실을 보여주는 또 하나의 예라고 할 수 있다. 윌리엄 M. 쿤스틀러William M. Kunstler는 홀-밀즈 간통 및 살인 사건에 관한 책인 《목사와 성가대원The Minister and the Choir Singer》(1964)에 그 사건에서 뉴저지 KKK가 수행한 역할을 추정해 상세히 적은 바 있다.

흑인이 KKK의 특별한 표적이었다는 사실을 부정할 사람은 없으며, 흑인 여성이 여성이라는 이유로 겪은 특별한 학대 때문에 고통을 겪었다는 사실 역시 아무도 부정할 수 없다. 하지만 백인 여성을 따로 분리한 후 그들만은 KKK의 테러를 면했다고 주장하기보다는 인종을 가리지 않고 성적 위협이 있었으며, 백인 여성과 흑인 여성이 성적 억압의 경험을 공유한다는 사실을 인정할 때 더 높은 수준의 정치적 인식에 다다를 수 있다.

백인을 대상으로 삼은 폭도 폭력: 콩고

콩고의 무장 세력이 1960년 7월 독립을 축하하면서 수녀를 포함한 수많은 벨기에 여성을 강간했다는 소식이 신문에 드문드문 올라오던 당시, 나는 그 사실을 믿지 못하는 쪽에 가까웠다. 나는 그 이야기가 콩고 민족자결주의의 영웅이자 순교자인 파트리스 루뭄바Patrice Lumumba의 운동을 궁지에 몰기 위해 조작된 것이 뻔하며, 인종차별적 편견에 기댄 엉터리 루머라고 여겼다. 이런 의심을 품은 사람은 나 혼자가 아니었다. 전 세계의 언론은 정치 노선에 따라 다른 입장을 취했다. 영국에서는 훌륭한 역사를 자랑하는 《맨체스터 가디언Manchester Guardian》을 비롯해 루뭄바를 옹호하는 신문들이 하나같이 강간 이야기를 무시했다.[25] 반면 선정주의 언론인 《데일리 메일Daily

Mail》이나 《데일리 익스프레스Daily Express》처럼 아프리카 민족주의를 삐딱한 관점에서 바라보던 신문은 입맛을 다시며 강간 소식을 전했다. 미국의 경우 저항적인 좌파 언론은 강간 이야기를 악랄하게 조작된 거짓말로 간주했으나, 카탕가 분리독립을 지지하는 윌리엄 버클리의 보수언론 《내셔널 리뷰National Review》는 "검은 야만인들의 실상"[26]을 보여주는 증거로 여겼다. 자주 그래왔듯 진실을 다투는 전선이 여성의 몸 위에 그어진 것이다.

콩고 독립 투쟁의 저 비극적인 초창기로부터 15년이 지났지만, 루뭄바에 관한 한 나의 입장은 변치 않았다. 나는 여전히 그가 콩고의 희망이었다고 믿는다. 그러나 내가 쓰는 이 책의 내용 전체가 증언하듯, 여성의 **정치**는 남성들이 좌우파 세력을 나눠온 전통과는 별개로 독립적으로 작동한다. 콩고에서 강간이 있었다. 루뭄바는 부인했으나 대단히 많이 있었다. 콩고 강간 사태는 CIA나 벨기에가 광산업의 이해관계 때문에 날조한 이야기가 아니며, 섹스에 굶주린 수녀들이 만들어낸 히스테리적 환상도 아니다.

콩고에서 벌어진 강간의 정치를 이해하려면 약간의 역사를 알 필요가 있다. 19세기 말엽 벨기에 국왕 레오폴드 2세가 군인이자 경찰인 포르스 퓌블리크Force Publique를 창설했고, 벨기에 식민 통치자들은 콩고인에게 자신들의 규칙을 강제하는 데 이 무력 집단을 이용했다. 그런데 그 규칙은 다른 어떤 식민주의 권력도 상대가 안 될 만큼 잔혹했다. 포르스는 문맹이며 낮은 급료를 받는 현지인 군대로서, 유럽인 장교로 이루어진 엘리트 군단의 지시를 따르는 흑인 앞잡이들로 이루어져 있었다. 흑인 부대는 약탈을 통해 부족한 임금을 보충하도록 용인받았다. 영국의 반식민주의자인 E. D. 모렐E. D. Morel은 1909년에 예리한 관찰기를 남겼다. "그들이 작전을 펼치는 곳은 어디든 가축이 거의 완전히 사라져버렸다. 성병 전염을 막기 위해 기존의 토착 예방 조치조차 적용할 수 없는 상황이었다. 광범위한 지역에서 …… 그들은 욕정을 채우기 위해 수많은 여성을 사냥했다. …… 한 공식 기록은 그들이 '여성에 대해 진정한 노예무역'을 실행했다고 인정하고 있다."[27]

1960년 포르스 퓌블리크는 무리에서 이탈해 날뛰는 코끼리가 되어버렸다. 루뭄바와 조제프 카사부부Joseph Kasavubu에게만 반기를 든 것이 아니라 미움받고 떠나는 벨기에인에게도 충성하지 않았으며, 벨기에인은 자기들이 감당할 수 없는 괴물을 창조했다는 것을 깨달았다. 공식 독립 기념 행사 며칠 후, 이 부대는 티스빌 병영에서 반란을 일으켰다.[28] 이 반란은 다른 도시로 빠르게 퍼졌다.《아프리카 리포트Africa Report》의 편집장인 헬렌 키친Helen Kitchen은 반란을 목격하고 이렇게 썼다. "콩고 현지에 있는 많은 사람들은 그들이 유럽인 여성을 공격한 일이 과음의 산물이자 과거에 겪은 굴욕을 되갚으려는 보복의 제스처라고 여긴다. 그러나 그간 일부 정치인이 콩고인들로 하여금 독립만 하면 벨기에인이 누리던 일자리와 자동차, 총독 관저뿐 아니라 벨기에인의 재산까지 차지할 수 있다고 믿게 만들어왔던 것도 이 사태의 배경이 되었다. 콩고 군인 다수는 여성이 그 '재산' 중 하나라고 간주한 것이다."[29]

벨기에의 젊은 국왕 보두앵Baudouin은 브뤼셀에 강간 증언을 기록 수집하는 위원회를 설치했고, 그해 벨기에 정부는《콩고: 1960년 7월 증거Congo: July 1960 Evidence》라는 제목의 백서를 선전용 소책자로 출간했다. 이것은 여러 측면에서 매우 용의주도한 기록이었다. 강간이 벌어진 날짜와 시각까지 기록했지만 피해자 여성의 이름은 지운 것이 눈에 띈다. 이 백서에 따르면 유럽 국적인을 대상으로 총 794건의 강간이 7월 5일에서 7월 14일 사이 열흘간 발생했고, 하룻밤 새 20번까지 강간당한 여성도 있다고 한다. 그 일부를 소개한다.[30]

- 키산투, 1960년 7월 5일: ○○○ 부인은 자기 어머니와 네 아이들과 함께 집에 있었다. 현지인 군인 여러 명이 찾아왔고, 그중 4명이 16시까지 그녀를 침실에 가둬두고 돌아가며 강간했다. 19시에서 20시 사이 11명의 군인과 경찰관 한 명이 더 왔다. 이들 12명은 남편과 아이들을 밖으로 쫓아낸 후 같은 방에서 그녀를 강간했다. ○○○ 부인은 16번을 강간당했다.

- 반자-보마, 1960년 7월 5일: 작은 아이가 있는 ○○○ 부인이 진술한 바에 따르면, 군인들이 그녀를 베란다로 데려가 그중 4명이 돌아가며 강간했다. 그때 그녀는 임신 2개월이었다.

- 마타디: 7월 8일 11시까지 현지인 경찰관 12명이 마타디에 와서 총부리로 위협해 건장한 남자들을 데려갔다. ○○○○ 부인은 4명의 여성과 아이 몇과 함께 어떤 집에 숨어 있었다. 현지인 경찰은 다시 돌아와서 그 부근의 집을 뒤지고 다녔고 …… 경찰 한 명이 이들이 있던 방에 들어왔다. 그는 총으로 위협해 14세 소녀를 끌고 갔다. ○○○○ 부인은 그 아이가 지르는 비명과 신음 소리를 듣고 경찰이 아이를 강간하고 있다는 사실을 알 수 있었다. 그 후 ○○○○ 부인도 강간당했다. …… ○○○○ 부인은 [나중에] 핏자국을 보고 그 어린 소녀가 정말로 강간당했다고 확신했다.

- 킴페세: 1960년 7월 13일, 18시 즈음 12명의 군인과 100여 명의 민간인이 ○○○○ 씨의 집에 도착했다. 그는 부인과 16세 이하인 3명의 아이들과 함께 차에 실려 레오폴드빌 방향으로 끌려갔다. 그의 부인은 남편과 가장 어린 자식이 함께 타고 있던 격리된 차 안에서 현지인 군인

에게 3번 강간당했다. 그들은 9세 아이를 때렸으며 "남자아이인지 확인하려고" 두 살짜리 아기의 옷을 벗겼다.

- 킴페세: ○○○○ 부인은 B○○○ 부인과 같은 시기인 1960년 7월 13일에서 14일 밤사이 강간당했다. 그녀는 다른 2명의 여성과 함께 두 번 강간당했다. 그 다음날 티스빌로 잡혀가는 동안 이 여성들은 세 번째로 강간을 당했고, 자기 아이들이 보는 앞에서 강간당한 여성도 있다.

- 킴페세: X○○○ 부인은 7월 13일에서 14일 밤사이 10번 강간당했는데, 남편과 아이들은 결박당해 몽둥이로 맞은 상태에서 그녀가 강간당하는 것을 보았다.

- 킴페세: A○○○ 부인은 7월 13일에서 14일 밤사이 4번 강간당했는데, 그녀의 세 살짜리 아이 앞에서 강간당했다.

- 캠프 하디 기지(티스빌): ○○○◑ 부인은 남편과 두 아이와 함께 1960년 7월 11일 말랑가 역을 떠났다. 110블럭 근처에서 아바코ABAKO 민간인들*이 그들을 붙잡아 수색하고 감금한 후 밤새도록 구타했다. 그후 그들은 모두 티스빌로 이송되었고, 12일 자정에 그곳에 도착했다. ○○○○ 부인은 7세 이하의 아이들과 함께 감방에 있었는데 10명의 군인들이 그 감방에 들어왔다. 한 명이 그녀의 팔을 붙잡고 다른 한 명은 다리를, 또 다른 한 명은 비명을 막으려고 그녀의 입을 손으로 가렸으며 네 번째 사람은 머리를 잡아당겨 얼굴을 때렸다. 그녀는 구석에 웅크려 서로를 붙잡고 두려움에 떨던 아이들이 보는 앞에서 12번 강간당했다. 이 강간 폭행은 02시부터 04시 30분까지 계속되었다. 한 백인 의사가 이 가족을 구조했다.

- 캠프 하디 기지(티스빌): 1960년 7월 11일 A○○○ 부인은 작은 아

---

* 콩고의 초대 대통령이 된 카사부부에게 충성하는 단체인 바콩고연합을 말한다.-옮긴이

이와 함께 B○○○ 부인의 집에 있었다. 현지인 군인들이 집에 침입해 그녀의 남편을 끌고 가서 감금했고, 임신 7개월인 C○○○ 부인과 어린 아이를 데리고 있던 D○○○ 부인도 찾아냈다. A○○○ 부인은 다시 집으로 끌려갔다. 이 군인들은 A○○○ 부인을 두고 다투다가 결국 캠프 하디 수송 중대 소속의 두 군인에게 그녀를 넘겼고 그 둘이 그녀를 강간했다. 그 후 그녀는 D○○○ 부인의 집에 보내졌고 거기서 E○○○ 부인과 F○○○ 부인, G○○○ 부인을 만났는데 그들 역시 강간당했다고 했다.

• 캠프 하디 기지(티스빌), 1960년 7월 11일: ○○○○ 부인은 그녀의 두 아이가 침대에 함께 있는 채로 한 군인에게 강간당했다. 심지어 그녀는 아기를 출산하느라 찢어진 회음부를 봉합한 자국이 아직 남아 있는 상태였다.

• 룰롸부르, 1960년 7월 9일: 두 가족이 …… 학대와 구타를 당했다. Z○○○ 부인은 자신의 집에서 경찰 2명에게 총으로 위협받는 가운데 강간당했다. 그 후 두 가족 모두 군사기지로 끌려갔다. …… 그들은 두 어머니의 옷을 벗겨 성 학대를 하고 구타한 후 감옥에 가뒀다. 한 군인은 아이들이 보는 앞에서 Z○○○ 부인의 치마를 들추고 질에 수류탄을 집어넣는 시늉을 했다.

• 룰롸부르: Y○○○ 부인은 구타당한 남편과 세 아이가 보는 앞에서 집 밖으로 끌려나와 길에서 강간당했다. 늙은 여성까지 포함해 여러 명의 여성은 옷이 벗겨진 후 성추행을 당하고 공공장소에서 창피를 당했다.

• 보엔데: 7월 11일 저녁 ○○○○ 부인과 가족은 졸루를 떠났다. 길을 가다가 현지인 군인에게 붙잡혔고 졸루 감옥으로 끌려가서 여자와 남자는 격리되었다. …… ○○○○ 부인은 2개월짜리 아기를 팔에 안은

채 서 있었는데, 현지인 여러 명이 그녀를 그 자세 그대로 붙들고 총을 겨눈 상태에서 강간했다. 그날 밤사이 ○○○○부인은 20번 정도 강간당했다. 현지인들은 그녀를 쓰러뜨려 덮친 후 옷을 찢고 체모를 잡아당겼다. 그녀와 함께 있던 여성들도 자기 자식이 보는 앞에서 강간당했다.

• 보엔데, 1960년 7월 12일: 2명의 수녀가 증언한 바에 따르면, 여러 명의 수녀가 2명의 다른 여성 및 아기와 함께 감방에 갇힌 후 강간당했다. 현지인 군인에게 첫 번째로 강간당한 수녀는 고통스럽게 싸웠으나 강간당했다. 그다음 그들은 또 한 명의 수녀를 폭행하고, 다른 군인에게 도움을 받아 강간하려 했다. 군인 중 2명이 그녀를 짓밟았다. 그 수녀는 기절했고, 다른 수녀는 그녀가 죽었다고 말했다. 두 군인은 그 말에 놀라서 도망가버렸다. 다른 군인들은 살인은 용인될 수 없는데 살인까지 했다며 도망간 둘을 비난했다. 기절한 수녀는 오랫동안 의식을 되찾지 못했다. 05시 30분에 남녀가 모두 포함된 백인 죄수 여러 명이 다른 감방으로 잡혀왔다. 종교인을 포함해 그들 모두가 벌거벗은 채 손이 등 뒤로 묶인 상태였다. 그들은 이미 20명의 여성과 아이들이 갇혀 있던 독방동에 갇혔다. 군인들은 수녀들이 루뭄바의 정당에 가세하지 않는 이유와 사제들과의 성관계 여부를 알고 싶어 했다. 밤마다 군인 한 명이 수녀 한 명씩을 차지하기로 되어 있었다. 그 후 포로들은 트럭에 실려 현지인에게 모욕당하며 몸포노로 이송되었다.

1960년 7월, '미국 대학 현지조사대The American Universities Field Staff'는 에드윈 S. 멍거Edwin S. Munger라는 열정적인 관찰자를 레오폴드빌(현재 콩고 민주공화국 수도 킨샤사)로 파견해 콩고의 상황을 보고서로 작성하도록 했다. 멍거는 9월에 보낸 소식지에서 강간 증언을 입증하려고 시도했다. 흥미롭게도 그는 강간당한 여성과는 전혀 이야기를 하지 않았고, 정부 관료나 의사, 선교사와만 인터뷰해 조사를 끝냈다. 그럼에도 방금 막 공항에 내린 기관연구원 특유의 숨 돌릴 틈 없는 문체로 작성된 멍거의 보고서는 몇 가지 놀라운 통찰을 제공한다.

멍거는 벨기에 백서를 출발점으로 우선 가나에서 온 대사와 대화를 나눈다. "강간당한 사람을 직접 만나본 적이 있습니까?" 대사가 그에게 물었다. 멍거가 만나보지 않았다고 하자 대사는 이해한다는 듯 고개를 끄덕이며 말했다. "전시에는 그런 일이 으레 벌어지니까요. 지난 전쟁에서 미군이 가나 여자들을 해변으로 데려가곤 했지만 우리는 그에 대해 어떤 반대도 표하지 않았습니다." 포르스 퓌블리크의 한 대원은 커피 한 잔에 비밀을 털어놓았다. "벨기에 여자들이 콩고인을 고발하려고 자기 질에 상처를 낸 거예요." 한 흑인 미국 목사는 그에게 조용히 말했다. "아이와 여자에게는 가혹한 일이지만 벨기에인은 당할 만합니다. 목사가 할 말은 아니지만."

프랑스와 벨기에 출신 의사들과 인터뷰한 내용은 이보다는 상태가 나은 편이다. 한 의사는 이렇게 말했다. "저는 유럽에서 벌어진 다른 전쟁에서도 규율을 잃은 군인들이 이와 너무나 똑같은 일을 저지르는 것을 봤습니다. 제가 이곳에서 직접 부인과 검사를 해본 여성은 13명뿐이지만 …… 그들은 강간당했어요. 제 말을 믿으세요." 한 부부 의료팀은 레오폴드빌 공항 응급 센터에서 일하면서 강간 피해자들이 입은 상처를 치료했다. 부부 중 부인인 디니스 말데레즈 박사는 거침없이 이야기를 털어놨다. "강간이 얼마나 많이 발생했는지는 알 수 없습니다. 우리는 사람들에게 성병으로부터 보호해줄 수 있는 페니실린을 갖고 있다고 알렸습니다. 그러자 350명이 넘는 여성들이 이곳에 와서 주사를 맞았습니다. 50여 명의 여성들은 임신할까봐 두렵다면서 호르몬 처치를 받고자 했습니다. 호르몬 처치는 우리가 하지 않았기 때문에 호르몬 처치를 원한 여성들은 비행기를 타고 브뤼셀로 바로 떠났습니다. 우리 센터에 오지 않은 사람 중에도 강간당한 사람이 매우 많았을 것입니다. 제가 상처받은 여성들을 치료하려고 아래층의 대기실을 돌 때, 강간당한 이들이 더 있지만 페니실린 주사를 맞으러 오지 않으려 한다는 이야기를 여러 번 들었습니다. 제가 '강간당한 사람은 이리 와서 신고하세요'라고 외치며 돌아다닐 수는 없는 일이죠. 저는 병동에서 여성들이 서로에게 '너는 몇 번이나 당했어?'라고 속삭이는 것을 여러 번 보았습니다. 8세와 11세의 소녀 두 명이 저에게 온 적이 있습니다. 그 아이들의 아버지가 이야기하길 티스빌에서 오는 마지막 차를 타고 있었는데 중간에 정지당했답니다. 그는 콩고인 여러 명이 딸들을 24시간 동안 강간했다고 했습니다. 한 소녀는 한마디도 하지 않고 바로 여기 열 시간 동안 앉아 있었습니다. 한 소녀는 다리를 끌어당겨 웅크리고 있었는데, 다리를 움직일 수 없는 상태였습니다…… 티스빌에서만 150명이 넘는 여성이 찾아와 주사를 원했습니다. 그들 모두가 강간당하지도 않았는데 치료를 요구할 정도로 히스테리 상태였다고는 생각할 수 없네요. 오히려 많은 여성들이 강간당했다고 인정하는 일을 수치스럽게 여겼습니다. 수녀 네 명은 구타당하고 강간당했다고 시인했지만 치료받으러 오지 않으려 해서 제가 찾아갔습니다. 사제들은 충격을 받았죠. 벨기에는 가톨릭 국가여서 낙태가 불법이지만, 몇몇 사제들은 소파수술을 해야만 한다고 말했습니다. ……"

먼거는 콩고에서 커피 농장을 소유한 식민주의자였던 한 벨기에 피난민과도 이야기했다. "대체 왜들 그런 건지, 나는 여기 사람들을 내 손바닥 보듯 훤히 잘 알고 있는데…… 35년 동안 여기서 그들과 같이 일하고 그들 여자랑 잤는데 이런 꼴을 볼 줄은 꿈에도 몰랐지."

콩고 군인과 민간인에게 강간당한 것은 벨기에 여성만이 아니었다. 포르투갈과 그리스, 미국인을 비롯해 어떤 국적이든 외국인은 예외 없이 강간을 당했다. 1960년 7월의 이 짧고 불행한 기간 동안 콩고인들은, 식민주의자들이 한 세기 동안 흑인 여성에게 저지른 일과 그들이 자기 종족 여성에게 유사 이래 저질러온 일을 그 이상 난폭하게 압축할 수는 없는 방식으로 되갚았다.

피츠버그의 신문 《쿠리어Courier》의 보수적인 흑인 편집자인 조지 스카일러George Schuyler의 딸 필리파 스카일러Philippa Schuyler는 문제의 7월 레오폴드빌에 있었다. 그녀는 피아노 연주회를 하러 거기 갔다가 《내셔널 리뷰》에 기사를 써 보내려고 더 머물렀고, 나중에 책을 한 권 냈다. 흑인 보수주의자이자 페미니스트인 필리파 스카일러는 남다른 방식으로 사안을 다뤘다. 그녀는 현지에 파견된 기자 중 드물게 유럽 국적 여성과 현지 여성의 현실을 연관 지었고, 나중에 "수천 명의 흑인 여성이 부족 간 분쟁에서 강간당했다"는 사실에도 똑같이 분노하며 기록을 남겼다.[31]

스카일러는 벨기에인 피해자와 가까스로 인터뷰할 수 있었다. 세 명의 군인에게 폭행당한 한 여성은 이 피아니스트에게 몸에 남은 상처와 피가 두껍게 말라붙어 있는 찢어진 속옷을 보여주었다. 이 여성은 이렇게 증언했다. "저는 사회 활동가로서 콩고 여성에게 재봉과 요리, 사회 적응법 등을 가르치려고 콩고에 있었어요. 혼자 살았고, 그래서 군인들이 침입하기 쉬웠습니다. 옷장에 숨어봤지만 그들은 저를 끌어내 침을 뱉고 온몸 여기저기를 때렸어요. 저는 반짇고리로 군인 한 명의 머리를 쳤지만, 그가 제 손을 비틀어 그걸 빼앗아버렸어요. 가위로 그를 찔렀지만 소용없었습니다. 제 다리에서 피가 쏟아졌습니다. 저는 바닥에 쓰러졌고 그들은 저를 발로 찼습니다. 일어나려고 했지만 피 때문에 바닥이 미끄러웠고 저는 그 위에 넘어졌습니다. 기어나가서 화장실로 도망쳐 들어가 문에 빗장을 지르려고 했지만, 빠르게 움직일 수 없었고 그들이 저를 따라잡았어요…… 여자들은 속수무책이었습니다…… 다들 그냥 자기 집에 있었어요. 달리 어딜 간단 말입니까? 집에 있는 편이 그나마 안전하리라 생각한 거지요. 하지만 서로 멀리 떨어져 살았고 전화도 없어서, 한 여성이 다른 여성에게 경고를 해줄 수 없는 처지였습니다……"

스카일러가 사회 활동가와 인터뷰한 내용과 말데레즈 박사가 멍거에게 제공한 차분한 증언은 틀림없이 사실이었지만, 멍거와 스카일러는 주류 매체에 거의 실리지 않는 필자였다. 주류 제도권 언론은 1960년 격변의 나날 동안 콩고에서 벌어진 강간을 식민주의와 내전이라는 '큰 이야기'에 양념처럼 곁들이는 이색적인 소식 이상으로는 다루지 않았다. "한 여성이 다른 여성에게 경고를 해줄 수 없는 처지였습니다." 스카일러는 이렇게 보도했다. 여성인 스카일러가 아니라면, 그 누가 이런 상황 인식을 의미심장하게 다룰 수 있었을까?

"[강간에 대해] 아무 언급도 하지 않은 매체의 특파원이 강간 혐의에 대해 알고 있었는지 여부는 흥미로운 문제이다." 그해 7월, 영국판《뉴 스테이츠먼New Statesman》의 논설위원이 썼다. "만약 알고 있었다면, 그들은 강간 이야기를 본국에 보내는 기사에 포함할 만큼 충분히 입증되지 않았다고 여긴 것인가? 아니면 그저 대수롭지 않게 그 이야기를 지나친 것인가?"[32]

멍거는 그 답을 알아보려고 했다. 멍거는 "아프리카 대륙 취재에 가장 경험이 많고 재능 있는 남자"라는 평판을 받고 있으며 전쟁 취재로 잔뼈가 굵은 기자를 찾아가 질문을 던졌고, 논평 없이 그의 답변을 그대로 기록했다. "그는 …… 그가 속한 신문이 다른 이야기를

다루는 편이 더 중요하다고 믿었으며, 그의 관점에서는 강간 고발을
조사하는 데 시간을 낭비하지 않은 것뿐이었다."

이제까지 살펴본 콩고 이야기는 몇 가지 측면에서 다시 생각해
볼 필요가 있다. 멍거가 인터뷰한 강인한 남성 기자는 집단 강간을
조사하는 것을 부차적인 주제에 시간을 낭비하는 일로 여기는 태도
를 보였는데, 이런 태도는 12년 후 방글라데시 집단 강간이나 베트남
전쟁의 조직적 강간을 뒤늦게 보도한 언론의 태도와 다르지 않다. 정
부 관료와 콩고 지지파들은 강간이란 식민지 반란을 비롯해 남자들
사이에 충돌이 일어날 때면 늘상 수반되기 마련인 부작용이라면서,
강간 사태를 용인하고 이에 대한 대응을 뒤로 미뤘다. 콩고 사태에
대한 이런 태도는 외교관과 장군, 군인, 전쟁을 사랑하는 특파원들이
쓴 기사의 영향으로 전쟁을 바라보는 표준 관점으로 굳어버린 '전쟁
은 어차피 지옥'이라는 관점을 반영하는 예일 뿐이다. 한편, 전쟁에
서 피해를 입은 쪽은 선전선동의 근거를 마련하기 위해 강간 기록을
수집한다. 이 경우는 벨기에가 피해를 입은 쪽이었고, 벨기에는 콩고
를 떠나는 식민주의자들이 독립할 '준비가 아직 안 된' 사랑하는 나
라로부터 무고하게 상처를 입었다는 식으로 선전선동하려고 했다.

그러나 이런 두 관점 사이에서 휘둘리지 않으려면 강간의 본질
이 무엇인가를 잊지 말아야 한다. 강간이란 국적이나 인종을 가리지
않고 모든 여성을 대상으로 삼는 남성의 적대 행위이다. 언제나 그렇
듯 전쟁 후 기념 과정에서도 근육을 과시하며 자리를 차지하고 앉아
남자답게 취해보는 난장판이 벌어지곤 하는데, 이때 적국 국민이 아
닌 여성도 강간을 당한다. 자기방어 수단을 갖고 있지 않은 손쉽고도
준비된 표적인 여성이 혐오스러운 압제자의 상징으로 선택되어 강
간당하는 것이다. 이 장에서 다룬 콩고 독립 기념 기간의 강간 사태

가 바로 그 예이다. 콩고 사례에서 강간은 복수의 이름으로 정당화되었으며, 그런 정당화를 가능케 한 것은 여성을 남성의 재산으로 보는 뿌리 깊은 사고방식이었다. 하지만 고색창연한 이데올로기적 변명을 걷어내면, 그 복수란 실은 남자들끼리 되는대로 경박하게 좋은 시간을 보낸답시고 저질러온 수많은 강간 사건 중 하나일 뿐이란 사실을 잊지 말아야 한다.

5

미국 역사에 관한 두 가지 연구:
인디언과 노예제

인디언

저 위대한 서부 이주와 개척의 역사에는 백인 남성이 인디언 여성에게 저지른 강간과 인디언 남성이 백인 여성에게 저지른 강간이 늘 부산물처럼 따라다녔다. 백인 남성은 백인 여성이 강간당했다는 이야기를 거리낌 없이 하면서 선동에 이용했지만, 정작 당사자인 여성은 강간에 대해 말하기를 꺼렸다. 납치당한 백인 여성이 직접 서술한 경험담이라며 17, 18세기에서 19세기까지 책과 풍문으로 널리 유포된 이야기들은 노골적인 표현을 피해 조심스럽게 편집된 것이었다. 그럼에도 개인의 노골적인 강간 경험담은 역사에 스며들 길을 발견해왔다. 그러나 이 백인 남성의 나라에서 인디언 여성이 겪은 모욕을 드러내는 이야기는 사실상 거의 소실되었다. 백인 남성이 '스쿠아 squaw'*를 강간하는 것은 중요한 문제로 여겨지지 않았다. 인디언 여성은 누구에게도 증언을 남기지 않았고, 증언을 요청받은 적도 없었다. 자기 부족 사람들에게 구술 증언을 요청받은 적은 있을지 모르지만

---

* 인디언의 아내를 뜻하는 말. 의미가 확장되면서 인디언 여성에 대한 멸칭으로 쓰이기도 했다.─옮긴이

기록으로 남지는 않았다. 백인 노예제 폐지론자들이 흑인 노예에게 수집한 증언에 비견할 만한 기록이 이 경우에는 존재하지 않는다. 이런 이유로 인디언 여성이나 백인 여성이 적의 손에 강간당한 기록은 완전히 한쪽으로 치우쳐 있다고 할 수 있다.

매사추세츠 랭커스터에 첫 번째로 부임한 목사의 "선량한 아내"였던 메리 롤런드슨의 이야기는 당대에 인기를 끌었던 납치 경험담의 효시라고 할 수 있다. 그녀는 1676년에 납치당했는데, 40명이 넘게 학살당한 사건에서 성인으로서는 유일한 생존자였다. 롤런드슨 부인은 자신의 지위에 걸맞게 사이사이 성경을 인용하고 신의 성스러운 권능 덕에 구출되었다며 감사를 표했고, 그 뒤에 나온 많은 이야기들이 이런 이야기 스타일을 본보기로 삼았다. 이야기 말미에 롤런드슨 부인은 이렇게 선언했다.

> 나는 신도 사람도 악마도 두려워하지 않는 저 으르렁거리는 사자들과 흉포한 곰들 사이에서 밤과 낮을 지냈습니다. 혼자일 때도 있었고 다른 이들과 함께할 때도 있었으며 밤에는 모두가 함께 잤습니다. 그들 중 누구도 말로든 행동으로든 조금도 음란한 행실을 권하지 않았습니다. 진실이 무엇인지 본인만 알 일이라고 말할 사람들도 있겠지만, 나는 주님과 그 분의 영광 앞에 당당히 말할 수 있습니다.[1]

롤런드슨 부인만 이례적으로 강간당하지 않았다고 주장한 것이 아니다. 1747년에 세인트 프랜시스 인디언에게 납치된 이저벨라 맥코이 역시 강간당한 적이 없다고 주장했다.[2] 4장에서 인용한바, 트렌턴과 프린스턴 전투에 대해 글을 쓴 익명 저자도 영국군의 여성 학대에 대해 "이 방면에서는 인디언전쟁 때보다 훨씬 악랄했는데, 나는 인디언이 여자들을 강간했다는 기록을 읽어보지 못했다"고 주장했다. 또 다른 익명의 저자는《웨스트모어랜드에서 납치당한 미국인들 이야기 A Narrative of the Capture of Certain Americans at Westmoreland》(1780)에서 다음과 같이 말하는 것이 마땅하다고 여겼다. "나는 이 야만인들이 자기 손에 떨어진 부녀자의 정절을 범했다는 이야기를 들어본 적이 없다." 그는 그 이유로 "그들이 체질상 성욕 부진을 타고났기 때문"이라고 이야기했다.

납치담 모음집을 편집한 프레더릭 드리머는 이렇게 썼다. "초기의 인디언 납치 경험담을 읽은 이라면 동부 인디언들이 한 번도 여성 포로를 학대한 적 없다는 사실에 놀랄 것이다."[3] 그는 1799년 뉴욕에서 이로쿼이족 토벌에 참가했던 제임스 클린턴 장군이 남긴 한마디로 이야기를 요약한다. "이 야만인들이 아무리 악랄하다 해도 포로가 된 여성의 정조를 범한 적은 없다."

클린턴과 익명의 웨스트모어랜드 저자 둘 다 이로쿼이족은 놀랍게도 여성이 중요한 정치적 역할을 맡는 모계 기반 구조의 부족국가로서 대부분의 인디언 부족과 다르며 현존하는 어떤 백인 문명과도 다르다고 언급했다.[4] 이런 요인이 '타고난 성욕 부진'이라는 표현을 설명해줄 수도 있을 것이다. 이뿐만 아니라 드리머는 이렇게 언급했다. "용사가 출정하기 전 공들여 준비하는 관습이 있는데, 이 관습에는 금욕과 정화의식이 포함된다. 여성 포로를 학대하면 인디언의 치료주술이 약화될 수 있다고 여겼다."

하지만 우리는 이 분석에 다른 요인을 추가해야만 한다. 여성들이 성 학대 사실을 인정하는 데 거부감을 느꼈다는 사실을 말이다. 대부분의 여성 포로는 억류 기간 동안 인디언 아내로 산 경험을 공통으로 갖고 있었다. 성년이 되자 남편을 배정받은 '제네시의 하얀 여자' 메리 제미슨의 경험도 그중 하나다.[5] '인디언의 아내로 살았던 경험'이 강간인지 아닌지 여부는 납치 기간을 비롯한 여러 상황에 따라 달라질 수 있으므로 섬세한 해석을 요구한다. 그러나 어떤 경우든 여성에게는 결정권이 없었고, 이른바 '죽느니만 못한 운명'이 정확히 무슨 의미인지는 당사자인 여성이 부인하는 한 비밀로 남을 수밖에 없었다. 성적으로 이용당했다고 인정하면 구조된 후 백인 사회에 돌아가서 비웃음거리가 될 수 있을 뿐 아니라, 남편이나 미래의 배우자로부터 정숙한 신부감이 아니라며 거부당할 수 있었다. 실제로 구조된 여성 포로들은 도덕적으로 타락한 흔적이 없는지 샅샅이 조사당했다.[6]

메리 제미슨처럼 인디언과 연애 관계가 생기거나, 납치한 쪽과 납치당한 쪽 사이에 그나마 견딜 만한 타협 관계가 생기는 경우도 분명 존재했으며, 인디언의 납치에 관한 초창기 이야기 중에는 구조된 후에도 인디언 쪽에 남기를 택하는 백인 남성과 백인 여성(특히 어린이들)의 이야기가 꽤 있다. 성인인 백인 여성의 경우, 인디언의 아내라는 상대적으로 안정적인 지위를 백인 사회에서 '더럽혀진' 여성으로 사는 미심쩍은 미래와 바꾸는 것보다 오히려 인디언들 사이에 남는 것이 합리적인 선택이었을 수도 있다. "나중에 다시 데려온 여자 중 몇몇은 어떻게든 도망갈 방법을 찾아내 인디언 마을로 다시 돌아갔다."[7] 헨리 부케 대령은 1764년 폰티액 전쟁이 끝나갈 무렵 오하이오에서 이렇게 썼다. "도망치지 못한 여자들은 헤어질 때 그동안 알고 지낸 야만인에게 매달렸고, 여러 날에 걸쳐 격렬하게 애통해했으며 심지어 식음을 전폐하고 살기를 거부했다."

그러나 이런 감동적인 사례는 백인들이 서부로 밀고 들어갈수록 점점 더 난폭한 행태를 보이면서 줄어들었다. 인디언도 후퇴하면서 같은 방식으로 되갚는 일이 많아졌기 때문이다. "그들은 온갖 범죄를 저질러온 무례한 야만족이지만, 그 역사와 전통 어디에서도 유혹과 매춘, 강간의 흔적은 찾아볼 수 없다. 문명인이 인디언 여성을 포옹으로 오염시키기 전까지는 말이다."[8] 역사가 에버니저 믹스Ebenezer Mix가 1842년에 남긴 말이다. 백인 여성 포로 본인의 이야기나 살아남은 남성 포로의 이야기 중 여성 포로가 어떤 취급을 받았는지 짧게 언급한 대목을 살펴보면, 후기로 갈수록 "모욕"이나 "무지막지한 일" "굴복" 같은 고상한 표현이나 "그가 나를 자기 부인처럼 다뤘다"는 식의 완곡어법을 통해 강간을 지칭하는 일이 늘어난다.

진취적인 애비 가드너샤프Abbie Gardner-sharp는 13세 때 아이오와의 수 인디언에게 3개월간 잡혀 지낸 경험에 대해 28세에 긴 글을 써서 출판했다. 스피릿 호수 대학살은 1875년 3월 개척자 가족들의 정착지에서 벌어진 피비린내 나는 매복습격 사건으로, 당시 어린 애비와 세 명의 백인 여성인 대처 부인, 마블 부인, 노블 부인만이 살아남았다. 애비와 노블 부인을 붙잡은 자들은 그들을 양크턴족 무리에게 팔아넘겼다. 애비는 납치 기간 동안 자신이 성적 학대를 당한 적이 있는지에 대해서는 언급하지 않았지만, 노블 부인의 죽음을 이야기하는 대목에 짤막하게 암시를 남겼다.

어느 날 저녁, 그녀와 노블 부인이 잠자리에 들 참이었다. 그런데 잉크파두타 족장의 아들인 '으르렁거리는 구름'이 천막으로 들어오더니 "노블 부인에게 나가라고 명령했다". 이것은 규범에서 상당히 벗어난 행동이었다. 인디언 관습에 따르면 두 여자는 그들이 머무는 천막의 주인인 늙은 외다리 양크턴 전사에게 속했지만, 족장의 아들은 자기가 특권을 갖고 있다고 여기는 듯했다. 애비는 이렇게 기록했다.

나는 부인에게 시키는 대로 하는 게 낫겠다고 말했다. 그러지 않으면 그가 그녀를 죽일까봐 두려웠기 때문이다. 하지만 그녀는 계속 거부했다. 우리 중 감히 주인에게 복종하기를 거부한 사람은 노블 부인뿐이었다. 그녀는 독립적인 기질을 타고난 데다, 야수 같은 힘만 아니라면 모든 면에서 자신이 저 주인들보다 우월하다는 사실을 알고 있었기에 그들이 멋대로 내리는 인간 이하의 지시에 굴복할 수 없었다. 그녀는 이전에도 종종 복종하길 거부했지만 결국은 매번 강제로 굴복당했다. ……'으르렁거리는 구름'의 요구에 따르기를 딱 잘라 거절하자마자 그는 한 손으로 그녀의 팔을 붙들고, 커다란 나무막대기를 …… 다른 손에 들고, 그녀를 천막 밖으로 끌고 나갔다.[9]

'으르렁거리는 구름'이 노블 부인을 세 번 세게 때리자 부인은 죽었고, 애비는 천막 안에서 "그가 다시 들어와 나도 똑같이 다룰 거라 예상하며" 떨고 있었다. 그러나 잉크파두타의 아들은 천막으로 돌아와서 "피 묻은 손을 닦고 양크턴 전사와 몇 번 고성을 주고받더니 자러 갔다".

패니 켈리는 1864년 사우스다코타에서 오그랄라 수 부족에게 붙잡혔다가 블랙풋 수 부족에게 거래되었으며 다시 백인에게 거래되었다. 활달한 켈리는 납치 기간에 성적으로 이용당한 일이 전혀 없는 듯 쾌활하게 이야기를 풀어놓았는데, 몇몇 인디언 용사들이 그녀의 부탁을 들어주기 위해 예사롭지 않은 노력을 기울인 이야기를 할 때도 마냥 천진난만한 어조였다.[10] 한편 스탠리 베스탈Stanley Vestal이 쓴 《시팅불Sitting Bull》(1932)에는 인디언 남성의 관점에서 본 완전히 다른 판본의 켈리 납치담이 담겨 있다. 본래 이 책은 대족장의 후손들에게서 수집한 수 부족 지도자의 역사에 관한 책이다.[11] 이 인디언 시점의 판본에는 평이한 어조로 켈리가 "부인으로 이용되었다"고 기록되어 있다. 패니 켈리가 왜 이 사실을 말하지 않았는지를 짐작하기란 어렵지 않다. 베스탈은 켈리 납치 사건 이후 70년이나 지나서 책을 내면서도, 그녀가 겪은 곤경을 논할 때조차 패니*라는 이름을 가지고 남자들끼리 통하는 농담을 자제하지 못했다. 그러니 당대에는 오죽했을까.

J. P. 던J. P. Dunn은 1886년 《산악지대 학살Massacres of the Mountains》이라는 극서부 지역의 인디언전쟁에 관한 초기 역사서를 출간했다. 저자는 백인에게 심한 피해를 입은 후 피난 중이던 평원 인디언의 풍습을 그보다 덜 절박했던 시기의 동부 인디언의 풍습과 구분하려 애쓴다. 그는 아파치족이 (백인이든 멕시칸이든 인디언이든) 여성을 어떻게 다뤘는지를 설명하며 존슨 대위의 말을 인용했다. "붙잡힌 여성은 붙잡은 자가 부인으로 취한다. …… 여성 포로에게 닥칠 수 있는 가장 불행한 상황은 그녀를 취하려는 자가 두 명일 때이다. 이런 경우 그녀는 총살당하거나 무분별한 폭력에 노출된다."[12] 던이 말하기로 이런 판결은 아파치가 분쟁을 방지하는 표준 방식이었다. "다른 재산도 비슷하게 처리한다. 두 전사가 말 한 마리를 두고 자기 전리품이라고 주장할 경우 양자가 신속히 합의하지 않으면 말은 총살된다."

던은 콜로라도 기병대가 샤이엔족 마을을 학살한 후 남녀노소를 가리지 않고 시체를 성적으로 훼손한 샌드크리크 대학살의 원인에 대해 이렇게 주장했다.

무엇이든 갚을 때는 상대방의 기준에 맞춰 갚아야 한다[강조는 저자]

---

* 'fanny'는 엉덩이, 여자 성기라는 뜻도 있다.-옮긴이

는 이론에는 어느 정도 정의로운 구석이 있는데, 콜로라도인은 살인, 강도, 강간을 당해왔으니 이를 되갚아야 할 헤묵은 원한이 있었다. 인디언 모두가 여성을 아주 고약하게 취급했고 특히 평원 인디언이 그랬다. 인디언 전투대가 여자 한 명을 잡으면 자기들 마을에 도착할 때까지 매일 밤 그녀를 모두의 공유재산으로 삼았다. 마을에 도착하면 여자는 그녀를 잡아온 자들 중 한 명의 재산이 되고, 그가 원할 때 팔거나 도박에 걸어 넘길 수 있었다. 만약 그녀가 '영역 표시'**를 거부하면 말뚝 네 개를 땅에 박은 후 사지를 묶어서 발버둥 쳐 저항하는 것을 막았다. 여자가 저항할 경우 그녀는 구타를 당하고 불구가 되거나 심지어 살해되기도 했다.[13]

던은 자신의 주장을 뒷받침하기 위해 24세의 루신다 유뱅크스가 남긴 선서진술을 인용한다. 그녀는 바로 저런 방식으로 묶여 있다가 두 명의 기병대 장교에게 발견되어 구조되었다. 유뱅크스 부인의 이야기를 비롯해 기병대가 구조하러 오기 전 스스로 목을 맨 스나이더 부인 이야기와 마틴 부인, 17세의 로라 로퍼 이야기는 콜로라도 사람들에게 널리 알려졌고, 이들이 겪은 비극은 그에 복수한다는 명분으로 군대를 선동해 샌드크리크의 인디언 여성들에게 비슷한 잔학 행위를 저지르는 데 이용되었다.

** 1971년 베트남전쟁 참전군인 중 한 명이 루시 코미사와 인터뷰하며 이런 이야기를 했다. "우리는 정찰병으로 꽝 뜨리 지역의 한 마을에 들어갔는데 거기서 작업 중이던 남베트남군을 만났습니다. 그들이 주장하기로는 위생병이라는 여자 한 명과 그 남자 친구를 붙잡았다고 했습니다. 남자는 그들이 늘상 하듯 그냥 죽였습니다. 그들은 여자를 말뚝에, 그 왜 풍기pungi 말뚝에 말이죠, 거기에 묶고는 말 그대로 말뚝을 박아 영역 표시하는 짓을 하고 있었어요. 거기 있던 모두가 반복해서 그녀를 강간했고 제 소대의 미군들까지 몇 명 강간에 동참했습니다." Lucy Komisar, "The Machismo Factor", 미완성 원고.

유뱅크스는 1864년 8월 샤이엔 전투대가 캔자스의 리틀블루리 버에 있던 변경의 정착지를 공격했을 때 납치되었다. 그녀는 이름을 기억할 수 없는 한 늙은 족장의 오두막으로 끌려갔다. 그녀가 남긴 선서진술 내용은 다음과 같다. "그가 강요했습니다, 극도로 끔찍한 협박과 위협을 가하면서 그에게 굴복해 제 몸을 넘기라고 강요했습니다. 그는 저를 자기 부인처럼 다뤘습니다. 그러고는 '두 얼굴'이라는 이름의 한 수족 인디언에게 저를 거래했고, '두 얼굴'은 저를 자기 부인처럼 다루지는 않았지만 스쿠아가 하는 온갖 허드렛일을 전부 저에게 시켰고 저를 심하게 때렸습니다. '두 얼굴'은 다시 수족인 '검은 발'에게 저를 팔았고 '검은 발'은 저를 자기 부인처럼 다뤘는데, 제가 저항했다는 이유로 그의 스쿠아들이 저를 괴롭히고 학대했습니다. …… 그래도 샤이엔족보다는 수족과 지낸 것이 더 나았습니다. 수족은 저에게 먹을 것을 더 주었거든요. 샤이엔족과 있을 때는 자주 굶주렸습니다."[14]

두 명의 기병대 장교가 공증한 유뱅크스의 이 짧은 진술은 콜로라도 주지사 에반스가 샌드크리크 학살을 변명하며 발표한 글에 첨부되었다.[15]

서부에서 벌어진 납치 강간 중 가장 유명한 사건은 조지핀 미커와 아빌라 미커, 플로라 엘런 프라이스가 겪은 사건으로, 미국 하원에서 만든 정부 보고서에 수록되어 있다.[16] 이들은 심리적 압박을 받아 마지못해 증언했는데, 그 증언이 이른바 '화이트리버 우테족 조사위원회The White River Ute Commission Investigation'의 조사를 촉발하는 핵심이 되었고, 이 조사는 결국 콜로라도 우테족의 운명을 결정지었다.

기자이자 시인이며 농업개혁가인 네이선 미커Nathan Meeker는 우테족을 농부로 바꾸겠다는 메시아적인 목적을 가지고 콜로라도에서 정부를 대리해 인디언과 접촉하는 인디언 보호관Indian Agent 으로 일했다. 그러나 우테족은 이와 같은 '문명화' 시도에 저항했고, 이에 좌절한 미커는 금광맥이 풍부한 지역에서 인디언들을 모조리 없애버리고 싶어 하는 콜로라도 광산업의 이해관계에 점점 동조하게 되었다. 양측 사이에는 불신과 크고 작은 충돌들이 점점 늘어갔고, 결국 미커는 인디언에게 자기 힘을 보여주고자 워싱턴에 기병대를 요청하는 전보를 보낸다. 기병대는 밀크리버의 우테족 보호구역 경계까지 진군해왔고, 그들이 무슨 일로 왔는지 알릴 것을 요구하는 무장한 우테족 무리를 만났다. 긴장이 고조되다가 한 발의 총성과 함께 전투가 시작되었다. 전투 소식은 미커가 운영하는 시설이 있던 화이트리버까지 빠르게 퍼졌고, 화이트리버의 우테족은 1879년 9월 29일 비무장 상태인 그 시설을 공격했다. 그들은 미커와 일꾼들을 살해하고 여자 셋을 데려갔다. 그로부터 23일 후에야 우테족은 여성 포로들을 놓아주었다.

정부 대리인으로 구조작업을 한 찰스 애덤스가 납치당했던 세 여성 조지핀 미커, 아빌라 미커, 플로라 엘런 프라이스를 심문했다. 그는 두 번째 심문에서 여자들로부터 이른바 '무지막지한 행위'에 대한 이야기를 끌어냈다. 하지만 이 증언을 살펴보기에 앞서 이 여성들이 첫 심문에서 증언하기를 꺼렸던 이유를 짚고 넘어갈 필요가 있다. 프라이스는 그 학살로 남편을 잃고 16세에 어린아이 둘을 거느린 과부가 되었는데, 강간당했다고 소문이 나면 다시 결혼할 수 없을까봐 증언을 꺼렸다. 아빌라 미커는 64세로 네이선 미커의 부인이었고, 과묵한 성향의 독실한 교인이자 개척자였다. 당시의 성적 관습에서 벗어나는 인물이 아니었던 그녀는 다섯 명의 아이를 낳고도 남편과 산부인과 관련 주제에 관해 이야기한 적이 없었다. 그럼에도 그간 겪은 일의 전모를 이야기해야 한다고 역설한 쪽은 그녀의 딸 조지핀이 아니라 바로 그녀였다. 22세의 조지핀 미커는 세 여성 중 가장 큰 갈등에 시달렸던 듯하다. 조지핀은 자신이 일한 시설학교에 공부하러 오던 우테족 지역민에게 강한 연대감을 느끼고 있었다. 못 말리는 사회적 양심의 소유자였던 그녀는 그 상황에서도 강간을 공적으로 시인하는 일이 어떤 정치적 함의를 지니며 어떤 목적으로 이용될지 다른 이들보다 훨씬 더 잘 이해하고 있었다.

세 여성은 애덤스에게 비공개로 증언했고, 그 이후로 1년 내내 질문을 던지는 모든 기자들 앞에서는 강간 사실을 부인했다. 그러나 그들이 부인한들 소용없었다. 언론은 빈정거리며 신나게 떠들어댔고, 특히 조지핀이 표적이 되었다. 《덴버 트리뷴Denver Tribune》은 조지핀을 납치해 데리고 있던 자를 마치 애타는 연인처럼 묘사했고, 조지핀이 붙잡혀 있던 사이 매독에 걸렸다는 소문까지 돌았다. 정부는 그녀를 보호하고 배상하는 차원에서 그녀에게 워싱턴에 비서직을 구해주었다. 하지만 그녀가 사건 이후 3년 만에 운명을 달리한 것을 보면 매독설이 사실이었을 수도 있다. 인생의 마지막 3년 동안 조지핀은 자신이 믿는 사회적 가치를 지키려 애썼다. 그녀는 근무가 없을 때 흑인 아이들을 위한 주일학교 교실에서 가르치는 일을 했다. 그 학생들은 그녀의 장례식에 참석했다.

당시 새로 개발된 피트만 속기법으로 기록되어 정부 인쇄국이 조판한 이 여성들의 증언은 그 모든 주저와 두려움, 성적인 문제를 에두르는 화법까지 고스란히 담은 채 세상에 나왔다.

조지핀 미커: 방에 연기가 가득 차서 밖으로 나왔습니다. 인디언은 처음엔 담요와 집기를 노략하느라 바빠서 우릴 보지 못했습니다. 우리는

우리의 의지에 반하여

길을 건너 문을 통과해서 들판으로 도망쳤습니다.

질문: 인디언이 말을 타고 왔나요, 아니면 걸어왔나요?

조지핀 미커: 걸어왔습니다. 담요를 내려놓더니 우리보고 멈추라고 했습니다. 한 명이 저를 부르더니 말했죠. "나한테로 와. 쏘지 않을 거야." 제가 말했습니다. "쏠 거야?" 그가 답했죠. "아니." 제가 말했죠. "안 쏘는 게 나을 거야." 그리고 그는 저를 야영지로 데려갔습니다.

질문: 그게 누구였습니까?

조지핀 미커: 파-손. 뒤를 돌아봤더니 다른 한 명이 프라이스 부인을, 또 한 명이 제 어머니를 붙들고 있었습니다.

질문: 파-손이 당신을 얼마나 오래 데리고 있었나요?

소지핀 미커: 납치 기간 내내요.

질문: 함께 있는 동안 파-손이 당신에게 잘 대해줬나요?

조지핀 미커: 잘 대해줬냐고요? 모르겠네요. 제가 예상한 것보다 나을 게 없었죠.

질문: 이건 공식적인 조사라서 모든 사실을 말씀하셔야만 합니다. 신문이나 그와 비슷한 종류의 매체에는 발표하지 않을 것입니다. 저는 숨김없이 모든 진실을 듣고 싶습니다.

조지핀 미커: 물론 우리는 상당히 여러 번 모욕당했습니다. 예상한 바였죠.

질문: 모욕이라는 건 무엇을 의미합니까, 어떤 행위로 이루어졌습니까?

조지핀 미커: 밤에 무지막지한 취급을 당했다는 말이죠.

질문: 그들이 밤에 당신에게 여러 번 무지막지한 짓을 했다고 이해해도 되겠습니까?

조지핀 미커: 그렇습니다.

질문: 그들을 따르지 않는다면 죽인다고 당신에게 협박했습니까?

조지핀 미커: 그는 죽인다고 협박하지 않았습니다. 파-손은 그러지 않았어요. 제가 그에게 나를 죽이고 싶냐고 물었더니 그가 '그렇다'고 답한 적은 있습니다. 제가 '일어나서 날 쏴버리고 날 내버려둬'라고 말했더니, 그는 몸을 돌리고 그 밤 내내 더 이상 아무 말도 하지 않았습니다.

질문: 계속 그런 식이었습니까?

조지핀 미커: 아니요. 매번 그렇지는 않았습니다. 그가 두 번 정도 떠난 적이 있는데 떠나 있던 기간을 다 합치면 7일이 됩니다.

질문: 그 짓을 처음 한 게 그자입니까?

조지핀 미커: 그렇습니다.

질문: 붙잡히고서 얼마나 지난 후에 그랬나요?

조지핀 미커: 월요일, 붙잡힌 날 밤에요. 그들은 취해 있었어요. 우리는 저항했지만 큰 소용은 없었습니다. 저는 정말 여러 번 그를 밀어내고 발버둥을 쳐서 뜻대로 하기 어렵게 만들었습니다.

질문: 그의 스쿠아들이 같은 천막 안에 있는데 그런 것입니까?

조지핀 미커: 그렇습니다.

질문: 그럼 스쿠아들도 그걸 알았습니까?

조지핀 미커: 그렇습니다.

질문: 다른 자들도 같은 짓을 했습니까?

조지핀 미커: 아닙니다. 저에게는 안 그랬습니다. 그가 저를 스쿠아로 취했기 때문에 다른 이들은 제 주변에 오지 않았습니다.

질문: 이에 대해 당신 어머니 외에 다른 이에게 말한 적이 있습니까?

조지핀 미커: 그렇습니다. 폴록 경위가 우리를 면담했습니다. 그리고 덴버의 애버리 박사도요. 덴버의 여의사입니다. 당연히, 우리는 언론에 알려지기를 원치 않습니다.

우리의 의지에 반하여

질문: 애버리 부인에게 이 이야기를 알려서는 안 된다고 말했습니까?

조지핀 미커: 그녀는 알리지 않을 겁니다. 인디언들은 그런 일을 이야기하면서 즐거워하겠죠. 인디언은 야영장에서 늘상 그런 이야기를 하고, 보호구역 근처에 살면서 종종 거기 들르는 백인 정착자가 여러 명 있으니 누군가 듣고 퍼뜨린다면 그 사람들일 겁니다.

질문: 인디언들은 그런 행태를 심각한 잘못으로 여겼나요?

조지핀 미커: 아니요. 그들은 백인 스쿠아를 갖는 일을 좋은 일로 여겼습니다. 그의 스쿠아는 제게 발버둥 치고 소동을 벌이면 안 된다고 말했습니다. 그녀는 함부로 무슨 짓을 하지는 못했지만 저에게 유감이 있는 것 같았습니다. 제인은 이렇게 말했죠. "만약 그가 널 보호하길 원하면 나는 견딜 수 없을 거야." 저는 그 보호에 관심 없다고 했어요.

아빌라 미커는 학살 당시 어깨에 부상을 입었다. 그녀는 정착지 주민들이 막 저녁식사를 마쳤을 때 어떻게 습격이 시작되었는지 진술했다.

아빌라 미커: 총격이 시작되었을 당시 저는 접시 두 개를 막 닦은 참이었다고 기억합니다. …… 우리는 도망쳐서 세이지 덤불 속에 숨었는데, 공이 날아와 제 어깨를 때려서 저는 바닥에 쓰러졌고, 그렇게 애써 쫓을 필요가 없는 목표물이 된 저는 그 자리에 누운 채로 그들이 조지핀과 프라이스 부인을 잡으러 다니는 것을 봤습니다. 저를 못 봤을 수도 있다고 잠시 생각했지만, 그들은 다른 이들을 잡은 후 저한테 왔습니다.

질문: 무지막지한 짓 말인데요, 그게 어떤 짓입니까?

아빌라 미커: 만약 제가 굴복하지 않으면 죽거나 그 비슷한 뭔가를 당할 거라고 했고, 제가 저항을 포기하자 더 이상 협박하지 않았습니다.

더글러스와 딱 한 번 관계를 가졌고 그 이상은 없었습니다. 그에게 병이 있을까봐 겁이 났습니다.

질문: 그가 굴복하라고 강요했나요?

아빌라 미커: 그렇습니다. 그날 밤 더글러스의 스쿠아는 없었고, 인디언들이 모여서 이런저런 문제에 대해 자정까지 이야기했습니다. 그들이 돌아간 후 그가 제 침대로 왔습니다.

질문: 그때 그는 취해 있었습니까?

아빌라 미커: 아닙니다.

질문: 당신이 굴욕을 당할 것 같다는 얘기를 그전에 들었습니까?

아빌라 미커: 더글러스가 말한 적은 없지만 그를 뺀 다른 모든 이들이 저에게 그런 일이 있을 거라고 말하려 들었습니다. 더글러스의 아이들이 망측한 표현을 사용하면서 제가 그날 밤 우테족의 스쿠아가 될 거라고 했습니다. 그러면 큰 이점이 하나 생기는데, 그가 다른 인디언들로부터 저를 보호해줄 거라는 점이었죠. 더글러스는 족장이어서 나머지 사람들이 감히 저에게 접근하지 않았고, 그러니 다른 자들보다는 차라리 더글러스와 엮이는 편이 나았습니다. 더글러스의 아이들은 혼혈이었어요, 모두 혼혈이었죠. 그의 부인도 저에게 그런 일이 있을 거라고 얘기한 적이 있는지는 모르겠습니다.

질문: 그 부인은 무슨 일이 일어났는지 알았을까요?

아빌라 미커: 제 짐작으로는 알았을 겁니다.

남편이 살해된 후 플로라 엘런 프라이스는 두 아이들과 함께 언컴파그레 우테족에게 붙잡혔다가 나중에 화이트리버의 치료주술사인 존슨의 야영지로 보내졌다.

질문: 우테족 중 당신을 나쁘게 취급하거나 때린 이가 있습니까?

프라이스: 아니요. 아무도 절 때리지 않았습니다.

질문: 그들이 무엇을 했습니까?

프라이스: 말하고 싶지 않습니다. 아시잖아요, 알아서 판단하실 거고.

질문: 이건 정부에서 하는 공식 조사이고, 제가 추측에만 기대서 조사할 수는 없습니다. 우리는 이게 어느 정도의 범죄인지, 누가 유죄인지를 알아야만 하고 이 자리에서 당신이 그걸 말해주셔야만 합니다.

프라이스: 신문으로 공표하지는 않겠지요? 그렇죠?

질문: 이 위원회가 그럴 일은 확실히 없습니다.

프라이스: 좋아요, 언컴파그레 우테족 사람과 존슨이 저에게 무지막지한 짓을 했습니다.

질문: 존슨? 그렇게 늙은 남자가요?

프라이스: 그렇습니다. 그 늙은 남자가요.

질문: 존슨 말고 당신에게 무지막지한 일을 저지른 자가 또 있습니까?

프라이스: 존슨과 언컴파그레 우테족 한 명, 그렇게 두 명이 다입니다.

질문: 강제로 그랬습니까?

프라이스: 그렇습니다, 강제로.

질문: 그 밖에는 아무도 그런 짓을 시도하지 않았습니까?

프라이스: 없습니다.

질문: 그들 중 당신에게 친절히 대해준 사람이 있습니까?

프라이스: 네, 위원님. 존슨 부인은 저에게 대단히 친절하게 대해줬습니다. 수전은 친절했어요. 그녀는 제가 겪는 곤경을 같이 슬퍼하고 시설에서 벌어진 사태를 안타깝게 여겼습니다. 그녀는 그들이 시설에서 사람들을 죽이는 걸 원치 않았다고 했습니다.

질문: 그녀는 존슨이 당신에게 한 짓에 대해 알고 있었나요?

프라이스: 아닙니다. 그녀는 몰랐어요.

질문: 더 진술하고 싶은 것이 있습니까?

프라이스: 아니요. 저 우테족 놈들이 잡혀서 처형되길 바랄 뿐입니다. 제가 직접 존슨과 언컴파그레 우테족 남자를 죽이는 특권을 누릴 수 있다면 좋겠습니다.

프라이스의 증언에 등장하는 '수전'은 콜로라도 우테족 전체를 이끄는 대족장 어레이의 동생이었다. 수전 자신도 어래퍼호족에게 납치된 적이 한 번 있었다. 아빌라 미커 역시 증언에서 수전이 친절을 베풀고 중재를 해줬다고 언급했는데, 우테족 남자들이 세 여자를 어떻게 처분할지 협의회를 열었을 때 여자들을 풀어주라고 불같이 호통을 친 사람이 바로 수전이었다.

어레이는 화이트리버 학살 사건을 조사하는 정부 위원회에 백인들이 명목상 끼워준 인디언 대표였다. 이른바 '무지막지한 행위'에 대한 백인 여성의 증언이 어레이 족장 앞에서 낭독되었을 때 그는 이렇게 반응했다. "여자의 맹세란 인디언들 사이에서는 거의 아무 가치도 없지."

어레이는 더글러스 족장과 존슨을 포함해 여러 명의 인디언에게 증언하러 나올 것을 권고했고, 이들 모두는 화이트리버 사건에 대한 당사자의 증언 내용을 모조리 부인했다. 어레이는 위원회에서 끈질기게 버텼다. "한 사람이 '스스로를 고발'하도록 강제할 수 있는 법이 있다면 나한테 보여주시오." 그렇게 버텨봤지만 더글러스는 포트레번워스로 보내졌고, 이후 우테족은 고향에서 쫓겨나 작고 별 볼 일 없는 콜로라도 구석으로 이주해야만 했다.

정부가 원한 것은 다름 아닌 땅이었고, 결국 원하는 것을 차지한 것이다.

　그렇다면 백인 남성이 인디언 여성을 강간한 경우는 어땠을까? 디 브라운은 미국 서부시대에 대해 이렇게 썼다. "인디언의 목소리를 경청하는 경우는 거의 없었고, 백인의 펜으로 그 목소리가 기록되는 경우는 더더욱 드물었다. 인디언은 어둡고 위험한 신화 속의 존재일 뿐이었다. 영어로 글을 쓸 수 있는 인디언이 있었다고 한들 자신이 쓴 글을 과연 어디에서 인쇄하고 출간할 수 있었겠는가?"[17]

　하물며 **인디언 여성은** 어디에서……?

　위원회 보고서와 학살 조사기록, 백인과 인디언 간 조약 회의 기록은 미국 인디언의 역사에 대해 풍부한 자료를 제공하지만, 어레이 족장의 말처럼 인디언 여성의 맹세는 관계자 모두에게 "거의 아무 가치도 없"었다. 백인 여성이 인디언의 손에서 강간으로 고통받았다면, '스쿠아'가 백인 남성의 손에서 받은 취급은 훨씬 더 나빴다. 그녀는 살아남아서 증언했다 해도 기록으로는 남지못했다.

　1871년 4월, 미국인, 멕시코인, 파파고 인디언으로 이루어진 자경단 무리가 애리조나 그랜트 기지 근처에 있던 아리파바 아파치족 거주지를 습격하는 일이 발생했다.[18] 이 아파치 부족은 인근 목장 사람들과 우호적인 관계로 지내왔고 미국 국기까지 내걸고 있었다. 현장에 파견된 그랜트 기지의 외과의 C. B. 브리즐리 박사는 이렇게 보고했다. "21명의 여성과 어린이의 시체가 땅바닥에 흩어져 있었다. 돌로 머리를 맞고 쓰러진 이들이 가장 먼저 눈에 띄었다. 가장 아름다운 스쿠아 두 명은 앞서 말한 그 자세로 쓰러져 있었는데, 성기 상태와 상처를 볼 때 강간당한 후 총에 맞은 게 틀림없었다. 거의 모든 시신이 심하게 훼손되었으며 …… 그곳을 돌아다니다 다치지 않은 스쿠아를 한 명 발견하고 이야기하자고 청했지만, 그녀는 우리의 선의를 확신하지 못해 가까이 오지 않았다."

그랜트 기지의 구역 지휘관인 로열 휘트먼 중위는 자경단이 아파치 아이 여러 명을 납치해갔다고 보고했다. 생존자들이 그에게 탄원했다. "아이들을 다시 데려와주세요. 우리 어린 아들이 노예로 자랄 것이고 딸은, 그럴 만큼 자라기만 하면, 그 애들을 소유한 누군가가 돈을 벌기 위해 병 걸린 창녀로 만들 겁니다."

그랜트 기지 근방에서 일어난 일은 1864년 11월 29일 일어난 샌드크리크 학살과 크게 다르지 않다. 샌드크리크 학살이 미군 기병대의 공식 작전이었다는 점만 제외하면 말이다. 제1, 제3콜로라도 민병대가 "제군들, 학살당한 우리 여자와 아이들을 기억하라"는 구호를 내세운 존 M. 치빙턴 대령의 지휘 아래 샤이엔 마을을 쳤다. 이 '제군들'은 시체를 성적으로 훼손한 업적으로 길이 기억되었다.[19]

샌드크리크 학살 후 조사 과정에서 제1콜로라도 기병대 E 중대의 에이머스 C. 믹시 상병은 이렇게 증언했다. "다음날 아침 그들이 죽어 뻣뻣해진 후에, 이놈들이 스쿠아의 시체를 끌어내서 사지를 당겨 음란한 자세로 벌렸습니다. 자기들이 은밀한 부분을 도려냈다고 말하는 걸 듣긴 했지만 직접 본 것은 아닙니다. 그런 짓을 한 것은 제3콜로라도 부대 놈들이었습니다."[20]

제임스 코너 중위도 이렇게 증언했다. "다음날 전쟁터를 살펴보았는데, 머릿가죽을 도려내지 않은 시체가 없었고, 많은 경우 더할 수 없이 끔찍한 방식으로 훼손되어 있었습니다. 남녀노소를 가리지 않고 음부를 비롯한 여러 신체 부위가 도려내어져 있었습니다. 자기가 한 여성의 은밀한 부위를 잘라내어 막대기에 매달아 전시했다며 자랑스레 말하는 남자도 봤습니다. …… 남자들이 여성의 은밀한 부분을 도려낸 후 안장 위에 쭉 펴놓거나 모자 위에 덮어쓴 채 말을 타고 대열을 이뤄 다녔다는 이야기를 여러 번 들었습니다."[21]

망각으로 내몰릴 뻔했던 네즈퍼스족의 비극적인 역사에는 네즈퍼스 여성이 어떤 운명을 겪어야만 했는지 엿볼 수 있는 기록이 남아 있다. 네즈퍼스 부족에게 입양되어 자란 L. V. 맥호터는 당시 구술로 전해 들은 네즈퍼스족의 역사를 글로 옮겼다. 그는 네즈퍼스족의 구술사가 "강간의 악령이 활보하는" "도저히 활자화하기 부적절할 정도로 무시무시하고 충격적인 폭로"로 가득하다고 썼다.[22]

맥호터의 입장에서는 백인 남성이 강간한 이야기가 너무나 불쾌하고 구미에 맞지 않아서 책에 담을 수 없었다. 그는 100세의 눈이 먼 부족 역사가인 워틸런으로부터 들은 한 대목을 짤막하게 기록하는 데 그쳤다. "짐 부인이라는 한 네즈퍼스족 여자가 어느 날 아침 화이트버드[네즈퍼스족의 겨울 야영지] 주변에서 죽은 채 발견되었다. 세 명의 남자가 활자화하기 힘들 정도로 극히 잔혹하게 그녀를 살해했다. 그 세 명이 누군지 모두가 알았지만, 아무도 그 범죄로 처벌받지 않았다."[23]

바로 이런 이유로, "활자화하기 힘들 정도"라는 이유로 인디언 여성이 당한 강간에 대한 기록은 남지 못했다.

젊은 네즈퍼스 족장 조지프의 증언에는 미군이 인디언 여성에게 저지른 강간이 어느 정도였는지 언급하는 대목이 나온다. 조지프의 부족이 포로로 유배된 후 소멸해갈 때 내놓은 증언으로, 기세가 꺾인 네즈퍼스족이 O. O. 하워드 장군의 기병대로부터 도망치다가 옐로우스톤 국립공원의 야영객을 습격한 일을 조지프 자신의 관점에서 묘사했다.

길을 가다 우리는 백인 남자 한 명과 백인 여자 두 명을 붙잡았다. 3일

후 그들을 풀어줬다. 우리는 그들을 부드럽게 다뤘다. 여자들은 모욕당하지 않았다. 백인 군인들은 인디언 여자를 3일간 포로로 잡아두었을 때 모욕하지 않고 풀어준 적이 있다고 단 한 번이라도 말할 수 있는가? 하워드 수하들의 손에 떨어진 네스퍼스 여자들이 그만큼 존중을 받은 적이 있는가? 네즈퍼스족은 비슷한 범죄를 저지른 적이 한 번도 없다.[24]

그러나 정작 인디언 여성 본인은 단 한 번도 목소리를 남기지 못했다.

노예제

미국의 두 세기에 걸친 남부 노예제 경험은 그 자체로 강간의 온갖 복잡한 특성을 빠짐없이 탐사한 완벽한 연구나 다름없다. 노예제를 수익성 있게 유지하기 위해 흑인 여성의 성적 온전성sexual integrity을 의도적으로 파괴했기 때문이다.

인디언전쟁 기간의 강간은 대개 그때 그때 되는대로 이루어지는 보복성 행위로서, 남성이 남성에게 복수하기 위해 여성의 몸이라는 편리한 수단을 이용한 현상이었던 반면, 노예제 가부장들이 '가부장적 제도'라고 부른 시스템에서 강간은 제도의 불가분한 일부로 기능했다. 백인 남자들은 인디언에게서 땅을 빼앗고 싶어 했고, 흑인에게서 강제노동을 뽑아내려 했다. 이렇게 목적이 달랐기 때문에 백인 남성이 흑인 여성과 맺는 관계나 흑인 여성을 이용하는 방식도 인디언전쟁 때와는 달랐다. 노예제에서 강간은 폭력을 발휘하는 수단에 그치지 않는다. 노예제에서 강간은 **제도화된** 범죄로서 백인 남성이 경제적, 심리적 이득을 얻기 위해 한 종족을 예속시키는 데 핵심이 된다.

남부의 가부장적 노예제는 백인이 흑인 위에 있는 형태를 취할 뿐 아니라 남성이 여성 위에, 더 정확히는 백인 남성이 흑인 여성 위에 있는 형태를 취했다. 땅에 비하면 부수적인 목표였던 인디언 여성과는 달리 흑인 여성은 노예제에서 필수불가결한 위치를 차지했다. 그녀는 노동자이자 재생산자로서 이중의 착취를 강요당했다. 그 몸은, 모든 부분이, 완전히 백인 주인의 소유였다. 그녀에게는 법으로 보장되는 거부할 권리가 없었으며, 신체적 자유가 없는 노예라는 사실만으로 충분치 않다고 여겨질 경우 칼과 채찍, 총이 언제든 그녀에게 사용될 수 있었다. 노예세하에서 흑인 여성에게 강제된 성적 착취는 결코 즉흥적으로 벌이는 일이 아니었다. 그녀의 재생산 기관을 완전히 통제한다는 것은 6세 내지 8세가 되면 바로 작업에 투입할 수 있는 노예 아기를 안정적으로 공급받는 것을 의미했다. 그 아이가 흑인인지 물라토인지는 상관이 없었다.

결코 간과할 수 없는 심리적 이점 또한 그런 경제적 요인과 긴밀히 얽혀 있었다. 마음대로 접근할 수 있는 수동적인 여성 신체—저항할 경우 죽음을 면치 못했다—가 많을수록 노예를 소유한 백인 남성은 남자다움을 과시할 수 있는 반면, 흑인 남성의 역할 개념은 축소되고 일그러졌다.

"흑인은 다른 방면에서만큼이나 성적으로도 완전히 종속되었다."[25] 역사가 윈스럽 D. 조던Winthrop D. Jordan은 남부 노예제에 관해 이렇게 썼다. "백인 남성은 흑인에 대한 지배를 침대까지 확장했으며, 그곳에서는 성적 행동 그 자체가 사회적 지배의 일상적 패턴을 재연하는 일종의 의례로 기능했다." 조던의 표현은 지나치게 온화한 것이다. '침대'는 완곡어법조차 될 수 없으며, '재연하는 의례'라는 말은 마치 매너를 지키며 우아한 무도회라도 연 듯한 분위기를 풍기지만, 백인이 인정사정없이 흑인 여성의 몸을 장악하고 정복했던 현실에 비하면 엄청나게 부적절한 표현이다.

"나으리, 나으리, 나리들이 골칫거리였지!" 노예였던 87세의 마사 잭슨이 연방 노동 계획the Federal Works Project의 일환으로 앨라배마주에서 실시된 조사에서 조사자에게 이야기했다. "여기서 일어난 일인지는 확실히 모르겠는데 우리 아주머니가 그러더라고. 그자가 채찍질 했던 게 이따금 떠오른다고, 번식용 여자라면 암소가 송아지 낳듯 열두 달마다 애를 낳아야 한다며 때렸다고."[26]

잭슨이 선택한 비유는 노예제의 현실에서 나온 것이다. 여성 노예에게는 '번식'을 기대했고, 노예주는 노골적으로 번식을 목표로 한 노예를 소유하고 있었다. 노예제의 어휘에서는 '번식용 여자breeder woman' '애 밸 수 있는 여자' '새끼 치기엔 너무 늙은' '번식용 여자가 아닌' 등의 표현이 평범한 서술어였다. 1807년에 아프리카인 노예 거래가 금지됨에 따라 대농장 경제를 유지하기 위해서는 국내 번식을 통해 노예를 얻는 일이 중요해졌다.[27] 그와 함께 노예 여성의 가치는 건강한 자손을 낳을 수 있는 능력에 비례해 높아졌다. 남부 위쪽의 풍요로운 지역에서는 다른 노예제 주에 팔기 위해 노예 아기를 생산하는 것이 작은 산업이 되었다. 노예 아기 사업은 노예와 관련된 사업으로는 사실상 유일하게 **안정적인** 수익을 얻을 수 있는 사업이었다.[28] 다른 한편, 노예제로 수익을 낸 적이 한 번도 없었던 북부에서는 그와 정반대 현상이 존재했다. 식민지 시대 매사추세츠주에서 노예 아기가 태어나면 젖을 떼자마자 "강아지처럼 줘버렸다"고 한다.[29] 하지만 버지니아주는 매년 6,000명에서 2만 명에 달하는 노예를 길러

더 남쪽에 있는 지역으로 수출했는데, 남쪽의 노예는 토양과 기후, 가혹한 노동 때문에 생식력이 떨어졌기 때문이다.[30] 버지니아산 노예는 마치 버지니아산 잎담배처럼 인기리에 팔렸다.

버지니아 의회 일원 중 한 명은 1831년 저 귀족적인 사업에 관여하던 이들을 지칭하며 흥미로운 말을 한다.

안정된 삶을 누리는 구식의 사람들은 땅 소유주가 그 땅에서 나는 연례 수익에 대해서도 정당한 권리를 지닌다는 신념을 (아마도 그릇된 방식으로) 고수한다. 과수원 소유주는 매년 거기서 나는 과일에 대해 권리를 지니고, 번식용 암말 소유자는 그 새끼에 대해 권리를 지니며, 여자 노예를 소유한 자는 그 증식분에 대해 권리를 지닌다고 믿는다. …… 그리고 나는 우리 부의 상당 부분이 그런 증식으로 이루어진다고 단언할 수 있다.[31]

버지니아주에 사는 골슨 씨가 여기서 주장하려던 바는 번식용 암말을 학대하지 않듯이 노예주는 여자 노예를 학대하지 않아야 한다는 것이었다. 이는 여자 노예 각각이 '증식'으로 수익을 내기 위해서는 육성 기간이 필요하기 때문이었다. 노예 아기를 생산한 대가로 여자들은 출산 전후 몇 주간 노동을 덜하고 음식을 좀 더 얻을 수 있었다. 하지만 골슨처럼 항변한 사람이 있다고 해서 번식용 노예 여성에게 노동량 경감이라는 보상이 자동으로 주어지지는 않았다.

노스캐롤라이나주 쌀 농장에서 한동안 일했던 백인 목수 느헤미야 컬킨스가 1839년 노예제 반대 팸플릿에 묘사한 번식용 여성들의 모습을 살펴보자.

어느 날 주인이 여자들에게 헛간으로 오라고 하더니 손에 채찍을 쥐고 여자들 사이를 걸어 다니며 자기가 정말로 죽을 때까지 채찍질을 할지도 모른다고 말했다. 그 말을 듣자마자 여자들이 소리치기 시작했다. "제가 뭘 했는데요, 주인님? 제가 뭘 잘못했나요, 주인님?" 그는 답했다. "이 씨○○○아, 너희들이 어쨌는지 알려주지, 니들은 번식을 안 했어, 몇 달 동안이나 너희들 중 아무한테도 어린 것 하나를 얻지 못했다고." 그들은 논의 도랑에서 일하는 한 번식을 할 수 없다고 말했다. (논바닥은 낮고 축축하며 배수가 필요해서 도랑을 파거나 청소하는 동안 여자들은 30~60센티 깊이의 진흙과 물속에서 일해야만 했다. 드레스는 의무적으로 허리까지 말아올려 물에 젖지 않게 지켜야 했고, 그 상태로 아침 해가 났을 때부터 앞이 보이지 않을 정도로 어두워질 때까지 일해야만 하는 날이 흔했다.) 그는 몇 번 욕을 퍼붓고 위협한 뒤 도랑에서 일해야 할 때 감독관 부인에게 이야기하면, 자기가 땅 위에서 일하도록 빼주겠다고 말했다.[32]

남편이 면화와 쌀을 경작하는 플랜테이션 농장의 주인이었던 영국의 배우 패니 켐블Fanny Kemble이 쓴 조지아 수기에는 이런 이야기가 나온다.

어제 저녁 나를 찾아왔던 여자들은 모두 임신 중이었는데, 출산 직후 3주간 들판에서 괭이질을 하라는 형벌(그게 형벌이 아니면 뭐겠어?)을 받았어. 그걸 미뤄달라고 간청하러 왔던 거지. 물론 내가 작업 배분 방식에 개입할 수 없다는 걸 그들도 알고 있었지만, 내가 미스터[켐블의 남편인 버틀러 씨]에게 영향력을 발휘하여 해산 후 한 달 만이라도 노동을 유예하게 해주었으면 한 거지.[33]

우리의 의지에 반하여

그러나 켐블은 중재하는 데 실패한다.

당시는 번식용 여자를 판다는 광고를 공공연히 지면에 싣고, 노예의 품질이 '입증'되기만 하면 더 높은 가격을 부를 수 있던 시대였다.[35] 사우스캐롤라이나주 찰스턴에서 《머큐리Mercury》에 실린 광고는 노예제 폐지론자들이 자주 인용하는 고전이 되었다.

> 검둥이 팝니다 — (버지니아에서 기른) 스무 살 여자와 그녀가 낳은 두 여자아이, 하나는 네 살, 다른 하나는 두 살. 어미는 기가 막히게 힘 세고 건강하며, 두창에 걸렸던 것만 빼고는 평생 단 하루도 아픈 적 없음. 아이들도 품질 좋고 건강함. 번식력이 뛰어나 아이를 많이 낳으니, 힘 세고 건강한 하인 가족을 길러 이용하고 싶은 분들에게 흔치 않은 기회. 구입을 원하는 분은 머큐리 사무실에 주소를 남겨주세요.[35]

노예 소유자에게 정자 제공자가 누구인지는 상관이 없었는데, 아버지가 누구든 '증식분'은 법에 의해 그의 소유가 되기 때문이었다.[36] 노예 소유자의 기록장부에 아버지는 거의 기록되지 않았으며,[37] 아버지의 이름은 누가 누구인지 구분하는 용도로만 쓰였다. 여자들은 성적 상대나 '남편'을 **일방적으로 배정받아** 짝짓기를 명령받기 일쑤였다.[38] 이토록 내밀한 문제에서 정작 본인이 누구를 좋아하는지는 주인이 온정을 베풀어야만 반영되었다. "저번에 사오신 여자애들이 셋 다 완전히 자란 상태면 좋았을 텐데요."[39] 한 감독관이 부재 중인 주인에게 이렇게 썼다. "그러면 해리스와 킹, 네이선 모두에게 아내를 줄 수 있었겠지요. 해리스는 제인을 가졌고 네이선은 에디를 가졌습니다. 하지만 누가 에디를 가질 건지를 두고 킹과 네이선이 좀 다퉜습니다. 킹에게는 다른 여자를 얻어주겠다고, 조만간 아내를 하나 들일 수 있게 해주겠다고 약속했습니다."

남성 노예의 일과 후 성생활은 노예와 주인 모두에게 일종의 보상처럼 여겨졌으나, 과연 여성 노예에게도 그런 일반화를 적용할 수 있을지는 의심스럽다. 노예제 연구의 권위자인 케네스 M. 스탬프Kenneth M. Stampp는 이렇게 썼다. "노예들은 주인의 우월한 힘에 굴복했으나 서로에게는 극도로 공격적으로 굴었다."[40] 억압이란 늘 이런 식이다. 억압받는 집단 내부에서는 남성이 여성을 학대한다. "우리는 노예가 일과 후 무슨 짓을 하든 신경 쓰지 않는다. 다음날까지 그들은 우리 시야에서 벗어난다."[41] 한 농장주가 쓴 글이다. "그들 사이의 도덕과 예의범절은 그들끼리 알아서 할 일이다. 이를테면, 남자는 원하는 수만큼의 부인을 둘 수 있다. 그 문제로 분란만 일으키지 않으면 된다."

다른 노예 소유자는 어떻게 군대식 법질서를 유지하는지 살펴보자. "조 굿윈을 매로 치고 부인에게 돌아가라고 명하라. 가브리엘과 몰리도 똑같이 처벌한 후 둘이 다시 합치라고 명하라. 모지스와 애니는 분리하라. 그리고 톰 콜록은 설리번의 아내인 매기 캠벨을 건드렸으니 매를 쳐라."[42] 찰스 볼Charles Ball의 자전 수기 《사슬에 묶여 보낸 50년Fifty Years in Chains》에는 한 노예 여성이 다른 노예 남성과 강제로 함께 살게 된 사례가 나온다.[43] 그녀는 상대의 모든 점을 혐오하고 두려워했고, 상대는 아프리카에서 자기 부인이 열 명이었다고 지겹도록 이야기했다! 물론 노예 신세가 된 남성과 여성이 따뜻하고 안정된 관계로 발전한 경우가 실제로 있기는 하다. 그러나 그것은 인간성 말살을 획책하는 노예 생활의 모든 요소에도 불구하고 지켜낸 진정한 인간성이라고밖에 달리 표현할 수 없는 무엇을 보여주는 심오한 증거이다.

우리의 의지에 반하여

여성 노예는 밭일꾼과 집안 하인, 번식자라는 경제 근간을 이루는 역할을 맡았을 뿐 아니라, 백인 주인의 성적 노리개로 이용당하기도 했다.[44] 주인은 이 특권을 성의 신비에 입문하고 싶어 안달 난 어린 아들[45]이나 이웃에게 콩고물처럼 나눠줬다(1859년 어떤 미주리 특파원은 뉴욕의 한 신문에 "나는 이런 식으로 정중한 교류를 하는 일이 가부장다운 관습이라고 본다"고 썼다[46]). 마찬가지로 손님 쪽에서도 주인이 응당 저런 특권을 나눠주리라 기대했던 것으로 보인다. "내가 여기 있는 동안 물라토랑 한 번도 못 자봤다는 게 믿어지나."[47] 슈토이벤의 보좌관 하나는 조지 워싱턴의 마운트 버논 저택에 머물면서 대접이 시원치 않다고 친구에게 불평하는 편지를 남겼다.

주인의 성적 특권은 차고 넘쳐 농장에 고용된 낮은 계급의 백인 남자들(채찍질을 권력 삼은 감독관과 농장에 출입하는 기술자)에게까지 순서가 돌아갔고, 채찍을 쥐고 집행자 노릇을 하던 일부 흑인 남자들('운전사들')도 콩고물을 얻었다.[48] 이런 위계의 최상층에 백인 주인이 있었다. 느헤미야 컬킨스는 이렇게 증언했다.

앞서 말한 그 농장주는 감리교 신자인 여자 노예를 하나 소유하고 있었다. 영리하고 성실한 노예였다. 어느 날 농장주가 그녀에게 불법적인 성관계를 하자고 했다. 그녀는 따르지 않았다. 농장주는 자리를 떠나며 감독관에게 그녀를 매질하라고 했고, 감독관은 명령을 따랐다. 얼마 지나지 않아 그는 다시 제안했다. 그녀는 거절했고, 또 채찍으로 맞았다. 그는 굴복할 때까지 채찍질을 하겠다고 했다. 여자는 이미 한참 채찍질을 당해 등이 욱씬거리는데 계속 채찍질을 당해야 한다고 생각하니 너무나 무서웠을 뿐 아니라, 더 이상 희망이 없다는 것을 깨닫고는 저항을 포기하고 그의 악랄한 욕정의 희생자가 되었다.[49]

솔로몬 노섭Solomon Northup*은 뉴욕의 자유민이었으나 납치당해 루이지애나주 대농장에서 강제로 12년을 보내야 했고, 후일 노예로 지낸 이야기를 출판했다. 그 책에서 노섭은 밭일꾼 팻시가 주인의 '관심'에 시달리는 모습을 연민을 담아 묘사한다.

팻시는 늘씬하고 꼿꼿했다. 그 서 있는 모습은 지상의 누구보다도 꼿꼿했다. 움직임 하나하나에 고상한 기운이 서려 있었는데 노동도, 피로도, 체벌도 그 고상함을 무너뜨리지 못했다. 팻시는 그야말로 눈부시게 빛나는 존재였고, 노예제가 저 끝도 없는 어둠으로 그녀의 지성을 가로막지만 않았다면 그녀는 수만 동족의 지도자가 되었을 인물이었다. 가장 높은 울타리도 거뜬히 뛰어넘는 그녀를 따라잡을 수 있는 건 사냥개밖에 없을 듯했다. 어떤 말을 타도 떨어지는 법이 없는 노련한 기수이기도 했다. 그녀는 누구보다 고랑을 곧게 팔 수 있었고, 장작 패기로는 능가할 자가 없었다. …… 누구도 흉내 낼 수 없을 정도로 번개같이 움직이는 손가락을 지닌 팻시는 목화를 따는 철이면 들판의 여왕이 되었다.

하지만 팻시는 남보다 더 자주 울었고 더욱더 고통받았다. 등에는 줄무늬 흉터가 수도 없이 나 있었다. 일을 제대로 못하거나 반항적이었기 때문이 아니라, 음탕한 주인과 질투 많은 안주인의 노예가 된 운명 때문이었다. 욕정에 불타는 한쪽의 눈길을 피하고 나면, 다른 한쪽의 손아귀에 거의 목숨을 잃을 지경까지 시달려야 했으니, 두 주인 사이에서 그녀는 그야말로 저주받은 운명이었다. …… 요셉과 달리 팻시는 옷가지만 남겨둔 채로 주인 엡스의 손에서 도망칠 수 없었다.** 언제나 팻시를 따

---

* 노섭은 자신의 이야기를 담은 《노예 12년》을 1853년에 출간했고, 2013년에 동명의 영화로 제작되어 널리 알려졌다.─옮긴이

** 〈창세기〉에 나오는 요셉과 보디발의 아내 이야기로, 다음과 같이 적혀 있다. "그 여인이 요

라다니는 눈이 있었다. 주인의 뜻에 반하는 말을 한마디라도 하면 곧바로 채찍이 떨어졌고, 오두막에서든 밭에서든 여주인이 던진 나무 몽둥이나 깨진 병이 언제 얼굴로 날아들지 몰라 긴장하고 지내야 했다. 욕정과 증오 사이에서 오도 가도 못하는 희생양이 된 팻시는 평생 하루도 편할 날이 없었다.[50]

어느 날 노섭과 팻시가 나란히 서서 괭이질을 하고 있을 때, 팻시가 갑자기 낮은 목소리로 이렇게 말했다. "지금 저 늙은 돼지주둥이가 나보고 자기한테 오라고 신호 보내는 거 보여?"

곁눈질로 흘깃 보니 엡스가 밭 가장자리에 서서 얼굴을 찡긋거리며 손짓하고 있었다. 어느 정도 취하면 늘 보이던 행동이었다. 팻시는 엡스의 음탕한 속셈을 눈치채고 울먹였다. 나는 쳐다보지 말고 못 본 척 계속 일하라고 속삭였다. 하지만 엡스는 수상쩍은 분위기를 알아채고 잔뜩 화가 나서 비틀거리며 내게 다가왔다.

"팻츠한테 뭐라고 그랬어?" 그가 욕설을 퍼부으며 닦달했다. 나는 얼버무리며 대답했으나 그의 화만 돋울 뿐이었다.

"언제부터 네놈이 이 농장에서 주인 노릇을 한 거야? 말해보시지, 이 빌어먹을 검둥이 새끼야!"

엡스는 밭을 가로지르며 노섭을 쫓아버린 후 팻시에게 돌아갔다. "그는 밭에 한 시간 이상 머물렀다. …… 드디어 집으로 돌아온 엡스는 술에서 거의 깬 상태였다. 그는 아무 잘못도 저지르지 않은 듯

섭이 그의 옷을 자기 손에 내버려두고 도망하여 나감을 보고……"-옮긴이

시침을 뚝 뗀 채 뒷짐을 지고 태연히 걸어들어왔다."

팻시의 이야기는 끔찍하게 끝난다. 질투에 사로잡힌 엡스는 자기 노예가 백인 이웃과 관계를 가졌다고 확신하게 된다. 그는 팻시에게 옷을 벗으라고 명령한 후 말뚝에 묶어 탈진할 때까지 때린다. "아아, 그 이후로 그녀는 더 이상 예전의 그녀가 아니었다. …… 탄력 있고 자신감 넘치는 걸음걸이도, 그녀를 돋보이게 해주던 눈동자의 유쾌한 광채도 더 이상 없었다. 원기 넘치며 활달하고 웃기 좋아하던 젊은 영혼은 사라졌다."

노섭의 책을 비롯해 19세기 북부의 노예제 폐지 운동 매체가 펴낸 수기와 연방 노동 계획의 일환으로 수집된 노예 경험 구술사는 노예 생활의 실상을 미화하지 않고 드러낸다. 하지만 노예 경험에 대해 진술해달라는 요청을 받은 여성은 성생활에 대해서는 거의 이야기하지 않았다. "나리들이 골칫거리였지." 서로 민망해지는 일을 피하고 적절히 예의를 지키자는 사고방식 탓에 진술자와 기록자 사이에서 어떤 부분은 덮어두기로 하는 암묵적 합의가 이루어졌을 것이다. (남성은 관습으로부터 좀 더 자유로웠던 까닭에 남성 노예는 여성 노예의 성 학대 문제를 언급할 수 있었다.)

백인 여성 노예제 폐지론자들은 노예가 된 흑인 여성이 겪는 성적 학대가 얼마나 끔찍한지 여러 번 비판했다. 특히 사우스캐롤라이나의 그림케^{Grimké} 자매*와 마거릿 더글러스^{Margaret Douglass}, 리디아 차일드^{Lydia Child}**가 굴하지 않고 이 문제를 언급했다. 이들은 노예가 된 흑

---

* 세라 그림케Sarah Moore Grimké(1792~1873), 앤젤리나 그림케Angelina Emily Grimké (1805~1879) 자매. 사우스캐롤라이나의 노예 소유 집안에서 태어났고, 1821년 자매가 함께 필라델피아로 가 노예 해방 운동, 여권 운동을 위해 힘썼다.-옮긴이

** 1802~1880, 노예제 폐지론자이자 여권운동가, 미국 선주민 권리 운동가였다. 그녀가 쓴 《아프리카인이라고 불리는 미국인을 위한 호소》(1833)는 최초의 노예제 반대 책자로 알려

인 자매들에게 강하게 동일시하면서 끈질기게(그러나 시대의 한계 때문에 미묘하고 조심스럽게) 말하고 팸플릿을 썼다. 마거릿 더글러스는 흑인 아이들에게 읽는 법을 가르쳤다는 이유로 버지니아에서 유죄판결을 받아 구금되기도 했다. 그녀는 1853년 감옥에서 이렇게 썼다.

여성 노예는 다양한 피부색의 조상 때문에 아무리 하얀 피부색을 지녀도, 또 아무리 높은 수준의 지성이나 윤리를 지녀도 자신이 주인의 변덕과 욕망 아래 무력한 노예 신세를 면치 못한다는 것을 알고 있다. 주인이 욕망 어린 눈길을 던지면 굴복해야만 한다는 것을 알고 있으며, 우아하게 굴복할수록 주인의 잔혹한 욕망은 더 강하고 길게 유지되리라는 생각 외에는 할 수 없다. 그녀는 스스로가 타락했다고 느끼고 그녀와 가까운 다른 이들도 똑같은 느낌을 받는다. 부모, 형제, 자매, 연인 모두가 그녀를 통해, 그녀와 함께 고통을 겪는다.[51]

정치 감각이 뛰어난 그녀는 백인 독자를 겨냥한 편지에 이런 구절을 덧붙였다.

남부의 백인 어머니와 딸들은 그런 관습 아래 오랜 시간 고통받았다. 자기가 베푼 가장 소중한 애정이 짓밟히고 가정의 행복이 파괴되는 일을 감내해왔다. 나는 아무리 강한 표현을 사용해서 이 문제를 비판해도 지나치지 않다고 여기는데, 남부 여성이라면 누구든 진심으로 공감할 것이기 때문이다. 남부 여성은 사실을 알고 있으며, 자신이 발견한 사실을 덮어두려 아무리 애를 쓴다 해도 가슴은 이미 찢긴 채 피 흘리고

져 있다.-옮긴이

있다.[52]*

더글러스의 분석은 여기서 한발 더 나아간다.

자꾸 강요당하면 당연히 반항하고 싶은 충동이 생기지 않을까? 여자 노예들은 자신이 주인의 변덕에 굴복해야 하는 이유가 도망칠 방법이 없기 때문이라는 사실을 잘 알고 있으니 말이다. 또, 비록 흑인이라 해도 한 남자가 그를 사슬로 묶은 장본인의 품으로 아내나 누이, 딸을 넘기도록 강요당한다면, 어떻게 증오와 복수심에 사로잡히지 않고 순순히 복종할 수 있겠는가?[53]

실제로 노예들은 갖가지 형태로 복수를 시도했는데, 백인들이 매번 신속하고 확실하게 응징했지만 사건은 계속 터져나왔다. 1856년에 쓰인 한 남부 여행기를 보자.

올해 앨라배마에서 검둥이 여자 한 명이 자기 아이를 죽여서 교수형을 당했다. 그녀는 재판에서 죄를 자백했다. 그녀가 말하기를, 아이 아버지는 그녀의 주인이었는데, 그 사실을 알게 된 여주인이 그녀를 너무나 가혹하게 다루어서 더 이상은 아이가 고통받지 않게 하고 싶었고, 여주인을 자극해 자신이 학대하게 만드는 원인을 없애버리려고 아이를 죽였다고 털어놓았다.[54]

---

* 케네스 스탬프는 자기 주장을 뒷받침하기 위해 더글러스 부인이 쓴 이 구절을 공정치 못한 방식으로 인용하고 이렇게 평했다. "남부 백인 여성들은 혼혈 출산 문제로 가장 고통받는 쪽은 자기들이라고 여기는 것 같다." Stampp, p.356.

1936년 미시시피를 방문했던 어떤 이는 북부에 사는 친구에게 이런 편지를 보냈다.

이곳에 도착한 날, G라는 남자가 자기 노예인 검둥이 남자에게 살해 당했어[그는 결국 공개적으로 린치당했다]. G는 그 검둥이의 아내도 소유했는데 그 여자랑 자는 버릇이 있었지! 그 검둥이는 자기가 그자를 죽였으니 천국에서 보상을 받을 거라고 말했어.[55]

앞서 언급한 볼의 책 《사슬에 묶여 보낸 50년》에는 성노예 노릇을 강요하는 주인에게 저항한 물라토 여성 루시의 이야기가 나온다. 루시는 자신과 같은 노예인 연인 프랭크와 공모하여 주인을 죽이는 데 성공한다. 볼 자신은 이들이 체포되어 자백하게 만드는 일에 어느 정도 기여했다. 루시와 프랭크는 "이웃 신사들에게 재판을 받았"으며 공개 교수형을 당했다. "내 주인이 추정하기로는 그 자리에 1만 5,000명이 모였고, 그중 반 이상이 흑인이었다. 전국에서, 대단히 먼 지역에서까지 주인들이 자기 노예에게 이 교수형을 보러 가도록 허락하거나 강요했던 것이다."[56]

페기와 패트릭 사건 역시 1830년 버지니아의 뉴켄트 카운티에서 악명을 떨친 사건이었다. 연인이었던 이 노예 한 쌍은 주인을 죽여서 교수형을 선고받았다. 하지만 정상참작을 할 만한 상황이었기에 뉴켄트의 백인 주민들이 주지사에게 그들을 '추방'하는 정도로 감형해 달라는 청원서를 보냈다.

한 흑인 목격자는 다음과 같이 증언했다.

페기를 소유했던 고인은 페기와 계속 불화가 있었습니다. 보통 그녀를 블록에 사슬로 묶은 후 훈제실에 가둬두곤 했습니다. 증인이 보기에 고인이 폐기를 그런 식으로 취급했던 이유는 폐기가 성관계를 거부했기 때문입니다. 고인이 폐기에게 요구를 받아들이지 않으면 죽기 직전까지 때린 후 숨만 붙어 있는 상태로 뉴올리언스로 보내버리겠다고 말하는 것을 들었습니다. 증인은 폐기가 고인의 요구에 굴복할 수 없는 이유를 말하는 것도 들었습니다. 폐기는 고인이 그녀의 아버지이기 때문에 아버지와는 그런 짓을 할 수 없다고 말했습니다. 폐기가 동의하지 않아도 증인과 패트릭을 불러 폐기를 붙들고 있도록 시켜 목적을 달성하겠다고 고인이 말하는 것을 증인은 들었습니다.[57]

애초 노예제와 관련된 법과 언어를 노예 소유자 계급이 만들었으니, 노예를 강간한다는 개념이 법에 아예 존재하지 않았다는 사실이 그닥 놀랍지는 않다.[58] 이 경우 노예는 재산일 뿐이기에 자기 재산을 강간한다는 개념은 결코 성립하지 않는다. 한 사람이 소유한 노예를 **다른 백인 남자가** 강간하는 것은 대농장 법의 관점에서는 그저 '무단침입'으로 간주되었다. 한 사람이 소유한 노예를 **다른 노예가** 강간하는 것은 법적으로 전혀 범죄로 인정되지 않았다.*

노예 소유자와 감독관이 당연한 듯 누리는 성적 '자유'를 반대하는 목소리가 없지는 않았지만, 주로 이인종 간 출산 내지 혼혈은 안된다든가, 음탕하고 타락한 행위라는 식으로 잘못된 각도에서 문제

---

* 법으로는 범죄로 인정되지 않았지만, 남자 노예가 여자 노예에게 저지르는 성적 학대를 주인들이 자체적으로 징벌하려 했다는 증거는 몇 남아 있다. 1828년 메릴랜드 엘크턴의 《프레스Press》에 실린 도망 노예를 찾는 광고를 보자. "검둥이 조지 앤더슨, 대략 21~22세, 며칠 전 자신과 피부색이 같은 젊은 여자를 강간하려다 도망침. 그에 대한 처벌이 도주 원인." Ulrich B. Phillips, ed., *Plantation and Frontier* (*A Documentary History of American Industrial Society*, Vol.II), Cleveland: Arthur H. Clark, 1910, p.122.

를 제기하는 프레임에 갇혀 있었다. 권력층의 전형적인 사고방식을 여기서도 볼 수 있는데, 노예가 강요에 의해 어쩔 수 없이 성행위에 가담했다 해도 **그녀의** 행실을 탓했다. 노예제에서 살아남기 위해 노예가 수동적인 태도로 굴복하면 노예 쪽에서 첩이 되려고 자처했다거나, 매춘을 했다거나, 성적으로 난잡한 여자여서 그랬다는 식으로 말하기 마련이었다. 북부의 노예제 폐지론자들조차 노예제에서 자행되는 강제 성 학대를 강간 범죄로 인정하는 일을 회피했고, 사회 통념에 어긋나는 열정과 욕정이라는 식으로 방어적이고 감상적인 표현을 쓰는 편을 더 선호했다. 그런데 현대 역사가들까지도 이와 다를 바 없이 눈 가리고 아웅 하는 경향을 보인다.

노예제와 결혼이 가부장 제도로서 하나로 맞물려 돌아갔던 탓에 가장 계몽된 사람들조차 여성 노예의 성적 권리와 신체 온전성이라는 개념을 인식조차 하지 못했다. 19세기에 결혼한 여성은 법적으로 남편의 소유물로 간주되었기에 결혼한 여성을 학대하는 일은 남편의 재산권을 침해하는 일로만 간주되었다. 미혼 여성인 경우 그 **아버지의 재산권**을 침해하는 일로 여겨졌다. 하지만 노예의 결혼 자체가 법으로 인정되지 않았기 때문에, 여성 노예를 성적으로 오용하는 범죄(즉 강간)는 애초에 **소유권 자체가 없는** 노예 '남편'이나 노예 아버지에 대한 모욕으로 간주될 수도 없었다. 당시 폐지론자들이 쓴 글을 살펴보면, 폐지론자가 여성 노예의 성적 학대를 염려할 때 공감하는 상대는 바로 학대당한 여성의 **남편들**이다! 당시 메릴랜드의 한 변호사가 쓴 글이 좋은 예이다. "노예도 전반적으로 형법의 적용을 받지만, 양성 사이에 일어나는 일만큼은 형법의 대상으로 간주되지 않는다. 이제까지 노예는 그의 침대를 범하는 자에게 맞서 법적 조치를 취할 수 없었다."[59] **그의 침대!**

인종 간 성교 금지, 좀 더 정확하게는 노예 소유자와 노예 간의 성행위 금지 조항은 노예 주 지역이 왕의 식민지였던 시절부터 모든 노예 주의 법전에 적혀 있었다.[60] 사우스캐롤라이나는 북미의 난봉꾼 수도(후일 뉴올리언스가 가져간 평판)라는 평판을 얻은 노예무역 도시 찰스턴이 위치한 주로, "이 대륙에서 그 어느 지역보다 인종 간 성행위를 숨기는 데 신경 쓰지 않는 곳"이었다. 하지만 그런 사우스캐롤라이나에서조차 1743년 대배심에서 "이 지방에는 검둥이나 다른 노예 처녀와 불법 교류를 나누는 관행이 만연하다"고 인지하고, 이 '교류' — 즉 성관계 — 를 "잘못된 결과를 초래하는 극악무도한 행위"로 명시한 판례가 있다.[61]

하지만 "백인종을 오염시키는 일"이기 때문에 인종 간 결합을 죄악시한 것이지 노예의 권리를 염려해서 그런 것은 아니었다. 백인 남자가 작성한 '혼합'을 금하는 법은 정작 백인 남자에게는 적용되지 않았다. 당대의 몇몇 이혼 소송과 서자 고소[62]가 잘 보여주듯, 이 법은 백인 남자가 백인 여자를 벌주는 용도로 쓰이거나, 백인 여자와 간통한 흑인 남자를 응징하는 용도로 쓰였다. (성-인종에 따른 4중 기준의 함의와 그것이 초래한 결과는 오늘날까지도 여전히 영향을 끼치고 있다. 이 책의 7장 '인종 문제'를 보라.)

1851년 루이지애나 대법원은 옥신각신 끝에 축첩 행위가 '상호 간' 간통이라는 결론을 냈다. 그 관계에서 한쪽은 노예 주인이고 다른 한쪽은 법과 강제력에 의해 그에게 예속된 여성 노예인데도 이런 결론을 내린 것이다.

노예는 의심할 여지없이 주인의 힘에 예속되어 있다. 하지만 그 힘은 선한 도덕과 일치하는 합법적인 힘을 의미한다. 법은 여성 노예가 주인과 비자발적이고 불법적인 관계를 맺어야 한다고 강제하지 않을 뿐 아니라, 그런 불행한 일이 일어날 경우 그녀를 보호할 것이다. 여성 노예의 경우 특별히 …… 방종한 주인의 유혹에 노출되어 있는 것이 사실이다. 그것은 불행한 일이다. 하지만 첩이 된 경우 그 유혹과 꼬드김이 상호적이지 않은 경우는 매우 드물기 때문에 이 사례에서도 일반적인 규칙에 대한 예외는 성립될 수 없다.[63]

노예제 남부의 축첩 관행이 실제로 어떠했는지 정확히 이해하기는 어렵다. 나는 백인 주인과 흑인 노예 사이의 모든 성적 관계가 내가 정의한 강간에 포함된다고 주장하려는 것이 아니다. 물론 그렇게 주장해보고 싶은 유혹을 느끼지만 말이다. 많은 흑인 여성에게 첩이 된다는 것은 가능한 협상 중 가장 좋은 조건이었을 것이다. 노예제의 절망적인 여건을 감안하면 이는 거의 우아한 합의에 가까워 보일 정도이다. 해리엇 터브먼Harriet Tubman* 같은 영웅적 인물을 만나 자유를 향해 도망칠 기회가 없는 한 누군가에게는 분명 첩이 되는 것이 가장 해방에 가까운 일이었다. 하지만 첩이 되는 합의는 처음부터 끝까지 어디까지나 남성이 부과한 조건 위에서 이루어진다. 이미 남성이 소유권과 통제권을 모조리 쥐고 있는 상황에서, 오직 남성의 가치평가에 따라 흥정이 이루어지는 것이다. 그렇다 해도, 강제로 당하는 것보다는 이런 합의라도 하면 한 사람의 삶에는 많은 편의가 주어졌다. 상대적인 지위, 아름다운 옷, 금 귀걸이는 물론 자신과 아이가 언

---

* 1820~1913, 노예 출신으로, 1849년 농장에서 탈출해 흑인 노예를 탈출시키는 비밀조직 '지하철도underground railroad'의 지도자로 활동하면서 10년간 남부 흑인 300명의 북부 이주를 도왔다. 남북전쟁 기간에는 북군의 스파이로도 활동했으며, 말년에 여성 참정권 운동에 참여했다.─옮긴이

젠가는 해방될지도 모른다는 희망—언제나 희망으로 끝났을 뿐이지만—같은 것들이 주어졌다. 흑인 첩에게 이 희망은 막대기에 달린 당근과 같았다. 몇몇 노예 주인은 자신이 좋아하는 노예와 그 아이에게 돈과 부동산, 자유를 주라는 내용이 담긴 유언장을 남겼다.[64] 안타깝지만 전혀 놀랍지 않게도 유언장에 담긴 그런 조항은 법정에서 노예 주인의 합법적인 백인 상속자들에 의해 종종 도전받았고, 결국 백인 상속자들은 원하는 판결을 받아냈다.

노예제 폐지 운동은 백인 남자가 흑인 여성을 성적으로 착취하는 짓을 노예제의 악랄한 점 중 하나로 꼽았지만, 그런 폐지론자들조차도 그 착취를 강간이라고 부르지는 못했다. 《미국 노예제의 실상: 목격자 천 명의 증언American Slavery As It Is: Testimony of a Thousand Witnesses》(1839)은 남부 여행객들이 목격한 축첩과 '흑백 혼합' 사례를 보여주며 도덕적으로 개탄하는 내용을 담고 있다. 1839년 그림케 자매와 자매 중 한 명인 앤젤리나 그림케의 남편인 시어도어 웰드Theodore D. Weld가 사례를 수집해 편집했다. 그림케 자매의 증언은 마거릿 더글러스의 증언과 더불어 리디아 차일드가 편집한 1860년 반노예제 팸플릿의 뼈대를 이룬다. 폐지론자 여성들은 남자들의 행실을 언급하며 위험한 땅에 발을 내딛은 셈이었는데, 당시의 관습에 따르면 한 남자의 사적인 삶은 정치적으로 검토할 영역이 아니었기 때문이다. "사생활을 가리는 베일을 더 이상 들추는 일은 자제하고 싶다."[65] 물라토 노예 자식을 둔 남동생이 있는 앤젤리나 그림케가 쓴 말이다. "노예를 소유한 미국 가정의 삶에 그토록 조심스럽게 드리워진 커튼 뒤에서 매일 무슨 일이 일어나는지는 이 몇 가지 암시로 충분히 짐작할 수 있을 것이다."

앤젤리나 그림케가 '몇 가지 암시'를 쓰고 말한 것만으로도 당시에는 대단한 스캔들이 되었다. "유색 인종 여성뿐 아니라 남부 백인 여성의 기질마저 논란거리가 되었고, 《쿠리어》의 편집자는 그런 논쟁을 실을 경우 신문의 평판과 독자의 도덕이 손상될 수 있다고 여겼다."[66] 그림케의 연설로 논란이 일자, 북부 신문도 남성의 범죄를 교묘하게 여성의 '기질' 문제로 돌리는 유서 깊은 전통을 따랐다.

1838~1839년 겨울, 웰드와 그림케 자매가 뉴욕에서 노예제에 관한 기록을 모아 편집하고 있을 때 영국 배우 패니 켐블은 조지아 섬의 플랜테이션 농장에 머물면서 그곳의 충격적인 실상을 담은 일기를 쓰고 있었다. 그 일기는 25년 후에야 발표되었다. 유명인이자 심지가 굳은 사람이었던 켐블은 피어스 버틀러라는 이름의 젊은 필라델피아인과 바람직하다고는 할 수 없는 결혼을 했다. 버틀러는 1,000명이 넘는 노예를 보유한 쌀 농장과 면화 농장의 상속자였다. 결혼 생활은 점점 악화되었지만, 켐블은 남편과 함께 조지아에 머물 때 목격한 일을 친구에게 편지를 쓰는 형식으로 일기를 써서 남겼고, 결국 역사에 귀중한 기여를 하게 되었다.

켐블은 남편의 대농장에서 노예들과 친분을 맺었는데, 노예 중 일부가 확연히 옅은 피부색을 지니게 된 것이 대농장 감독관인 존 킹 때문이라는 사실을 알게 된다. 켐블이 노예 여성 베티에 관해 쓴 대목을 보자.

대농장에서 이 여성이 어떻게 살았는지 살피다가 몇 가지 정황을 알게 됐어. 베티는 원래 우두머리인 프랭크의 아내였어. …… 우두머리 기사는 서열상 감독관 다음 순위야. 그의 아내[베티]는 총명하고 단정한 데다 아름다웠지. …… 감독관이 프랭크한테서 아내를 빼앗은 거야. …… 그 후 그녀가 아들을 하나 낳았는데 그 아들의 뚜렷한 이목구비와 옅은 피부색은 …… 양키 혈통을 증언하고 있었지. 킹이 프랭크의 부인을 얼마나 오래 차지하고 있었는지 정확히는 알 수 없지만, 프랭크가 **자기한테 그렇게 부당한 일이 일어났는데 어떻게 견뎠는지 모르겠어. 남자의 권리**를 침해한 이 천인공노할 일 때문에 킹은 노예들 사이에서 악명이 자자했지. 프랭크는 렌티가 자기 자식이길 바랐지만, 렌티 본인도 나한테 자신의 평범치 않은 출생에 대해 넌지시 말한 적이 있어.[강조는 저자][67]

켐블은 감독관 킹이 베티 외의 다른 대농장 노예에게도 성적 서비스를 강요했다는 사실을 알게 되었다.

집에 도착하기 전에 여러 제니들 중 한 명을 방문했어. 고기를 부탁받기도 했고, 그녀가 홀로 돌보고 있는 벤과 다프네에게 옷가지도 좀 주고 싶어서 갔어. 벤과 다프네는 둘 다 이루 말할 수 없이 예쁘고 흥미로운 외모를 지닌 물라토 아이들인데, 킹을 어찌나 닮았는지 이 애들을 처음 보자마자 버틀러에게 이 애들은 킹이 보살펴야 하지 않냐고 물었을 정도지. 그는 애들이 킹을 닮긴 했지만 킹이 관계를 인정하지 않았다고 했어. 나는 제니에게 애들 어머니가 누구인지 물었어. "민다." "아버지는 누군데요?" "킹." …… "그걸 누가 말해줬나요?" "민다가, 본인은 아니까요." "킹은 부인했다면서요." "그래서 킹이 이것들을 들여다보거나 뭘 해주지 않는 게지요." "렌티는 자기 아들로 인정하면서 이 애들은 왜 인정하지 않아요?" "렌티가 태어날 때는 늙은 주인이 계셨던 때라, 늙은 주인이 베티에게 무슨 일이 있었는지 다 말해보라고 했죠. 그래서 킹 씨가 자기 애라고 인정하지 않을 수 없었던 거고. 하지만 이것들에 대해서는 아무도 몰라주니까 킹도 나 몰라라 하는 거죠."[68]

버틀러 대농장은 1년 중 대부분의 기간 동안 주인 없이 운영되었으며, 통제권을 넘겨받은 백인 감독관 킹이 사실상 독재자 행세를 했다. 그가 차지한 위치에서 나오는 권력과 성적 특권은 지휘 서열을 따라 그의 바로 아래에 있는 흑인 노예 기사들에게도 돌아갔다. 농장 소유자, 감독관, 기사, 이웃의 백인 남자 모두가 흑인 여성에게 그녀의 의지에 반하는 일을 강요할 수 있었고, 그녀는 상처를 입고도 그에 대한 도덕적 책임까지 져야 했다. 켐블 역시 처음에는 이런 전제에서 출발하지만 결국 이 전제를 거부하게 된다.

노예 아이들의 아버지에 대해 더 수소문한 결과 킹과 워커(백인 직공), 모리스(흑인 기사)의 이름이 많은 이들의 입에서 반복되어 나왔다. 그녀는 이렇게 기록했다.

혐오스러운 사실이 끝도 없이 나오는 걸 견딜 수 없어서 이렇게 외쳤어—물론 바보 같은 소리였지, 당시에는 몰랐지만. "아아! 남편이 아닌 남자랑 같이 사는 건 죄라고 당신들에게 알려주거나 가르쳐준 사람도 없나요? 몰랐어요?" 세상에, 엘리자베스, 저 불쌍한 피조물들이 무슨 대답을 할 수 있겠어, 내 허리를 격하게 부여잡고는 이렇게 말하는 것 외에. "오 압니다, 마님, 저희는 알아요. 저희도 알 만큼 압니다. 하지만 채찍을 피해 이 불쌍한 몸뚱이를 쉴 수만 있다면 무엇이든 할 수밖에 없어요. 그가 덤불 속으로 따라오라고 하는데 싫다고 말해봤자 무슨 소용이 있겠어요? 그는 강요할 힘을 가졌는데." 그 여자가 말한 그대로 쓴 거야. 이 말을 할 때의 음성과 고통으로 가득한 비참한 표정도 고스란히 옮길 수 있다면 좋으련만. 그들이 나에게 불평 삼아 저런 이야기를 하지는 않았다는 사실을 너도 알 거야. 이미 일어난 지 오래인 지난 일이고, 나에게 아이들에 대해 해명하려다가 말이 나왔을 뿐이야. 더 이상 말을 보태지 않겠어. 이런 이야기에 더 보탤 필요가, 아니, 내가 뭘 보탤 수나 있겠어? 하지만 이 지경인 상태를 어떻게 견디지? 그리고 다시, 어떻게 해야 이런 상태가 끝나지?[69]

켐블은 자신이 일기장에 쓴 수기를 친구들이 은밀히 돌려보도록 했고, 이 수기는 내부자가 쓴 가장 폭발력 있는 반노예제 증언으로서 지하 세력들 사이에서 빠르게 명성을 얻었다.[70] 리디아 차일드는 폐지론의 대의에 근거를 제공할 수 있도록 수기의 일부라도 출간하라며 켐블을 설득했으나, 남편 버틀러가 단호히 허락을 거부했다. 노예소유자인 그는 그 수기를 꼴사납게 여겼다고 하는데, 물론 누가 봐도 꼴사나운 내용일 수밖에 없었을 것이다. 남편으로서 그는 부인이 무엇이든 간에 출판하지 못하도록 법으로 저지할 수 있었고, 실제로 그렇게 했다. 하지만 역설적이게도 버틀러가 제기한 이혼소송이 기록으로 남은 덕분에 켐블이 쓴 수기와 그녀의 반노예제 관점, 평등한 결혼을 추구하는 대담한 신념이 그 족적을 뚜렷이 남기게 된다. 버틀러는 두 아이의 양육권을 챙겼고, 켐블이 그를 난처하게 만드는 일이 없어야 한다는 조건하에 방문권에 합의했다. 켐블은 다시 영국 무대로 돌아가서 스스로 생계를 꾸렸고, 1863년에 이르러서야 조지아 일기를 출판할 수 있었다. 그러나 때는 바야흐로 남북전쟁이 한창인 시기였고, 웰드-그림케 팸플릿에 기반을 둔 해리엇 비처 스토Harriet Beecher Stowe의 소설《톰 아저씨의 오두막Uncle Tom's Cabin》(1852)이 그녀의 일기가 발휘했을 영향력을 상당 부분 선점한 뒤였다.

첩과 번식용 여자라는 역할은 노예제의 마지막 10년 동안 노골적인 성매매 형태로 발전했다. 거래자들은 위선 따위는 이제 생략하고 자신의 노예 중 가장 예쁘고 '백인에 가까운' 여자 재산을 뉴올리언스 시장에서 대놓고 성적인 용도로 팔았다.[71] 이때 쓰인 무신경한 용어가 '팬시걸fancy girl'이었다. 장소는 생루이 호텔 원형 홀의 프랑스 거래소였고, 선호된 시간은 정오였다. 이처럼 천박한 활력을 띤 노예 거래는 기존의 노예제가 제도화한 강간을 논리적으로 확장한 결과 였고, 이는 인간 존엄성 유린의 가장 궁극적인 형태였다.

"모든 노예 소유자는 합법적인 매음굴 소유자이다." 해방된 노예 이자 연설가인 프레더릭 더글러스Frederick Douglass는 1850년 뉴욕주 로 체스터에서 열린 노예제 폐지론자 집회에서 이렇게 규탄했다.[72] 더 글러스는 다른 어떤 이보다 노예제의 역학을 탁월하게 이해하고 있 었다. 그날 저녁 그는 청중에게 성 억압의 역학을 가르쳤다.

남부 주에서는 100만 명 이상의 여성들이, 그 땅의 법에 의해, 그들의 잘못이 아님에도 불구하고, 역겨운 성매매를 하는 삶에 처해 있다는 증 거를 제가 가지고 있습니다. 그런 법 때문에 많은 주에서, 한 여성이 자 신의 무고함을 입증하려면, 잔인한 폭행범에 맞서 자기 손을 들어올려 야 하는데, 그럴 경우 그녀는 법에 따라 사형당합니다. 언제라도 증명해 보여드릴 수 있는데, 노예 주의 법 때문에, 이들 주에 사는 사람 중 300 만 명이, 정상적으로 결혼계약을 할 수 없습니다. 저는 또한 버지니아에 서 노예 번식은 그 주가 누리는 부의 주요한 원천임을 증명할 수 있습니 다. 버지니아에서 가장 좋은 혈통은 뉴올리언스 노예시장에 나온다는 사실이 알려진 지는 꽤 되었습니다. 그런 시장에서는 거의 백인에 가까 운 흑인 여성이, 앞 다투어 부르는 가격에 따라, 저 저주받을 목적을 위 해 팔립니다. 젊음과 우아함, 아름다움, 순수함이 경매대 위에서 판매를 위해 전시됩니다. 그 앞에는 돈을 잔뜩 가져와서, 피해자 후보들에게 욕 정으로 가득한 눈길을 던지는, 악랄한 괴물들이 있습니다.

프레더릭 밴크로프트Frederic Bancroft는 탁월한 연구서인《옛 남부의 노예무역Slave Trading in the Old South》(1931)에 뉴올리언스가 "팬시걸'을 사고파는 시장 중 가장 큰 시장의 10배는 족히"[73] 되는 규모였다고 썼다. "막대한 이득을 얻기 위해 상품을 돋보이게 하는 진열 방식이 발전했다."[74] 아름다운 뉴올리언스여! 야심찬 노예 상인들은 가장 예쁜 노획물을 무리지어 사슬로 묶은 후 훈훈한 기후의 걸프포트로 끌고 갔다. 경마철과 마르디그라 축제철은 특별히 더 수입이 많아지는 시기였다. 샤르트르 거리에 있는 생루이 호텔의 프랑스 거래소는 가장 붐볐다. 경매인이 수수료 2퍼센트를 받고 프랑스어와 영어를 동시에 구사하며 경매에 나선 남자들의 성욕을 부추겼다. 노예 여성은 보닛과 리본으로 아름답게 꾸민 모습으로 경매인의 망치 근처에서 미소를 짓고 서 있었다. 2,000달러를 상회하는 가격대의 거래가 드물지 않았다. 거래가 이루어지는 중심 원형 홀 한편에는 구매 전 상품을 살펴보고 싶어 하는 신사들을 위한 개인방이 상시 준비되어 있었다. 상품 점검은 진지하게 이루어졌다. "도박꾼과 상인, 술집 주인, 경마광, 난봉꾼 등에게 '팬시걸'을 소유한다는 것은 일종의 사치스런 이상이었다."[75]

주인-노예 관계는 포르노 문학에서 가장 인기 있는 도착 환상이다. 거의 헐벗은 차림에 언제나 성적 매력이 넘치며, 언제나 아름답고, 언제나 고분고분한 노예 소녀가 우아하게 순종하는 자세로 주인 앞에 무릎을 꿇고 있는 한편, 그 주인은 부츠를 신거나 채찍을 들고 있는 이미지는 보통 자극적인 성애 장면으로 받아들여진다. 시와 춤으로 찬미되어온 동방 지배자의 하렘 이미지부터, 피부색이 옅은 매춘부에 대한 숨 가쁜 묘사, 싸구려 역사소설의 특정 장르에서 나타나는 관습, 노예제하의 강제 성관계와 제도화된 강간 미화까지 이 모든

우리의 의지에 반하여

것이 문화유산의 일부가 되었고, 이런 유산은 남성의 자아는 키워주고 여성의 자아는 무너뜨렸다. 또한 건강한 섹슈얼리티 형성에도 돌이킬 수 없는 손상을 입혔다. '노예 소녀'라는 말 자체가 많은 이들에게 부드러운 리라 소리와 향기가 감도는 정원을 연상시키는 관능적인 환상을 전달하게 된 것이 현실이다. 이는 섹슈얼리티를 남성이 통제해온 역사가 남긴 유산이며, 우리는 이런 유산의 그늘 아래서 투쟁한다.

부록: 전문가들의 오류

'계량경제사 학자' 로버트 포겔Robert Fogel과 스탠리 엔거먼Stanley Engerman은《십자가를 진 시대: 미국 흑인 노예 경제학Time on the Cross: The Economics of American Negro Slavery》(1974)에서 두 세트의 통계를 컴퓨터에 넣고 돌려서 입증되지 않은 기이한 명제를 몇 개 만들어내더니 기막힌 주장을 했다. 자신들이 낸 통계에 따르면 노예제에서 백인 남자가 흑인 여자를 성적으로 학대하는 일은 흔한 일이 아니었다는 것이다.[76] 그들은 노예제 폐지론자들이 수집한 기록을 모조리 묵살하면서 이렇게 썼다.

설사 이 모든 기록이 사실이라 해도 다 합쳐봐야 수백 건에 불과할 뿐이다. 수백만의 인구에 비해 이렇게나 적은 숫자의 관찰 결과는 흑인 여성에 대한 성적 착취가 자주 일어났다는 증거로 이용할 수 있는 만큼이나 정반대로 그런 일이 자주 일어나지 않았다는 증거로도 이용할 수 있다. 진짜 문제는 그런 경우가 흔했지만 잘 보고되지 않은 것인가, 아니면 보고는 빈번히 되었지만 워낙 자주 일어나지 않는 일이었는가이다.

성폭행을 신고하는 일이 오늘날에도 대단히 드물다는 사실을 인정하고 싶지 않은 사람에게나 저런 것이 '진짜 문제'일 것이다. 당시는 용감한 노예제 폐지론자 앤젤리나 그림케조차 "사생활을 가리는 베일을 더 이상 들추는 일은 자제하고 싶다"고 쓰고도 구설수에 오르던 시대였다.

포겔과 엔거먼은 켐블이 '상류층 영국인'인 탓에 노예제에 대해 편향되고 왜곡된 시각을 가졌던 것이라며 깎아내렸다. 사실 켐블은 상류계급 출신이 아니다. 그녀는 유명하지만 무일푼인 배우의 딸이었고, 가난한 가족의 생계를 책임져야 했으며, 바로 그 때문에 버틀러와 결혼하는 도박을 감행해야 했다. 포겔과 엔거먼은 켐블의 일기가 25년간이나 발표되지 못한 이유를 무시한 채 "영국이 남북전쟁에서 북부의 대의명분을 지지하게 만들려는 목적으로 작성된 선동용 글"이라고 깎아내렸다. 그러나 일기를 쓰기 시작한 날짜만 보더라도 영국을 자극할 목표로 쓴 글일 수 없다는 점이 명확하고, 글 자체도 그렇게 선동적이지 않다. 포겔과 엔거먼이 그 일기를 처음부터 끝까지 읽어봤다면, 버틀러의 이혼 서류라도 읽어봤다면, 아니면 켐블의 전기 중 한 편이라도 읽어봤다면 이런 기본적인 사실과 해석의 오류는 없었을 것이다.

추측이 아닌 사실을 다룬다고 주장하는 이 저자들은 서로 별 관계가 없는 컴퓨터 처리 결과 두 가지를 함께 제시하며 백인 남자가 흑인 여자를 성폭행하는 일은 드물었다고 주장했고, 자신들이 보기에 인종 간 성 착취는 "대농장주가 권위를 유지하기 위해 의존하던 신비롭고 차별적인 분위기를 약화할 우려마저 있었다"고 수줍게 덧붙였다. 그들이 제시한 첫 번째 증거는 1860년 인구조사로 보고된 물라토 숫자 분석이다. 그해 남부 도시의 해방된 자유민 중 39퍼센트가 물라토였다. 도시 노예들의 경우 20퍼센트가, 전체 노예의 95퍼센트를 이루는 시골 노예의 경우 9.9퍼센트가 물라토였다. 노예 중 압도적으로 많은 수가 시골 지역에 살았기 때문에, 이 저자들은 별다른 재주를 부릴 필요도 없이 인구조사에서 남부 전체의 노예 인구 중 물라토의 비율이 10.4퍼센트라는 결과를 도출해낼 수 있었다. 이들은 이 결과에서 다음과 같은 결론을 끌어냈다. "물라토에 관한 접근 가능한 데이터는 흑인 여성에 대한 성 착취가 만연했다는 주장을 증명해주기는커녕 그런 주장에 매우 불리한 방향으로 작용한다."

이 결론까지 가는 과정에서 몇 가지 잘못된 점이 있다. 우선, 인종 간 결합으로 태어난 자손은 "어둡게 나올 수도" "밝게 나올 수도" 있다. 따라서 피부색만으로는 물라토 여부를 뚜렷이 판별할 수 없다. 두 번째로, 이 1860년 인구조사 보고 데이터는 어떻게 만들어졌을까? 포겔과 엔거먼은 별개의 책으로 낸 방법론 보론에서 1860년의 인구조사가 "글을 읽고 쓸 수 있는 중간계급과 상류계급 백인들 중에서 선발한" "수천 명의 조사자"에 의해 이루어졌고, 조사원들은 **피부색 척도**를 이용했다고 서술했다. 자유민이야 자신의 계보를 조사자에게 직접 알렸으리라고 가정해볼 수도 있지만, 과연 노예들도 자유민처럼 조사자에게 자신의 계보를 알려줄 수 있었을까? 혹은, 부지런한 조사자가 모든 대농장의 땅에 들어가 머릿수를 직접 세고 판잣집을 일일이 방문해 피부색을 판별했을까? 포겔과 엔거먼은 충분히 그럴 수 있다고 믿은 것일까?

노예에 대한 보고는 모두 농장주가 했다고 보는 것이 합리적이며, 특히 시골에서는 더욱 그렇다. 게다가 농장주는 정부에게 자기가 물라토 아이의 아비라는 사실을 누구보다도 숨기고 싶은 사람일 것이고, 인종 간 출산이 불법이 된 후로는 더욱 그랬을 것이다. 대농장주인은 자기가 보고 싶은 것만 보고, 동맹 관계에 있는 백인 중간계급 및 상류계급 조사자에게 알리고 싶은 것만 알렸을 것이 틀림없다. 다시 말해 대농장의 물라토 비율에 대한 인구조사 결과가 얼마나 존재하든 그것은 가장 믿을 수 없는 자료이다. 게다가 포겔과 엔거먼이 말했듯 "피임 수단이 없는 사회"라고 하더라도, 강간이 반드시 임신과 출산으로 연결된다고 가정하는 것이 과연 옳을까? 임신이 가능한 기간은 따로 있으니 강간범은 탄창의 약실이 최소 스무 칸은 되는 러시안 룰렛을 하는 셈인데, 이 저자들은 독자로 하여금 강간범이 매번 임신시켰다고 믿게 만들고 싶어 한다.

이런 인식의 오류는 저자들이 두 번째 세트의 컴퓨터 처리 결과를 도입하는 과정에도 영향을 끼친다. 저자들은 한정된 수의 대농장 보고에 기반을 두고 첫아이를 출산한 노예 어머니들의 연령을 보여주는 분포도를 그려낸다. (불행히도 이 '계량' 경제사 학자들은 자신들이 이용한 표본의 정확한 규모도 언급하지 않았다.) 첫 출산을 한 여성 중 36퍼센트가 15세에서 19세 사이의 나이였고, 4퍼센트는 15세 미만의 소녀들이었다. "어떤 독자들은 첫 출산의 약 40퍼센트가 20세도 채 안 된 산모에 의해 이루어졌다는 사실을 강조하고 싶을 것이다." 우리의 저자들께서는 이 사실만큼은 관대하게 인정했다. 본서가 아닌 방법론 보론에 아주 작은 활자로 써놓기는 했지만. 본서에는 "첫 출산 평균연령은 22.5세이며, 중간값은 20.8세"라고만 써놓았다.

이 두 가지 수치 중에서는 중간값이 더 중요한데, 이는 20.8세보다 많은 나이에 첫 출산을 한 경우만큼이나 그 이하의 나이에 첫 출산을 한 경우가 많다는 사실을 보여주기 때문이다. 포겔과 엔거먼은

우리의 의지에 반하여

컴퓨터 통계 작업에 자신의 노예가 35세가 넘는 나이에 처음 출산을 했다고 주장한 농장주의 보고까지 포함했고, 그 결과 첫 출산의 평균 연령은 높아졌다. 그러나 평균값은 결코 '대부분'의 노예 여성이 22세에 첫아이를 출산했다는 뜻이 아니다.

포겔과 엔거먼은 이처럼 한정된 자료를 가지고 무리한 외삽을 시도한다. "10대 후반에 상대적으로 출산이 적다는 사실을 설명해 줄 이유란 금욕밖에 없다." "노예 여성의 높은 출산율은 백인이나 흑인 남성이 아주 어린 미혼 여성을 악의적으로 임신시켰기 때문에 생긴 결과가 아니다." 저자들은 자신의 소망을 담아 이렇게 결론짓는다. "첫 출산을 한 산모의 평균연령이 높다는 사실 역시 노예 부모들이 딸을 가까이에서 지켜보며 남자와 성적 접촉을 하지 못하도록 보호했음을 시사한다."

어차피 저자들은 이런 문제에 신경을 쓰지 않았으니, 노예의 나이를 정확히 아는 일이 도대체 가능했는지 여부는 제쳐두더라도, 또 어차피 자료가 없었을 테니 자연유산을 했을 경우와 임신을 지속하기에는 너무 어린 여성이 민간요법으로 유산했을 경우는 제쳐둔다 해도, 저 첫 출산 통계가 지닌 가장 큰 문제는 사라지지 않는다. 그것은 바로 이 통계가 초경이 시작되는 평균나이에 전혀 부합하지 않는다는 사실이다. 현대로 올수록 초경 연령이 눈에 띄게 낮아지기는 한다.[77] 1960년에 초경 연령은 12세에서 13세 사이까지 떨어졌다. 하지만 이들의 책이 근거하는 자료가 나온 1860년에 초경은 보통 16세에서 17세 사이에 시작되었고, 생리가 시작된 첫 몇 해 동안은 임신율이 비교적 낮다는 현대의학과 인류학의 증거가 있다.[78]

결국 포겔과 엔거먼의 통계는 노예제에서 흑인 여성이 당한 성적 착취에 대해 아무것도 설명해주지 않는다. 통계 분석은 보고된 범

죄를 다룰 때나 가치 있는 도구이다. 보고되지 않은 범죄는 컴퓨터의
마법이 미치지 못하는 영역이다.

통계로 본 강간범:
신화에서 과학으로

미국 강간범의 전형을 그린다면 흔히 볼 수 있는 동네 소년의 모습을 하고 있을 것이다. 그 동네 소년은 19세 정도 되고, 사회경제적으로 하층계급 거주지로 분류되는 동네, 특히 '게토'라고 호명되는 동네에 살 가능성이 높다. 이것이 통계가 제시하는 미국 강간범의 전형이다.

통계를 다루는 일은 언제나 주의를 요하지만, 강력 범죄에 관한 통계를 근거로 일반화를 시도할 경우에는 특히나 더 주의를 요한다. 범죄통계학자들이 성실하게 사실을 수집한다고 해도, 대체로 관할 경찰서의 체포 기록이나 판결 기록에서 자료를 발굴해서 작업할 수밖에 없기 때문이다. 실제로 강간 행위가 일어나는 수에 비해 체포되는 수는 적고, 체포되어도 유죄판결을 받는 숫자는 더욱 적기 때문에 통계로 포착되지 않는 정보의 거대한 심연이 존재할 수밖에 없다.

전국의 모든 마을과 도시의 경찰은 그들이 가까스로 잡은 범죄자의 모습에 근거해 수치를 분류하고 합산한다. 키, 몸무게, 나이, 인종, 범죄 수법, 전과 기록 등등. 이 숫자들은 해마다 워싱턴으로 전송되어 컴퓨터에 입력되고, 강제 강간에 대해 우리가 얻을 수 있는 한 가장 포괄적인 국가 통계로 출력되는데, 이것이 바로 FBI가 내는〈범죄 총계 보고The Uniform Crime Report〉이다. FBI의〈범죄 총계 보고〉와 소수의 범죄학자가 내놓은 심화 연구 덕분에 우리는 미국 강간범 전체의 프로필을 그려볼 수 있다.

이야기를 더 진행하기 전에, 지금 우리는 경고 신호가 깜빡거리는 위험한 길을 여행하고 있다는 사실을 상기할 필요가 있다. 페미니스트 관점으로 정의한 강간 개념의 기준으로 보면, 국가 사법 시스템이 기준으로 삼는 현행법상의 강간 범죄 정의는 심각한 한계를 지닌다. 그러나 강간과 강간범에 대한 정의를 확장하는 작업은 일단 이 책의 뒷장으로 미뤄둘 것이다. 일단 FBI의 기록을 따라가보면, 강제 강간은 "무엇보다 피해자의 두려움이나 부끄러움 때문에 가장 적게 신고되는 범죄 중 하나"[1]이며, 실제로 신고되는 경우는 5건 중 1건에서 심지어는 20건 중 1건 정도에 불과하다고 추정된다.[2] 바로 이런 특징이 기록에 근거한 통계를 모조리 왜곡한다. 게다가 경찰과 배심원은 여성 피해자의 말—특히 흑인 여성 피해자의 말—을 신뢰하지 않는 쪽으로 치우치는 편향[3]이 있다고 입증되었으며, 이런 편향 때문에 연구로 다룰 수 있게끔 기록되는 사례의 숫자가 큰 폭으로 줄어든다. 경찰에 따르면 전국에서 평균적으로 경찰이 받는 신고 중 15퍼센트[4]는 '근거 없는' 고발로 여겨져 피상적인 조사로 그친다고 하는데, 이는 경찰이 그만큼 고발인을 믿지 않았다는 뜻이기도 하다. 경찰이 피해자를 정말로 믿는다고 해도 그중 범죄자가 실제로 체포되는 경우는 오직 51퍼센트뿐이며, 다시 그중에서 76퍼센트만이 기소되고, 그중 47퍼센트는 무죄판결을 받거나 소송이 기각된다. (어떤 지역에서는 체포된 숫자 대비 최종 유죄판결의 비율이 충격적이게도 3퍼센트에 머물렀다.[5])

1973년, FBI는 전국에서 5만 1,000건의 '근거 있는' 강제 강간과 강간미수 사건이 일어났다고 보고했다. 이는 전년보다 10퍼센트 증가하고 5년 전보다는 62퍼센트가 증가한 수치였다. 이는 의제강간을 포함하지 않은 수치이다. FBI가 보고한 사건 중 73퍼센트는 완료된 강간이며 나머지는 강간미수이거나 강간을 목적으로 폭행한 사례이다. 보수적으로 추산해서 실제로 일어난 강간 5건 중 1건만 신고된다고 가정하면, 1973년 미국에서 25만 5,000건의 강간과 강간미수 사건이 있었다는 결론에 이르게 된다. 냉정하게 최저치를 추산한 결과가 이 정도이다. 비교를 위해 같은 해 FBI가 보고한 살인 사건은 1만 9,510건이며, 가중폭행은 41만 6,270건, 강도는 38만 2,680건이라는 것을 기록해두자.

살인, 폭행, 강간과 강도는 4대 강력 범죄로, 이 중에서도 강간은 가장 빠르게 증가하고 있다. 지난 5년간 다른 범죄는 45퍼센트 증가한 데 비해 강간은 62퍼센트나 증가했다.[6] FBI는 그 이유까지 추정해서 제시하는 위험을 감수하지는 않았다. 여성운동 덕분에 강간 사실을 드러내 말할 용기를 얻은 피해자가 늘어나서 강간 신고가 증가했을 가능성이 가장 크지만, 여성에 대한 적대와 폭력이 실제로 유의미하게 증가하고 있는 현실을 드러내는 수치일 수도 있다. 정확히 어느 쪽인지는 간단히 말할 수 없다.

1973년 경찰이 근거 있는 신고로 여겨 FBI에 보고한 5만 1,000건의 강간 사건 중에서 그들이 실제로 '처리'(즉 체포)했다고 보고한 사건은 51퍼센트이다. 다른 범죄와 비교하면, 살인의 경우 처리율은 79퍼센트이고, 가중폭행의 경우 63퍼센트, 강도의 경우 27퍼센트이다. 강력 범죄 중 강도만 유일하게 강간보다 낮은 처리율을 보인다.[7]

그렇다면 FBI의 〈범죄 총계 보고〉가 근거로 삼은 원본 자료인 경찰 사건 기록부the police-blotter를 통해 추정할 수 있는 강간범은 어떤 사람인가? 범죄자의 61퍼센트는 25세 이하이며, 다수가 16세~24세 구간에 집중되어 있다. FBI에 따르면, 47퍼센트가 흑인이며 51퍼센트가 백인이고 "다른 인종은 나머지 2퍼센트에 속한다".[8]

이름난 소설가인 에번 코널Evan S. Connell은 1966년《강간범의 일기The Diary of a Rapist》[9]라는 역작을 써낸 바 있다. 주인공인 얼 서머필드는 27세의 소심한 백인 중산층 공무원으로, 열등감에 시달리면서도 자신이 지적으로 탁월하다는 망상을 품고 있다. 그는 초라하고 형편 없는 성생활을 하는데, 잔소리가 심하고 야심 넘치며 그를 '거세하는' 기질을 지닌 연상의 부인과 산다. 한번 읽기 시작하면 끝까지 눈을 떼지 못할 정도로 흥미진진한 책이지만, 서머필드의 초상은 현실의 통계가 보여주는 강간범의 평균과는 매우 거리가 멀다. 사실 코널의 소설은 대중의 상상 속에 자리 잡은 강간과 강간범에 대한 신화와 오해를 집대성한 결과에 가깝다. 허튼소리라고는 없는 FBI 통계와 최근 나오기 시작한 엄밀한 사회학 연구 결과를 보면, 전형적인 미국의 강간범은 소심함이나 성적 좌절, 지배 성향을 보이는 부인과 어머니 때문에 시달리는 괴짜 정신병자와는 거리가 멀다. 물론 가족 배경이 어떻든 사이코 강간범이 분명히 존재하기는 하지만, 그는 사이코 살인범이 존재하는 것과 비슷하게 예외적인 존재이지 결코 강간범의 전형이 아니다. 미국의 전형적인 강제강간범은 여자에게 폭력을 행사하기로 작정한 공격적이고 적대적인 젊은이일 뿐이다.

이처럼 강간에 대한 대중의 이해가 현실과 완전히 괴리된 원인에는 프로이트 심리학이 남긴 유산이 큰 몫을 차지한다. 놀랍게도 프로이트 본인은 강간범에 대해 아무런 이야기도 남기지 않았고, 그의 동맹들도 강간범에 대해 그렇게 많은 이야기를 남기지는 않았다. 융은 신화 해석 작업을 하는 과정에서 단 몇 번 강간에 대해 언급했다. 알프레트 아들러는 남성의 권력 추동을 이해했고, 여성이 남성과 평등한 권리를 지녔다는 확고한 신념을 가진 사람이었지만, 자신의 어떤 저서에서도 강간에 대해 이야기한 적은 없다. 반면 헬렌 도이치와 카렌 호나이, 두 탁월한 여성은 오로지 피해자의 심리 쪽에서만 강간을 살펴보았다.

1950년대에는 프로이트 친화적인 범죄학 학파가 하나 부상해서 도외시되던 범죄학 분야를 빠르게 장악했다. 그러나 이 프로이트 학파 범죄학자들조차 강간 문제를 정면으로 다루는 것을 묘하게 꺼렸다. 프로이트 학파 관련 문헌을 가장 잘 모아놓은 A. A. 브릴 컬렉션이 뉴욕 정신분석학 연구소에 소장되어 있는데, 노출증(공공장소에서 남근을 노출하는 행위)을 연구한 문헌 목록은 인상적인 권수를 자랑하며 무겁고 두꺼운 책도 다수 포함하는 반면, 프로이트 학파 내지 정신분석학 권위자가 강간을 주저서로 다룬 경우는 단 한 권도 없다. 심리학 저널에 강간에 대한 논문이 실린 일은 없다고 해도 무방할 정도로 드물었다.

프로이트 학파가 왜 강간을 다루지 않았는지는 흥미로운 문제이다. 남근의 우월성을 강조하는 성향을 비롯해 이 분과가 지닌 남성 편향이 나무만 보고 숲은 못 보게 만들었다고 해도 과언은 아닐 것이다. 게다가 특이 사례 분석에 기반을 둔 직관적 접근법을 사용한 탓에 객관적 표본 추출 방식은 수용하지 못했다. 하지만 그 무엇보다도 프로이트 학파가 결정적으로 실패한 지점은 도덕적 판단을 엄격하게 거부한 데 있었다. 정신분석학의 주요 목표는 그들이 선호하는 표현으로 말하자면, 언제나 소위 '일탈 성행위'를 '이해'하는 것이지 비난하는 것이 아니었다.

1951년 맨프레드 구트마허Manfred S. Guttmacher 박사는 이렇게 쓴 바 있다. "철학적으로 성범죄는 개인이 삶을 영위해온 사회의 성적 관습을 공격하는 행위이다. 이런 행위는 그 사회의 구성원들에게 불안을 야기하기 때문에 범죄가 된다. 무엇보다 금지된 행위를 저지르는 일은 비슷한 행위를 저지르고 싶은 무의식적 욕망을 갖고 있지만 그 욕망을 억제하거나 억압하는 개인에게 가장 큰 불안을 야기한다. 타인의 그런 행동은 우리의 자아 방어를 위협한다."[10]

이 고전적인 구절은 강간 문제를 다룰 때 프로이트 학파가 처하게 되는 딜레마를 명백히 드러내준다.

그나마 강간 문제를 파악하려 시도한 프로이트 성향 범죄학자들은 이 범죄 행위를 (의심할 여지없이 그들이 제일 좋아하는 주제인!) 노출증과 동성애, 성매매, 방화벽, 심지어 구강성교와 함께 묶어 거대하고 두서없는 책을 몇 권 만들었다. 종종 이런 책에는 성인만 읽을 수 있다는 경고 문구가 앞뒤로 붙어 있다. 구트마허의 책《성범죄Sex Offenses》(1951)와 벤저민 카프먼Benjamin Karpman의《성범죄자와 그 범죄The Sexual Offender and His Offenses》(1954)가 1950년대에 나온 그런 종류의 책 중 하나이다. 이 부류의 책을 죽 훑어보면 의미 있는 사실이나 가치 있는 통찰을 발견할 수도 있지만, 저자가 당대에 얼마나 용감한 사람으로 여겨졌을지를 감안하고 읽어야 한다. 그들은 그냥 섹.스뿐 아니라 일탈적인 섹.스도 다뤘고, 방식이 잘못되기는 했지만 나름대로 성을 새롭게 이해할 방식을 구축하려고 했던 것이다. 카프먼은 "의학에 도덕적 비난을 위한 자리는 없다"[11]고 썼다. 훌륭한 감상이다. 그러나 동일한 카프먼 씨가 그보다 100쪽 앞에서는 도착을 "번식이라는 생물학적 목표를 거스르는 성적 행위"[12]라고 정의했다.

프로이트 학파 범죄학자들은 서로 옥신각신하면서도 대체로 강간범을 본질상 '유아적'이며 '통제할 수 없는 충동'의 희생자로, 자기 어머니와 성교하려는 '자연적' 충동이 좌절된 결과 생겨난 인물로 정의한다. 이때 강간 행위는 그런 그가 느끼는 '무력감' 때문에 생긴 '신경증적 과잉 반응'이 된다. 프로이트 학파가 가장 좋아하는 표현으로 요약해보면 그는 '성적 사이코패스'다. 카프먼은 강간범이란 "질병에 시달리는 희생자로서 그가 저지른 행위에 희생된 사람보다 더 고통받는다"[13]고 썼다.

이것이 바로 프로이트 학파가 가장 선호하는 강간범의 이미지이자 동시에 내가 수정하고자 하는 신화이다. 프로이트 학파는 강간범을 치료할 수 있다고 믿었다. 구트마허 박사의 경우 다른 부류의 강간범이 있다는 사실을 알고 있었지만, 그런 부류는 연구하기 따분하다고 여겼다. 그는 '가학적'이거나, 강간이 남자다운 활동이라는 발상에 고취되어 있고, '정복군 병사처럼' 구는 강간범이 있다는 사실을 분명히 알고 있었지만, 심드렁한 태도로 이렇게 쓰고 넘어갔다. "성적으로 잘 적응한 청년들이 어느 날 밤 연속으로 절도를 하다가 한 집에서 강간을 저질렀는데, 이는 다른 약탈 행위와 다를 것 없는 행위였다."[14]

구트마허는 볼티모어 형사법원의 의료 분야 최고책임자였다. 강간범을 '성적으로 잘 적응한 청년'으로 보는 서술은 오싹한 함의를 지닌다. 남성의 지배와 공격성이 그 자체로 정당하다고 전제하는 표현이기 때문이다. 이는 구트마허 개인의 신념일 뿐 아니라 프로이트 지향적인 범죄학 저술을 관통하는 공통 전제였다. 하지만 구트마허는 재빨리 '성적으로 잘 적응한 청년들'을 한편으로 제쳐두고, 자기 구미에 더 맞는 두 강간범에 관한 임상 연구[15] 쪽으로 뛰어들었다. 이들 두 명 다 손톱을 깨무는 버릇이 있었고 '잔소리꾼 어머니'를 두고 있었다. 한 명은 잠복고환*이었다. 그는 그들이 얼마나 자주 자위행위를 해서 이부자리를 적셨는지에 대해 음울하게 기록하면서도, 정작 그들이 여자를 어떻게 생각했는지는 기록하지 않았다.

유죄판결을 받은 여덟 명의 강간범의 부인을 대상으로 실시된 1954년의 로르샤흐 연구는 강간에 대한 프로이트식 접근 방식의 정수를 보여준다. 이 연구의 저자 중 한 명인 저명한 정신분석가이자 범죄학자 데이비드 에이브러햄슨David Abrahamsen 박사는 모든 죄를 범죄자의 아내에게 묻는 기막힌 명문을 남겼다.

연구 결과 성범죄자의 아내는 겉보기에 고분고분하고 마조히스트식으로 남자를 대하는 듯 보이지만, 실은 은근히 자기의 여성성을 부인하면서 공격적이고 남성적인 성향을 드러낸다는 결론을 얻었다. 그들은 무의식적으로 성적 공격을 유도하고는 냉랭하게 거부한다. 남편이 남자다움을 증명하고 싶게끔 자극하고는 그 시도가 반드시 좌절로 끝나게 해서 남편이 자신의 남성성을 더욱 의심하게 만드는 것이다. 이런 아내는 범죄자가 자기도 모르게 어머니와 맺고 있던 관계 유형을 지속시킨다. 이 아내들이 유발한 성적 좌절이 강간 동기를 구성한다는 사실은 의심할 여지가 없으며, 강간이란 유혹하면서 동시에 거부하는 어머니를 강제로 굴복시키는 일을 대신하는 시도라고 잠정적으로 서술할 수 있다.[16]

1960년대에 들어서 범죄학 분야의 주도권은 사회학자들에게 넘어갔는데, 이는 물론 다행스러운 일이었다.** 사회학자들은 특수한 개

---

* 고환이 음낭으로 완전히 내려오지 못한 상태를 일컫는 의학 용어.-옮긴이
** 물론 이런 이행은 결코 깔끔하게 이루어지지 않았다. 1965년 《성범죄자Sex Offenders》라는 제목의 900쪽짜리 책이 폴 갭하드Paul H. Gebhard를 비롯해 노년의 앨프리드 C. 킨제이Alfred C. Kinsey가 설립한 성 연구소의 연구원들에 의해 세상에 나왔다. 갭하드의 책은 프로이트 학파의 특이 사례 연구 방식과 사회학적 접근 방식 사이에 있는 과도기적 연구라

인의 사례로부터 외삽하는 방식에 의존하지 않고, 집단의 행위와 집단이 중시하는 사회적 가치를 측정해 도표와 목록, 다이어그램 및 유의미한 사회적 이론을 제시했다. 무엇보다도 이들은 범죄에 관해 단단하고 냉정한 통계적 사실을 제공했다. (이런 방식의 연구를 가능케 한 주인공인 컴퓨터 과학기술의 발전에도 찬사를 보내야 할 것이다.)

미국 범죄학을 이끈 마빈 볼프강Marvin E. Wolfgang의 제자이자 이스라엘의 사회학자인 메나헴 아미르Menachem Amir는 필라델피아에서 발생한 강간에 대해 10년간 연구한 결과를 1971년 책으로 펴냈다. 그의 책《강제 강간의 패턴Patterns in Forcible Rape》은 방법론 용어에 익숙지 않은 사람이 접근하기 까다로울 뿐 아니라, 힘으로 위협당하는 상황에서 여성이 보이는 문화적으로 조건화된 행위를 이해하는 데 둔감해서 읽는 이를 답답하게 만들지만, 그럼에도 눈이 번쩍 뜨이는 놀라운 연구 결과를 보여준다. 이 연구는 실질적이면서도 깊이 있는 통계적 접

할 수 있다. 이 연구 역시 킨제이 박사의 연구의 고질적인 결함인 인종적 편견에서 자유롭지 않았다. 갭하드의 연구팀은 유죄판결을 받은 강간범과 아동 성추행범, 동성애자 사이에서 의미 있는 차이나 유사성을 찾아내려고 애썼는데, 연구에서 흑인은 멋대로 배제했다. "그들은 성 행동과 태도가 상당히 다르다"는 이유에서였다. 게다가 킨제이의 유령이 이 책을 지배하고 있다. 갭하드는 이렇게 말한다. "킨제이 박사는 '좋은 시간 보내기'와 '강간'의 차이는 소녀가 집에 도착했을 때 그 부모가 잠들었는지 여부에 달려 있다고 종종 말한 바 있다." 갭하드는 여성 성범죄자가 거의 없는 이유가 "평균적인 여성은 평균적인 남성보다 더 약한 '성 충동'을 가지고 있"기 때문이라고 넘겨짚기도 했다. 아마도 (몽정, 자위행위, 동물 접촉과 혼전 및 혼외 성교, 혼인 관계 해소 후 성교에 대한) 이 비교연구에서 나온 가장 유용한 관찰은 강간범의 "이성애 적응"이 교회 구성원과 노조원으로 이루어진 대조군에 비해 "정량적으로 측정했을 때 평균을 훨씬 상회한다"는 것인데, 이런 결과는 물론 강간범의 본질보다는 갭하드가 정의한 이성애 적응도의 기준에 대해 더 많은 것을 말해준다. 이 책에서 독자가 쓸 만한 통찰을 발견할 수 있다면, 몽정, 자위행위, 동물 접촉과 혼전 및 혼외, 혼후 성교 등 무엇이든 이런 성행위에 대해 연구하는 것으로는 남성이 강간을 하는 이유에 대해 전혀 알 수 없다는 사실이다. 그 점만큼은 900쪽 정도로 충분히 증명된 것 같다. Paul H. Gebhard et al., *Sex Offenders* (1965), New York: Bantam, 1967, pp.9-10, p.16, 178, 205.

우리의 의지에 반하여

근을 통해 강간범과 강간의 본성을 연구한 최초의 시도로서, 경찰 사건 기록부와 〈범죄 총계 보고〉가 갇혀 있던 시야의 한계를 상당히 극복했을 뿐 아니라, 이상 사례에 관심을 두었던 프로이트 학파 연구의 한계를 훌쩍 넘어섰다. 아미르는 범행 방식, 윤간 대 개인 강간, 경제 계급, 피해자와 가해자 간의 기존 관계, 인종 요인과 이인종 간 요인 등의 변수를 컴퓨터로 처리했다. 그리하여 역사상 최초로 전형적인 강간범의 프로필이 뚜렷이 모습을 드러냈다. 전형적인 강간범은 대체로 특별한 점이 없는 가운데 폭력 성향을 지닌 부류인 것으로 밝혀졌다.

펜실베이니아대학교 범죄학과에서 아미르를 가르친 볼프강은 저서에서 '폭력의 하위문화the subculture of violence' 이론을 상세히 전개했다. 볼프강은 사실상 이 이론의 창시자라고 할 수 있다. 폭력의 하위문화에 대한 이해는 강제 강간범을 이해하는 데 필수적이다. 볼프강은 "사회계급은 폭력 범죄를 다루는 모든 연구에서 빼놓을 수 없이 중요한 요소이다"[17]라고 썼다. 지면상 단순화를 무릅쓰고 볼프강의 이론을 요약해보면, 하층계급, 빈곤층, 권리를 박탈당한 사람, 흑인 등은 권한을 가진 사람들의 문화, 이른바 지배문화의 가치를 자주 위반하는 이들로서, 우리 문화의 지배적 가치 체계 내부에서 하위문화를 형성한다는 것이다. 지배문화의 경우 예의범절이 통하는 범위 내에서도 충분히 잘 돌아가는데, 원하는 것을 얻기 위해 굳이 폭력에 기댈 필요가 거의 없기 때문이다. 이와 대조적으로 좌절과 방향 잃은 분노로 가득한 하위문화는 폭력에 기대기가 쉽다. 폭력과 신체 공격이 그 자체로 삶의 일반적인 방식이 되어버리는 것이다. 특히 젊은 남성의 경우에 말이다.

볼프강의 범죄 이론은 다른 이론들과 달리 건실한 근거를 제공하는 통계 분석에 기반을 두며, 결코 모든 문제에 해답을 제시하려고 하지 않는다. 사회구조에 내재한 불평등에서 폭력 범죄를 위한 변명을 찾으려 드는 리버럴이 원하는 해답을 주지도 않을뿐더러 모든 폭력을 정부의 지배 조직과 억압적 상부구조의 산물로 해석하려 드는 급진 사상가들도 만족시키지 못할 것이다. 그럼에도 볼프강은 폭력의 하위문화가 발생하는 근본 원인 중 하나로 사회의 불평등을 꼽은 최초의 인물이다.

반사회적 행위나 폭력 범죄(살인, 폭행, 강간과 강도)에 빈번히 관여하는 이 대다수가 사회경제적으로 하층계급에 속한다는 사실을 피할 방법은 없다. 긴 억압의 역사 탓에 흑인 다수가 낮은 사회경제 계급에 속해 있고, 전체 인구에서 흑인이 차지하는 비율보다 더 높은 비율로 폭력 범죄를 저지르는 것도 사실이다. 물론, 경제적 지위를 감안하면 흑인의 폭력 범죄율이 특별히 높은 것은 아니다.

지금 우리가 다루는 것은《레 미제라블》에서 빵 한 덩이를 훔친 장 발장의 이야기가 아니다. 타인의 신체를 공격하는 행위가 폭력의 하위문화의 주요 교리인 "남성성과 거친 기질의 과시"[18] ─ 볼프강이 사용한 표현이다 ─ 의 일환이 되는 현상을 논하는 중이다. 요즘 유행하는 표현으로는 폭력 범죄의 '마초적machismo' 요인에 관해 이야기하고 있다. 젊은 하층계급 남성에게는 마초적 방식에 순응하거나 충성하는 것, 특히 집단이나 무리에 속했을 때 그렇게 행동하는 것이 집단 내 지위와 평판, 정체성을 얻기 위한 필수 조건이 된다. 물론 성적 공격성은 이런 마초다움을 이루는 핵심 요소이다.

아미르의 필라델피아 연구가 강간 범죄 연구에 독보적으로 기여한 바가 있다면, 그것은 강간범을 폭력의 하위문화라는 맥락에서 제대로 이해했다는 점이다.[19] 이를 통해 어떤 범죄자에게든 있을 법한 개인적 기벽과 인격장애를 제외하면 강간범을 특징지을 수 있는 고유의 병리적 특성은 존재하지 않는다는 사실이 드러났다.

아미르는 1958년과 1960년 필라델피아 경찰서의 주요 파일에서 나온 총 646건의 사건과 1,292명의 범인 정보를 가지고 강간 패턴을 추적했다.[20]* 아미르의 연구에서 당장 끄집어낼 수 있는 중요한 사실 하나는 필라델피아 사건의 43퍼센트에서 강간범이 짝이나 무리를 이루어 범행했다는 사실이다.[21] 이는 강간범이 비밀스럽고 외로운 개인이라는 널리 받아들여진 신화가 거짓임을 드러낸다.

필라델피아 강간범의 나이 중간값은 23세이지만, 강간을 저지를 가능성이 가장 높은 연령 집단은 15세에서 19세 사이이다.[22] 이처럼 강간범의 나이가 어리기 때문에 기혼보다는 미혼이 많다.[23] 필라델피아 강간범의 90퍼센트는 "직업 척도상 하층에 속하며",[24] 직업 척도상 상층부터 나열하면 "숙련 노동자부터 무직까지" 분포해 있다. 필라델피아 강간범의 절반은 체포 전과가 있으며, 이들 중 대다수는 절도나 강도, 경범죄, 폭행 같은 전과가 있는 것이 보통이다.[25] 전과 기록이 있는 이 중에서 단 9퍼센트만이 강간으로 체포된 적이 있었다. 다시 말해 강간범은 전형적인 청소년 범죄자의 틀에서 벗어나지 않는다.**

---

* 아미르의 원자료는 FBI의 자료와는 성격이 다르다. FBI는 강간이나 강간미수로 실제로 체포까지 이른 사람들만 다룬 자료를 발표했다. 아미르의 자료는 경찰이 '근거가 있다'고 여긴 모든 신고된 강간에 관한 통계 정보에 기반을 둔 것이었다. 아미르는 강간미수 사건은 포함시키지 않았지만, 체포되지는 않았으나 범죄자라고 '알려진' 이들의 프로필까지 자료에 넣었다. 이 사회학자는 "알려진" 범죄자라는 표현으로 "부인할 수 없이 존재하는" 범인을 의미하려고 했는데, 이것은 꼭 "경찰에 알려진" 범인을 의미하지는 않았다. 아미르의 연구의 기반이 된 1,292명의 범죄자들 중 실제로 체포된 수는 845명뿐이었다. UCR, pp.13-14; Amir, p.34, 37, 39.

** FBI의 '전과 기록' 파일은 좀 더 최근의 통계를 이용해 전국에서 체포된 모든 강간범의 70

예상 가능하게도 필라델피아 강간범은 대체로 인구조사 지역 척도상 고도 범죄 지역으로 분류되는 도심 지역, 특히 '대인對人 범죄'가 많은 지역에 살고 있었다.[26] 피해자 역시 동일한 지역에 사는 경향이 있었다. 대규모 흑인 게토 인구가 있는 커다란 북부 도시를 대상으로 한 연구였던 탓에 흑인 범죄자의 비율은 전국 평균보다 높다. 앞서 언급한 FBI 기록에 따르면 체포된 강간범 중 47퍼센트가 흑인이었다. 아미르가 연구한 필라델피아의 경우 신고된 강간범 중 82퍼센트, 피해자 중에서는 80퍼센트가 흑인이었다.[27] 그는 다음과 같은 결론을 내렸다. "강간은 같은 인종 사이에 일어나는 사건, 특히 흑인 남성과 흑인 여성 간에 발생하는 일인 것으로 드러났다."[28] 즉 필라델피아에서 강제 강간은 흑인과 흑인 사이에 일어나는 경우가 압도적으로 많았다. 그다음으로 비율이 높은 것은 백인 남성이 백인 여성을 강간한 경우였다. 대부분의 강간범은 접근하기 편한 이웃이나 가까운 곳에 사는 여성을 강간하는 경향을 보였다. 필라델피아시에서 1958년과 1960년에 일어난 다른 인종 간 강간의 숫자는 아미르의 조사에 따르면 얼마 되지 않았다. (최근 나온 연구는 이 점에서 아미르의 연구와 다른 결과를 제시했다. 다른 인종 간 강간에 관한 논의는 이 책의 7장 '인종 문제'에서 다룬다.)

아미르는 이렇게 썼다. "이전까지 사람들이 강간에 대해 품어온 인상과는 정반대로, 분석 결과 71퍼센트의 강간은 사전에 계획된다는 사실이 드러났다."[29] 이 관찰 결과는 아미르가 강간 연구에 제공한

퍼센트가 전과를 가지고 있다는 것을 보여준다. 이뿐만 아니라, 85퍼센트 이상이 다시 범행을 저질러서 경찰 사건 기록부에 전과를 남긴다. 가장 자주 보이는 전과순으로 나열하자면 절도, 폭행, 강도, 강간, 살인이다. Donald J. Mulvihill et al., *Crimes of Violence, a staff report to the National Commission on the Causes and Prevention of Violence*, Washington: U.S. Government Printing Office, 1969, Vol.12, p.532, 533, 544.

가장 중요한 기여 중 하나다. 대개의 강간 행위는 개인이 감정을 억누르다가 욕정을 통제하지 못해 우발적으로 폭발하는 것과는 거리가 멀고, 대체로 개인이나 공범 집단이 미리 계획해 정교하게 준비하는 범죄라는 사실을 밝혀낸 것이다. 단독 강간범이나 패거리가 특정한 피해자를 점찍은 후 강간하기 편리한 지점으로 피해자를 유인하는 데 필요한 절차를 사전에 차분히 준비하는 경우도 있다. 강간 '결정'은 패거리나 짝패, 단독 범행자가 내리고, 피해자 '선택'은 운에 맡기는 경우도 있다. 누구든 강간범이 선호하는 장소로 붙잡혀 끌려가거나, 강요당해 가거나, 속아서 유인당한 후 피해자가 될 수 있다. 이쯤 되면 충분히 예상 가능한 결과로, 필라델피아 경찰 파일에 있는 대부분의 집단 강간 역시 미리 계획된 것으로 드러났다. 좀 더 정확히 말하면, 사전 계획과 조정은 집단 강간을 실행하기 위한 절대적 필수요소임이 증명되었다. 집단 강간을 실행하려면 '안전한' 장소를 물색해야만 하고, 강간이 진행 중일 때 지나가는 사람이나 경찰, 인근 주민에게 들키지 않을 대책도 마련해야 한다. 그리고 무리 전체가 피해자 선정에 동의해야만 한다.[30]

아미르의 연구에서 단독 강간범의 4분의 1은 사전에 계획하지 **않았다**. 아미르의 언급에 따르면, 이들 우발적 범죄자 유형은 "그런 범죄를 저지를 생각이 애초에는 없었다. …… 하지만 기회(만난 장소, 피해자의 행동 등)가 보여서 충동이 일었거나 판단력이 손상된 상태였는데, 이는 대체로 사건을 저지르기 전에 알코올을 섭취했기 때문이었다".[31]

그 밖에 아미르가 컴퓨터에서 끌어낸 관찰 결과는 다음과 같다.[32] 필라델피아에서 강제 강간은 더운 여름 몇 달간 약간 증가하지만 그 정도가 큰 것은 아니었다. 강간은 연중 상시로 일어나는 사건이지만,

집단 강간은 특히 여름에 현저한 증가세를 보였다. 금요일 밤과 토요일, 일요일이 선호되는 범행 시간대로, 강간범의 입장에서는 주말의 흥겨움과 급여를 받았다는(혹은 급여를 못 받았다는) 점이 강간에 더 흥미를 갖게 만드는 것으로 보인다. 범행 시간대는 보통 낮보다 밤이 선호된다. 여성에게 가장 위험한 시간대는 오후 8시에서 새벽 2시 사이였다. 아미르가 조사한 646건 중 85퍼센트에서 단독 혹은 집단 강간범은 목표를 이루기 위해 어떤 형태로든 유형력을 행사하거나 무기를 내보이는 행위를 했다.[33] 나머지 15퍼센트의 경우에는 언어를 통한 협박이나 범죄자의 풍모 자체가 피해자의 저항을 압도하기에 충분했다.

　다른 폭력 범죄와 강간을 통계적으로 비교해보면, 강제 강간범의 프로필은 정확히 가중폭행범과 강도의 프로필 중간에 있다.* 이때 프로필에 포함된 변수는 나이, 인종, 직업, 범죄의 공간적 패턴, 범행 방식, 음주 여부, 전과 기록 등이다. 강간범, 강도, 폭행범의 프로필을 나란히 놓고 볼 때 강간범은 중간에 있는 자이며, 셋 중 가장 특징이 흐릿하다. 강간범의 프로필은 다른 범죄자의 특성을 '빌려온다'고 할 수 있다. 강간범은 폭행범보다 약간 어리고, 강도나 노상강도보다는 좀 더 나이가 많다. 그는 평균적인 가중폭행범보다는 완력을 덜 사용하며, 평균적인 강도보다는 완력을 더 사용한다. 그는 폭행으로 체포

＊　나는 이 값진 통찰을 볼프강의 또 다른 제자이자 학생인 사회학자 린 커티스Lynn Curtis에게 빚졌다. "중간에 있는 자"라는 강간범의 특성은 FBI의 〈범죄 총계 보고〉에서도 확연히 드러나며, '폭력의 원인과 예방에 관한 국가 위원회'에 제출된 직원 보고서로 커티스가 보조 책임자로 참여했던 《폭력 범죄Crimes of Violence》(1969) 11권과 12권에서도 확연히 드러난다. 또한 내가 읽은 미출간 원고인 4대 폭력 범죄에 관한 커티스 본인의 작업에서도 볼 수 있다. 그런데 살인범의 프로필은 다른 세 가지 폭력 범죄자의 유형과는 다른 특징을 보인다.

된 범죄자보다는 범행 전 음주를 덜 하고, 강도로 체포된 범죄자보다는 범행 전 음주를 더 많이 한다. 그는 평균적인 폭행범보다 자신의 동네에서 범행을 덜 저지르지만, 무장 강도를 저지르는 범죄자들만큼 멀리 가지는 않는다.

서로 어느 정도 연결되어 있는 두 가지 비교가 더 있다. 강간은 전혀 면식이 없는 이를 대상으로 삼는 빈도가 폭행보다는 높지만, 강도보다는 낮다. 마지막으로 다른 인종에게 강간을 저지르는 빈도는 다른 인종을 폭행하는 빈도보다 훨씬 높지만, 강도 사건의 경우만큼 높지는 않다.

다른 두 범죄로부터 특성을 '빌려오는' '중간에 있는 자'라는 강제 강간범의 프로필은 강간이라는 범행의 본질을 반영하는 듯 보인다. 강간은 폭행처럼 다른 이에게 신체적 상해를 가하는 행동인 동시에 강도처럼 재산을 획득하는 행위이기도 하니 말이다. 강간 행위의 의도는 여성의 몸을 '갖는다have'는 식으로 소유를 뜻하는 어휘로 표현된다. 한 여성이 강간범에게는 혐오스러운 인간이자 갖고 싶은 재산으로 인식되는 것이다. 그녀에 대한 적개심과 그녀를 소유하고 싶다는 욕망이 동시에 동기가 될 수 있고, 그녀에 대한 증오와 그녀를 취하려는 시도가 하나의 행동으로 표현된다. 강간은 하나의 범죄로 사람과 재산을 동시에 침범하는 행위가 되는 것이다.

대중적 편견과 달리 뉴욕과 워싱턴은 미국의 강간 수도가 아니다. FBI가 매년 음지의 오스카상처럼 부여하는 강간 수도의 영예는 대체로 로스앤젤레스에 돌아가며, 덴버, 리틀록, 멤피스, 샌프란시스코-오클랜드, 라스베이거스, 탤러해시와 앨버커키가 그 뒤를 바짝 쫓는 중이다.[34] 훌륭한 연구자라면 경찰의 보고 절차가 도시에 따라 엄청나게 달라진다는 사실을 항상 명심할 필요가 있다. FBI는 인구가 25만이 넘는 도시들이 교외 지역보다 높은 1인당 강간율을 보이며, 시골 지역은 한참 뒤처져 있다는 점을 강조한다.[35] 따라서 강간은 일단 대도시 범죄라고 말할 수 있겠다. 하지만 교외 지역 강간율도 눈에 띄게 증가하는 중이다. 1인당 강간 비율을 지리적으로 살펴보면 남서부 주에서 가장 높게 나타난다.[36] 남서부 주는 살인과 폭행에서도 선두를 달리는데 여기에는 남부와 서부의 폭력 전통[37]도 원인으로 작용하는 듯하다.

다른 요인을 살펴보는 일을 방해할 정도로 지나치게 주목받은 통계항도 있다. 바로 범행이 벌어진 장소이다. 브렌다 A. 브라운Brenda A. Brown은 1973년 멤피스 경찰청 연구[38]에서 전체 강간 중 34퍼센트가 피해자의 거주지에서 일어났으며, 대개 강제 불법 침입이었다고 보고했다. 22퍼센트는 차량 안에서, 26퍼센트는 '열린 공간'(골목, 공원, 길, 거리, 덤불 속, 건물 뒤 등)에서 일어났다. 9퍼센트는 가해자의 거주지에서, 그리고 나머지 9퍼센트는 교회부터 버려진 건물까지 다양한 실내 공간에서 일어났다.

'폭력의 원인과 예방에 관한 국가 위원회'The National Commission on the Causes and Prevention of Violence'의 태스크포스가 수행한 17개 도시 조사[39]에 따르면, 전체 강간의 52퍼센트는 집(침실에서 가장 자주)에서 일어나며, 23퍼센트가 야외에서 벌어지고, 14퍼센트는 상업 시설 및 다른 실내 장소에서 일어났다. 11퍼센트는 차 안에서 발생했다.

아미르의 필라델피아 연구[40]는 전체 강간 중 56퍼센트가 집에서 일어났다고 보고했다. 18퍼센트는 야외에서, 11퍼센트는 집이 아닌 다른 실내에서, 15퍼센트는 차 안에서 일어났다. 아미르는 범죄자가 피해자를 협박하거나 속여서 강간하기 좋은 장소로 **데려간다**는 점에 착안해 이른바 "강간 사건에서 최초 만남의 장소"에도 관심을 가졌다. 그는 전체 사건 중 48퍼센트에서 범죄자가 피해자를 처음 점찍은 곳이 거리라는 사실을 알아냈다.

이제까지 살펴본 세 가지 통계에 따르면 거리와 집, 자동차가 가장 위험한 장소로 떠오른다. 그런데 이 장소들을 빼고 나면 도대체 남아 있는 장소가 있기는 한가? 항상 문과 창문을 잘 잠그고, 인적이 드문 장소에서 밤에 혼자 걷거나 차를 얻어 타지 말라는 이야기가 흔히 처방인 양 제시되지만, 이런 처방은 강간 이데올로기에 아무런 영향도 끼치지 않을뿐더러, 우리가 강간을 더 잘 이해할 수 있게 해주지도 않는다.

강간은 장소가 어디든 일단 강간범의 마음에서 시작된다고 할 수 있다. 보스턴과 로스앤젤레스의 강간 패턴을 비교한 소규모 연구[41]는 바로 이런 점에서 흥미롭다. 사방으로 넓게 뻗어나간 도시 형태 탓에 사람들이 어디든 가려면 자동차가 필요한 로스앤젤레스는 가장 높은 강간율을 보이는 데 비해, 빽빽하게 밀집한 도시 형태인 보스턴은 강간율이 낮다. 이 두 도시에서 나온 경찰 보고서를 조사한 두 명의 사회학자는 보스턴의 강간범은 아파트에 침입해 피해자와 마주칠 경우가 많은 반면, 로스앤젤레스의 강간범은 차를 몰고 돌아다니다 피해자를 태우는 경우가 많다는 사실을 발견했다. 두 학자는 보스턴보다 로스앤젤레스에서 집단 강간이 더 빈번하다는 사실도 발견했는데, 이는 히치하이킹을 해야만 하는 이동 및 수송 환경과 직접적인 관련이 있어 보인다. 무기는 보스턴 강간범이 더 자주 사용했는데, 이는 머릿수 자체로 충분히 힘을 과시할 수 있는 집단 강간범보다는 단독 범죄자가 더 무기로 힘을 보여줄 필요가 있다는 것을 감안하면 이해가 되는 결과이다.

짝패와 집단, 패거리

강간범이 한 명이고 피해자가 두 명인 상황에서 강간범이 피해자 한 명을 구석으로 몰아 꼼짝하지 못하게 둔 채로 다른 한 명을 강간했다는 이야기가 드물지 않게 들려오지만, 강간범은 보통 공범이 많아서 유리한 상황을 선호하는 것으로 드러났다. 이 사실은 그 자체로 강간 행위의 본질에 대해 많은 것을 말해준다.

집단 강간group rape이란 보통 두 명 이상의 남성이 한 여성을 성폭행하는 일이라고 정의할 수 있다. 앞서 살펴보았듯 아미르는 그가 다룬 필라델피아 사례 중 43퍼센트에서 여성 피해자가 두 명 혹은 그 이상의 가해자에게 당했다고 밝혔다. 토론토에서 실시된 한 조사연구에서는 50퍼센트라는 수치가 나왔다.[42] 워싱턴 DC를 배경으로 삼은 연구에서는 30퍼센트였다.[43] 토론토와 필라델피아에서 집단으로 범행한 강간범은 전체의 71퍼센트를 차지했다.

과장법이라고는 모르는 아미르조차 "원인을 어떻게 설명하든 이런 결과는 놀랍다"[44]고 썼다. 이 사회학자가 이처럼 놀라움을 표한 이유는 그간 강간을 다룬 정신의학 문헌들이 집단 강간 현상에 대해서는 "침묵"[45]했기 때문이다. 경찰청 역시 대중에게 공개할 용도로는 집단 강간 총계를 내지 않는 것을 규정으로 하고, FBI의 〈범죄 총계 보고〉도 관련 정보를 분석하지 않는다.

남성들이 짝이나 패거리를 이루어 강간을 할 때, 피해자에 대한 물리적 힘의 우위를 더 확실히 할 수 있다는 것은 의심할 여지가 없는 사실이다.[46] 집단 강간은 단지 남성이 한 여성woman을 정복하는 행위가 아니라, 남성들이 대문자 여성Woman을 정복하는 행위이다. 피해자가 동등하게 싸울 가능성을 완전히 없애버리는 집단 강간이야말로 남성 강간 이데올로기를 극명히 드러내는 현상이다. 가해자 숫자가 많다는 점은 그 행위의 의도가 얼마나 잔혹한지 증명해준다. 이뿐만 아니라 집단 강간은 라이오넬 타이거Lionel Tiger가 유행시킨 표현으로 '남성연대male bonding'의 증거이며, 익명의 집단 공격 절차를 통해 강간 행위 자체에 대한 욕망과 **별개로** 피해자를 모욕하고 싶어 하는 욕망이 존재한다는 증거이기도 하다.

방글라데시와 베트남의 사례에서 살펴보았듯, 전시에 남성들은 구성원이 모두 남성이고 남성들 간의 충성으로 강하게 결속된 군대 집단 안에서, 본인은 익명화되어 안전한 상황에서 강간을 한다. 국내에서 집단 강간을 저지를 때도 이와 비슷하게 남성연대가 작동하는데, 젊은 남성들이 어느 날 저녁 어쩌다가 느슨하게 무리를 이루게 된 경우든, 명실상부한 조직으로서 골격을 갖춘 경우든 상관없이 작동한다. 집단 강간 행동은 여성 피해자를 **익명의 대문자 여성**으로 만들고, 그 여성을 적대하는 남성들 사이에 동맹을 만들어낸다.

전시에는 강간이 으레 일어나는 일처럼 여겨져왔고, 약탈이나 살해와 함께 엮인 경우가 많았기 때문에 정신의학은 대체로 전시 강간을 정신장애의 지표로 간주하지 않았다. 국내에서 발생하는 집단 강간에 대한 태도도 마찬가지였다. 사전 계획과 안전보장 및 조정을 위해 2인조 방식에 의존해야 하고, 마초성을 경쟁하는 의미가 있으며, 종종 강도나 절도와 함께 저지르는 경우가 있고, 스포츠나 떠들썩한 유흥의 양상을 띤다는 특징 때문에 정신의학은 집단 강간에 거의 관심을 두지 않았다. 구트마허 박사의 언급을 다시 떠올려보면, "다른 약탈 행위와 다를 것 없는" 행위로 여긴 것이다.

아미르가 살펴본 경찰 사건 기록부에는 강간범 중 55퍼센트가 집단으로 강간했고 16퍼센트는 2인조를 이루어 강간했다고 나와 있다. 2인조 강간은 별개의 현상으로 연구된 적이 없다. 집단 강간에 관한 연구는 매우 드물지만 흥미롭다.

캘리포니아의 집단심리학자인 W. H. 블랑샤르W. H. Blanchard는 두 집단의 청소년 집단 강간범을 연구한 대단히 흥미로운 논문[47]을 발표한 바 있다. 하나는 백인 집단이고 다른 하나는 흑인 집단이었다. 그는 그들의 나이를 밝히지 않았지만 "소년들"이라고 불렀고, 그들이 청소년 구금 시설에 있다고 언급했다. 이 심리학자는 두 청소년 집단을 각각 그가 '집단 로르샤흐 검사 과정'이라고 이름 붙인 상담 과정에 투입했다. 먼저 소년들 각각을 개별 상담하면서 무한하게 다양한 해석을 할 수 있는 얼룩과 번진 자국이 무작위로 그려진 일련의 로르샤흐 카드를 보여주고 이야기하게 했다. 그러고 나서 집단 전체를 한 자리에 모아놓고 같은 테스트를 반복하면서 카드 그림이 무엇을 의미하는지 소년들끼리 합의해서 하나의 답을 내도록 했다. 블랑샤르의 표현에 따르면, "이 방식은 소년들이 개인상담에서 내놓았던 반응을 집단으로 있을 때는 어떻게 수정하는지 살펴볼 수 있는 기회를 제공했다. …… 집단의 역학에 따르기 위해서 개인의 의견을 어떻게 수정하는지 관찰할 수 있었다". 블랑샤르는 소년들이 집단과 함께 있을 때 더 풍부하고 정교한 반응을 보인다는 사실을 발견했는데, 이는 "집단 내에서 우세한 쪽이 되기 위해 받는 경쟁 압력과 집단 활동이 주는 자극" 때문이었다.

블랑샤르는 백인 소년 집단이 "로스앤젤레스 할리우드 힐스의 어떤 외진 구역에서 한 쌍의 연인에게 유난히 잔인한 공격을 하는 데 가담했다"고 서술했다. (사실 집단 강간 사건 치고 유난히 잔인한 사건까지는 아니었다.) 다섯 소년이 범행에 가담했지만 리더로 알려진 키스와 해리, 돈만 구금되었다. 강간은 다음과 같이 이루어졌다. 자기들끼리

술판을 벌이던 소년들은 주차된 차 안에 있는 연인들을 '겁주면' 재미있겠다고 생각했다. 그들이 차에 접근하면서 상황은 악화되었다. 키스가 차의 시동 열쇠를 잡자 차 안에 있던 소년이 밖으로 나와 항의했고, 키스는 그를 한 대 쳤다. 다른 소년들이 그 소년을 덮쳤고 해리는 지갑을 빼앗았다. 블랑샤르에 따르면 "소녀는 남자 친구를 놓아준다면 무엇이든 키스가 원하는 대로 하게 해주겠다고 동의했다"고 했다. 그러자 다른 소년들이 그녀의 가슴을 움켜쥐고 옷을 벗기는 것을 도왔고 키스가 제일 먼저 차 안에서 그녀를 강간했다. 돈이 다음 차례였다. 이때 소녀는 고통스러워했고 대신 그에게 "수음을 해주겠다"고 애원했다. 돈은 동의했다. 블랑샤르는 이렇게 기록했다. "이 일이 벌어지는 동안 다른 소년들은 소리를 지르고 차창을 두드리며 차 주변을 뛰어다녔다." 돈이 일을 마치고 세 번째 소년의 차례가 왔을 때, 키스는 불현듯 발각될지도 모른다는 불안에 빠졌다. 키스는 세 번째 소년을 차 밖으로 끌어내 도망가자고 명령했다.

주로 남자 친구를 폭행하는 일을 담당했고, 소녀를 범할 "기회"는 없었다던 해리는 블랑샤르와의 면담에서 리더인 키스를 이렇게 묘사했다.

어떤 여자애가 [해변에서] 일광욕을 하며 선글라스를 끼고 있으면 키스는 그 여자애한테 온통 모래를 끼얹고는 했어요. 그러면 여자애는 완전 돌아버리는 거죠, 안 그렇겠어요? 그가 주변에 있으면 마음을 놓을 수가 없어요. 왜 있잖아요, 붙잡든지 꼬집든지 그런 짓을 하죠. …… 키스랑 같이 해변에 있으면 키스가 배나 어딘가를 갑자기 한 대 칠 것 같아서 안심하고 누워 있을 수가 없어요. 키스 주변에 있으면 그가 또 무슨 위험한 짓을 저지르지는 않을지 언제나 마음 졸이고 있어야 해요.

······ 그러면서 저도 용기를 키우는 거죠, 그와 함께 있으면서요.

해리는 자신이 강간 사건에서 한 일에 관해 이렇게 말했다.

그 일이 시작됐을 때 저는 겁을 먹었어요. 그 자리를 떠나고 싶었지
만 다른 녀석들에게 그렇다고 말하고 싶지는 않았죠. 그렇죠, 겁먹었다
는 얘기는 하고 싶지 않았던 거죠. 그런데 차 안에 있던 놈이 나오더니
자기 차 열쇠를 돌려달라면서 저를 밀어서 저도 그 녀석을 쳤어요. ······
누가 절 밀면 저도 한 대 쳐야죠. ······ 제가 한 일은 거의 다 그런 식이었
어요─무모하달까.

체포된 후 해리와 돈은 키스를 멀리하고 둘이서 가까이 지내려
고 노력했다. 블랑샤르가 집단 로르샤흐 검사를 하기 위해 그들을 한
장소에 모아놓자 키스는 빠르게 장악력을 되찾았다. 네 개의 카드 중
세 개에서 키스의 해석이 관철되었다. 키스는 카드에서 브래지어 같
은 성적인 이미지를 보았는데, 개인 테스트 때는 그런 식으로 읽어내
지 않았던 카드들이었다. 해리가 동의하지 않으면 키스는 화를 내며
이렇게 말했다. "이건 딱 그 모양이지, 안 그래, 돈?" 그러면 그의 "부
관"으로 소녀에게 "두 번째"로 접근할 지위를 허락받았던 돈은 키스
를 따랐다. 블랑샤르는 이렇게 썼다. "키스 쪽에서 상징적인 방식으
로 강간 경험 전체를 재창조하려 들었다. ······ 이는 이들이 강간 경
험에서 얻은 성적 관계와 성적 느낌이 대부분 소녀와의 관계가 아니
라 소년끼리의 관계에서 비롯되었다는 사실을 입증해준다."

한 가지 흥미로운 사실은 키스와 돈의 어머니가 모두 블랑샤르
에게 그 사건이 순전히 "여자애 잘못"이라고 말했다는 것이다. 소녀

쪽에서 키스에게 "원하는 대로 하라"고 말했고, 돈에게도 "수음을 해 주겠다"고 말하지 않았느냐는 항변이었다(돈의 어머니는 자기 아들은 원래 수음이 뭔지도 모른다고 주장했다). 블랑샤르는 아이러니를 담아 이렇게 썼다. "그들[어머니들]은 이 사건에서 소녀의 무의식적 동기까지 섬세하고 예민하게 살폈지만, 정작 자기 아이들이 어떤 동기로 그렇게 행동했는지는 전혀 보지 못했다."

블랑샤르가 이들을 면담한 시기는 1957년이었고, 이 시기 이후 여성들은 강간에 관해 집단적인 의식 고양을 이루어왔다. 하지만 1972년에도 여전히 내가 뉴욕시에서 일어난 2인조 강간 사건의 재판에 참석해 법정 복도에서 페미니스트 활동가로서 목소리를 내자, 15세 가해자의 어머니가 달려들어 나를 한 대 치려고 한 일이 있었다. 사건의 피해자는 11세였고, 가해자는 두 명으로 각각 13세와 15세였다. (15세 범인의 변호사가 15세 소년이 13세 소년의 지시로 범행을 저질렀다고 주장하며 성의 없는 변론을 펼친 결과 15세 소년이 90일을 선고받게 된 직후에 그런 일이 벌어졌다.)

흑인 청소년과 면담을 진행한 블랑샤르는 그들이 "백인 소년만큼 말로 의사소통하지 않는다"는 사실을 발견했다. 그는 "백인 조사관과의 사회적 거리가 하나의 이유일 수 있다"고 썼다. 하지만 흑인 소년들은 집단 로르샤흐 검사에서는 훨씬 적극적이었다.

이 사례에서 블랑샤르는 네 명의 청소년을 조사했다. 다른 한 명은 성인 범죄자로 처리되어 친구들과 함께 소년원에 수감되지 않았다. 다섯 젊은이는 세 명의 흑인 소녀를 차에 태운 후 집단 강간을 저질렀다. 이들은 약간의 술을 마신 후 소녀들에게 구릉지로 드라이브를 가자고 제안했다. 소녀들은 거절했지만, 이들은 운전을 계속했다. 차가 멈추자 소녀 두 명은 가까스로 도망쳤다. 세 번째 소녀는 잡혔고, 다섯 남자 모두에게 윤간당했다.

블랑샤르가 접근할 수 있었던 네 명은 '리더'인 피트와 '부관'인 조 그리고 빌과 케니였다. 다섯 번째의 '성인' 범죄자가 원래 통솔하는 역할을 했는지, 아니면 다른 역할을 했는지는 기록에 없다. 피트와 조는 노상강도 및 공공장소 강도 사건에 이미 연루되어 있었다. 백인 소년 키스처럼 피트도 조사관에게 "자신의 남자다움을 증명하고자 하는 강한 욕구를 지닌 대단히 가학적인 성향의 젊은이"로 보였다. 피트는 윤간에서 첫 번째 순서를 차지했지만, 그러기 위해서 빌을 밀어내야만 했다.

이들과 나눈 "조심스러운" 면담에서 블랑샤르는 소년들이 자신들의 리더를 "보호"하려 든다는 인상을 받았는데, 그들은 "정해진 리더가 있다는 것을 인정하지 않으려 했다"고 한다. 내가 보기에는 그저 누가 리더인지 확실하지 않은 집단이었던 듯하다. 심리학자와 사회학자들이 뭐라고 하든 그런 경우는 실제로 꽤 흔하다. 개인 로르샤흐 검사에서 케니만이 "상당히 창의적인 능력[과] 한 카드에 하나 이상의 반응을 기꺼이 보여주려는 태도를 보였다". 동시에 케니는 피해자를 때리지 않은 유일한 아이였고, 가장 마지막으로 피해자와 성관계를 한 아이였다. 그는 공교롭게도 나머지보다 단연 중산층에 가까운 환경에서 자란 경우였다.

블랑샤르가 집단 로르샤흐 검사를 위해 소년들을 한 곳에 모으자 "상당히 메마른" 상태였던 개인 로르샤흐 검사에서의 반응은 사라지고 생기 있는 대화가 벌어졌다. 이 대화를 특징지은 것은 피트 쪽으로 끌어당기는 힘과 케니 쪽으로 끌어당기는 힘 사이의 긴장이었다. 개인 로르샤흐 검사에서는 누구도 성적 이미지를 떠올리지 않았으나, "아마도 가장 빈약한 상상력을 보인" 피트가 집단 과정에서

우리의 의지에 반하여

는 갑자기 성적 상징과 동성애적 상징을 카드에서 발견하기 시작했다. 그는 결국 조의 지지를 받은 케니에게 주도권을 빼앗겼다. 블랑샤르는 카드 III에 대한 반응을 다음과 같이 기록해두었다. 여기서 조사관의 태도가 중립과는 거리가 멀다는 점에 주의하자.

케니: 두 남자가 뭔가를 들어올리는 것 같은데.

빌: 나한테는 여자 두 명으로 보여.

케니: 그래, 아래쪽에 하이힐을 신고 있는 것 같네.

피트: 두 동성애자처럼 보이는데. (웃음)

케니: 아, 진짜, 생각하는 거 하고는.

조: 그러네, 이봐, 맞네!

빌: 하이힐 신고 있지, 그렇지?

피트: (웃음) 여기 봐봐, 위에도 뭐가 달려 있고 아래에도 달려 있잖아. (가슴 부위와 남근 부위를 손으로 가리킨다.)

케니: 이봐, 그건 무릎이야.

피트: (더 웃으며) 이봐, 그건 무릎이 아니야.

조: 그건 무릎이 아니지.

빌: 이봐, 대체 무슨 소리야?

조사관: 그럼, 무엇 때문에 저게 동성애자처럼 보이는지 설명해보세요.

피트: (키득거리며) 여기도 툭 튀어나와 있고 저 아래도 툭 튀어나와 있잖아요.

조사관: 그러니까 저 사람이 유방과 남근을 둘 다 가지고 있다는 말이죠?

피트: 그렇죠, 그 말이에요.

케니: 나한테는 그렇게 안 보이는데.

조: 나한테는 분명 그렇게 보이는데.

빌: 나한테도 그렇게 안 보여, 이 사람아.

피트: 그려진 방식이 그렇잖아, 이거랑, 이거를 보라고.

빌: 두 여자가 옷을 빨고 있는 것처럼 보이는데, 아니면 뭔가를 두드리고 있거나.

조: 나한테는, 내가 판단하기엔, 나무나 어디에 매달려 있는 주머니쥐처럼 보여.

케니: 자 그럼, 이걸 뭐라고 할까?

빌: 난 모르겠다.

케니: 두 여자가 뭔가를 치는 걸 수 있겠네, 드럼이라든가.

조: 두 여자야. 그래, 내 말이. 두 여자라고.

빌: 두 여자가 드럼을 친다.

조사관: 결정들 했어요?

조: 두 여자가 드럼을 친다.

조사관: 다들 동의하나요?

일동: 그래요, 그게 맞아요.

블랑샤르는 프로이트식 논리로 논문의 서두를 연다. "'우리끼리 여자를 공유한다'는 발상이나, 공동의 성적 대상을 가운데 두고 집단이 함께 성적으로 흥분한 상태가 되는 일은 분명 동성애적 함의를 지닌다." 이런 주장에 대해 증거를 제시한 후, 블랑샤르는 키스의 거친 성격을 존경하는 해리의 태도가 "거의 마조히즘적"이며, "성애화된 애착과 다름없는데 …… 그 내용상 명백한 동성애에 가까울 정도로 강렬하다"고 썼다. 그가 보기에 피트와 키스는 둘 다 리더로서 집단과 함께일 때 성적으로 흥분했고, 또 집단을 성적으로 흥분하게 만들 수도 있었는데, 키스의 감정은 피트만큼 "명백하게 동성애적인 것은 아니"었다. 이 심리학자는 피트가 자기 집단에게 어떤 로르샤흐 카드 그림이 "항문anus 그림이라는 생각을 받아들이게 만들려고" 했다고 기록했다. (피트가 카드를 보고 실제로 무엇을 떠올렸든 '항문'이라는 용어를 끄집어낸 것은 사실 피트가 아니라 블랑샤르였다.)

블랑샤르는 자기 논문을 이렇게 요약한다. "집단 검사를 통해서 드러나는 가장 독특하고도 흥미로운 양상은 리더가 집단의 존재를 통해 상당한 성적 자극을 받는다는 것이다. 그리고 리더는 다시 그 느낌을 집단 앞에서 행위로 표현해야만, 어떤 의미에서 '자기 자신을 전시'해야만 한다.* 리더가 집단으로 하여금 얼마나 성적인 문제에 주목하게 만들 수 있는지, 집단의 대화를 그 방향으로 얼마나 잘 정리하고 견인할 수 있는지가 집단 강간의 발생에서 무엇보다 중요한 요인으로 보인다."

내가 보기에는 집단 강간 현상을 이해하기 위해 블랑샤르만큼 멀리 나갈 필요는 없다. 공공연한 형태든 잠재적이든 동성애는 전혀 유해하지 않은 상황에서도 다양하게 나타날 수 있다. 이를테면 '남자들끼리 치는' 금요일 밤의 볼링처럼 말이다. 그게 무슨 대수인가? (동성애는 여자들끼리 모인 화요일 밤의 의식 고양 모임에서도 나타날 수 있다. 그게 무슨 대수인가?) 프로이트학파는 잠재적 동성애나 동성애에 대한 양가감정을 다룰 때마다 동성애가 무슨 위험한 요주의 원인이라도 되는 듯 코를 킁킁거리며 냄새를 맡는 습성을 보이는데, 내가 보기엔 **그런 습**

---

* "자기 자신을 전시한다"는 구절은 프로이트 학파가 노출증과 남근에 몰두했다는 사실을 떠올리게 한다.

성이야말로 정말 위험하다.

물론 해리가 키스를 정말로 짝사랑했을 수도 있고, 피트가 범죄 생활을 계속했다면 지금쯤 솔레다드 감옥에서 행복하게 다른 남자를 강간하고 있을 수도 있다. 하지만 두 집단 모두에서 사디즘적 충동이 강화되는 현상이 나타나는 것은 동성애를 숨기거나 억압된 동성애를 '행동화acting-out'하려는 욕구 때문이 아니라 남성성을 발견하거나 증명하려는 욕구 때문이며, 이 사디즘적 충동이야말로 여성을 강간하는 데 결정적으로 작용하는 것이다. 나는 뉴욕시 지하철에서 해리와 비슷한 소년들이 키스나 피트와 비슷한 '리더'에게 주먹으로 여기저기 얻어맞는 것을 본 적이 있는데, 그 소년들의 눈에는 두려움과 존경심이 뒤섞여 있었다. 다시 그들이 더 어린 소년이나 위글리 껌 자판기에 주먹을 날리는 모습도 보았다. 이런 모습은 마조히즘이나 동성애와는 전혀 관계가 없다. 오히려 나는 이들의 모습을 볼프강이 제시한 폭력의 하위문화 이론에 곧장 연결지어 이해한다. 지하철 승강장이나 시골 주유소 주변을 어슬렁거리는 이 청소년들은 폭력을 학교 삼아 스스로를 가르치고 있는 것이다. 그들은 리더를 따르며 마초성을 학습한다. 그런 식으로 성공한 남자가 되는 법을 필사적으로 배우는 것이다.[*] 내가 14가의 지하철 승강장에 서서 동전을 빼내려고 껌 자판기를 요령 좋게 때리고 있는, 점점 더 과감하게 때리는 한 무리의 청소년들을 거의 홀린 듯 지켜보고 있었을 때, 내 머리에 떠오른 생각은 **저 자판기가 내 몸일 수도 있다**는 것뿐이었다.

남성연대는 여성 멸시에 뿌리를 내리고 자라나며, 불신에 의해

---

[*]   나는 뉴욕시 지하철에서 나로서는 짝퉁 마초라고밖에 부를 수 없는 모습으로 서로 쿡쿡 찌르고 때리는 거친 소녀 무리도 보았다. 이 소녀들의 비극은 재앙으로 끝날 역할 모델을 흉내 내고 있다는 데 있다.

강화된다. 그 자체로는 결코 동성애적이지 않다. 또한 남성/여성의 양극성이 강요되고 과장되는 이 문화에서 남성끼리의 유대는 남녀를 모두 아우르는 혼성 집단 연대 방식, 예컨대 버몬트 공동체 같은 방식보다는 다른 인간과 유대를 맺기 쉬운 방식이다. 여성운동 진영의 활동가들은 함께 먹고 사교 시간을 보내며 함께 **생각**하는 여성연대 역시 원활히 잘 돌아간다는 사실을 발견했다. 하지만 남성연대는 (모권제 이론에도 아랑곳하지 않고) 사회적 유대의 본보기처럼 기능하며, 보통은 집단 폭력과 강간이라는 과장된 형태로 본보기를 제공한다. "우리끼리 여자를 공유"하는 행태는 물론 왜곡되고 과장된 형태이기는 하지만, 남성성과 권력을 집단적으로 강화하는 방식이라는 점에서 "남자만 출입 가능한" 간부 식당이나 남자들끼리 모여 에베레스트를 정복하는 일, 남자들끼리 급류에 도전하는 카누 여행과 다르지 않다. 다만 폭력의 하위문화를 형성하는 이들에게는 기업의 간부 식당을 이용하는 것과 에베레스트를 등반하는 것이 접근 가능한 선택지가 아닐 뿐이다. 강압적인 힘을 사용해 여성의 몸에 접근하는 일이 그들에게 가능한 선택지인 것이다.

과시적인 성적 모독 행위

휴버트 셀비 주니어Hubert Selby Jr는 《브루클린으로 가는 마지막 비상구Last Exit to Brooklyn》(1964)에서 집단 강간을 소설의 기법으로 탁월하게 다룬다. 젊은 창녀 트랄랄라는 주머니 사정이 나빠지자 단골처럼 드나들던 브루클린의 술집에 가서 거기 상주하는 창녀 두 명의 손님을 빼앗으려고 한다. 그녀는 술에 잔뜩 취해 경쟁심에 젖은 나머지 술집 손님 전체를 상대하겠다고 제안한다. 그리하여 공터에 있는 폐차 뒷자석에 자리가 마련된다. 트랄랄라는 처음에는 맥주를 돌리며 집단 난교에 기꺼이 참여하고, 줄을 선 사내들은 누가 첫 번째 순서를 차지할 것인지를 두고 다툰다. 잠시 후 작은 식당에 있던 그리스인들이 몰려오고, 누군가가 해군기지에 전화를 해서 수병들까지 점점 불어나는 행렬에 가세하게 된다. 그때 누군가가 차에서 냄새가 나기 시작한다고 불평하자, 그들은 트랄랄라를 차 시트째로 들어 땅바닥으로 옮겼고, 모두가 따라서 땅바닥으로 자리를 옮긴다. 맥주가 행렬을 따라 넘어왔을 때 누군가가 트랄랄라의 입에 캔을 쑤셔넣는다. 그녀의 입술이 찢어지고 트랄랄라는 이빨 하나를 뱉어낸다. 그러자 모두가 웃는다. 자기 차례가 와서 일을 치른 사내들이 다시 한 번 줄 끝에 가서 선다. 트랄랄라는 기절한다.

남자들이 뺨을 몇 번 때렸지만 그녀는 웅얼거리며 고개를 돌렸을 뿐 정신을 차리지 못했다. 그래서 그들은 의식을 잃고 공터의 좌석에서 뻗어버린 그녀를 계속 따먹었다. 얼마 못 가 그들은 시체처럼 널브러진 그녀에게 싫증이 났다. 구멍동서들의 줄도 깨졌다. 그들은 술집 윌리스로, 식당 그릭스로, 군부대로 돌아갔다. 구경하면서 순서를 기다리던 동네 꼬마들은 트랄랄라에게 실망했다고 분통을 터뜨리며 그녀의 옷을 박박 찢어 젖꼭지에 담뱃불을 대고 몇 번 비벼 끈 다음 막대기가 꽂혀 꿈틀대는 그녀의 음부에 오줌을 갈기고, 그것마저도 싫증이 나자 널브러진 그녀를 버려두고 떠났다. 그녀의 주변에는 부서진 유리병이며 녹슨 깡통, 주차장의 돌멩이가 널려 있었다. 잭과 프레드, 루디와 앤은 연신 킬킬대면서 비틀비틀 택시에 타 차창에 몸을 기댔다. 주차장을 지나면서 그들은 누워 있는 트랄랄라를 쳐다보았다. 벌거벗은 트랄랄라의

몸은 피와 오줌, 정액으로 범벅이 되어 있었고, 자동차 좌석 위 그녀의
두 다리 사이에는 사타구니에서 흘러나온 피로 작은 점이 퍼져나가고
있었다. ……[48]

앞서 전시 강간에 대한 장에서 언급했듯, 막대기나 병 등의 물건
을 여성의 질에 쑤셔넣는 행위는 보기 드문 최후의 일격 같은 것이
아니다. 아무도 연구한 적이 없기 때문에 이런 일이 얼마나 자주 발
생하는지 통계적으로 확인된 바가 없을 뿐이다. 로스앤젤레스와 덴
버 경찰서의 범행 방식 기록 서식에는 '질에 물건 삽입'이라는 항목
옆에 체크할 수 있는 공란이 있으며, '직장에 이물질 삽입'이라는 항
목도 있다.

사회학적 성향을 지닌 한 법대 교수가 오스트레일리아 시드니에
서 일어나는 윤간 현상을 분석하려고 시도한 적이 있다. 시드니에서
발생하는 윤간 혹은 '떼 강간pack rape'은 미국과 마찬가지로 주로 하층
및 중하층계급이 저지르는 것으로 드러났다.

대부분의 집단은 보통 방향을 잃고 목적 없는 태도로 행동하는 10대
패거리들로 구성된다. 리더는 집단이 높은 가치를 부여하는 특성들을
한 몸에 지닌 완벽한 전형과 같은 인물이다. 구성원 모두가 그런 특성을
긍정하는 방식으로 행동해야 하지만, 리더의 경우는 다른 구성원보다
한층 더 충실하게 그런 자질을 구현해야만 한다. …… 바로 이 때문에
떼 강간 사건에서 피해자의 육체에 성기를 삽입하는 정도에 그치지 않
고 판사들이 선고문에서 음울하게 암시하는 행위, 본질상 배설적인 필
요 이상의 행동과 과시적인 모독을 저지르는 것으로 보인다. 성적 도구
로서의 용도 외에는 아예 여성성을 무시하는 거친 태도에 지나치게 높

은 가치를 부여해서 집단 내에서 위신을 얻고 유지하고자 그런 행동을 하는 것이 명백하다.[49]

광장한 화젯거리였던 로스코 "패티" 아버클의 콜라병 사건*을 제외하면 미국의 문화유산 중 가장 유명한 이물질 강간 사례가 윌리엄 포크너William Faulkner의 《성역Sanctuary》(1931)에 나온다. 이 책에서 포파이는 곱게 자란 여대생인 템플 드레이크에게 옥수수 속대를 찔러넣는다. 포크너는 포파이를 발기 불능으로 설정했는데, 이는 성적 폭력에 관한 전통적인 프로이트 학파의 관점을 소설가의 방식으로 풀어낸 것이다. 아미르는 필라델피아 연구에서 그가 완곡하게 "성적 모욕"[50]이라고 부른 것에 대해서도 다뤘다. 아미르는 소변 보기나 피해자의 얼굴과 머리카락에 사정하는 행위를 비롯한 여러 가지 모독 행위를 무시하고(이런 행위들이 애초에 필라델피아 경찰 보고서에는 없었을 수도 있다), 쿤닐링구스cunnilingus**나 펠라티오fellatio***, '남색pederasty' 또는 '소도미sodomy'를 강요한 사례만 다뤘다. 그는 남색과 소도미처럼 모호한 용어 두 가지로 항문성교를 지칭하려 한 듯하다. 그는 이렇게 결론지었다. "정신의학파는 이런 행위들의 원인이 '발기 불능'이라고 장담했지만, 전혀 그렇지 않다."[51]

'성적 모욕'의 정의에 반복 삽입을 포함하면서 아미르는 그가 다룬 사건 중 4분의 1 이상에서 피해자들이 단순 강간을 넘어서는 일종

---

* 1910년대 미국의 인기 있는 무성영화 배우이자 코미디언인 로스코 "패티" 아버클Roscoe Arbuckle은 1921년 배우 버지니아 라프Virginia rappe를 강간한 혐의로 세 번의 재판 끝에 무죄선고를 받는다. 버지니아 라프는 방광 파열로 사망했는데, 당시 언론이 이를 선정적으로 다루면서 아버클이 라프에게 콜라병을 삽입해서 방광이 파열되었다는 루머가 퍼졌다.

** 여성의 성기를 입으로 애무하는 행위.-옮긴이

*** 남성의 성기를 입으로 애무하는 행위.-옮긴이

의 모욕을 추가적으로 당했다는 사실을 발견했다. 단독 강간보다는 집단 강간에서 성적 모욕이 더 심하게 자행되었고, 집단 강간에서 특별히 나타나는 모욕 행위 중 가장 흔한 형태는 반복 삽입이었다. 이에 대해 아미르는 이렇게 썼다. "집단 강간이 참여자에게 '제공'하는 것 중에는 반복해서 돌아오는 차례를 차지하는 일도 포함되어 있었다."[52]

강간의 경우 삽입 행위부터가 원치 않는 상대에게 강요한다는 점에서 고의적으로 왜곡되어 있기에, 삽입에 곁들이는 다른 행위들 역시 무엇이 되었든 피해자를 더 심하게 모욕하고 비하하기 위한 행위일 뿐 복잡한 성애 행위라고는 볼 수 없다. (다시 말해 결코 피해자를 만족시키려는 목적으로 이루어지는 행위들이 아니다.) 괴상한 모독 행위 역시 마찬가지로, 아무리 긍정적으로 본다고 해도 모든 섹스를 더럽고 비천한 것이라 여기는 비밀단체 회원들이 수행하는 실험적 행위라면 모를까, 성애 행위는 아니다. 구강성교로 말할 것 같으면 충분히 예상 가능한바, 아미르의 연구에서 쿤닐링구스에 흥미를 보이는 강간범은 거의 없었다.[53] 그들이 피해자에게 요구한 것은 펠라티오였다. 이 강간범들이 원한 것은 피해자의 신체 온전성과 사적인 내부 공간을 모욕하고 침략할 또 다른 진입로나 구멍뿐이었다.

강간살인

한 전직 경찰 부국장의 자극적인 발언이 유출되어 신문에 실렸다. "지난해 뉴욕시에서는 1,466건의 살인 사건과 다수의 살인미수 사건이 발생했다. 경찰 조직에 속한 우리는 이 중 몇 건에 대해서 개인적으로 특별히 관심을 쏟지 않을 수 없었다. 경찰 살해 사건, 마피아 두목 조 콜롬보 살해 사건, 그리고 피해자가 두드러지게 젊고 아름다웠던 2건의 강간살인 사건이 그랬다."[54]

이 발언에 드러난 명백한 성차별주의를 일단 제쳐두더라도(나이 많고 수수한 여성이 강간살인을 당한 사건도 젊고 아름다운 여성이 피해자인 경우와 마찬가지로 끔찍한 범죄 사건이다), 이 발언은 여전히 주목할 만한 함의를 지닌다. 수많은 사건 중 어떤 종류의 사건이 경찰의 개인적 관심을 끄는 데 성공하고, 언론에게도 주목받는 주제가 되는지를 보여주기 때문이다. 대중은 그렇게 선별된 타블로이드 신문 기사를 읽고서 강간은 살인으로 귀결되기 쉽다고 믿게 된다.

통계가 있어야 안심하는 성향의 독자라면 안타까워할 일로, 경찰과 법원이 대개 강간살인을 단순 살인으로 분류하기 때문에 전국에서 1년에 몇 건의 강간살인이 일어나는지 정확히 확인할 수 없다. 뉴욕시 경찰서의 성범죄 분석 전담반은 1973년에 28건의 강간살인 사건이 발생했다고 보고했다.[55] 멤피스시의 성범죄반은 6건을 보고했다.[56] 워싱턴 DC에서도 강간살인을 별도로 분류하지 않지만, 살인 사건 담당국은 총 286건의 살인 사건 중 5건을 강간살인으로 추정했다(한 건은 86세 여성이 피해자였다).[57]

성별과 연관된 살인 통계를 살펴보면 강간살인에 접근할 실마리를 얻을 수 있다.[58] 모든 살인 중 63퍼센트는 남성이 남성에게 저지른 것이고, 여성이 여성에게 저지른 경우는 훨씬 드문 4퍼센트이다. 18퍼센트가 남성이 여성에게, 16퍼센트가 여성이 남성에게 저지른 것이다. 이 수치를 다 합치면 101퍼센트가 되는데, 이건 내 실수가 아니라 '폭력의 원인과 예방에 관한 국가 위원회'가 숫자를 다루는 방식 때문이다. 살인 사건 4건 중 1건은 가족 내에서 일어나는 살인이다.

우리의 의지에 반하여

전체 살인 사건 중 16퍼센트는 법적 배우자나 사실혼 관계의 배우자 사이에서 발생하는데, 성별 비율상 서로 비슷하게 죽고 죽였다. 이 몇 안 되는 사실로부터 알 수 있는 것은, 양성 **간에** 벌어지는 살인에 관한 한, 여성은 남성에게 종이 한 장 정도의 차이만 남긴 채 거의 받은 만큼 돌려주고 있다는 것이다. 그러나 세부로 들어가면 비슷하지 않은데, 여성은 언제나 아는 사람을 죽이지만 남성은 낯선 사람도 죽인다—그 비율은 15퍼센트 이상이다. (이 그림에 인종이라는 항목을 겹쳐보면, **백인** 여성은 살인을 가장 덜 저지르는 계층이 된다.) 남성이 여성을 살인한 경우가 여성이 남성을 살인한 경우보다 2퍼센트 많은데, 이 2퍼센트 속에는 강간살인도 포함되어 있을 것이다. 그러나 이 2퍼센트의 영역은 총기난사 사건의 여성 피해자와 자기 아버지에게 살해당한 여아를 비롯한 갖가지 성격의 사건과 피해자가 뒤엉켜 있는 영역이다.

순전히 추측에만 근거해서 숫자를 다뤄보자면, 만약 모든 살인 사건 중 강간살인이 2퍼센트라고 가정할 때(즉 저 2퍼센트가 모두 강간살인 사건일 가능성을 가정해보면) 1년에 총 400건의 강간살인이 발생한 셈이다. 이것은 모든 신고된 강간의 0.8퍼센트에 달하며 실제로 일어났으리라고 추정되는 강간 및 강간미수의 0.2퍼센트에 달한다. 여기서 강간범이 피해자를 죽이는 경우는 드물다는 사실을 이해하는 것이 중요한데, 이에 관해서는 이 책 11장에서 다시 살펴볼 것이다. 여기에서는 피해자가 아니라 저 짐승들이 어떤 존재인지를 정의하는 일에 집중하겠다.

법률상 가중폭행은 대부분 남성 간에 일어나는 현상으로, 살인과 유사한 통계적 패턴을 보인다. 그러나 몇 가지 중요한 차이가 있다.[59] 살인보다 폭행에서 낯선 사람을 대상으로 삼는 경우가 더(총 20퍼센트) 많다. 남편과 부인 사이의 물리적 폭력(**신고된** 폭행 전체 중 7퍼센트이다. 여기서 '신고되었다는' 것을 굳이 강조하는 이유는, 오래전에는 법이었던 남자가 가정의 왕이라는 사고방식이 지금도 여전히 영향력을 갖는 탓에, 경찰이 '집안 싸움'에 끼어들기를 꺼리며 신고를 잘 받아주지 않는 것으로 악명 높기 때문이다)은 남성이 여성에게 가하는 폭행 사건의 75퍼센트를 차지한다. 폭행 관련 통계 전체를 보면, 가해자 중 남성을 공격한 여성은 9퍼센트뿐이고, 여성을 공격한 남성은 27퍼센트(4분의 1을 넘는 수치)나 된다. 이 백분위 비율은 가해자가 거의 전적으로 남성인 강제 강간과 강간 의도 폭행은 포함하지도 **않은** 수치이다.

따라서 살인 사건에서 가해자의 성별 비율이 거의 동등하게 나타난다고 해도, 잔혹하고 극단적인 의도로 죽기 직전까지 물리적 폭력을 가하는 것은 남성이 가해자이고 여성이 피해자인 경우가 훨씬 심각하고 숫자도 많다. 간혹 발생하는 강간살인은 매번 대중의 관심을 모으면서, 한쪽 성에게 일방적인 폭력이 행사되는 기울어진 현실을 완벽하게 상징하는 사건이자 그런 현실의 절대적 현현이 된다.

경찰 사건 기록부에 게재된 강간범의 85퍼센트는 반사회적 행위 스펙트럼 전반에 걸친 각종 추가 범행을 보여주는데, 이 중 강간살인까지 가는 경우는 극소수이다.[60] 하지만 이 극소수를 결코 무시할 수 없다. 성범죄를 저질렀는데도 체포당하지 않고 잘 빠져나왔거나, 최소 기간의 형만 받았거나, 치료감호가 없는 형을 받는 등의 경험을 하면서, 이런 경험이 일종의 사회적 용인이자 '지원'으로 작용해 점점 더 거침없이 강력한 폭력을 휘두르게 만들었을 가능성이 있기 때문이다.

1964년 3월 13일 새벽 3시가 조금 지난 시각, 퀸즈의 황량한 상업-주거 거리에서 키티 제노비스가 뒤쫓아온 강도에게 죽을 때까지 칼에 찔린 사건[61]은 38명의 사람들이 피해자의 비명을 들었거나 그녀가 처한 곤경의 일부를 목격했음에도 아무도 경찰을 부르지 않았던 것으로 알려져 1960년대에 엄청난 논란을 불러일으켰다. 사람들은 피해자가 쓰러져 죽어가는 와중에 범인이 피해자를 강간했다는 사실에 경악했다. 제노비스를 살해한 범인인 29세의 윈스턴 모즐리는 나중에 범상치 않은 자백을 했다. "나는 지켜보는 사람이 없는 여자, 그래서 내가 죽일 수 있는 여자를 찾아다녔을 뿐"이라고 법정에서 태연하게 진술했던 것이다.

사무기기 관리인이었던 모즐리는 하얀 스포츠카를 타고 먹잇감이 눈에 띌 때까지 조용히 동네를 돌아다녔다. 그는 이렇게 회상했다. "그녀가 달아나는 속도보다 내가 빨랐고, 그녀의 등 뒤로 뛰어올라 몇 번 찔렀다." 그는 그렇게 피해자에게 첫 번째 일격을 가했고, 제노비스는 비명을 질렀다. "세상에, 칼에 찔렸어! 살려줘요!" 길 건너편 중산층 아파트 건물의 창에 불이 하나둘씩 켜졌고, 한 남자가 창밖으로 고개를 내밀고 소리쳤다. "그 여자를 놔줘!" 모즐리는 물러섰고 차로 돌아갔다. 제노비스는 네 번 찔린 상태로 피를 흘리면서 기차선로와 마주해 있는 자신의 아파트로 가려고 비틀거리며 길목을 돌았다.

그러나 살인자는 떠나지 않고 숨죽인 채 때를 노렸다. 그는 법정에서 이렇게 말했다. "그 남자가 창문을 닫고 다시 자러 갈 거라는 감이 왔거든요." 제노비스는 자기가 사는 건물 현관 계단에 쓰러져 있다가 다시 살인자와 맞닥뜨렸다. "그녀는 계속 몸을 비틀고 뒤집었는데, 완전히 조용해질 때까지 내가 어디를 몇 번이나 찔렀는지는 모르겠습니다." 그 후 모즐리는 피해자의 옷을 찢고 성폭행했다. "위층에서 문이 열리는 소리를 적어도 두 번, 아마 세 번은 들었다"고 그는 증언했다. "그러나 위를 올려다보면 아무도 없었다."

모즐리가 경찰 앞에서 한 자백과 법정 진술을 통해 몇몇 중요한 사실이 드러났다. 그가 다른 세 명의 여성을 더 살해했는데 그중 한 명의 성기 부위에 불을 붙였고, "또 다른 네다섯 명"을 강간했으며, 그 밖에도 강도와 강간미수를 여러 건 저질렀지만 한 번도 붙잡힌 적이 없다는 사실이었다. 거침없이 경력을 쌓는 과정에서 그는 자신이, 본인의 오싹한 표현을 빌리자면, '완전히 조용해진' 죽은 상태의 피해자를 선호한다는 것을 발견했다. 그는 제노비스를 살해한 죄로 종신형을 선고받았지만 이야기는 여기서 끝나지 않았다.[62] 1968년 모즐리는 감옥 병원에서 탈출한 후 총으로 위협해 한 부부를 붙잡았다. 그는 다시 체포되기 전까지 남편을 때리고 부인을 강간했다. 뉴욕주 2심 법원은 모즐리가 탈주한 데 주의 관리가 소홀했던 책임이 있다고 인정해 상해를 입은 부부에게 6만 달러의 손해배상을 해야 한다고 판결했다.

보스턴 교살자로 유명한 앨버트 드살보 역시 범행이 계속 성공하면서 점점 더 폭력의 강도를 높여간 경우에 속한다.[63] 1962년 6월부터 1964년 1월까지 보스턴시는 11명의 여성을 찌르고 목 졸라 살해한 범죄자 때문에 난리를 겪었다. 피해자 다수는 노인이었으며, 범인은 피해자의 사체를 성적으로 훼손한 후 목 주변을 나일론 스타킹으로 묶고 외설적인 자세를 취한 상태로 두고 갔다. 아연실색한 경찰은 이 잡히지 않는 유령을 잡기 위해 심리학자와 점쟁이까지 고용하며 전국 규모로 범인 사냥을 벌였지만 아무런 소용이 없었다. 그러다가 이 연쇄살인은 시작되었을 때 그랬듯 갑자기 멈췄다. 드살보가 자신을 내세우고 싶은 마음만 자제할 수 있었다면, 1964년 브리지워터주 병원에 수감되어 그의 진짜 전공으로 드러난 묶고 학대하는 범죄와 관련해 조사를 받지 않았다면, 이 악명 높은 교살자의 정체와 그 범죄의 전모는 영원히 알려지지 않았을 것이다.

제롤드 프랭크Gerold Frank가 한 권의 책으로 탁월하게 재구성한바, 신장 173센티미터의 드살보는 보스턴 교살자로 유명해지기 수년 전부터 공격성을 드러낸 전적이 있었다. 드살보는 언론에서 떠들던 가상의 살인범처럼 온순한 성향도 매력 없는 외모도 아니었다. 그는 미 육군에서 9년을 보냈고, 그 기간 중 대부분의 시간을 복싱 대회에 출전하며 보냈으며 육군 유럽 미들급 챔피언 타이틀을 따냈다. 이 사실은 그가 범행 과정에서 보여준 놀랄 만한 손아귀 힘을 설명해준다. 그런데 프랭크는 드살보의 군대 시절에서 이외에 다른 경력도 캐냈다. 드살보는 딕스 요새에 배치된 기간에 아동 성추행 혐의로 한 번 기소된 적이 있었다.[64] 아이 어머니가 후에 대중의 화젯거리가 될까봐 두려워서 고발을 철회해 소송이 취하되었다.

보스턴 연쇄살인을 벌이기 2년 전, 29세가 된 드살보는 매사추세츠주 케임브리지에서 경찰의 시선을 끌었다. 그는 모델 에이전시 대표를 사칭하며 하버드 광장 주변의 젊은 여성이 사는 아파트에 침입해 물의를 일으켰다. 이때 드살보는 엉뚱하게도 아파트에 들어가서 "전도 유망한 고객의" 가슴과 엉덩이를 "측정"해주겠다고 하고 다녀서 일명 '측정남The Measuring Man'으로 불렸다. 케임브리지 경찰이 '측정남' 때문에 웃어야 할지 엄중하게 대처해야 할지 어리둥절해 하는 사이, 뉴헤이븐과 하트퍼드 및 코네티컷주 소도시 구역 경찰은 신원미상의 '녹색남The Green Man'을 찾고 있었다. 대체로 녹색 작업복 바지를 입고 다녀서 '녹색남'이란 별칭이 붙은 이 강간범은 건물 유지보수 직원을 사칭해 아파트에 들어가는 것을 허가받은 후 빠르게 치고 빠지는 식으로 범행을 저질렀다. 유령 같은 녹색남의 범행 방식은 측정남보다 한 단계 더 발전해 있었다. 녹색남 드살보는 피해자를 침대에 묶은 후 강간하거나 항문 삽입을 했다. 혹은 그러려고 시도했다. 브리지워터에서 그가 경찰에게 보낸 자백 편지를 보면 드살보는 그가 저지른 범행 중 반 이상의 경우 다음과 같은 상태였다고 한다. 드살보가 맞춤법을 자주 틀렸다는 사실에 유의하자. "그냥 몸에 손만 대고 그걸로 끝이야. …… 알다시피 나는 여자를 찾는 동안 점점 흥분하다가, 여자에게 가까이 가는 순간 사정하고 충동을 완화하니까."[65] (이 진술은 몇몇 피해자의 증언과 일치한다.)

드살보는 결국 케임브리지 '측정남'으로 발각되어 붙잡혔는데, 그를 감옥으로 보낸 죄명은 '무단침입'[66]이었다. 배심원은 2건의 음란 행위를 무죄로 판단했고, 경찰 역시 희한한 범행 방식을 가진 잡범을 잡은 정도의 인상을 받았다. 그러나 이런 인상은 여러 사람의 생명으로 비싼 대가를 치른 후에야 잘못된 것으로 증명되었다. 드살보는 11개월 후 풀려나서 보스턴 교살을 시작했지만 그의 이름은 성범죄 전과를 알리는 어떤 전산화된 목록에도 들어 있지 않았다.

옛이야기에서 파랑새가 다름 아닌 바로 뒷마당에서 발견되듯, 익명으로 지내는 데 질리고 세상에 자기 비밀을 알리고 싶어서 안달이 난 드살보는 결국 브리지워터에서 정체를 드러냈다. 1965년 여름에서 가을 사이에 그는 주목을 끌 때마다 새로운 정보를 하나씩 추가하는 식으로 자진해서 조사자들에게 단계적으로 고백했다. 그의 묘사가 모두 완벽하게 정확하지는 않았다. "나는 수도 없이 많은 아파트에 들어가봤지." 그는 한숨을 쉬면서 듣는 이에게 피해자의 가슴 크기에 대해 남자들끼리나 통하는 생생한 묘사를 늘어놓았다. 드살보는 자신이 보스턴 살인뿐 아니라 매사추세츠주와 코네티컷주에서 수백 건의 살인 없는 성폭력을 저질렀다고 고백했는데, 대체로 피해자를 묶은 후 피해자의 몸이나 입에 사정하는 방식이었다. 스스로 털어놓은 내용에 따르면, 그가 평생 동안 저지른 성 학대는 군대 구성원 한 명을 비롯해 독일에서 그가 폭행한 여성들까지 기록에 넣는다면 모두 2,000건에 이른다고 한다. (드살보는 법적으로 정의된 강간, 즉 성기 삽입으로 엄격히 정의되는 강간은 거의 저지르지 않았다. 성기 삽입을 한 경우 그는 피해자의 얼굴을 가리는 편을 선호했다.)

드살보는 녹색남으로 활동하며 완성한 범죄 수법을 보스턴 교살에 적용하면서 항상 낮에, 종종 점심시간에 범죄를 저질렀다고 고백했다. 정비공으로 불규칙하게 일했던 그는 기분이 내키면 로런스나 케임브리지, 세일럼으로 차를 타고 "총알처럼 달려"갔다. 범행을 저지르기 용이한 건물을 찾아서 혼자 사는 여성의 이름을 확인하고 초인종을 울린 후, 집주인이 수리 차 보냈다며 말재간을 부려서 아파트 안으로 들어갔다. 점찍은 대상이 문을 열어주길 거부하면 물러나서 다른 초인종을 눌렀다. 피해자가 문을 열어주면, 그녀가 등을 돌릴 때까지 기다렸다가 해머록 자세로 목을 압박해 꼼짝 못하게 했다. 보스턴 교살자는 성 학대를 저지른 후 살해하는 순서로 범행하는 일이 매우 드물었다. 모즐리처럼 살해한 후에 잔혹 행위를 하는 편을 선호했다.*

드살보의 자백이 경찰 보고서와 일치하지 않는 점이 몇 가지 있

---

* 형사와 기자들은 피해자들이 너무나 쉽게 문을 열게 만들었다면서, 보스턴 교살자를 두고 끊임없이 감탄했다. 드살보가 자백하기 전까지는 정체불명의 살인자가 신부로 변장하고 다닌다는 설이 더 많이 알려져 있었다. 드살보가 건물 유지보수 관리인을 사칭하는 술책을 썼다고 자백하자, 그가 가진 '매력'과 피해자들의 어리숙함 때문에 범행이 성공했다는 이야기가 잔뜩 나왔다. 파손 상태의 오래된 아파트가 많아서 여성들이 남성에게 수리 작업을 의존하는 보스턴의 환경에서 원인을 찾으려는 이는 거의 없었다. 드살보가 저지른 모든 살인은 집주인이 보낸 관리인이 천국에서 온 전령처럼 여겨지는 낡고 퇴락한 지역에서 일어났다. 혼자 살면서 언제나 '수리가 필요한' 무언가가 있는 여성에게는 보수 관리인이 천사처럼 여겨졌을 것이다.

기는 하다. 그가 강간을 했다고 주장한 한 사건에서 정작 의료진은 정액 흔적을 찾지 못했다. (정액은 일정 시일이 지나면 흔적을 찾을 수 없기 때문에 그렇게 결정적인 문제는 아니었다. 어쩌면 드살보는 되는대로 사정하는 평소 범행 방식과 다르게 자신이 '정상적인' 성행위도 할 수 있다고 내세우고 싶었는지도 모른다.) 그러나 드살보는 교살자로서 그를 특징짓는 인장이라 할 수 있는 그로테스크하게 양식화된 살해 방식에 관해서는 무시무시하게 정확하고 세부적인 진술을 남겼고, 그 진술은 설명이라기보다는 생생한 회상에 가까웠다. 교살 도구로 나일론 스타킹을 사용했다든가, 찔러서 상처를 남기고 유방을 깨물어 자국을 남겼으며, 최후의 한 방으로 질에 와인병이나 빗자룻대를 쑤셔넣었다는 등의 이야기를 털어놓았다.[67] 자신이 진짜 교살자라고 과시하기 위해 경찰이 이 교살자의 범죄 목록에 포함시키지 않은 2건의 죽음도 자신의 솜씨라며 추가하기까지 했다. 한 건은 둔기 살해였고 다른 건은 공식 사인이 심부전으로 기록된 85세 여성이 피해자였다. 드살보는 그녀가 자기 품에서 심장마비를 일으켰다고 겸연쩍게 고백했다. "나는 그녀를 건드리지 않았어"라고 그는 속삭이듯 말했다. "나는 그녀를 들어서 장의자 위에 두고 떠났지."[68]

드살보의 자백은 전반적으로 설득력이 있었고, 보스턴 교살자의 수수께끼는 그때 거기서 끝났어야 했다. 하지만 그렇게 되지 못했다. 드살보의 자백이 진짜인지 계속해서 의심을 산 이유는 단 한 가지였다. 수사 과정에 자문역을 한 의사들이 요란하게 선전해온 교살자의 정신의학적 프로필과 맞아떨어지지 않는다는 이유였다.

교살자가 잡히지 않자 경찰은 좌절한 나머지 '정신의학 위원회'를 불러들였는데, 이들은 유령처럼 종잡을 수 없는 교살자에 대해 상세하고도 상상력 넘치는 프로필을 만들어냈다.[69] 좀 더 정확하게 말

우리의 의지에 반하여

하자면, 위원회가 실제로 만들어낸 것은 교살자의 어머니에 대한 상상의 프로필이었다. 75세 여성을 비롯해 초기 피해자가 고령이라는 사실에 강한 인상을 받은 위원회는 살인자가 단정하고, 시간을 잘 지키며, 보수적인 차림새에, 중년일 수 있고, 아마도 발기 불능이며, 그의 어머니는 "다정하고 반듯하며, 단정하고, 강박적이며, 유혹적이고, 가혹하게 처벌하며, 아들을 압도하는" 사람일 것이고, 범인은 그런 어머니를 격렬하게 혐오하는 동성애자일 것이라고 추정했다. 위원회는 그 직업 특유의 고질병으로 보이는 모종의 확신에 차서 이런 추정을 내놓았다. 교살자의 어머니는 이미 사망했겠지만, 그녀가 교살자의 유년기에 "반쯤 벗은 채로 아파트 안을" 돌아다니고, "성적 호기심을 보이기만 하면 심하게 벌을 줬다"고도 했다. 정신의학자들은 교살자가 어머니에 대한 혐오에 시달린 나머지 늙은 여성을 "가학적이면서도 애정 어린" 방식으로 살해하고 신체를 훼손하게 되었다며 독심술을 펼쳤다.

그러나 교살자의 다음 여섯 희생자가 한 명만 빼고 젊은 여성인 것으로 드러나자 '정신의학 위원회'의 대오는 흐트러졌다. 일부 의사는 새로 발생한 사건들이 다른 범인, 즉 "좀 더 이성애적으로 적응한" 범인의 소행이라는 의견을 내놨다. 다른 이들은 교살자가 어머니에 대한 페티시를 "치유하고" 젊은 여성과 성행위할 능력을 되찾았기에 피해자 패턴이 달라졌다고 주장했다. 그런데 한 가지에 대해서는 정신의학 집단이 일치된 의견을 내놓았다. 늙은 여성들은 '순수한 피해자'이지만, 젊은 여성들은 '비극을 스스로 불러들였을 것'이라는 주장이었다.*

---

* 제롤드 프랭크의 기록에 따르면, 교살자 수사가 이루어지는 성역 내부로 출입을 허가받은

이처럼 깊이 있는 정신의학 분석으로 무장한 경찰은 "어머니나 어머니와 비슷한 모든 여성에게 참을 수 없는 분노를 품은 발기 불능의 남자"를 찾는 쪽으로 계획을 짰다.

본인의 진술뿐 아니라 청소년기 기록이 증명하듯, 드살보는 어머니와 제대로 된 애착 관계를 형성하고 있었다. 게다가 드살보의 어머니는 당시 살아 있었고, 특별히 다정하지도, 말쑥하지도, 압도적이지도 않았다. 드살보의 분노는 전적으로 술주정뱅이에 야수같이 구는 아버지를 향한 것이었다. 그는 자식과 부인을 구타하는 아버지 탓에 비참한 유년기를 보내야 했다.[70] 드살보의 아버지는 자식들 앞에서 창녀와 성행위를 했고, 아들들에게 가게에서 물건을 훔치는 법을 가르쳤으며, 아내의 손가락을 모두 부러뜨리고 이빨을 날렸고, 집 안의 모든 가구를 부수면서 주기적으로 난동을 부렸다. 가족을 거부하는 이 모든 행위 끝에 아버지는 결국 그가 여덟 살이 되던 해 가족을 버리고 떠났다.

두서없이 고백을 늘어놓던 드살보는 이다 어가 같은 75세 여성

여성은 오직 두 명, 서류철을 담당한 연구보조 한 명과 법무부 차관보 비서였다. 두 여성은 "젊은 피해자들의 경우 비극을 스스로 불러들인 것이라는 정신의학자의 의견에 동조하려던" 형사들에게 맞서 영혼을 걸고 싸웠다고 한다. 프랭크의 책에는 이와 비슷한 문제를 시사하는 사례가 추가로 등장한다. 《보스턴 레코드-아메리칸Boston's Record-American》의 한 여성 기자는 네 번째 여성 노인 살인 사건이 일어나자 신문사에 그 사건을 연쇄 사건으로 다루는 연속기사를 내자고 제안했는데, 경찰이 공개적으로는 살인 사건 간에 연관 관계가 없다는 의견을 유지하던 시기였다고 한다. 그러나 편집장은 "그 피해자들은 별 볼 일 없는 사람들이야. 누가 그런 사람들에게 흥미를 갖겠어?"라며 제안을 거부했다. 첫 번째부터 네 번째까지의 피해자는 55세의 애나 슬레저스, 68세의 니나 니콜스, 65세의 헬렌 블레이크, 75세의 이다 어가였다. 다섯 번째 피해자는 67세의 제인 설리번이었다. 여섯 번째 피해자는 최초의 젊은 피해자인 소피 클라크로 20세의 흑인 여성이었다. 《레코드-아메리칸》은 23세의 퍼트리샤 비세트가 살해된 후에야 교살자 연속기획을 시작해서 29회까지 기사를 냈다. 퍼트리샤 비세트는 피해자 중 최초의 젊은 백인 여성이었다. Frank, pp.58-61, 178-179.

우리의 의지에 반하여

을 성적 대상으로 선택하는 것은 평범한 행동이 아니라는 이야기를 듣고 발끈했다. "매력은 그 일과 아무런 관계가 없어요."[71] 그는 참을성 있게 설명했다. "어쨌든 그녀는 여자야. 내게 찾아오는 그 특별한 시기에 중요한 사실은 그것뿐이지." 그는 자신이 발기 불능이라고 여기지 않았으며, 경찰 역시 그렇게 보지 않았다. 그는 자신이 동성애자일 것이라는 추정을 듣고는 당혹스러워했다. 드살보 본인이 알고 있는 드살보는 저주이자 축복인 강력한 성 충동을 타고난 사람이었고, 그는 두 자식의 엄마이기도 한 독일 태생의 아내가 "남편인 나의 권리를 부인"[72]하지만 않았다면 상황이 좀 더 나을 수도 있었다면서 심통 사납게 징징거렸다. 다른 한편, 그는 자신이 "아무것도 아닌" 평범한 인물에서 "무언가"로 변해갔다고 자각하고 있었다. "이봐, 그건 내가 강력한 존재가 된 것처럼 느끼게 해줬어."[73] 한번은 희망차게 이런 말을 해보기도 했다. "나도 다른 평범한 사내애들과 마찬가지였어요, 섹스 한번 해보려고 애쓰는."[74]

오이디푸스적 해석을 벗어나서 살펴보면, 드살보가 고령의 피해자에게서 젊은 피해자로 옮겨간 과정에는 신비로울 구석이 별로 없다. 그는 경찰 심문자에게 자신이 한때는 싸울 상황에서 도망쳐버리는 끔찍할 정도로 비겁한 소년이었다고 말했다. 그러다가 육군에서 권투를 시작하면서 제 손으로 자기보다 몸집이 큰 남자들을 '쓰러뜨릴' 수 있다는 데 놀랐다. 범죄 경력도 이와 마찬가지였는데, 일부러 물리적으로 저항할 능력이 떨어지는 늙은 여성을 골라 '쓰러뜨리는' 일부터 시작해 점차 자신감을 얻으면서 더 젊은 여성에게 힘을 시험했다고 보는 편이 훨씬 논리적이다. 첫 번째 젊은 희생자인 소피 클라크는 우연히도 흑인이었으며 키가 178센티미터였다. 그는 피부색보다 키를 보고 깊은 인상을 받았다고 말했다. "키카 컸지, 무척 컸어,

나보다 컸다고." 그는 몇 번이고 감탄하며 외쳤다. "그 여자는 정말로 단단하게 묶어야만 했지."[75]

드살보는 항상 실패할 가능성이 거의 없는 안전한 상황에서 살인하는 편을 택했다. 그런 그가 피해자를 점찍은 후 물러선 경우가 두 번 있었다. 한 번은 체격이 탄탄한 웨이트리스가 계속해서 비명을 크게 지르며 뼈가 드러날 정도로 그의 손가락을 깨물었다. 그는 화가 나고 혼란에 빠져 도망쳤다. 또 한 번은 아파트에 들어가 회반죽이 부서지고 물이 새는 곳을 점검하는 척하다가 옆방에서 여섯 살짜리 소년을 발견했다. 그는 발길을 돌려 계단을 올라가서 다른 집 초인종을 눌렀다.

정신의학이 강간살인범에 관해 오랫동안 고수해온 해석과 설명은 드살보의 사례 하나로 결국 모조리 박살났다. 정신의학의 이 실패담은 하나의 아이러니로 마무리되었다. 수사 초기, 네덜란드의 심령술사 페터르 후르코스가 비밀리에 수사에 관여한 사실이 알려져 엄청난 논란을 일으켰는데, 이 대담한 심령술사가 주술로 알아냈다는 교살자에 관한 묘사가 정신의학 위원회가 내놓은 '프로필'보다 실제 드살보의 모습에 더 가까웠던 것이다.[76] 후르코스는 의사들 못지않게 확신에 넘쳤고, 경찰에게 광적인 신발 페티시가 있으며(틀렸다), 코가 크고(맞다), 173센티미터의 키에(맞다), 디젤 엔진과 관련된 일을 하며(맞다), 왼쪽 팔에 흉터가 있는(맞다) 이를 찾으라고 지시했다.

그런데 드살보는 보스턴 교살자로 재판에 회부된 적이 없다. 대신 변호사 F. 리 베일리와 함께 매사추세츠 법원에서 여성 네 명을 공격한 '녹색남'으로서 재판을 받았으며, 정신이상을 이유로 내세워 유죄를 부인했다. 베일리는 드살보와 보스턴 교살자가 같은 사람이라고 확신하고 있었고, 그래서 약삭빠르게도 더 가벼운 범죄('녹색남'은

무단침입과 공갈폭행, 비정상적이고 음란한 행동, 절도로 기소되었다)로 먼저 정
신이상 평결을 받아서 보스턴 살인으로 전기의자에 앉지 않게 되기
를 기대했다. 베일리의 전략은 들어맞았다. 드살보는 전기의자행을
면했다. 전부 남성들로 이루어진 배심원단* 역시 피고가 저 유명한
보스턴 교살자라는 사실을 다 아는 상태에서 종신형을 선고했다.

그러나 '종신'의 순간은 예상보다 빨리 찾아왔다. 드살보는 1973
년 말 월폴 주교도소에서 다른 수감자에게 살해당했다. 언론은 그의
죽음을 다루며 그가 모조 장신구를 만드는 데 능했고 개혁을 추구하
는 수감자 조합을 활발하게 이끌었다고 보도했다. 한 관계자는 이렇
게 말했다. "앨버트가 빚은 문제는 마약거래뿐이었다."[77] 그토록 '강
력한 성 충동'을 타고났다던 드살보가 여성이 없는 사회에서 어떻게
적응했는지, 어떻게 그 충동을 '완화'했는지에 대한 언급은 어디에도
없었다.

예외적으로 극적인 인물인 듯 보이지만, 윈스턴 모즐리와 앨버
트 드살보는 사실 강간살인범의 전형이라 할 수 있다. 온순한 태도
에, 억압되어 있으며, 오이디푸스 콤플렉스를 지닌 발기 불능의 동성
애자라는 정신의학이 구성한 고정관념과는 거리가 멀다. 이들은 고
의로 신체적 저항이 적은 대상인 여성의 몸을 골라 세상을 향해 품은
극심한 혐오를 행동으로 표출한 남성으로서, 잔인하고 폭력에 기대
는 유형이라고 보는 편이 더 적절하다. 물론 두 명의 사례가 강간살
인이라는 범죄를 전부 설명해주는 완결판이라고 할 수는 없다. 어떤

---

*   드살보의 배심원들이 모두 남성이었던 것은 전적으로 우연은 아니다. 매사추세츠법에서
판사는 아동 강간, 미성년자 법정 강간, 외설죄 및 각종 성과 관련된 범죄의 경우 여성을 배
심원단에서 배제할 수 있었는데, 여성들이 증언을 듣고 '당혹스러워할' 수 있다는 것이 그
이유였다. (이 법은 1974년 현재에도 여전히 법전에 포함되어 있다.) 매사추세츠주 법무차
관보 에드워드 펄먼이 1974년 9월 24일 전화 인터뷰로 확인해준 내용이다.

개별 사례도 그 정도로 대표성을 가질 수는 없다.

강간을 목표로 하지 않고 무단침입한 범인이 장난 삼아 우발적으로 강간을 시작했다가 강간살인을 저지르기도 한다. 피해자는 입을 막은 재갈 때문에 질식하는데, 서툰 가해자가 다른 방법을 몰라서 죽도록 내버려둔 경우가 있다. 혹은 가해자가 자기가 휘두르는 폭력의 무시무시한 위력에 도취된 나머지 피해자를 죽이기도 하는데, 이때 가해자에게는 애초의 목표였던 강간이나 강도 행위보다 자기 힘에 도취된 상태가 더 중요했던 것이다.

칼부림 그 자체를 목표로 하는 강도가 흔치 않듯, 죽이는 것이 더 비용이 싼 전쟁 시기가 아닌 이상 살인 그 자체를 목표로 하는 강간범은 흔치 않다. 그럼에도 돌발적이며 합리적으로 설명하기 힘든 종류의 살인이 분명 일어난다. 통계적 증거는 없지만, 폭력 지향적인 문화 속에서 자란 젊은이들이 통상의 강간이나 강도 동기와 다른, 찌르거나 둔기로 치고 싶은 충동에 사로잡혀 살인을 하는 경우가 늘어나고 있는 듯하다. 범인이 갑작스럽게 폭발해서 고분고분한 피해자에게 치명적인 상해를 입히는 사건 소식이 점점 더 많이 들려오는 것 같다. 그토록 무분별하게 폭발하는 지경에까지 가는 평생에 걸쳐 쌓인 분노를 누가 설명할 수 있을까?

이 지점에서 짚고 넘어가야 할 중요한 사실이 있다. 남성이 휘두르는 폭력에 순순히 굴복하는 편이 안전하다는 신화가 널리 퍼져 있지만, 강간 피해자가 도망치려 하고 저항하려 할수록 가해자를 '도발'해 살인을 유발하게 된다는 주장은 사실 전혀 입증된 적이 없다.

강간범을 감옥에 보낼 것인지 아니면 더 많은 피해자에게 해를 끼치도록 혐의 없이 풀어줄 것인지를 결정하는 법 집행 절차 역시 중요한 주제이지만, 여기서는 일단 건너뛰고 감옥에 갇힌 강간범에 대해 살펴보자. 강간범은 평균 4년이 안 되는 기간을 감옥에서 지낸다.[78] 강간범은 대체로 다른 죄수들에 비해 특별할 것이 없지만 단 한 가지 흥미로운 차이점을 보여준다. 성범죄자는 다른 범죄자들에 비해 자신이 무죄라고 주장하는 경우가 2배나 더 많다는 사실이다.[79]

싱싱 형무소(현재 오시닝 교도소)에서 1955년 완료된 한 연구에 따르면 수감된 강간범 중 80퍼센트는 부분적으로 혹은 현저하게 자기 범죄에 대한 책임을 회피하는 데 비해 일반 범죄자로 구성된 대조군에서는 26퍼센트만이 이런 태도를 보였다.[80] 이보다 먼저 나온 뉴욕 시 보고서 역시 유죄판결을 받은 강간범이 "심지어 결정적인 증거가 나왔는데도" 다른 사람에게 책임을 돌리는 경향을 보이며, 특히 피해자에게 책임을 전가하는 경향을 보인다고 강조했다.[81]

또 다른 연구로는 캐나다 온타리오주의 킹스턴 교도소에 수감된 30명의 강간범을 대상으로 한 1967년 연구가 있다. 이 연구도 위의 미국 연구 결과가 믿을 만하다는 사실을 보여준다. 교도소의 정신과 의사인 R. J. 매캘던R. J. McCaldon은 캐나다의 강간범이 미국의 강간범과 마찬가지로 사회경제적으로 낮은 계급 출신의 "대체로 젊은 남성들"이며, 총 46건의 전과가 있고 "대부분 소유욕이 강하다"고 언급했다. 매캘던은 캐나다의 강간범이 자신이 받은 강간 유죄판결에 대해 취하는 태도를 다음과 같이 분류했다.[82]

인정 33%

부인 27%

정당화 33%

기억나지 않음 7%

그는 이렇게 요약했다. "3분의 2에 해당하는 사례에서 '나는 모함을 당해서 여기 왔다'라든가 '내가 좀 거칠게 굴었을 수는 있지만 그 여자가 나한테 먼저 그러라고 했다' '내가 그랬을 수도 있지만 제대로 기억하기에는 너무 취해 있었다'는 말을 듣게 된다."[83]

저 유명한 샌쿠엔틴 교도소장 클린턴 더피Clinton T. Duffy는 10년 전 성性과 범죄에 대해 거침없이 자신의 생각을 펼친 책을 한 권 냈다.[84] 미국에서 가장 험악한 처벌 기관을 거의 35년간 통솔한 더피는, 사회학 연구를 군이 할 필요가 없을 정도로 현장 경험이 많았다. 그는 흉악범들이 하나같이 "나는 강간범이 아니"[85]라고 우긴다는 사실을 체득했고, 그 사실에 흥미를 느꼈다. "강간 전과는 하나도 없지만 강도 전과로 세 쪽을 가득 채우는"[86] 부류의 남성들이 그의 교도소로 돌아오고 또 돌아왔는데, 더피의 눈을 속일 수는 없었다. 현장에서 잔뼈가 굵은 교도소장은 그들이 강간범이라는 사실을 알고 있었다. 그가 일반 독자에게 참을성 있게 설명한 바에 따르면, 그들은 법정에서 중형을 면하기 위해 더 가벼운 죄를 인정한다. 강도 혐의를 순순히 인정하는 대신, 강간 기소는 조용히 취하되도록 협상하는 것이다. 여기에는 그럴 만한 이유가 있었다. 강간은 20년 형에서 종신형까지 받을 수 있는 반면 강도는 1년에서 5년을 의미했다. 그는 대수롭지 않다는 듯 이렇게 설명했다. "강간은 대체로 입증하기가 어렵기 때문에 검사들도 강도죄 정도로 합의를 보았을 것이다."[87]

더피는 이렇게 강변했다. "강간범들은 대체로 다방면에 걸쳐 범죄를 저지르는 자들로 긴 전과 목록을 보유하고 있다. 다른 중범죄를 저지르는 와중에 강간할 기회가 생기면 그 기회를 이용하는 식이다. 대놓고 동성애자인 경우만 제외하면 범죄자란 모두 잠재적 강간범이나 다름없다. 대부분의 상습범은 전과 기록 어딘가에 강간 전과나

우리의 의지에 반하여

사실상 강간을 의미하는 강도 전과를 갖고 있다. 남자가 사는 아파트 창문으로 기어올라간 '2층' 강도 같은 건 본 적이 없다."[88]

더피는 자기 손에 이 가짜 강도 부류가 걸려들면 순순히 빠져나가게 내버려두지 않았다. 찾아내기만 하면 집요하게 불굴의 전투를 벌였다. 그는 만족한 기미 없이 이렇게 보고했다. "'나는 강간범이 아니야!'라고 외치는 게 밖에서는 무슨 소용이 있었을지 몰라도, 감옥에서는 정해진 복역 기간에 몇 년을 더할 뿐이다. 부정기형을 받은 이라면 교정에 제대로 반응할 때까지 나가지 못할 것이며, 만약 교정을 거부하면 그는 반응할 게 아무것도 없는 독방으로 가게 될 것이다."[89] 더피만큼 자기 일을 진지하게 받아들인 교도소장은 드물었다.

더피 소장이 묘사한 모습을 보든 FBI와 사회학자들이 통계로 도출한 프로필을 보든 미국의 경찰 사건 기록부에 기재된 강간범이란 따분하고 평범한 존재들이다. 막상 알고 보면 강간범의 범죄 방식에는 마법도, 신비도, 로빈 후드 같은 신출귀몰도 없다. 강간이란 풋내기들이 자기 사촌이나 아는 형과 몰려다니다가 저지르는 따분하고 멍청하며 못난 행동이지, 멋지고 재치 있으며 부도덕하면서 영웅적이고 성적 매력이 넘치는 한량이나 '정상적인' 성욕 발산 수단을 빼앗긴 소심한 영혼, 통제할 수 없는 성욕에 사로잡힌 초인이 저지르는 일이 결코 아니다. 하지만 경솔하고 예측 가능하며 둔감하고 폭력 충동에 휘둘리는 이 어린 남성들의 어깨에는 일종의 역사적 임무가 짊어져 있다. 그것은 바로 여성에 대한 남성의 지배를 힘으로 영구화한다는 임무이다.

그리스 전사 아킬레우스는 전투에서 그의 명령을 맹목적으로 따르는 용병 심복을 이용하는데, 바로 개미의 자손이라는 한 떼의 남자들 미르미돈Myrmidon이다. 충성스러운 미르미돈은 명령에 무조건 복종하면서 주인을 섬겼고, 누가 누구인지 분간이 안 되는 익명성 덕에 효과적인 테러 수행자로 기능했다. 경찰 사건 기록부상의 강간범들은 이 사회의 모든 남성에게 충성하는 미르미돈으로 기능한다. 이들 역시 실체를 뚜렷이 볼 수 없게 만드는 신화 뒤에 숨어 익명성을 띠며, 그 덕에 효과적인 테러 수행자로 기능한다. 실제로 테러를 저질러 손을 더럽히는 자는 이 강간범들이지만, 이들이 단세포 짐승이 되어 가져다주는 지속적인 혜택은 이들보다 계급과 지위가 우월한 자들 앞으로 축적된다.

강간범이 없는 세상은 여성이 남성을 두려워하지 않고 자유롭게 돌아다닐 수 있는 세상일 것이다. 역으로 **일부** 남성이 강간을 하는 것만으로 모든 여성은 항상 협박당하는 상태에 몰리게 되며, 남성의 저 생물학적 도구가 언제라도 해로운 무기로 변할 수 있으니 경외심을 품어야 한다는 생각을 영원히 뇌리에 각인하게 된다. 그간 경찰 사건 기록부상의 강간범이라는 미르미돈이 남성 지배라는 대의를 위한 임무를 어찌나 훌륭히 수행해왔는지 그 덕에 그들이 한 행동의 진짜 의미가 무엇인지 아무도 눈치 채지 못할 정도였다. 강간을 저지른 남성은 사회에서 일탈한 자이거나 '순수를 더럽히는 자'가 아니라 사실상 남성의 전위 돌격대로 복무해왔으며, 이 세상에서 가장 오래된 싸움에 투입된 테러리스트 게릴라이다.

인종 문제

강간은 정치 범죄다

흑인 남성이 백인 여성을 강간한 혐의로 기소되는 사건만큼이나 미국의 정치적 분열증을 확실하게 폭발시키는 기폭제가 되는 사건은 없다. 대중의 상상은 폭주하고 그 와중에 무엇이 사실인지는 전혀 상관없게 된다. 객관성 따위는 창밖으로 팽개쳐진다. 각자의 정신 깊숙이 잠겨 있던 비스듬한 거울로 이루어진 미로가 수면으로 떠올라서 인지자 본인의 모습을 되비추는데, 그 상은 왜곡되어 있다. 진실은 무엇인가? 사람들은 사건에 대해 앙상한 개요만 듣고, 실은 피고와 피해자의 인종만 듣고 즉각 단호하게 반응한다. 일부 대중은 유죄라고 소리치고, 다른 쪽은 똑같이 확신에 차서 무죄라고, 조작된 사건이라고 목소리를 높인다. 인종주의와 성차별주의, 그리고 이 둘에 대한 투쟁이 인종 간 강간 사건이라는 미국 고유의 딜레마를 품은 당혹스러운 교차로에서 만난다.

인종 간 강간이라는 주제에 감정을 드러내지 않고 접근할 길은 없으며, 나 역시 객관적인 태도를 가장할 방법은 없다. 나는 백인 여성이고, 내가 처음으로 사회적 양심에 따라 행동해야겠다고 느낀 계기는 이제는 전설이 된 그 유명한 사건들, 즉 백인 여성에게 지나치

우리의 의지에 반하여

게 가까이 갔다는 이유로 흑인 남성이 사형당한 사건을 접하면서였다. 스코츠버러와 에멧 틸, 윌리 맥기의 이야기가 지금의 나를 만들었다. '공산주의자'라는 말을 쉽사리 입밖에 꺼낼 수도 없었던 매카시즘 전성기에 반체제적 성향의 젊은 여성이었던 나는, 유서 깊은 제퍼슨 학교를 찾아가 미국 공산주의 역사학자 허버트 압세커Herbert Aptheker가 가르치는 야간 과정에 등록했다. 바깥세상이 새된 마찰음을 내며 빨갱이를 사냥하는 가운데, 나는 그곳에 앉아 압세커의 흑인 노예제 분석을 경청했다. 확신에 가득차 우레처럼 내리치는 압세커는 대단히 인상적인 선생이었다. 내가 처음으로 강간이 정치 행위라는 이야기를 들은 것도 그 교실에서였다. 백인 남성이 그의 성적 의지에 굴복하도록 강요하는 행위를 통해 흑인 여성에게 특수한 치욕과 억압의 짐을 부과한다는 것이 압세커의 논지였다.

지금부터 시작할 이야기를 위해 내가 압세커에게 정치적으로나 지적으로나 대단히 큰 빚을 졌다는 사실을 미리 밝혀둬야겠다. 아이가 자라면 부모의 부족한 점을 알게 되듯, 나 역시 후세의 시점이 누리는 특권 덕에 압세커의 논지에 심각한 한계가 있다는 것을 발견하게 되었다. 압세커와 공산당은 강간이 그 자체로 지배를 공고히 하는 정치 행위라는 것을 이해했지만, 피해자가 흑인이고 가해자가 백인일 때만 그렇게 생각했다. 백인이 백인에게 저지르는 강간은 그저 '범죄'일 뿐으로, 마르크스주의의 정전에 들어갈 여지가 없었다. 흑인 대 흑인 강간은 무시되었다. 마지막으로 공산주의자를 제외한 미국인 모두가 공포증을 드러내는 흑인이 백인을 강간한 경우, 제퍼슨 학교의 뒤집힌 세계에서는 '국가가' 흑인 남성을 박해하기 위해 허위 고발을 악용했을 뿐 흑인이 백인을 강간하는 일은 없는 것처럼 논의되었다.

그럼에도 다시 강조하건대 나는 압세커에게 많은 빚을 졌다. 그는 강간이 정치적 범죄라는 사실을 내게 처음으로 말해준 사람이었다. 또한 나에게 변증법적 논리라는 도구를 사용하는 법도 가르쳐주었다. 그러니 내가 그의 주장을 그가 의도한 것보다 더 멀리 밀고 나간다고 해도 그는 결코 놀라지 않을 것이다.

1968년 나는 《에스콰이어Esquire》에 〈메릴랜드의 라쇼몽Rashomon in Maryland〉이라는 제목으로 긴 글을 기고했다.[1] 연인들이 모여드는 으슥한 산책로 근처에서 16세 백인 여성을 강간했다는 이유로 사형을 선고받은 세 명의 흑인 소년에 관한 이야기였다. 당시는 세 명이 이미 사형수 수감동에서 6년을 보낸 시점이었다. 대법원 판결을 두 번이나 거친 뒤였고, 지나치게 가혹한 형벌에 항의하기 위해 결성된 시민 변호 위원회는 당시 그들이 무죄라고 확신하고 있었다. 시민 변호 위원회는 성적으로 난잡하고 불안정한 백인 소녀가 합의하에 조금 무모한 섹스를 하려다가 발견되자 강간이라고 말을 바꾼 사건일 뿐이라고 여겼다. 나 역시 그런 관점을 금방 받아들였다. 그리고 공교롭게도 내가 글의 마지막 교정을 보고 있을 때 새로 재판 명령이 떨어졌고, 그 사건은 기각되었다. 그렇게 세 명의 피고가 풀려나면서 사건은 깔끔히 마무리된 듯했다.

그러나 내가 한쪽 방향으로만 연구를 밀어붙이고 있던 어느 날, 그 사건의 추이를 계속 지켜보고 있던 워싱턴에 사는 한 친구가 내게 의문을 제기했다. "왜 그들이 무죄라고 그렇게 확신해?"

"무슨 뜻이야?" 나는 성마르게 응답했다. "이런 사건은 전례가 잔뜩 있어. 이건 스코츠버러 사건의 축소판이야, 이번에는 변호 위원회가 있었기에 망정이지."

"그래, 그건 나도 알아." 그녀가 답했다. "하지만 뭘 믿고 그렇게 지지할 수 있는 거야? 네가 사건 현장에 있었던 것도 아니잖아. **진짜로** 무슨 일이 일어났는지 어떻게 **알아**? 누군들 어떻게 아냐고?"

내가 어떻게 "아냐고?" 나는 몰랐다. 피고가 가난하고 흑인이며, 소녀는 '정조에 관한 평판'이 좋지 않았고, 변호 위원회가 유죄판결을 뒤집기 위해 탈진할 지경으로 일했다는 것만으로 나는 무죄를 확신했다. 나는 그것만으로 충분히 증거가 된다고 생각했다. 나 역시 좌우를 통틀어 그 누구보다 빠르게 자동반사적으로 반응했던 것이다.

제퍼슨 학교에서 내가 배운 것 중 하나는 할렘 135번가에 있는 '숌버그 흑인문화 연구센터'의 가치였다. 이 책을 쓰기 위해 연구에 착수하면서 노예제 강간에 한 챕터를 할애해야겠다는 생각이 들었고, 그래서 숌버그 센터가 기록철 방식으로 보유하고 있는 자료를 조사하러 갔다.

"저는 강간에 관한 책을 쓰는 중입니다." 숌버그 센터 사서에게 말하자 이런 대답이 돌아왔다. "당신이 그 주제를 다루는 파일을 찾게 될 일은 없을 거요."

그는 몹시 기분이 상한 듯 보였다. 나중에 나는 이 세상에 강간이라는 주제를 효율적으로 분류해둔 도서관은 어디에도 없다는 사실을 알게 되었다. 하지만 그때 사서가 불편해한 이유는 강간에 관한 분류항이 없기 때문이 아니었다. "여기는 왜 온 겁니까?" 그는 경계하며 물었다.

"흑인 여성이 겪은 강간에 관한 역사 자료를 찾기에 가장 좋은 장소라고 생각해서 왔습니다. 저는 그 문제를 진지하게 다루는 책을 쓰고 있어요."

"그렇다면 흑인 남성이 당한 린치에 대해 물어보셔야죠."

"선생님, 저도 그 주제에 대해 안답니다. 그리고 필요하면 어디서 자료를 찾아야 하는지도 알아요. 지금은 정말로 흑인 여성 강간에 대해 조사할 필요가 있어서 찾는 거예요."

"젊은 숙녀분께 죄송한 말이지만, 당신이 그 주제를 정말 진지하게 연구하는 거라면, 흑인 남성이 겪어온 불평등의 역사를 살펴보는 것부터 시작해야만 해요. 그게 당신에게 맞는 접근법입니다."

"선생님, 그건 당신에게 맞는 접근 방식이겠지요. 제가 관심을 가지고 살펴보려는 것은 여성이 겪은 불평등의 역사입니다."

"흑인에게 강간이란 흑인 남성에게 린치를 가하는 것을 의미합니다." 그는 언성을 높이며 말했다.

그리하여 구좌파 가치로 무장한 나이 든 흑인 남자와 집필 초기면 늘상 찾아오는 걱정병 상태인 데다 성 잘 내는 성격인 백인 페미니스트 사이에 일대 결전이 벌어졌다. 그는 나에게 의자를 가리키며 앉으라고 했다. 그 후 그는 두 시간에 걸쳐서 끈기 있게 재판 기록을 묶은 책자들과 유죄판결율과 형벌에 관한 각종 비교연구, 전미 흑인 지위향상 협회의 린치 반대 팸플릿 등을 가져와서 내 앞에 놓인 탁자를 가득 채웠다. 그가 가져온 모든 자료는 그가 한 말에 충실하게도 피해자로서 흑인 남성에게 초점을 맞춘 것이었다. 결국 나는 다시 덤벼볼 용기를 잃었다. "여성에 관한 건 하나도 없네요." 나는 애써 담담한 어조로 말했다.

그러자 그는 뒷방으로 사라지더니 누런 마닐라지로 된 폴더 두 개를 가지고 왔다. "아마 이게 당신이 찾는 거겠네요."

폴더 하나에는 '강간'이라는 글귀가 적혀 있었다. 그것은 뉴욕에서 나온 각종 타블로이드 신문과 《데일리 워커Daily Worker》지에서 발췌한 뉴스를 오려 붙인 수집본으로, 1940년대 기사까지 포함되어 있었다. 타블로이드에서 발췌된 자료는 주로 흑인 강간범과 강간살해범을 선정적으로 다룬 기사였다. 수갑을 차고 분노에 찬 눈을 한 남자의 모습과 백인 피해자의 고교 졸업사진으로 완성되는, 인종주의적 두려움을 이용해 주목을 끌려는 의도가 명백한 기사들이었다. 이와 대조적으로《데일리 워커》의 기사는 주로 남부의 인종 간 강간 재판, 린치, 피고 측이나 사법 정의 위원회가 한 일을 정치평론식으로 다룬 짧은 글이었다. '여성'이라고 표시된 두 번째 폴더에는 전국 흑인 여학생 모임에서 나온 초대장과 기념 프로그램 안내지가 들어 있었다.

프로이트 학파가 강간을 어떻게 다뤘는지 조사하려다 뉴욕 정신분석학 연구소 A. A. 브릴 컬렉션이 심각하게 남성 중심적으로 편향되어 있다는 사실을 발견했을 때보다 숌버그 센터의 남성 편향을 발견한 일에 더 괴로워해야 할 필요가 있을까? 물론 없다. 그러나 당시 나는 더 괴로워했다.

인종 간 강간과 인종차별적 판결

FBI의 〈범죄 총계 보고〉에 따르면, 1973년 강간으로 체포된 미국인 중 47퍼센트가 흑인이었던 반면, 살인과 무장 강도로 체포된 흑인의 비율은 각각 58퍼센트와 63퍼센트였다.[2] 이런 통계는 몇 가지 측면에서 흥미롭다. 우선 미국의 흑인 범죄 비율이 1970년대 인구조사에 따른 흑인 인구 비율 11퍼센트[3]보다 훨씬 큰 것으로 나타나는데, 이는 흑인 숫자가 인구조사에 덜 포함되는 경향이 있다는 주장을 감안해도 큰 수치다. 하지만 일단 가난과 게토 상태가 폭력 범죄를 기르는 토양이라고 인정하고 나면, 흑인 강간범은 다른 흑인 범죄자보다 11~16퍼센트포인트 낮은 비율을 보인다는 점이야말로 이 통계에서 흥미로운 지점이 된다. 이는 흑인 대 흑인 강간이 상대적으로 신고가 덜 되거나 통계에 덜 기입되기 때문일 것이다(이 문제에 대해서는 11장에서 더 자세히 다룬다).

FBI는 인종 간 강간으로 체포한 숫자는 공개하지 않는다는 정책을 고수하고 있다. 전국 단위 통계로서 중요한 자료인데 공개하지 않는다니 안타깝다. 그래서 나는 다른 네 건의 연구들로부터 실마리를 얻어야 했다. '폭력의 원인과 예방에 관한 국가 위원회'에 소속된 조사자가 1967년에 나온 경찰 통계에 의거해 17개 도시의 인종 간 강간 사건을 조사[4]했는데, 흑인이 백인을 강간한 경우가 10퍼센트이고 백인이 흑인을 강간한 경우는 "무시해도 될 정도"(0.3퍼센트)인 수치였다고 발표했다. 이 보고서는 다음과 같은 배경도 고려했다는 점에서 믿을 만하다고 할 수 있다. "오랫동안 백인 남성은 신고당할 두려움이 상대적으로 적고 제도적으로 접근권을 보장받은 것이나 다름없는 상태에서 흑인 여성에게 접근할 수 있었다. 이 때문에 백인에게 강간당한 흑인의 실제 비율은 여기 도출된 수치보다 더 클 것이다."*

브렌다 A. 브라운은 멤피스 경찰서에 신고된 강간과 강간미수에 관한 1973년 통계를 조사했다. 이에 따르면, 멤피스에서는 전체 강간 중 16퍼센트가 흑인이 백인에게 저지른 것이었으며, 0.56퍼센트는 백인이 흑인에게 저지른 것이었다.[5]

아미르는 1958년과 1960년의 필라델피아 경찰서 기록을 조사한

---

* '폭력의 원인과 예방에 관한 국가 위원회'의 이 직원 보고서는 FBI 〈범죄 총계 보고〉가 회피한 다른 범죄의 인종 간 양상에 관해서도 다룬다. 똑같은 17개 도시 조사를 통해 밝혀진 바에 따르면, 신고된 강도 사건 중 47퍼센트가 "젊은 흑인 남성이 나이 든 백인 남자를 노린 강도행위"였다. 강도는 일반적으로 "갖지 못한 자"가 "가진 자"라고 믿는 이에게서 무언가를 강제로 빼앗는 행위로, 피해자와 가해자가 다른 인종인 비율이 폭력 범죄 중 가장 높다. 강간은 강도 다음으로 그 비율이 높다. *Crimes of Violence*, Vol.11, p.208, 214.

결과 필리델피아에서는 해당 연도 인종 간 강간이 전체 강간 중 오직 7퍼센트뿐이라는 사실을 밝혀냈다. 아미르가 분류한 바에 따르면, 4퍼센트는 백인 남성이 흑인 여성을, 3퍼센트는 흑인 남성이 백인 여성을 강간한 경우였다.[6]

찰스 헤이먼Charles R. Hayman 박사는 1965년에서 1971년 사이 워싱턴의 DC 종합병원에 입원한 강간 피해자 정보를 연단위로 분석했다.[7] 이 기간 동안 워싱턴에서 신고된 모든 강간의 피해자 중 95퍼센트가 DC 종합병원에 보내져 검사를 받았다. 헤이먼이 밝혀낸 바에 따르면, 흑인이 인구의 70퍼센트를 이루는 이 도시에서 흑인 대 흑인 강간은 그가 다룬 전체 사례 중 76퍼센트였으며, 백인 대 백인 강간은 3퍼센트, 백인이 흑인을 강간한 것은 0.5퍼센트 이하였으나, 흑인이 백인을 강간한 경우는 워싱턴에서 신고된 강간 중 상당 비율을 차지하는 21퍼센트였다.

헤이먼의 워싱턴 자료와 브라운의 멤피스 자료는 1950년대 후반을 대상으로 한 아미르의 필라델피아 연구 이후 10년 이상 지난 시점에서 나왔는데, 그 10년 즉 1960년대는 미국 전역에서 인종 간 갈등이 폭발한 시기였다. 헤이먼은 흑인이 백인을 강간한 사건의 비율이 해마다 증가한다는 사실을 발견했다. 아미르는 1971년까지 자신의 발견을 출판하지 않았고, 워싱턴시 보건 공무원이었던 헤이먼은 다음과 같이 써야만 한다고 느꼈다. "아미르가 흑인에게 강간당한 백인 여성의 사례는 거의 없다고 한 것과 대조적으로, 흑인 남성이 백인 여성을 강간한 사건은 우리의 연속 연구에서 상당한 비율을 차지하며, 특히 신체적 상해를 동반하며 피해자가 25세 이상일 때는 그 비율이 더 높게 나타난다. 신고된 강간 대부분이 흑인 대 흑인 사건이라는 점에는 동의하지만, 흑인 대 백인 강간의 비율과 숫자가 점점 늘어나고 있다는 점은 여성 그리고 백인 여성에 대한 적대감으로 저지르는 폭력과 범죄가 증가 추세에 있다는 사실을 드러낸다."[8]

흑인이 백인을 강간한 경우가 1960년경 필라델피아에서 3퍼센트인 데 비해 1970년경 워싱턴에서 21퍼센트라는 것은 놀라운 사실이다. 하지만 이런 사실을 그냥 언급하는 것만으로도 불온하고 선동적이며 다소 진보적이지 못한 일이 될 수 있다. 왜 그럴까? 그 이유를 파악하기 위해서는 다른 통계들을 살펴볼 필요가 있다.

볼프강 교수와 같은 대학인 펜실베이니아대학교 로스쿨의 앤서니 앰스터댐Anthony Amsterdam 교수는 1945년에서 1965년 사이 남부의 11개 주에서 발생한 3,000건의 강간 유죄판결에 대해 비교연구를 진행했다.[9] 유죄판결을 받은 흑인 중 13퍼센트가 사형당했다. 흑인 사형율을 백인 사형율과 비교한 볼프강과 앰스터댐은 흑인들이 최고형을 받는 숫자가 백인보다 7배나 더 많다는 사실을 발견했다. 게다가 흑인이 백인을 강간해 유죄판결을 받으면, 흑인이 흑인을 강간했거나 백인이 백인을 강간한 경우나 백인이 흑인을 강간한 경우보다 사형당할 가능성이 무려 18배나 더 높았다. (범위를 더 확장해 처벌 패턴을 비교한 결과[10] 볼프강은 흑인이 일반적으로 대부분의 범죄에서―앞으로 살펴보겠지만 대부분이지 '모두'는 아니다―더 긴 형기를 받는다는 결론을 얻었다.)

미국 법무부에서 나온 통계[11]에 따르면, 1930년 이후(1964년에 강간에 대한 마지막 사형 집행이 이루어졌으며, 미국에서 모든 범죄를 통틀어 마지막 사형 집행은 1967년에 이루어졌다) 위에 언급한 주에서 강간으로 사형당한 남성의 89퍼센트는 흑인이었다. (법무부는 이 중 인종 간 강간이 얼마나 되는지는 밝히지 않았다.)

한 흑인 변호사 협회가 1967년 볼티모어시의 강간 유죄판결 패턴을 연구한 결과 여기서도 역시 차별적인 처벌 패턴이 드러났다.[12]

1962년에서 1966년 사이 볼티모어에서 강간으로 재판에 회부된 629명 중 75퍼센트가 흑인이었다. 흑인 대 흑인 사건에 대한 재판은 이 중 449건이었으며, 흑인 대 흑인 사건과 백인 대 백인 사건에서 유죄판결율은 57퍼센트로 동률이었다. 인종 간 강간으로 가면 유죄판결율이 상당히 높아진다. 흑인이 백인을 강간한 사건에서 78퍼센트가 유죄판결을 받고, 백인이 흑인을 강간한 사건에서 83퍼센트가 유죄판결을 받지만, 백인이 흑인을 강간한 사건의 수는 흑인이 백인을 강간한 숫자의 5분의 1 정도이다.

강간범과 피해자의 인종에 따라 나눈 네 가지 분류항에서 흑인은 백인 여성을 강간한 경우에 가장 강력한 처벌을 받았고, **흑인 여성을 강간한 경우에 가장 약한 처벌을 받았다.** 볼티모어에서 백인 여성 강간으로 유죄판결을 받은 26명의 흑인 중 13명은 20년에서 종신형에 이르는 형을 선고받았으며, 3명은 종신형을 받았고, 1명은 사형을 선고받았다. 5~10년 이내의 형보다 더 가벼운 형을 선고받은 이는 단 한 명뿐이었다. 볼티모어에서 흑인 여성을 강간해 유죄판결을 받은 5명의 백인 남성 중 한 명은 15~20년 형을 받았으며, 3명은 5년에 못 미치는 형을 받았고, 나머지 한 명은 집행유예를 받았다.

사형과 종신형을 제외하고 볼티모어 강간범이 받은 처벌을 네 가지 인종 관계 분류에 따라 정리하면 〈표 1〉과 같다.

〈표 1〉 볼티모어 강간 사건 유죄판결율과 형량(1962~1966)

가해자/ 피해자의 인종	재판까지 간 사건 수	유죄판결율	유죄판결 횟수	형량 횟수(종신형 과 사형 제외)
흑/백	33	78%	26	15.4
백/흑	6	83%	5	4.6
백/백	141	57%	81	3.67
흑/흑	449	57%	258	3.18

내가 살펴본 연구 중에는 1890년까지 거슬러 올라가는 연구도 있는데, 그 연구 역시 똑같이 차별적인 패턴을 보였다. 백인 여성을 강간한 흑인에게 더 무거운 형벌이 부과된다는 것은 이론의 여지가 없는 역사적 사실이다.

이 장에서는 미국 전체가 인종 간 강간 사건에 집착하는 현상을 일종의 국가적 강박 증상으로 다룰 것이다. 다시 말해, '흑인 남성이 백인 여성을 강간한다'는 현상을 사실인 동시에 두려움을 일으키는 환상으로 다루면서, 백인 남성과 흑인 남성이 강간 행위의 의미를 어떻게 이해해왔는지, 백인 여성과 흑인 여성 모두가 정치와 이데올로기, 권력의 대의명분 아래에서 어떻게 장기의 졸처럼 이용되어왔는지 살펴볼 것이다.

노예제 남부의 강간 콤플렉스

노예를 소유하는 남부에서 비인간화된 흑인 군단의 반란과 강간은 백인 남성의 고전적인 악몽이었 다. 백인 여성은 채찍질 못지않은 강제력이 있는 사회적 관습을 통해 순결성을 강요받았고, 이 순결성은 노예 소유 체제 그 자체만큼이나 백인 남성의 남성다움을 보증해주는 결정적인 기준이었다. 백인 남성은 흑인 여성 노예에게 일일이 셀 수 없을 만큼 범법 행위를 저지르고 있다는 사실을 스스로 알면서도 그 행위를 범죄로서 강간이라고 부르는 일을 거부했고, 따라서 언제나 자신들이 보여온 태도가 역으로 뒤집혀 나타날세라 바짝 경계했던 것이다. 노예가 음모를 꾸미고 있다는 괴담들은 언제나 노예가 목표로 하는 궁극의 복수를 백인 여성을 강간하는 일로 설정하는 특징을 띠고 있었다.

"검둥이 전체가, 적어도 대다수가 특정일 밤에 주인을 공격하고 모든 사람을 학살할 것이며, 여자들을 노예로 삼거나 욕망을 채우는 데 이용하겠다는 음모를 꾸몄다."[13] 이는 1736년에 찰스턴의 한 군인이 지역에서 도는 풍문을 듣고 일기에 옮긴 내용인데, 역사학자들은이 찰스턴 음모론의 근거를 찾아내지 못했다. 1757년의 한 잡지 기사에 따르면, "이들은 음모를 고백한 후 각자 누구의 아내나 딸, 누이를 잠자리 상대로 삼을지 공언했다"[14]지만, 이 음모론 역시 증거를 찾을수 없었다.

남부에서 조직화된 노예 반란은 실제로 많지 않았고, 그런 반란에서 강간이 어떤 역할을 했다는 증거 역시 전혀 없었는데,[15] 반란이드물게 사전모의 단계를 넘어 진행된다고 해도 빠르게 끝장났기 때문일 것이다.

윌리엄 스타이런William Styron은 몇 년 전 냇 터너Nat Turner의 반란에대한 소설을 쓰면서 '좌절된 강간' 모티프를 삽입한 일로 여러 흑인작가들에게 강력한 비판을 받았다. 마이크 설웰Mike Thelwell은 스타이런의 설정이 "흑인 남성을 근거 없이 성적으로 비방하는 내용이라서 너무나 화가 난다"면서, "그런 종류의 신경증적 좌절은 단독으로자살 행위에 가까운 폭력을 저지를 때 나타나는 것이지, 계획에 따른 공적이고 정치적인 반란 행위에서는 나타나지 않는다"고 비판했다.[16] 설웰이 말한 이런 고결한 혁명의 정서가 냇 터너의 반란을 더 적절히 설명해주겠지만, 돈키호테 같은 마르크스주의 역사가인 유진제노비스Eugene Genovese가 스타이런 반대 전선에 대항해 펼친 비판에따르면 스타이런이 작가로서 자유롭게 구상한 설정이 전혀 근거가없는 것은 아니었다.[17] 제노비스는 미국 노예제를 넘어 투생 루베르튀르^{Toussaint Louverture}*가 이끈 노예 반란이 부분적으로 성공했던 아이티까지 시야를 넓혔다. 투생의 전기를 쓴 흑인 작가 C. L. R. 제임스^{C. L. R. James}는 아이티 반란에 대해 이렇게 썼다. "노예들은 지칠 줄 모르고 파괴했다. …… 그동안 자기 여자가 당하는 것을 수없이 보아온 노예들은 자기 손아귀에 떨어지는 모든 여자를 범했으며, 때로는 아직 피를 흘리고 있는 남편과 아버지, 형제의 시체 위에서 여자를 범했다."[18]

하지만 미국 남부에서는 이런 일이 실제로 일어난 적이 없었으며, 이는 오직 노예 소유자의 병적인 상상 속에만 존재하는 일이었다. 흑인 노예가 백인 여성에게 단독으로 저지른 강간, "단독으로 자살 행위에 가까운 폭력을 저지른" 경우는 실제로 있었다. 노예 남성은 백인 남성의 재산을 강간하고 도망치는 행위가 어떤 의미인지 그 자신이 재산 취급을 받은 자로서 확실히 알고 그런 행동을 했을 것이므로, 이때의 단독 강간 역시 노예의 방화처럼 넓은 의미에서 일종의 반란 행위에 가까운 '정치' 행위였을 것이다.

미국 노예제 역사학의 원로인 울리히 B. 필립스^{Ulrich B. Phillips}는 노예 해방 전까지 80년 동안 버지니아주에서 사형을 선고받은 노예의 기록을 조사했다. 성폭력으로 105건의 유죄판결이 있었으며 이 중 73건이 강간이고 32건은 강간미수였다는 사실을 알아냈다.[19] 강간 피해자 중 두 명은 물라토 자유민 여성이었고 나머지는 모두 백인이었다. "기록상 피해자 중 노예 여성이 한 명도 없다고 해서 노예 여성이 한 번도 추행당한 적이 없다고 주장한다면 진실과는 당연히 거리가 멀어진다." 필립스는 조심스럽게 썼다. "노예 여성을 대상으

---

* 1743~1803, 아이티의 독립을 이끈 흑인 노예 출신의 지도자.-옮긴이

로 삼은 범행은 대체로 주인이 사적으로 인지해 처리해온 것으로 보인다"**

남부의 노예 소유자들은 초기 영국법의 보복 개념[20]을 상기하며 법규에 거세형을 포함시켰다.[21] 거세형은 도주를 비롯해 노예가 저지르는 여러 가지 범죄에 합법적으로 적용되는 형벌이었고, 1769년 식민지 버지니아가 신체절단형을 단계적으로 폐지하기로 결정한 이후에도 백인 여성을 강간한 노예에 대한 형벌로서 법전에 남아 있었다. 거세 법규가 문제라고 여긴 이들 중에는 토머스 제퍼슨Thomas Jefferson도 있었는데, 그는 1786년 파리에서 제임스 매디슨James Madison에게 편지를 쓰면서 프랑스인들의 견해를 알렸다. "보복의 원칙은 이곳에서는 대단히 비판받는 지점이고, 특히 강간의 경우가 그렇습니다. 그들은 그 형벌이 적절치 못하며 정당화될 수 없다고 생각합니다. 저도 그걸 바꿔야겠다고 여기지만 프랑스인들과는 다른 이유 때문입니다. 여성들이 충실치 못한 연인이나 경쟁자의 존재에 낙심해 그런 처벌을 복수의 도구로 사용하고 싶은 유혹을 느낄 수도 있기 때문입니다."

그러나 거세형은 자주 실행되지는 않았다. 남부 노예제의 대부분의 기간 동안 인종 간 강간으로 유죄판결을 받은 노예에게 돌아간 처벌은 대체로 법에 명시된 사형이었다. 흑인 자유민일지라도 백인 여성을 강간해 유죄판결을 받으면 노예보다 나을 것이 없는 처벌을 받았다. 버지니아의 1860년 법률에서 백인 강간범이 받은 최고형은 20년이었지만, 자유민은 강간미수인 경우에도 사형까지 받을 수 있

** 필립스는 같은 시기 346건의 살인에 대해 유죄판결이 내려졌고(피해자 중 85명은 동료 노예였으며, 살인자 중 39명이 여성이었다), 257건의 강도, 90건의 방화(방화범 중 29명은 여성), 11건의 잡다한 폭행에 대해 유죄판결이 내려졌음을 발견했다. Phillips, pp.457 – 458.

었다.[22] (버지니아의 법은 '재건' 기간을 거치면서 노골적인 인종차별을 없애는 쪽으로 개정되었다.)

이뿐만 아니라 법적 장치를 초월해 린치를 가하는 폭도들도 있었다. 그들이 거침없이 행사한 폭력적인 응징은 선사시대의 피의 복수 규칙을 연상케 했다. 노예제 폐지 이후에도 린치는 미국 역사에서 남부 흑인을 협박하는 법 바깥의 주요한 무기로 기능해왔는데, 이는 노예 소유 시대에 강간 혹은 강간 혐의가 주민들이 무장하도록 선동하는 가장 확실한 방법으로 여겨졌던 경향을 본보기로 삼은 것이다. 1843년 한 미시시피 신문은 한 무리의 백인들이 농부의 아내를 강간한 두 노예를 뒤쫓아 목을 매단 사건을 두고 이런 사설을 게재했다. "우리는 린치 판사가 집행하는 모든 처벌에 반대해왔으며 이번에도 역시 반대한다. 그러나 …… 다음과 같은 점을 감안하는 것이 정당한데 …… 가정 생활의 영역에서 남자에게 가장 소중한 것이 무엇인지 감안하면, 저 극도로 혐오스러운 범죄를 저지른 가해자들이 산 채로 불탔다고 해도 …… 악마 같고 인간 같지 않은 자들에게는 너무나 관대한 운명이라는 것을 인정하지 않을 수 없다."[23]

가정 생활에서 남자에게 가장 소중한 것이란 정확히 무엇을 지칭하는가? 한 노예 소유자의 부인이 한번은 해리엇 마티노[Harriet Martineau]*에게 자기는 남편의 대농장에서 "하렘의 대장 노예"[24]에 불과하다고 불쑥 말한 적이 있다고 한다. 그의 아이를 합법적으로 임신한 사람이자 그가 획득한 장식용 기념품으로, 가끔 동반자의 특권이라는 유혹에 빠지지만 진짜 권력은 인정받지 못한 채 백인 여성은 남편의 가장 고급스러운 재산이 된다. 흑인 여성 노예의 성적 온전성을

---

* 　1802~1876, 최초의 여성 사회학자라고 불리기도 하는 영국의 사회이론가.-옮긴이

매일같이 침해하는 바로 그 백인 주인이, 백인 여성의 정조에는 높은 가치를 부여해 성적 접근권을 독점한다. 백인 여성의 정조가 중시되는 것은 결혼 관계에서 태어난 아이가 정말로 적법한 상속자인지 확인할 필요가 있기 때문이다. 흑인 여성에게 법으로 보장되는 결혼이나 정조를 애초에 부정함으로써 노예 소유자가 노예의 모든 아이에 대해 소유권을 획득하는 것과 대비된다.

백인 남성들은 노예 소유자든 아니든 백인 여성을 동등한 존재가 아니라 자신이 소유한 영토의 일부로 취급했다. 백인 여성은 투표할 수 없었고, 공직을 차지할 수도, 배심원이 될 수도 없었다. 또한 고등교육을 받을 수도 없었고, 결혼 후에는 자기 앞으로 땅이나 노예, 돈을 소유할 수도 없었다. 그녀를 기념품처럼 높은 곳에 떠받들어 찬양하는 받침대는 경제적 의존이라는 단단한 재료로 만들어져 있었고, 그 받침대에서 떨어지는 가장 빠른 길은 성적으로 자유로운 성향을 보이는 것이었다. 백인 여성이 성적으로 독립적이라는 증거는 백인 남성의 신성불가침한 재산권에 직접 도전하는 것으로 간주되었으며, 백인 여성이 흑인 남성과 자발적인 유대를 맺어 '관계를 가진' 것이 발견되면 백인 남성의 집단 정신은 재산 손실을 입었다고 느꼈다.

백인 남성이 작성한 법에는 흑인 연인을 사귀거나 흑인과 결혼한 백인 여성에 대한 복수심이 스며들어 있었다. 노스캐롤라이나와 사우스캐롤라이나, 메릴랜드, 버지니아의 식민지법은 물라토 아이를 낳은 백인 여성이 법원에 벌금을 내도록 명령했다.[25] 이뿐만 아니라 그녀의 아이는 31세가 될 때까지 계약에 의해 노예 상태가 되며 그녀 자신은 5년 이상을 하인으로 지내야 했다. 이렇게 편파적으로 인종 간 관계를 방해하는 경향이 남부에서만 나타난 것은 아니다. 식민지 펜실베이니아 법정에서 물라토 '사생아'를 낳은 어떤 백인 여성의 "벌거벗은 등에" 스물한 번 채찍질을 받도록 명령한 기록도 있다.[26] 이런 법 집행은 강간 여부와 상관없이 흑인 남성과 백인 여성 간의 관계를 방지하기 위한 험악한 억제책으로 기능하도록 기획되었는데, 백인 남성이 흑인 남성과 백인 여성 간의 성적 행위를 자신의 헤게모니에 대한 끔찍한 위협으로 여겼기 때문이다. 강간은 단지 정도의 문제였다.

강간 피해자인 백인 여성에게 정숙하지 못하다는 평판이 있는 경우, 강간에 대한 집단적인 분노는 눈에 띄게 줄어들었다. 버지니아가 노예를 소유한 44년(1789~1833)간 흑인에게 인종 간 강간죄로 사형을 부과한 60건의 재판 중 27건에서 재판 후 백인 여성의 더러운 과거가 화제에 올랐다. 주지사에게 자비를 청하는 배심원의 청원서나 사면을 요구하는 시민의 진정서에 피해자의 과거를 언급한 것이다.[27] 이런 청원서에 처벌 경감 사유랍시고 써놓은 내용을 살펴보면, 물라토 아이들을 기르며 아무런 지원도 없는 상황에서 흑인 자유민 가족과 동등한 사회적 환경에서 생활했으며 흑인들과 자유롭게 어울린 한 어머니의 모습을 볼 수 있다. 피터라는 노예가 패치 후커라는 이를 강간해 유죄를 선고받은 사건에서는 하노버 카운티의 백인 남성 62명이 청원서에 서명하며 이렇게 공언했다. "상술한 패치 후커는 …… 흔히 있는 매춘부입니다."[28]

태스코 톰프슨이라는 자유민이 메리 제인 스티븐스라는 어린 소녀를 소녀 어머니의 집에서 강간하려다 강간미수로 사형을 선고받았을 때, 유죄에 투표한 배심원 대표가 제출한 청원서는 백인 남성이 만든 강간법의 목적과 본질이 무엇인지 잘 보여준다.[29]

그 어머니가 오랫동안 검둥이들을 즐겁게 해준 것으로 악명이 높고, 그녀와 친분이 있는 이들은 한두 명만 제외하고는 모두 흑인입니다. …… 한마디로 그녀는 평범한 자유민 검둥이보다 지위가 낮은 사람이며 ……[태스코 톰프슨]이 스티븐스 부인의 집에 가면서 그녀가 기분 좋게 그의 포옹에 응할 것이라 믿었으리라는 것에는 의심의 여지가 없습니다. 그녀는 이전에도 자주 그렇게 해온 것이 틀림없고, 그녀가 집에 없다는 것을 알게 된 그는 딸도 어머니와 똑같이 포옹을 받아들일 것이라고 짐작했을 것입니다. ……

자신들이 원하는 방향으로 사실을 배치한 배심원 대표는 그를 비롯한 동료 배심원들이 다음과 같은 생각을 갖고 있다고 썼다.

두 집단 사이에 존재해야만 하는 구분을 유지하기 위해서, 백인이 백인의 우월성을 유지하도록 보호하기 위해서 법이 존재한다고 봅니다. 그러나 이 사건에 연루된 백인들은 법이 그들보다 열등하다고 구분한 자들과 자발적으로 어울림으로써 법에 의해 보호받을 권리를 포기했습니다. 사건에 관련된 여자가 유색인종 소녀였다면 검찰 측이 결코 사건에 관심을 갖지 않았을 텐데, 배심원단은 기소녀가 유색인종과 다를 바 없는 이런 대단치 않은 범죄를 들어 죄수에게 유죄를 선고하기는 어렵다고 생각합니다. 그녀의 창조자가 그녀에게 흰 피부를 주었기 때문에 배심원이 재량껏 판결할 수 없었을 뿐입니다.

이 청원서를 비롯해 당시에 나온 여러 비슷한 청원서에 담긴 논거는 도대체 무엇인가? 강간 범죄 자체가 일어나지 않았다 — 저 청원서는 그 정도까지 말하지는 않았다 — 는 이야기는 아니지만, 평판이 좋지 않은 특정 계층의 백인 여성이 강간을 당하면, 강간범이 흑인일 때조차 그 강간은 경미한 범죄가 된다는 이야기가 아닌가. 백인 남성의 눈에 그런 여성들은 범죄를 당하기 전부터 이미 하자가 있는 물건일 뿐이고, 좋은 노예나 일꾼을 잃는 만큼의 가치도 없는 것이다.

노예제 시대부터 지금까지 흑인 남성의 운명은 백인 여성의 정조에 관한 평판과 뗄 수 없이 연결되어 있었는데, 이런 난맥상을 조장하고 이용한 것은 흑인 남성도 백인 여성도 아니다.

D. W. 그리피스의 장편 영화 〈국가의 탄생〉에는 인상적인 장면이 하나 있다. 아름다운 금발의 처녀를 강간하려다가 그녀를 자살로 몰아간 흑인을 잡기 위해 말을 타고 다니는 하얀 두건을 쓴 KKK 기사들을 멋지게 그려낸 장면이다. 그리피스는 영화에서 KKK단을 '재건'이라는 위기의 시기에 마구잡이로 성폭행을 시도하는 흑인들로부터 백인 여성을 구하려고 들고일어난 영웅으로 미화했다. 1915년 〈국가의 탄생〉이 처음으로 상영되었을 때 북부의 몇몇 극장 앞에서는 저 장면을 비롯한 여러 장면이 관객을 자극해 폭동에 가까운 소동이 벌어지기도 했다.[30] 내가 이 책의 다른 장에서 이미 언급했듯, KKK의 야간 승마는 실제로는 흑인 여성을 강간하는 것으로 마무리되거나, 흑인 남성을 살해하는 것으로 끝났다. 흑인 남성을 살해한 이유는 흑인 남성이 백인 여성을 욕망해서가 아니라, 가치 있는 땅을 소유하기를 원했거나 투표권을 욕망했기 때문이었다. 이 영화는 북부의 급진파에게 인기가 없었지만, KKK단이 백인 여성을 '방어'한 영웅이라고 여긴 남부 백인의 여론은 정확히 반영했다.

사려 깊은 남부 백인인 W. J. 캐시W. J. Cash는《남부의 정신The Mind of the South》(1941)에서 재건 기간 동안 남부에 만연했던 어떤 심리 상태를 '강간 콤플렉스'라고 명명한 후 그에 대해 정의하려고 애썼다. "남부인들은 흑인 쪽에서 어떤 종류의 권리를 행사하든 그것이 사실상 남부 여성을 공격하는 일이 된다고 느꼈다. 그들의 관점에서 '재건'이란 여성이 강간이나 다름없는 굴욕적인 상태까지 가게 만드는 지름길이나 다름없었다."[31]

이 책에서 캐시는 남부 백인 남성의 마음속 가장 깊은 곳에 도사린 두려움을 언어로 표현했다. 노예 해방의 논리적 귀결은 결국 흑인 남성이 "끝까지 진군한 끝에 결정적으로 결혼할 권리를 포함한 완전히 평등한 권리를 주장하는 날이 오는" 것이 아닌가? 만약 그날이 오게 되면 백인 남성이 가장 자랑스러워하는 특권은 파괴될 텐데, 그 특권이란 "적자의 권리, 미래의 모든 세대를 통틀어 백인 남성의 자랑스러운 유산을 상속하는 자로 태어날 권리"이다. 캐시의 분석에 따르면, 양키 공화당의 앞잡이와 그 하수인들이 자신의 흑인 친구들에게 "흑인이 죽은 주인의 딸을 첩으로 삼을 날이 올 것"이라고 '선동적으로' 말하고 다닌 탓에 남부 백인 남성들은 더욱 두려움을 품게 되었다고 한다.

이 모든 관심과 상상의 중심에 있는 존재인 백인 '딸'들은 어떻게 반응했을까? 캐시는 이렇게 썼다. "백인 여성 본인들도 정말로 두려워했고, 어떤 지역에서는 거의 공포에 사로잡히기까지 했다. 신경증적인 노처녀와 부인들, 히스테리적인 젊은 소녀들은 지금은 아주 잘 알려진 방식으로 반응했지만, 당시만 해도 누구에게도 이해받지 못했다."

캐시가 《남부의 정신》을 출판한 것은 1941년이었고, 당시에는 남부의 백인 여성들이 신경증적이고 히스테리적인 과잉 반응을 보이는 습성이 있다는 식으로 떠들어대는 이들이 많았다. 흥미롭게도, 메리 보이킨 체스트넛Mary Boykin Chestnut이 쓴 진짜 일기인 《남부 일기Diary from Dixie》(1905)에서는 그런 히스테리적 불안을 전혀 찾아볼 수 없다. 진군해오는 셔먼General Sherman*의 군대가 여성들에게 어떤 태도를 보일지 약간의 불안감을 내비친 내용은 있지만, 흑인에게 강간당할지도 모른다는 병적인 두려움은 전혀 찾아볼 수 없다. 선견지명이 있는 켐블 역시 남편의 조지아 대농장에 머무는 동안 본인은 신체적 위협을 전혀 느끼지 않았으나, 흑인 여성이 백인과 흑인 양쪽에게 강간당하는 일에는 매우 민감하게 반응했다. 또한《바람과 함께 사라지다》 (1936)에서 19세기 백인 남부 여성의 마음에 완벽히 감정이입한 작가 마거릿 미첼Margaret Mitchell 역시 주인공 스칼렛 오하라에게 그런 두려움이나 공포를 부여하지 않았다. 스칼렛이 재건 기간에 흑인 범죄자와 가장 가까이에서 실랑이를 벌인 사건은 그녀의 몸이 아니라 돈 때문에 일어났다.

남부 백인 여성이 신경증과 히스테리에 잘 걸린다는 분석을 인정하든 말든 그건 별 상관이 없다. 나 자신은 인정하지도 않거니와, 어쨌든 캐시가 서술한 남부의 강간 콤플렉스만큼은 실제로 존재했다. 흑인 남성에 대한 린치가 곧 백인 여성이 강간당했다는 것과 동의어처럼 되어버린 나머지, '그 범죄'라는 단어를 완곡어법으로 속삭이기만 해도 백인 집단과 흑인 집단 모두가 그 뜻을 알아들었다.

린치와 강간

1909년에 창설된 '전미 흑인 지위향상 협회National Association for the

---

*   미국 남북전쟁 당시 북부의 지휘관.-옮긴이

Advancement of Colored People, NAACP'가 1912년에 린치에 관한 통계를 표로 만드는 작업을 실행했다. 얼마나 많은 린치가 강간 내지 희미한 강간 의혹을 동기로 해 일어났는지 밝히려는 것이 우선순위 중 하나였다. 그 도표는 《30년간 미국에서 발생한 린치Thirty Years of Lynching in the United States》라는 100쪽이 넘는 고통스러운 기록을 담은 소책자로 출간되었다.[32] NAACP의 보고에 따르면, 1889년에서 1918년까지 3,224명이 린치 폭도에게 살해되었으며, 그중 2,838명(전체의 8분의 7)이 남부에서 발생했다. 피해자의 78퍼센트는 흑인이었다. 린치당한 이들 중에는 여성도 61명 있었는데, 그중 50명이 흑인이었다.[**]

린치당한 백인 남성 중 8.4퍼센트는 '여성을 강간하거나 공격한' 혐의가 있었다. 흑인 중 그런 혐의가 있는 경우는 28.4퍼센트였다. NAACP는 '여성을 강간하거나 공격한'이라는 표현을 조심스럽게 사용했는데, 다음과 같이 요약했다.

흑인이 '백인 여성을 공격'하거나 강간했다는 이유로 린치당한 사건의 숫자와 관련해서 유의할 점이 있는데, 공격이라고 주장된 경우에 '여성의 방에 들어갔다'든가 여성과 살짝 스쳤다는 것 이상의 강력한 증거가 전혀 없다는 사실을 짚고 넘어가야 공정할 것이다. …… 여러 사건에서 그런 증거가 공격이 진짜 있었다는 근거처럼 제시되었다. …… 소위 '그 범죄'가 아닌 다른 이유로 흑인을 린치하는 경우가 모든 시기에 걸쳐 다수를 차지했으며, 지난 5년[1914~1918]간도 마찬가지였다. 유색

** 전미 흑인 지위향상 협회는 흑인 여성 린치 피해자에 관해서는 간략하게 다뤘다. 그 내용은 다음과 같다. "1911년 5월 26일, 오클라호마주 오케마에서 보안관을 쏜 혐의가 있는 유색 여성이 어떤 무리에게 잡혔다. 그녀는 14세의 아들과 함께 있었고, 다리에 목이 매달려 살해되었다. 그전에 이 여성은 강간당했다." *Notes on Lynching in the United States*, (The Crisis, New York: NAACP, 1912, p.3 로부터 재편집)

인종 린치 피해자 중에서 강간이나 '여성을 공격'했다는 이유로 고발당한 사람은 다섯 명 중 한 명에도 미치지 못한다.[33]

'그 범죄' 신화가 대중의 상상 속에 끈질긴 생명력을 유지한 나머지, 린치 반대 투쟁에 참여한 이들은 그 후로도 20년간 그런 신화에 정면으로 맞서야 했다. 놀랄 것도 없이, 1930년대와 1940년대에 서로 다른 신조를 가진 정치 집단들이 강간에 대한 변명을 피력할 다양한 방식을 발전시켰고, 종종 그걸 서로의 목에 겨누며 싸웠다.

1931년, 여성에게 참정권이 부여된 지 11년이 되던 해였으나, 이때 남부는 끝까지 격렬하게 저항하고 있었다. 바로 이 시기에 애틀랜타에서 온 제시 대니얼 에임스Jessie Daniel Ames라는 이름의 백인 여성 교인은 백인 여성의 정조를 지키기 위해 집단행동이 필요하다는 주장을 요지로 하는 린치법 선동에 대항해 '린치 방지를 위한 남부 여성 협회Association of Southern Women for the Prevention of Lynching'를 조직했다. 이 협회의 여성들(백인 중상류계급)은 15개 주와 1,000개 카운티에 걸친 교회 모임을 통해 운동을 조직했고, 강경한 어조로 작성된 다음의 선언에 서명을 요구하는 거대한 캠페인을 벌이며 정치적 교육 사업을 시작했다.

"우리는 린치가 변명의 여지가 없는 범죄라고 선언한다." 선언문은 이렇게 시작한다.

우리가 보기에는 …… 여성을 보호하기 위해 행동한다는 린치 가해자와 폭도들의 주장을 여론이 너무나 쉽게 용인하고 있다. 사실에 입각해서 볼 때, 여성들은 그런 주장이 의심 없이 받아들여지는 상황을 더이상 용납하지 않을 것이며, 개인적 보복이나 야만 행위에 열을 올리는 자들이 여성의 이름으로 폭력과 무법 행위를 저지르는 것을 용납하지

않을 것이다. 우리는 그런 불명예스러운 주장을 영원히 거부한다.[34]

후일 에임스는 여성 참정권 덕에 린치에 대한 여론을 바꿀 수 있었다고 말했다. 투표가 남부 여성을 "진짜 숙녀는 정치에 참여하는 모습을 보여 자기를 깎아내리지 않는다는 식의 당연한 듯 끝없이 반복되던 말"로부터 해방시켰다는 것이다.[35] 여성들이 제 소관이 아닌 위험한 영역에 발을 들이고 있다고 느낀 백인 남성 사회지도층 다수가 서명 운동을 야유하며 반대했지만, 협회는 그런 반발을 무릅쓰고 불과 몇 년 만에 남부의 자매들로부터 4만이 넘는 서명을 받아냈다. 이들의 활동은 서명 촉구나 전단 배포, 회합, 정치인에 대한 설문, 교회 만찬에서 여는 연극 공연으로 끝나지 않았다. 이들은 NAACP에서 활동한 남부 흑인들만큼 용맹하게 린치의 근본 원인을 밝혀내고자 자체 조사에 착수했고, 그 정보를 특별회보로 출판했다.

미시시피주 론데스 카운티, 1933년, 1. 백인 여성을 모욕한 혐의로 목매달아 죽임. 흑인 소작인의 수확물을 원한 지주가 그 소작인을 '치워버리려고' 그가 백인 여성을 모욕했다는 고발을 구실 삼았다는 소문이 있음. 지역 교회를 위해 부흥회를 개최하려던 방문 목사는 "그 밤에 린치가 있을 것"이기에 부흥회에 방해가 될 수도 있다는 이야기를 들었다고 함. 목사는 린치를 막기 위해 아무 노력도 하지 않았음. 개울에 던진 시체가 며칠 후 떠오를 때까지 린치 사실은 지역사회 바깥에 전혀 알려지지 못했음. (10명으로 이루어진 폭도)[36]

'보안관의 보호를 받다가 끌려나와서' '법원에서 끌려나와서' '감옥에서 끌려나와서' 린치가 시작되는 일이 보통이었다. 남부 보안관들이 린치에 공모한다는 것은 남부 바깥까지 알려진 공공연한 사실이었다. 남부 내 린치가 일어나는 지역사회에서 살아가는 협회 여성들에게 이런 보안관들은 눈앞에 숨 쉬며 걸어다니는 인격체이자 정체가 환히 드러난 존재였다. 보안관이 친척이거나 이웃일 때도 있었다. 어떤 사건에서든 그는 치안 유지를 위임받은 지역 명사였고, 협회가 주최한 교회 만찬에 오는 사람이며, 늘상 안부 인사를 나누는 인물이었다. 백인 남부 여성에게 백인 남부 보안관은 '우리 남자' 중 하나였던 것이다.

"남부 여성에 대해 무슨 소리든 할 수 있겠지만, 자신의 신념에 따라 행동할 도덕적 용기가 모자라다는 소리만은 할 수 없을 것이다." 에임스는 이렇게 썼다. "남부 여성들은 남부 여성을 보호한다는 명분을 내세운 린치를 직접 조사하는 과정에서 다름 아닌 우리 남자들이 무력한 사람들에게 비겁한 폭력을 저지르면서 여성을 방패로 이용해 숨어왔다는 사실을 발견했고, 따라서 남부 여성들은 자신이 할 수 있는 유일한 행동에 착수했다."[37] 1937년 남부 여성들은 린치에 공모한 이들의 실명을 명시하기 시작했다.

앨라배마주 헨리 카운티 애비빌 2월 2일. 백인 여성 강간치상 혐의를 받은 흑인이 J. L. 코빗 보안관의 책임하에 구류되어 있다가 끌려갔다. …… 보안관에 대한 탄핵재판이 있었고, 4 대 2로 무죄판결이 났다. …… 증언에 따르면 보안관은 4시간 동안 뜸 들이며 시간을 끌다가 뒤늦게 폭도들을 쫓아갔다. …… 보안관과 보안관보는 언제나 폭도들보다 한발 늦었다.

플로리다주 산타로사 카운티 밀턴, 10월 3일. 백인 소년에게 '비정상

범죄'를 저지른 혐의 및 주유소 강도로 기소된 흑인이 조 앨런 보안관의 보호하에 있다가 고속도로로 끌려나와 총에 맞았다. 죄수는 재판을 받기 전까지 신변보호를 위해 파나마시에 있었으나, 재판을 받기 위해 밀턴으로 돌아왔다가 폭도에게 붙잡혔다.[38]

"치안을 유지해야 할 보안관은 어디에 있었나?"[39] 협회 회보에 실린 질문이다. "1937년에 린치를 당한 피해자 8명 모두가 보안관의 손에 있다가 끌려갔다. 조사 결과에 따르면, 7건의 린치 사건에서 법집행관 본인이 폭도의 일원이거나 폭도와 결탁한 것으로 보인다. 나머지 한 건의 린치에서는 결정적인 증거를 아직 찾지 못했다. …… 그러나 죄수를 관리한 경찰 누구도 관할 주민의 린치 계획을 전혀 몰랐다거나, 어떤 폭도도 알아보지 못했다는 것은 믿기 어렵다."

누군가가 남부의 린치 근절 투쟁에 대해 언젠가 써주었으면 좋겠다. 특히 급진정치가 몰락할 때 전형적으로 나타나는 조직 간 다툼으로 린치 근절 운동이 활력을 잃고, 결국 모든 운동 집단의 노력이 힘을 잃게 된 과정에 관해 그 누군가는 전부 쓸 수 있기를 바란다. 어느 집단의 통계가 가장 믿을 만한가, 연방의 반린치법 제정을 지지할 것인가 말 것인가, 누가 더 징징대며 감상적으로 굴었는가, 누가 염증나게 선동하는 태도로 일관했는가, 말할 권리가 있는 이는 누구이며 외부에서 온 선동꾼은 누구인가, 린치는 '무법 상태'의 산물인가 아니면 '지배계급의 대리인 모두가 협력한 …… 주의 깊게 조직된' 행동인가, 지역사회에 스며들어 조용히 활동하는 것이 나은가 아니면 거대한 정치적 관점을 앞으로 드러내는 편이 나은가. 이런 쟁점들로 격한 다툼이 그치지 않았다.

여기서 공산당의 역할은 주의 깊게 연구해볼 만한데, 격렬한 수사를 활용해 모든 것을 아울러 설명하는 정치적 관점을 제시한 것이 바로 그 집단이기 때문이다. 공산주의자의 수사는 아무도 깨닫지 못했던 빼어난 통찰을 품고 있을 때도 있었지만, 앞뒤를 가리지 않는 열정으로 허위사실을 엉망진창으로 뒤섞어놓은 소리에 불과할 때도 있었다. 1932년 공산주의자들이 NAACP와 심한 의견 차이를 빚고 있을 때 인터내셔널 퍼블리셔스*가 공산당 노선에 따라 린치를 다루는 팸플릿을 출판했다.[40] 〈인터내셔널 팸플릿〉 25호의 저자들은 당시 NAACP의 지도자였던 W. E. B. 듀보이스W. E. B. Du Bois와 월터 화이트Walter White, 클래런스 대로우Clarence Darrow를 "린치의 진짜 이유가 무엇인지 드러내는 것을 악의적으로 회피한다"[41]는 이유에서 신랄하게 비판했다. 그들은 NAACP가 린치를 고립된 현상으로 다루면서, 린치가 교육 수준이 낮고 법을 지키지 않는 가난한 백인들이 벌이는 끔찍한 오락이라는 인식을 조장하고 있다고 맹비난했다. 그들은 이렇게 호통쳤다. "아니다. 린치는 이윤을 옹호한다! 린치는 흑인 노동자에게 보내는 경고이다. 린치는 백인 지배계급이 흑인 종족에게 국가적 억압을 가하는 무기이자, 백인 노동자와 흑인 노동자 사이의 분열을 유지하려는 책동이다."[42]

이들은 끔찍한 수사에 기대 듀 보이스 등을 명백히 부당하게 공격했지만, 적어도 그 주장에 담긴 발상의 싹만큼은 건전했다. 1947년 '대통령 직속 민권 위원회'The President's Committe on Civil Rights'는 〈권리를 획득하기To Secure These Rights〉라는 유명한 보고서를 발행했는데, 이 보고서는 시간이 지나면서 공산당 이론이 어느 정도 주류의 사고방식에 스며들었다는 사실을 보여준다. 〈권리를 획득하기〉의 결론은 다음과 같

---

* 뉴욕에 위치한 마르크스 경제학·정치학·역사학에 특화된 출판사.─옮긴이

왔다. "린치는 흑인이 열등한 지위를 받아들이도록 만들기 위한 궁극의 협박이다. 테러리스트의 도구로서 린치는 흑인에게 부과되는 다른 모든 제한을 강화한다."[43]

〈인터내셔널 팸플릿〉 25호는 강간에 대해서도 맹비난을 쏟아냈다. 공산당 문헌은 강간을 결코 그냥 강간이라고 쓰지 않고, 언제나 인용부호를 붙여 '강간'이라고 쓰거나 '자본가의 강간 날조'라는 구절에 포함시켜서 쓰는 방식을 선호했다.

'강간' 날조

백인 노동자가 흑인을 적대하도록 선동하고 '백인 우월' 신화를 더 견고히 하기 위해서, 백인 지배계급은 흑인이 '강간범'이라는 유해하고 정신 나간 거짓 이야기를 꾸며냈다. …… 흑인 노동자가 꿇었던 무릎을 펴고 겨우 일어나려 할 때마다 '강간'이라는 외침이 나왔다. '강간'을 이유로 린치당한 흑인 노동자가 그런 일을 저지른 경우는 없으며, 실상 거의 없다시피했다. 대다수의 경우는 백인이 흑인 여성에게 수없이 저질러 온 범죄에 책임이 없었고, 유죄판결을 받는다고 해도 감옥에서 몇 개월 형을 받을 정도의 죄였다. …… 우리가 흑인에 대한 이런 거짓말을 처음 들은 것은 1830년경으로, 이는 흑인이 노예선에서 내려 버지니아에 당도한 때로부터 200년이 지난 시점이다. 왜 이토록 오랜 시일이 지나 이런 일이 일어났는가? **그해에 북부에서는 노예제 폐지 운동이 시작되었고, 노예가 자신의 손으로 자유를 쟁취하려는 투쟁이 더욱 첨예해졌기 때문이다.** 200년간 흑인 노동자는 '강간범'이 아니었다. 그러나 가치 있는 노예로서 이들의 위치가 위태로워지자마자 이들은 갑자기 '강간범'이 되었다. …… 수많은 백인이 자신을 보호하기 위해 자본가가 날조한

'강간'설을 이용했다. ……[44]

강간이 날조된 것이라면, 그 거짓말은 가장 처음 누구의 입에서 나온 것일까? 〈인터내셔널 팸플릿〉 25호는 그 문제를 얼버무리지만 결국 독자가 뻔한 결론에 이르게 만든다. 무엇보다도, '강간이라는 외침'이나 '강간 날조'같은 구절은 이미 역사를 갖고 있다. 보디발의 아내는 악의적으로 강간을 외친 거짓말쟁이였다. 토머스 제퍼슨은 복수를 하기 위해 강간이라고 외칠 여성이 나올지도 모른다고 경고한 바 있다. 미국 법학의 성경이나 다름없는 법대생의 필독서인 《위그모어의 증거론Wigmore on Evidence》 역시 여성이 거짓말을 하는 경향이 있다고 경고했다.[45]

남성이 범죄로서 강간의 개념을 제한적으로나마 처음으로 법에 수용한 이래로, 강간을 당했다고 주장하는 여성에 대한 불신은 언제나 남성의 논리의 일부를 이루어왔으며, 공산당의 남성 지도자들은 재산법이 지닌 여러 부당한 면을 단도직입적으로 폭로하고 그에 도전하면서도 여성을 의심하는 논리만큼은 문제 삼지 않았다. 공산주의자에게 페미니즘은 항상 금기어이자 우익으로의 탈선이었고 부르주아적 '오류'였다 — 레닌이 클라라 체트킨Clara Zetkin*에게 그렇게 얘기했으며, 마더 블루어Mother Bloor**가 그것을 명백히 보여주었다.[46] 공산당은 그토록 평등을 이야기하면서도, 남성우월주의란 사회주의가 성취되고 나면 없어질 노동자들의 유감스러운 '태도'에 불과하다는 사고방식을 고수했다(오늘날은 전혀 그럴 이유가 없는데도 여전히 고수하고 있

---

*   1859~1933, 독일 출신의 혁명가. 1911년 처음으로 세계 여성의 날을 조직했다.-옮긴이
**   1862~1951, 본명은 엘라 리브 블루어Ella Reeve Bloor. 미국 공산당 여성 지도자.-옮긴이

다). 1930년대의 미국 공산당 역시 다른 정치세력과 마찬가지로 백인 남성이 지도하고 통제했기 때문에 여성의 진실성을 가볍게 취급했고, 흑인의 결백을 밝히기 위해 여성에게 보디발 부인의 죄를 덮어씌우는 역사를 피하지 못했다.

그러다가 한 여성이 결정적인 기여를 했다. 바로 빈에서 프로이트에게 배운 제자, 보스턴보다 남쪽으로는 가본 적도 없을 듯한 헬렌 도이치였다. 격동의 1930년대에 마르크스주의와 프로이트주의라는 두 계열의 사상은 각각 사회의 힘과 개인의 정신에 초점을 맞추며 공공의 논란 속에서 서로 충돌하고 마찰을 빚었다. 서로 엄청나게 다른 이데올로기적 기원으로부터 흘러나온 두 사상은 인종 간 강간 사건에서 백인 여성의 역할에 대해서는 놀랄 만큼 빈틈없는 의견 일치를 보였다. 도이치가 히스테리적인 마조히스트 여성에 대한 진단서를 내놓자마자, 모종의 마음의 평화를 원한 이들이 남부 강간 콤플렉스에 대한 백인 남성의 책임을 희석하는 데 그녀의 진단을 잽싸게 차용했다.

앞서 언급한 W. J. 캐시는 1941년이라는 유리한 시점에서 '재건' 기간의 강간 콤플렉스를 분석하면서, 프로이트적 시각을 차용해 "신경증적인 노처녀와 부인들, 히스테리적인 젊은 소녀들"이라고 표현했다. 이런 발상은 어디에 기원을 두고 있을까? 캐시가 《남부의 정신》을 내기 4년 전, 예일대학교 심리학 교수인 존 덜라드John Dollard가 현대 남부의 삶을 분석해 호평받은 책 《한 남부 소도시의 사회 계층과 계급Caste and Class in a Southern Town》(1937)을 출판했다. 이 책에서 덜라드는 도이치의 분석이 '명쾌한 설명'을 제시한다며 고스란히 인용했다. 덜라드의 설명에 따르면, 도이치는 남부 여성 몇 명을 분석한 후 이 여성들이 "흑인 남성에게 뚜렷한 성적 유혹을 느꼈으며, 이와 결부된 마조히즘적 환상"[47]을 가지고 있다는 사실을 발견했다. 도이치는 백인 여성을 도매금으로 묶어 고발했다. "자신이 흑인에게 추행당하고 강간당했다고 주장하는 백인 여성의 히스테리적이며 마조히즘적인 환상과 거짓말을 백인 남성이 그토록 쉽게 믿는다는 사실은, 그들(남성)이 여성의 무의식적 소망 내지 여성의 선언이 드러내는 정신적 현실을 감지하고는 마치 그것들이 **현실**이기라도 한 듯 감정적으로 반응한다는 사실과 관련된다. 그리고 사회적 상황은 그들이 그 감정을 흑인에게 발산하는 것을 용인한다."

도이치는 1944~1945년에 펴낸 두 권짜리 책 《여성의 심리학Psychology of Women》에서도 같은 논지를 반복했다. "강간 환상은 종종 부인할 수 없을 만큼 그럴듯해서 가장 경험이 많은 판사조차도 히스테리 여성이 강간으로 고발한 무고한 남자를 유죄로 오해하도록 만든다. 흑인에게 강간당했다는 백인 여성의 증언(그런 고발의 결과로 그 흑인들은 끔찍한 형벌을 받곤 했는데)을 직접 들어본 결과, 나는 많은 환상적인 이야기들이 그런 여성들의 마조히즘적 갈망에 의해 만들어졌다고 확신하게 되었다."[48]

스코츠버러 사건

이제까지 살펴본 것처럼 흑인 남성은 부당하게 가혹한 형벌을 받아왔고, 한편으로는 백인 여성이 강간당했다고 흐느끼면서 계략을 꾸민다는 의혹이 존재해왔다. 그러다가 미국 대중과 국제 여론이 흑인 남성이 처한 차별적 현실에 대한 책임을 백인 여성 탓으로 돌리게 된 결정적인 사건이 일어난다. 바로 그 악명 높은 스코츠버러 사건이다.[49] 이 사건은 잘못된 판결 때문에 남부에서 일어난 모든 강간 사건 중 가장 유명세를 탔다. 잘못된 판결로 인해 아홉 명의 목숨을 거의 빼앗는 지경까지 갔던 무시무시한 사실과 믿을 수 없을 정도로 긴 재판 기간—마지막 피고인이 풀려나기까지는 재판과 형벌 체계를 합해 무려 20년이 걸렸다—으로 악명을 떨쳤고, 미국 역사와 남부 법의 역사에 커다란 오점으로 남았다. 도처의 리버럴에게는 앨라배마를 통과하는 화물열차에 올라탄 난잡하고 못된 여자에게서 이브의 화신인 여성의 원죄가 문제라는 식의 발상을 뒷받침하는 증거를 발견하는 계기가 되었다.

대공황 시기인 1931년에 발생했다는 점을 감안하면 사건은 꽤 평범하게 시작되었다. 두 여자, 소위 '가난한 백인 쓰레기'로 불리며 헌츠빌 목공소 노동자로 일하던 두 여자가 해고당한 지 얼마 되지 않아 앞뒤 가릴 처지가 아닌 상황에서 매춘으로 소득을 충당해오다가, 가볍게 모험 겸 채터누가로 가는 화물열차에 올라탔다. 루비 베이츠는 17세였고 빅토리아 프라이스는 20대 중반이었다. 그들은 빈민가 근처에서 남자들 몇 명과 함께 노숙을 했고, 다음날 아침 헌츠빌로 돌아가기 위해 드레스 위에 데님 오버올을 걸친 차림으로 남부 철도의 무개화차에 올라탔다. 이때 프라이스는 이미 법적으로 문제가 있는 상태였다. 그녀는 볼스테드법(금주법) 위반으로 한 번 체포된 적이 있었고, 간통죄로 노역장에 잠시 수용된 적도 있었다. 베이츠는 전과가 없지만 미성년자였다.

그날 아침 그 기차에 올라탄 갈 곳 없는 젊은이는 그들만이 아니었다. 기다란 기차의 무개차와 유개차 여기저기에 흑백의 젊은이들이 흩어져 타고 있었다. 어딘가에서 흑인과 백인 사이에 주먹다툼이 벌어졌고 백인 젊은이들은 기차에서 쫓겨났다. 인종 간 다툼이 발생했다는 소식이 전보를 통해 페인트록으로 전달되었는데, 두 명의 백인 소녀가 아직 기차에 타고 있으며 심각한 곤경에 빠졌다는 내용이었다. 이는 싸움에 져서 쫓겨난 백인 소년들 쪽에서 자진해서 내놓은 정보였다. 기차가 페인트록역에 들어왔을 때는 이미 강간에 관한 소문이 잔뜩 퍼진 상태였고, 75명의 남자가 결성한 무장 범인 추적대를 비롯해 분노한 군중이 구름떼처럼 몰려들어 기차를 기다리고 있었다. 그리고 13세에서 20세 사이의 흑인 아홉 명이 체포되었다. 프라이스와 베이츠는 혼잡한 틈을 타 몸을 구부리고 달아나 숨으려고 했으나 역장에게 꼼짝없이 붙들렸다. 사람들의 질문에 더듬거리며 '그렇다'고 처음으로 대답한 쪽은 베이츠였다.

2년 후 베이츠는 남자 친구에게 "사랑하는 얼에게"로 시작되는 편지를 썼다.

나는 너한테 이걸 말해두고 싶은데 메리 샌더스가 흑인들이 날 건드렸다고 한 건 빌어먹을 거짓말이고 경찰들도 나한테 거짓말을 시켰는데 나 스스로 확실히 해두고 싶어서 이렇게 말하는 거지만, 네가 내 말을 믿어주면 좋겠어. 안 믿어도 좋아. 언젠가는 나한테 미안해하게 될 텐데 흑인 여덟 명과 감옥에 함께 있어야 한다면 너도 거짓말을 할 수밖에 없을 테니까. 그 흑인들은 나도 그 백인 남자애들도 건드리지 않았으니까 법이 날 믿지 않아도 너는 나를 믿어주면 좋겠어. 메리보다 이 세상 그 누구보다 내가 널 더 사랑하니까 너한테 다 이야기하는 건데 그때 나는 취해서 내가 뭘 하는지 몰랐지만 내 증언 때문에 그 흑인들을 죽게 내버려두는 건 잘못된 일이야 네가 내 말을 믿어줬으면 좋겠어 이게 절대 진실이니까 네가 나를 믿어줬으면 좋겠어 그날 날 건드린 건 백인 남자애들이야 흑인들이 나 때문에 사형당하지 않았으면 좋겠어 그 백인 남자애들 잘못이야 이게 내가 해두고 싶었던 말이고 내가 아는 전부이

고 네가 법에 이걸 말해줬으면 좋겠어 답장해주길 바라

루비 베이츠[50]

스코츠버러에서 열린 첫 번째 재판은 아홉 명의 피고인 중 여덟 명이 사형을 선고받지만 않았다면 우스꽝스러운 소극이라 불러도 될 만큼 엉망으로 처리되었다. 법정이 선정한 변호사는 마지못해 변호를 했고, 베이츠와 프라이스는 부랑죄와 매춘 중 적어도 하나로는 기소될 수 있다는 말을 계속 들으면서 **감옥에 갇힌** 상태로 검사 측을 위해 증언했다. 여성이라면 프라이스와 베이츠에게 제시된 이 단 하나뿐인 기회가 어떤 것이었는지 이해할 수 있을 것이다. 최하층 신분으로 살다가 감방에서 긴 시간을 보낼 처지가 되어버린, 화물차에 몰래 무임승차한 여성 부랑자로서는 증언대에 서서 자신이 불쌍하고 무고한 강간 피해자라고 고발해야 일말의 존엄성이나마 찾을 수 있었을 것이다. (법정에서 프라이스는 채터누가 빈민가에서 하룻밤을 보냈다는 사실을 결코 인정할 수 없었다. 아니, 그녀는 아예 어떤 점잖은 숙녀의 집에 머물렀다고 재판을 받을 때마다 고집스럽게 주장했다.) 흑인 피고 중 몇 사람도 그와 정확히 똑같은 동기(위기를 모면해보겠다는)를 가지고 다른 이가 강간하는 것을 봤다고 증언함으로써 자신은 법정에서 무죄를 얻어내려고 했다.[51]

곤경에 처한 스코츠버러 소년들이 전 세계에 걸친 공산주의 운동 홍보망(소년들을 살린 공은 마땅히 공산주의자들에게 돌려야만 한다)을 통해 국제적인 주목을 받게 되면서, 그들을 돕기 위해 100만 달러가 모금되었고 새로운 재판이 시작되었다. '국제 노동변호단International Labor Defense'에서 피고들을 대변하기 위해 고용한 새뮤얼 라이보위츠는 앨라배마 재판에서 흑인이 앨라배마 배심원을 맡지 못하도록 체계적으로 배제되었다는 사실을 대법원이 인정하게 만듦으로써 법의 역사에 한 획을 그었다. 후일 라이보위츠는 그 재판이 그의 인생에서 가장 자랑스러운 성취였다고 말했지만, 오늘날 스코츠버러 사건을 살펴보는 한 명의 페미니스트로서는 유죄에 투표한 스코츠버러 배심원단이 모두 백인이었을 뿐 아니라 남성이었고, 온갖 정치단체, 항소 변호인, 재판을 둘러싼 여론전 팸플릿을 포함해 그 어디서도 앨라배마 배심원 명부에서 여성이 배제되었다는 사실을 문제제기하는 목소리는 없었다고 지적할 수밖에 없다. 반면 프라이스가 창녀라고 고발하는 팸플릿은 넘쳐났다.[52] (1966년까지 여성들은 앨라배마 배심원석에 앉을 권리를 얻지 못했다.[53])

동등한 숫자의 여성과 남성, 흑인과 백인이 배심원으로 구성되었더라면 스코츠버러 판결은 달라졌을까? 그랬을 수도 있다. 검찰 측 변호인이 '남부 여성을 보호'하자는 진부한 논리를 변론에 끌어들였기 때문에 더욱, 여성 배심원이 있었다면 달랐을 것이다. 그런 논리에 맞서 싸우기 위해 일찍이 '린치 방지를 위한 남부 여성 협회'가 결성된 전례가 있다. 여성이 배심원석에 앉아 있었다면, 프라이스와 베이츠가 어떤 궁지에 몰렸는지 이해할 수 있었을까? 어쩌면 그랬을 것이다. 그들이 강간 이야기의 진실 여부를 가릴 수 있었을까? 피고 측 변호사는 프라이스의 질에서 움직임 없는 죽은 정자만 발견되었다는 점을 들어 그녀가 가장 최근에 가진 성관계는 열차를 타기 전인 헌츠빌이나 빈민가에서 이루어졌다고 변론했으나 소용이 없었다. 그 자리에 여성들이 있었다면 죽은 정자의 의미를 더 잘 이해했을까?

하지만 이런 추측을 계속한들 무슨 소용이 있겠는가? 스코츠버러 9인의 재판 배심원 중에는 여성이 단 한 명도 없었고, 유죄를 택한 모든 표가 백인 남성에게서 왔다는 사실 역시 돌이킬 수 없다. 흑인 피고인들은 판사, 검사, 배심원과 피고 측 변호인까지 법 집행자가 모두 백인인 외계 법정에 앉아 있었다. 게다가 그 집행자들은 모두 남성이었다. 다시 말해 스코츠버러 재판은 백인 남성의 게임이었으며, 거기서 흑인 남성과 백인 여성은 장기판의 졸에 지나지 않았다. 백인 남성이 자신들의 고유한 재산법에 따라 인종 간 강간을 심판한 것이다.

라이보위츠는 나중에 판사가 되어 이렇게 말하기도 했다. 프라이스와 베이츠가 뉴욕시 경찰서로 걸어들어가 아홉 명의 흑인에게 강간당했다고 신고했다면, 두 사람은 면담 5분 만에 "경찰서 밖으로 쫓겨났을 것이고, 그것으로 사건은 종료되었을 것이다. 아무리 한심한 경찰이라도 그들이 부랑자이자 거짓말쟁이라는 사실을 금방 알아차렸을 테니 말이다".[54] 이런 언급이 북부 경찰의 전형적인 사고방식을 평가하는 말로는 적절할지 몰라도, 라이보위츠는 핵심 지점을 고의로 놓치고 있는 듯 보인다. 프라이스와 베이츠는 앨라배마 경찰서에 결코 제 발로 걸어들어가지 않았다. 그들은 인종 간 강간 사건이 이미 일어났다고 믿고 몰려든 백인 남성 무리에게 둘러싸여 궁지에 몰렸고,[55] 혼란과 두려움에 휩싸여 그 남자들에게 동조했던 것이다.

이는 내 입맛에 맞는 논리를 사후에 소급 적용한 것이 아니며, 사건 순서를 멋대로 상상해 두드려 맞춘 것도 아니다. 오히려 이것이야말로 스코츠버러 사건의 결정적 진실이다. 당시 재판을 지켜본 사람들 역시 두 여성이 강간을 인정한 시점이 언제인가가 중요하다는 점을 염두에 두고 있었다. '미국 시민자유 연맹American Civil Liberties Union, ACLU'이 자체 조사를 위해 남부에 파견한 백인 여성 홀리스 란스델은

1931년 5월, 첫 번째 평결이 나오고 한 달이 지난 시점에 ACLU에 보고서를 보냈다. 란스델이 보고서에 쓴 내용에 따르면, 채터누가에서 온 국제 노동변호단 변호사로서 사건을 처음부터 지켜봐온 조지 챔리는 "두 소녀가 페인트록 기차역에서 몰래 내리다 붙들리고도 구금되기 전까지는 흑인들에 대해 어떤 고발도 하지 않았다. 이는 흑인들을 붙잡겠다며 기차역에 몰려든 무장한 남자들의 기세를 접하기 전까지는 고발하지 않다가, 남자들이 아홉 명의 흑인을 붙잡아 와서 고발 내용을 들이대자 단지 거기에 동의를 했고 이 때문에 흑인들을 도매금으로 고발해 넘기는 데 휩쓸리게 된 것"[56]이라고 확신했다.* 메리 히턴 보스는 1933년 《뉴 리퍼블릭The New Republic》에 간결하게 이렇게 썼다. "오버올을 입은 소녀들은 부랑죄로 고소될까봐 두려워서 흑인 소년들이 성폭행을 했다고 고발했다."[57] 두 소녀가 왜 허위 고발을 했는지 이토록 명쾌한 설명이 존재했지만, 이런 설명은 스코츠버러 사건이 여론의 홍수에 휩싸이는 과정에서 실종되었다.

베이츠는 '우두머리' 헤이우드 패터슨의 두 번째 재판에서 극적으로 증언을 철회했지만, 프라이스는 필사적으로 원래 주장을 고수하면서 이야기를 더 꾸며내기까지 했고, 백인 12명으로 이루어진 새 배심원단은 또다시 사형에 표를 던졌다. '선한' 판사 제임스 E. 호턴이 등장해 패터슨에게 내려진 유죄판결을 무효로 하고 세 번째 재판을 열 것을 명한 것은 그다음이었다. 프라이스를 믿지 않아 그런 결

---

* 홀리스 란스델은 프라이스와 베이츠, 그 어머니들, 이웃, 지역사회 활동가와 개인 인터뷰를 했다. (두 명 다 아버지가 오래전에 집을 떠난 상태였다.) 란스델이 선전지명을 가지고 예리하게 포착한 바에 따르면, 두뇌회전이 빠른 편인 빅토리아 프라이스는 자신이 검사들이 필요로 하는 것을 제공할 수 있을 뿐 아니라, 스타 증언자이자 법정의 총애를 받는 인물이 되었다는 사실을 자랑스러워했다. 그에 비해 말주변이 떨어지는 루비 베이츠는 뒷전으로 떠밀리자 답답해하며 속을 끓이고 있었다. 2년 후 베이츠는 폭탄선언을 한다.

정을 한 그는 그 대가로 다음 판사 선거에서 고배를 마셔야만 했다.[58]

호턴 판사가 내놓은 법적 의견서를 살펴보면, 그는 정작 자신과 같은 백인 남자들이 왜 한 흑인 남자를 감정적 이유로 강간죄로 몰아 실체 없는 증거에 기대 사형을 선고하고 싶어 하는지는 탐구하지 않았다. "기소녀의 입증되지 않은, 있을 법하지 않은 증언"을 상세히 논파하지도 않았다. 그 대신 호턴은 그보다 거대한 주제, 남성이 지녀온 가장 오랜 의혹까지 거슬러 올라가는 주제를 끄집어낸다.

"성속을 불문하고 역사와 인류 공통의 경험은 이 사건에 연루된 여성들 같은 부류의 여성에 대해 어떤 교훈을 전해준다. 조금만 자극을 받아도, 심지어는 이면의 다른 동기에 의해 어떤 자극도 받은 적이 없는 경우에도 자신이 강간당하거나 모욕당했다는 허위 고발을 하려 드는 이기적인 경향이 있다는 교훈을 말이다. …… 성향상 이 여성들은 이기적인 목적을 달성하기 위해서라면 언제든 거짓 고발을 할 수 있는 것으로 보인다."[59]

당대 리버럴의 사고방식으로는 스코츠버러 사건을 특정 계층 여성의 허위 고발하는 성향 탓으로 돌리면 많은 것이 수월해졌다. 모든 악의 뿌리를 도맡아왔다는 어두운 미덕을 지닌 백인 여성에게 문제의 원인을 돌리면 모든 것이 깔끔하게 정리되고, 백인 남성들은 깨끗이 면죄받은 몸이 되니 얼마나 손쉬운 해법인가.

1900~1950년에 이루어진 루이지애나 강간 처벌에 관한 연구[60]를 살펴보면, 이 50년 동안 흑인은 37명이 사형을 당한 반면, 백인 중에서 사형을 당한 사람은 단 두 명에 불과했다는 사실을 발견할 수 있다. 1908~1963년에 버지니아에서 이루어진 강간 및 강간미수와 관련한 사형에 관한 한 연구[61]는 최고형을 받은 흑인은 56명에 달했으나 백인은 한 명도 없었다는 사실을 보여준다. 남부에서 백인 남성

이 흑인 남성을 계속해서 체포하고, 린치를 하거나 법정에서 '우리 여자를 보호한다'는 성스러운 명분하에 재판을 해서 최고형을 선고 하는 일을 계속해왔다면, 북부의 리버럴은 이런 끔찍한 패턴을 뒤집 힌 프리즘을 통해 보면서 '강간이다. 강간이야'라고 외치며 거짓말을 하는 백인 여성의 모습을 발견했다.

인종 간 강간 사건과 미국의 진보 운동

1951년, 마지막으로 남은 스코츠버러 '소년'은 38세가 되어서야 결국 자유를 얻었다. 그는 무명의 남부 흑인 남성 중 한 명이었지만, 남부에서 인종 간 강간 사건으로 연이어 재판이 벌어지고 유죄판결 과 사형선고가 계속되자 미국 북부와 유럽의 좌파가 그에 대응해 매 번 피켓시위와 항의 집회 및 탄원 운동을 벌이는 과정에서 그의 이름 은 국제적으로 희생양의 대명사가 되었다. 1950년대 초반은 미국 좌 파에게 끔찍한 시기였다. 본토는 매카시즘의 매서운 공격을 받고 있 었고, 매캐런법*, 하원 비非미활동 조사 위원회**, 로젠버그 사건***에 더

---

* '체제전복활동 통제법Subversive Activities Contol Act'과 '비상억류법Emergency Detention Act'을 골자로 하며, 1950년 상원의원 P. A. 매캐런P. A. McCarran이 발의했다. 공산주의와 전체주 의 단체의 회원 명부를 등록, 공개하고 출입국을 통제하거나 공직 및 국방산업에서 추방할 수 있다는 내용을 담고 있다.—옮긴이

** 공산주의자와 전체주의자의 '비미국적'인 반역 활동을 조사한다며 미 하원에 설치된 위원 회. 1938년에 설립되었고, 1950년대에 매카시가 이 위원회를 이끌며 공산주의자 색출 활 동을 벌여 악명을 떨쳤다. 1975년에 폐지되었다.—옮긴이

*** 미국인 로젠버그 부부가 원자폭탄 제조 기밀을 훔쳐 소련에 넘겼다는 죄목으로 체포된 사 건. 부부는 무죄를 주장했으나, 죄를 입증하는 명확한 증거 없이 간첩죄로 사형당했다.—옮 긴이

해 한국전쟁을 계기로 애국주의적인 빨갱이 퇴치 열기가 점점 더 격렬해졌다. 공산주의자를 비롯해 그와 비슷한 궤적에 속한 이들은 강렬한 감정을 불러일으키는 상징을 중심으로 대중행동을 구축하는 정치전략을 신뢰했고, 이들에게 남부의 인종 간 강간 사건은 미국식 삶의 방식이 모조리 썩었거나 정의롭지 못하다는 것을 드러내는 완벽한 예였다. 이뿐만 아니라 인종 간 강간 사건은 민권운동의 힘을 집약시킬 극적인 초점이 되어주었는데, 민권운동은 사면초가에 처한 공산당이 점차 권위를 잃어가던 와중에도 영향력을 발휘할 수 있었던 ─ 실제로 발휘했던 ─ 마지막 영역이었다.

공산당이 일련의 인종 간 강간 사건을 미국 시스템이 어떻게 인민을 배반하는지 보여주는 상징으로 주도면밀하게 선전한 것은 공산당 정치철학의 자연스러운 귀결이었다. 이들은 강간과 사형선고 문제뿐만 아니라 남부의 사법 시스템 전반이 흑인에게 불공정하다고 선언했다. 1960년대에 흑인들이 직접 행동에 나선 진정한 남부 민권운동이 상징적 사례에 대한 논란이 아니라 식당의 인종 분리와 선거인 등록제를 바꾸기 위한 실용적인 접근으로 시작된 것과 대조된다. 그러나 강간은 남부의 린치법이라는 역사적 폭력을 배경으로 갖고 있었을뿐더러, 강간 사건은 그 자체로 극적인 요소를 지니고 있었다. 강간 이야기는 청자가 유죄나 무죄, 합리적인 의혹 중 어떤 입장을 택일하게 만드는 식으로 이용하기에 딱 좋은 성격을 갖고 있었다. 게다가 좌파가 아니어도 많은 사람들이 사형에 반대했으며(정작 공산당은 사형제를 반대하지 않았다), 생명을 빼앗는 범죄가 아닌 경우 특히 더 반대했다. 여성이 정말로 자신의 의지에 반해 강간당할 수 있는지 남성 중심적인 의혹을 품은 사람들도 다수였다. 좌파는 이 모든 경우를 계산에 넣었고, 그 결과 스코츠버러 사건에서 비교적 잘 해낼 수 있었다(역시 부당한 재판으로 논란이 있었던 헤이마켓 사건*이나 조 힐 사건**, 톰 무니 사건***, 사코-반제티 사건**** 때만큼 해냈거나 그때보다 나았다). 이 투쟁을 통해 좌파는 여러 명의 목숨을 구했고, 수천 명의 새로운 사람들이 정치화되었다. 그러나 흑인이 역사적으로 억압당해온 원인을 설명하는 방편으로 좌파의 정치경제적 논리까지 끌어들이고 싶지는 않았던 리버럴은 성과 인종 문제가 뒤섞인 남부의 비극을 애석해하면서도 인종분리 정책에서 학살까지 아우르는 악이 증식하는 원인을 정치경제보다는 성性에서 찾고자 했다. 여기서 성이란 역시나 **여성**을 의미했다.

내가 아는 한, 좌파가 강간 사건을 피해자의 관점에서 대중에게 알리려 전력투구한 적은 딱 한 번뿐이다. 1944년 9월, 아내이자 어머니인 24세의 흑인 여성 레시 테일러가 앨라배마 애버빌의 록힐 성결

---

* 1886년 5월 일리노이주 시카고에서 경찰관의 시위 노동자 살해에 항의하고 8시간 노동제를 요구하는 평화시위 도중 폭탄이 투척되어 경찰과 민간인이 죽은 사건. 노동절mayday의 기원이 된 사건으로 알려져 있다. 무정부주의자 여덟 명이 이 사건을 음모한 혐의로 체포되었고, 이들이 폭탄을 던졌다는 증거가 없음에도 일곱 명은 사형, 한 명은 징역 15년을 선고받았다. 1893년 신임 일리노이 주지사가 재판이 부당했다고 비판하며 그때까지 처형되거나 자살하지 않고 남아 있는 피고들을 사면했다.-옮긴이
** 조 힐은 스웨덴에서 이주한 미국 노동자이자 노동운동가로 세계산업노동자동맹IWW 회원이었다. 1914년 전직 경찰이자 잡화상 존 모리슨이 붉은 스카프로 얼굴을 가린 두 괴한에게 총격을 당해 살해되었는데, 같은 날 총상을 입은 채 의사를 찾은 조 힐이 유력 용의자로 체포되어 재판을 받았다.-옮긴이
*** 1916년 7월 22일, 미국이 제1차 세계대전 참전을 목전에 두고 있을 때 참전 분위기를 고취하기 위해 샌프란시스코에서 벌어진 집회 행진에서 폭탄이 터져 수십 명의 사상자가 발생했다. 노동운동 지도자였던 톰 무니가 명백한 증거가 없었음에도 범인으로 체포되어 부당한 재판을 받고 교수형 판결을 받았으나, 종신형으로 감형된 후 1939년에야 사면되었다.-옮긴이
**** 1920년 4월 매사추세츠주 브레인트리의 한 구두 공장에서 임금을 관리하던 회계 직원과 경비원이 두 명의 괴한에게 강도살해를 당했다. 이탈리아계 이민 노동자이자 무정부주의자였던 사코와 반제티가 범인으로 체포되었고, 석연치 않은 재판 끝에 사형당해 많은 논란을 남겼다.-옮긴이

우리의 의지에 반하여

교회에서 심야 예배를 마치고 길을 가다가 백인 무리에게 납치되어 강간당했다. 한 명이 공범의 이름을 자백했음에도 대배심은 범인으로 지목된 젊은이들을 기소하는 일을 반복해서 거부했다. '레시 테일러를 위한 사법평등 국가 위원회'('재무위원 홀런 잭에게 기부금을 보내자')는 해리엇 터브먼의 전기작가인 얼 콘래드Earl Conrad와 흑인 기자인 유진 고든Eugene Gordon이 쓴 팸플릿을 배포하며 사건이 그대로 흐지부지되지 않도록 노력했다. 고든의 글은 그때까지 좌파가 보여준 모습 중에서 가장 페미니스트 분석에 가까운 내용을 담고 있으며, 1970년대식 화법을 예고하고 있다.

테일러 부인에 대한 공격은 모든 여성에 대한 공격이다. 테일러 부인은 흑인이다. 흑인 여성이 지목된 것은 노예제를 통해 견고하게 자리 잡은 후 여태까지 지속되고 있는 경제적, 사회적, 정치적 불평등 때문이다. 그녀는 무방비 상태의 손쉬운 사냥감이 되었다. 게다가 범죄자가 범죄를 저질러도 처벌받지 않으리라고 기대하게끔 하는 현실 탓에 흑인 여성은 더욱 무력한 상태에 빠진다. 백인과 달리 흑인 여성은 일반적으로 가치가 떨어지는 대상으로 여겨지는데, 그 이유는 오로지 흑인 여성이 경제적, 사회적으로 덜 보호받기 때문이다. 또한 백인 여성이 흑인 여성보다 안전하다고 해도 정도의 차이에 지나지 않는다. 최후의 한 명까지, 즉 모든 여성이 자유로워지기 전까지는 그 어떤 여성도 완전히 안전하고 자유롭다고 할 수 없다.[62]

그러나 테일러는 한 번도 법 앞에서 평등을 보장받지 못했으며,*****

콘래드와 고든이 쓴 팸플릿은 여전히 이례적인 좌파 문헌으로 남아 있다. 좌파는 대체로 '강간'으로서 강간, 즉 흑인 남성을 죽이려고 계획된 허위 고발을 정치화하는 쪽을 더 선호했다.

《우리는 인종학살을 고발한다We Charge Genocide》는 1951년 '시민권리 회의The Civil Rights Congress, CRC'(민권운동을 위한 좌파의 대중 저항 조직으로, '국제 노동변호단'이 해체된 후 만들어졌다)가 만들어서 널리 유포하면서 유명해진 UN 청원서인데, 이 문서는 강경한 어조로 여러 문단을 할애해 "강간"을 "정치권력과 사적 이윤을 얻으려는 목적으로 미국인에게서 시민권을 빼앗고자 국가와 테러리스트 조직이 금권과 결탁하는 가운데 만들어진 음모론 기법의 하나"라고 정의한다.

> 이런 음모론은 그럴싸한 '강간' 신고를 효과적인 정치 무기로 이용한다. '강간' 신고는 의도적으로 국가 정책과 발맞춰 이루어졌다. 인두세가 대두된 바로 그 역사적 순간에 남부에서는 강간 신고가 속출했던 것이다. 경찰, 흥분한 폭도들, 부패한 법원이 저지르는 '사법 살인'이나 린치로 죽을 수도 있다는 위협에 강간으로 신고당할 수 있다는 위협이 더해지면서 전투적으로 저항하는 흑인들은 두려움에 움츠러들었다. '강간'당했다고 외치는 목소리가 어떻게 이용되는지 인종에 근거해서 그 사례를 살펴보면, 사례가 매우 풍부할 뿐 아니라 언제나 …… '강간' 신고는 종족학살 내지는 살인의 성격을 띠는 것으로 보인다.[63]

남부 흑인들에게 종족학살에 가까웠던 것은 백인 여성의 강간 신고가 아니라 백인 남성이 저지른 과잉 보복이었다. 그러나 좌파 이

한 범죄자들을 기소하는 데 실패한 일"에 대해 사과했다.-옮긴이

우리의 의지에 반하여

데올로기는 이토록 중요한 구분을 항상 놓쳤다.

그럼에도 여기서 나는 어조를 살짝 누그러뜨릴 필요를 느낀다. 남부의 법에 포획돼 단지 벌을 받지 않고 빠져나가는 것만을 바랐던 딱하고 문맹에 가까운 사람들을 영웅으로 만들어 당혹스러운 처지에 빠뜨리기도 했지만, 좌파가 자신들이 인종 불평등의 상징으로 여긴 사건을 위해 열심히 싸운 것은 사실이다. 공산당과 진보 운동과 관련해 무엇이 진실이든, 흑인이 평등한 권리를 보장받지 못하는 문제가 리버럴 진영에서 인기를 얻고 중요한 주제로 여겨지기 훨씬 전부터 좌파 운동가들이 그 주제에 선구자로서 사심 없이 헌신해왔다는 사실을 잊지 말아야 한다. 매카시즘이라는 전 국가적 히스테리로 인해 공산당이 손대거나 공론화한 사건은 그게 무엇이든 사실상 공산주의 대의명분의 상징이 되었고, 상황이 그렇게 되면 다른 이들은 마치 역병이라도 만난 듯 도망쳤다. 어떤 주제를 일단 공산주의자들이 공론화하기로 선택하면, 그 사안에 관한 한 공산주의자와 비슷해 보이는 정치적 관점을 취하려는 사람은 거의 없었다. 온건한 타협안—사형선고에서 감형—이 공산주의의 대의에 도움을 주는지 아닌지 따위를 판단의 기준으로 삼는 소심한 여론의 법정에서 각 사건의 운명이 결정되었던 것이다.

좌파 내부적으로 편집증이 심해지고 극도로 쇠약하고 무능해지면서, 불운한 흑인을 강간으로 고발해 총체적으로 파멸하는 빌미를 제공했다는 이유로 불운한 백인 여성이나 비방하며 맹비난을 퍼붓는 상태가 되었다. 돌파구를 만든다며 선택한 표준 변호 전략이란 것은 신고한 목격자가 정신적으로 불안정하다거나 성적으로 욕구불만 상태라거나, 지나치게 성욕이 넘치는 난잡한 창녀라는 식으로 비방하며 고발 당사자의 신뢰성을 파괴하는 것이었다. 유죄판결을 받은 흑인의 목숨을 구하기 위해 전개한 대중 항의 집회에서 좌파는 증오에 가까운 신랄함을 담아 이 모든 전술을 백인 여성에게 적용했다.

이런 사건 대부분은 완벽한 기억력을 가진 옛《데일리 워커》애독자나 겨우 기억할 수 있을 정도로 망각의 벽 뒤로 사라졌다. 흑인 지역에서《파수대Watchtower》를 팔던 여호와의 증인인 32세 백인 여성을 윤간한 죄로 1951년 2월 버지니아주에서 사형된 마틴즈빌 7인의 경우처럼 좌파의 장벽을 뚫고 나온 사건도 있었다. 아마도 사건이 복잡하지 않고, 억측의 여지도 거의 없어서 좌파만의 사안으로 치부되지 않고 널리 알려질 수 있었던 것으로 보인다. 한 주에서 단번에 일곱 목숨을 쓰러뜨렸음에도 여전히 이 나라는 사형이라는 이슈를 민감하게 받아들이지 않았다. 마틴즈빌 사건에서 좌파는 거의 화제를 선도하지 못했고, 아마도 그 때문에 좌파는 그 어떤 사건에서보다 백인 여성을 더욱 심하게 비방했을 것이다. 마틴즈빌 7인이 사형당한 이틀간《데일리 워커》에 실명으로 글을 기고한 한 필자는 몹시 흥분하며 다음과 같은 질문을 연달아 던졌다.

왜 그녀는 혐의가 제기된 '공격' 시점과 한 달 후 사전 청취 시점 사이에 이야기를 바꿨는가?

왜 그녀는 처음에는 13명 내지 14명에게 '공격당했다'고 했다가 나중에 '12번에서 13번'으로 말을 바꾸었는가?

그녀가 5달러를 약속받은 것은 사실이 아닌가?

그녀가 그 제안을 받아들인 것은 사실이지 않은가?

그녀가 그 남자들 중 한 명과 예전에 데이트한 적이 있는 것은 사실이지 않은가?

왜 그녀는 소위 '공격'을 당한 날 밤에 남편과 이야기한 후 병원을 떠나려고 고집했는가?

그날 밤 그녀의 집에 방문한 사람은 누구인가?

그 방문자들이 그녀에게 어떤 지시를 했는가?

재정적 지원을 하겠다는 어떤 약속이 있었는가? 누구에 의해?

어떤 조직과 개인들이 그녀에게 돈을 주었고, 얼마나 주었는가?

그 돈에 대한 보답으로 그녀는 어떤 약속을 했는가?

온 동네 사람들이 이런 점을 의문시했다. 이런 의문에 답하다보면 이 사건이 어떻게 조작되었는지가 드러나게 된다. 이런 이유로 위와 같은 질문들이 나오지 않았던 것이다. 이런 질문들은 조심스럽게 회피되었던 것이다.[64]

'이런 의문들'은 사실 앞뒤가 맞지 않는 비방에 지나지 않았지만, 음모론을 즐기는《데일리 워커》독자들에게는 기름을 끼얹는 격이었다. 그러는 사이 윌리 맥기 사건이 등장한다.[65]

윌리 맥기 사건

윌리 맥기는 주유소 직원이자 트럭운전사였다. 그는 처음 유죄 판결을 받은 미시시피 로렐의 법정으로 덜커덕거리며 들어온 이동식 전기의자에서 사형당했다. 이 죽음은 1951년 5월 8일《뉴욕 타임스》1면을 비롯해 전 세계 여러 신문의 1면에 실렸다.

맥기는 총 세 번의 재판에서 모두 유죄판결을 받았다. 그중 두 번은 모두 백인 남성으로 이루어진 배심원단이 내린 판결이었고, 나머지 한 건은 아홉 명의 백인과 세 명의 흑인으로 이루어진 배심원단이 판결을 내렸다(엘라배마처럼 미시시피에서도 여성이 배심원으로 봉사하는 것은 허용되지 않았다.) 검찰에 따르면 1945년 11월 2일 이른 아침, 우체국 직원의 아내인 윌라머타 호킨스가 아픈 아이와 함께 잠들어 있을 때(남편과 다른 두 아이는 옆방에서 자고 있었다), 흑인 침입자 하나가 그녀의 침대로 몰래 들어왔고, 비명이나 소리를 내면 목을 베어버리겠다고 위협했다. 호킨스 부인은 어둠 속에서 강간범이 술을 마셨다는 것만 짐작했을 뿐 누구인지는 알아볼 수 없었다. 한 식료품 회사에서 밤사이 윌리 맥기라는 운전사와 회사의 돈 15.85달러, 트럭 한 대가 없어졌다고 보고했고, 경찰은 수사 하루 만에 맥기를 범인으로 지목했다. 그리고 인근 주민은 새벽 4시 30분에 식료품 트럭 한 대가 호킨스의 집 근처 공원에 세워져 있는 것을 목격했다. 맥기는 다음날 오후에 붙잡혔다. 그는 회사 돈을 돌려주면서 그 돈을 챙기려는 의도는 아니었다고 말했고, 절도 기소는 취소되었다. 대신 그는 강간범으로 기소되었다. 보안관 대리가 그에게 자백을 받아냈는데, 후일 맥기는 자신이 유죄를 인정할 때까지 심문실에 감금된 채 구타당했다며 자백 내용을 부인했다.

세 번의 재판이 진행되는 동안 맥기는 변호인 측 증인으로 선 적이 한 번도 없다. 그의 변호사는 강간이 발생했을 때 그가 해티즈버그에서 술을 마시고 있었다고 주장했지만 허사였다. 첫 번째 재판은 경비원이 법정 바깥의 성난 군중들을 제지하는 동안 배심원들이 2분 30초간 숙의해 결과를 내놓았고, 하루 만에 끝났다. 두 번째 재판은, 로렐에서는 맥기가 공정하게 재판받는 것이 불가능하다는 호소를 고려한 결과 관할 재판지 변경이 승인되어 해티즈버그에서 진행되었다. 그러나 이번에도 결과는 비슷했다. 세 번째 재판은 흑인이 배심원에서 배제되었다는 호소가 인정되어 다시 로렐에서 열렸다. 세 번의 재판을 모두 담당한 순회재판 판사 버킷 콜린스는 맥기에게 세 번 다 사형을 선고했다.

미시시피에서 백인 남성이 강간으로 사형당한 적은 단 한 번도 없었던 반면,[66] 맥기 앞에는 길고 긴 줄을 이루어온 흑인 사형수의 역사가 놓여져 있었다. 이렇게 법 앞에 흑인이 불평등한 취급을 받아온 맥락 속에서 전국적인 맥기 구명 운동이 조직되었다. 시민권리 회의가 고용한 맥기의 새 변호사는 세 번째 재판에서 맥기 사건에는 이제껏 재판에서 언급된 것보다 더 많은 무언가가 있다고 암시했고, 1951년 3월 맥기의 부인이자 네 아이의 어머니인 로잘리 맥기는 뉴욕에서 감정에 호소하는 기자회견을 열었다. 그녀는 호킨스 부인이 어둠 속에서 잘 알아볼 수 없었던 술 취한 침입자는 자기 남편이 아니라고 말했고,[67] 맥기는 조작된 사건의 희생자라고 주장했다. 로잘리 맥기는 호킨스 부인과 맥기가 이전부터 잘 아는 사이였다고 말했다. 그들은 수년간 만났다 헤어졌다를 반복한 불륜 관계이고, 이 관계는 호킨스 부인이 부추긴 것으로 윌리 맥기는 헤어지려고 했다는 것이다.

맥기 부인의 주장에 따르면, 그 관계는 맥기가 군대에 가기 전인 1942년까지 거슬러 올라간다. 호킨스 부인이 맥기가 일하는 주유소에 와서 연료 주입구에 동침을 제안하는 쪽지를 남겼다는 것이다. "남부에서 여자에게 '안 된다'고 거절하면, 그 여자는 어쨌든 강간을 당했다고 외칠 겁니다."[68] 로잘리 맥기는 그렇게 설명했다. 맥기 부인의 이야기에 따르면, 맥기가 다음해 군대에서 나와 로렐로 돌아왔을 때 쪽지를 또다시 건네받았고, 맥기는 정말로 마지못해 불륜에 응했다고 말했다. 호킨스 부인에게서 도망치고 싶다는 이유만으로 캘리포니아로 도망가 정착할 생각까지 했지만, 거기서 일자리를 찾지 못해 돌아와야만 했다는 것이다. 로잘리 맥기는 언론에게 자신이 법정에서 이 이야기를 하지 않은 이유에 대해 "린치 폭도들이 나를 끌어 냈을 것이기 때문"이라고 설명했다. 그녀는 이렇게 결론지었다. "제가 호킨스 부인과 그녀의 남편 사이에 정확히 무슨 일이 있었는지는 알 수 없습니다. 하지만 윌리가 경찰에 붙잡힌 후 그들 부부 사이에 큰 말다툼이 있었고, 부인이 새벽 5시에 집 밖으로 뛰쳐나와 도망치자 남편이 쫓아갔다는 이야기가 파다합니다. 그 와중에 스스로를 구하기 위해 강간당했다고 이야기하는 편을 택했겠죠."[69]

맥기 부인의 기자회견 전문을 실은 몇 안 되는 신문 중 하나가 《데일리 워커》였고, 이 신문은 그 이후로 두 달 내내 맥기 사건을 1면 기사로 다루면서 불을 지폈다. 《워커》는 윌라머타 호킨스를 보디발의 아내라고 불렀고, 맥기는 현대판 요셉으로서 호킨스 부인의 마수로부터 도망치려고 한 "짐 크로* 왕국의 노예"가 되었다.[70] 《데일리 워커》기자들은 "평범한 사람들"을 인터뷰했다며 "그런 종류의 강간 사건은 항상 의심스러웠다"든가, "여자가 원하지 않는 한 강간을 하는 것은 거의 불가능하다고 확신한다"는 식의 이야기들을 인용했다.[71] 윌리 맥기에게 남은 날들이 줄어들수록 이런 수사법은 점점 더 대담해졌다. 3월 말에 이르자 《워커》는 사설에 이렇게 썼다. "맥기에게 '강간당했다'고 주장한 여자가 맥기와 오랫동안 관계를 가져왔다는 사실을 온 동네가 알고 있었다. …… 그녀가 희생자인 맥기의 의지에 반해서 관계를 시작하고 지속해왔다는 것을."[72] 그 다음달, 맥기 부인은 한 집회에서 이렇게 말했다. "강간이라는 게 있었다면 그건 호킨스 부인이 제 남편을 강간한 것입니다."[73]

---

* '짐 크로'는 1830년대의 미국 코미디 뮤지컬에 등장하는 바보 흑인 캐릭터의 이름으로, 이 이름을 따 공공 시설에서 백인과 흑인의 분리를 규정하는 짐 크로법(1876~1965년까지 미국 남부의 11개 주에서 시행)이 만들어졌다. ─옮긴이

우리의 의지에 반하여

연방 대법원은 로잘리 맥기의 주장을 근거로 한 재심 요청을 거부했고, 5월 8일 자정을 넘긴 시각, 5년 반을 이어온 끈은 결국 끊어졌다. 호킨스 부인의 남편과 남자 형제들이 맥기의 사형을 지켜보았다.[74] 다음날《데일리 워커》는 마지막으로 맹비난을 늘어놓았다. "윌리 맥기는 살해당했다." 1면 사설은 이렇게 썼다. "4년이 넘도록 그에게 통념에 어긋나는 관계를 강요한 백인 여성이 온 동네가 그 이야기를 알게 되자 갑자기 자신이 '강간'을 당했다고 외쳤기 때문이다."[75]

《데일리 워커》의 보도로부터 눈을 떼《타임》과《라이프》의 보도로 시선을 돌려보면, 정치적 정신분열증의 생생한 본보기를 볼 수 있다.《라이프》는 맥기가 사형된 직후에 이 사건을 다룬 유일한 기사를 내보냈는데, 퍽이나 적절하게도 〈윌리 맥기의 최후〉라는 표제를 달고 있었다. 부제는 다음과 같다. "죽음을 피할 실낱같은 기회를 얻었던 미시시피 강간범이 빨갱이들의 '지원'을 받아 전기의자에 앉았다."《라이프》는 로잘리 맥기 판본의 사건 이야기는 단 한마디도 다루지 않았고, 맥기 부인이 "공산주의자들에게 접수"되었다고 간접적으로 언급했다.《라이프》는 빨갱이 타령을 늘어놓았다. "뭔가 대단히 불행한 일이 윌리에게 일어났다. 그의 사건은 공산주의 인터내셔널의 전략에 지나치게 잘 들어맞았다. …… [공산주의 인터내셔널은] 중국인과 인도인, 인도네시아인이 자본주의란 백인이 아닌 모든 이를 혐오하고 그들에게 고통을 준다고 믿게 만들고 싶어 한다."[76]《라이프》는 좌파들이 맥기를 제2차 세계대전 참전용사로 칭해온 것에 특히나 분노한 듯 보였다. "그는 군대에 복무한 적이 없다." 잡지는 딱 잘라 말했다.《타임》은 '정의와 공산주의자'라는 부제를 단 기사에서 이른바 "새로이 제기된 추잡한 의혹"을 언급하며 이렇게 답했다. "소도시(인구 2만) 로렐에서 그런 관계가 있었다는 증거는 전혀 찾아볼 수 없다."[77]

즉 국내 전선에서 그들만의 냉전을 벌이고 있는 《타임》과 《라이프》가 볼 때 맥기를 죽인 쪽은 공산주의자였고, 《데일리 워커》가 볼 때 맥기를 죽인 쪽은 갑자기 강간이라고 외쳐댄 음탕한 백인 여성이었다. 1951년에는 달리 붙잡을 만한 중간 노선이 거의 없었다.*

유명한 흑인 언론인이자 전 핀란드 대사이며 미 공보처장이었던 칼 로완Carl Rowan은 그해 미니애폴리스 《트리뷴Tribune》에 신참 기자로 있었다.[78] 그는 고향으로 돌아가 남부의 생활 방식에 관한 글을 써서 연재하라는 특별한 임무를 맡게 되었다. 로완의 여행 경유지 중 한 곳은 미시시피주 로렐이었는데, 후일 그는 원래 로렐에 갈 계획이 없었다고 회고했다. 그는 맥기 사건에 끌려 계획을 변경했다. 세 번째 재판에서 변호사가 암시한 소위 '새 증거'라는 것에 단순한 호기심 이상의 무언가를 느꼈기 때문이었다. 나중에 그는 "미시시피에서 나온 이야기들이 마치 테네시에서 보낸 내 유년기의 일부처럼 읽혔다"고 썼다. (맥민빌에서 10대를 보내던 시절, 로완은 강기슭의 으슥한 곳에서 관계를 맺고 있는 자기 친구와 동네 백인 소녀에게 몰래 다가간 적이 있다고 한다. 소녀는 그의 발소리가 들리자 "일어나! 멈춰, 이 흑인 개새끼야! 세상에, 그가 저를 강간해요!"라고 소리쳤다. 나중에 그 소녀는 눈물을 흘리며 해명했다. "그들이 날 죽일까봐 무서웠어. 나는 누가 날 죽이러 올 거라고 생각했어.")[79] 로완이 보기에 "윌리 맥기 사건은 남부의 흑-백 관계가 규정되는 데 성이 지배적인 요인으로

---

* 남부의 사회복지사인 메리 모스터트가 《네이션》에 기고한 짧은 글은 예외이다. 그녀는 이렇게 썼다. "양편 모두 답을 내놓지 않은 의문이 여전히 많이 남아 있으며, 한 남자의 목숨을 빼앗기에는 증거가 한심할 정도로 적은 것만은 확실하다. 아마 이 사건에 직접 관련된 이들 말고는 아무도 진짜 이야기를 알 수 없을 것이다. …… 물론 전업 남부인의 마음속에는 검둥이 남자와 백인 여자의 자발적인 성관계 같은 것은 존재할 수 없기 때문에 두 사람이 무슨 관계였든 그들에게는 무조건 강간이 된다." *The Nation*, May 5, 1951, p.421.

작용하면서 어떤 함의를 가지는지 명백히 보여준 사건이었다." 이뿐만 아니라 "공산주의가 완전한 평등을 위한 흑인들의 싸움에 영향을 끼치며 내놓은 저 모든 추한 주제를 다시 검토할 기회를 준 사건이었다."

로완은 버스에서 내려 로렐의 흑인 지역을 돌아다니며 탐정 노릇을 했다. 그는 몇 명의 중산층 전문가들을 인터뷰한 후, 실직한 백수로 변장해 '어떤 싸구려 카페'에 가서 몇 사람과 이야기를 나눴다. 그 사건에 관해 이야기해줄 흑인을 찾기는 전혀 어렵지 않았다. 로렐의 흑인 시민들이 보기에 윌리 맥기는 '바보'였다. "흑인들 사이에서 맥기가 그 여자 때문에 곤란해질 거라는 수군거림이 꽤 돌았다"고 한 학교 교사가 말했다. 맥기가 주유소에서 일할 때 받았다는 쪽지 이야기를 한 사람도 있었다. 맥기를 '꽤 잘' 안다는 그 작은 카페의 누군가가 말했다. "그래, 일이 어떻게 돌아갔는지 내가 알죠. 맥기가 자기 부인한테 자기가 잘못했다고 그랬어요. 바로잡을 방법은 떠나는 것뿐이라고 그랬죠. 그래서 서쪽으로 떠났는데, 그 여자한테서 도망치려고 그랬겠죠."

하지만 이것을 기사로 쓰는 데에는 문제가 있었다. 자신의 말이 인용되길 바라는 이는 아무도 없었고, 카페에서 만난 남자들은 그에게 가명을 댔다. 인종 간 강간 사건인 데다 "공산당에게 협조한다"는 무시무시한 혐의까지 뒤집어쓸 수 있는 마당에 "자기 손가락을 불에 집어넣고 싶어 하는 사람은 없다"고 말한 정보원도 있었다. 결국 로완은 기사를 제출하지 않았다. 나중에 그는 이렇게 썼다. "나 또한 내 손가락을 거기서 빼고 로렐을 방문했다는 사실조차 잊으려고 하는 비겁한 길을 택했다." 몇 주 후 로잘리 맥기는 뉴욕에서 기자회견을 열었고, 이 흑인 신참 기자는 그녀의 이야기가 자신이 끝내 묻었던 이야기와 상당히 일치한다는 사실을 알게 되었다.

결국 로완은 맥기 사건에서 여전히 모호하게 남은 부분에 대단히 민감하게 주의를 기울여 글을 썼다. 그는 자신이 여행한 해에 쓴 기사를 묶은 책《자유의 남쪽South of Freedom》(1952)에 한 장을 할애해 맥기 이야기를 다루었다. "백인 남자의 집에 걸어들어가 그가 자고 있는 바로 옆방에서 그의 아내를 강간할 흑인이 있다면, 그는 이 세상에서 가장 미친 흑인일 것이다. 칠흑같이 어두운 집 안에서 어디로 가면 되는지를 미리 알고 있는 상황이 아니라면, 그 백인 여자가 소리지르지 않을 거라고 믿을 만한 이유가 딱히 있는 게 아니라면 말이다. 윌리 맥기에 관해 온갖 말들이 쏟아져 나왔지만 그를 두고 미쳤다고 하는 이야기는 없었다." 따라서 "사람을 지치게 만드는 이상한 오리무중"의 안개를 걷어내면 이런 질문이 남는다.

변론은 이도저도 아니었다. 맥기와 소위 피해자가 오랫동안 불륜 관계를 지속해왔다고 하면, 어쨌든 피고가 여자와 침대에 함께 있었던 것은 사실이라고 인정하는 셈이 된다. 이 이야기가 공산주의자들의 주장과 일치하는가? 공산주의자들은 범죄 당시 맥기가 30마일 떨어진 해티즈버그에서 트럭을 운전하고 있는 중이었다고 주장했다. 그리고 이 두 이야기가, 피고 측 증인으로 나와 소위 범행 시각에 맥기와 함께 있었다고 증언한 한 여성의 주장과는 어떻게 맞물릴 수 있는가? 그리고 왜 이 모든 기간 동안 맥기는 침묵했는가, 왜 그는 스스로 자신의 이야기를 하지 않았는가?

그로부터 거의 25년이 지난 지금도 위와 같은 로완의 질문에 아무도 답하지 않았다. 벨라 압주그는 당시 젊은 변호사로서 세 번째이

우리의 의지에 반하여

자 마지막 재판에서 변론을 지휘했으며 대법원에 항소했다. 그 이후로 여러 가지 성공한 싸움으로 화려한 경력을 쌓아온 압주그에게 윌리 맥기 사건은 그저 지나간 인생의 한 페이지일 뿐이다.[80]

압주그는 맥기 사건이 모호함으로 가득찬 사건이었다고 이제는 인정하지만, 지금에 와서 다시 문제를 풀어보기에는 너무 과거의 일이라고 했다. "저도 그 동네에 자체적으로 조사관을 배치했습니다." 그녀는 어느 오후 자기 사무실에서 나에게 그렇게 말했다. "둘 사이의 불륜은 흑인과 백인 모두에게 잘 알려져 있는 일이었어요." 그런데 그녀는 왜 맥기와 그 부인을 법정에 세우지 않았는가? "그렇게 말해도 믿어줄 배심원이 없었습니다. 백인 여성의 말에 도전하는 일은 그저 해서는 안 되는 일이었습니다. 그래서 확고한 증거가 없다는 사실에 초점을 맞추는 전략을 택한 거죠. 남부 법정에서 인종 간 강간 사건에서 승리할 수 있다고 여기는 사람은 아무도 없었습니다. 항소는 가능할지 몰라도요."

"맥기가 그날 밤 호킨스의 집에 있었다고 생각합니까?"

"저는 그가 그날 밤 거기 있었다고 생각하지 않습니다. 저는 그녀가 상황에서 빠져나오기 위해 그를 엮어야만 했던 거라고 생각합니다. 그에 대해 수없이 논쟁을 했지요."

"보세요, 벨라." 나는 조심스럽게 말을 꺼냈다. "변호인이었던 당신의 시점에서조차 맥기는 바람둥이고 그의 부인은 그걸 알고 있었어요. 그녀로서는 남편이 백인 여자와 장기간 관계를 맺어왔다는 사실을 받아들이기 어려웠을 거예요. 왜 자기 남편이 마지못해 그 관계를 지속했다는 식으로 말했겠어요? 어떤 치정 관계든 원치 않는데도 관계를 지속했다고 하기에 4년은 너무 긴 시간입니다. 맥기가 마지못해 그런 게 아니라면, 그는 그날 밤 그녀의 침실에 있었을 수도 있습니다. 당신은 호킨스가 오밤중에 혼자 깨서 모르는 흑인 남자에게 강간당했다고 갑자기 외치기 시작했고, 우연한 상황의 연쇄로 경찰이 다른 이도 아닌 그녀와 은밀한 관계를 맺은 바로 그 남자를 붙잡게 된 거라고 믿는다는 거예요?"

압주그는 이런 의문이 충분히 제기될 만하다고 인정했지만, 그녀가 여전히 쓰는 용어인 '남부의 노예 지배 체제The Southern Slavocracy'에서 맥기가 사형당한 참상에 비하면 중요하지 않은 문제라고 말했다.

"벨라, 남부 백인 여성이 강간당했다고 거짓으로 외쳐온 역사가 있다는 걸 지금도 믿나요?"

"제가 믿는 것은," 압주그는 무겁게 답했다. "백인 여성이 언제나 논란의 구심점 내지는 구실이 된다는 것입니다. 백인 여성과 흑인 남성은 모두 억압받는 집단인데, 양자를 서로 맞세워 반목하도록 만들어서, 그런 구도에 휘말려 정작 억압받는 위치에서는 벗어나지 못하도록 농간들을 부리는 겁니다."

"당신은 맥기 재판의 배심원에서 흑인이 배제되었다고 문제를 제기해 법원이 그걸 인정하도록 했습니다. 왜 배심원에서 여성이 배제되었다는 사실은 문제 삼지 않았습니까?"

"그건 화제가 될 수 없었을 거예요. 그 당시는 그런 문제의식이 없었지요."

쓰라린 역사를 다시 건드리지 않고 그냥 잊히길 바라는 압주그의 심정을 이해하긴 하지만, 언론인으로서 나는 판사와 배심원, 대중을 합리적 의혹에 빠진 상태에 두려는 피고 측 변호사의 관심사에 호응하는 질문만 던질 수는 없었다. 나는 윌리 맥기의 변호가 진실에 근거한 것이라고 믿고 싶다. 맥기와 호킨스 부인이 비밀스러운 정사를 계속 나눠왔으며, 아마도 그날 밤 트로이 호킨스가 잠에서 깨어나

자기 부인이 흑인 남자와 침대에 있는 것을 발견했을 것이라고 믿고 싶다. 또한 맥기가 황급히 달아나면서 호킨스 부인에게 남은 선택지는 강간당했다고 말하는 것뿐이었으리라고 믿고 싶다.

윌라머타 호킨스는 흔들리지 않았다. 그녀는 자신이 강간당했지만, 가해자를 알아볼 수 없었다고 말했다. 이를 빌미로 좌파들은 그녀가 성욕이 지나치고 복수심에 불타는 백인 마녀라며 지면을 통해 비방하고 괴롭혔다. 윌리 맥기 역시 흔들리지 않았다. 그는 끝까지 침묵을 고수했다. 그는 금지된 장벽을 넘어 백인 남자의 재산권을 침해한 이유로 그에게 닥친 운명을 철학적으로 수용하게 되었을지도 모른다. 그는 그런 재산 침해가 강간과 똑같은 무게를 지닌다고 여기고 체념했을지도 모른다.

에멧 틸 사건

그러다가 어린 소년 에멧 틸이 백인 여성에게 '늑대 휘파람'을 불었다는 이유로 살해당하는 사건[81]이 일어나고 나서야, 온 나라가 충격에 빠져 남부 백인 남성이 만든 사유재산법의 실체를 직시하게 되었다. 보복성 구타와 처형, 린치를 자행해도 처벌받지 않는 패턴이 수없이 반복되었으나, 틸 살해 사건은 그중에서도 유독 두드러졌다. 순전히 그 잔혹성만으로도 근래 견줄 만한 사건이 없을 뿐 아니라, 지역사회가 노골적으로 린치를 지지했다는 점에서도 견줄 데가 없다. 이 사건을 기점으로 오랜 패턴은 사라지고 새로운 패턴이 자리를 잡았다. 새로운 민권운동은 이 사건 이후 10년간 남부가 우선순위를 바꾸도록 압력을 가했고, 옛 삶의 방식을 유지하려는 싸움은 이제 백인 여성의 신체가 아닌 다른 지반 위에서 벌어지게 되었다. 현재 시점에서 돌아보면, 에멧 틸 살해 사건은 한 시대의 끝을 표시하는 사건이었다. 이는 백인 남성이 선을 넘은 흑인 남성에게 복수한 사건들 중에서 획기적인 지표가 된 사건으로, 이전까지 유지되던 틀을 깼다.

1955년 8월, 한 낚시꾼이 탤러해차이강에서 흑인 소년의 부패한 시체를 건졌다. 시신은 심하게 구타당한 흔적이 있었고 얼굴은 알아볼 수 없을 만큼 훼손되어 있었다. 손가락에 남아 있던 반지로 신원을 확인할 수 있었는데, 그는 14세의 에멧 루이 틸로, 삼촌과 여름방학을 보내기 위해 시카고에서 미시시피주 머니의 작은 시골 마을로 온 소년이었다. 그 동네에서 누가 왜 에멧 틸을 죽였는지는 사실 비밀도 아니었다. J. W. 밀램과 그의 이부형제인 로이 브라이언트라는 두 명의 백인 남자가 지체 없이 체포되었다.

틸 사건의 경우 사실 자체가 심각하게 논란이 된 적은 없다. 배심원들이 무죄로 판결한 덕에 밀램과 브라이언트 본인들조차도 관련 사실에 이의를 제기하지 않았다. 따라서 사건 자체에 대해서는 간단히 말할 수 있다. 보보라는 별명으로 불리던 틸은 한 소녀의 사진을 지갑에 넣고 다녔는데, 그걸 사람들에게 보여주면서 자신이 북부에서 백인 소녀들을 대상으로 어떤 위업을 달성했는지를 자랑하며 미시시피 머니에 사는 흑인 젊은이들을 즐겁게 해주었다. 시카고 허풍쟁이의 말을 믿지 못한 친구들은 그에게 교차로에 있는 브라이언트 잡화점에 가서 혼자 판매대를 지키는 브라이언트 부인에게 데이트 신청을 해보라고 부추겼다. 틸 사건에 대해 몇 편의 글과 책 한 권을 쓴 윌리엄 브래드퍼드 휴이William Bradford Huie는 당시 상황을 이렇게 요약했다. "미시시피 동네의 흑인들이 기분 좋은 경외심을 갖고서 창문으로 지켜보는 동안 보보는 모험을 감행했다. 캐럴린 브라이언트는 권총을 들고 그를 쫓아 나왔고, 보보는 10대다운 허세 가득한 몸짓으로 그녀에게 '늑대 휘파람'을 불었다."[82]

다음날 아침 2시, 밀램과 브라이언트가 소작인 농장에 있는 틸의 삼촌네 판잣집으로 성큼성큼 걸어들어와 틸에게 같이 가자고 명령했다. 휴이가 부끄러운 줄 모르는 저 이부형제로부터 직접 들은 이야기에 따르면, 이 백인 남자들은 그저 소년을 흠씬 두들겨 팬 후 시카고로 보내버리려고 했지만 틸이 주제넘게도 움츠린 태도를 보이지 않았다고 한다. 오히려 틸은 백인 여자들을 '가져봤다'고 계속해서 떠벌렸다. 격분한 밀램은 45구경 권총으로 틸의 머리를 쏘았고, 그 후 두 남자는 틸의 목에 무거운 물건을 묶어 탤러해차이강에 던졌다.

백인 남성으로만 이루어진 배심원단(1968년까지 여성은 법에 의해 미시시피 배심에서 배제되었다)[83]이 한 시간 동안 숙의해 밀램과 브라이언트에게 무죄를 선고했다. 강에서 발견된 시신이 실제로 틸이라는 진짜 증거가 없다는 피고 측 주장을 받아들인 결과였다. 한 사진기자가 후세를 위해 보존한 법정의 한 장면을 보면,[84] 두 형제가 자기 부인을 껴안고 있고 밀램은 커다란 시가까지 씹고 있다.

남부 백인 남성의 재산법이 이보다 뻔뻔스럽게 표현된 사례는 그 이후로 다시없었다. 틸이 살해되고 4년 후, 맥 찰스 파커가 강간으로 재판받기 이틀 전 미시시피 포플라빌의 감방에서 끌려나와 살해된 사건이 있었는데, 이것은 그저 전 세계를 경악케 한 틸 사건의 희미한 반향처럼 여겨질 정도였다.[85]

브라이언트의 가게에서 일어난 일을 천진난만하게 추파를 던진 것쯤으로 오해하지만 않는다면, 이런 사건의 근원에 여성에 대한 접근권을 둔 남성 집단 간의 적대가 있다는 진실을 어렵지 않게 발견할 수 있다. 틸의 행동은 어린아이의 과시적인 장난 이상이었고, 그를 살해한 것 역시 한 남편의 복수 이상의 함의를 지닌다. 미시시피의 머니에서 벌어진 장면은 그리스 고전극의 모든 요소를 갖고 있다. 틸은 자신의 흑인 친구들에게 그가, 논리를 확장하면 **그들이** 백인 여성을 가질 수 있다는 것을 보여주려고 했고, 그때 캐럴린 브라이언트는 접근하기 가장 가깝고 편리한 대상이었다. **모든** 백인 여성에 대한 접근성이 구체적으로 검토 대상이 된 것이다. 이것이 틸의 친구들이 그 일을 인식한 방식이었다. 그 친구들은 어느 정도 잔인성을 품고 그를 부추겼다가 선을 넘었다고 느끼자 그에게 철수하라고 했다. 또한 이 것은 밀램과 브라이언트가 그 일을 인식한 방식이기도 했다. "망할", 밀램은 그를 살해한 밤을 회상하며 휴이에게 말했다. "그 녀석이 나한테 백인 여자애의 사진을 보여줬다고요! 자기가 그 여자한테 뭘 했는지 자랑을 해대면서! 그러니 내가 달리 뭘 할 수 있겠어요? 그 녀석이 더 선을 넘지 못하게 하는 것밖엔!"[86]

한편 늑대 휘파람, 즉 틸의 '10대다운 허세 가득한 몸짓'은 무엇인가? 휘파람이 살인의 원인이 되어버린 현실은 경악해 마땅한 것이지만, 틸과 밀램에게 공통점이 있다는 것도 인정해야 한다. 그들 모두는 휘파람이 단순히 매끈한 발목을 보고 감탄하며 지저귀는 소리이거나 음악적인 찬사에 그치지 않는다는 사실을 알고 있었다. 그녀가 손에 권총을 들고 나와 그가 친구들 쪽으로 날쌔게 도망갈 정도의 상황이었다는 것을 감안하면, 그 휘파람은 신체 공격에 가까운 의도적인 모욕이었으며, 캐럴린 브라이언트에게는 흑인 소년 틸이 그녀를 소유하려고 한다는 것을 알리는 최후의 암시나 다름없었다.

단지 늑대 휘파람을 불었다는 이유로 어린 소년을 죽인 자들과 유죄판결을 거부한 배심원. 틸 사건은 충격에 빠진 미국의 모든 세대에게 일종의 교훈을 남겼다. 나는 내가 그 사건에 어떻게 반응했는지

우리의 의지에 반하여

를 기억한다. 스무 살이었던 당시부터 틸이 살해된 후 15년 동안 뉴욕시 거리에서 흑인 10대가 나를 보고 휘파람을 불거나, 누가 회의에 초대하면서 지나가는 말로 그런 휘파람의 변주에 가까운 말을 하면, 나는 내가 할 수 있는 한 가장 친절한 표정으로 평등한 동지 간에 지을 수 있는 미소(나는 지나치게 예민한 꽃 같은 백인 여성이 아니라는 의미의)를 지어 보였다. 백인 건설노동자, 트럭운전사, 길에서 빈둥거리는 카우보이들에게도, 정말이지 안전한 거리에서 자신들의 이론상의 의도를 짐작할 수 있도록 하는 사람이면 그 누구에게라도 아낌없이 그런 미소를 보냈다. 그럼에도, 여자가 추근거리라고 있는 존재는 아니지 않은가? 휘파람이나 "너 나랑 잘래?" 같은 말이 무해한 찬사는 아니지 않은가? 남부의 인종차별에 대한 보상의 짐을 백인 남성 대신 백인 여성이 특별히 져야만 했나? 이런 의문들이 마음속에 계속 떠올랐고, 이에 대한 해답을 얻기까지 15년이 걸렸다. 틸의 휘파람에 내포된 모욕을 이해하고, 그런 행위에는 인종적인 요소가 있든 없든 '내가 너를 가질 수 있다'는 상대를 비인격화하는 도전의 의미가 들어 있다는 것을 이해하기까지 15년이 걸렸다. 오늘날 거리에서 그런 성적인 말을 들으면 내 속에서 순간적이지만 살인적인 분노가 끓어오른다.

정치적 보복으로서 강간

한편 또 다른 인물인 엘드리지 클리버Eldridge Cleaver*가 틸 살해 사건

---

* 1935~1998, 흑인 급진운동 단체 블랙 팬서의 지도자. 1960년대 후반 급진적 흑인 운동의

에 대해 어떻게 반응했는지도 잘 알려져 있다. 클리버가《얼음 위의
영혼 Soul on Ice》(1968)에 쓴 내용에 따르면, 그는 19세 때 "틸이 치근덕거
렸다는 백인 여자의 사진을 잡지에서" 보았다. 틸 사건은 그를 "통째
로 뒤집어놓은" 사건으로서, 그의 인생을 좌우한 결정적인 사건이었
기에 그는 당시 자신의 반응을 빠짐없이 적었다.

> 사진을 보면서 나는 어떤 여자에게 끌렸을 때 경험한 적이 있는 종류
> 의 작은 긴장이 내 가슴 한가운데 이는 것을 느꼈다. 나는 내 자신에게
> 역겨움과 분노를 느꼈다. 한 흑인을 죽게 만든 여자가 거기 있었다. 아
> 마 그도 그녀를 보고 나와 똑같은 욕정과 욕망이 팽팽하게 차오르는 긴
> 장을 느꼈기 때문─그것도 내가 그런 긴장을 느낀 것과 똑같은 이유
> 로─에 그런 일이 일어났겠지. …… 나는 사진을 보고 또 보면서, 그 모
> 든 것에도 불구하고, 내가 그 여자와 그 여자가 대변하는 모든 것에 대
> 해 느끼는 증오가 무색해질 정도로 내 의지에 반해 그녀에게 끌리는 것
> 을 느꼈다. 그런 욕정과 욕망으로 인한 긴장이 내 가슴을 차지하도록 만
> 든 나 자신에게, 이 미국에게, 백인 여자에게, 또 역사에 대해 울화통이
> 터졌다.[87]

클리버는 그 후 이틀간 약간의 신경쇠약을 겪었는데, 그 기간 동
안 "특히 백인 여자들에게 맞서 악을 쓰고 고함을 쳤다"고 했다. 그리
고 "백인 여자에게 적대적이고 무자비한 태도를 취하기로 하는 원칙
을 세우는 것이 무엇보다도 중요하다는 결론에 어찌어찌 도달했다.
무법자라는 단어에 매력을 느꼈다. ……" 그의 해결책은 이러했다.

상징이 되었다.─옮긴이

"나는 강간범이 되었다."[88]

투옥 때문에 중단되었을 뿐인 자신의 강간 경력을 정당화하고자 클리버가 끌어들인 이데올로기 구축 방식과 사고 패턴은 몇 가지 층위에서 흥미롭다. 실제 강간범의 마음을 엿볼 수 있는 드문 기회이기 때문만이 아니다. 흑인 남성 지식인과 작가들 사이에 1960년대 후반 꽤 유행했고, 백인 남성 급진파 및 일부 백인 지식인 지배층도 놀랄 만큼 열광하며 받아들인 강간에 관한 사고방식, 흑인 남성이 저지른 강간에 대해 **완벽하게 용인할 만한 변명**으로 수용된 모종의 사고방식을 반영해 보여주기 때문이다. 그들이 기다렸다는 듯 클리버의 논지를 받아들일 수 있었던 이유는 뻔하다. 클리버가 잘 본대로, 모두 백인 여자 탓이니까.

우리의 실천가 클리버의 글을 더 인용하기에 앞서, 흑인 남자를 격려하고 해명하려 시도하면서 비슷하게 심금을 울리는 화음을 낸 동시대 형제들의 목소리를 들어보는 것도 유익할 듯하다. 클리버 본인도 인용한 적 있는 르로이 존스LeRoi Jones(이마무 아미리 바라카Imamu Amiri Baraka라는 이름으로도 알려진)의 시를 보자. "오라, 검은 다다 니힐리즘이여. 백인 소녀들을 강간하라. 그들의 아버지를 강간하라. 그 어머니의 목을 자르라." 클리버는 이 구절을 인용한 후 멋들어진 평을 추가했다. "르로이는 인생의 파격적인 실상을 표현하고 있다."[89]

존스-바라카의 시와 희곡이 파격적이든 극단적이든 간에, 흑인 사회학자 캘빈 C. 헌턴Calvin C. Hernton이 쓴 것과 견줄 수 있는 비평은 없을 것이다. 헌턴은 《미국의 성과 인종주의Sex and Racism in America》(1965)에서 흑인 남성의 관점을 설명한다면서, 치명적인 단언을 남겼다. "강간도 살인처럼 여러 가지 동기를 갖는다. 그러나 아무리 정신병적이라고 해도 강간의 동기가 기본적으로 인종적인 것이라면 문제가 다르다. 나는 남부에서 자란 모든 흑인의 마음속에는 강간범이 있다고, 다만 그걸 얼마나 숨기고 있는지의 차이만 있을 뿐이라고 생각해왔다. 그리고 그 강간범은 죄책감과 증오, 인간 부인에 기반을 둔 도덕 체계에 의해 흑인 안에 배태되었다고 생각한다."[90]

헌턴의 '**인간 부인**' 개념은 백인 여성에게 자유롭게 접근할 권리, 혹은 모든 여성에게 자유롭게 접근할 권리가 남성의 빼앗을 수 없는 권리의 일종인데 흑인만 그 권리를 **비인간적으로 부인당했다**는 의미가 된다. 그는 이런 함의를 문제 삼지 않고 당연한 원칙인 듯 진술했다. "어떤 억압받은 집단이든 권력을 획득하면 압제자였던 집단의 여성들을 차지하려고 하기 마련이다."[91] 헌턴을 비롯한 많은 흑인 지식인들에게 (백인인 도이치의 영향이 보이는데) 백인 여성의 역할은 열렬한 공모자였다. "흑인은 다른 누구보다도 백인 여성의 강간 환상 및 순교 환상을 쉽게 받아들이는 경향이 있다."[92] 이 역시《더치맨 Dutchman》(1964)이라는 작품에서 존스-바라카가 한 번 비틀어서 다룬 주제였다.

하지만 헌턴의 분석도 신좌파가 총애하는 프란츠 파농의 선언문에 비하면 약과였다. 파농의 모든 글에서 강간은 흥미로운 하위 주제로 변주된다. 파농은 정신과 의사이자 식민주의 연구자였으므로, 강간이 어떻게 알제리와 앤틸리스 제도에서 원주민 여성을 억압하는 수단이 되는지를 세상에 알리는 심대하고도 독보적인 공헌을 할 수도 있을 적임자였다. 그러나 파농의 관심사는 원주민 남성과 **백인** 여성의 관계로 계속해서 돌아가고 또 돌아간다(일종의 강박에 가까워 보인다). "누구든 강간이라고 말하면 그건 검둥이를 뜻했다."[93] 그는《검은 피부, 하얀 가면Black Skin, White Masks》의 서문에서 그가 병적으로 반복해온바 "검둥이가 날 강간하고 있어요"라는 초프로이트주의 이론을 발표한다. 마리 보나파르트와 도이치가 제기한 백인 여성 마조히즘 이론 말이다.

이 친숙한 주제에 관한 파농식 변주는 이렇다. "한 여성이 검둥이에게 강간당하는 환상을 체험할 때, 그것은 어떤 면에서 은밀한 꿈, 내면의 소망을 실현하는 것이다. …… 그녀를 강간하는 것은 그녀 자신이다. …… 검둥이에게 강간당한다는 환상은 다음과 같은 감정이 변형된 것이다. '내가 여성을 거칠게 열고 싶어 한 것처럼 그 흑인이 나를 거칠게 열어주었으면.'"[94] 다음의 문장을 읽으면 파농이 드러내는 내밀한 고통과 개인적 혼동에 연민을 느끼지 않을 수 없다. "기본적으로 이런 강간 공포는 강간을 절실히 바라는 외침이 아닌가? 때려주길 원하는 얼굴처럼, 강간당하길 원하는 여자들이 있다고 말할 수 없는가?"[95]

이 급진적인 제3세계 해방 이론가는, 한마디로 말해 여성 혐오자였다. 그 어떤 급진적인 남성 저자도 따라갈 수 없을 만큼 오만한 어조로 파농은 계속해서 이렇게 썼다. "여기서 우리가 백인 여성의 성 심리에 대해 내린 결론을 인정하는 이들은 유색 여성에 대해서는 뭐라고 말해야 할지를 물을 것이다. 나는 그녀에 대해서는 아무것도 모른다."[96] *

---

* 그는 유색 여성에 대해 모를 뿐 아니라 알려고 애쓰지도 않았다. 파농의 정치철학에서 제3세계 여성을 강간하는 것은 제3세계 남성을 약화시키기 위한 식민 지배의 기만적 속임수였다. 《대지의 저주받은 사람들The Wretched of the Earth》(1961)에서 파농은 프랑스의 알제리 식민화 때문에 생긴 '정신장애' 사례를 몇 건 기록했다. 사례1, A계열: "아내가 강간당한 후 한 알제리인에게 나타난 발기 불능." 26세의 민족해방전선 투사는 임무를 위해 외국에 파견된 기간에 정사를 하려다 자신이 발기 불능이 된 것을 알았다. 파농과 상담하는 동안 이 환자는 그가 해방을 위해 싸우는 동안 프랑스 군인이 아내를 강간했다고 설명했다. 발기 불능뿐 아니라, 강간당한 아내가 더 이상 보기 싫어진 것도 문제였다. 그는 고백했다. "종종 내 딸의 사진을 보면서 딸 역시 더럽혀졌다고, 아내와 관련된 것은 다 썩어버렸

'유색 여성'에 대해 설명하지 않고 묵살하는 이런 거만한 태도는 엘드리지 클리버의 초기 강간 경력과 유사하거나 그 이상이다. 훗날 블랙 팬서Black Panther의 이론가가 된 그는 이렇게 썼다. "나는 기술과 범행수법을 다듬기 위해 게토의 흑인 소녀들을 대상으로 실습해보는 것부터 시작했다."[97]

　여기에 내가 말을 더 보탤 필요는 없을 것 같다. 클리버는 그 범상치 않은 실전 훈련에 대해 그 이상 상세히 말하지 않았지만, 갑자기 멋들어진 표현을 써가며 범죄율이 높은 환경에서 작업했기 때문에 흑인 여성을 강간해도 붙잡히지 않았다고 암시하면서 문장을 이렇게 마무리한다. "…… 그리고 충분히 숙달되었다는 느낌이 왔을 때, 나는 선로를 넘어 백인 먹잇감을 찾으러 나섰다." 그러고는 비범한 강간 이론을 펼친다.

　　강간은 반란 행위였다. 내가 백인 남성의 법을, 그의 가치 체계를 거역하고 짓밟는다는 것이, 그리고 그의 여성을 모욕하고 있다는 것이 나를 기쁘게 했다. 특히 그의 여성을 모욕한다는 지점이 나에게는 가장 만족스러웠다. 백인 남성이 흑인 여성을 어떤 식으로 이용해왔는지, 그 역사적 사실이 대단히 분했기 때문이다. 나는 내가 복수하는 중이라고 느꼈다.[98]

다는 식으로 생각하곤 합니다. 그들이 그녀를 고문했거나 이빨을 다 날려버렸거나 팔을 부러뜨렸다면 나는 개의치 않았을 겁니다. 하지만 그런 일을, 그런 종류의 일을 어떻게 잊을 수가 있겠습니까? 대체 아내는 왜 그 일에 관해 나한테 다 말한 거죠?" 민족해방전선 투사는 파농에게 물었다. "당신이라면 아내를 다시 받아들이겠습니까?" 파농이 대답할 수 있었던 최선은 "저는 그랬을 겁니다……"였다. 그렇지만 그는 자신의 말에 확신을 갖지는 못했다. Frantz Fanon, *The Wretched of the Earth* (1901), trans. from the French by Constance Farrington, New York: Grove Press, 1968, pp.254-259.

클리버는《얼음 위의 영혼》에 후일 감옥에 고립되면서 자신이 더 이상 "강간 행위를 용납할" 수 없다는 것을 알게 되었다고 썼다. "나는 자존감을 잃었다. 남자로서 나의 자부심이 사라져버렸다."[99] 그나마 이 문장이 그가 쓴 글 중, 백인 혹은 흑인 여성에 대한 사과에 가장 가까운 문장이지만, 그렇다고 그렇게 의미 있는 사과는 아니었다. 몇 년 후 그는《플레이보이》와 인터뷰하면서 대담자에게 쾌활한 어조로 이렇게 말했다. "그때 제 정신 상태는 좀 거칠었고, 강간은 제가 무대에 올린 기이한 형태의 반항 중 하나였을 뿐입니다. 일이랑 쾌락을 하나로 묶는 방법이었달까요."[100]

파농에게 사르트르가 있었고 헌턴에게는 냇 헨토프Nat Hentoff*가 있었듯, 클리버에게도 그를 옹호하고 해석해주는 백인 남성 문인들이 있었다. "클리버의 입장에서는 분명 배짱이 필요했을 것이다."[101] 맥스웰 가이스마Maxwell Geismar는《얼음 위의 영혼》에 해설을 쓰며 이렇게 찬사를 보냈다. "단지 강간만이 아니라 흑인 남성과 백인 여성의 심오한 관계 전반을 다루는 이런 에세이 모음집을 내려면 말이다. 이 저자에게는 그가 풀어내는 사회 논평에 깊이와 분위기를 더하는 비밀스러운 종류의 성적 신비주의가 있다. 그것은 우리의 평범한 삶의 핵심을 조망하는 고도로 문학적이면서 상상력 넘치는 정신이다."

백인 급진주의자와 지식인들이 클리버의 강간 이론을 앞다퉈 받아들이며 그를 치켜세우고 칭찬하는 모습은 참으로 가관이었는데, 이런 광경은 1960년대 후반에서 1970년대 초반에 이르는 시기 신좌파의 안타까운 치부이다. 이 시기 신좌파의 집회 구호는 '모든 흑인

---

* 1925~2017, 미국의 역사학자이자 재즈 음악 비평가.-옮긴이

죄수는 정치범이다' 같은 석기시대에나 썼을 법한 구호였다. 나는 이런 이데올로기가 얼마나 멀리까지 갈 수 있는지 보여주는 지표가 될 만한 서신 인터뷰를 발췌해서 보관해뒀는데,《뉴욕 타임스》기자 타드 슐츠Tad Szulc가 '솔레다드 형제Soledad Brother'* 조지 잭슨과 나눈 공개 서신 교환이다. 이 서신 교환 후 얼마 지나지 않아 조지 잭슨은 쿠엔틴 감옥 폭동 중에 숨졌다. 슐츠는 백인 여성 강간이 '반란'의 일환이었다는 클리버식 변명을 염두에 둔 듯 조심스럽게 묻는다. "미국 사회에서 흑인은 어떤 경우에도 유죄가 아니라고 생각합니까? 그들 중에 어떤 이는, 예를 들면 흑인 여성을 강간하고 살해한 흑인 남성은 범죄자가 아닐까요?" 잭슨은 흑인 여성을 대상으로 하는 "쾌락 범죄는……상대적으로 적은 비율"이라고 일축하며 그 문제를 깊이 염려하지 않는 듯한 모습을 보인다. 잭슨은 정치 전문용어로 맞섰다. "피억압자가 폭력을 외부화할 수 없을 때 폭력이 내부로 향하는 경향이 있다는 것은, 모든 혁명적 이론가와 정신과 의사가 기본으로 인정하는 사실입니다. ……"[102]

18세기 노예제 남부에서는 흑인 남성들이 들고일어나 '우리의' 여성을 강간할 거라는 악몽이 백인 남성의 마음속에서 반복되었다면, 20세기 후반에는 바로 그 흑인 남성이 가장 사나운 수사법을 통해 그 악몽을 실현하는 데 몰두하는 것 같다. 그러나 그런 행동은 인과응보도, 불평등한 과거에 대한 보상도 될 수 없으며, '인간 부인'의 압력솥이 폭발한 결과도 아니다. 피억압계급의 남성이 기회가 있을

---

* 1970년 1월 16일 캘리포니아 솔레다드 감옥에서 백인 간수를 살해한 세 명의 흑인 죄수를 지칭한다. 이들은 솔레다드 감옥의 다른 백인 간수가 흑인 죄수들을 죽인 일에 보복하고자 범행을 저질렀다. 세 명 중 한 명인 조지 잭슨은 같은 해 감옥의 현실에 대한 고발과 자전적 수기를 담은《솔레다드 형제: 조지 잭슨의 옥중 서신Soledad Brother: The Prison Letters of George Jackson》을 냈다.-옮긴이

때 압제자계급의 여성을 '차지'하는 경향이 있다는 가설은 사태를 충분히 설명해주지 않는다. 과거에는 결혼을 통해 여성을 차지하는 것이 진보를 측정하는 유용한 척도였던 시기가 있었고, 그런 단계에서는 여성들이 불평등을 없애고 '일이 모두 제대로 돌아가도록 기여하기' 위해 여성이 전통적으로 맡아온 봉사의 논리적 연장선상에서 억압당한 남성에게 몸을 주는 식으로 일종의 공모를 한 것도 사실이다. 하지만 우리가 여기서 다루는 문제는 강간, 즉 일방적인 획득과 남성의 권력 정치다. 억압당한 남성들이 자신을 억압한 자들의 가치를 취한다는 것도 역사적으로 관찰된 사실이다. 백인 여성이 "막대에 매단 당근처럼"[103] 눈앞에 달랑거렸다는 동료 죄수의 말을 클리버가 인용할 때, 그가 진짜로 말하고자 하는 바가 잘 드러난다. 우리 백인 여성들은 스스로 달랑거리지 않았지만, 이 흑인 남성이 "그의" 여자를 강간한 백인 남성을 모방하는 과정에서 그가 접한 모든 것이 그런 결론을 내리고 행동하게 만들었을 것이다.

마르쿠제의 기대상승 이론에 젖게 된 오늘날의 백인 급진주의 남성들은 이런 정치적 교훈을 너무나 잘 이해한 나머지, 강간이 반란을 통해 얻는 자신의 권리라고 느끼는 흑인 남성에게 문제 제기하는 일을 반동적이라고 여긴다. (백인 급진주의 동네에서는 흑인이 어떤 잘못된 열망을 표현할지라도 그것을 지적하는 태도는 인기가 없다.) 여성운동이 처음 강간을 페미니스트 주제로 논의하기 시작했을 때, 아직 남성 좌파와 동일시하고 있던 부류의 여성들은 몰이해와 적대로 반응했다. (그들은 그 후로 변화의 기미를 보였다.) 그러나 인종주의자의 손에 놀아날 수 있다는 두려움 때문에 혹은 사회의 희생양이라는 이유로 범죄자에게 무분별하게 공감할 때 그들의 정서적 반응은 다시 한 번 인종 간 구도에 갇히는 셈이 된다.

보스턴과 워싱턴의 젊은 백인 강간 피해자 13명을 대상으로 한 무척 흥미로운 연구[104]가 하나 있다. 피해자들은 "동시대 사회에서 '뭔가 현실적인 일'을 해보고자 하는 신념을 실천하기 위해 저소득 (반드시 흑인 거주 지역은 아닌) 지역으로 이주했고", 강간범을 고소하거나 범죄를 신고하는 일조차 꺼린 것으로 드러났다. 자신이 겪은 강간이 "백인에 대한 흑인의 사회적 투쟁, 또는 부자에 대한 빈자의 투쟁의 연장선상"에 있다는 정치적 신념이 이런 태도에 어느 정도 기여했다. 워싱턴의 메트로폴리탄 정신건강 수련 센터Metropolitan Mental Health Skills Center 공동대표이자 이 연구의 주저자인 샌드라 서덜랜드Sandra Sutherland는 이런 자기희생적이며 이타적인 반응이 "틀림없이 애초에 그 여성들을 저소득 지역에서 살도록 이끈 바로 그 내면적 동기의 산물"이라고 결론지었다. (몇몇 여성들은 분노를 억누르고 합리화하려고 노력했지만 결국 그들이 겪은 일로 인해 정신적 외상을 입었다. 이들은 자신이 일해온 지역 사회 센터와 빈곤 대책 사업을 그만두고 중산층 환경으로 다시 돌아갔다.)

맨해튼 로어 이스트사이드에서 흑인 청년에게 강간당한 급진적 정치 성향의 어떤 젊은 백인 여성은 《뉴욕 포스트》 기자 로버타 브란데스 그라츠에게 이렇게 말했다. "저는 역사를 그냥 무시해버릴 수가 없었습니다. 남부에서 백인 여성을 강간했다는 누명을 쓰고 고발당한 남자들에게 진 빚을 갚는 데 제가 이용되고 있다고 느꼈습니다. 친구들조차 제가 그 일을 고발하는 걸 꺼렸습니다."[105]

"강간범 개인을 잡아 가두면 복수하고 싶은 충동을 만족시킬 수는 있을 것이다." 로스앤젤레스 강간 반대 모임의 한 회원이 여성 신문인 《시스터Sister》에 고뇌하며 글을 썼다. "하지만 그렇게 하는 것이 모든 민중, 특히 제3세계 민중을 더욱 억압하게 한다면?"[106]

인종 간 강간은 리버럴에게 여전히 커다란 정치적 골칫거리로 남아 있다. 백인 남성이 '그 범죄'에 과하게 반응해온 긴 역사를 알게 되면서 많은 백인들은 깊은 죄책감을 품게 되었다. NAACP 변호기금이 벌인 사형제 반대 투쟁 중 많은 사례가 백인 여성을 강간한 흑인에게 차별적으로 사형선고가 적용된 사례였다.[107] 피고의 권리를 보호하자는 자유지상주의 시민운동 때문에 제시카 미트포드Jessica Mitford*를 비롯한 많은 사람들이 징역형이라는 발상 자체를, 특히 강간을 징역형으로 다스린다는 발상을 의문시하게 되었다.

1971년 여성운동이 강간을 논하기 시작했을 때 리버럴이 받은 충격은 심대했다. "당신이 왜 검찰 쪽에 서느냐?"며 마치 강간을 문제화하는 것이 그 자체로 인종주의와 반동의 증거인 것처럼 비난하던 사람들과 그들의 불신에 찬 표정을 나는 기억한다. 그러나 새로운 견해를 유연하게 흡수하는 능력이 없는 리버럴은 리버럴이 아니다. 2년 후 뉴욕 시민자유 연맹The New York Civil Liberties Union 의장은 강간당하지 않을 여성의 권리 역시 정치적 주제로 인정한다면 이제 누구를 지지해야 할지 혼란스럽다며 이렇게 말했다. "좀 카우보이와 인디언 영화 같네요."[108]

좌파와 리버럴은 인종 간 강간 사건에서 흑인만 더 가혹하게 처벌하는 부당함을 온 나라가 깨닫게 한다면서 백인 여성을 흑인 남성과 적대적으로 맞붙이려고 한 피고 측 변호사의 사고방식을 차용했다. 결국 인권을 추구하는 여성과 흑인 운동 사이를 이간질한 셈이었다. 우리는 오늘날까지도 이런 역사적 유산을 극복하기 위해 싸우고 있다. 무엇보다도 흑인과 여성이 겪는 억압의 형태가 유사하며 두 억압이 겹쳐서 무더기로 쏟아지는 흑인 여성의 현실은 둘 사이의 적대

---

* 1917~1996, 영국의 저널리스트 겸 여성운동가.-옮긴이

를 압도한다. 앞서 말했듯, 강간범은 모든 남성을 위해 모든 여성이 불안과 두려움의 노예 상태에 갇혀 있게 하는 역사적 임무를 충실히 수행하는 병사이다. 여성에게 강간은 흑인에게 린치와 같다. 즉 강간이란 모든 남성이 모든 여성을 정신적으로 협박당한 상태에 갇혀 있게 하는 궁극의 신체적 협박인 것이다.

여성이 남성에게, 특히 무리를 이룬 남성에게 강간당해온 이유는 흑인이 백인 무리에게 린치당했던 이유와 거의 똑같다. 거만하게 굴었다는 이유로, 제멋대로 굴었다는 이유로, '자기 자리'를 알지 못한다는 이유로, 성적 자유를 가진 듯 굴었다는 이유로, 가지 말아야 할 지역의 가지 말아야 할 길을 밤에 걸어다녀서 집단이 혐오와 분노를 쏟을 손쉬운 사냥감이 되는 지나치게 도발적인 행동을 했다는 이유로, 집단 처벌로서 강간과 린치를 당해온 것이다. 린치에 동반되는 거세는 질에 막대기를 쑤셔넣거나 신체의 성적인 부위를 제거하는 행위와 같은 강간 시 동반되는 과시적인 모독 행위와 짝을 이룬다.

역사는 언제든 반복될 수 있기에, 우리는 백인 남성이 어떻게 '그의' 여성이 당한 강간을 흑인 남성을 적대하는 데 이용했는지 잊지 말아야 한다. 그러나 오늘날 실제 범죄가 발생하는 양상은 마음속에 떠오르는 무시무시한 강간범의 유령, 특히 강간범으로서 흑인 남성이라는 신화화된 이미지와 결부되어 있으며, 흑인 남성 스스로 남자다움을 추구한다며 그 이미지에 일조하기도 한다. 이 모든 것이 흑백을 막론한 모든 여성의 자유, 이동권, 열망을 짓밟는 통제 기제라는 사실 역시 놓쳐서는 안 된다. 인종차별과 성차별의 교차로는 폭력이 난무하는 험악한 지대일 수밖에 없다. 하지만 그런 지대가 존재하지 않는 양 가장해봤자 아무 소용이 없다.

권력과 성폭력

모든 강간은 힘을 행사하는 행위이지만, 어떤 강간범은 신체적인 힘을 넘어서는 권력의 우위를 활용한다. 이런 부류의 강간범은 자신에게 유리하게 작용하는 제도적 환경을 이용하는 데 비해, 그런 환경에서 피해자는 문제를 바로잡을 기회를 거의 얻지 못한다. 노예제에서의 강간과 전시 강간이 대표적인 예이다. 이뿐 아니라 강간범들은 피해자의 저항을 약화시키고 시야를 왜곡하며 의지를 교란하는 권위적인 위계 구조를 제공하는 정서적 환경이나 의존 관계도 활용한다. 이를테면 어떤 치료사가 환자에게 불감증을 해결하는 방법이라며 자신과 성관계하자고 제안한다면, 그는 환자에게 강간을 시도한 것이다. 하지만 그 환자가 자신이 '당했다'는 것을 뒤늦게 알아차리게 된다고 해도, 법정은 그런 정서적 강요를 강압적인 행위로 결코 인정하지 않을 것이다.

이와 유사하게, 인기 있는 영화배우나 운동선수, 록가수, 집단 내에서 존경받는 남성처럼 가해자가 일종의 문화적 우상인 경우, 이들이 지닌 우상의 후광은 물리적 폭력을 덜 써도 된다는 심리적 유리함을 제공한다. 이 때문에 피해자는 너무 늦은 시점에 이르러서야 자신이 곤경에 처했다는 사실을 깨닫게 된다. 유명인사 강간 사건이 이따금 뉴스에 오르지만 보통은 어이없을 정도로 빠르게 사라져버리기 마련이다. 이런 사건은 여러 각도에서 '오염'된다. 분위기에 잘 휩쓸리거나 바보 같은 피해자를 무장해제시킨 강간범의 매력과 인기는 그가 피고석에 설 때에도 방패로 작용한다. 강도나 사기 사건에서 피해자가 분위기에 휩쓸렸거나 바보 같다고 해서 가해자의 죄가 가벼워지는 경우는 없지만, 강간 사건에서는 사정이 달라지는 것이다. 게다가 경찰과 검찰은 강간 기소로 자신의 평판을 망치고 싶어 하지 않기 때문에 피해자는 더욱 불리해진다.

　데이트 강간을 비롯해 사건 전부터 피해자와 관계가 있던 남성이 저지른 강간에서도 강압적 권위는 피해자가 단호히 저항하기 힘들게 만드는 요인이 된다. 사회적 통념상 데이트에서 여성에게 **기대되는 행위**를 해야 한다는 압력이 피해자에게 일종의 '권위'로 작용하는 것이다. 데이트 상황에서 가해자는 데이트 상대라는 위치를 이용해 유쾌함이 불쾌함으로 급격히 변하는 지점까지, 여성이 예상하고 대응할 수 있는 지점 너머까지 상황을 밀어붙일 수 있다. 공손하고 여성스럽게 행동할 것을 요구하는 관습적 제약과 사회적 예의범절 때문에 피해자는 우아하게 참거나 가능한 한 요령껏 빠져나가야만 한다는 압력을 받게 되며, 피해자가 정면으로 맞서면 행동규범의 선을 넘은 것이 된다. 경찰은 "그녀가 나중에 마음을 바꿨다"는 식으로 말하곤 하는데, 이는 피해자가 데이트 강간을 당했을 때나 지인에게 강간을 당했을 때 오직 **사건 발생 후에만** 자기통제력을 되찾아 강간당한 현실과 직면할 수 있다는 것을 전혀 인정하지 않기 때문이다.

　법정에 선 이력이 있거나 서류상 그다지 훌륭해 보이지 않는 피해자는 재판에서 불리한 입장이 되는데, 데이트 강간 사건이라면 특히나 더 불리해진다. 피해자의 모호한 행동(이에 대해서는 11장에서 다룬다)은 정당성을 인정받기 힘들다. 그런 사건에 대해 들으면 페미니스트 관점을 가진 나조차도 "바보야, 왜 진작 그 경고 신호를 알아차리지 못한 거야?"라고 소리치고 싶어질 때가 종종 있다. 그러나 바로 그 점이, 물론, 핵심이다. 객관적인 기준을 적용하려고 애쓸수록 논란의 여지는 더욱 많아질 뿐이다. 어떤 사건이 강간 사건인지 결정하는 것은 **주관적인** 행동 요인이다.

이 장에서는 반박의 여지가 없을 정도로 압도적인 권위가 작용했거나 제도화된, 확실하게 객관적인 조건에서 발생한 사건만 다룰 것이다. 통계상 동성 간 강간의 대부분을 차지하는 감옥 내 강간과 청소년 교정 시설에서 발생하는 강간, 가족 관계에서 자주 발생하는 성인의 아동 강간 및 성 학대가 그에 해당한다. 또한 대중에게 공개된 사례는 적지만 경찰이 저지르는 강간은 그 카프카적인 특징 — 보호 의무를 지닌 최고 권위 당국이 저지르는 최악의 강간이라는 악몽 — 때문에라도 언급할 가치가 있다.

감옥 강간: 동성 간 경험

감옥 영화 〈운명과 세인의 눈Fortune and Men's Eyes〉(1971)은 매력적인 젊은 이성애자 스미티가 이념적으로 진화하는 과정을 그려낸다. 시선을 끄는 잘생긴 외모 때문에 스미티는 킹 로코-로키에게 강제로 강간을 당하고, 그는 이 불행한 피해자를 자신의 감옥 '여자'로 삼는다. 로키 같은 불량배의 여자가 되면 확실히 몇 가지 편의를 누릴 수 있는데, 약간의 음식, 담배, 마약을 얻을 수 있고 포식동물처럼 구는 다른 남자들로부터 보호를 받을 수도 있다. 하지만 스미티는 필사적으로 성노예 신세에서 벗어나고자 한다. 어느 날 샤워장에서 로키가 그에게 항문 삽입의 전주나 다름없는 바셀린을 가져오라는 말을 하자, 스미티는 이 박해자를 공격한다. 그는 자기가 지닌 모든 용기를 끌어내 푹푹 찌고 습기 찬 싸움터에서 로키를 가까스로 때려눕힌다. 다른 재소자들이 그 사실을 알게 되면서, 로키는 권좌에서 몰려나고 스미티가 수감동의 왕으로 인정받게 된다. 승리자로서 스미티가 처음으로 한 일은 그의 온화한 친구이자 감방 동료인 잰 모나에게 바셀린을 바르라고 명령하는 것이었다. 당황한 잰 모나는 애원하며 말한다. "너는 이제 권력을 가졌어, 스미티. 그런데도 섹스가 필요해?" 하지만 스미티는 '섹스가 필요'하다. 사방이 막힌 감옥에서 그가 힘겹게 얻은 권력을 달리 행사할 방법이 있을까?

수감자들 사이에서 벌어지는 폭행이나 강간은 결국 감옥 생활의 주요 문제로 인정받았다. 이전까지 감옥에서 발생하는 소위 동성애적 '학대'는 은폐되고 오도되어왔으며, 몇몇 간수가 보이는 비정상적 잔혹성의 징후이거나 동성애자임을 자인한 몇몇 죄수가 감옥에 퍼뜨리는 '전염병'으로 여겨졌다. 점차 정보가 축적되고 상대적으로 계몽된 현대적 관점이 적용되면서 이런 구식 관점은 과감하게 수정되어왔다. 오늘날은 감옥 강간을 있는 그대로 본다. 감옥 강간이란 모두가 남성인 권위주의적 환경에서 권력차에 따라 나뉜 역할을 행동화acting out하는 것으로, 보통 초범인 어리고 약한 수감자가 바깥세상에서 여성에게 부과된 역할을 수행하도록 강요당한다. 여기에는 사악한 아이러니가 있다. 동성애자라고 자인한 젊은이는 '여성스러운' 태도와 낮은 지위로 인해 가장 잔인한 감옥 윤간의 희생자가 되는데, '뉴욕시 무덤New York City Tombs'(뉴욕시 수감 시설의 별명) 같은 요즘의 감옥 당국은 동성애자를 보호한다는 명목으로 그들을 격리한다.[1] 감옥 강간의 대상으로 선호되는 또 다른 범주(어쩌면 동일한 범주)로는 성적 지향과 상관없이 싸울 수 없거나 싸우고 싶지 않아 하는 여위고 예민한 젊은 남자가 있다.

1973년 여름, 28세의 평화주의 퀘이커 교도이자 언론 경력이 있는 전직 수병 로버트 A. 마틴이 워싱턴 DC에서 충격적인 기자회견을 열었다.[2] 그는 백악관 앞에서 평화시위를 하다가 체포되었는데, 보석금 10달러를 내기보다 수감되는 편을 택했다. 컬럼비아 감옥 구역에서 보낸 첫 주는 워터게이트 사건의 강도 C. 고든 리디를 포함한 나이 든 죄수들이 있는 조용한 감방에서 별일 없이 지나갔지만, 그 후 그는 2수감동으로 보내졌고, 그 수감동은 "젊은 흑인 죄수가 대부분이며, 심각한 폭력 범죄로 감옥에 온 죄수들이 다수인" 곳이었다. 수감동을 옮긴 첫날 저녁 오락 시간, 소년 같은 외모의 이 평화주의자는 그와 이야기하고 싶어 하는 남자들이 있다는 한 감방으로 초대받았다. 그가 그 방에 들어가자마자 어떤 일이 벌어졌을까. "출구가 가로막혔고, 바지가 강제로 벗겨져 강간당했습니다. 그러고는 이 감방에서 저 감방으로 저녁 내내 끌려다녔습니다." 마틴은 가해자 중 두 명에게 더 이상 강간당하지 않도록 보호해주겠다는 약속을 받았다. 다음날 밤 그의 '보호자'들은 구강과 직장 강간으로 두 번째 판을 벌였다. 그 둘은 감방 앞에 지키고 서서 자기 차례를 원하는 다른 죄수들로부터 담배를 여러 갑 거둬들였다. 그는 구역질을 넘길 수 있게 가해자들이 잠깐 쉬는 시간을 준 틈에 도망쳐서 간수에게 상황을 알렸고, DC 종합병원으로 이송되어 성병 검사와 직장 검사를 받았다. 다음날 아침 퀘이커 교도 친구 한 명이 보석금을 부쳐주었다.

이 폭로를 미심쩍게 여긴 기자 한 명이, 마틴의 추정으로 45~50명 정도 되는 이들에게 이틀 밤에 걸쳐 수차례 강간당하는 동안 간수는 어디에 있었느냐고 묻자, 그는 최대한 진심을 다해 이렇게 답

　　　　　우리의 의지에 반하여

했다. "좋은 질문이네요." 이 비폭력주의 퀘이커 교도는 이루 말할 수 없이 끔찍한 경험을 조리 있게 설명해보려고 애쓰면서, 정치 시위자나 잠재적으로 골칫거리가 될 만한 인물이 들어왔을 경우 폭력성이 높은 수감동에 보내면 금방 나갈 것으로 여기고 일부러 그쪽으로 보낸 것 같다고 강하게 주장했다. 그가 좌중에게 말한 바에 따르면, 그를 옮긴 간수장은 "2수감동이 어떤 곳이고, 내게 어떤 일이 생길 수 있는지를 알았을 텐데도, 그러면 내가 금방 떠날 거라고 여기고 2수감동에 나를 넣었고, 결국 그렇게 됐지요. 그런데 강간 피해자들이 대체로 침묵해왔다는 것까지 계산에 넣었다는 의심이 듭니다. 이전까지는 대부분의 피해자가 남자다운 이미지에 연연하는 어린애들이었죠. 그 안에서 셀 수 없이 많은 강간이 일어났고, 나는 그것을 공론화하기로 결심한 첫 번째 사람입니다. 만약 무언가 바뀔 수 있다면 내 경험은 의미 있는 경험이 될 것입니다".

대중들 역시 감옥 강간에 점점 더 관심을 가지게 되었다. 내가 신문에서 모은 한 무더기의 감옥 강간 기사 중 몇 가지만 추리면 다음과 같다.

- 플로리다 섬터 교정 시설에서 감옥 폭동이 벌어진 사이 아홉 명의 재소자가 다른 재소자들을 강간해 기소되었다.[3]
- 플로리다 레이퍼드 감옥에서 두 재소자가 다른 재소자들을 칼로 위협해 강간한 혐의로 기소되었다.[4]
- 뉴욕주 북부의 한 지방 판사가 동성애자인 젊은 범죄자를 애티카로 보내는 것을 거부했다. 그의 공식적인 이유: "나는 그를 그런 상황에 던져넣을 수 없었을 뿐이다. 그는 거기서 물물교환의 대상이 될 것이고 살해당하지 않는다 해도 인간성을 완전히 말살당할 것이다. 정말 젠장

맞을 일이고, 모두가 이를 알아야만 한다."⁵

• 젊고 똑똑한 닉슨의 보좌관 두 명이 워터게이트 사건의 유죄를 인정한 뒤 자신들이 징역형을 받게 된 것을 알고는 감옥에서 성폭행을 당할까봐 불안하다고 시인했다.⁶

(닉슨 부하들의 걱정은 사실 과장되었는데, 그들이 갈 연방 감옥에는 대체로 화이트칼라 범죄로 유죄판결을 받은 가장 덜 폭력적인 범죄자들이 모여 있었다. 감옥 강간은 보통 폭력 범죄로 유죄판결을 받은 사람이 다수를 이루는 주와 시 단위 처벌 기관에서 많이 발생한다.)

감옥에서 작동하는 위계적인 성적 규약code에 대한 솔직한 증언이 이미 거의 40년 전 미국에서 가장 유명한 강간 무고 사건인 스코츠버러 사건의 주요 피고인이었던 헤이우드 패터슨의 자서전에 나와 있다.⁷ 스스로 인정하는바, 스코츠버러 '소년' 중 가장 성질 더럽고 굽힐 줄 모르는 성격이라는 패터슨은 1937년 앨라배마주의 애트모어 주 감옥 농장에 도착했을 때 선택지가 둘뿐인 상황에 직면했다. 나이 많은 남자들에게 굴복하고 '갤보이gal-boy', 즉 감옥 여자가 되든가, '늑대'가 되어 자신의 신체 온전성을 지키든가 둘 중 하나였다. 25세의 패터슨이 제대로 보았듯, 문제는 남자다움이었다. 그는 이렇게 설명했다. "만약 내게 그런 일이 조금이라도 일어날 기미가 보이면 나는 무슨 짓이든 할 작정이었다. 나는 내 인생의 모든 순간 남자였다."

패터슨이 판단하기에 애트모어에 중립지대란 거의 없었다. 포식자 아니면 먹이가 되어야 하는 틀에서 도망친 재소자가 몇 있기는 했지만 "소수"였다. 패터슨은 감옥 당국이 강간을 용인했을 뿐 아니라 부추겼다고 믿었다. "그렇게 하는 것이 남자들을 통제하는 데 도움이 되었다. 특히 그들이 악마라고 부른 거친 자들을. 그들은 악마가 갤보이를 가지면 조용히 있을 거라고 믿었다. 그러면 악마는 좋은 일꾼이 되어 간수나 죄수들을 죽이지도 않고 탈옥하지도 않을 것이라고 믿었다. 결혼해 정착한 남자처럼 굴 것이라고 믿었다."

갤보이로 삼을 재목으로 가장 인기 있는 부류는 연약한 10대였다. "애트모어에 온 15세에게 선택의 여지는 없었다"고 패터슨은 썼다. "죄수와 관리인 모두가 그의 편이 아니었고, 그는 빠르게 여자로 가공되었다." 여자 만들기 공정은 체계적이고도 잔혹했다. "어린 소년들이 자기의 권리를 위해 여러 시간 맞서 싸우는 것을 보았다"고 쓰면서 그는 "어떤 이들은 포기하지 않으려 했다"고 언급했다. 죄수와 간수들은 어린 소년들이 폭행당하는 것을 태연하게 지켜보았다. "그들은 어린 여자가 태어나는 중이라는 것을 알았다. 어떤 이들은 나중에 자기가 직접 이용할 차례를 기대하고 있었다."

갤보이가 망가지고 나면 그는 비천한abject 존재가 되어 이 사람 저 사람을 상대하는 굴욕을 자신의 새로운 본성으로 받아들여야만 했다. "어떤 이들은 진짜 창녀처럼 지냈다"고 패터슨은 놀라워하며 말했다. "그들은 거리의 창녀들과 똑같이 주말이면 자신을 팔고 다녔다. …… 보통 2~3달러면 갤보이와 어울릴 수 있었다. 갤보이를 다른 남자에게 팔아넘기는 경우도 있었다. 만약 어떤 녀석이 갤보이를 데리고 있다가 더 이상 같이 지낼 마음이 없어지면 판다고 내놓을 수 있었고, 25달러에 팔 수 있었다. 판매 소식은 감옥 안에서 빠르게 퍼졌고 수시로 흥정이 들어왔다." 패터슨은 확신을 가지고 이렇게 언급했다. "한번은 부교도소장 리쥐 램버트가 주 순찰관에게 애트모어의 흑인 죄수 중 50퍼센트가 갤보이 노릇을 했고, 백인 중에서는 70퍼센트가 갤보이였다고 말하는 것을 들은 적이 있다."

패터슨 자신에게도 애트모어 수감 초기에 앞날을 좌우할 시험이

닥쳐왔다. "내가 여기 생활을 받아들여야만 한다면 나는 남자가 되는 편을 택할 것이다." 그 남자다움을 위한 첫 단계는 주말 갤보이들을 깔보는 것이었다. "나는 갤보이들을 퍽보이fuk-boys라고 불렀다. 나는 그들에게 온갖 비참한 이름을 붙여 불렀다. …… 그런 부류에게 이렇게 말하곤 했다. '이리 와서 니 엄마랑 누나가 했을 짓을 대신해봐. 썩을 것아.'" 패터슨은 점점 늑대 역할을 즐기기 시작했지만 주기적으로 자기 지위를 방어해야만 했다. 감옥의 위계 구조상 늑대 위에는 더 큰 늑대가 있었다. "내가 고정 갤보이를 가진 후에도 나를 다시 그런 방식으로 이용하고 싶어 하는 늑대들과의 싸움은 끝나지 않았다." 그는 존 피즐리라는 늑대가 스코츠버러 소년이 남자가 되기에는 너무 어리다고 생각한다는 것을 알게 되었다. "그는 나와 내 갤보이 둘 다 이용하고 싶어 했다." 패터슨은 잭나이프를 가지고 나이 든 늑대를 찾아갔고, 이 사건은 애트모어에서의 삶에 전환점이 되었다. 그는 간결하게 썼다. "피즐리는 더 이상 나를 계집애로 만들려고 하지 않았다. 아무도 그렇게 하지 않았다. 나는 갤보이를 가졌고, 늑대 하나를 거뜬히 눌렀고, 스스로 악마의 자리에 앉았다."

장 주네Jean Genet*의 감옥문학에는 전도된 가치 조합이 잔뜩 스며들어 있다. 장 주네의 해석자인 사르트르는 주네를 '강간당한 아이'라고 부르면서 어린 시절 당한 일이 그의 '수동적인' 동성애를 결정했다고 해석했다. 하지만 사르트르는 강간과 동성애를 모두 은유로 보았다.

---

* 1910~1986, 프랑스의 소설가·극작가·시인. 10세 때 절도죄로 소년원에 수용되는 등 밑바닥 생활을 했다. 1947년 절도죄로 종신형이 선고되자 사르트르 등이 청원해 집행유예로 풀려났다. 1960년대 이후 정치 활동을 활발히 하면서 블랙 팬서단의 초대로 미국을 방문하고, 솔레다드 형제 조지 잭슨을 지원하기도 했다.−옮긴이

실제 강간은 우리의 양심에서는 부당하지만 피할 수 없는 비난이 될수 있고, 역으로 비난은 강간처럼 느껴질 수 있다. 두 행위 모두 죄책감을 느끼는 사람을 하나의 대상으로 변형시키는데, 만약 그가 마음속으로 자신이 대상화되는 것이 부끄러운 일이라고 느끼면, 그는 그의 성에서 그런 대상화 자체가 일종의 성행위, 즉 그가 종속적 역할을 맡는 성행위나 다름없다고 느끼게 된다. 주네는 이제 처녀성을 빼앗겼다. 철의포옹이 그를 여자로 만들었다.[8]

《장미의 기적Miracle de la rose》(1946)을 읽이보면 주네가 메트레 소년원에서 나이 많은 소년들에게 반복해서 성폭력을 당해야만 했고, 갤보이의 지위를 고마워하는 동시에 수치스러워하며 받아들였다는 것을 확인할 수 있다.[9] 메트레 소년원을 비롯해 주네가 있었던 여러 감옥에서 늑대와 갤보이에 해당하는 것은 '거물big shot'과 '닭'으로, 주네에게 닭다움이란 성자다움의 궁극이 된다. 그 어떤 비천한 모욕도 그에게는 수모가 되지 못하며 그는 바셀린 튜브와 자신의 거꾸로 선 음경을 자랑스럽게 지니고 다닌다.[10] 주네의 감옥 경험에서도 역시 닭들은 사고 팔리며, 간수들은 젊은이를 때려서 소녀로 만드는 관행에 공모한다.

아름다움과 연약함은 치명적인 매력이 된다. 윈테의 경우가 그랬다. "그놈의 예쁘장한 상판대기와 무심한 분위기가 거물들을 흥분시켰다. …… 거친 놈들이 그에게 눈독을 들였고, 그는 거의 모두가 보는 앞에서 열두 개의 자지로 호되게 당하는 수치를 겪어야만 했다."[11] 윈테는 "덜 잘생겨 보이기 위해" 속눈썹을 잘라버린다. 닭의닭, '얼간이'인 빌캉은 집단 침 뱉기의 희생자가 된다. 깡패 아홉이 줄을 서서 빌캉의 입에 침을 뱉었다. 빌캉은 주네를 통해 말한다. "나는 더 이상 돌에 맞는 간음한 여인이 아니었다. 나는 성적 의례의 대상이었다. 나는 그들이 침을 더 뱉어주기를, 더 끈끈한 덩어리를 뱉어주기를 원했다. 둘로프가 제일 먼저 무슨 일이 벌어지고 있는지 알아차렸다. 그는 내 딱 붙는 바지의 특정한 부위를 가리키면서 소리쳤다. '이봐! 이놈의 보지를 봐! 이게 이놈을 느끼게 만들고 있어, 이년이!'"[12]

주네를 읽는 것은 남성판《O 이야기Story of O》(1954)를 읽는 것이다. 주네의 문학은 가장 빼어난 형태로 꽃피운 남성 동성애 마조히즘이며, 꽃은 우연찮게도 주네가 잔혹한 성폭력 속에서 찾아낸, 사랑에 사용하는 주요한 은유이다. "너의 그 바지 안에 한 방 쏴주고 싶다"는 위협 속에서 찬사를 보았다고 고백하는 남자, 항문 위를 음흉하게 두드리는 것이 키스를 훔치는 것과 같다고 여기는[13] 남자를 페미니스트는 어떻게 이해해야 하는가? 주네는 정말로 문제적이다. 그가 남성 마조히즘을 여성적 원리에 등치시킨 것은 위험할 정도로 잘못된 것이다. 그가 사기꾼, 경찰, 나치 및 흑인 혁명가의 근육질 허벅지를 숭배하는 것[14]은 하드코어 이성애 포르노그래피가 늘상 다루고 표준적으로 제공하는 것들과 그다지 다르지 않다. 주네는 그의 닭스러움이 진정한 여성성으로 받아들여지기를 원했고,《우리들의 꽃의 성모 Notre Dame des Fleurs》(1943)에서 그 개념을 가지고 논다. "다른 남자를 따먹는 남자는 두 배로 남자다."[15] 사르트르는 주네가 자위의 몸짓 속에서 "강간하는 범죄자이자 **그녀** 자신을 강간당하도록 내주는 성자"[16]가 되며, 그것이 신이 진정 남근일 때만 유효한 성직 임명식이라는 것을 우리를 위해 설명해준다.*

---

*　강간이 달콤하다고 주장한 재능 있는 동성애자는 주네만이 아니다. 리튼 스트레이치Lytton

현재의 게이 해방 운동 내에는 가죽바leather bar라는 전초기지에 모여든 떠들썩한 소수가 있는데, 이들은 드래그 퀸drag queen**이 전통적인 여성 복장을 입을 권리를 요구하듯 채찍이나 수갑 같은 용품까지 포함해 합의에 의한 사도마조히즘이 자유지상주의적 권리로 인정되기를 원한다. 페미니스트는 이것을 다시 어떻게 이해해야 하는가? 동성애 사도마조히즘은 독특하게 남성적인 고유의 역학을 갖는가, 아니면 새로운 쟁점인 양 위장한 일탈일 뿐인가? 감옥의 은어부터 지식인의 사색까지 폭넓게 스며들어 국제적으로 통용되는 사도마조히즘의 언어와 그 불변의 의례 및 관행들은 모른 체하며 넘어가기에는 너무나 많은 것을 드러내 알려준다. 사르트르는 주네에 관해 설명하면서 "엉덩이는 남성의 숨겨진 여성성, 그들의 수동성"[17]이라고 했고, 둘 다 수동성이 남근의 끝부분을 받아들이는 것으로 정의된다는 데 동의했다. 이 남자 대 남자 관계에서는 펠라티오 역시 수동적 행위로 정의되며, '자지 빠는 놈cocksucker'은 닭과 동격이다. 사디즘과 마조히즘이 언제나 남성과 여성에 빗대어 정의된다는 것은 결코 우연일 리 없다. 남성성을 비틀린 방식으로 이해하는 이들이 사디즘에서 자기가 생각하는 남성성을 발견하고 사도마조히즘을 그런 식으로 규정해왔다. 그리고 학대와 고통을 여성의 동의어로 아는 이들이 마조히즘에서 여성성을 발견하고 그런 성별화된 규약을 받아들였다. 이 때문에 사도마조히즘은 언제나 여성 해방에 반동적인 대립항으

Strachey가 1916년 햄스테드 법정에서 양심적 병역거부를 주장하며 했다는 중의적인 농담은 유명하다. "스트레이치 씨, 만약 어떤 독일군이 당신 누이를 강간하려 든다면 어떻게 하실 겁니까?" 조사관이 묻자 스트레이치는, 전기작가의 표현에 따르면, '양가적인 엄숙함'을 띠며 이렇게 대답했다. "그 둘 사이에 끼어들 수 있도록 해야겠지요." Michael Holroyd, *Lytton Strachey*, London: Penguin, 1971, pp.628–629.

** 옷차림이나 화장, 행동 등을 통해 여성성을 과장되게 수행하는 남성.–옮긴이

로 남게 될 것이다.

나는 마조히즘이 동성애에서 종종 어떤 원동력이 된다고 생각하지만, 그렇다고 해서 강제적이지 않은 동성one-sex 관계 내지 동성 선호에 마조히즘이 필수적이라고 이야기하려는 것은 아니다. 마조히즘적 요소 자체가 문제라는 것이 아니라, 모든 남성 동성애자들은 강제로 당하기를 원한다는 식의 믿음이 그렇듯, 경우를 가리지 않고 마조히즘을 가정한다는 것이 문제이다. 남성이 다른 남성들에게 강간당하는 현실뿐 아니라 그럴 수 있다는 암시마저도 회피하고 싶어 하는 이성애자 남성들이 특히 그런 가정을 매우 효과적으로 이용해왔다. 이 지점에서 다시 한 번, 여성의 경험에 나란히 대응되는 증언을 들을 수 있다. 게이바에서 낯선 이를 만나 별 생각 없이 집에 함께 가서 즐기려다가 얻어맞고 강간을 당했지만, 아무리 설명해도 지역 경찰을 납득시킬 수 없었던 젊은 동성애자의 이야기를 나는 여러 번 들어왔다. 지역 경찰에게 그 강간당한 젊은이는 '그걸 원한' 호모 자식faggot일 뿐이었다. 같은 방식으로, 그 유명한《지혜의 일곱 기둥Seven Pillars of Wisdom》(1922)*에는 T. E. 로렌스T. E. Lawrence가 시리아의 데라에서 누리베이의 병사들에게 집단 강간을 당한 이야기가 담겨 있지만,[18] 그 이야기를 세탁해버린 편집본도 많다. 이뿐만 아니라 다수의 로렌스 연구자들은 그 잔혹한 소도미 사건의 '진실'이 풍문으로만 돌던 로렌스의 동성애 성향에 달려 있다고 여겼고, 그런 관점에서 그 이야기를 조각내고 해부했다. 나는 로렌스가 항문 괄약근으로 원치 않는 삽입을 충분히 막아낼 수 있었을 거라는 주장도 정말 들어본 적이 있다.

---

* 데이비드 린David Lean 감독의 영화 〈아라비아의 로렌스〉(1962)의 원작. 제1차 세계대전 시 영국의 연락장교로서 오스만 제국에 대항해 아랍 민족주의 세력을 지원한 경험을 담은 자전적 이야기.-옮긴이

이와 비슷하게 일부 현대 사회학자들은 한쪽으로 치우친 믿음을 활용해 미국 감옥에서 일어나는 동성 간 강간을 대단치 않은 문제로 끌어내리려고 시도해왔는데, 그 믿음이란 이런 식이다(다음 직접인용은 허락을 구한 것이다). "이성애에서와 마찬가지로 그런 상황이 정말로 강간인지, 아니면 그냥 제대로 안 풀린 유혹인지 의문스럽다."[19]

두 개의 당혹스러운 사건이 수면에 떠오르고 나서야 필라델피아 경찰서와 지방 검사실이 1968년에 합동으로 필라델피아 감옥 시스템에 관한 종합적인 조사[20]를 실시했다. 첫 번째 사건은 한 청년이 재판을 받기 위해 법원으로 호송되던 중 치안 담당관의 승합차 안에서 수감자들에게 윤간당한 사건이었다. 두 번째 사건은 한 청년이 판결을 기다리기 위해 필라델피아 구치소에 '입소한 지 몇 분 만에' 성적으로 폭행당한 일이었다. (두 경우 모두 변호사가 법원에 강간 사실을 보고했다.)

수석 검사장보인 앨런 J. 데이비스가 합동조사를 지휘해 성과를 거뒀는데, 그는 필라델피아 감옥에서 성폭력이 '유행병처럼 퍼져 있다'는 결론을 내라는 압박을 받았다. 인터뷰 전담반을 꾸려 말하기를 꺼리는 수감자 및 간수 3,000명 이상과 인터뷰를 시행했다. 거짓말 탐지기를 이용하고 전과 기록을 검토하며 2년에 걸쳐 꼼꼼히 조사한 결과 156건의 강간 사건에 대해 알아낼 수 있었다. 데이비스는 자신이 겨우 '빙산의 일각'을 드러낸 것뿐이며, 이 기간 동안 계속해서 감옥에 들어오고 나간 6만 명의 수감자 사이에서 실제로 일어난 강간의 숫자는 아마도 2,000여 건에 이를 것이라고 추정했다. 그러나 피해를 입은 수감자가 감옥 당국에 실제로 신고한 강간은 총 96건뿐이었고, 이 중 64건만이 교도소 기록에 남았다. 감옥 당국은 가해자 중 40명에게는 일종의 자체 훈육을 실시했고, 26건만 기소를 목적으로 경찰에 넘겼다.

데이비스는 다음의 사실을 밝혀냈다. "법정이 구치소에 위탁한 가녀린 몸매의 젊은 남성은 누구나 감옥에 입소한 지 하루나 이틀 내에 성적 접근에 노출될 가능성이 있다. 이런 청년 중 많은 수가 무리를 이룬 재소자에게 여러 번 반복해서 강간당한다. 그렇게 윤간당할 위험 때문에 한 명의 가해자와 동성애적 관계를 맺어 안전을 보장받고자 하는 이도 있다." 이 지방 검사가 이해한 바에 따르면, 법원이 선고를 내릴 때는 결코 의도하지 않았지만 동성 간 성폭력이 구금형의 일부를 이루는 일종의 추가 형벌이 되어버렸다. "남보다 거칠고 단단한 젊은 남성이 아니라면, 감옥 당국이 보호를 위해 즉시 격리할 정도로 누가 봐도 노쇠한 극소수만이 동성 간 강간을 피할 수 있다"고 그는 썼다.

필라델피아 감옥에서 발생한 동성 간 강간은 여성이 겪어온 이성 간 강간 경험의 축소판인 것으로 드러났다. 데이비스는 간수들이 피해자가 가족과 친구에게 자신이 어떤 모욕을 당했는지 알리고 싶지 않을 것이라는 논리를 이용해 재소자들이 강간 사실을 신고하지 않도록 압력을 가한다는 사실을 발견했다. 그러나 발설하지 않는다고 해서 그 모욕이 '사라지는' 것은 아니다. "한 젊은 남성은 한 번 강간당한 후 수감 기간 내내 희생자로 낙인찍혔다. 이 낙인은 시설을 옮겨도 그를 따라다녔다. 이런 젊은이들 다수가 수치심과 증오를 가득 품고 자신이 속했던 사회로 돌아간다."

감옥 내 강간이 감옥 바깥세상에서 여성이 시달려온 강간 경험과 똑같은 패턴을 보이는 지점은 이뿐만이 아니었다. 데이비스가 조사를 통해 발견한 내용에 따르면, 여성이 없는 닫힌 사회인 감옥에서 강간범은 평균적으로 피해자보다 3세 정도 더 나이가 많았고, 2.5

센티미터가량 키가 컸으며, 6.8킬로그램이 더 나갔다. 바깥세상에서와 마찬가지로 감옥에서의 강간 역시 젊은 남성의 공격성이 원인으로 작용했다. 필라델피아 감옥 체계에서 수감자의 평균 연령은 29세지만, 감옥 내 강간범의 평균 연령은 23세이고 피해자의 평균 연령은 21세에 약간 못 미쳤다. 감옥에서 강간을 하는 남성들은 대체로 강도와 폭행, 이성 간 강간 등의 폭력 범죄로 감옥에 온 이들이었다. 감옥에서 강간을 당하는 남성들은 나이에 비해 어려 보이며, 근육이 많지 않은 체형에 가해자들보다 확실히 외모가 준수했다. 예상대로 이들은 대체로 대인폭력이 아닌 범죄를 저질러 감옥에 온 이들로, 대부분 자동차 도둑이나 무단이탈, 가석방 위반 같은 범죄들이었다. 감옥 내 강간범과 강간 피해자가 비슷한 비율을 보이는 전과가 딱 하나 있었다. 바로 살인이었다. 이는 앞 장의 살인범 통계 프로필 분석에서 통계로 도출한 살인범의 프로필의 특성과 다시 한 번 대응된다.

데이비스의 보고서는 감옥 내 인종 간 강간에 관해서도 곧이곧대로 보고했다. 필라델피아 수감자의 80퍼센트는 흑인인 데 비해 성폭력 패턴은 "흑인 가해자와 백인 피해자[라는 구도로] 한쪽으로 쏠린 숫자"를 보였다. 백인 대 백인 강간은 기록된 강간의 15퍼센트이며, 흑인 대 흑인 강간은 29퍼센트였다. 데이비스는 필라델피아 감옥에서 백인이 흑인을 강간한 경우를 한 건도 찾지 못했으나, 반대로 흑인이 백인을 강간한 경우는 전체의 56퍼센트였다. 이 지방 검사가 보기에 그 이유는 힘을 가진 다수 집단, 이 경우 감옥 내 흑인 집단의 구성원으로서는 약한 소수 집단인 백인들을 공격하는 편이 '더 안전' 할 것이기 때문이었다. 나도 이런 분석에 동의한다. 그는 덧붙여 이렇게 썼다. "흑인 피해자는 백인 피해자보다 흑인 가해자에게 당했다는 사실을 드러내기 꺼리는 것으로 보인다." 하지만 데이비스도 결국 피할 수 없는 결론에 다다랐다. "바깥 사회에서 현재 고조되고 있는 인종 갈등과 적대가 감옥에 수용된 인구 집단에서 더욱 악화되는 것 또한 사실로 보인다."

패터슨은 '갤보이'를 갖는 것으로 남자로서의 지위를 보존했다고 솔직하고 간결하게 말했다. 데이비스와 조사팀은 감옥 강간범들의 사고방식에 놀랐다면서 보고서에 이렇게 썼다. "자신을 동성애자라고 여기지 않으며, 심지어는 동성애 행위에 참여했다고 생각조차 하지 않는다. 이는 그가 성적 관계에 대해 놀랄 만큼 원시적인 가치관을 갖고 있기 때문인 듯한데, 그는 어느 쪽이든 공격적인 쪽은 남자이고 수동적인 쪽은 동성애자라고 정의하는 가치관을 갖고 있다."

감옥 내 동성 간 강간의 주요한 동기는 성적 긴장을 완화하려는 욕구가 아니었다. 데이비스가 조사한 결과, 그런 욕구를 해소하기 위해서라면 자기발정적 자위행위를 통해 오르가즘에 이르는 편이 '훨씬 더 쉽고 정상적인' 방식이었다. 감옥 내 강간의 주요 목표는 정복과 비하였다. "우리는 가해자들이 '싸우든지 대주든지'라든가, '너의 남성을 뽑아버리겠다' '체면 같은 건 버리는 게 좋을 거야' '너를 여자로 만들어주지'라는 식으로 말하는 것을 여러 차례 발견했다." 처벌기관 내에서는 경제적 영향력도 육체적 힘만큼이나 유의미한 호소력을 지닌다는 사실이 증명되었다. "보통 경험이 있는 재소자가 초보 재소자에게 주방에서 빼돌린 여분의 음식이나 스테인리스 날, 진정제, 사탕, 담배 등을 주면서 일이 시작된다. 며칠 후 그 베테랑은 성적인 대가를 요구한다." 두려움으로 가득 찬 감옥 사회 분위기에서 "강간 위협은 드러내 표현하든 암시하든, 이미 두려움에 시달리고 있던 젊은 남성으로 하여금 즉각 굴복하게 만드는"데, 미래에 있을지 모르는 윤간으로부터 안전을 보장받거나 좀 더 견딜 만한 조건을 얻기 위

우리의 의지에 반하여

해 굴복하게 되는 것이다. "교도소 관계자들은 그런 행위를 두고 너무나도 성급히 '합의에 의한 것'이라는 딱지를 붙인다"고 데이비스는 결론지었다.

요약하자면, 데이비스는 감옥 강간이 육체적 승리를 통해 남성성을 정의하는 폭력적인 하위문화의 산물이며 '여자'가 된 이들은 실제 폭력이나 협박에 굴복당한 이들임을 밝혀냈다.

데이비스의 보고서에 한 가지 이야기를 더 덧붙이고자 한다. 감옥 내 동성애 활동을 억제할 방법으로 재소자 집단에게 진짜 여성─아내와 여자 친구, 성매매를 자원한 여성─을 공급하자고 좋은 취지에서 제안하는 사람들이 종종 있다. 몇몇 멕시코 감옥은 그것을 자랑스레 해결책으로 내세우기도 했다. 그러나 이런 해결책을 옹호하는 사람들의 의도를 아무리 긍정적으로 해석한다 해도, 감옥 내 동성애를 감정과 육체적 욕구를 이성애적으로 배출할 수단을 갖지 못한 불행한 상황에 처한 남자들이 어쩔 수 없이 저지른 '일탈' 행위로 간주하고, 자원한 여성을 공급하면 줄어든다고 믿는 것은 잘못된 것이다. 여성을 이용 가능한지 여부와는 애초에 조금도 관련이 없을 동성애의 본질을 어이없을 정도로 단순하게 바라보는 관점이라는 사실은 차치하더라도, 감옥 경험에서 강간 이데올로기가 작동하는 방식을 완전히 잘못 이해한 관점인 것이다. 이는 육체적, 성적 폭력을 통해 자신의 지배력을 증명하고, 놀랍게도 감옥이라는 남성 폭력이 마주한 최고의 시련의 장에서조차 강자가 약자 위에 서는 강압적 위계 서열 체제를 구축하고자 하는 어떤 남성들의 욕구를 알아야 감옥의 강간 이데올로기를 이해할 수 있다.

간수나 모범수, 다른 입소자에게 수감자가 강간당하는 사건은 남성 감옥뿐 아니라 정신병원과 여성 감옥, 소년원에서도 주기적으로 폭로되고 있다.[21] 여성 수용 시설에도 여성들 간에 모방적인 강간 이데올로기가 아예 없는 것은 아니지만, 남성의 경험과는 거의 만나는 부분이 없다. 연구에 따르면, 여성 감옥에서 재소자 간 위계 서열은 육체적 힘을 이용하는 날것 그대로의 지배가 아니라 가족을 모방한 확장된 가족 생활이라는 형태의 복잡한 정서적 상부구조로 표현된다.[22] 여성들은 감옥에 머무는 기간과 상관없이 부치butch 남편과 펨femme 부인*에 이모, 삼촌, 형제, 자매, 자식으로 이루어진 가족을 형성하는 경향이 있다. 이런 식으로 여성의 문화적 적응acculturation 절차는 남성의 그것과는 매우 달라서, 약자 위에 군림하는 강자라는 단순한 지배 방식보다는 둥지를 짓는 쪽에 가깝다.

그럼에도 여성들 사이에서 명백한 성폭력이 발생한다는 증거가 꽤 있다. 배우 프랜시스 파머Frances Farmer는 자서전에서 1940년대 주립 정신병원의 여성 병동에서 모범 환자가 다른 환자에게 저지른 레즈비언 강간을 섬뜩할 만큼 상세히 묘사했다.[23] 최근 뉴욕시에서는 한 신문이 임시 아동보호소의 실태에 대해 폭로한 바 있다.[24] 한 소녀 패거리가 입소한 지 얼마 되지 않은 소녀를 끌고 가서 집단으로 강간했는데, 가해자 중에는 거리에서 건물로 들어온 젊은 남성도 몇 명 끼어 있었다.

이것은 우연히 불거진 사건이 아니었다. 불량하거나 정신지체가 있는 10대를 위한 시설이라는 저 보호소에서 일한 이들은 예전부터 보호소의 시설이 얼마나 열악한지 증언했다. 소녀 패거리는 바깥의 소년 패거리에게 지시를 받아 공모하면서 직원과 신참 입소자를

---

* 레즈비언 문화에서 남성적 역할을 수행하는 이를 부치, 여성적 역할을 수행하는 이를 펨이라고 일컫는다. 그러나 언제나 이분법적 성 역할과 일치하는 것은 아니다. −옮긴이

위협해왔다고 했다. 한 소녀 패거리가 성적으로 학대할 의도로 여성 상담자의 옷을 벗긴 사건도 있었다. 보호소 근처 경찰서 부경감은 이 보호소에서 소녀가 소녀에게 저지른 성 학대를 포함해 성폭력 신고가 꽤 자주 나왔다고 언급했다. "이게 레즈비언적인 건지 사디스트적인 건지 알 방법은 없습니다. 우리가 아는 것은 상담자를 포함한 피해자들이 고발하기를 두려워해서 신고하는 경우는 극히 일부에 불과하다는 것뿐입니다."

경찰 강간

뉴욕시 강도수사반 형사로서 6년간 남다른 실적을 보여 4개의 특별 표창을 받은 제임스 팔리의 사례를 살펴보자. 1972년 10월, 경찰관 팔리는 그해 6월 자신의 집 근처 서픽 카운티에서 15세 소녀를 강간한 혐의로 체포되어 기소된 후 조용히 정직 처분을 받았다.[25] 신문에 그의 체포와 정직에 관해 작게 기사가 났고, 나는 특이한 사례라 여겨 그 기사를 발췌한 후 '경찰'이라고 표시한 폴더에 모아두었다. 1974년 2월, 또 다른 작은 기사가 내 눈길을 붙들었다. 팔리가 맨해튼 웨스트사이드에서 두 명의 여성을 총으로 위협해 강간한 사실을 시인해서 15년 형을 선고받았다는 기사였다.[26] 이뿐만 아니라 팔리는 퀸즈 자치구에서 또 다른 3건의 강간을 저질러 해당 지역 법정에서 다시 12년 형을 받았으며, 서픽 카운티 사건은 아직 계류 중이었다. 팔리는 이 모든 범죄를 뉴욕 경찰국에서 모범적인 경찰로 인정받은 기간에 저질렀다.[27]

나는 뉴욕에서 나오는 신문을 4년 이상 체계적으로 조사하고 기사를 수집했는데, 새로운 경찰 강간범에 대한 기사가 한 해에 한 명 꼴로 나왔다.[28] 이는 물론 경찰관을 체포하고 정직시킬 수 있을 만큼 증거가 충분했고, 그래서 여론의 주목을 받을 수 있었던 사건이 1년에 한 건 정도라는 뜻이다. 뉴욕 신문만큼 다른 대도시 신문까지 체계적으로 조사하진 못했지만, 워싱턴과 클리블랜드, 휴스턴, 디트로이트에서도 뉴욕과 같은 패턴이 유지되고 있는 듯했다.[29] 특히 디트로이트는 기네스북에 오를 만하다.[30] 1973년 추수감사절 날, 세 명의 디트로이트 경찰이 내사 결과 강간과 소도미로 정직, 기소되었다. 그중 한 명은 혼자 범행을 저질렀으며, 다른 둘은 한 명은 흑인이고 한 명은 백인으로 2인조로 범행을 저질렀다. 어느 날 저녁 정규 순찰을 돌던 중 그들은 술집 앞에서 젊은 여성 한 명을 공공만취죄로 붙잡아 관할서로 데려갔다. 관할서에 있던 당직 총경은 19세의 어린 억류자가 취하지 않았다고 판단했고, 그녀를 데려온 경찰들에게 집에 데려다주라고 지시했다. 공식 기소 내용에 따르면, 그들은 그녀를 차에 태워 인적이 없는 거리로 데려가서 강간했다.

두 경찰관은 부서 심리 결과 고발 내용이 인정되어 경찰에서 해고되었다(앞서 말한 단독 범행 경찰관도 해고되었다).[31] 흥미롭게도 그들은 경찰 외부에서 이루어진 형사재판 과정에서 법을 적용하는 데 기술적인 맹점이 생겨 무죄판결을 받았으나, 무죄판결을 받았다고 해서 부서 내에서 결정된 해고 조치가 번복되지는 않았다.

나는 이 디트로이트 사례가 경찰 강간 특유의 범행 방식—총과 배지로 재량권과 체포할 수 있는 권력을 공인받은 남성들이 '공무 수행'이라는 미명으로 근무 중에 권력을 남용하는 방식—을 대표적으로 보여줄 뿐 아니라, 이런 경찰 범죄는 우리가 알고 있는 것보다 훨씬 만연하다고 주장하고 싶다. 하지만 이렇게 심각한 고발을 뒷받침하기 위해 내가 의존할 수 있는 증거란, 경찰 강간범이 유죄판결은 고사하고 기소되는 일조차 거의 없는 현실에서 하층계급 여성들, 특히 흑인 여성들의 공식적으로는 증명 불가능한 이야기뿐이다.

그중 하나는《우리는 인종학살을 고발한다》에 나오는 이야기이다.

> 1945년 8월 3일, 테네시주 멤피스: 두 명의 젊은 흑인 여성이 제복 차림의 경찰관들에게 강간당했다. 피해자들은 일을 마친 후 귀가하기 위해 전차를 기다리고 있었는데, 경관들이 그들을 잡아서 구금시켰다. 그후 그들은 고립된 장소로 끌려가 경관들에게 강간당했다. 경관들은 그일을 말하면 죽일 거라고 경고했다. 피해자 어머니 한 명이 경찰국장에게 이 일을 고발했지만 입 닥치고 있으라는 권고를 받았다. 두 경관은 모두 백인 배심원단에 의해 무죄판결을 받았다.[32]

경찰의 잔혹 행위나 직권남용, 부패가 주기적으로 폭로되곤 하는데, 법질서 유지라는 엄청난 중책을 짊어진 이들은 그들 내부에서 저질러진 범죄의 증거는 직시하기를 꺼리는 경향이 있는 게 틀림없다. 경찰 조직의 형제애적 결속과 강간 고발은 믿지 않는 경찰의 일반적인 경향을 감안하면 이 정도나마 경찰 강간 증거가 기록되어 수면에 떠오른 것 자체가 놀라운 일이다. 이런 사안을 흐지부지 만들고 싶어 하는 이들은 통계상 발생 빈도가 어떻든(공식적으로 연구된 적도 없다) 경찰 강간은 경찰도 다른 이들과 똑같이 인간일 뿐이라는 증거이며, 그릇된 믿음이 이따금 행동으로 표출되는 것은 지극히 인간적인 결함이라는 식으로 말한다. 그렇지 않다. 경찰 강간이 야기하는 공포는 매우 특수한 것이다. 경찰 강간은 권력의 남용을 통제하는 것을 직업으로 하는 사람이 저지르는 권력 남용이기 때문이다. 감옥이나 군대처럼 경찰서는 그 본질과 구조상 전통적으로 남성적이고 권위주의적인 기관일 뿐 아니라, 범죄로부터 사람들을 보호할 필요가 있을 때 강제력을 사용할 권한을 법으로 부여받은 기관이다. 지역 경찰서는 법이 허가한 강제력을 행사하는 과정에서 언제나 여성에게 적대적인 남성적 태도와 반응을 보존하는 보루처럼 기능해왔다(이 책 11장을 보라). 강간 범죄가 존재하지 않는다고 믿는 경찰관을 용인하는 가치 체계의 한 극단에 경찰 강간범이 존재한다.

앞서 말했듯, 경찰 강간은 카프카적 악몽의 궁극을 보여주는 대표적인 사례이다. 사회가 법의 권위를 대행하도록 택한 인물이 그가 보호해야 할 사람들에게 범죄 행위를 저지른다면, 한 명의 여성은 대체 누구에게 정의를 호소할 수 있겠는가?

여성들이 강간에 관해 남긴 (법정까지 간 경우가 거의 없는) 이야기[33]는 곧 권위가 부여된 자리를 점한 남성들이 저질러온 권위 남용의 구술사나 다름없다. 일종의 성적 치료를 은밀히 적용하는 치료사, 환자가 제지하지 못하리라 여기고 평범한 검진을 당혹스러운 신체 접근으로 돌변시키는 의사나 치과의사, 스타가 되고자 하는 신인의 야심을 먹이 삼는 프로듀서, 자신이 힘을 가진 학문의 장에서 학생의 이해관계를 자신에게 유리한 쪽으로 비틀어 악용하는 교수 등등. 이런 경우 가해자가 육체적 힘을 사용하기는커녕 협박조차 하지 않고도 성적 목적을 이루곤 한다. 남자들은 이런 사례를 유혹이라고 부른다. 하지만 권위를 가진 인물이 제안한 성관계는 합의에 의한 관계 혹은 '동등한' 관계라고 보기 매우 어렵다.

강압은 여러 가지 형태로 나타날 수 있다. 그중에는 경제적, 정서적 강압도 포함되며, 사건 발생 시 피해자로 하여금 저항하기 두려워하게 만들 뿐 아니라 사건 후에도 피해자가 다른 이들로부터 신뢰를 얻지 못하게 만든다는 특징이 있다. 권위 있는 인물이 저지르는 강간은 권위를 존중하도록 훈련받아온 피해자를 혼란스럽게 만들 수 있으며, 그 때문에 그녀는 자신이 공모자라고 여기기도 한다. 권위 있는 인물은 그가 옳다는 분위기를 후광처럼 내뿜고 있어서 그 행동에 도전하기 쉽지 않다. 이런 구도에서는 피해자가 오히려 '잘못'한 사람이 되어버리는데, 과연 피해자에게 이것 외에 다른 위치가 가능하긴 한가?

권위 남용이 특징인 성 학대sexual abuse 범죄 중에서도 아동 성 학대만큼 도전받지 않는 권위로 특징지어지는 범죄는 없다. 아이들에게는 **모든** 성인이 권위를 가진 인물이기 때문이다. 성인이 아이를 성학대한 경우, 아이는 온 세상이 자기에게 달려들어 학대 사실을 부인하고 자기를 혼란에 빠뜨리는 경험을 하게 된다.

아동 성 학대

"애비에게" 이름 대신 "충격으로 멍해진"이라고만 쓴 한 어머니가 칼럼니스트 애버게일 밴뷰런Abigail Van Buren에게 편지를 보냈다.

어떤 친척 남자가 제 세 살짜리 딸을 성추행했다고 몇 달 전 당신에게 편지를 썼습니다. 당신의 답변은 그와 정면으로 맞서고 그를 빨리 병원으로 데려가라는 것이었지요. 우리는 이미 정면으로 맞섰습니다. 물론 그는 모든 것을 부인했습니다. 그는 "애가 이야기를 지어낸 것"이라고 말했습니다. 세 살짜리가 대체 어떻게 그런 이야기를 지어낸단 말입니까? 경찰서에 이야기해봤지만 증거 없이는 성추행으로 고발할 수 없다는 말만 들었습니다. …… 그들이 모두에게 존경받고 존중받는 성인 남자의 말에 대항해 세 살짜리 아이의 말을 증거로 택할까요? 아니죠! 저는 헛것을 보는 히스테리에 빠진 엄마 취급을 당하게 되었습니다. 제가 어째서 매일 밤 신에게 그자를 데려가달라고 기도하는지 이제 이해가 가시나요?[34]

칼럼니스트 밴뷰런은 이해했다. 밴뷰런과 그녀의 자매인 앤 랜더스Ann Landers가 이런 내용의 편지를 받은 일은 처음이 아니었다.

아동 성 학대가 토막살인처럼 흔치않은 방식으로 일어날 때면, 누구든 공포에 휩싸여 어떻게 그런 잔인무도한 일이 일어날 수 있느냐는 식으로 반응한다. 그러나 **일상적으로** 벌어지는 아동 성추행은 오히려 사람들이 모른 척 눈을 돌리고 싶어 하는 주제에 가깝다. '절대로 낯선 사람에게 사탕을 받지 말라'는 이야기는 모든 어머니들이 의심할 줄 모르는 아이에게 귀에 못이 박히도록 말하는 교훈인데, 이는 대중의 상상 속 아동 성 학대범이 학교 운동장 바깥에 숨어 있는 더러운 늙은 남자거나 프리츠 랑Fritz Lang의 영화 〈엠M〉(1931)에 등장하는 징징대는 피터 로어Peter Lorre 같은 인물이기 때문이다. 감옥 수감자들의 세계에서는 폭행범이 위계의 상위를 차지하며, 아동 성 학대범은 고자질쟁이와 함께 경멸스럽고 우스운 인물의 상징으로서 하위 중에서도 최하위에 놓인다.[35] 이런 수감자들의 관점과는 대조적으로, 범죄에 대해 전반적으로 너그러운 태도를 지닌 리버럴은 아동 성 학대범을 성인과의 관계를 두려워하는 친절하고 소심한 남자(몇 년 전 나왔던 가이 그린Guy Green의 흥미로운 영화 〈자국The Mark〉[1961]이 떠오른다) 혹은 판단력이 부족하거나 소위 '도덕성' 문제로 혼란에 빠져 갈등을

겪는 인물로 간주한다.[36]

그렇다면 미국에서 아동 성 학대는 전국적으로 몇 건이나 발생하며, 어떤 사람이 아동 성 학대를 저지르는가? 미성년자 성 학대란 정말로 자신을 제어할 수 없는 불행한 소수의 인물이 저지르는 극단적인 일탈 행위인가? 선정주의 언론이 몇 안 되는 사례를 부풀리는 바람에 '히스테리에 빠진' 어머니와 '거짓말하는' 아이들이 헛된 환상을 품게 된 것인가? 실은 그 모든 이야기가 지극히 현실이며 오히려 그런 경험이 평범하고 흔한 현실을 드러내는 것은 아닌가? 믿기지 않겠지만, FBI의 〈범죄 총계 보고〉는 이 지점에서 아무런 도움을 주지 못한다. 차량 절도에 대해서는 거의 모든 것을 알려주는 정부의 범죄 대항 전사들이 방어 능력이 없는 어린아이에게 자행되는 성범죄에 대해서는 국가 수준의 분석을 생산한 적이 없는 것이다.

찰스 헤이먼 박사의 워싱턴 연구는 DC 종합병원에 온 강간 피해자의 나이가 15개월에서 82세까지 분포한다는 사실을 폭로했다.[37] 그가 다룬 인원 중 12퍼센트가 12세 이하의 어린이였다. 멤피스 경찰에 신고된 강간을 다룬 브렌다 브라운의 연구에서는 전체 피해자 중 6퍼센트가 12세 이하였다.[38] 필라델피아에서 신고된 강간을 다룬 아미르의 연구는 전체 피해자 중 8퍼센트가 10세 이하였고, 28퍼센트가 14세 이하였다.[39]

여성 인물을 다루거나 여성 저자가 쓴 근래 나온 책들을 보면 아동기의 성 학대와 강간에 관한 이야기가 놀랄 만큼 많이 등장한다. 쿠엔틴 벨Quentin Bell이 그의 유명한 이모 버지니아 울프Virginia Woolf에 관해 쓴 내밀한 전기는 가족들만 알고 있던 비밀을 문학계에 알렸다. 그 비밀이란 19세의 의붓오빠 조지 더크워스가 여섯 살의 어린 버지니아를 유아원에서 구석에 몰아 강간했으며, 그녀가 10대가 될 때까지 계속해서 음흉하고 집요하게 괴롭혔다는 내용이었다.[40] 빌리 홀리데이Billie Holiday는 자서전 《블루스를 노래한 여인Lady Sings the Blues》(1956)에서 열 살 때 45세의 이웃에게 강간당했다고 이야기했다.[41] 언더그라운드 영화 스타인 비바Viva 역시 신뢰받는 가족 주치의에게 유년기 내내 자주 성추행당했다고 이야기했다.[42] 글로 발표된 유년기 강간 이야기 중 가장 고통스러우면서도 감동적인 기록은 비범하고 다재다능한 흑인 여성 마야 안젤루Maya Angelou의 회고록인 《새장에 갇힌 새가 왜 노래하는지 나는 아네I Know Why the Caged Bird Sings》(1969)에 담겨 있다. 이야기는 이렇게 시작된다. "어머니의 남자 친구 프리먼 씨는 우리와 함께 살고 있었다. 아니 우리가 그와 함께 살고 있었다. (나는 어느 쪽이 맞는지 결국 알지 못했다.)"[43]

여덟 살짜리였던 마야와 오빠 베일리는 어머니와 프리먼과 함께 살기 위해 세인트루이스로 갔다. 어느 날 아침 아이는 다리에 이상한 압박감을 느끼며 잠에서 깼다. "손이라기에는 너무 부드러웠고, 옷감 같은 감촉도 아니었다. …… 나는 마치 이미 언제나 알고 있었던 것처럼, 그게 뭔지 바로 깨달았다. 내 다리 위에 있는 것은 그의 '물건'이었다. 그는 말했다. '가만히 있어 리티, 해치지는 않을 거야.'" 그렇게, 아버지 없는 어린 소녀가 사랑의 표시일 거라고 절망적으로 믿고 싶어 했던 끈질긴 애무 행위가 시작되었다. "일어나." 프리먼 씨는 허둥지둥 움직임을 끝낸 후 짜증스럽게 말하곤 했다. "너 침대에 오줌 쌌어." 아이는 자신이 한 일이 아니라는 것을 알았지만, 프리먼 씨는 자기가 가리킨 곳에 물을 쏟아부었다. 이 우스꽝스러운 행동은 몇 달간 계속되었는데, 프리먼 씨는 집에 둘만 남게 되면 혼란에 빠진 어린 소녀에게 '그의 물건'을 눌러대며 그런 행동을 했고, 그러고 나면 몇 주 동안 그녀와 이야기도 하지 않으려 했다. 어느 날 아침, 베일

우리의 의지에 반하여

리와 어머니가 또 집을 비우자 프리먼 씨가 불렀다. "리티, 이리 와."

그에게 가까이 가기 전까지 나는 예전에 있었던 일을 떠올리지 못했다. 가까이 갔을 때 그의 바지는 열려 있었고, '물건'이 속옷 밖으로 솟아나와 있었다.

"안 돼요, 프리먼 씨." 나는 뒷걸음질 치기 시작했다. 나는 그 흐물흐물하면서도 딱딱한 덩어리를 다시 만지고 싶지 않았고, 그가 나를 안아주는 것도 이제 더는 필요 없었다. 그는 내 팔을 움켜잡더니 나를 다리 사이로 끌어당겼다. 그의 얼굴은 평온하고 친절해 보였으나 웃거나 눈을 깜빡이지는 않았다. 아무것도. 그는 아무것도 하지 않았다. 고개도 돌리지 않은 채 왼손을 뻗어 라디오를 더듬어 킨 것 빼고는. 음악과 잡음 사이로 그가 말했다. "자, 그렇게 아프지 않을 거야. 너도 저번에 좋아했잖아. 아니야?"

그러고 나서 고통이 찾아왔다. 감각 자체가 갈기갈기 찢어질 지경인데도 부수고 들어왔다. 여덟 살짜리의 몸을 강간하는 행위란 낙타가 바늘구멍을 통과할 수 없다고 바늘을 부수는 꼴이었다. 아이는 부서졌다. 강간범이 자기 마음을 돌릴 수 없다며 아이의 몸을 부서뜨린 꼴이었다.

나는 내가 죽었다고 생각했다. 사방이 하얀 벽인 세계에서 깨어났고, 천국에 온 줄 알았다. 그러나 프리먼 씨가 거기 있었고, 내 몸을 씻기고 있었다. 그는 떨리는 손으로 욕조에 나를 똑바로 세워 붙잡고 내 다리를 씻겼다. "너를 아프게 할 의도는 없었어, 리티. 그러려는 게 아니었어. 하지만 말하지 마…… 명심해, 누구에게도 말하지 마."

어린 마야는 병원에 입원하게 되었고, 결국 그 사실을 말했다. 재판이 열렸고 법정이 가득 찼다.

"피고가 무슨 옷을 입고 있었습니까?" 프리먼의 변호사가 물었다.

"모릅니다."

"이 남자가 당신을 강간했다면서 무슨 옷을 입었는지 모른다는 거예요?" 그는 마치 내가 프리먼 씨를 강간하기라도 한 듯 소리를 질렀다. "강간당했는지는 알아요?"

어떤 소리가 법정의 공기를 밀고 들어왔다(웃음소리였던 것이 확실하다). ……

"그게 피고가 당신을 처음으로 만진 것이었습니까?" 그 질문이 나를 멈칫하게 했다. 프리먼 씨는 분명 무언가 대단히 잘못된 일을 저질렀지만, 나는 그가 그렇게 하도록 내가 도왔다고 믿었다. 나는 거짓말을 하고 싶지 않았지만 변호사는 내게 생각할 틈을 주지 않았다……"

피고가 그가 강간한, 아니 당신이 그가 강간했다고 주장한 시기 이전에 당신을 만지려고 한 적이 있습니까?"

그러나 나는 그렇다고 대답할 수 없었다. 사람들 앞에서 그가 몇 분동안 나를 어떤 식으로 사랑했는지, 내가 침대에 오줌을 쌌다고 여기기 전까지 나를 어떻게 바짝 안고 있었는지 말할 수는 없었다. 삼촌은 나를 죽이려 들 것이고, 백스터 할머니는 화가 나면 늘상 그러듯 입을 닫아버릴 것이다. 법정에 있는 사람 모두가 성경에서 매춘부에게 돌을 던지듯 나에게 돌을 던질 것이다. 나를 착한 아이로 여겼던 어머니는 대단히 실망할 터였다. 그러나 그 무엇보다, 베일리가 그 자리에 있었다. 베일리에게만은 절대 알려서는 안 되는 비밀이 있었다.

"마거리트, 질문에 답하세요. 당신이 강간당했다고 주장한 이 사건 이전에 피고가 당신을 만진 적이 있습니까?"

우리의 의지에 반하여

법정의 모두가 그 대답은 '아니요'여야만 한다는 것을 알고 있었다. 프리먼 씨와 나 빼고는 모두가 그렇게 생각했다. 내가 아니라고 말하기를 바라는 표정을 지어 보이려 애쓰는 그의 무거운 얼굴을 보았다. 나는 아니라고 말했다.

프리먼 씨는 1년 하고도 하루를 선고받았지만 형을 치를 기회가 없었다. 그의 변호사(혹은 다른 누군가)가 그날 오후 바로 풀려나도록 손을 썼기 때문이다.

그날 밤, 키 큰 백인 경찰이 집에 와서 이렇게 알렸다. "프리먼이 도축장 뒤 공터에서 죽은 채 발견되었습니다. …… 누가 거기에 던진 것 같습니다. 죽을 때까지 발로 차였다는 말도 있고요." 여덟 살짜리는 그 사실을 이렇게 받아들였다. "한 남자가 내 거짓말 때문에 죽었다. …… 나는 사악한 기운이 내 몸에 갇혀 흘러다니며 도사리고 있다가 내가 입을 열기만 하면 혀를 통해 튀어나간다고 느꼈다. 나는 이를 꽉 악물고 그것이 튀어나가지 못하게 했다. 만약 그것이 밖으로 나가면 온 세상에 흘러 넘쳐 무고한 사람들을 익사시키는 건 아닐까?"

안젤루는 말하기를 멈췄다. 아주 오랫동안.

만약 안젤루나 비바, 홀리데이, 울프, 편지 이름 란에 '충격으로 멍해진'이라고 쓴 여성들이 빈에서 프로이트와 상담을 했다면, 프로이트는 이들의 이야기를 어떤 식으로 이해했을까? 이 정신분석의 아버지는 그가 만난 여성 히스테리 환자 중 많은 수가 유년기에 강간이나 성추행을 당한 경험이 있고, 그중 다수는 아버지에게 당했다는 이야기를 환자에게 들어서 알고 있었다. 처음에 이 훌륭한 의사는 여성들을 믿었다. 그러나 나중에 그는 여성성에 관한 유명한 에세이에서 유년기에 성폭력을 당했다는 그런 충격적인 이야기들은 자기 아버지와 자고 싶다는 죄책감을 동반하는 소망과 생식기 쾌락으로부터 여자아이가 자신을 방어하기 위해 꾸며낸 환상이라는 이론을 발전시켰다.

프로이트가 여성 환자의 이야기를 독단적으로 기각하고 구성해낸 성적 환상에 빠진 아이들이라는 발상은 수세대에 걸쳐 그를 헌신적으로 따르는 이들에게 영향을 끼쳤다.[44] 아동 성추행에 관한 정신분석 문헌들은 모든 이야기가 다 사실이 아니라는 듯 손가락 하나를 살살 흔들면서 그 손가락으로 결국 피해자를 지목한다. 정신분석식 접근의 핵심 논지는 사실상 어린이 피해자의 "유혹적인" 행동을 지적하는 것이었다. 자주 인용되는 한 1930년대 연구는 피해 아동의 "비범하게 매력적이고 사람을 사로잡는 인격"[45]을 묘사하면서 그들이 "예상보다는" 두려움, 불안, 죄책감이나 정신적 트라우마에 빠진 기미를 덜 보인다고 명랑하게 언급했다. 후속 연구는 많은 사례에서 "아이가 순진하게 유혹당한 것이 아니라, 그의[원문에 남성 대명사 'his'로 되어 있음] 매력을 이용해 유혹하는 역할을 맡았을 개연성이 높다"[46]고 전제했다. 이 전문가들은 어린이의 비밀스러운 공모 가능성을 파헤친 후, 그런 어린이를 보호하는 데 실패한 "순종적"이고 "수동적"이거나 "태만한" 어머니들을 한탄하며 꾸짖었다.[47]

그리하여 아이들은 물론 어머니들도 비난받아 마땅한 처지가 되었다. 그렇다면 가해자는 어떨까? 미국이 배출한 독창적인 성 전문가 앨프리드 C. 킨제이는 강간과 '좋은 시간을 보내는 것'의 차이는 소녀가 집에 돌아왔을 때 그 부모가 잠들었는지 여부에 달려 있다고 말했다. 그는 《인간 수컷의 성적 행동Sexual Behavior in the Human Male》(1948)에서 발기부전에 대해 논하다가 이런 이야기를 했다.

성범죄자로 체포되어 수감형을 판결받은 늙은 남성들이 겪는 문제는 주목할 가치가 있다. 이런 남성들은 보통 미성년자인 소녀나 소년들을 애무하는 비행에 관여했다는 이유로 고발당한다. 종종 강간미수로 고발당하기도 한다. …… 작은 소녀들은 낯선 사람이 '건드리는' 일에 대한 대중의 히스테리를 반영하는 경우가 많다. 또한 삽입성교가 어떻게 이루어지는지 전혀 모르는 아이들은 자기 부모가 아닌 다른 이가 애정을 표현하거나 그냥 쓰다듬기만 해도 강간 시도로 해석할 때가 많다. 그 결과 적지 않은 수의 늙은 남성들이 그런 노령에는 대부분 흥미를 잃거나, 실제로 할 능력도 없는 성적 행위를 시도했다는 이유로 교도 시설에서 복역하고 있다.[48]

이는 킨제이 박사의 강간에 관한 견해를 완벽하게 압축한 것과 다름없는 구절이었다. 《인간 암컷의 성적 행동Sexual Behavior in the Human Female》(1953)에서 킨제이는 그 특유의 주제로 다시 돌아갔다. 그가 인터뷰한 여성(모두 백인이고 대부분이 중산층인)들은 네 명 중 한 명꼴로 사춘기 이전에 성인 남자와 원치 않는 성 경험을 했다고 보고했다.[49] 이 놀라운 발생 빈도 — 80퍼센트는 무서운 경험이었다고 보고했다 — 를 설명하려 애쓰며 킨제이는 다음과 같은 이론을 펼쳤다.

아이들이 그렇게 문화적으로 조건화되었다는 이유 말고는 왜 아이가 다른 이의 성기를 보거나 자기 성기에 누가 손을 대는 것만으로 불안을 품게 되는지 이해하기 어렵다. …… 청소년 문제에 좀 더 숙달된 연구자들은 부모와 경찰, 다른 어른들의 감정적 반응이 …… 아마도 아이들이 겪은 접촉 자체보다 더 심각하게 아이들을 불안하게 만들었다고 믿게 되었다. 성범죄자에 대한 히스테리가 만연한 현실인데, 이런 분위기에서 자란 아이들 중 많은 수가 수년 후 결혼 생활을 할 나이가 되면, 결혼 생활에 적합하게 성적으로 적응하는 데 심각한 어려움을 겪게 될 것이 틀림없다.[50]

사회복지사이자 작가인 플로렌스 러시Florence Rush는 이렇게 말했다. "남자들이 대체로 그렇듯 자신이 뭐든지 남보다 잘 안다고 여겼던 킨제이는 어린이에 대한 성폭력이 엄청나게 파괴적인 충격이자 역겨운 모욕이 될 수 있다는 사실을 상상하지 못했고, 가해자를 **제외한** 나머지 모두를 탓했다. 극도로 폭력적이고 충격적인 소수의 사건을 제외하면 아동 성범죄는 거의 알려지지 않는 것이 여전한 현실이다. 대부분의 범죄는 밖으로 드러나지 않고, 밖으로 드러난다 해도 대부분은 무시되거나 신고되지 않는다. 만약 신고된다고 해도, 그중 많은 비율은 증거 부족으로 기각되며, 증거가 성립될 때조차 피해자와 가족에게 쏟아지는 압박과 치욕으로 인해 소송이 취하되는 경우가 다수이다."[*]

1969년 미국 학대방지 협회American Humane Association[**]의 아동 분과는 빈센트 디프랜시스의 지휘하에 브루클린과 브롱크스에서 성인이 아동을 대상으로 저지른 성범죄에 대해 상세한 분석을 내놓았다. 18개월 동안 경찰과 어린이 보호 기관에 신고된 250건을 표본으로 삼은

---

[*] 아동 성 학대에 대해 자신이 모은 자료를 마음대로 사용할 수 있게 해준 플로렌스 러시에게 깊은 감사를 표한다. 그녀의 책이 어서 출판되기를 간절히 기다리고 있다. Florence Rush, "The Sexual Abuse of Children: A Feminist Point of View," 이 글은 1971년 4월 17일 '뉴욕 급진페미니스트 강간 컨퍼런스The New York Radical Feminist Conference on Rape'에서 발표된 발표문이다; Cassandra Wilson and Noreen Connell, eds., *Rape: The First Sourcebook for Women*, New York: NAL Plume, 1974.

[**] 동물 학대를 방지하고 동물 복지를 향상하기 위해 1877년에 설립된 단체. 아동 학대 문제에도 관여했다.—옮긴이

분석이었다.[51] 가해자의 나이가 16세 미만인(또는 피해자가 16세를 넘긴) 사건은 포함되지 않았다. 협회가 정의한 성범죄에는 강간과 강간미수, 근친상간, 소도미, 미성년자와의 성기 접촉carnal abuse이 모두 망라되었다.[52] 다시 말해, 학대 행위에 신체 접촉이 있는가를 기준으로 삼았고, 외설적 노출이나 '미성년자의 도덕성을 손상시킨 경우' 같은 접촉이 없는 경우들은 제외되었다. 연구에서 표본으로 삼은 사례는 협회가 실제로 접근할 수 있는 전체 신고 사례의 6분의 1에 못 미치는 일부분이었는데, 브루클린에서 신고된 사례만 해도 한 해에 1,000건이 넘었다.[53] 이 연구를 진행한 사람들은 실제로 발생한 사건은 그 두 배일 것이라고 조심스럽게 추정했다. 다음은 그들이 얻은 주요 결론의 일부이다.[54]

• 성적으로 학대당한 어린이는 신체적 학대 혹은 구타를 당한 어린이보다 통계상 더 비율이 높다.

• 성적으로 학대당한 어린이의 중간값 연령은 11세이지만, 유아 역시 성추행에서 예외는 아니다.

• 남아 한 명이 성추행을 당할 때 여아는 열 명이 성추행을 당한다.

• 범죄자 중 97퍼센트는 남자다.

학대방지 협회는 책 한 권 분량의 연구 결과를 공개하면서 다음과 같은 사실을 밝혀냈다.[55]

• 브루클린-브롱크스 사건 중 4분의 3에서 범죄자는 아이나 아이의 부모가 알고 있는 사람이었다. 27퍼센트가 아이와 같은 집에 살았고(아버지, 의붓아버지, 어머니의 애인, 형제), 또 다른 11퍼센트는 같은 집에 살

지는 않지만 혈연 관계이거나 결혼을 통한 친족 관계에 있는 사람이었다. 범죄자 중 상당수가 지역 상점 주인이나, 옆집 사람, 집주인, 건물 관리인, 아이를 잠시 맡길 정도로 신뢰를 받는 동네 젊은이였다. 범죄자 중 25퍼센트만이 일면식도 없는 낯선 사람이었다.

• 전체 사건 중 40퍼센트 이상에서 성 학대는 단 한 번이 아닌 최소 수 주에 걸쳐 일어났다. 7년에 이르는 기간에 걸쳐 일어난 사례도 있었다.

• 피해 어린이 중 60퍼센트에게 물리력 혹은 물리력을 행사하겠다는 협박이 사용되었다. 또 다른 15퍼센트의 경우 돈이나 선물로 유인당했다. 나머지 25퍼센트의 경우는 다음과 같았다. "꾀어낸 미끼가 좀 더 교묘했는데, 아이들이 친인척에게 자연스럽게 품는 애정과 충성을 이용한 것이었다."

브루클린-브롱크스 연구에서 다룬 250건 중 경찰이 범인을 체포한 경우는 173건이었다.[56] 몇몇 미해결 사건의 경우 범죄자의 신원조차 확인되지 않았다. 48건의 사례에서는 아이의 부모가 고소를 취하했는데, 대개 범죄자가 친척이거나 친구이기 때문이었다. 173명의 범인들을 기소하기 위해 피해자 어린이들은 총 1,000번을 법정에 직접 출두해야 했다. 또한 뉴욕주 법률은 피해자의 증언을 확증해줄 증거를 요구하는데, 이 요건 때문에 전체 중 절반에 가까운 사건이 기각되었다.*

학대방지 협회는 이전까지 이 문제를 다룬 사람들과는 다르게

---

* 1974년 뉴욕주 입법부는 성인을 대상으로 한 성범죄에서 추가 입증을 요구하는 조항을 폐기했으나, 아이가 피해자인 경우 추가적인 증거 요구 조항을 그대로 유지했다. 아이가 거짓말을 한다는 편견은 성인 여성이 거짓말을 한다는 편견보다 더 뿌리 깊게 법에 자리 잡고 있다. David A. Andelman, "Assembly Votes to Drop Rape Corroboration Rule," *New York Times*, Jan. 15, 1974.

피해자 아동이 겪을 수 있는 정서적 손상에 매우 민감하게 반응했다.[57] 협회는 성적으로 학대당한 어린이의 3분의 2가 어떤 형태로든 식별 가능한 정서장애를 겪으며, 14퍼센트는 심각하게 불안정해진다는 사실을 밝혀냈다. 아이들이 보이는 가장 흔한 반응은 깊은 죄책감을 짊어지고(피해자들은 자신이 "가족들에게 문제를 일으켰다"는 식으로 표현했다), 수치스러워하며 자기존중감을 상실하는 것이다. 연구 보고서에는 이렇게 적혀 있다. "부모가 아이를 탓하면서 틈만 나면 아이가 잘못 처신한 결과라며 사건을 상기시키고 호되게 꾸짖는 경우, 아이의 자아는 더욱 산산조각 나게 된다."[58] 정서적 손상은 또한 학교나 집에서 갈등을 일으키거나 반항적으로 행동하는 형태로 나타나거나, 무단결석과 수업에 집중할 수 없는 상태로 나타나기도 했다. 어떤 아이들은 자신이 당한 범죄를 흉내 내 보이기도 했다. 아버지에게 학대를 당한 네 살짜리 여아는 나중에 세 살짜리 남동생을 데리고 아버지가 한 것과 비슷한 '게임'을 하는 모습을 보였다.[59] 나이가 좀 더 많은 여자아이들은 여러 상대를 전전하는 위태로운 성생활에 빠지기도 했다.[60] 소녀들 중 29명은 성범죄를 당한 결과 정서적 외상에 더해 임신을 하게 되었다.**

***

** DeFrancis, p.x. 덧붙여 성매매에 대한 정신과 사례 연구는 친척에게 어린 시절 강간이나 성추행을 당한 이야기가 놀랄 만큼 흔하게 나온다는 사실을 밝혀냈다. 이런 사례들은 개별적으로 보고되어온 것이며, 내가 아는 한 이런 사례들을 통계적인 증거와 조합하려고 시도한 진지한 성매매 연구는 아직 없다. 최근 어떤 잡지는 가출한 10대를 모았다며 자랑스러워하는 한 뉴욕 포주를 인터뷰했는데, 거기에는 이런 말이 인용되어 있었다. "이제까지 내가 데려온 소녀 중 대다수는 자기 아버지나 삼촌, 다른 놈에게 강간당한 애들이었다." 자칭 여성 심리학 분야의 전문가라는 포주들은 직감으로 혹은 경험으로 강간이 가능성 있는 10대 후보자를 '만들어내는' 가장 빠른 길이라는 것을 알고 있고, 그들은 유망주를 점찍은 후 그 유망주가 집단 강간 상황에 얽히게끔 일을 꾸미는 것을 사업수완이라고 여긴다고 알려져 있다. Jacob and Rosamond Goldberg, *Girls on City Streets*, New York: American Social Hygiene Association, 1935, p.56, 58, 103, 112, 136; John M. Murtagh and Sara Harris, *Cast

브루클린-브롱크스 연구를 통해 어린이를 학대한 성인 성범죄자의 프로필이 그 흥미로운 모습을 드러냈다. 범죄자의 나이는 17세에서 68세에 걸쳐 있으며, 중간값은 31세였다. 30퍼센트 이상이 24세 미만이며 거의 60퍼센트가 34세 미만이었다. 전반적으로 경찰 사건 기록부상의 어린이 성추행범은 경찰 기록상의 강간범보다 상당히 나이가 많고, 그중 10퍼센트는 50세가 넘었다. (아미르는 여성과 어린이를 강간한 성인 남성과 소년의 통계를 합쳐서 추산했는데, 그때 나이 중간값은 23세였다. 그중 50세가 넘는 범죄자는 아주 적은 비율인 1퍼센트를 차지했다.) 전체 범죄자 중 절반은 전과가 있었고, 이는 필라델피아 통계 결과와 매우 유사했다.

피해 아동의 친아버지가 성 학대를 저지른 경우는 전체의 13퍼센트였고, 아이의 의붓아버지나 아이 어머니와 함께 살던 남자가 가해자인 경우는 전체의 14퍼센트였다. 전부는 아니었지만 피해자와 가해자는 주로 경제적 수준이 낮은 계층에서 나왔다. 가해자의 22퍼센트는 백인, 42퍼센트는 흑인이며, 37퍼센트는 푸에르토리코인이었는데, 이는 브롱크스와 브루클린 지역 하층계급 주민의 인종 비율을 반영하는 결과였다. 대체로 가해자들은 자신과 같은 계급이나 인종에 속한 아이들을 성추행했지만, 푸에르토리코 어린이들은 가장 최근에 진입한 이민자 집단의 일원인 데다 언어 장벽까지 있는 탓에 다른 인종적, 민족적 배경을 지닌 주민과 가게 주인들에게 자주 피해를

the First Stone, New York: McGraw-Hill, 1957, p.21; Charles Winick and Paul M. Kinsie, *The Lively Commerce*, Chicago: Quadrangle, 1971, p.52, pp.54–55; Harold Greenwald, *The Call Girl*, New York: Ballantine, 1958, p.33, pp.110–111, p.112, 192, 194, 201, 203, 225. 포주 인터뷰는 "New York: White Slavery, 1972," *Time*, June 5, 1972, p.24. 10대를 성매매에 끌어들이기 위한 수단으로 강간을 이용하는 포주 사례는 Martin Arnold, "13 Accused Here of Torturing Girls to Force Them into Prostitution," *New York Times*, Apr. 6, 1971.

입는 것으로 드러났다.

미국 학대방지 협회의 연구 결과에서 이견의 여지가 없을 심각한 결함이 하나 있다면, 그것은 중간계급 내지 상층계급 가족은 본질상 가난한 이들을 위해 일하는 아동 보호 기관이나 경찰에 자기들 내부의 문제를 신고하지 않는다는 점이다. 아동이 겪는 성범죄 중 많은 수가 사회학자들이 가족 간interfamily 사건이라고 부를 만한 성격을 지닌 탓에 협회의 연구는 불가피하게 사회 계층의 스펙트럼상 상층보다는 혜택받지 못한 빈곤층 쪽으로 치우쳐 있었다. 플로렌스 러시는 아동 성 학대가 사실상 편중되지 않고 모든 계급과 경제적 계층에 걸쳐 고르게 일어난다고 믿었다. 또한 킨제이 자신의 편견에도 불구하고, 연구 대상이 모두 백인이며 대다수가 중간계급인 킨제이 보고서의 내용은 오히려 그 점을 입증해주는 편에 가깝다. 어린아이를 성추행하기 위해서는 그렇게 많은 힘이 필요하지 않은데, 내 생각에는 바로 이 때문에 어린이 성추행범 중에서 나이 많은 남성의 비율이 높아진 것으로 보인다. 젊은 남성이 남자다운 기량과 남성 간 결속을 증명하는 데 강간을 이용하는 것과는 대조적이다. 이 점이 가장 중요하다. 아미르는 필라델피아에서 모든 성인 강간의 43퍼센트가 짝패나 패거리에 의해 실행된다는 것을 발견한 반면, 브루클린-브롱크스 연구는 아동에 대한 학대 중 오직 10퍼센트만이 한 명 이상의 가해자가 연루된 경우이고, 가해자가 패거리를 이룬 경우는 거의 없다는 것을 밝혀냈다.[61] 혹여 가해자가 여럿이라고 해도 대개는, "가족 중 한 명 이상 혹은 친척 중 한 명 이상이 각자 따로따로 같은 피해자에게 범행을 저지른 경우였다. 아동이 피해자였다는 사실이 한 번 발견되면서 가해자가 모조리 드러나 신고된 것이다".

자신의 딸을 강간하는 남성들은 평범한 인간과는 완전히 종이

다른 끔찍한 괴물인가? 킨제이 성 연구소의 갭하드 연구단은 다른 평범한 강간범이나 감옥 수감자들과 비교할 때 아버지 강간범에게 **전혀 특별한 구석이 없다**는 것을 발견했다. 갭하드의 연구단이 밝혀 낸 이 강간범들의 훌륭한 자질을 열거해보자면, 그들은 사실상 "보수 적이고, 도덕주의자며, 억눌려 있고, 종교적으로 독실한" 집단인 것 으로 드러났다. 갭하드는 당황해 얼른 손을 빼면서, '근접성'과 음주 그리고 근친상간을 '문화적으로 관용'하는 문화적 배경 때문에 이 너 무나 평범한 남성들이 자기 딸을 성적으로 남용하는 지경에 이르렀 을 것이라는 결론을 냈다.[62]

가족 간에 발생하는 아동 성 학대를 은폐하고 그 실제 발생률과 함의를 있는 그대로 평가하지 못하도록 방해하는 성스럽지 못한 침 묵은 도대체 어디에서 유래하는가? 이런 침묵 역시 강간에 대한 남 성의 태도를 역사적으로 형성하고 결정해온 성적 사유재산에 관한 가부장제 철학에 근원을 두고 있다. 여성이 남성의 가장 원형적인 육 체적 재산이라면, 아이들은 남성이 통째로 소유한 부속 재산이었고, 지금도 그렇기 때문이다. 주의 깊은 독자라면 이 지점에서 '태초에 법이 있었다'라는 제목의 이 책 전반부 장을 떠올렸을 것이다. 함무 라비 법전에서 다른 남자의 딸의 처녀성을 훔친 남자는 합법적으로 살해될 수 있지만, 자기 딸을 '알게 된' 남자는 단지 도시 밖으로 추방 될 뿐이었다. 상호 합의를 암시하는 근친상간이라는 잘못된 명칭으 로 불리는 이 행위—나는 아버지 강간이라는 더 명쾌한 표현을 선호 한다—는 심리학자나 인류학자들이 우리에게 믿으라고 제시하는 만큼 보편적이거나 확고한 금기가 결코 아니다. 오히려 근친상간 금 기, 아니 아버지 강간 금기는 그보다 훨씬 더 강력하고 아마도 더 오 래된 금기에 밀린다. 아버지의 절대적인 독재에는 그 어떤 외부의 개입도 없으리라는 금기. 지나치게 과장된 주장일까? 20세기 초에 워싱턴주 대법원은 아버지에게 강간당한 룰루 롤러라는 소녀가 제기한 손해배상 소송을 기각했는데,[63] "가정 내 관계의 조화로운 보존에 사회도 이해관계를 갖기에, 법은 이런 이해관계에 기반을 둔 자식과 부모 간의 소송을 금지하고 있다"는 것이 그 이유였다.*

모든 성인, 특히 남자 성인은 한 아이에게 권위를 가진 존재이다. 아버지와 삼촌, 큰형, 큰오빠, 옆집 이웃, 가게 주인은 실제로는 존재하지 않을 어떤 자비로움을 지닌 인물처럼 가정된다. 브루클린-브롱크스 연구에 등장하는 불운한 피해자들에게는 그 자비로움이 분명히 존재하지 않았다.

---

* 어머니가 남성이 가족을 좌우할 권위를 차지하도록 허용하는 대신 자신과 아이들을 보호해줄 것에 동의하는 과정에서, 아버지로부터 근친상간 금기에 대한 동의도 쥐어짜냈을 것이라는 주장을 들은 적이 있다(누가 이 이야기를 했는지는 잊었다). 나는 이 이론을 좋아하지만, 오직 상상으로만 가능한 추정이라는 것을 알고 있다. 하지만 아버지 자신이 자기 딸과 자고 싶은 욕망을 인정한 것으로부터 근친상간 금기가 튀어나왔다든가, 족외혼을 통해 인구를 늘리거나 근친교배를 막아 유전적 결함을 방지하기 위해 부족이 남자 구성원들에게 근친상간 금기를 계약으로 받아들이게 만들었다는 식의 이론들과 비교해볼 때, 이 이론이 특별히 더 터무니없는 상상은 아니다. 어쨌든 근친상간 금기가 제대로 작동할 경우 그것이 아이들을 보호한다는 점이 중요하다.

강간 영웅 신화

사람들은 종종 고대 그리스 신화에서 강간과 관련해 얻을 만한 통찰이 있는지 묻는다. 사실 신화에서는 거의 얻을 수 있는 것이 없다. 일단 신이나 여신에 관한 신화는 언제나 모순되는 지점이 있고, 또 사건이 일어난 시기를 정확히 추정하는 것도 불가능하다. 게다가 그리스 신화를 무엇이든 각자가 선택한 해석에 끼워 맞춰 다시 말하는 일은 너무나 쉽다. 저 위의 올림푸스에서, 여기 지상과 저 아래 지하에서, 그리고 바다 밑에서 남신인 제우스와 포세이돈, 아폴로, 하데스, 판이 상당한 열정을 품고 속임수를 써가며 자주 강간을 한 것만은 분명해 보인다. 그런데 한편으로는 강간의 피해자인 여신과 인간 여성들, 헤라, 이오, 유로파, 카산드라, 레다는 임신해 아이를 가지는 것 외에는 강간 때문에 심각하게 고통받는 모습을 보기 힘들고, 이런 점이 신화의 서사가 순조롭게 진행되도록 돕는 것으로 보인다. 제우스의 여자 형제이자 배우자인 헤라는 대단히 쉽고 간단하게 회복하는 능력이 있다. 그녀는 처녀성을 회복하기 위해 매년 강에서 목욕을 했고, 그렇게 해서 감쪽같이 원상태로 돌아갔다. 아프로디테는 유혹의 최강자이다.[1]

필로멜라는 트라케의 왕 테레우스에게 강간당했는데, 테레우스가 예방책으로 그녀의 혀를 잘라버리는 바람에 말을 할 수 없게 되었

우리의 의지에 반하여

다. 필로멜라는 자신이 겪고 있는 고통을 옷감에 솜씨 좋게 수놓은 후, 테레우스의 부인이 된 언니 프로크네에게 보냈다. 프로크네는 테레우스의 아들을 죽임으로써 자매로서 복수했다. (후일 이들 모두는 새로 변신한다.) 포세이돈에게 강간당한 어린 소녀 카이니스는 문제를 해결하기 위해 비범하면서도 극히 개인적인 해결 방식을 선택했다. 그녀는 더 이상 강간당하지 않기 위해 포세이돈에게 남자가 되게 해달라고 요구했고, 소녀 카이니스는 그 자리에서 변신해 자신의 창을 숭배하는 전사 카이네우스가 되었다.

아일랜드의 시인 W. B. 예이츠W. B. Yeats는 제우스가 백조의 모습으로 레다를 강간해서 헬레네가 태어난 것을 두고 제우스가 초인적인 능력으로 결국 트로이가 멸망하는 데 한몫했다고 여겼다. "음부에 인 전율이 거기에/ 무너진 성벽과 불타는 지붕과 탑/ 그리고 아가멤논의 죽음을 낳았다."[2] 이 책의 10장에서 도이치가 똑같은 신화를 어떻게 해석했는지 비교해보면 흥미로울 것이다.

제우스가 저지른 수많은 강간 이야기는 그리스인이 여신의 성소를 정복한 것, 다시 말해 모권제에 대한 가부장제의 승리와 관계가 있다고 로버트 그레이브스Robert Graves가 주장한 바 있다.[3] 이는 흥미로운 해석이며, 이 해석을 좀 더 발전시켜 성교가 임신의 원인이라는 사실을 발견한 후부터 남성이 강간을 시작했다는 설을 내놓은 사람들도 있다.[4] 하지만 나는 남성들이 강간이 주는 이득이 무엇인지를 깨닫는 데 그렇게 오랜 시간이 필요했을 것이라고 생각지 않는다. 따라서 그리스 신화는 기원을 찾을 길 없는 매력적인 옛이야기 정도로 간주하고, 좀 더 손에 잡히는 실체가 있는 쪽으로 연구를 진행하는 편이 더 합리적일 것 같다.

여성 통제 수단으로서 강간

원시사회에 관한 몇몇 인류학 연구**야말로** 새로운 통찰을 제공한다. 여러모로 개척자인 마거릿 미드Margaret Mead 박사는 그녀가 연구한 뉴기니 사회에서 강간이 어떤 역할을 하는지 놓치지 않았다. 미드는 그녀가 총애한 부족인 산에 사는 아라페시족이 온화하고 조심스러운 사람들로 이들에게 인생에서 가장 중요한 전투는 생존이었고, 강간을 하지 않았다고 부족의 성격을 규정했다. "강간에 관한 한 아라페시족은 그것이 서남쪽 누굼족의 불쾌한 풍습이라는 사실 말고는 아무것도 알지 못했다"[5]고 미드는 썼다. "양쪽 배우자가 서로 완전히 묵시적으로 동의하고 인가받은 관계에서조차 성관계를 위험한 것으로 여기는 사람들이니 강간의 위험은 특별히 따로 지적할 필요조차 없다. 또한 아라페시족은 남자는 강간을 할 수 있다는 식으로 이해해주는 남성 본성 개념을 애초에 갖고 있지 않다."

아라페시족은 복잡한 생존철학을 진화시켜왔고, 한 여성이 한 남성에게 영구적으로 속하는 관계가 아닌 경우 "그녀를 아예 소유하지 않는 것이 훨씬 더 안전하다"고 여겼다. 그런데 아라페시족이 사는 곳으로부터 100마일 떨어진 곳에는 인육을 먹고 강가에 거주하는 문두구모르족이 살고 있었다. 폭력적인 문두구모르족 사이에서는 "여자가 계속해서 새 애인들에게 달라붙으려 들고, 만족할 줄 모르고 요구하는 난폭함을 보일 경우, 공동으로 강간당하도록 다른 공동체에게 넘길 수" 있었다.[6] 뉴기니의 강에 사는 또 다른 부족인 이아트물의 머리 사냥꾼도 다루기 힘든 아내를 복종하게 만들기 위해 공동 강간communal rape을 이용했다고 한다.[7]

잔존하는 평원 인디언Plains Indian 문화를 연구하면서 미드는 뿌리

뽑힌 북미 원주민이 그나마 남긴 역사 속에서 이런 이야기를 발견했다. "나쁜 여자는 어떤 남자든 접근 가능한 대상이었다. 청교도 사회의 남성 구성원도 많은 경우 그렇듯, 강간을 대단한 모험처럼 여기는 젊은 남성들을 단속하는 어떤 훈육도 규범도 없었다. …… 한 여성은 패거리를 이룬 남성들에게 끌려가 오랫동안 잔혹하게 학대당한 후 벌거벗은 채로 풀려났고, 최선을 다해 숨을 곳을 찾아야만 했다." 평원 인디언이 정의한 '나쁜' 여자란 남자의 보호를 받지 않는 이혼한 여자나 다투기 잘하고 욕을 잘하는 여자였다.[8]

윤간을 여성이 선을 넘지 않도록 통제하는 기제로 이용하는 현상이 유독 미드가 연구한 문화에만 한정된 현상일 리는 없는데도, 미드 이전과 이후의 인류학자들은 이런 현상을 마주치면 화들짝 놀라는 모습을 보였다. 윤간의 함의를 유머로 다뤄 자기가 느끼는 혼란을 해소해보려고 하거나, 낙후된 족속의 기묘한 습성 정도로 일축하려고 했다. 그래도 몇몇 현명한 현장 연구자들은 이 현상에 좀 더 주의를 기울였다.

컬럼비아대학교 인류학과의 로버트 F. 머피Robert F. Murphy는 브라질 중부 문두루쿠 인디언의 남성 비밀결사에 관해 연구하다가 윤간이 사회 통제 기제로 이용되는 현실을 맞닥뜨렸다.[9] 문두루쿠 문화는 대단히 남성 중심적이었고, 머피의 보고에 따르면 문두루쿠 여성은 "남편에게 충실하며 고분고분하고 순종적이며 무조건 복종해야만" 했다. 문두루쿠 남성들이 무리를 이루어 사냥하고 전쟁에 참가하는 동안, 여성들은 집에 머물며 공동체로서 서로를 도와 마니옥을 다듬고 빻아 조리했다. 문두루쿠 마을에서는 남성과 여성이 각각 다른 집에 거주했다. 남성 비밀결사의 핵심 비밀은 남성의 집에 숨겨진 성스러운 악기들로, 여성이 그것을 보거나 소리를 듣는 것은 허용되지 않왔다. 남성은 그 악기에 남성 지배를 가능케 하는 마법의 비결이 깃들어 있다고 믿었다.

머피는 "여성이 성스러운 악기를 몰래 엿본 실제 사례는 찾을 수 없었다"고 썼다. "그러나 문두루쿠 남성들은 그런 면에서 선을 넘는 여성이 있으면 즉시 덤불로 끌고 가서 모든 마을 남성들이 돌아가며 강간해 굴복시킬 것이라고 장담했다."

머피는 주어진 성 역할에서 벗어난 마을 여성에게 윤간이 집행된다는 사실을 발견한 것이다. "어떤 여성이 드러내놓고 여러 상대와 성생활을 하거나 성관계에서 사실상의 주도권을 갖는다면, 그녀는 남성에게만 허락된 행위를 대놓고 넘보는 것이며, 남성의 역할을 멋대로 침범하고 위협하는 것이 된다. 그리하여 그녀의 행동은 공동체의 걱정거리, 공공의 질서를 위협하는 위법 행위가 되고, 그녀를 벌주는 일이 모든 마을 남자의 본연의 의무가 된다."

문두루쿠 남성의 윤간은 단지 성적 위반에만 적용되는 처벌이 아니었다. 머피는 아이와 부모가 원치 않는데도 선교사 학교에 가게 된 마을 아이들의 사례를 보여준다. 그 아이들은 대체로 "도망치기 위해 온갖 노력을 다했다. 한 소년이 학교에서 도망치면 그는 모두에게 공감을 얻었다. 그러나 한 10대 소녀가 도망치면, 그녀는 도망쳐 나오는 길에 만난 첫 번째 마을에서 남자들에게 강간당했다. …… 도망치는 순간 그녀는 자기 자신을 남성의 보호 바깥에 둔 것이며, 이는 곧 남성의 권위를 무시하는 행동으로 간주되었다. 그것이 비록 문두루쿠족에게 그다지 지지받지 못하던 형편인 외국인 선교사의 권위라고 해도 말이다".

"우리는 우리 여자들을 바나나로 길들이지." 한 정보원이 자기 남근을 바나나에 빗댄 농담을 했고, 인류학자는 문두루쿠 남성들 사

우리의 의지에 반하여

이에서 윤간이라는 주제가 "일종의 우스개"로 다루어지는 모양이라고 기록했다. "윤간은 축제와 같은 행사로서 남자들의 집에서 끊임없이 회자되는 단골 주제가 된다."

머피의 기록에 따르면, 또 다른 중요한 인류학자인 찰스 와글리 Charles Wagley 역시 개인적으로 제도화된 윤간을 목격했다. 브라질의 타피라페 인디언 사이에서 있었던 사건으로, 다른 여성처럼 마니옥을 가공하는 작업에 참여하기를 거부한 독립적인 젊은 여성이 그 대상이었다. "이 사례의 여성은 미혼이었는데 그녀의 남자 형제가 마을 남자들에게 그녀를 처벌하라고 넘겼다. 이 타피라페 남자 형제의 행동이 의미하는 바는, 여성의 일탈은 친족의 유대마저 개의치 않고 즉각적이고도 직접적인 조치를 취해야만 하는 위기로 여겨진다는 것이다."[10]

미시간대학교 인류학자인 나폴리언 A. 섀그넌 Napoleon A. Chagnon 은 남부 베네수엘라와 북부 브라질에 걸친 지역에서 만성적인 전쟁 상태로 살아가는 사나운 야노마뫼 부족들과 함께 19개월을 보냈다. 그는 1968년에 이렇게 썼다. "야노마뫼족 스스로는 전쟁의 으뜸가는 대의명분이 여자를 쟁취하는 것이라고 여겼다. …… 여자 한 명이 사로잡히면 공격대에 참가한 모든 남자가 그녀를 강간했고, 나중에는 공격에 참가하지는 않았지만 강간을 하고 싶어 하는 마을 남자들이 강간을 했다. 그 후 그녀는 그중 하나에게 부인으로 주어졌다."[11] 타피라페족보다는 친족 유대가 좀 더 견고해 보이는데, "만약 사로잡힌 여자가 붙잡은 자의 친족이면 강간하지 않았"기 때문이다.

인류학 분야에서 아마도 유일하게 강간이라는 주제에 특별히 집중한 연구가 하나 있다. 케냐가 영국으로부터 힘들게 독립을 얻어내기 직전, 케냐 남서부의 구시족을 대상으로 수행한 연구이다. 구시랜드에서는 1937년과 1950년 두 번에 걸쳐 유명한 대규모 집단 강간이 발생했다. 노스웨스턴대학교에서 온 인류학자 로버트 A. 러빈Robert A. LeVine은 조사를 통해 두 해 모두 신부의 가격이 젊은 구시족 남성이 감당할 수 없는 수준까지 치솟은 해였다는 사실을 발견했다.[12] **여자 한 명을 구하기 위해** 8~12마리의 소와 1~3마리의 황소, 8~12마리의 염소가 필요했고, 이런 교환 비율은 "1890년대의 대규모 소 전염병 사태 이후 …… 가장 높은" 수치였다. 러빈은 1937년 집단 강간 사태에 대해 이렇게 썼다. "많은 젊은 남성들이 합법적으로 결혼할 방법을 찾지 못해 소도둑질과 온갖 형태의 강간을 통해 해결책을 찾으려 했다." 어느 떠들썩한 장날, "커다란 집단을 이룬 젊은 남성들이 모여서 납치로 짝을 구하기로 결정했다. 그들은 시장에 있는 소녀들을 붙잡아 끌고 갔다".

구시족 소녀 다수가 가까스로 도망쳐서 자기 마을에 돌아와 고통을 호소했다. 영국 식민 정부는 외견상 법질서 비슷한 것을 유지하려는 시도의 일환으로 구시족 남성 장로들과 협상해 신부 가격을 공식적으로 암소 6마리와 황소 1마리, 염소 10마리로 떨어뜨리는 데 합의했다. 그러나 1950년에 이르러 가격은 다시 한 번 치솟아 올랐고, "첫 번째 사태와 같은 극적이고 조직화된 특성이 나타나지는 않았지만" 여전히 심각한 수준의 대규모 강간 사태가 두 번째로 다시 발생했다.

러빈은 구시족이 사용하는 언어인 반투어에 강간을 지칭하는 고유한 어휘가 따로 없고, '싸우다'나 '짓밟다' '망쳐놓다'처럼 완곡어법으로 강간을 시사한다는 사실을 발견했다. 구시족은 부부가 결혼 후 남편 쪽 집에 거주하는 부거제 관습을 따랐기에, 신부를 종종 '수입' 해왔다. 1907년 영국의 식민 통치가 시작되기 전까지는 그런 관행이 계속되었는데, 동족이지만 서로 피의 복수blood feud*를 하는 철천지 원수 사이인 씨족으로부터 신부를 '수입'했던 것이다. 이들은 처녀성에 특별히 높은 가치를 두지는 않았다. 2장에서 언급한 구시족 속담처럼, 구시족은 "싸운 사람과 결혼"했다. 한편으로 상시적인 보복과 협박이 씨족 간 강간과 납치를 억제해온 측면도 있었다. 그러나 영국이 들어온 후, 전통적인 씨족 생활 방식과 억제 기제는 파괴되었다. "예전이라면 예비 강간범은 자기 동료들과 함께 피해자의 씨족 남자들에게 깡그리 몰살당할 가능성을 염두에 두어야 했지만, 요즘은 강제 추행으로 최대 징역 1년을 받는 게 전부이다." 러빈은 1959년에 이렇게 썼다. "이뿐만 아니라 기소된 성추행 중 3분의 2가 기각되는데, 대부분 강간범이 유럽인의 플랜테이션 농장 안으로 도망치는 것을 집행기관이 막지 못해 그렇게 된다. …… 강간범은 고발이 취하될 때까지 그 대농장에서 일하며 버틴다."

구시족의 경험은 여성을 재산으로 보는 관념이 강간을 통해 확고히 유지되는 과정을 몹시도 극명하게 보여준다. 서구에도 이에 견줄 만한 극단적인 사례가 있는데, 거듭 발생하는 시칠리아 여성의 강간과 납치 이야기[13]가 바로 그것이다. 러빈은 구시족을 두고 '고강간 문화high-rape culture'라고 불렀고, 1955년에서 1956년 사이 구시족의 1년간 강간율이 인구 10만 명당 47.2건에 이른다고 보고했다. 현재 덴버나 리틀록, 로스앤젤레스 같은 일부 미국 도시의 강간율이 구시족의 이 수치를 초과한다는 사실에 주목할 필요가 있다.[14]

우리와 동떨어진 원시 부족에 대한 민족학적 연구는 강간이 남

자다움을 표현하는 수단이면서 여성을 재산으로 간주한다는 것을 드러내는 신호이자, 여성이 선을 지키도록 사회적으로 통제하는 기제로서 이용된다는 것을 보여준다. 실은 세계의 다른 지역에서도 사정은 전혀 다르지 않다. 현실세계에서는 조금 다를지 몰라도, 문화를 정의하고 지배하는 남성들의 공적, 사적 환상을 들여다보면 아직도 전혀 다를 게 없다.

집단 폭력의 방식으로 여성에게 적용되는 남성연대는 최근 새롭게 나타난 현상이 아니며, 특정 민족의 전통에만 존재하는 현상도, 역사적으로 전시 상황이나 하층계급 폭도에게만 한정되는 현상도 아니다. 르네상스 시대의 이탈리아에서 노련하게 전투를 수행한 용병대로 '콘도티에리(용병대장)'가 이끈 귀족 남성의 돌격 부대는 여가시간에 인정사정없이 여성을 학대해서 악명을 떨쳤고,[15] 시지스몬도 말라테스타*는 로마 희년 행사에 참가하러 가던 바이에른 공작부인을 강간해서 1450년에 유죄판결을 받기도 했다.[16] 근대 일본의 주요 포르노그래피와 만화류 작품들을 보면, 봉건시대의 상류층 사무라이가 적을 격파한 후 전리품으로 얻은 여자의 기모노를 벗겨내는 장면이 단골 주제로 등장한다.[17] 18세기 런던에서는 '모호크단The Mohocks'과 '볼드벅스The Bold Bucks'라고 불리는 젊은 댄디 도당**이 자신들이 속한 계급의 특권으로 보호받으며 재판이나 투옥에 대한 두려움 없이 거리를 공포로 휩쓸었다. "볼드벅스의 만행"에 대해 크리스토퍼 히버트Christopher Hibbert는 이렇게 썼다. "볼드벅스가 저지른 만행은 모호

---

* 이탈리아 북부 도시 리미니를 지배했던 군주로, 전제 정치로 악명을 떨쳤다.-옮긴이
** 18세기 초반 런던의 인구가 빠르게 증가한 탓에 런던의 대도시 거리에서 젊은 상류층 남성들이 가문의 이름에 구애받지 않고 익명성을 가질 수 있었는데, 그 때문에 행인에게 폭행, 성희롱, 강간 등을 저지르고 다니는 패거리가 여럿 생겨났다. 모호크단이 특히 유명했고, 볼드벅스는 강간으로 악명을 떨쳤다.-옮긴이

크단보다 더 두드러지게 성적이었다. 당시에는 성관계에 동의 가능하다고 간주되는 연령이 12세였고, 강간에 대해 유죄판결을 얻어내기가 사실상 불가능했기에 그들은 더욱 마음 놓고 일을 저질렀다."[18]

너새네이얼 웨스트Nathanael West의 소설《미스 론리하트Miss Lonelyhearts》(1933)에서 내가 최고로 꼽는 장면은 피곤에 절고 고뇌에 찬 기자가 술을 마시러 델리핸티에 들러 바에 있던 친구 무리에 합류해 이야기를 나누는 장면이다.

그들 중 한 명이 몇몇 여성 작가를 두고 불평을 늘어놓았다.

"그 여자들 셋 다 아주 이름을 날리고 있단 말이야." 그가 말했다. "메리 로버츠 윌콕스, 엘라 휠러 캐더터, 포드 메리 라인하트……"

그러자 다른 이가 그런 여자들은 윤간을 해버리는 것이 최고라면서 이야기를 늘어놓기 시작했다.

"그냥 평범한 여자애가 한 명 있었는데, 그 애가 어느 날 문학 한다는 애들과 어울리더니 영 작가연하더라 이 말이야. 고만고만한 잡지에다 아름다움이 자기 마음을 아주 아프게 한다는 둥 글을 기고하더니 그다음에는 볼링장에서 핀볼을 세우는 남자 친구를 차버리더군. 그래서 동네 남자애들이 아니꼽게 보고 있다가 어느 날 밤 공터로 끌고 갔어. 그 중 여덟 명 정도가 말이야. 아주 제대로 돌림방을 놔버렸다구……"

"그건 어떤 여자 작가에 대해 떠도는 얘기하고 아주 비슷한데. 찔러도 피 한 방울 나오지 않을 것 같은 그 여자가 어느 날 갑자기 나타나더니 젠체하는 영국식 억양을 싹 버리고 상스러운 말을 마구 쓰기 시작했지. 그 여자는 술집에서 얼간이 여러 명과 어울려 놀았어. 소설 소재를 모은다면서 말이야. 이 얼간이들은 자기가 구경거리가 된 걸 모르고, 이 여자가 그냥 평범한 여자애라고 여긴 거지. 그러다가 바텐더 말을 듣고

안 거야. 그 여자에게 새 단어를 하나 가르치겠다며 뒷방으로 끌고 가서 작살을 내버렸어. 사흘간 여자를 방 밖으로 내보내지 않았다지. 마지막 날에는 검둥이들에게 티켓을 팔기까지 했대……"

미스 론리하트는 더 이상 그 말을 듣지 않았다. 친구들은 너무 취해 말을 할 수 없을 때까지 그런 얘기들을 늘어놓을 것이다. 그들도 자신이 유치하다는 것을 알고 있었지만 그 외에 달리 복수할 방법을 알지 못했다.[19]

강간을 남자다운 행동으로 찬양하기

역사상 강간 영웅 신화만큼 명예롭지 못하면서도 끈질기게 남성의 상상력을 사로잡은 주제는 없다. 남자는 세상을 정복하듯 여자도 정복한다. 대대로 제국주의적 정복, 즉 전공을 세우고 사랑을 표현하는 일은 이론으로나 실천으로나 여성에게 폭력을 행사하는 것과 뗄 수 없는 관계였다. 그리하여 로마인들의 사랑의 사도였던 시인 오비디우스는 사비니 여성들이 강간당한 일을 두고 이렇게 노래했던 것이다. "내게 그런 급료를 준다면 나는 오늘 당장 입대하겠네." 이런 식으로 전시 강간에 대해 경박한 태도를 취하는 경향이 2,000년간 지속되어왔다.

이언 플레밍Ian Fleming이 창조한 전설적 첩보원 제임스 본드는 소련의 방첩 기관 스메르시SMERSH와 싸워서 이길 때마다 여자를 얻어낸다. 상대에게 새로이 성적 흥미를 품으면서 본드는 이런 생각을 한다. "…… 그들이 얼마나 오래 함께했든 그녀 안에는 그가 한 번도 침범할 수 없었던 은밀한 방 하나가 항상 있었다. …… 지금 그는 그녀가 깊숙이 흥분에 들끓어 쾌락을 원하고 있다는 것을 알게 되었으나, 그녀의 내부 한가운데 자리 잡은 저 은밀함 때문에 그녀의 몸을 정복하는 일은 매번 강간처럼 톡 쏘는 맛이 났다."[20]

하지만 작가들은 보통 과장하기 마련이라고 알려져 있다. 작가들이 과연 전쟁이든 여성이든 제대로 알고 있는 것일까? 전쟁이 뭔지 진짜로 알았던 남자, 13세기 몽골 대정복을 이끌었던 칭기즈칸은 그의 지위에 걸맞게 진지한 어조로 자신의 성스러운 임무를 설명했다. "남자의 인생에서 최고의 업적은" 자신이 설파한 바를 실제로 실천한 남자가 말했다. "적을 무찔러 내 앞에 끌어낸 후, 그들이 가진 모든 것을 빼앗는 것이다. 그들을 사랑했던 이들이 흐느끼는 소리를 들으며, 그의 무릎 사이에 있던 말을 빼앗고, 그의 여자 중 가장 탐나는 이를 품에 넣는 것이다."[21] 이만큼 영웅적 강간을 뚜렷하게 정의한 언급은 없을 것이다. 여성은 적이 소유했던 말과 다를 것 없는 전사의 전리품이라는 단언. 남자다움, 성취, 정복과 강간의 직접적인 연결 관계를 이보다 거리낌 없이 당당하게 표현한 예는 없는지라 칭기즈칸에게 감사 인사라도 해야 할 지경이다.

강간이 남자다운 행동으로서 용인될 수 있다는 발상은 중세 사회의 권위자들이 제시한 기사도적 사랑의 이론에도 깊이 스며들어 있다. 샹파뉴 백작부인 마리의 12세기 궁정의 조신 중 가장 세속적인 인물이었을 안드레아스 카펠라누스Andreas Capellanus는 사랑에 빠진 기사가 어떻게 처신해야 하는지 안내하는 논문을 썼다. 장차 연인이 될 두 사람이 동등한 지위일 때는 상당히 엄격한 규칙을 따라야 하지만, 상대가 소농계급의 여성일 경우 우아한 미뉴에트 같은 것을 준비할 필요가 전혀 없다는 내용이었다. 카펠라누스는 이렇게 썼다. "적당한 장소를 찾았다면 지체 없이 원하던 것을 취하고 강제로 끌어안으면 된다. 그들의 수줍음을 간단히 치료할 방법으로서 약간의 강요를 활용하지 않으면 그 뻣뻣한 척 가장하는 태도를 부드럽게 만들기 어려우므로, 강제로 그렇게 해야만 그들은 조용히 당신에게 품을 내어 주거나 당신이 원하는 위안을 제공할 것이다."[22] 소농계급 여성에 대한 카펠라누스의 접근 방식은 봉건제 노동에 대한 그의 예리한 이해에 기반을 둔 것이었다. 소농 여성은 섬세한 구애 기술을 배울 필요가 없다면서 그는 이렇게 충고했다. "제 본분이 아닌 행동을 하는 데 시간과 노력을 쏟다가 그런 노력 덕분에 정작 그간 많은 수확량을 내던 사랑스러운 농장들이 경작되지 못한 채 쓸모없어지는 불상사는 없어야 하니까."

카펠라누스와 동시대 사람인 크레티앵 드 트루아^{Chrétien de Troyes}는 아서 왕 전설로 로망스를 쓰면서 기사도의 규칙을 시적으로 다시 썼다. 크레티앵은 아서의 윤리를 정의하며 이렇게 썼다.

혼자 있는 처녀나 젊은 시녀를 발견했을 때, 좋은 평판을 유지하고 싶은 기사라면 그녀에게 불명예를 주느니 차라리 자기 목을 자르겠다고 생각할 것이다. 이때 그가 그녀의 의지에 반해 강요한다면, 그는 모든 법정에서 냉대받을 것이다. 반면, 그 처녀가 다른 기사를 대동하고 있고 그가 그 기사와 기꺼이 싸워 무력으로 그 귀족 여성을 쟁취한다면, 그는 그녀에게 자기 뜻을 내키는 대로 관철시킬 수 있고, 그 경우 그에게는 비난받거나 부끄러워해야 할 어떤 종류의 책임도 없다.[23]

이론은 이쯤 해두자. 아서 왕의 원탁에서 "가장 완벽한 기사"인 정중한 가웨인 경은 무방비 상태의 그란 드 리즈를 "그녀가 울며 비명을 질렀음에도" 정중하게 강간했다. 중세 영국의 사회적 관행에 관해 몇몇 평론가들은 "당대의 시와 로맨스를 두고 판단하건대, 무방비 상태로 혼자 있는 귀족 여성을 발견한 기사들이 하나같이 가장 먼저 떠올리는 것은 그녀를 강간해야겠다는 것이다"라고 이야기했다.[24]

아서 왕 전설을 집대성한 15세기 영국인 토머스 맬러리Thomas Malory 경은 정중하게 강간하는 기사도적 규칙에 대해 뜻밖의 사실을 알려준다.《아서의 죽음Le Morte d'Arthur》(1485)에는 울며 비명을 지르는 숙녀를 저녁식사 시간에 왕의 홀에서 끌어낸 탐욕스러운 기사의 이야기가 나온다. 그녀를 돕기 위해 다른 기사들이 끼어들지 않은 것은 물론이고 왕 역시 그녀를 치워버렸다며 기뻐한다. "그 여자가 너무 시끄럽게 굴었잖아."[25]

맬러리가 보여준 영웅적인 강간 개념은 단지 환상으로만 끝난 것이 아니었다.《아서의 죽음》은 그가 여러 가지 혐의로 뉴게이트 감옥에 갇혀 있는 동안 쓴 것인데, 구체적으로 어떤 혐의였는지는 수수께끼로 남아 있었다. 그러다가 1927년 한 학자가 워릭셔의 먼지 쌓인 기록을 공들여 조사한 끝에 기소장 원본을 찾아냈다. 뉴볼드 레벌의 이 멋진 시인기사께서는 지역 수도원을 약탈하며 생활을 영위했고, 두 번에 걸쳐 스미스 가족의 살림살이를 약탈한 것에 더해 "휴 스미스의 아내 조앤을 완력으로 붙잡아 성관계를 맺는 중죄"를 저질렀다고 한다.

맬러리 경은 강간범이었다![26] 이 발견으로 인한 충격은 학계가 감당할 수 있는 수준을 넘어섰다. 이 달갑지 않은 소식에 대해 학계는 법률구조 협회에서 영감을 얻기라도 한 듯 다 같이 똘똘 뭉쳐 15세기 피고의 20세기 변호사를 자처하는 식으로 반응했다. 맬러리 연구의 수장격인 하버드의 G. L. 키트리지G. L. Kittredge는 자신이 보스턴 교살자의 변호사 F. 리 베일리라도 된 양 이렇게 비아냥거렸다. "강간 기소 두 건 모두 명백히 터무니없는 것으로, 순전히 법률상의 문제에 불과하다."[27] 기소장을 발견한 당사자인 에드워드 힉스Edward Hicks는 당혹스러워하며 최대한 상황을 무마해보려고 애썼다. 그는 맬러리가 충실한 남편이었을 것[28]이고 그 끔찍한 강간 고발은 아마도 "실제보다 괴로움을 과장한"[29] 것이리라 확신한다고 썼다. 힉스는 5세기 전 그의 맬러리에게 그런 고통을 준 여인의 평판에 흠집을 내고 싶은 유혹을 피하지 못했다. 여론의 법정에 합리적인 의혹을 제기하려고 애쓰면서 그는 이렇게 썼다. "몽크스 커비 마을의 조앤 스미스가 보디발의 아내처럼 굴지는 않았는지는 확언할 수 없는 부분이다."[30]

연쇄살인범 신화

사생활 방식이 너무나 충격적이어서 새로운 정체성과 수정된 이미지로 역사에 기록된 15세기 기사도 인물이 하나 더 있다. 바로 푸른 수염의 원본인 질 드 레Gilles de Raise다.[31] 프랑스 귀족이자 비범한 군인으로 전장에서 잔 다르크의 부관으로 복무한 그는 이후 무분별한 수준으로 작은 소년들에게 애정을 쏟는 지경에 이르렀다. 그는 40명에서 100명(추정치가 여러 가지이다)에 이르는 소농 젊은이를 그의 브르타뉴 성으로 납치해 강간하고 살해했다. 악명 높은 재판을 받은 후 그는 1440년에 처형되었다. 최종 자백에서 질은 "어린아이를 농락한 후 희생시키는 일에서 둘도 없는 쾌락을 얻던"[32] 칼리굴라와 다른 황제들의 삶에서 영향을 받았다고 인정했다. 그의 이야기에서 가장 놀라운 부분은 어린 소년을 강간살인한 무시무시한 실화가 '호기심'을 가졌다는 이유로 일곱 아내를 죽이는 악마 같은 난봉꾼에 관한 환상으로 미화되어 오늘날 우리가 아는 '푸른 수염 이야기'로 변신했다는 점이다. 마치, **실제로** 질 드 레가 저지른 잔혹 행위는 남자들에게 너무 공포스럽기 때문에 대중적인 상상 속에 있는 그대로 보존할 수가 없어서, 희생자를 여성으로 바꿔 남성들의 공포가 충분히 줄어들도록(물론 여성들에게는 아니지만) 누가 변형시키기라도 한 듯하다. '어미 거위 이야기집'을 펴내면서 이성애판 질 드 레 이야기를 넣은 샤를 페로Charles Perrault[33]*는 이 이야기가 푸른 수염 전설로 전환되는 데 결정적인 역할을 한 장본인이라 할 수 있다. 가장 최근 판본은 널리 광고된 리처드 버튼이 나오는 영화로, 일곱 명의 예쁘고 젊은 여자들이 각각 다른 끔찍하고 폭력적인 방식으로 고통스럽게 죽는 이야기이다.

푸른 수염으로 변형되지 않은 원래의 질 드 레 이야기가 잠시 대중의 관심을 얻은 적이 있다. 1973년 여름, 휴스턴에서 피해자들의 유해가 담긴 비닐봉지들이 발견되면서 연쇄살인범 딘 앨런 코얼의 소름 끼치는 이야기가 수면으로 떠올랐을 때였다. 3년간 들키지 않고 흥청망청 악행을 저지르는 과정에서 코얼과 두 추종자는 20명이 넘는 10대 소년을 꾀어 사로잡은 후, 고문과 항문성교를 자행하고 살해하며 난교적 쾌락을 추구했다. 내가 《타임》에 실린 이 휴스턴 소년 살해범 이야기에 관심을 갖기 시작했을 때, 《타임》의 눈 밝은 연구자들은 기사가 실린 페이지 맨 위에 질 드 레의 초상을 수록해 둘을 연관지었다.[34] 나는 그 초상을 보고 궁금해졌다. 역사는 코얼을 어떻게 기억하게 될까? 종교를 방불케 하는 광기 어린 범행 방식, 인간 생명

---

* 1628~1703, 프랑스의 동화작가이자 비평가. 1697년에 《어미 거위 이야기》를 출간하는데, 여기에 〈신데렐라〉 〈장화 신은 고양이〉 〈푸른 수염〉 등 11편이 실려 있다.—옮긴이

과 법을 무시하는 태도야말로 성^性적 초인의 전설을 형성할 만한 특성이 아닌가. 또 다른 연쇄살인범 찰스 맨슨은 이보다 덜 야심찬 범죄로도 이미 성의 사탄으로 신격화되었고, 리처드 스펙은 단 하룻밤 사이 저지른 악행만으로 악명의 전당에서 영원한 지위를 보장받았다. 보스턴 교살자와 잭 더 리퍼는 전 세계 공포의 전당에서 우상이 되었다. 하지만 코얼은 가능한 한 빠르게 잊힐 거라는 수상쩍은 예감이 든다. 그가 저지른 폭력 행위가 지나치게 역겹기 때문은 아닐 것이다. 섹스 살인자의 만신전에 봉헌되려면 오히려 얼마나 역겹고 끔찍한 것을 저질렀는지가 관건이니까. 코얼은 그 범죄의 동성애적 성격 때문에 잊힌 악당으로 폐기처분될 것이다. 그는 자신과 동성인 이들을 강간하고 살해했다. 잔뜩 움츠러들어 훌쩍이는 남자아이가 팔목과 발에 족쇄를 차고 되는대로 만든 목재 고문대에 묶여 있는 무시무시한 범죄 현장. 이런 광경을 앞에 두고, 부유하고 상상력 넘치며 **사회가 용인할 수 있는** 환상을 즐겨온 이성애자 남자가 그 환상의 정점에서 삐끗하는 일 없이 코얼에게 안전하게 동일시할 수 있는 방법이 과연 있기는 할까? 결국 못 본 채 전원 스위치를 아예 내려버리지 않겠는가! 권력의 회로에 합선이 일어날 테니!

다수가 자진해서 거주하고 있는 이성애 세계 내에서 남성들은 오직 피해자가 여성이고 가해자가 남성인 경우에만 성폭력을 이데올로기의 수준으로 승격시킨다. 하드코어 포르노그래피는 그 파괴적인 원리를 가장 극단적으로 드러내는 표징이다. 오랜 판매 경험을 토대로 조성된 전통에 따라 이성애 취향에 맞춰 제작된 평범한 포르노그래피는 커다란 금기를 하나 갖고 있는데, 바로 남자가 남자에게 '그것을 하는' 장면이다.³⁵ 내가 주장하는 바를 증명하기 위해 굳이 극단적인 예를 살펴볼 필요는 없다. 평범한 책과 영화, 노래에서도 여성을 짓밟는 폭력을 묘사하고 폭력을 저지르는 남성을 찬미하는 작품들의 인기가 얼마나 공고한지, 그런 주제에만 한 권 분량을 통째로 할애한 책도 있다. 문화가 유포하는 이런 메시지를 어떤 식으로 수용할 것인지는 성별에 따라 크게 달라진다. 이 책의 다른 장에서 나는 문화의 메시지가 여성에게 미치는 효과를 다룰 것이다. 이 장에서는 일단 이 환상이 남성 쪽에서 어떤 양상을 보이는지만 이야기해 보자.

잭 더 리퍼는 실제보다 엄청나게 부풀려진 모습으로 남성의 상상력을 사로잡았다. 1888년 가을 런던 이스트엔드에서 다섯 명의 창녀의 뒤를 밟아 신체를 훼손하고 살해한 신원불명 남자의 이야기가 어떻게 그토록 많은 이들에게 매력적인 이야기가 될 수 있었을까? 그 이유를 정확히 살필 필요가 있다. 나는 〈레이트 레이트 쇼Late Late Show〉에서 리퍼가 등장하는 영화를 몇 편 접했는데, 영화를 보고 내가 느낀 감정은 공포뿐이었다. 여성인 나로서는 곧 닥쳐올 죽음을 알지 못한 채 안개 자욱한 거리를 걷는 여성 피해자에게 동일시하지 않을 도리가 없었다. 아마 여성이라면 누구나 나처럼 반응할 것이다. 그러나 남성은 그렇지 않았다. 놀랍게도 남자들은 잭 더 리퍼를 언급하며 '영웅'이라는 단어를 적용했다. 노엘 애넌Noel Annan처럼 흠잡을 데 없는 비평가(유니버시티 칼리지 런던의 학장으로, 교육자이기도 하다)조차도, 《뉴욕 리뷰 오브 북스New York Review of Books》에 글을 쓰면서 잭 더 리퍼를 "빅토리아 시대의 공포 영웅"[36]이라고 불렀다. (애넌의 해당 글은 최근에 나온 빅토리아 시대 범죄에 관한 책 몇 권을 함께 묶어서 평한 난해한 글로, 잭 더 리퍼 이야기는 스치듯 다뤘을 뿐이었으나, 자기 잡지의 독자들을 잘 아는 명민한 편집자가 '잭 더 리퍼'를 표지에 선명히 새겨놓았다.)

한번은 《샌프란시스코 크로니클San Francisco Chronicle》의 찰스 매케이브Charles McCabe가 칼럼 한 편을 통째로 할애해 리퍼를 주제로 다뤘다. 그는 리퍼를 최고 중의 최고라고 부르면서 "내 어린 시절의 위대한 영웅, 술 취한 창녀에게 인간 도살자로서 할 수 있는 모든 일을 혼자 다 해낸 숙련된 전문가"[37]라고 썼다. 매케이브가 열광하며 떠든 소리 — 그는 리퍼를 영국의 '국보'에 견주었다 — 는 리퍼 숭배 현상에 대해 약간의 통찰을 제공해준다. 그는 이렇게 썼다. "리퍼가 역사적으로 중요한 이유는 그가 대체로 섹스와 엮여 있으면서 동기 없이 이루어지는 살인이라는 새로운 살인 유파를 창설했다는 데 있을 것이다." 물론 이것은 말도 안 되는 헛소리이다. 여성을 토막살해하는 일은 결코 동기 없이 이루어진 적이 없다. 매케이브는 칼럼에 이렇게도 썼다. "리퍼는 …… 역사상 중요한 살인자들 중 유일하게 우리가 이름을 모르는 자이다." 이 역시 바보 같은 소리지만, 리퍼에 대한 열광의 기원을 알려준다. 잭 더 리퍼가 중요한 살인자이자 신화적인 존재가 된 이유는 바로 그의 정체가 밝혀지지 않은 채로 남았기 때문인 것이다. 다시 말해 그가 교묘히 들키지 않고 일을 저질렀다고 여기기 때문이다. 리퍼의 정체에 대해 새로운 설이 등장할 때마다(가장 최근의 추측은 그가 왕족 혈통의 탕아라는 것이다. 모두들 그가 '예외적인' 존재이며 '신사'라는 데 동의하는 것 같다), 그가 저지른 유혈낭자한 신체 훼손의 실상과 그가 불러일으킨 공포를 새로이 음미할 기회가 주어진다. 여성에게는 공포이지만 남성들에게는 결코 아니며, 우리는 바로 이 점을 잊지 말아야 한다. 실제로 그런 일이 일어날 가능성은 희박하지만, 만약 잭 더 리퍼의 진짜 이름이 밝혀져 모두가 만족하게 된다면 리퍼 신화는 심각한 타격을 입을 것이다. 리퍼가 남성들의 마음을 사로잡은 이유는 정체가 밝혀지지 않았다는 사실과 잡을 수 있으면 잡아보라는 식으로 비웃으며 신문과 지역 자경단에 편지를 보낸 태도에 있기 때

우리의 의지에 반하여

문이다.

　리퍼에 대해 이야기할 때,《아웃사이더The Outsider》(1956)의 작가이
자 도발적인 저서《현대 살인백과A Casebook of Murder》(1969)에서 여자들
을 학살하는 남자에게 매력을 느낀다고 표현한 바 있는 흥미로운 영
국 작가 콜린 윌슨Colin Wilson을 빠뜨리고 넘어갈 수 없다.[38] 윌슨은 리
퍼가 분명 재능 있고 우월한 상위 5퍼센트에 속할 것이라고 전제하
고는 그 "행위를 통한 프로파간다"에 깊이 사로잡혔다. 온갖 섹스 살
인의 사례를 정력 넘치게 모아서 정리한 윌슨이 정말로 역겹다고 느
낀 사건은 단 한 건뿐이었는데, 레즈비언이 두 명의 어린이를 죽인
사건이었다. 유독 이 사건만은 소설화해도 읽기 끔찍할 것이라며 이
런 이유를 들었다. "성적으로 정상인 독자가 견딜 만하게 서술할 방
법을 찾기 힘들다."[39] 그러나 그 자신이 수집한 다른 사건들, 이성애
및 남성 동성애 강간범, 시체애호증자, 내장을 꺼내는 자, 도끼 살인
자, 가슴을 먹는 자, 신장을 삼킨 자 등등에 대해서는 전혀 역겨움을
표하지 않았다. 윌슨은 저런 이들이 "성적으로 정상"인 이들의 관심
사라고 진심으로 믿었다. 이런 말을 써놓은 것을 보면 말이다. "성적
행동은 살인과 밀접한 친연성이 있다. …… 살인자와 피해자는 남성
이 여성에게 삽입할 때와 똑같은 종류의 관계를 맺는다."[40]

　잭 더 리퍼는 성폭력계의 신화적 영웅으로서 독보적인 지위를
누렸지만, 최근 몇 년 사이 미국의 보스턴 교살자가 그 아성을 위협
했다. 막상 드살보가 자백하자, 여론은 그 용두사미 격 결말을 받아
들이지 못하고 속임수가 있을 거라는 식으로 반응했다. 앨버트 드살
보가 감옥에서 살해되자 여러 신문이 특집란을 할애해 여성을 13명
이나 죽인 범죄의 달인이 실제로 잡힌 것이 맞는지 의심해볼 만하다
는 기사를 냈다.[41] 내가 장담하건대, 잡히지 않은 채 문밖에 도사리고

있다가 성적 테러를 행하는 정체불명의 초인으로서 보스턴 교살자가 갖는 신화적 악명만큼은, 생전에나 사후에나 땅딸막하고 둔했던 앨버트 드살보의 페르소나를 극복하고 살아남을 것이다. 보스턴 교살자에 관해서는 이미 한 권의 책(좋은 책이다)과 한 편의 영화가 나왔다. 이뿐만 아니라 믹 재거와 롤링스톤스가 그들의 가장 장대한 공연용 곡 중 하나인 〈한밤의 소요자Midnight Rambler〉로 보스턴 교살자를 기념하고 있다. 이 곡을 연주할 때 믹 재거의 트레이드마크인 스카프는 교살 도구가 된다.

한 잡지 기자는 〈한밤의 소요자〉 연주에 청중이 보인 광적인 반응을 이렇게 묘사했다. "키스 리처드가 길고 위험할 정도로 관능적인 기타 전주로 장악하는 동안, 믹은 천천히 밝은 금빛 띠를 푼다. 첫 줄에 '보스턴 교살자에 대해 들어본 적 있겠지'라고 뜨면서, 갑자기 조명이 어두워지고 어두운 붉은색의 투광 조명 앞에 믹 재거의 실루엣만 남는다. 그는 무대 위에서 살금살금 움직이며 날씬한 엉덩이를 지닌 다성적 존재로 부활한 잭 더 리퍼가 된다. 그는 금빛 띠를 채찍처럼 움켜잡고 내려친다. …… '나도, 나도,' 그들이 소리친다. '나도 때려줘요, 믹.'"[42]

〈한밤의 소요자〉는 23세의 베벌리 새먼스가 강간살해당한 장면을 믹 재거가 성적 절정에 이르는 듯 고조되는 오락거리로 연출해 무대 위에 올린 것이다. 제롤드 프랭크가 쓴 믿을 만한 책에 나오는 드살보의 고백에 따르면 새먼스는 교살자의 피해자 중 가장 악랄하게 신체를 훼손당했다.[43] (음악 연구자라면 제롤드의 책《보스턴 교살자The Boston Strangler》에 실린 범행 증언과 믹의 가사를 비교해보는 것도 좋겠다.) 키스 리처드가 브리지를 넣은 후 "오, 그러지 말아요, 오, 하지 말아요"라고 희미하게 속삭이며 끼어드는 가운데 믹은 노래한다.

그래, 넌 보스턴 이야기를 들어봤어 ― 아흐흐흐

이건 그중 하나가 아니야.

그래, 한밤중에 말이지―스흐흐흐

누군가 침실 문을 닫고……

세상에, 그녀의 머리를 친다. …… 강간해 …… 목매달아 ……

날카롭게 잘 갈린 칼로 …… 살금살금 다가가 …… 우흐흐흐흐

오 바로 그렇게 …… 그녀는 죽었어 ―

우흐흐흐, 머리 종이 울리네,

어이, 그렇게 죽은 거 본 적 있어?[44]

〈한밤의 소요자〉는 재거의 목소리가 점점 고조되며 끝난다. "나는 네 유리창을 깨부술 거야/ 주먹을 넣을 거야, 너의 강철 문 안으로 주먹을 넣을 거야/ 나는…… 찔러넣을 거야…… 나의 칼을 너의 목에." 변신이 완료된다. 믹은 원본보다 더 확장성 있는 우아함을 갖춘 신화적인 교살자가 된다.

1965년 여름에는 그리니치 빌리지의 지하철 역에 기묘하게 강렬한 그래피티가 등장했다. 언어와 생각을 대단히 경제적으로 결합한 표현으로, "믹은 섹스다MICK IS SEX"라고 써 있었다.

당시는 롤링스톤스의 첫 번째 대히트곡인 〈만족Satisfaction〉의 시대였다("나는 아무런 만족도 얻을 수 없어, 그래 시도는 해보지, 시도는 해보지……"). 적어도 〈한밤의 소요자〉나 〈악마를 위한 연민Sympathy for the Devil〉 〈피 흘리게 놔둬Let It Bleed〉 같은 곡들로 볼 때, 1970년대 초반까지는 폭력을 자위 수단으로 삼아 쾌락의 절정에 이르는 모습을 연출하는 어두운 방향으로 성적 만족을 추구하는 경향이 계속되었다. 롤링스톤스의 1969년 순회공연은 앨터몬트에서 벌어진 비극으로 끝이 났다.[45] 무

대 위에서 벌인 설정극이 청중을 자극해 통제 불능의 광분 상태로 몰아간 바람에, 청중 사이에 실제로 폭력 사태가 벌어진 것이다. 믹 재거도 진짜로 당황할 정도였던 듯하다. 적어도, 다큐멘터리 영화 〈김미 셸터Gimme Shelter〉(1970)에 드러난 모습으로는 그랬던 것 같다. 이 와중에 공연장 보초를 맡은 '헬스 에인절스Hell's Angels'가 한 남자를 칼로 찌르고 구타해 살해했다. '헬스 에인절스'는 약간의 낭만적 자극만으로도 고삐 풀린 듯 반사회적 행위를 할 준비가 되어 있던 롤링스톤스의 미르미돈이었다. 이뿐만 아니라 이 무료 콘서트에서 난투극이 벌어지는 동안 강간 몇 건을 직접 목격했다는 이야기가 웨스트 코스트의 한 여성해방운동 신문에 실리기도 했는데, 이 신문의 보도를 제외하고는 거의 공론화되지 않았다.

하드록의 전성기에 믹 재거와 롤링스톤스만 유별나게 폭력적 섹슈얼리티를 과시한 것은 아니다. 도어스의 짐 모리슨과 지미 헨드릭스는 둘 다 이미 죽었지만, 이들이 거둔 폭발적인 성공은 자가 발정적인 강한 한 방을 위해 무대 위에서 여성을 학대하는 흉내를 내며 쌓아올린 것이었다. 이 시기에 어빙 슐만Irving Shulman이 쓴 브루클린 갱의 삶에 대한 1940년대 후반의 동명 소설에서 이름을 딴 '앰보이 듀크스The Amboy Dukes'라는 밴드가 등장했는데, 슐만 소설에서 절정이 되는 장면은 듀크스 무리에게 '몸을 내놓으려' 하지 않은 이웃 소녀를 강간하는 장면이다. (우리가 익히 발견해왔듯, 낭만적인 마법 뒤의 적나라한 실상은 언제나 이런 식이다.[46]) 하지만 롤링스톤스는 그중에서도 압권으로, 그들이 캘리포니아 지옥의 천사들과 잠시 연합한 결과 벌어진 비극은 폭력을 찬미하는 것이 얼마나 위험한지 극명히 보여준다.

강간 영웅의 실체

'헬스 에인절스'는 사실 꾀죄죄하고 별 볼 일 없는 한물간 폭주족에 불과했다. 하지만 자칭 저널리즘계의 무법자 영웅이라는 헌터 톰슨Hunter Thompson이 이들을 일약 영웅으로 포장해 1960년대 중반 미국의 감수성 예민한 대중에게 팔아넘긴 덕에, 에인절스는 신화가 되었다. 톰슨만 아니었다면, 에인절스의 사회적 의의를 강변하며 그들에게 크롬 도금처럼 빛나는 후광을 부여한 톰슨의 자극적인 고출력 산문만 아니었다면, 스와스티카 장식이 붙은 검은 가죽재킷을 입은 폭주족은 진작 캘리포니아의 일몰과 망각 속으로 사라져버렸을 것이다. 하지만 톰슨의 글 덕에 에인절스는 남부 민권운동의 영향으로 새로이 정치화된 젊은 세대에게 억압적인 시스템에 맞서는 무법자 의적으로 상징화되었고, 베트남전쟁 반대 운동에서 다시금 생명력을 얻게 된다.

톰슨이 1965년 《네이션The Nation》에 에인절스의 '무법 전통'을 옹호하는 패기만만한 글을 쓰면서 톰슨과 에인절스는 여론의 첫 주목을 함께 누렸다.[47] 《타임》과 《뉴스위크》에 에인절스가 집단 강간을 저질렀다는 이야기가 실린 것을 두고 "터무니없는 막장 소설"이라고 반박한 글이었다. 톰슨은 "헬스 에인절스는 이 세계의 시스템에 도전하려고 했을 뿐"이라고 설명하면서, 그들이 조 힐Jo Hill과 세계산업노동자동맹Industrial Workers of the World, IWW에 비견될 만큼 노동자계급에 충실하다고 썼다. 톰슨은 자기 독자가 누구인지 잘 알았고, 독자의 성향에 맞춰 작품을 써냈다. 조 힐과 IWW 조합원을 거론하고, 여기에 한 건도 아니고 두 건이나 '허위' 강간 고발을 다뤘다고 《타임》을 후려치는 것만으로 에인절스는 리버럴 좌파의 새로운 문화적 총아로 등극할 수 있었다. 톰슨은 감격에 차 거의 흐느끼는 어조로 "이들은 문명화된 위선자들은 견딜 수 없을 솔직한 방식으로 서로에게, 서로에 관해 이야기한다"고 썼다. 에인절스 단원들이 재킷에 흔히 붙이는 저 끔직한 독일 공군 휘장과 철십자 문양에 관해서는 "순수하게 장식과 충격 효과를 위한" 것이라고 달래듯이 말했다. "에인절스는 특정 정치세력과 관련이 없으며, 다른 무식한 젊은 폭력단들보다 특별히 더 인종차별적이지도 않다."

《지옥의 천사들Hell's Angels》(1967)이라는 제목의 책에서 톰슨은 폭주족의 습성을 이상한 방식으로 신화화하는 일을 계속했다. 톰슨은 가학적인 성적 기행을 비롯해 에인절스가 거들먹거리며 스스로 자백한 온갖 문제 행위를 대놓고 지지하지만 않았을 뿐 그것을 모든 남성들의 환상으로 승인해주었다.[48] 아니, 그가 정말로 지지를 하지 않기는 한 걸까? 마치 고성능 엔진을 장착한 듯한 톰슨의 문체는 용케도 날렵하게 이 질문을 타고 묘기를 부린다. 그는 사회가 에인절스에게서 실제보다 과장된 상징인 "강간광이라는 오래된 악령"을 본다고 주장했다. 톰슨에 따르면 강간광 이미지는 몇 가지 요인이 겹치다보니 만들어진 것일 뿐이다. "여성들은 강간을 당할까봐 두려워하지만, 모든 자궁의 뒤편 어딘가에는 강간이라는 말이 언급될 때마다 호기심으로 안달이 난 반항적인 신경 말단이 하나쯤 있기 마련이다." 그가 보기에 에인절스는 이런 여성들의 호기심을 기회로 활용했을 뿐이었다. "당연히, 가질 수 있는데 가져야지." 그는 한 에인절스 단원의 말을 인용한다. "그런데 여자애들은 하나같이 일이 다 끝나고 난 후에야 괜히 생각을 고쳐먹고는 강간당했다고 그런단 말이지." 톰슨은 다른 남자들도 에인절스 남자들과 크게 다를 것이 없다고 보았다. "남성들은 강간범에 대해 혐오심을 품고 이야기하고, 피해자가

우리의 의지에 반하여

비극적인 낙인이라도 달게 된 듯 이야기한다. 남자들은 피해자에게 자못 동정심을 보이지만, 실은 마음 한 켠에 언제나 의혹을 품고 있다. 여자가 강간을 당하면 남편에게 이혼을 당하곤 하는데, 남편이 **실제로는 강간이 아니었다**는 진실을 알게 된 경우이거나, 강간이 아닐 가능성이 계속 떠올라 견딜 수 없어진 경우이다. 바로 거기에 문제의 핵심, 드러내 말할 수 없는 미스터리가 있다."

아니다. 거기에 드러내 말할 수 없는 미스터리 같은 것은 조금도 없다. 톰슨은 에인절스가 자행한 윤간을 두고 "에인절스의 일원을 경찰에 찔렀거나, 사귀다 차버린 여자"에게 부과되는 "일종의 처벌"이라고 묘사한다. 이 '처벌'은 우리가 익히 알고 있는 문두루쿠와 타피라페 인디언의 훈육 관행과 그닥 다르지 않다. 톰슨은 "줄지어 선 에인절스와 관계하기"가 "마녀재판처럼 단호한 의식"이었다면서, 훈련받은 인류학 관찰자의 중립적인 시선을 흉내 내 그 '의식' 절차를 서술한다. 남자 몇이 잘못을 저지른 여자를 붙잡아 비밀스런 장소로 끌고 간 후, "옷을 벗기고 바닥에 눕혀 연장자가 그 위에 올라탄다". 에인절스 단원의 부인과 여자 친구('엄마mamas'와 '늙은 부인들old ladies')는 그 집단 훈육 절차를 지켜보도록 초대받지만 초대에 응하는 여성은 거의 없다. 톰슨은 당당하게 결론짓는다. "따라서 헬스 에인절스는 본인들이 내린 정의를 비롯해 몇 가지 작업상 정의에 따르자면 잠정적인 강간범들이다 — 그리고 이들은 20세기의 이 후반기를 사는 우리와 겉보기만큼 그렇게 많이 다르지는 않다."

대체 누구와 그렇게 많이 다르지 않다는 것인가? 다른 누구보다도 톰슨 자신이 헬스 에인절스에게 병적으로 동일시하고 있는 것만큼은 틀림없다. 그가 구축해낸 가상 인물의 이야기 속에서는 사실과 허구가 혼란스럽게 뒤섞이는 경향이 있다. 수년 후, 그는 에인절스를 신화화하는 일을 그만두고 허구를 뒤섞은 선거캠페인 르포를 쓰며 자기 자신을 신화화하는 좀 더 만족스러운 경력을 갖게 된다. 이 곧 조gonzo 저널리즘*의 창시자는 어떤 동료 기자에게 이렇게 말했다고 한다. "내가 진짜 비행청소년이었던 거 알지. …… 허위 강간 고발로 한 번 잡혔던 게 다야."[49] 영웅적인 남성상이라고 해봐야 고작 이런 부류의 손에서 만들어진 것일 뿐이다.

성적 무법자 이미지는 언제나 엄청난 호소력을 발휘한다. 내가 보기엔, 카릴 체스먼Caryl Chessman이 신비로운 후광을 얻어 1959~1960년의 사형제 반대 운동에서 국제적인 결집을 촉발하는 계기가 될 수 있었던 것도, 분명 그가 연인들의 산책로로 알려진 으슥한 곳에서 여성들을 먹이로 한 '레드 라이트 밴디트The Red Light Bandit'로서 전설을 남긴 것과 관련이 있다. 체스먼이 사형제 논란의 중심이 된 이유는 단지 살인이 아닌 범죄 혐의로 사형을 당할 처지가 된 사람이기 때문만은 아니었다. 그를 둘러싸고 대의명분이 형성될 때, 그가 저질렀을 수도 있고 아닐 수도 있는 성범죄는 사회가 가장 선호하는 희생양의 이상적인 화신과도 같은 이미지를 그에게 선사했다. 범행을 중단할 기회나 그에게 충실한 여성을 만나보지 못한, 오만하고 사랑받지 못하는 악당이라는 이미지를 말이다.

강간 전설이 악당을 신비화하는 데 기여해온 역사는 길다. 18세기에 영국의 시골 마을을 약탈하고 돌아다니며 "간혹 하녀들을 강간"한 노상강도 딕 터핀Dick Turpin[50]은 갖가지 이야기와 민요로 전설이 되었다. 멕시코에 마치 진짜 혁명이 일어난 것만 같던 시대에, 미

---

* 저자가 1인칭 주인공이 되어 객관적 사실 보도보다는 글쓴이의 주관을 강하게 드러내는 방식.-옮긴이

국 기자들은 일명 '대단한 사내mucho hombre'라던 퉁퉁한 얼굴의 판초 비야Pancho Villa가 보여준 '거침없이 쏘고 거침없이 사랑하는' 기상에 열광했다. 그런 찬미자 중에는 저명한 좌파 저술가 존 리드John Reed도 있었다. 비야 본인이 세심하게 꾸며낸 비야 전설은 '마초 놀음'으로 관심 끌기의 결정판을 보여준다. 신출귀몰한 '카우디요caudillo'는 누더기 군대를 이끌고 멕시코를 가로지르며 "토지와 자유Tierra y Libertad!"를 외치면서 여성 농부와 술집 여급을 탐욕스럽게 정복했다. 그런데 이런 건달 같은 부류 중에서도 비야만큼 그 강간 업적을 찬양하거나 확인(실은 부인)하려고 애쓰는 전기작가를 많이 거느린 경우는 없었다. 소위 '동조자simpático' 중 하나인 보즈웰은 찬사를 아끼지 않았다. "농신제 기간의 약탈 후, 어제까지 머리를 조아렸던 농장 일꾼들은 오늘, 현기증이 날 정도로 엄청난 자유와 권력을 누리게 되자 어쩔 줄 몰라했다. 원하는 것을 하고 뜻하는 바를 움켜쥘 자유. 원하는 곳에 씨 뿌리고 죽이고자 하는 자를 죽일 권력."[51] 존 리드는 한술 더 떴다. 그는 자신의 영웅을 이렇게 옹호했다. "그게 뭐가 문제인가? 강간을 하기야 했겠지."**

강간 이야기는 비야 전설의 핵심, 이 문맹의 남자가 '부자에게 훔쳐서 빈자에게 주는' 의적으로 변모하는 결정적인 계기가 되는 장면에도 등장한다. 충실히 기록되어 전해지듯, 젊은 판초 비야의 첫 살인은 처녀인 누이를 범한 악랄한 지주에게 피의 복수를 한 것이었

** Barbara Gelb, *So Short a Time*, New York: Norton, 1973, p.66. 흥미롭게도, 리드의 멘토인 링컨 스테펀스는 리드와 강간에 대한 견해를 달리했던 것으로 보인다. 윌슨 대통령이 베라크루즈를 점령하기 위해 해군을 보냈는데, 이를 두고 멕시코인들이 침략 행위라고 규탄하자, 윌슨이 이해가 가지 않는다며 화낸 일을 회상하면서 스테펀스는 이렇게 비꼬았다. "우리 미국인은 남을 강간해선 안 된다는 걸 이해하지 못하는 것 같네."(Justin Kaplan, *Lincoln Steffens*, New York: Simon and Schuster, 1974, p.211.)

다.[52] 여러 누이 중 누가 강간당했는지, 강간범이 지주였는지 지주의 아들이었는지, 그것도 아니면 지역 보안관이었는지는 전기에 따라 달랐다. 비야 본인이 그때그때 되는대로 꾸며서 이야기했기 때문이었다. 좌우간 어떤 판본에서든 이 일화는 그의 소위 '공식적인 생애사'에 고정 요소로 남았고, 후일 그가 지주와 여성에게 보인 무자비함을 설명하는 '열쇠'가 되었다.

이와 유사하게 강간은 브루클린의 전설적 조직폭력배 에이브 릴리스(키드 트위스트라는 별명으로 알려진)가 권세를 얻는 과정에서도 역시나 촉매 역할을 했다.[53] 1930년대에 릴리스가 막 일을 시작했을 때, 브루클린을 장악한 조직의 수장이었던 마이어 샤피로는 릴리스의 18세 여자 친구를 강간하고 구타해 본때를 보이기로 했다. 샤피로는 그녀를 릴리스에게 돌려보내며 이렇게 말했다. "무슨 일을 당했고 누가 그랬는지 그 더러운 쥐새끼에게 똑똑히 전해라." 릴리스는 새로운 동맹을 결성해 샤피로의 조직을 쓸어버리고 브루클린을 차지하는 것으로 피의 복수를 완수한다. 이는 후일 릴리스가 지방 검사에게 자백한 내용이다. 당시 뉴스를 본 사람들은 기억하겠지만, 20개월간 경찰의 정보원 노릇을 하던 릴리스는 경찰이 뻔히 지키고 있던 코니아일랜드의 하프문 호텔 방에서 의문스러운 방식으로 '떨어져' 죽었다. 강간당한 여자 친구에 대해서는 더 이상 알려진 바가 없다.

1971년 레이에스 로페즈 티예리나^{Reis Lopez Tijerina}가 비야의 전설을 다시 불러냈다.[54] 그는 북부 뉴멕시코 토지 청구 운동을 주도하면서 '라 라사^{la raza}'('우리 종족'을 뜻하는 멕시코어)[*]를 돕는 카리스마적 '마초 의

---

* 민족 내지 인종을 뜻하는 스페인어. 여기서는 히스패닉과 멕시코계 미국인, 즉 치카노 chicano를 가리킨다. 티예리나는 '멕시코계 미국인'을 민족적 정체성으로 삼은 치카노 운동의 초기 지도자로 꼽히기도 하나, 당시 '치카노'는 멸칭에 가까운 표현이라 티예리나 본인

적'으로 이름을 얻은 인물이었다. 그는 자신이 수감되어 있는 동안 어떤 주 경찰관이 자신의 아내 패치를 강간했다며 소송을 제기했는데, 그 소송에 역사적 무게를 싣기 위해 아내가 당한 강간을 그의 종족이 겪은 수탈의 상징으로 만들고자 했다. 그러나 이 사건은 시작부터 끝까지 '마초성'의 실체를 보여주는 슬픈 사례였다. 티예리나는 감옥에서 나온 후 자기 부인이 독립적인 성적 모험을 즐겼다는 풍문을 듣고는 이혼 소송을 제기했다. 그러고 나서 그는 이 일을 이용해 정치적 이득을 취해야겠다고 생각하게 되었다. 그는 워싱턴에서 기자회견을 열어 풍문으로 도는 아내의 부정이 실은 '합법의 탈을 쓴 강간'이며, 아이 같은 정신 상태를 가진 아내가 경찰관의 접근에 저항할 수 없다는 것을 노리고 벌어진 일이라고 고발했다. 패치 티예리나를 이중으로 희생시키면서 그의 종족 '라 라사'는 잠시나마 다시 여론의 관심을 얻었다.

대중문화의 강간 미화

남성이 자기 부인과 딸, 여자 친구, 여자 형제, 어머니가 당한 성폭력을 남성 자신의 트라우마적 상처로 전유하는 일은 꽤 흔하다. 이때 남성은 강간당한 여성이 겪는 정서적 고통을 깎아내리려 들기 마련인데, 이것이야말로 주목할 만한 현상이다. 해럴드 로빈스Harold Robbins 역시 《모험가들Adventurers》(1969)에서 비야 전설을 활용한 바 있다. 폭력과 강간, 정치적 음모에 관한 이 800쪽짜리 소설은 4개 대륙

은 선호하지 않았다.-옮긴이

에 걸쳐 1,200만 권의 판매량을 세웠다. 로빈스의 라틴아메리카인 주인공 댁스는 여섯 살 때 어머니와 여자 형제, 여자 하인들이 군인 무리에게 강간살해당하는 것을 목격한다. 그 일로 입은 상처 때문에 댁스는 아홉 살에 벌써 제 손으로 강간과 살인을 시작할 마음을 품게된다. 이때 도적단이 그의 친구가 되어준다.[55]

"나도 살인하고 강간할 수 있을 만큼 나이가 찼어." 나이가 더 많은 소년이 그에게 "부리가 아직 덜 여물었다"고 조롱하자 그는 이렇게 대꾸했다.

"진정해, 꼬마 수탉." 머리가 희끗희끗한 나이 든 산적이 타일렀다. "때가 되면 다 하게 될 거야. 금방 남자가 될 게다."

그리고 그는 금방 남자가 되었다. 성적 정복과 무법 행위는《모험가들》을 관통하는 두 개의 주제로서, 이 소설이 남성성을 표현하는 결정적인 방식이기도 하다.

"세계와 여성에게 맞서는 도적"은 앤서니 버지스Anthony Burgess가 쓴《시계태엽 오렌지A Clockwork Orange》(1962)의 주제이기도 한데, 젊은 알렉스와 그 친구들이 갖가지 반사회적 행위를 저지르고 다니다가 한 작가가 보는 앞에서 그 부인에게 "넣었다 뺐다, 넣었다 뺐다"를 행하는 장면이 있다. 이 특별한 강간 장면은 남성이 강간을 이해하는 방식을 보여준다. 눈앞에서 아내가 강간당하는 것을 보는 남자의 존재가 있을 때만, 강간은 기득권에게서 토지를 몰수하는 행위이자 남자가 남자에게 맞서 벌이는 충격적인 행위로 의미화될 수 있는 것이다. 이런 식으로 강간 영웅 신화가 만들어지는 와중에 정작 여성에게는 하찮은 역할만 부여된다는 사실을 우리는 명심해야만 한다. 스탠리 큐브릭Stanley kubrick은 버지스의 소설을 영화화하면서 사디스트인 작은 알렉스를 가히 터무니없는 수준으로 미화했고, 비평가들은 이에 열광하느라 여성의 존재 따위는 거의 보이지도 않는 듯했다. 대체로 이성적인 《뉴스위크》의 논평가들도 이 영화에 열광해 제정신을 잃은 나머지, 남성뿐 아니라 여성도 그 영화를 보았다는 사실을 까맣게 잊었으며, 그 영화에서 여성들이 폭행의 피해자 말고는 아무런 역할도 하지 못했다는 사실도 잊었다. 폴 D. 짐머먼Paul D. Zimmerman은 이렇게 읊조렸다. "〈시계태엽 오렌지〉(1971)는 가장 심오한 수준에서 인간 본성의 오디세이이며, 인간이란 진정 무엇인가에 대한 진술이다. …… 환상의 인물인 알렉스는 우리 모두의 내부에 있는 어둡고 원초적인 무엇인가에 호소한다. 그는 분노를 분출하고 즉각적인 성적 만족을 얻고 싶어 하는 우리의 욕망을, 복수를 원하는 억압된 본능을, 모험과 흥분을 원하는 우리의 욕구를 행동으로 드러내 보여준다."[56]

피노키오 코를 달고 가위를 든 불량배들이 자신을 대신해 즉각적인 만족과 복수, 모험을 추구하면서 욕망을 실행에 옮겨준다고 여긴 여성은 단 한 명도 없을 것이라고 장담한다. 사실 영화감독 본인이 비슷한 말을 하지 않았다면, 《뉴스위크》에 실린 저런 평은 흥분한 필자 한 명이 지나치게 호들갑을 떤 것으로 치부하고 넘어갈 수도 있었다. 그러나 감독 큐브릭 역시 비슷한 표현을 써서 자신의 위대한 의도를 정의했다. "알렉스는 자연 상태의 인간man을, 사회가 '문명화' 공정을 부과하지 않은 상태의 인간을 상징한다. 우리는 알렉스가 살인과 강간을 저지르며 만끽하는 죄의식 없는 자유의 감각에, 우리 본연의 야만적인 자아를 누리는 감각에 잠재의식적으로 반응하는 것이며, 이 이야기가 갖는 힘은 그런 인간의 진정한 본성을 잠시 들여다보게 해준다는 데 있다."*

---

* Bernard Weinraub, "Kubrick Tells What Makes 'Clockwork Orange' Tick," *New York Times*,

〈시계태엽 오렌지〉와 비슷한 시기에 상영된 다른 영화들을 살펴보면, 이 영화가 전혀 특별한 일탈이 아니었음을 알 수 있다. 히치콕Alfred Hitchcock의 〈프렌지Frenzy〉(1972)와 페킨파David S. Peckinpa의 〈스트로우 독스Straw Dogs〉(1971), 로버트 미첨이 나오는 〈고잉 홈Going Home〉(1971) 역시 강간을 미화한 것으로 유명했다. 빅토리아 설리번Victoria Sullivan이 《뉴욕 타임스》 일요판 연예란에 〈프렌지〉를 평하는 글을 실었는데, 대단히 예리해서 나로서는 더 보탤 말이 없다. 그녀의 글을 인용하자면, 〈프렌지〉의 기저에 깔린 메시지는 이렇다. "사이코패스 강간범은 기본적으로 좋은 남성이지만 어머니 때문에 망가진 자들이다. …… [그리고 이 영화는] 여성이 자신의 취약성을 생생하게 되새기도록 한다." 나는 그녀가 분노에 차서 내린 결론에 진심으로 동의한다. "나는 갑자기 보복하고 싶어졌다. 그러니까 여자들에게 강간당하는 남자가 나오는 영화를 보고 싶어졌다. …… 자기보다 여자가 더 크고 강하며 훨씬 더 잔인하다는 사실을 갑자기 깨닫게 된 남자의 눈동자에 떠오른 공포 어린 표정을 카메라가 오랫동안 비추는 것을 보고 싶어졌다."[57] (설리번의 이 여성 친화적인 평을《뉴스위크》고참 비평가의 평과 비교해보자. 이 비평가는 자신이 모든 관객을 대변한다 믿으며 이렇게 썼다. "살인자의 신음 소리와 희생자가 애원하는 소리가 뒤섞이면서 점차 고조되는 히치콕의 생생하고 잔인한 강간 시퀀스 연출은 우리에게 잠재되어 있던 짜릿한 흥분의 방아쇠를 당긴다. …… 관객들로 하여금 범죄 천재의 행위에 공모[하도록 만든다]."[58])

Jan. 4, 1972. 한편 또 한 명의 저명한 영화감독 루이스 부뉴엘Luis Bunuel은 영화 〈비리디아나Viridiana〉(1961)를 만든 이유를 밝히면서 큐브릭보다는 한결 솔직하게 말했다. "어릴 때 나는 스페인 여왕과 사랑을 나누는 꿈을 꿨는데, 그녀는 그야말로 금발에 하얗고 숭고한 수녀였어요. 나는 궁전에 침입해서 여왕 폐하를 끌어내 강간하는 꿈을 꾸었습니다. 비리디아나는 그런 자위용 꿈의 결정체죠." Carlos Fuentes, "The Discreet Charm of Luis Buñuel," *New York Times Magazine*, Mar. 11, 1973, p.87.

미첨이 나오는 영화 〈고잉 홈〉은 아들이 아버지의 친구인 여성을 강간하는 내용을 담고 있는데, 할리우드 심의 결과 GP(모든 연령 관람 가능) 등급을 받았다는 점에서 주목할 만하다. 아이들도 볼 수 있다는 것이다! (그리하여 어린 소년들은 영화에서 중요한 교훈을 얻는다.) 흥행을 유도할 수 있는 GP 등급을 얻기 위해서 영화는 화제가 된 강간신의 몇몇 장면을 지워야 했다. 영화사가 몇몇 부분을 삭제했다는 사실을 알게 된 감독이 화를 내며 했다는 이야기는 그가 의도한 바는 아니지만 아이러니하다. 그는 이렇게 절규했다. "그들이 제멋대로 일방적으로 내 영화를 강간했다."[59]

영화를 만드는 이들이 강간을 미화하는 데 과도하게 기쁨을 느끼고—비평가 앨진 하메츠Aljean Harmetz는 그렇게 만들어진 강간신이 할리우드에서 2년간 20건에 이른다고 언급했다[60]—, 여성 피해자도 그것을 즐기는 듯이 포장하는 경우까지 자주 나오지만(〈스트로우 독스〉나 〈블룸 인 러브Blume in Love〉[1973]의 경우), 이런 그들마저 강간 범죄의 한 가지 양상만은 좀 더 세심하게 다루는 경향이 있다. 바로 플롯의 전개상 강간이 남성이 다른 남성에게 행하는 복수가 될 때 그렇다. 동성 간 강간으로 복수하는 이야기도 있고, 두 남성 간의 더 큰 싸움에서 여성 피해자를 복수의 매개체로 삼는 이야기도 있다(이 마지막 범주에 해당하는 영화는 대부분 할리우드를 기원으로 하지 않는다).

제임스 디키James Dickey의 소설을 기반으로 만든 영화 〈서바이벌 게임Deliverance〉은(1972) 영화사상 가장 못생긴 강간범들이 저지르는 가장 추한 강간을 보여준다. 이 영화가 관객들을 소름 끼치게 만들려는 의도로 동성 간 강간 장면을 이용하고 있다는 점은 의심의 여지가 없으며, 성적 흥분을 유도한다고 해석할 여지는 전혀 없다. 미화하거나 영웅시하는 것과는 거리가 멀게도 〈서바이벌 게임〉에 등장하는 오지의 강간범들은 혐오스러운 외양에 평균 이하의 지능을 가진 것으로 보인다. 이 영화에서 영웅시되는 쪽은 강간 행위가 아니라 피해자의 친구가 강간범들에게 행하는 정당방위 살인으로, 여성 피해자의 여성 친구들에게는 한 번도 허용된 적 없는 종류의 복수이다. 이처럼 강렬한 영화를 보고 극 중의 강간폭행범과 동일시하면서 자신의 남자다움을 음미하는 관객은 아마 한 명도 없을 것이다. 여기서 중요한 지점은 관객이 극 중의 주요 피해자와 동일시해 지나친 공포를 느끼게 되는 사태를 방지하기 위해 피해자 역시 뚱뚱하고 쉽게 발끈하며 '여자 같은' 인물로 부정적으로 그린다는 점이다. 흥미롭게도 비평가들은 이 영화의 강간에 관해서만큼은 '남자의 진정한 본성'이라든가 '모험과 흥분을 원하는 우리의 욕구' 따위의 표현을 사용하지 않았다. 대신 그들은 강간신을 은유적으로 이해해 환경이 사람을 강간한다는 식의 이야기를 늘어놓았다.[*]

후일 〈베이비 돌Baby Doll〉(1956)로 영화화된 주목할 만한 단편극 〈목화로 가득 찬 27개의 마차Twenty-seven Wagons Full of Cotton〉(1945)에서 테네시 윌리엄스Tennessee Williams는 재산권을 두고 벌어지는 범상치 않은 다툼을 중심으로 매혹적인 이야기를 엮어낸다. 주인공 제이크는 동네 목화를 처리하는 계약을 차지하기 위해 이웃의 목화 조면기에 불을 지른다. 그가 그야말로 경쟁자의 '불알을 쥐어' 일을 따낸 행운을 흥청망청 축하하며 조면기에서 첫 번째 솜을 뽑아내고 있을 때, 분노한 이웃 남자가 제이크의 집에 침입해 제이크의 아내를 강간한다. 희

---

[*]   《뉴스위크》에 글을 실은 폴 D. 짐머먼은 강간범과 피해자 어느 쪽에도 동일시하지 않았고, 이 영화 자체를 좋아하지 않았다.(*Newsweek*, Aug. 7, 1972, p.61) 《타임》의 평자는 영화의 환경론적 함의를 곱씹다가 안개 속을 더듬듯 이렇게 결론 내렸다. "결국 남자를 강간한 것은 자연, 즉 길들일 수 없는 힘을 지닌 자연이었다." (*Time*, Aug. 7, 1972, p.75.)

곡은 그 이웃 남자가 방화 때문에 처리하지 못한 27개 마차 분량 목화의 대가로 제이크의 머리가 모자란 아내의 몸을 차지해서 복수하려 했다고 암시하며 끝난다.[**]

이처럼 남성이 남성에게 복수하는 주제는 구로사와 아키라^{Kurosawa Akira}의 영화 〈라쇼몽^{Rashomon}〉(1950)에도 등장한다. 이 일본 고전영화에서는 한 정력 넘치는 도적이 귀족계층의 일원을 방자하게 모욕하고자 젊은 귀족의 눈앞에서 그 부인을 강간한다. 도적 시점의 이야기에서 도적은 자신의 동기를 상당히 직설적으로 표현한다. "나는 그가 보는 앞에서 여자를 차지하고 싶었다." 그는 으르렁거리며 말한다. 힘없는 젊은 귀족이 닭처럼 꼼짝없이 묶여 몸부림치는 동안 도적은 자기 말대로 했다. 도적은 의식적으로든 무의식적으로든 '강도와 강간^{des vols et des viols}'이라는 이중의 수단을 통해 계급 간 전쟁에 참가한 것이며, 그 전쟁에서 그는 높은 신분의 적을 칼로 위협해 재산을 방어할 수 없게 만들어서 승리를 거둔 셈이다. 도적은 귀족 부인이 실은 그가 보낸 눈길을 즐겼다고 자랑스럽게 뽐내며 이를 남자다움을 더욱 부각시키는 증거로 삼는데, 경찰 사건 기록부의 강간범들에게서 드물지 않게 나타나는 거만함이다.

[**] 테네시 윌리엄스는 언제나 강간 테마를 예민하게 다뤘다. 희곡 〈욕망이라는 이름의 전차〉(1947)에서 스탠리 코왈스키가 블랑쉬 듀보이스를 강간하는 장면 역시 전혀 미화하지 않았다. 그 장면에서 스탠리는 니힐리즘의 어두운 힘을 상징하며, 블랑쉬는 깨지기 쉬운 열망을 표현했다. 그리고 여기에 계급 적대가 한층 더 겹쳐 있다. 스탠리가 이미 스텔라를 고상한 척하는 남부 상류층 대농장주 계급을 표상하는 "그 하얀 기둥으로부터 끌어내린" 전적이 있기에, 극의 흐름상 스탠리가 언제나 경멸스러운 어조로 나일강의 여왕 폐하, 블랑쉬 공작부인이라고 부르곤 했던 여성을 강간해 비슷한 위업을 다시 한 번 이루려 들 것이라고 예측하기는 어렵지 않다. 그리하여 강간 장면이 클라이맥스를 이루며 성립된다. 블랑쉬는 남성 보호자가 없어 취약한 상태다. 밋치는 그녀에게 난잡한 성편력이 있다는 사실을 알고는 등을 돌린다. 백만장자라는 댈러스의 셉 한트리는 그녀의 망상일 뿐이다.

귀족 부인은 도적의 이야기를 반박한다. 그녀는 강간을 즐기지 않았다고 단호하게 말한다. 너무나 흥미롭게도 그녀의 남편은 부인 시점의 이야기를 지지하지 않는다. 무덤에서 도로 불려나온 남편은 눈앞에서 부인이 다른 남자와 관계하는 것을 지켜봐야만 했다고 울면서, 자신을 배반하고 유혹하듯 행동한 아내에게도 일부분 책임이 있다고 주장한다. 그는 자신이 도적에게 살해당했다는 도적 시점의 이야기도 반박하는데, 자신은 살해당한 것이 아니라 명예를 지키기 위해 할복자살한 것이라고 주장한다. 이 이야기의 최종 판본을 제공하는 이는 모든 것을 목격했다는 떠돌이 나무꾼이다. 나무꾼의 이야기에서 모든 등장인물은 영웅적인 것과는 거리가 먼 왜소한 모습을 드러낸다. 나무꾼에 따르면, 강간으로 인해 가치가 떨어진 손상된 재산이 된 여자를 두 남자가 모두 거부하자, 여자가 그들 간의 싸움을 부추겼으며, 그렇게 한심한 칼싸움을 벌이던 중 도적이 얼떨결에 귀족을 죽이게 되었다는 것이다.[*]

---

[*] 마리오 푸조는 소설 《대부The Godfather》(1969)를 통해 〈라쇼몽〉과는 다른 관점에서 강간으로 '손상된 재산'이라는 주제를 훌륭하게 다룬 바 있다. 소설 도입부에서 한 장의사가 돈 코를레오네에게 정의를 실현해달라며 청원을 넣는다. 장의사의 딸이 '이탈리아인이 아닌' 두 청년에게 잔혹하게 강간당할 뻔했는데, 미국의 재판 시스템을 잘 모르고 실수를 해서 두 범인이 집행유예로 풀려났다는 이야기를 한다. 목숨은 구했지만 외모를 망친 소녀는 계속 이렇게 말한다. "아버지, 아버지, 그자들이 왜 저에게 이런 짓을 한 걸까요?" 돈 코를레오네는 이 질문에 답을 주지 않는다. 이 사례를 재판했던 판사처럼 그 역시 이 사건을 심각하게 여기지 않는다. "그 남자애들은 어려서 혈기가 넘치는 거지." 그는 심란해하는 남자에게 이렇게 말한다. "그리고 그중 하나는 힘 있는 정치인의 아들이야." 그는 소녀의 아버지에게 병원에 있는 딸에게 사탕과 꽃을 보내라고 조언한다. 하지만 청원을 하러 온 아버지는 "딸은 다시는 아름다움을 되찾을 수 없을 것"이라고 말하면서 기세를 누그러뜨리지 않는다. 그렇게 돈 코를레오네가 그의 마피아 '가족'에게는 미국 사법 시스템보다 더 큰 권한을 갖고 있다는 사실이 두 남자 사이에서 다시 한 번 확인되자, 돈은 "손 좀 봐줘"라면서 강간 미수범들에게 사람을 보낸다. Mario Puzo, *The Godfather*, New York: Fawcett Crest, 1969, pp.29–33.

하지만 〈라쇼몽〉이나 데 시카의 〈두 여인〉(3장에서 제2차 세계대전에 관해 이야기하면서 이미 언급한 바 있다) 같은 영화는 언제나 예외적인 영화일 뿐이다. 전형적인 할리우드 영화는 더도 덜도 아니고 약간의 도발적인 생기를 더하기 위해 강간을 끼워넣는다. 시나리오 작가 엘리너 페리Eleanor Perry는 〈열차강도의 사랑The Man Who Loved Cat Dancing〉(1973)의 시나리오를 쓰면서 그런 불문율을 위반하고자 강간신 삽입에 반대해 싸웠으나 결국 졌다. 후일 그녀는 이렇게 말했다. "나는 [여주인공이] 스스로를 방어할 거라고 생각했다. 그래서 그녀는 강간당하지 않을 거라고 생각했다. 그러나 감독과 공동제작자는 생각이 달랐다. 영화에는 강간신이 들어 있었다. 그 남자들 중 하나가 나에게 말했다. '뭐, 강간에 흥분하는 남자들이 있으니까.'"[61] 앨진 하메츠는 강간신이 어떻게 영화계의 추한 트렌드가 되었는지를 연구하던 중 다음과 같이 단호히 말하는 제작자를 한 명 발견했다. "우리는 사람들이 보고 싶어 하는 것을 제공한다."

영화 제작자는 대중이 보고 싶어 하는 것을 제공할 뿐이라는 이야기는 결코 답이 될 수 없다. 남성인 영화 제작자들은 세계가 어떻게 되어 있는지에 관해 남성으로서 그들 고유의 생각을 대중에게 전한다. 그들은 그런 식으로 소위 대중의 사고방식에 영향을 미칠 뿐아니라, 그 사고방식을 형성하고 영속화한다. 나는 대중문화계 인물들이 정말로 심각하게 사람들의 사고방식에 영향을 끼친다고 믿기 때문에 이 장에서 그런 인물들을 다뤘다. 대중문화계 인물들은 특히나 우리 사회에서 강간범이 될 가능성이 높은 집단인 청소년기 남성의 사고방식에 영향을 끼친다. 하지만 그렇다고 스탠리 큐브릭이나 믹 재거, 해럴드 로빈스 같은 이들만 유독 강간을 미화하고 있다고 주장하려는 것은 아니다. 오늘날 강간 영웅을 옹호하는 자들은 도처에서 활동 중이며, 미국 지성계의 모든 영역에서 모습을 드러내고 있다. 〈강간〉이라는 제목의 소위 이른 아침 섹스 시詩("이 아침 네 위에서, 네 평평한 배 위에서 …… 네 눈은 혐오감으로 열려 있지만 더 이상 싸우지는 않지")[62]에 지면을 할애하는 것이 적절하다고 여긴 고급 시 비평지《뉴욕 쿼털리New York Quarterly》부터 강간을 '반란'으로 보는 정치 이론을 주조해내려는 몇몇 흑인 지식인들의 어처구니없는 시도, 이 시대 미국의 편지왕인 소설가 노먼 메일러Norman Mailer가 둔하고 수동적인 난자를 향해 영웅적으로 헤엄쳐가는 공격적인 정자라는 신비주의적 사이비과학 원리를 남성 지배에 관한 자신의 가치관에 결합시키고는,[63] 자기 순회 강연에 온 대학생 청중에게 "약간의 강간은 남자의 영혼에 좋다"[64]는 선언을 선사한 것까지 광범위한 영역에서 튀어나오고 있다.

강간 신화의 말로: 농담처럼 무마하기

애국주의가 악당의 마지막 도피처라면, 어릿광대짓은 강간 영웅의 마지막 도피처이다. 남성들이 정의해온 영웅주의의 개념 자체가 오늘날 심각한 재평가를 거치고 있는 것으로 보인다. 빛나는 갑옷을 걸친 중세 기사는 이제 녹슬어 덜커덕거린다. 헬스 에인절스 같은 무뢰한들은 대체로 한물간 하찮은 불량배로 여겨지며, 실제로 그렇다. 미래의 남성은 여성에 대한 공격성이나 여성을 보호하는 힘으로 자신의 남성성을 정의하지는 않을 것이라고 나는 확신한다. 현재 그들은 자신이 취해야 할 적절한 입장이 무엇인지 상당히 혼란스러워하고 있다. 나는 에드 불린스Ed Bullins의 소설《마지못한 강간범The Reluctant

Rapist》(1973)이 그런 이유에서 상당히 주목을 받고 있다는 사실을 발견했다.[65] 흑인인 불린스는 엘드리지 클리버가 보여준 것과 같은 영웅적 반란으로서 강간이라는 발상과 그런 발상을 터무니없는 웃음거리로 만드는 현실 사이에서 갈등하며 모순되는 진술을 늘어놓았는데, 그가 지독하게 솔직한 것인지 아니면 그저 농담을 하는 것인지 독자가 확실히 아는 만족감을 누릴 수 없게 하는 방식으로 그 갈등을 해결했다.

불린스의 주인공은 소설 전반에 걸쳐서 흑인 여성과 백인 여성을 고르게, 열정적으로 강간한다. 처음에 흑인 여성으로 시작해 백인 여성으로 대상을 옮겨가는 면에서는 클리버와 비슷하지만, 익살과 자기풍자를 수행한다는 점에서는 다르다. "나는 사실 연인이다." 그의 영웅은 이렇게 선언한다. "끌리지 않는 상대를 강간하는 일은 내키지 않는다." 강간당한 여성이 그가 적의를 가지고 그렇게 했을 거라고 '오해'한다는 점에 놀라움을 표하면서 그는 이렇게 항의한다. "내가 나에게 쾌락을 제공해주는 원천인 여자들을 혐오할 리가 있나. 술에 취했거나, 지독하게 흥분했거나, 우울하거나, 장소가 너무 어둡거나, 누군가 동지애가 넘쳐 내게 여자를 권하길래 어쩔 수 없이 그런 거지. 여자가 원치 않는데도 여자의 몸을 고의로 취한 적은 별로 없다고."

이 마지못한 강간범은 그가 정복한 상대 중 몇몇이 "그들의 의지에 반해 이용당하고 나서 평정을 되찾기"만 하면 그의 약탈 행위를 "있는 그대로 찬사로" 받아들였다고 독자에게 알려준다. 헌터 톰슨이 그려낸 헬스 에인절스와 다른 남편들과 마찬가지로 불린스의 영웅도 여자들이 공모할 것을 걱정하면서 왜 자신이 전혀 죄책감을 느끼지 않는지 희미한 우려를 품는다. 하지만 그는 이 사라지지 않는 의심을 일축하며 피해자를 "내 남자다움의 태양을 바라보는 달"이라고 부르고, "남자가 그녀를 어떻게 다룰지 결정하는 것은 그녀의 몫이 아니"라고 선언한다. 가장 야심차고 바보 같은 해설을 늘어놓는 부분에서 그는 강간이 그가 여성에게 대가로 제공할 수 있는 최상의 찬사라고 주장한다. "여자가 강간을 당했다며 공권력에 호소할 수 있는 힘을 갖고 살아남도록 내버려둔다면, 또한 그 여자가 실제로 공권력에 호소한다면 강간을 저지른다는 것은 목숨을 거는 일이 되기 때문이다." 다음 문장에서 그는 이렇게 말한다. "그러나 솔직히 말해 기회가 조금이라도 속살을 드러낸다면 나는 상대가 비늘 달린 뱀이라도 강간할 것이다. 어쨌든, 모든 것은 생각하기 나름이니까 ……"

그렇다. 모든 것은 생각하기 나름이니, 삶이 예술을 모방하는지, 예술이 삶을 모방하는지는 강간 영웅과 관련해서는 중요한 문제가 아니다. 이 문제와 관련해서는 사실에서 허구로, 허구에서 사실로 무섭도록 편리하게 옮겨 다닐 수 있는데, 남자들이 신화를 창조하고 그것을 행동으로 실현하는 일을 계속해왔기 때문이다.

먼 거리에서 한 비행기 납치범을 분석한 정신과 의사들이 비행기를 납치하고자 하는 소망을 여성을 강간하고 싶어 하는 발기 불능자의 소망이라고 주장한 바 있다. 이런 식의 설명은 흔히 비이성적인 행위에 대한 '논리적인' 설명으로, 일종의 숨겨진 진실을 밝혀낸 분석으로 제시된다.[66] 언론에 공개된 다른 두 비행기 납치범에 관한 경찰 사건 기록부를 보면 감탄이 나오는데, 두 남성 모두 디트로이트에서 강간 혐의로 수배 중이었으며 공중에서 엄청난 소동을 벌이기 전 몇 달간 보석 조건을 어기고 도망친 상태였다.[67]

나일론 스타킹을 얼굴에 덮어쓴 무장한 남성들 네 명이 코네티컷주 그리니치의 화려한 저택을 턴 사건이 있었다. 당시 집주인은 일로 집을 비운 상태였다.[68] 그들은 컬러 TV와 재봉틀을 훔쳤고, 현금과 은제품을 찾으려고 집을 뒤지던 중 한 명이 여자 가정교사를 발견하고는 그녀를 아래층의 침실로 끌고 가서 전화선을 뜯어내 묶고 강간했다. 이것은 전설적인 영국 노상강도 딕 터핀의 최신 판본인가?

두 명의 브롱크스 10대가 아파트 문으로 들어가는 49세 여성을 뒤따라가서 강제로 안으로 들어갔다.[69] 집 안에 있던 그녀의 남편은 뇌수술 후 요양 중이었다. 이 젊은이들은 움직일 수 없는 장애가 있는 남편이 눈물을 흘리며 보고 있는 앞에서 피해자를 강간했다. 이 젊은이들은《시계태엽 오렌지》를 본 것일까?

콜로라도 주교도소에서 탈출한 세 명의 죄수가 뉴멕시코와 텍사스를 가로지르며 광란의 소동을 벌였다.[70] 오랜 원한을 갚기 위해 '살생부'를 만들었다는 이야기가 있었다. 수백 명의 경찰이 이들을 추적한 4일간 나라 전체가 그 살해 행각의 자취를 좇았다. 보복으로 시작된 일은 무차별 폭주와 메스키트 숲속의 총격전으로 치달았다. 당신이 자포자기해서 발악하는 자칭 '떠돌이 용병'이라면, 멕시코 국경을 넘을 수 없다는 것을 깨달은 순간 무엇을 하겠는가? 당신은 총을 겨눠 여성들을 인질로 잡은 후 그들을 반복해서 강간한다. 당신이 '남자'라는 것을 세상에 알리기 위해.

10

여성이 강간을 원한다고?

여성은 강간 피해자가 되도록 훈련받는다. '강간'이라는 단어의 의미를 배우는 것만으로도 남성과 여성 간의 권력 관계를 받아들이게 된다. 아무렇지도 않은 척 웃으며 이야기한다고 해도, 강간에 관해 이야기하는 것 자체가 피해자가 되기 쉬운 여성의 지위를 인정하는 일이 되어버린다. 우리는 어릴 때부터 사람들이 이렇게 속닥이는 소리를 듣는다. **'여자애들은 강간을 당해'** 남자애들은 아니고. 메시지는 분명하다. 강간은 우리의 성별과 뗄 수 없는 관계라는 것이다. 강간은 여성에게 일어나는 끔찍한 일이다. 그것은 계단 꼭대기에 드리운 어둠이자 길모퉁이를 돌자마자 나타나는 바닥을 알 수 없는 심연이고, 우리가 조심해서 걸음을 내딛지 않으면 바로 우리의 운명이 될 그런 것이다.

강간은 감지할 수도 없는 방식으로 우리의 유년기 의식에 침투한다. 읽는 법을 배우기도 전에 우리는 피해자의 정신 상태를 주입당한다. 동화는 유독 작은 소녀에게만 닥치는 듯한 재앙과 모호한 두려움으로 가득 차 있다. 상냥하고 여성스러운 빨간모자는 숲에 사는 사랑하는 늙은 할머니를 방문하러 가는 길이다. 늑대가 어둠 속에 숨어서 작고 부드러운 먹잇감을 바라본다. 빨간모자와 할머니는 모두 수컷 늑대의 힘과 꾀 앞에 무력하다. 늑대의 큰 눈, 큰 손, 큰 이빨. "너를

　　　우리의 의지에 반하여

더 잘 보려고, 너를 더 잘 붙잡으려고, 너를 잡아먹으려고 그러지. 아가야." 늑대는 몸싸움을 하는 수고조차 전혀 들이지 않고 두 여성을 한 입에 삼킨다. 하지만 사냥꾼이 들어온다. 그가 이 터무니없이 잘못된 상황을 바로잡을 것이다. 친절한 사냥꾼의 힘과 꾀는 늑대보다 우월하다. 사냥꾼이 칼 하나를 꽂아 비트는 것으로 빨간모자와 할머니는 늑대의 배 속에서 구조된다. "아아, 저 안은 너무 캄캄했어." 빨간모자가 훌쩍이며 말한다. "앞으로 평생 다시는 딴 길로 빠져 숲을 돌아다니지 않을 거야⋯⋯"

빨간모자는 강간에 관한 우화이다. 집 밖 숲속에는 무서운 남성의 형상이 있고 우리는 그들을 다른 이름도 아니고 늑대라 부르며, 여성은 그 앞에서 속수무책이다. 소녀들은 제 갈 길에서 벗어나지 않고 바짝 붙어 갈수록, 모험을 하지 않을수록 좋다는 이야기를 듣는다. 만약 행운이 따른다면 착하고 친절한 남성이 당신을 재앙에서 구해줄 수도 있다. ("우습게도 내가 만난 남자들은 모두 나를 보호해주고 싶어 했어." 배우 메이 웨스트Mae West가 말했다. "그런데 무엇으로부터 보호하겠다는 것인지 모르겠더라고."*) 옛이야기 책에서 잭은 거인도 죽일 수 있지만, 빨간모자는 보호받기 위해 친절한 사냥꾼을 기다려야만 한다. 빨간모자 이야기가 잠재의식에 스며드는 메시지를 포함하고 있다는 내 주장이 의심된다면, 피터와 늑대 이야기에서 피터가 늑대를 만났을 때 얼마나 잘 대처하는지, (수컷) 돼지 삼형제의 생존 전략은 어떤지 한번 비교해보라. 이들 중 크고 사악한 늑대를 두려워하는 이가 있는가? **소년들은** 결코 두려워하지 않는다.

빨간모자는 터무니없을 정도로 수동적이다. 하지만 잠자는 미

---

* 영화 〈마이 리틀 치카디My Little Chickadee〉(1940).

녀의 수동성은 한술 더 뜬다. 미녀는 왕자의 키스를 받고 깨어나기까지 100년간 움직이지 않고 누워 있기만 한다. 여성 섹슈얼리티에 관한 교훈으로서 잠자는 미녀가 주는 메시지는 분명하다. 어여쁜 공주는 사태를 바로잡아줄 '정의남'께서 납실 때까지 가만히 있어야 한다는 것이다. 왕자만이 공주를 깨울 수 있다. 그녀는 자기 힘으로 위업을 이룰 수 없다. 여성의 역할이란 예쁘게 수동적으로 가만히 있는 것이다. 유리관 속의 백설공주도 왕자가 나타날 때까지 움직일 수 없는 상태로 누워 있다. 신데렐라 역시 비참한 상황에서 해방되기 위해서는 왕자가 있어야 한다. 여성의 섹슈얼리티는 이런 식으로 정의된다. 예쁜 수동성. 기다려라, 그냥 기다리기만 해라, 완벽한 왕자님이 곧 오실 테니. 만약 문밖에 있는 것이 왕자가 아니라 크고 사악한 늑대라고 해도 여자로서 적절한 처신은 그냥 가만히 있는 것이다. 늑대는 너보다 더 크고 더 힘이 세니까. 왜 맞서 싸우려고 하니? 걱정하지 않아도 된다, 작은 소녀야. 힘 세고 친절한 사냥꾼이 숲을 순찰하고 있으니까.

　나는 동화에 둘러싸여 컸지만, 제2차 세계대전은 아이가 있는 집 안까지 강력한 강간 이미지를 들여보냈다. 나의 부모는 응접실 탁자에 자랑스럽게 내놓을 만한 화집을 갖고 있었는데, 그 화집의 한 페이지에는 제1차 세계대전 때 인기를 누렸던 선전선동 포스터가 하나 실려 있었다. 훈족의 강간이라고도 알려진 벨기에 강간에 관한 포스터였다. 이 주제를 변주한 형태의 포스터가 여러 개 있었지만, 모두 하나같이 뾰족한 투구를 쓰고 우뚝 서 있는 훈족의 발치에 머리카락을 길게 늘어뜨리고 쓰러져 있는 아름다운 젊은 처녀로 벨기에를 그리고 있었다. 제1차 세계대전의 맥락상 포스터의 목적은 간단했다. 무방비 상태의 벨기에가 독일 전쟁기계의 비극적인 희생자라는 메시지를 전하는 것. 그러나 1943년 당시 여덟 살이었던 내가 이로부터 받은 메시지는 조금 달랐다. 벨기에는 땅에 쓰러져 있는 모습조차도 예뻤다.

그 화집의 나머지를 가득 채우고 있는 과장되게 부푼 모습으로 민망하게 벌거벗은 비너스나 뻣뻣한 성모 마리아와 달리 벨기에는 너무나 아름다웠다. 그래서 나는 강간당한 벨기에를 그리고 또 그렸지만, 그녀가 왜 그저 누워만 있는 것인지 의아했다. "왜 벨기에는 저 남자를 들이받고 도망가지 않는 거지?" 한번은 부모님에게 물었다. "그건 그냥 그림일 뿐이다, 애야." 그들은 그렇게 대답했다. 그러나 그것이 그저 그림일 뿐이던가? 얼마 지나지 않아 제2차 세계대전이 벨기에의 자매를 집으로 보내왔다. 새 그림은 정치만화로, 돼지 같은 나치가 작은 오두막에서 약탈한 두 개의 마대를 끌고 나오는 그림이었다. 이번에는 머리카락을 길게 늘어뜨린 아름다운 젊은 여자가 아기를 꽉 붙잡은 채로 문간에 넘어져 웅크리고 있었다.

아름답다는 것은 곧 바닥에 쓰러져 누워 있게 되는 것임을 보여주는 강렬한 증거를 맞닥뜨린 어린아이의 마음에 어떤 일이 일어났을까? 당시는 제2차 세계대전이 한창인 때였고, 독일군은 벨기에의 시내를 다시 한 번 행진했다. 나는 브루클린에서 자란 유대인 소녀로서, 훈족과 나치가 하나이며 같고, 고로 나는 벨기에일 수밖에 없다는 결론을 내릴 수밖에 없었다. 그 다음해에 나는 밤에 자면서 이상한 광경을 몽상했다. 키 크고 잘생긴 나치 강제수용소 경비가 가시철조망 울타리 근처에 서 있었다. 그는 나를 직접 위협하지는 않았는데, 아마 당시 내가 위협이 어떤 것인지 전혀 알지 못했기 때문에 몽상의 내용도 그 정도에 그친 것 같다. 나는 안전한 거리에서 가만히 누워 있었다. 나는 무척이나 예뻤다.

스스로 불러낸 몽상인데도 너무나도 괴상하고 위험하게 느껴져서 나는 그 강제수용소 몽상을 내 공상 세계에서 아예 뿌리 뽑아버렸다. 제2차 세계대전이 끝나면서 이런 기억을 계속 품고 있을 이유는 더더욱 없어졌다. 이제부터 나는 이 괴로운 기억을 무대 삼아 여성의 피해자화된 사고방식을 조사하고 그런 사고방식이 어떻게 여성의 정신 속에 자리 잡는지 살펴볼 것이다.

강간 신화의 핵심 명제

"모든 여성은 강간당하기를 원한다"
"자신의 의지에 반해 강간당하는 여성은 있을 수 없다"
"그녀가 원했다"
"어차피 강간당할 상황이면 긴장을 풀고 즐기는 편이 낫다"

이 모두는 지독하기 짝이 없는 남성의 강간 신화이자, 여성의 섹슈얼리티를 지배하는 왜곡된 격언이다. 이 장에서 앞으로 전개할 논의에서도 이 신화가 핵심이 된다. 대부분의 남자들이 이 신화를 믿을 뿐 아니라, 남성권력의 성패가 얼마나 많은 여성에게 이 신화를 납득시키느냐에 달려 있기 때문이다. 한 여성이 자신의 패배에 기꺼이 동참하도록 만들 수 있다면 그것만으로도 이미 전투의 반은 이긴 것이기 때문이다.

남성의 강간 신화는 복잡한 어법으로 위장한 형태로 여성 섹슈얼리티에 대한 사이비과학적 연구의 주춧돌이 된다. 이런 연구는 소위 성범죄자 관련 '전문가'라는 이들 사이에서 인용되고, 더러운 농담을 즐기는 이들의 탄창을 채워준다. 이들은 고의적으로 강간의 실체를 흐리는 것이다.

남성에게는 "모든 여성은 강간당하기를 원한다"는 발상을 고수할 명목이 있다. 강간이란 남성이 자신의 남성성을 걸고 벌이는 행위이기 때문에, 여성 역시 여성성의 이름하에 강간당하기를 원한다고 믿는 편이 남성들의 이해에 들어맞는다. 남성이 만들어낸 이분법 속에서 한쪽은 행하며 한쪽은 '당한다'. 여성도 강간을 원한다는 믿음은 상대를 신경 쓰지 않는 오만한 무신경함 그 이상이다. 이는 여성도 강간을 원할 만큼 남성권력이 여성의 정신을 장악했다고 믿어 마지않는 것이다.

모든 여성은 강간당하기를 은밀히 바란다는 명제가 한번 성립하게 되면, 이는 다시 '자신의 의지에 반해 강간당하는 여성은 있을 수 없다'는 주장으로 강화된다. 발자크가 《우스꽝스러운 이야기Droll Stories》(1831) 중 한 편에서 사악한 재치를 담아 사용했던 "움직이는 바늘에 실을 꿸 수는 없다"[1]는 격언을 활용했던 것처럼 같은 주장이 약간씩 변주된 형태로 지겹도록 반복된다. 법대 교수가 자신의 형법 입문 수업 내용에 그런 농담을 끼워넣었다는 이야기도 들은 적 있다. 이런 주장은 척 보기에도 여성이 의사 표시를 충분히 하거나 민첩하게 굴기만 한다면 강간의 위협이 닥친 상황에서 다치지 않고 도망칠 수 있다는 발상을 담고 있다. 현실은 어떤가? 미국에서 한 해에만 400건의 강간살인이 발생하고, 가해자가 여럿인 윤간이 전체 강간 중 높은 비율을 차지한다. 이는 저런 진술이 얼마나 잔인한 농담인지 보여주는 강력한 증거이다. "자신의 의지에 반해 강간당하는 여성은 있을 수 없다"는 말은 여성들에게 가해자에 맞서 싸울 용기를 주려는 의도로 만들어진 말이 결코 아니다. 오히려 그 말은 강압에 의한 강간 같은 것은 존재하지 않고, 강간당하고 싶어 하는 것이 여성의 진짜 의도라고 교활하게 암시한다.

"그녀가 원했다"고 말하는 것은 강간범이 자신이 져야 할 비난의 짐을 피해자에게 떠넘기는 고전적인 수법이다. 여성이 남성을 유혹하고 '허락하지는 않으면서 달아오르게 만들어서' 강간을 유도한다거나, 부주의한 행동으로 강간을 촉발한다는 믿음이 만연한 현실이다. 남성들에게는 편리하게도 이런 현실이 자기가 저지른 행동의 실체를 가리는 연막이 되어준다. 하지만 같은 현실이 여성에게는 자기불신을 뿌리 깊이 체화하게 만든다. 그 때문에 많은, 어쩌면 대부분의 강간 피해자는 자신을 해친 저 끔찍한 행위를 촉발한 것이 대체 무엇인지, 자신의 행동인지, 태도인지, 옷차림인지 알아내려 애쓰며 고통스러워하게 된다.

우리가 삐딱한 눈으로 살펴봐야 할 마지막 격언인 "어차피 강간당할 상황이면 긴장을 풀고 즐기는 편이 낫다"는 강간이 신체적 폭력이라는 점을 고의적으로 가볍게 취급하고, 피해자가 당하는 모욕이 별일 아닌 양 깎아내리며 저항할 의욕을 꺾는다. 당신이 협조하거나 스스로의 판단과 느낌을 중지시킨다면 원치 않는 성적 접촉도 즐길 수 있다는 이 농담조의 충고는 다음의 두 가지 명제에 근거한다. 1) 여성은 남성을 이길 수 없다. 그리고 2) "모든 여성은 강간당하기를 원한다".

여성이 강간당하기를 원한다고? 우리가 굴욕과 멸시, 신체의 온전성을 침해하는 폭력을 갈망한다고? 우리가 남의 손아귀에 붙잡혀 끌려가 강간당하고 피폐해지기를 원하는 심리적 욕구를 갖고 있다고? 페미니스트가 이런 터무니없는 문제를 가지고 씨름해야만 하는가?

슬프게도 마지막 질문에 대한 답은 '그렇다'이다. 우리는 그런 문제를 다루어야만 한다. 왜냐하면 우리의 대중문화가 그렇게 해야만 한다고 명령하기 때문이다. 우리는 이 대중문화 속에서 숨쉬며, 그것을 흡수하는 것은 물론 거기에 기여하기까지 한다. 사실 조사를 하다 보면 위에 언급한 문화적 메시지들이 자주 서로 충돌한다는 것을 알 수 있다. 어떤 때는 모든 여성이 강간을 원한다고 하다가, 또 어떤 때는 애초에 강간 같은 것은 없으며 여성들이 강간당했다고 소리치는 이유란 성관계 후에 앙심이 생겨 복수하려 드는 것일 뿐이라고 한다. 하지만 어느 쪽이든 잘못은 언제나 여성에게 있다.

작가로서 높이 평가받는 존 업다이크John Updike는 실은 이런 문화를 잘 반영해 보여주는 유명 작가 중 하나다. 그의 소설에는 위에서 언급한 남성 시점의 강간론이 모두 포함되어 있다. 다음은 그의 소설 《커플Couples》(1968)의 한 구절이다.

그는 강간당한 여자가 싸우듯, 그 행위를 더 격렬하게 만들기 위해 그녀에게 맞서 싸웠다.[2]

《돌아온 토끼Rabbit Redux》(1971)에 나오는 대화의 한 구절도 있다. 교묘하게도 강간 피해자를 심판하는 화자가 다름 아닌 여성이라는 점에 주목해보자.

"여긴 꽤 슬럼화된 구역이야." 그는 재니스에게 불평했다. "최근 이 근처에서 강간이 많이 일어났다고."
"오," 그녀가 말했다. "신문은 맨날 강간 이야기만 하지. 보통 뭘 보고 강간이라고 하는지 알아? 여자가 관계 후에 마음을 바꿔 먹었을 때 그런다고."**3**

업다이크는 이런 식으로 강간 피해자를 즉결 심판한다. 오, 그런데 여성 작가인 에인 랜드Ayn Rand는 한술 더 떠 강간 피해자를 낭만화한다. 바로, 젊은 건축가 하워드 로크와 도미니크 프랭콘이라는 여성의 이야기를 담은《파운틴헤드The Fountainhead》(1943)가 그런 작품이다.

나는 20년이 넘도록《파운틴헤드》를 보지 못했다(30년간 절판되지 않고 계속 출간되고는 있었다). 도서관에서 그 책을 신청하면서 나는 700쪽이나 되는 책에서 도미니크가 재앙을 맞이하는 부분을 찾아내는 데 시간을 많이 낭비하게 될까봐 마음을 졸였다. 하지만 나만 그 장면에 관심이 많을 것이라 여긴 것은 오산이었다.《파운틴헤드》책을 도서관에서 받아와서 펼치자마자 도미니크가 강간당하는 부분이 단번에 저절로 펼쳐졌다. 그 책을 빌려 본 수백 명의 다른 독자들도 그 부분을 유독 많이 펼쳐 보았던 것이다. 두 쪽 반에 걸친 그 장면은 내가 기억했던 것만큼이나 숨 막히는 열기로 가득했다. 요즘 소설과 달리 그 소설은 두 적대자의 생식기 명칭조차 전혀 언급하지 않지만 그 장면을 놀랍도록 격정적으로 묘사하고 있었다.

20년 넘게 내 기억에 남아 있던 그 장면의 이미지는 놀랍게도 정확했다. 작업복을 입은 건축가 로크는 채석장에서 온 낯선 자로서, 늦은 밤 벽을 기어올라 창문을 통해 도미니크가 있는 곳에 침입한다. 그 안에서 두 사람은 소리 내지 않고 싸운다. 그가 승리하고 그녀는 굴복한 후, 그는 프랑스식 창문을 통해 조용히 떠난다. 대화는 단 한 마디도 없지만, 이것이 두 주인공 사이의 결합이고, 우월한 열정을 번뜩이며 드러내는 신호이며, 700쪽 정도에 이르면 독자의 시야 밖에서 이루어질 우월한 결혼의 전조라는 것이 명백히 전달된다.

이제 로크가 밤에 방문한 이후 도미니크의 관점을 빌려 펼쳐지는 에인 랜드의 강간 철학을 원문 그대로 살펴보자.

그것은 사랑의 징표로서 다정하게 수행될 수도 있지만, 굴욕과 정복의 상징으로서 경멸을 담아 수행될 수도 있는 행위였다. 연인 사이의 행위일 수도, 적의 여자를 범하는 군인의 행위일 수도 있었다. 그는 멸시하는 몸짓으로 그 행위를 했다. 사랑이 아니라 모독의 행위로서. 그리고 바로 그 때문에 그녀는 쓰러졌고 굴복했다. 그가 단 한 번이라도 다정한 몸짓을 보였다면, 그녀는 그가 그녀의 몸을 어떻게 만지든 상관없이 차갑게 굳은 상태로 아무런 감정도 느끼지 않았을 것이다. 그러나 그는 수치스러워하고 경멸하며 그녀를 소유하는 주인의 모습을 보여주었고, 그것은 그녀가 원하던 종류의 황홀감을 제공했다.[4]

한 주 후에도 도미니크는 그 일을 되새기고 있다.

나는 강간당했어⋯⋯ 채석장에서 온 빨간 머리 불량배에게 강간당했어⋯⋯ 나, 도미니크 프랭콘이⋯⋯ 그 말은 맹렬한 굴욕감을 통해 그녀가 그의 품에서 느꼈던 쾌락을 고스란히 전해주었다.
그녀는 모두에게 들리도록 소리치고 싶었다.[5]

이것이 이 책이 말하는 위대한 격정이다! 우월한 남성의 손에 굴복하고 싶은 우월한 여성의 마조히즘적 소망! 《파운틴헤드》는 20여 년 전 처녀였던 내 피를 끓어오르게 했고 아마 지금도 여학생들에게 비슷한 역할을 하고 있을 것이다.
에인 랜드는 그녀가 객관주의Objectivism라 이름 붙인 철학의 주창

자다. 이 철학은 본질적으로 극단적인 개인주의 숭배이며, 애매하게 우파적이고, 내가 '영적으로 남성'이라 부르는 부류의 것이다. 에인 랜드는 강인하고 남성 중심 가치관을 가진 여성이 자기가 우월한 남성적 사고라고 간주하는 것에 스스로를 어떻게 끼워 맞추는지 보여주는 전형이다. 로크는 에인 랜드 철학의 주인공이며, 도미니크는 단지 그를 빛내는 장신구, 그가 획득하는 상 중 가장 값진 상일 뿐이다. 그런데 로크에게 강간이 남자다움과 개인적 영웅주의를 표출하는 행위이자 도망치지 않고 직언해 멋지게 이겨낸 도전의 행위가 되려면, 도미니크에게도 강간이 동일한 가치를 지녀야만 한다. 슈퍼맨이 슈퍼우먼을 강간하면 슈퍼우먼은 그 강간을 즐겨야만 한다는 것이 에인 랜드가 스스로 뒤집어쓴 속박이었다. 그렇게 랜드는 뒤에서 곧 살펴볼 도이치처럼 자기 성별의 배신자가 된다.

프로이트주의의 강간 이데올로기

남성은 언제나 여성을 강간해왔지만, 남성의 강간 이데올로기가 여성 스스로가 강간을 욕망한다는 교리에 의존하기 시작한 것은 프로이트와 그 추종자들이 등장하면서 생긴 일이다. 여성은 본성상 마조히스트이며 '고통에 대한 욕정'으로 갈증이 나 있는 상태라는 교리는 1924년 프로이트가 〈마조히즘의 경제적 문제The Economic Problem of Masochism〉라는 논문에서 최초로 제안한 것이다. 짧은 만큼 모호한 이 흥미로운 소논문은* 여성의 마조히즘이란 "여성 특유의 상황, 다시

---

*   Sigmund Freud, "The Economic Problem in Masochism"(1924), *Collected Papers*, London:

말해 성교에서 수동적인 역할을 하며 출산 행위를 하는 여성의 상황"으로부터 획득되는 성적 성숙의 징표이자, 바람직한 발달 단계라는—프로이트의 표현으로는 "최종 단계로서의 성기기"—정신분석 법칙을 설정한다.

이후 프로이트의 남성 제자들이 대가의 주제를 열심히 세공하기는 했다. 하지만 성범죄 전문가들에게 정신분석이 궁극의 권위를 지니게 만든 업적을 세운 이는 여성이었다. 바로 빈에서 온 빼어난 정신분석학자 헬렌 도이치로, 그녀는 어떻게든 강간 피해자를 탓하고 싶었던 소위 성범죄 전문가들에게 여성의 마조히즘에 관한 장대한 이론을 제시했다. 심리학의 역사에서 도이치는 수수께끼와 같은 모순적인 존재로, 어느 누구도 쉽게 무시하거나 비웃거나 묵살할 수 없는 존재이다. 엄청난 지적 능력과 강인한 성격(그녀의 글에서 느껴지는 힘만 봐도 알 수 있다)의 소유자인 그녀는 환자들과 자기 자신의 정신의 심층을 엄격하게 조사해 여성의 섹슈얼리티에 관한 극적인 이론을 창조했다. 그녀는 첫 논문을 독일어로 작성했으나, 1935년 미국으로 건너와 보스턴에 정착한 후로는 전혀 어려울 것이 없다는 듯 탄탄하고 명료한 영어로 논문을 썼다. 1944년과 1945년에 출간된 두 권으로 이루어진 《여성의 심리학》이 그 사상의 정점이다.[6] 이 책은 여성들을 부엌으로 돌려보내려고 한 1950년대의 보수적인 여성관에 엄청난

Hogarth Press, 1948, Vol.2, pp.255 – 268. 프로이트에게 공평하고자 언급해두자면, 미국에서 영어로 번역된 '경제적economic'이라는 용어와 '욕정lust'이라는 용어의 의미는 프로이트가 독일어로 표현하고자 했던 의도와는 매우 다르다는 것도 문제이다. '경제적'을 대체할 좀 더 정확한 번역어는 '공리주의적utilitarian'일 것이며, '욕정'의 대안은 '흥분thrill'이 될 수 있다. 그리고 이런 점을 모두 감안한다 해도 〈마조히즘의 경제적 문제〉는 프로이트의 눈문 중 가장 잘 쓰여진 논문은 아니다. 이 논문은 혼란스럽고 불분명하며 프로이트의 다른 글들이 보여주는 극적인 힘도 부족하다.

영향을 끼쳤다.

마조히즘이 여성성의 핵심 요소이며 성애적 쾌락의 기본 조건이라는 도이치의 이론을 내가 처음 알게 된 것은 10대 초반이었다. 여성들에게 여성의 역할을 '받아들이는' 법을 가르치려던 당시의 모든 대중서와 잡지는 그녀의 선언을 신성한 진리처럼 인용했다. 그때부터 내게 도이치는 여성에게 적대적인 모든 것의 상징이었다. 나는 그녀가 여성의 성에 실질적이고도 막대한 피해를 끼쳤다고 믿어 의심치 않는다. 굳이 말할 필요도 없지만, 프로이트가 끼친 해악만큼이나 말이다. 하지만 《여성의 심리학》이 기념비적 작품이라는 사실 역시 분명히 말해두고자 한다. 이 책은 여성 성 심리psychosexuality의 드러내기 부끄러운 기반, **남성에 의해 조건지어진** 그 기반을 선구적으로 인정 사정없이 용감하게 탐구한 역작이다. 최후까지 극도로 엄격한 프로이트주의자였던 도이치는 **가끔 그런 상태일 때도 있는 것을 '그래야만 하는 당위**'로 착각했다. 이것이 바로 그녀의 비극이자 우리의 비극이다.

도이치는 근본적으로 강간이 여성 경험의 원형이라고 믿어 의심치 않았다. 이는 삽입성교가 수동적인 여성에게 본질적으로 고통스러운 접촉일 수밖에 없다는 그녀의 사고방식에 기인한다. 이런 태도는 그녀와 프로이트가 살았던 빅토리아 시대의 사고방식과 일치하는 것으로, 이 정신분석의 개척자들이 개인적으로 경험한 성관계 방식을 반영한 것일 수 있다. 도이치는 여성의 경우 생식기가 성숙하면 재생산이라는 여성의 역사적 임무를 수행하기 위해, 그녀의 표현으로 "종을 위해 봉사"[7]하기 위해 삽입성교의 고통을 참고 견디며 그 고통으로부터 조금이라도 쾌락을 찾도록 스스로를 가르친다고 계속해서 썼다. 인간 종족을 위한 봉사는 처음부터 끝까지 고통으로 가득한, 특히나 진통과 분만의 순간 그 고통이 절정에 이르는 성스러운 의무이며, 너무나 고통스러운 나머지 정신이 멀쩡한 사람이라면 당연히 피했을 의무지만, 마침 편리하게도 여성에게는 마조히즘이 내장되어 그런 의무를 받아들인다고 주장한 것이다.

한두 가지 측면에서는 도이치가 성과 임신 출산에 대해 갖고 있는 침울한 관점에도 충분히 현실적 근거가 있다고 인정할 여지가 있다. 하지만 나는 "종을 위해 봉사"하라며 사회가 여성에게 얼마나 강도 높은 압력을 가하는지, 그 목적이 어떻게 수단을 정당화하는지에 대해 잘 알고 있다. 따라서 나는 임신과 출산을 원한다는 이유로 여성만이 특수하게 고통에 매력을 느낄 필요는 없다고 생각한다.

저 성행위 장면, 도이치식 성행위 장면으로 돌아가보자. 진정한 프로이트주의 전통에 따라 그녀는 클리토리스를 재빨리 제거해버린다. 클리토리스는 다들 아는 '거시기'에 비하면 "부적절"하며, 질과 조합되어 기능할 때는 여성에게 "고통"을 줄 정도로 "과하게 육성된"[8] 부위이다. 도이치는 질 자체가 "생리적으로 결정되는 쾌락감각"[9]을 갖는다고(현대의 심리학자들은 동의하지 않을 테지만) 주장하면서도, 클리토리스에서 질로 성감대가 "이동"하는 것은 "한 번도 완전히 성공한 적이 없다"[10]고 인정해야만 했다. 이런 배경 위에서 그녀는 실제 성행위를 다음과 같이 묘사한다.

'발견되지 않은' 질은—정상적이고 호의적인 경우—강간 행위에 의해 성애화된다. 여기서 '강간'을 통해 성애화된다는 것은 어린 소녀가 사춘기 환상 속에서 성적인 행동을 강간으로서 실감나게 욕망하고 두려워할 때의 그 환상 속의 강간까지 포함하지는 않는다. 그런 사춘기 환상은 실제 성행위 과정을 심리적으로 준비하는 단계일 뿐이다. 실제 성

행위 과정은 환상보다는 약간 더 부드럽게 이루어질 수도 있지만, 역학적으로는 강간과 동일하다. 그 실제 과정은 한편으로 남성의 공격적인 삽입과 질의 '제압'을 통해 실현되며, 다른 한편으로는 질이 그 과정을 통해 성감대로 변화하면서 실현된다.[11]

참 대단한 관점이다. 도이치는 자신의 성관계에 대한 관점이 "완전히 수동적인 질"[12]이라는 생물학적 조건에 근거하고 있다고 언급했다. 질은 남성의 성기를 만나야만 "깨어날"[13] 수 있다는 것이다. 도이치는 그로 인해 여성이 "제압당하고 싶어 하는 뿌리 깊은 여성적 욕구"[14]를 가지고 있다고 주장한다. 그러나 한편으로는 다음과 같은 문제가 발생한다. "여성이 성관계에 종종 두려움을 갖는 것은 성관계가 여성의 신체 온전성에 대한 침해를 암시한다는 사실에서 비롯된다."[15]

또한 같은 책의 다른 장, 다른 쪽에는 이런 구절도 있다. "여성이 성과 생식 기능을 수행하기 위해 심리적으로 준비가 되어가는 과정 전체가 마조히즘과 관계를 맺고 있다. 마조히즘적 관점에서는 성행위가 처녀성 파괴 행위 내지 강간을 통한 처녀성 파괴, 고통스러운 삽입과 뗄 수 없는 관계를 맺고 있다. ······ 강간 환상은 그저 현실을 조금 과장했을 뿐이라는 점이 드러난다."[16]

도이치의 주장대로라면 강간은 그저 삽입성교를 조금 극적으로 정의한 것이 된다. 남성은 여성을 정복하려 하고, 여성은 남성의 구애로부터 도망치다가 점차 포섭당해 남성에게 제압되어야만 한다는 것이다.[17] 도이치는 이를 유인원에 대한 인간 남성의 진화적 승리로 설명함으로써 자기 이론의 격을 높이려고 한다.

모든 생물 중 오직 인간 남성만이 물건을 붙잡을 수 있는 부속기관을 보유한 덕에 완전한 의미의 강간, 즉 여성의 의지에 반해 그녀를 성적으로 소유하는 행위를 할 수 있다고 말해도 과언이 아니다.[18]

그런데 유인원도 여기에 관여한다.

인기 있는 영화나 잡지의 사진에서 인간 형상을 한 유인원이나 힘센 곰과 비슷하게 생긴 남성적인 피조물이 완전히 무력한 여성을 팔에 안고 있는 익살스러운 그림을 볼 때마다, 내가 예전에 즐겼던 추정을 다시 떠올리게 된다. 바로 저런 원시 남성이 여성을 손아귀에 넣고 그녀가 성적 욕망에 굴복하게 만들었을 것이다.[19]

여기서 도이치는 (신화적 남성상 같은 것이 있다면 바로 그것일) 킹콩을 떠올리고 있다. 털 많은 유인원인 킹콩은 한편으로는 파괴자이고 한편으로는 오해받은 보호자이다. 도이치는 교미란 애초부터 수컷이 제대로 저항할 수 없는 약한 여성에게 저지르는 폭력 행위였을 것이라고 추정한다. 시간이 흐르면서 우격다짐식 포옹과 폭력적인 삽입이 "아마도 구애와 애무를 동반하면서", 점차 여성들도 그것을 성적 즐거움으로 받아들였다는 것이다. "꽉 붙잡을 수 있는 팔로 강하게 포옹하는 힘이 방어하려고 미는 압력과 한데 엮여 여성의 몸 전체에 강한 쾌감을 유발했다."[20]

이 과정에서 유인원으로부터 백조까지 다시 단번에 거슬러 내려간다. 도이치는 그리스 신화에서 백조로 변신한 제우스에게 농락당하는 레다의 이야기를 자기가 내놓은 추정의 근거로 제시한다. 그녀는 제우스가 백조로 변신해 깃털로 레다의 전신을 감싸는 모습을 생생하게 묘사하면서, 이 장면이 분석가에게 "유혹하는 이의 힘을 그녀의 몸 전체로 느끼고 싶은 여성적 소망"을 보여준다고 주장한다.[21] 도이치 자신도 인정하듯 이는 일종의 '계통발생적 가설'에 불과하지만, 어쨌든 성기 자극으로 만족하지 못한 여성에게는 전신의 피부에 걸쳐 간지러운 자극을 느끼는 것이 오히려 행복한 성감대 이동일 수도 있겠다.

도이치는 쾌락-고통의 원칙이 여성 섹슈얼리티에 마조히즘적 특징을 부여한다는 자신의 이론을 옹호하면서, "처녀성 파괴의 고통"에 관해 자주 언급한다. '처녀성 파괴defloration'라는 표현은 바람직하게도 처녀성을 하찮게 여기는 현대의 시점에서 볼 때는 빅토리아 시대를 연상케 할 뿐이다. (기독교 문화에 노출되지 않은 지역에서는 시대를 불문하고 여성의 처녀성을 전혀 문제시하지 않는 문화들이 존재해왔다.) 처녀성 파괴 행위는 여성보다는 남성의 심리에 더 큰 중요성을 지녀왔다. 〈신명기〉에 나오는 히브리 가부장제의 법에서 볼 수 있듯, 처녀성 증명은 결혼계약에서 매우 중요한 조건으로 요구되었다.[22] 남성이 만든 실용적인 이데올로기에 따르면, 결혼식 밤에 남편이 부인의 '처녀성을 파괴'한다는 것은 이제 그의 사유재산이 된 새 물건의 포장을 뜯어서 여는 것으로, 그는 자기가 입수한 순간 물건이 손대지 않은 상태라는 확실한 증거를 원한다. 천 위에 남은 피와 고통에 찬 비명이 그가 원하는 증거이다. 만약 처녀성의 징표인 감출 수 없는 핏자국이 나타나지 않으면, 히브리 처녀는 무시무시한 결과를 맞이하게 된다. 그녀는 죽을 때까지 돌에 맞는 처벌을 받게 되며, 그 아버지의 가문도 수치를 겪게 된다. 하지만 처녀성 문제에 관해서는 여성들 역시 자신의 권리를 위해 실용주의를 발휘하곤 했다. 증거는 언제나 조작될 수 있었는데, 절정의 순간 전에 신방의 이부자리에 닭 피를 살

우리의 의지에 반하여

짝 뿌리는 불안해하는 어머니나 충실한 하인에 관한 멋진 이야기들이 지금까지 전해져 내려온다.

　나의 '처녀성 파괴'는 특별할 것이 없었다(피도 고통도 없었다). 교내 유머 잡지를 만드는 농담 좋아하는 젊은 남자였던 내 상대방은 그게 정말로 '첫 번째 시도'였는지 명랑하게 물었다. 첫 경험이 예상과 달라서 의문을 품게 된 쪽은 내가 아니라 그였는데도, 나는 그 질문이 꽤 오랫동안 은근히 신경 쓰였다. 몇 년 후 의식 고양 모임에서 처녀성에 관해 토론하는 과정에서 그 자리에 참석한 여성 여덟 명 중 일곱 명이 첫 경험에서 아무런 불편이나 통증을 겪지 않았다는 사실을 알게 되었다. 나머지 한 명만 힘든 시간을 보냈다고 하는데, 예로부터 처녀성 표시를 남긴 것은 아마도 그녀와 같은 여성들이었을 것이다. 과거에는 그토록 높이 평가되던 처녀막이 갑자기 흔적기관으로 퇴화하기 시작한 것인가(그렇다면 이것은 정말로 중요한 소식일 것이고, 생물학자 중 누군가가 이 퇴화 과정에 관해 공식적으로 기록해야 할 것이다), 아니면 처녀막의 보호 기능이 언제나 과장되어왔던 것인가? 나는 두 번째 설을 택하겠다. 장담하건대 여성을 재산으로 간주하는 개념이 사라지면서 처녀성의 중요도가 줄고, '처녀성 파괴의 고통'이 구시대적으로 보이게 된 것처럼, 생리통부터 출산 시의 극심한 진통까지 여성들만 겪는 산부인과적 고통 역시 언젠가는 구시대의 것이 될 것이다. 좀 더 정확히 말하자면, 이런 고통들은 여성의 의무로서 겸허히 받아들여야 할 것이 아니라 현대적 노력을 통해 경감·통제·완화되어야 하는 고통이며, 앞으로 그렇게 될 것이다.

　도이치는 여성이 취해야 할 기본적이고 올바른 자세가 "수동적-마조히즘적 태도로 …… 남자와 인생 전반에 대해 그렇다"[23]는 주장에 증거를 더 제시하기 위해, 소녀의 환상 생활이 강간을 의식적, 무의식적으로 떠올리는 내용으로 가득 차 있다고 전제했다. 도이치는 종종 무의식의 차원에 남게 되는 강간 환상이 꿈에서 "그 내용을 표명한다"고 썼다.

꿈속에서 강간은 상징적이다. 손에 칼을 든 무시무시한 남자 악당이나 창을 깨고 들어온 강도, 특별히 귀중한 물건을 훔치는 도둑은 소녀의 꿈에 가장 전형적으로 자주 나타나는 형상이다. 이런 꿈은 쾌락이 아니라 두려움과 연결되어 있고, 이런 점에서 소년의 사춘기 꿈과는 다르다.[24]

우리가 익히 알듯, 소녀와 여성들은 강간범은 말할 것도 없고 강도, 노상강도, 고의로 무분별한 살인을 저지르는 자와 같은 적대적이고 폭력적인 남성들을 두려워할 객관적인 이유를 충분히 가지고 있다. 따라서 꿈에 나타나는 것도 당연한 일일 테다. 그런 두려움을 굳이 '강간 환상' 탓으로 돌릴 이유는 어디에도 없다. 최근 나는 신문에서 몇몇 강도 사건 기사를 접했고, 불행하게도 비슷한 사건을 겪은 친구에게 직접 이야기를 전해 듣기도 했다. 그 후 나는 정체불명의 젊은이들에게 쫓기며 손에 지갑을 들고 빠르게 거리를 가로질러 도망가는 꿈을 꾸었다. (결국 도망치는 데 성공했다.) 자 이제, 지갑은 나의 숨겨진 내밀한 섹슈얼리티를 의미하고, 이 꿈이 강간 환상을 상징적으로 드러낸 것인가, 아니면 지갑은 지갑을 의미할 뿐이고, 이 꿈이 길거리에서 정말로 강도를 당할지도 모른다는 불안을 직접 드러냈을 뿐인가.

이치에 맞는 실제 삶의 상황을 성적 상징으로 귀속시키는 프로이트의 꿈 해석은 실제로 한 사람을 더 불안정한 상태로 만들 수 있다. 수년 전 나는 내가 사는 아파트 계단을 올라가서 문을 열려다가 어둠 속에서 튀어나온 어떤 남자에게 망치로 맞는 꿈을 꾸었다. 통속적인 프로이트 심리학에 푹 빠져 있던 나는 비참하게도 그 꿈이 남성과 섹스에 대한 나의 가망 없는 두려움을 드러내는 것이라고 확신했다. 내가 그 달 월세를 내지 않아서 집주인에게서 쫓아내겠다는 통지를 받았다는 사실을 나의 아들러주의 분석가가 일깨워주기 전까지는 말이다.

소녀의 꿈이 강간 상징으로 가득하다고 믿은 사람은 도이치뿐만이 아니었다. 마조히즘이 여성 고유의 성향이라는 교리를 믿는 동료들의 생각을 바로잡는 데 많은 공을 세운 용감한 카렌 호나이조차 소녀의 꿈이 강간 상징으로 가득하다는 발상에 발목을 잡혔다. 호나이 박사는 도이치 박사를 그다지 좋아하지 않았고, 도이치 박사 역시 마찬가지였다. 프로이트 학파의 성좌에서 가장 빛나는 두 여성이 각각 보스턴과 뉴욕에 정착해 서로 반대되는 관점을 분명히 드러내는 작업을 하며 사악한 각주 전쟁을 벌였다. 정통 정신분석과 결정적인 단절을 하면서 호나이는 여성의 마조히즘이 정상적이고 피할 수 없는 여성의 생물학적 조건에서 비롯된 결과가 아니라, 문화에 의해 유발되고 문화적으로 조장되는 신경증 증상이라고 논했다.[25] 그럼에도 프로이트주의의 영향력을 완전히 떨쳐내지는 못한 탓에, 그녀는 프로이트주의가 꿈을 성적으로 해석하는 방식 전반을 그대로 받아들이고 말았다.

호나이는 소녀들이 여러 가지 '위장'된 형태로 강간 꿈을 꾸는 것은 '본능에 따른' 것이라고 믿었다. 그녀가 나열한 위장 형태의 목록은 도이치의 목록보다 더 길었다. "창문이나 문을 부수고 침입한 범죄자, 총을 들고 쏘겠다고 위협하는 남자, 어떤 장소로 기거나 날거나 뛰어들어오는 동물(뱀, 쥐, 나방 등), 칼에 찔린 동물이나 여자 또는 역이나 터널로 달려 들어오는 기차." 호나이가 강간을 의미하는 꿈이라며 내기에 건 이 리스트는 1933년 논문인 〈질에 대한 부인The Denial of the Vagina〉에 등장한다. 이 논문에서 그녀는 소녀의 저런 꿈이 "실제로 이루어지는 성적 절차에 대해 본능적으로 알고 있다는 사실을 꽤나 명백히 드러낸다"고 전제했다.[26]

도이치에게 강간 꿈이 여성 고유의 마조히즘을 입증하는 증거였다면, 호나이에게 강간 꿈은 다름 아닌 질의 우월성을 입증하는 강력한 증거였다. 호나이처럼 분별 있는 여성이 왜 이런 함정에 빠지게 되었는지는 살펴볼 만한 가치가 있다. 호나이는 모든 여성이 남근 선망에 시달린다는 프로이트의 이론을 오랜 시간에 걸쳐 논파하는 데 자신의 정열과 직업 경력을 걸었다. 그러나 호나이는 남근에 과장된 중요성을 부여한 프로이트를 직접 공격하는 대신, 질을 남근과 비슷한 지위로 격상시키려고 했다. 그녀는 질이 가장 중요하다고 내세우기 위해 모든 클리토리스 감각과 그에 상응하는 사춘기 이전 소녀들의 자위 충동을 평가절하해야만 했다. 질이 두 번째 지위로 밀려나지 않기 위해서는 클리토리스가 유년기의 결정적인 몇 년 동안 성애적으로 휴지기 상태에 있어야만, 심지어 그 존재 자체가 알려지지도 않아야만 했다. 그리고 질 섹슈얼리티의 초기 조짐과 그것이 실제로 존재한다는 것을 보여주는 증거로 삼기 위해 소녀의 꿈은 가능한 한 강간에 관한 꿈으로 해석되어야만 했다.

다시 말해 사춘기 특유의 강간에 대한 두려움과 어린 소녀의 유아기 불안은 둘 다 질 내부 기관의 감각(혹은 그로부터 발생하는 본능적 충동)에서 비롯된다고 추정할 수밖에 없다. 그 감각은 무엇인가가 몸의 그 부위를 관통해야만 한다고 암시하는 감각이다.[27]

우리의 의지에 반하여

불우한 헬렌! 불우한 카렌! 불우한 우리들! 프로이트의 가장 영리한 ― 그리고 서로 적대적인 ― 여성 제자 두 명이, 상당히 다른 이유에서이기는 했지만, 소녀의 꿈에는 무의식적인 강간 상징이 있다면서 이렇게 의견 일치를 이뤘던 것이다. 프로이트의 환자 '안나 O'라는 이름으로 더 잘 알려진 독일의 페미니스트 베르타 파펜하임 Bertha Pappenheim이라면 "이런 딱한 일이!" 하며 혀를 찼을 일이다.

그런데 여기서 프로이트주의자들이 소녀의 꿈에 만연하다고 주장하는 무의식적 강간 환상과 일부 여성들이 깨어 있는 상태에서 의식적으로 떠올리는 성적으로 왜곡된 몽상으로서 의식적 강간 환상을 구분하는 것이 중요하다. 후자, 즉 의식적 강간 환상에 대해서는 이제 따로 논의할 것이다. 소녀의 꿈이 무의식적인 강간 꿈이라고 믿는 것은 여성이 강간당하고 싶어 하는 고유의 소망을 갖고 있다고 전제하는 것이나 다름없다. 오늘날의 프로이트주의 분석가들과 프로이트식 범죄학자들도 이런 잘못된 전제를 여전히 고수하고 있다. 호나이와 도이치는 자신이 기록하고 해석한 꿈들이 대부분 불안과 두려움으로 가득 찬 **불쾌한** 꿈이라는 사실을 알고 있었는데도 마조히즘적 봉사의 이름으로 혹은 질 섹슈얼리티의 이름으로 그런 무서운 악몽들이 (정상적이고 건강한) 여성성의 본질적 조건이라는 주장을 고수했다. 물론 나는 프로이트주의의 강간-환상 이론이 빚은 과오의 책임을 도이치와 호나이에게만 지우려는 것은 아니다. 이들만큼 권위를 갖지는 못했으나 프로이트의 많은 남성 제자들(샌더 라도, 카를 아브라함, 오토 페니켈) 역시 이와 비슷한 관점을 장황하게 늘어놓았다. 그러나 뛰어난 여성들이 자신이 속한 성별에 해를 끼치며, 타협하는 편을 택했다는 사실은 우리에게 특별한 정서적 가치를 지닌다. 물론 그들은 다른 방식으로는 생각할 수 없었을 것이고, 그렇게 해야만 정신분석이 용인하는 궤도—무엇이 이단인지 남성들끼리만 결정하고 허락하는 궤도—안에 남을 수 있었을 것이다. 하지만 그 점이 그들을 사면해주지는 않는다.

여성이 의식적으로 즐기는 강간 환상

범죄학, 심리학 및 법 분야에 오늘날까지도 큰 영향을 끼치고 있는 발상의 기원을 파헤치고자 여성 고유의 강간 꿈에 관한 프로이트 이론을 살펴보았다. 한편으로는 남성의 강간 환상의 반대 극점에 자리한 왜곡된 거울상인 여성의 의식적 강간 환상을 탐구하는 기반 작업의 일환으로 강간 꿈에 관해 살펴보았다.

여성 안의 강간 환상은 남성이 만든 빙산으로서 존재한다. 이 빙산을 어떻게 파괴할 수 있는가? 바로 페미니즘으로. 하지만 우선 우리는 빙산이 어느 정도 크기인지 측정해야만 한다.

남성의 성적 환상은 대중문화 속에 뻔뻔스럽도록 노골적으로 표현되어 있다(앞에서 이에 대해 잔뜩 다루었다). 여성의 성적 환상은 이와 다른 양상을 보인다. 여성 스스로 성적 환상을 탐구하고, 발견하고, 그중 쓸 만한 성적 몽상이 무엇인지 드러내 말하며 평가할 수 있는 자유가 우리에게 주어지면 좋겠지만, 그런 일이 허용된 적은 거의 없다. 오히려 자신의 환상을 남들에게 팔기 위해 공들여 노력해온 바로 그 남자들이 여성의 환상까지 만들어서 우리에게 수저로 떠먹여준다. 이 의도된 문화적 불균형 탓에 대부분의 여성은 성에 관한 한 불만족스러운 환상 생활을 영위한다. 사실상 선택지가 없기 때문에 여성은 남성들이 여성의 성적 환상으로 적절하다고 정해놓은 것에 굴

우리의 의지에 반하여

복하거나, 아니면 성적 환상 자체를 전혀 가질 수 없는 스스로를 발견할 수밖에 없다. 남성이 정의한 환상을 받아들인 여성은 그 환상에 자주 불편함을 느낄 수밖에 없다. 그 환상의 내용은, 도이치가 거의 최초로 말했듯 의심할 여지없이 마조히즘적이기 때문이다.

성에 관한 환상을 즐기는 여성은 과연 몇 퍼센트나 될까? 솔직히 나는 답을 알지 못하며, 함부로 추측하는 위험을 감수하고 싶지도 않다. 여성의 성적 환상이 어떤 특징을 가지며 얼마나 많은 여성들이 그것을 즐기는지를 다룬 객관적인 연구조차 본 적이 없다. 킨제이는 이 영역은 조사하지 않았다. 윌리엄 마스터스와 버지니아 존슨 역시 마찬가지이다. 나는 여성이 썼다고 하는 몇몇 유명한 성적 환상물이 진정으로 여성의 정신의 산물이라거나, 심지어는 건강한 여성의 정신의 산물이라는 주장에 눈곱만큼도 동의하지 않는다. 내가 이런 말을 하면서 떠올린 작품은 익명의 저자가 쓴 악의적인 포르노그래피 고전 《O 이야기》이다. 많은 남성들이 이 책의 저자명인 '폴린 레아주 Pauline Reage'를 두고 실제 여성의 이름을 숨기려는 가명일 것이라고 여기며 즐거워한다. 《O 이야기》와 그 책에 담긴 채찍, 가죽끈, 결박과 철제 정조대의 목록은 고통 가득한 마조히즘의 절정 — 혹은 밑바닥이라고 말해야 할지도 모르겠다 — 을 표현한다. 내가 'O'를 처음 알게 된 것은 그 책이 대학 기숙사에서 유행하면서였다. 내 기억으로 학기 마지막 주였고, 나는 기분 전환할 거리를 찾고 있었다. 나는 거의 토할 지경이 되어서 그 책을 덮었고, 빌려준 사람에게 책을 돌려주었다. 몇 년 전 내가 한 TV 뉴스 네트워크에서 일하고 있을 때, 동료 작가 한 명이 나에게 자기가 본 것 중 "여성 섹슈얼리티에 관한 가장 진실하고 깊숙한 증언"이라면서 진지하게 그 책을 선물했다. 나는 그 책을 정중하게 돌려주었다. 지금 생각하면 너무 예의 바른 태도만 보여줬던 것이 후회된다.

어떤 것이 성^性인지를 남성이 정의하기 때문에 여성은 빈약한 선택항만을 할당받는다. 우리는 남성이 우리 몫으로 준비해놓은 수동적이고 마조히즘적인 환상 속에서 즐거움과 성적 자극을 찾아보려고 애쓰든지, 그들이 조합해서 내놓은 환상을 유해한 것으로 판단하고 거부하든지, 아예 환상 없이 지내든지, 아니면 더 독창적이며 덜 해로운 몽상을 개인적으로 찾아다닌다. 환상은 성생활을 즐기는 데 매우 중요한 역할을 하지만, 내가 보기에 문화에 맞서 착취와 사도마조히즘 없는, 권력에 좌우되지 않는 상상을 추구하고 실제로 찾아내는 데 성공한 여성은 매우 드물다. 이런 이유로 마조히즘 환상 속에 할당된 역할을 거부하는 여성들 대부분은 결국 모든 성적 환상을 거부하는 처지에 빠지게 되고, 이로 인해 우리는 성적으로 많은 것을 손해 보게 된다.

남성의 강간 이데올로기(정복하는 쪽의 대중심리)가 만연한 상황에서는 그 거울상으로 여성의 피해자 심리(정복당하는 쪽의 대중심리)가 생겨날 수밖에 없다. 그리고 그런 심리의 한 극단에는 강간 환상에 탐닉하는 여성 성 심리가 자리하고 있다. 여성들이 성에 대한 환상을 즐길 때, 그 환상은 대개 남성이 만든 조건에서 나온 산물이며, 그 조건을 벗어난 환상은 만들어질 수 없다.

여성의 환상이라고 속여 상업적으로 팔아먹은 남성 환상의 극단적인 사례가 최근 두 건 있었다. 포르노그래피 영화인 〈목구멍 깊숙이Deep Throat〉(1972)와 〈미스 존스 안의 악마The Devil in Miss Jones〉(1973)가 그것이다. 나는 이 두 영화를 즐겼다고 이야기한 여성들을 몇 명 안다는 사실을 부인할 수 없다. 극단적인 예를 들긴 했지만, 지금 나는 누구나 쓰레기라는 것을 아는 저런 작품들에 대해 이야기하려는 게 아니라, 남성을 정복하는 성적 영웅으로 그려내는 수많은 평범한 책과 영화들, 불행하게도 남성뿐 아니라 여성의 몽상에도 영향을 끼쳐온 평범한 생산물들에 대해 이야기하려는 것이다.

문화적 조건화를 통해 강간당하는 환상이 여성의 가장 기본적인 성애 환상이 되어버렸다고 주장하려는 것은 아니다. 강간은 소극적인 태도부터 죽음까지 마조히즘의 넓은 스펙트럼 위에서 한쪽 극단에 가까운 눈에 띄는 표식일 뿐이다. 또한 나는 특정한 종류의 성애 환상에 논의를 제한하고 싶지도 않다. 정말로 중요한 문제는, 여성이 자신의 섹슈얼리티와 자신의 존재에 대해, 자신이 남성에게 갖는 매력에 대해 어떤 태도를 취하는가이다.

도이치는 여성의 강간 환상을 처음으로 정의한 업적을 남긴 사람이기에 여기서 다시 한 번 그녀의 언급에 빚을 져야 할 것 같다.

의식적인 마조히즘 강간 환상은 의심할 여지없이 성욕을 일으키는데, 그 환상이 자위행위로 연결되는 것만 보더라도 그렇다. 이런 환상은 성격상 상징적인 꿈보다 덜 성기적이고, 구타와 모욕을 포함하며, 몇몇 드문 사례에서는 성기 자체가 폭력 행위의 과녁이 되기도 한다. 이보다는 덜 잔인한 환상도 있는데, 소녀의 의지를 제압하는 일과 공격하는 일이 성애적 요소를 구성한다. 이런 환상은 종종 두 가지 행위로 나뉜다. 하나는 성적 긴장을 자아내는 마조히즘 행위이고, 다른 하나는 사랑을 받고 욕망의 대상이 되는 데서 오는 모든 기쁨을 제공하는 구애 행위이다. 이런 환상은 자위행위를 포기하면서 사라지며, 직접적인 섹슈얼리티와 분리된 관능적 사랑의 열병을 낳는다. 이제 마조히즘 경향은 연인(종종 모르는 사람인)을 통해 괴로움을 겪기를 원하는 고통스러운 갈망과 소망을 통해서만 드러난다. …… 많은 여성이 이런 마조히즘 환상을

고령에 이르기까지 유지한다.[28]

이 문단에서 도이치가 통찰력과 교리를 조합하는 방식은 몇 번을 다시 들여다보아도 놀랍다. 의식적 강간 환상이 여성에게 고유한 마조히즘의 증거로 제시되고, 자위행위는 '포기'해야 할 청소년기의 행동이 된다. 이렇게 사고가 경직된 부분이 있지만, 그래도 도이치는 여성의 강간 환상이 단순한 문제가 아니라는 사실을 알고 있다. 어떤 이들의 경우 **'의지를 강간(제압)당하는 일**The rape of the will' 자체가 성애적 요소를 구성한다. 그리고 또 다른 이들에게는 물리적 공격이나 정신적 학대를 감내하는 것이 연정과 애착을 수용하기 위해 필요한 전주가 된다. 이렇게 서로 다른 두 가지 반응이 있다는 사실로부터 도이치는 하나로 통일된 반응이 **부재한다는 바로 그 점**이 여성의 성적 환상에서 가장 중요한 요소라는 통찰로 나아갈 수도 있었다. 내가 보기에 여성들이 두 개의 반응 집합 혹은 강간 몽상을 활용하는 두 가지 방식은 소녀부터 나이 든 여성까지 모든 여성들이 남성 섹슈얼리티의 맥락 안에서 자신의 섹슈얼리티를 찾으려고 측은할 정도로 애쓰고 있다는 사실을 드러낸다. 우리가 이제껏 살펴보았듯 남성 섹슈얼리티는 남성의 권력충동의 핵심 요소로, 여성이 그런 남성 섹슈얼리티에 기반을 두고 자신의 섹슈얼리티를 찾고자 노력한다는 사실은 여성이 직면한 성적 딜레마 중에서도 가장 중요하고 풀기 어려운 매듭이다.*

---

* 호나이는 강간 꿈이 여성에게 고유한 것이라는 교리를 따르지만, 의식적 강간 환상의 함의를 논할 때는 헬렌 도이치와 다른 입장을 견지한다. "강간 가능성은 …… 여성이 공격당하고 제압되며 상처 입는 환상을 떠올리게 만든다"며 그녀는 자신의 논문 〈여성적 마조히즘의 문제The Problem of Feminine Masochism〉의 말미에서 모험적으로 이야기를 전개한다. "우리 문화에서 누구든 한 여성이 홀로 문화의 효과로부터 벗어나 어느 정도로든 마조히스트

이 지점에서 내가 여덟 살 때 품었던 강제수용소 환상에 대해 다시 이야기해보자. 당시는 나치의 힘이 정점에 이르렀을 때였으며, 나는 수동적이면서도 아름답게 누워 있었다. 영화배우 비바의 자전적 소설《슈퍼스타^{Superstar}》(1970)에도 어린 시절 가장 좋아했던 환상으로 비슷한 이야기가 등장한다.

나는 벌거벗은 채 야전침대에 묶여 있었다. …… 천장에 닿을 높이로 벽에 붙어 있는 그 이상한 장치에 서 있는 자세로 매달려 있었다. 내 주변에는 똑같은 침대에, 똑같은 높이로, 똑같이 서 있는 자세로 공중에 묶여 매달려 있는 소녀들이 아주 많았다. 잠시 후 그 방은 가는 세로줄 무늬의 회색 수트를 입은 남자들로 가득 찼다. 그들은 회색 머리에 안경, 흰색 셔츠에 넥타이를 하고 있었다. 그들은 방을 완전히 가득 채우더니 일제히 위를 올려다보았다.[29]

가 되는 일을 피하는 방법을 찾기란 어렵다." 여성이 남성에게 정서적으로 의존할 수밖에 없도록 만드는 경제적 의존 관계, 여성을 열등하게 보는 사회적 평가, 여성을 "가족 생활이나 종교, 자선 활동 같은 주로 정서적 유대에 의거한 생활 영역"에 가두는 온갖 제한, "팽창성과 섹슈얼리티를 표현할 출구를 가로막는 것"과 같은 "문화-콤플렉스" 현상을 뒤로하고 호나이는 이런 논리를 전개한다. "고유의 [마조히즘적] 특성을 드러내는 여성들이 남성에게 더 자주 선택받는다. 이는 여성의 성애적 가능성이 소위 여성의 '진정한 본성'을 구성하는 이미지에 얼마나 순응하느냐에 달려 있다는 것을 의미한다." 이렇게 논한 후 호나이는 "마조히즘적 현상이 자라날 토양이 되며, 여성이 마조히스트 역할을 정서적으로 잉태하도록 만드는 여성의 해부학적-생리적 요소" 네 가지를 꼽는다. 이미 언급한 "강간 가능성"에 더해 그녀는 간단한 개요 형식으로 이렇게 나열한다. 여성보다 훨씬 강한 남성의 육체적 힘, 생리, 처녀성 파괴, 그리고 출산. 그리고 "삽입성교 시 생물학적 차이". 호나이가 이런 생각을 담은 책을 낸 시기는 1935년이다. 이는 오늘날의 페미니스트들의 생각과는 공존할 수 없는 것이다. 우리는 그녀가 마조히즘의 토양으로 꼽은 목록을 반박의 여지없이 확고한 것으로 볼 의향이 없고, 불가피한 본성으로 여기지도 않는다. *Feminine Psychology*, pp.230 - 233.

이 자전적 소설의 주인공은 매일 밤 이런 성적 몽상을 하고 싶은 마음에 기도가 끝날 때까지 기다릴 수 없었다고 한다. 이 주인공은 제2차 세계대전이 끝난 후 몇 년간 이런 식의 몽상을 즐겼다고 한다. 비바는 같은 시기 가족 주치의가 그녀와 자매들의 질에 성 학대를 가했다고 책에 밝혀두었다. 이 환상에서 드러나는 노출증과 수동적 마조히즘은 비바의 '슈퍼스타' 경력의 초창기를 특징짓는 성향이기도 하다.

유명한 남성들의 벗이자 정신분석을 받은 바 있는 작가인 아나이스 닌Anaïs Nin은 자신의 '주체적인' 여성성 —"나 자신, 여성, 자궁"[30] —을 사유하는 것을 필생의 작업으로 삼았다. 1937년 여름 한 일기에서 그녀는 이렇게 고백한다.

나는 가끔 거리나 카페에 있는 어떤 남자의 얼굴에서 '포주' 표정을 발견하고는 정신을 빼앗긴다. 그는 무릎 길이의 부츠를 신은 덩치 큰 일꾼일 수도, 잔인한 우두머리 범죄자일 수도 있다. 나는 두려움이 주는 관능적인 떨림을, 모호한 끌림을 느낀다. 내 안의 여성이 떨고, 매혹당한다. 아주 잠시 동안 나는 뒤에서 비열하게 칼에 찔리기를 기대하는 창녀이다. 나는 불안을 느낀다. 나는 함정에 빠졌다. 나는 내가 자유롭다는 사실을 잊는다. 동굴의 원시주의? 나를 범할 수 있는 힘, 남자의 잔혹함을 느끼고 싶은 욕망? 아마 여성에게는 강간당하고 싶은 욕구가, 비밀스러운 성애적 욕구가 있는 것 같다. 나는 이렇게 쇄도하는 폭력적인 이미지의 홍수 속에서 스스로를 건지기 위해 고개를 흔들고 깨어난다.[31]

이것이 어느 정도까지 닌 자신의 생각을 반영한 것이고, 어느 정도까지 예전 멘토인 오토 랭크Otto Rank*의 생각을 순종적으로 따른 결과인지는 불확실하다. 다만 이로부터 3년 전, 고압적인 인물인 랭크가 닌에게 비슷한 이야기를 한 적이 있는데, 닌은 그 이야기를 충실히 적어놓았다. 랭크는 자신이 분석한 여성 중 많은 수가 "지배당하고, 패배하기를 원한다. 마치 여성이 남성에게 힘으로 제압당했던 저 옛적 원시 형태의 성교를 계속해서 재연하려는 것 같았다. 그들은 좀 더 추상적인 상황에서 지배당한다고 느끼는 것을, 패배하는 것을 즐겼다"[32]고 말했다고 한다.

실비아 플라스Sylvia Plath의 시 〈아빠Daddy〉(1962)와 〈라자루스 부인Lady Lazarus〉(1962)에서 볼 수 있는 남성 나치의 형상에 대한 병적인 매혹("기갑 부대원, 기갑 부대원, 아 아빠―") 역시 좋은 예이다.[33] 나보다 세 살이 많고 프로테스탄트인 플라스는 내 유년기에 뇌리에서 떠나지 않던 바로 그 강제수용소 피해자에게 어린 소녀로서 동일시하는 것으로 보인다. "난 내가 유대인일 수도 있다고 생각했어. ⋯⋯ 나도 조금은 유대인일 거야." 플라스는 평생 피해자에게 동일시했다. 그녀는 거기서 고개를 흔들어 깨어날 수 없었다. 〈아빠〉라는 시를 보면, 그녀는 심지어 《나의 투쟁Meinkampf》의 표정을 지닌 검은 옷을 입은 남자/ 고문대와 나사못을 사랑하는" 남자와 결혼했다. 그녀가 고통스럽게 고수한 정서적 신조는 다음의 시구에 표현되어 있다.

모든 여자는 파시스트를 흠모하지,
얼굴을 짓밟는 장화, 이 짐승
당신 같은 짐승의 짐승 같은 마음을.

---

*   1884~1939, 오스트리아의 정신분석가이자 작가.−옮긴이

플라스는 서른한 살에 자살했다. ("죽음/ 은 예술, 다른 모든 것처럼./ 난 그걸 남달리 잘하지.") 도이치의 주장대로라면 여성이 "현실에 적응하려면" 필요하다는 "어느 정도의 마조히즘"[34]이 현실을 감당할 수 없는 지경에 이르렀던 것이다.

성녀: 좋은 여자는 죽은 여자다

역사가 전설과 민담을 통해 신화화한 쪽은 신체적 공격으로부터 자신을 성공적으로 방어해낸 강인한 여성이 아니라, 안간힘을 쓰며 노력했지만 비명횡사한 아름다운 여성이다. 우리는 죽은 여주인공이 좋은 여주인공이라고 배워왔는데, 육체적 힘으로 승리를 거두는 일은 여성다운 미덕과 공존할 수 없는 남성만의 특권이기 때문이다. 우리는 자신의 생명을 희생하는 것이야말로 여성의 지조와 명예를 드러내는 가장 완벽한 증거라고 배운다.

성적 의미를 띠는 비명횡사를 당했다는 이유로 여성을 주인공의 지위로 끌어올리는 방식은 기독교적 발상이며, 구약의 유대교 관점에서는 낯선 발상이다. 실용적인 히브리 구약을 살펴보면 여성 순교―이 경우 남성 순교 역시―설화가 거의 없는 것이 유난히 눈에 띈다. 또한 가부장제 지배가 불완전했던 결과로 강인한 육체적 힘을 발휘해 큰 성공을 거둔 여성의 자취도 찾아볼 수 있다. 〈유디트서〉를 떠올려보자. 화려하고 매력이 넘치는 고대 히브리 과부 유디트는 홀로페르네스를 죽이기 위해 성폭행당할 위험을 무릅쓰고 그의 천막에 들어간다. 유디트는 적장의 목을 자른 후 다치지 않고 도망치는 데 성공했을 뿐 아니라 자신의 동족이 군사적 승리를 거둘 수 있도록

우리의 의지에 반하여

용기를 고취했다. 유디트의 이야기가 어린 소녀들에게 교훈을 주는 예화가 될 수도 있었겠지만, 이런 여성을 역할 모델로 제시하고 싶어 하는 가부장제는 없었다. 유디트와 〈유디트서〉는 구약성서의 미심쩍은 외전^{外典}으로 분류된다.

고대 로마의 초창기 주인공인 루크레티아는 가부장제가 용인할 수 있는 형태로 좀 더 다듬어졌다. 그녀 역시 자신의 민족을 해방시키는 촉매 역할을 수행하기는 한다. 압제자의 아들 섹스투스 타르쿠이니우스에게 강간당한 정숙한 루크레티아는 남편에게 수치를 주느니 자살하는 편을 택하고, 이로 인해 로마인들이 들고일어나 무시무시한 타르쿠이니우스 가를 로마에서 쫓아낸다. 그리하여 로마공화국이 설립된다. 루크레티아(혹은 셰익스피어식으로 루크리스)의 강간 이야기는 유디트의 승리보다 가부장제 사고방식에 더 잘 들어맞지만, 어쨌든 두 역할 모델 모두—자살이든 적장을 참수하는 영리함이든—기독교가 여성 개종자에게 요구하는 미덕과는 거리가 멀었다.

서기 5세기에 성 아우구스티누스는 루크레티아의 자살 행위가 "지나치게 명예를 갈구"하는 여성의 몸짓이라며 경멸조로 비난하는 글을 썼다.

여성이 자신의 동의 없이, 강요로 인해 강간당했다면, 강요한 자의 죄이다. 그녀는 죽음을 자처해 스스로를 벌 줄 이유가 없다. 그녀가 스스로 목숨을 끊은 것은 …… 수치심을 견디기에 나약해서였을 뿐, 정조에 높은 가치를 두어서는 아니었다. …… 깨끗한 양심이란 밖으로 꺼내 보여줄 수 없는 것인 탓에, 그녀는 자신의 정신 상태를 증명하려고 남자들의 눈앞에서 스스로를 처벌하는 모습을 전시한 것이다. 다른 이가 그녀에게 폭력을 이용해 저지른 일을 참고 견디면 사람들이 그녀를 공범으

로 여길지도 모른다는 생각에 그녀는 얼굴을 붉혔다.[35]

아우구스티누스는 이 교묘한 해설을 통해 돌 하나로 새 두 마리를 잡고 있다. 기독교인은 어떤 경우든 자살할 권리가 없다고 주장하면서, 기독교 여성들이 고트족에게 강간을 당하고도—"유부녀, 결혼할 준비가 된 처녀와 심지어는 종교 생활을 하는 여성까지도 강간"—자살을 택하지 않았던 일에 의혹을 품은 이들에게 맞서 기독교 여성의 행위를 옹호했다.

이런 취급을 당했지만 그들은 다른 이가 저지른 범죄 때문에 스스로에게 복수하는 일은 하지 않았다. 적이 욕정을 품고 강간했다는 이유로 수치심을 품고 자기 자신에 대한 살인을 저지르는 방식으로 범죄를 더하지 않으려고 했다. 그들은 자신 안에 영광스러운 정절을 지니고 있으며 양심의 증거를 갖고 있다. 주님이 그들이 가진 것을 모두 보고 계시니 그 이상 필요한 것이 없다. 그들이 이 이상 무엇을 더 해야 하는가.
……

또 다른 위대한 가톨릭 철학자이자 정통 스콜라 철학자 토마스 아퀴나스Thomas Aquinas는《신학대전Summa Theologiae》(1485)의 "제2부의 2부"에서 강간에 관해 건조하게 몇 마디 언급했다. 어찌나 간결한지 그 분량 자체가 아퀴나스에게(그리고 다른 교부들에게) 그 우주적 체계에서 이른바 '폭력의 요소'라는 것이 얼마나 하찮은 것이었는지 보여주는 것만 같다. 신의 시점에서 혼외 성교는 모두 대죄인 사음fornication*이

---

* 미혼 남녀 간의 성관계와 동성애, 간통을 모두 포함한 결혼 제도 바깥의 성관계.-옮긴이

므로, 논리학자에게 남은 일은 영혼의 중력법칙에 따라 죄에 서열을 부여하는 일뿐이었다. 토마스 학파의 서열 피라미드는 다음과 같이 이루어져 있다.

부당함이 없는 단순 사음은 음란 행위와 관련된 죄들 중 가장 가볍다. 아이의 아버지에게 속한 여자[즉 유부녀]를 악용하는 것이 보호자에게 속한 여자[즉 처녀]를 악용하는 일보다 훨씬 더 큰 피해를 초래하므로, 간통이 유혹보다 더 나쁘다. 폭력이 있을 경우 둘 다 가중처벌되는데, 처녀를 강간하는 것은 그녀를 유혹하는 것보다 더 나쁘며, 유부녀를 강간하는 것은 간통을 저지르는 것보다 더 나쁘다.[36]

이 발췌문의 논리에 따르자면, 토마스 학파는 결혼한 여성을 강간하는 일이 처녀를 강간하는 일보다 나쁘다고 여기는 듯하다. 그러나 디오클레시아누스의 박해 시대인 대략 3세기 이래로 교회는 단 한 번의 끔찍한 소멸 행위를 통해 정절과 신앙의 방어라는 두 가지 결정적인 교의를 한 몸에 체현한 처녀라는 역할 모델을 교묘히 만들어내기 시작한다. 아그네스, 아가타, 루시아, 필로메나, 수산나를 비롯해 많은 이들이 그 짧은 삶의 순수성만큼이나 비명횡사를 이유로 성인으로 추서되어 가톨릭 전통 안에서 처녀 순교자로 찬양받게 되었다.[37]

독실한 가톨릭 신도조차 저 비극적인 처녀들의 이야기를 구분하기 쉽지 않다. 하나같이 아름다운 양가의 규수이고, 하나같이 비기독교도와 결혼하거나 강요된 성관계를 받아들이는 대신 기꺼이 순교를 택했고, 역시 하나같이 기독교 신앙과 처녀 상태를 지키기 위해 끔찍한 죽음을 맞았다. 성 아그네스는 이런 처녀 순교자 중 가장 유명한 이로, 12세 아이였다. 그녀는 당시 '인류를 저버린 죄^{outrage}'를 처벌하는 일반적인 방식에 따라 벌거벗은 채 매음굴에 던져졌으나, 기적이 개입해 그녀의 명예를 지켜주었다고 한다. 하지만 기적이 처녀성은 지켜줘도 아그네스의 목은 지켜주지 못한 듯하다.

가톨릭은 여학생에게 종교 지도를 하면서 육체적 순결의 수호성인으로서 아그네스의 예화를 지속적으로 가르쳐왔다. 1950년에 이르자 아그네스는 현대적이고도 논란의 여지가 많은 자매를 갖게 되었다. 로마 교회가 마리아 고레티(1890~1902)를 시성하면서 처녀 순교자 개념을 깜짝 놀랄 만한 형태로 갱신했던 것이다. 마리아 고레티는 이제는 기억조차 희미해진 종교 박해의 전설적인 희생자가 아니다. 그녀는 20세기 이탈리아에서 강간미수 후 살해당한 소녀이다.[38]

11세 농민 소녀인 마리아 고레티는 20세의 농장 일꾼 알레산드로 세레넬리에게 열네 군데를 칼에 찔리면서 "안 돼, 안 돼, 알레산드로, 이런 짓은 하느님의 소망에 어긋나는 거야"라고 말했다고 한다. 교회의 관점에서 그녀가 성인답다고 볼 수 있는 증거는 마리아가 세레넬리의 공격에 저항하기 위해 손을 들어올리지 않고, 순결을 지키는 데 온 힘을 쏟았다는 점에 있었다. 게다가 그녀는 죽기 전 자신을 공격한 자를 용서했고, 슬픔에 빠진 그녀의 어머니도 범인을 용서했다.

마리아 고레티는 죄에 대한 저항을 근거로 성인으로 추서되었다. 교회법의 언어에 따르면 그녀는 신앙에 대한 전반적인 방어 때문에 죽은 것이 아니라 기독교 계율을 지키려다가 죽었다. 즉 신앙 자체를 지키기 위해 죽은 것이 아니라는 점이 이전의 성인들과 다른 점이었다. 이는 순교사에서 전례가 없는 변화로서, 신성의 미스터리뿐 아니라 정치적 미스터리와도 연루되어 있었다. 교황이 마리아의 성인다움에 대해 조사하기 시작했을 때, 독일 가톨릭 교회는 한 세기 전 비슷한 상황에서 살해당한 바이에른 소녀를 추천했으나 그녀는 마리아로 재빨리 바꿔치기되었다. 마리아가 선택되는 데에는 이탈리아 우월주의가 한몫했지만 다른 이유도 있었다.[39] 마리아 고레티는 기존의 처녀 성인과 달리 가난에 시달리는 농부의 딸로서, 정치적 격변에 휩쓸린 전후 유럽에서 노동자계급의 신앙을 갱신하려 노력하던 바티칸에게 중요한 존재였다. 하지만 마리아가 선택된 핵심 요인은 매우 흥미롭게도 마리아가 아니라 강간미수범이 보여준 모범적인 행동에 있었다.

세레넬리가 그대로 자기 의도를 고수했다면, 교회법상 마리아의 죽음은 무의미했을 것이다. 그런데 세레넬리는 강간을 그만두는 일 그 이상을 했다. 그는 재판과 교황의 조사에서 피해자를 죽이기 전까지 피해자에게 강간 시도에 굴복할 기회를 가능한 한 최대로 주었다고 진술했다. 자신이 저지른 범죄를 후회하지 않던 이 살인자는 형을 받고 감방에서 지낸 지 6년째 되던 해 마리아의 환영(그녀가 하얀 옷을 입고 꽃을 들고 그에게 찾아왔다고 한다)을 보고 회개했다. 27년간 복역하고 석방된 세레넬리는 마리아의 어머니에게 찾아가 사과했다. 그는 가푸친 수도원에서 정원일을 하는 평수사로 여생을 지내며 마리아의 성스러운 대의에 헌신했다. 마리아의 시복식 즈음 그를 성 베드로의 위치까지 추켜올리는 신문기사도 있었지만,[40] 후일 그 사실은 부인되었다.[41]

기나긴 제2차 세계대전 기간에 수천 명의 여성이 어느 쪽이랄 것 없이 침략군에게 강간당했고, 이런 배경이 마리아 고레티가 성자 후보로 얻은 인기와 어떤 식으로든 관련이 있었을 테지만 교회가 그 연관성을 드러내 표현한 적은 없었다. 교황 비오 12세는 1947년 마리아를 복자福者로 선언하며 교회가 전례 없이 강간미수 사건의 처녀 피해자에게 관심을 보인 이유를 언급했다. 그는 마리아 고레티를 제2의 아그네스라고 부르면서 영화, 언론, 패션 스타일과 공산주의 청년 조직이 여성의 순결을 망쳐놓는 세태를 한탄했다. "우리 시대에는" 그는 적절히 모호하게 읊조렸다. "여성이 심지어 병역까지 맡는 지경에 이르렀고, 이는 중대한 결과를 빚는다." 여성 도덕이 해체되는 것에 반대해 죽음으로 기독교 미덕을 지키고 자신을 공격한 이를 회개하게 만든 어린 마리아 고레티를 빛나는 모범으로 세운 것이다.[42] 교회가 여성의 역할을 어떻게 생각하는지 이보다 더 완벽히 표현할 수 있을까?

마리아 고레티는 시복식 후 3년 만에 성자로 공표되었다. 그녀는 현대 가톨릭 교회 연보 사상 가장 빠르게 성자가 되었으며,[43] 시성식은 역대 가장 많은 군중이 모인 가운데 성 베드로 광장에서 치러졌다.

튼튼하고 기운 넘쳤던 작은 농부 소녀[44]는 짧은 생애 동안 단 한 장의 사진도 남기지 않았으나—그런 사치를 부리기에 그녀의 어머니는 너무나 가난했다—성상 제작자들은 포기하지 않았다. 성 마리아 고레티는 가슴에 골짜기의 백합을 모아 쥐고 있는 깨질 듯 섬세한 미녀로 이상화되었다.[45] 코울슨의 성자책에는 전형적이게도 그녀가 "이례적으로 아름다웠다"[46]고 적혀 있다.*

남성의 죄를 십자가로 지고 죽은 순결한 여성 순교자를 역할 모

---

* 최근 저 특별한 성자 범주에 마리아 고레티가 유일한 예로 남지는 않을 것이라는 조짐이 있었다. 1972년 교황 바오로 6세는 아우구스티나 피에트란토니를 시복했는데, 그녀는 바티칸 바로 외곽의 한 병원에서 간호사로 일했던 30세 수녀였다. 피에트란토니 수녀는 1894년 그녀가 보살피던 환자에게 강간 위협을 받은 후 칼에 찔려 살해당했다. Agostina Pietrantoni: "Pope Paul Beatifies Nun Who Was Slain in Attempted Rape," *New York Times*, Nov. 12, 1972.

델로 장려한 것은 가톨릭교만이 아니다. 1648년 흐멜니츠키가 일으킨 포그롬에서 발생한 여성 강간 사태(4장 참고)는 죽음보다도 나쁜 운명을 피하기 위해 다리에서 몸을 던지거나 학살당하기를 자처한 "아름다운 유대인 소녀들"[47]의 전설이 되어버렸다. 노래로도 기려지는 그리스의 한 유명한 전설은 한 마을의 여성 모두가 투르크군이 쳐들어오자 강간당하지 않기 위해 절벽에서 뛰어내렸다는 내용을 담고 있다.

제2차 세계대전은 극적으로 죽은 처녀 순교자의 만신전을 완전히 새로운 판본으로 창조했다. 무신론이 지배한 러시아에서조차 그랬다. 소련에서 책자로 나온 유명한 전쟁 선전물 하나는 제니야 데미아노바 동무의 이야기를 담고 있다. 그녀는 처녀 학교 선생으로 지미라는 이름의 젊은 미국(!) 기술자와 결혼했다. 제니야는 나치 침략군에게 강간을 당했지만, "모스크바의 제3수비대 병원의 정신병동에서" 자신의 이야기를 써서 남길 만큼은 살았던 것 같다. 런던에서 출판된《제니야 동무Comrade Genia》(1941)의 표지에는 이렇게 써 있다.[48] "이것은 1941년 8월 독일군이 한 여선생, 아니 러시아 마을 전체에게 자행한 강간의 실제 기록이다." 짧은 서문에는 또 이렇게 써 있다. "탱크에 타세요, 지미, 지미라는 이름을 지닌 모든 이, 토미, 이반들이여. 이 책에 쓴 것과 같은 끔찍한 만행이 지구상에서 다시는 반복되지 않도록 저 게르만족 짐승들을 멸망시킬 그날까지 탱크를 멈추지 마세요."

1943년 한 미국 유대인 잡지에는 순전히 숫자의 힘만으로도 제니야 동무의 이야기보다 더 큰 슬픔을 전하는 자살시가 실렸다. 크라쿠프의 베트 야곱 신학대학교에서 93명의 여성들이 나치가 대학을 사창가로 만들려고 한다는 소식을 듣고 스스로 목숨을 끊으며 남긴

유작이랍시고 실린 시였다.[49]

크라쿠프에서 93명의 유대인 여성이 성매매를 피하기 위해 자살을 했다고? 미국인 지미와 결혼한 제니야 동지가 있었다고? 강간과 강제 성매매의 증거는 피할 수 없는 현실로서 여기저기 기록에 흩어져 남아 있지만, 대부분의 역사가들은 이제껏 그런 증거를 무시하는 쪽을 택해왔다. 나는 이미 앞 장에서 그런 불균형한 상태를 바로잡고자 시도한 바 있다. 그런데 한편에서는 아름답고 순결하며 죽었다는 것만으로 감화를 주는 존재로 추앙받는 처녀 순교자의 전설이 남성의 잔혹 행위보다 훨씬 더 사람들의 눈길을 끌어온 것이다.

대중문화 속의 아름다운 피해자

남성을 끌어들이는 매력, 남성이 성적으로 욕망할 만한 존재가 되는 능력이 피해자 역할을 할 수 있는 능력과 정비례한다고 믿게 만드는 사례들은 너무도 풍부하다. 그렇게 형성된 질긴 믿음은 우리의 어깨를 내리누르며 여성으로 기능하게 만드는 심리적 부담을 더욱 무겁게 만든다. 이때 피해자 역할은 단지 여성이 남성을 낚아두기 위해 잠시 피해자인 척 게임을 해야 하는 정도로 끝나지 않는다. 이런 믿음에 충실하게 산다는 것은 걸어다니는 상처덩어리 역할을 평생에 걸쳐 삶으로 실천하는 일이다.

아름다운 피해자인 척하는 것은 '너는 울 때 가장 사랑스러워' 같은 상투어구나 많은 남자들이 여성스러운 매력으로 느낀다고 고백하는 이른바 기술과 관련된 일에 무능한 척하는 태도 이상의 것을 의미한다. 그것은 우리의 섹슈얼리티의 핵심과 닿아 있다. 앞 문단에서 나는 일부러 '낚아두기catch and keep'라는 표현을 사용했는데, 이 표현이 상대를 속인다는 의미 또한 담고 있기 때문이다. 남성들은 여성을 **낚지 않는다.** 그들은 여성을 **쟁취**하며, 한 여성의 궁극의 매력이란 남성이 **쟁취할 만한 상**賞이 되어 보이는 능력에 달려 있다. 그녀의 가치는 생포된 전리품인 것이다.

생포할 가치가 있는 전리품을 연기하는 데는 엄청난 준비 과정이 따르며, 그 경로를 따라가다 혹여나 이정표를 놓칠세라 수많은 훈련이 빈틈없이 이루어진다. 이제는 유행이 지난 듯하지만, 몇 년 전까지는 개 주인들 사이에 몸을 뒤집어 죽은 척하도록 애완동물을 훈련시키는 관습이 있었다. 인간의 입장에서는 짖고 물어뜯을 능력이 있는 동물을 그 정도로 훈련시키는 것이 어마어마한 자기만족감을 얻는 일이겠지만, 개들의 입장에서는 그저 애정과 음식을 대가로 얻기 위해 잠시 불편을 감수하는 일일 것이다. 강한 여성은 거세하는 여성이라는 프로이트식 경고는 언제나 고분고분한 애완동물을 원하는 개 주인의 자아 욕구와 비슷한 분위기를 풍긴다. 여기서 그런 경고에 반응해 약한 척 연기하는 여성의 행동을 두고 애정과 음식을 위해 '몸을 뒤집어' 보인다고 말하면 부당한 걸까?

한번은 히치콕을 인터뷰한 기사를 읽었는데, 자기 영화의 주연 여배우에게 어떤 종류의 자질을 바라는지 묻는 질문이 나왔다. 그는 자신의 영화에 출연한 주연 여배우 모두가 공통으로 지닌 자질은 모종의 취약성vulnerability이라고 답했다. 그때까지 나는 취약성 같은 말로 재닛 리나 그레이스 켈리 같은 다양한 스타들을 평가할 수 있다고는 생각해보지 못했고, 여성으로서 다른 여성을 평가할 때 취약함은 그다지 장점이 될 수 없다고 여겼기에 그 인터뷰를 읽고 놀랐던 기억이 난다.

시인 에이드리언 리치Adrienne Rich는 "이것은 압제자의 언어이다"[50]라는 구절을 쓴 적이 있다. 그녀의 표현을 빌려 잠시 곁다리로 남성언어의 의미론에 대해 이야기해보자. '취약한vulnerable'의 사전적 의미는 '상처받거나 다치기 쉬운 혹은 공격이나 폭행을 당할 여지가 많은'이다. '취약한'의 반대는 '정복할 수 없는impregnable'이나 '삽입/관통할 수 없는impenetrable'이 된다. 임신을 초래할 수 있는 성행위는 남성들이 '삽입penetration'이라고 부르는 일을 절차로 포함한다. 그런데 '삽입'은 남성의 관점에서 행위를 묘사하는 말이다. 페미니스트 바버라 메로프Barbara Mehrhof는 만약 여성이 성관계와 언어를 주도했다면 세상이그 행위를 '에워싸기enclosure' — 아직 세상이 받아들일 준비가 안 된 혁명적인 개념 — 라고 불렀을 것이라고 언급한 적이 있다. (좀 더 보태자면, 아우구스티누스 시대의 라틴어에서 '푸덴다Pudenda'는 '부끄러운 부위'라는 의미로, 남성과 여성의 성기를 모두 지칭했다.[51] 하지만 현대에서 이 단어는 오직 여성의성기에만 적용된다.)

히치콕은 무언가 알고 있었다. 그의 주연 여배우들은 보통들 말하는 '예민함'이 아니라 취약성 그 자체를 갖고 있었다. 그들은 상처받기 쉽거나 상처를 '지닌' 느낌을 어떤 식으로든 보여주었다. 나는히치콕이 그 자신뿐 아니라 대부분의 감독에게 적용되는 진실을 이야기했다고 본다. 할리우드 꿈 공장의 대가들은 자신의 성적 환상에들어맞는 여주인공을 선택해왔고, 그들의 환상은 곧 우리 여성들의현실에서 가장 중요한 가르침이 되어버렸다. 1950년대와 1960년대에 셀룰로이드 필름으로 제작된 성적으로 바람직한 여성의 이미지는 점점 더 아름답고 취약한 어린이-여성이 되어갔다. 힘, 영웅주의,무적불패, 성숙한 중년 같은 자질은 석양 속으로 말달려가는 남성만을 위한 것이었다. 여성의 경우 감정 기복이 있는 에바 가드너부터 가냘픈 미아 패로까지 취약성이 성적 매력과 뗄 수 없이 얽힌 채로 함께 묶여 다녔다.* 조앤 크로퍼드나 베티 데이비스처럼 이런 전형에 들어맞지 않는 개성으로 1940년대를 거쳐 살아남은 소수의 대배우 는 '대단한 쌍년superbitch' 역할 말고는 거의 일을 얻지 못했다.

할리우드 여신은 외부에서 가하는 파괴에 취약했을 뿐 아니라 자기파괴적이기도 했다. 영화 〈여신The Goddess〉(1958)이 그 점을 잘 보 여준다. 영화 안팎에서, 삶이 예술을 무서울 만큼 모방해온 곳에서, 자기파괴적인 섹스퀸은 피해자론을 설파하는 예술을 통해 화려한 교훈을 제공하며 우리 문화의 강력한 상징으로 존재해왔다. 대중매 체는 우리에게 그녀의 이혼, 유산, 알코올 및 약물중독과의 싸움, 자 살이나 자살 시도 등을 화려한 장신구처럼 반짝이는 비극으로 만들 어 대중 소비용으로 제시해왔다.

가장 유명하고 많이 남용된 예가 바로 마릴린 먼로로, 이용하고 이용당한 그녀의 슬픈 인생사는 이미 몇 편의 전기와 희곡, 회화를 통해 기념되었다. 전에는 진 이글스와 진 할로우가 역할 모델로 존재 했다. 헤디 라마와 베티 허튼의 불운한 이야기가 때때로 뉴스에서 튀 어나오고, 브리짓 바르도나 수전 헤이워드, 제니퍼 존스, 라나 터너 의 삶의 위기의 순간들도 비슷하게 취급된다. 자살이나 사고(차 사고 나 비행기 추락일 때가 많은)라든지 술과 약물의 조합으로 수십 명의 스타 가 요절한 일이 모두 하나의 화려한 파괴의 패턴을 만들어낸다. 주디 갈랜드, 제인 맨스필드, 베로니카 레이크, 프랑수아 돌리악, 캐롤 랜 디스, 캐롤 롬바드, 린다 다넬, 게일 러셀, 메리 맥도널드, 마거릿 설

---

* 1970년에 인기를 얻은 영화 〈러브 스토리〉는 이런 트렌드의 완벽한 본보기라 할 수 있다. 극의 중심 사건과 구성이 생기 넘치는 영혼을 가진 아름다운 소녀의 요절에 달려 있다.《타 임》은 이 영화를 두고 "로맨스의 귀환"이라고 보도했다. *Time*, Jan. n, 1971, cover, pp.40ff.

리반, 다이애나 배리모어, 도로시 댄드리지, 피어 안젤리, 잉거 스티븐스 등등. 이들만큼 성공과 명성을 얻은 여성은 극소수인데, 기이하게도 우리에게는 그들이 생전에 이룬 성취보다 그들의 비극적인 죽음이 더 생생한 것이 되어버렸다.

실제 배우와 영화가 만들어낸 인물 사이의 경계는 희미하다. 실제 여성의 삶을 다룬다는 몇 안 되는 영화들은 온갖 파괴를 모아놓은 도록이 되곤 한다. 헬렌 모건 이야기, 진 이글스 이야기, 릴리언 로스 이야기, 그레이스 무어 이야기, 빌리 홀리데이 이야기, 그리고 산업 자체가 소재를 만들어낸 사례들 중 가장 나쁜 예로, 진 할로우에 대한 두 가지 판본의 이야기가 동시에 발표되었다. 이들 중 다수는 가수로서도 명성을 얻은 이들이다. 빌리 홀리데이부터 재니스 조플린에 이르기까지 여성 가수들은 블루스의 본질과 인물의 취약성이 한데 얽힌 복잡한 이유로 그 누구보다도 불행한 운명에 시달린 것으로 보인다. 풍요롭고 충만한 인생을 산 베시 스미스의 경우조차 결국 전설로 남은 것은 그녀의 **죽음**이었다.

나는 어린 시절 공립학교에서 의무적으로 외워야 했던 '필수' 시를 기억한다. 교실의 어린 소년들은 아부 벤 아뎀Abou ben Adhem의 영웅적인 도덕 교훈을 암송했다. "그의 부족이 번성하기를!" 혹은 가까스로 살아남은 〈경기병 여단의 돌격The Charge of the Light Brigade〉을 읽으며 기뻐했다. 그러나 나는 여성의 이미지를 찾다가 에드거 앨런 포Edgar Allan Poe와 함께 애너벨 리의 죽음을 슬퍼했고, 아름다운 레노어 때문에 또 한번 가슴앓이했다. 당시 나는 누군가 약간의 관심만 보여주면 헨리 롱펠로Henry Longfellow의 지루한 시 〈헤스페루스의 난파The Wreck of the Hesperus〉의 스물여덟 연을 모조리 읊을 준비가 되어 있었다. 그 시에는 무시무시한 폭풍이 치는 동안 돛대에 묶여 있던 파란 눈의 선장 딸이

우리의 의지에 반하여

나왔다. 그녀는 다음날 아침 여전히 돛대에 묶여 떠다니는 상태로 죽은 채 발견되었는데, 아름답고, 역시 죽어 있었다. 시간이 흘러 10대 때는 프리드리히 실러Friedrich von Schiller와 맥스웰 앤더슨Maxwell Anderson이 쓴 비극에서 엘리자베스와 전투를 벌이는 스코틀랜드의 메리 여왕이 더 지지를 받는 것에 어리둥절해하다가 결국은 반항심을 느꼈던 기억이 난다. 메리는 탑에 갇혀 있다가 참수당한 반면, 엘리자베스는 승리했고 살아남았다. 하지만 체격을 축소하고 여성스럽게 가공하는 과정을 거친 끝에 역사의 결을 거슬러 낭만적인 찬양의 주제로 떠오른 것은 오만한 메리 쪽이었다.

누가 보면 여성이 남성보다 쉽게 죽는 경향이 있다고 판단할 판이다. 그러나 진실은 그 반대이다. 여성은 남성보다 수명이 길고, 치명적인 사고를 덜 당하며, 외인사가 적고, 남성 세 명이 자살할 때 여성은 한 명이 자살한다. 그럼에도 아름답고 욕망할 만한 여성의 영원한 이미지는 결국 임종의 자리에서 마지막 기침을 하는 춘희이며, 다락방에서 폐결핵으로 죽는 미미이고, 상심해 자살하는 나비부인, 경기장 밖에서 칼에 찔려 죽는 카르멘, 탑에 갇혀 곤경에 처한 처녀, 보티첼리의 슬픈 눈의 비너스, 어두운 안경을 쓴 불행한 연애사를 가진 젊은 여배우, 28세에 죽은 세계적인 패션모델인 것이다. 사례를 나열하자면 끝도 없다.

"금발의 전직 쇼걸, 호텔 스위트룸에서 살해당하다"

미녀의 비극적 운명을 성적 매력과 연결시키는 발상은 오랜 역사를 갖는다. 우리 시대의 문화는 책과 영화, 대중가요, TV 시리즈를 통해 여성을 생존자가 아닌 희생자로만 빈번히 그려내며 그런 연결고리를 영속화한다. 재니스 조플린의 후렴구인 "여성은 패배자다"가 머리를 떠나지 않고 맴돈다. 밥 딜런은 '슬픈 눈의 롤런드 여인'에게 가슴 아픈 사랑 노래를 부른다. 의사, 변호사, 탐정이 나오는 TV쇼에서는 주로 (영국에서 만들어진 〈어벤져스The Avengers〉의 에마 필 역할만이 선구적인 예외인데) 잘생긴 남성이 주인공을 맡고 아름다운 여성은 질병이나 살인의 희생자 아니면 간혹 극에 변화를 주기 위해 등장하는 음모 가담자의 역할을 맡는다. 파멸의 길을 걷는 화려한 미녀라는 개념이 가장 괴이하게 극대화되는 곳은 타블로이드판 일간지로 노련한 윤문기자들이 보여줄 수 있는 한 가장 눈부신 솜씨로 강간을, 특히 강간 살인을 화젯거리로 다룬다.

범죄는 가치 있는 뉴스이며 강간은 신문에 실릴 가치가 있다. 강간 뉴스 덕에 신문이 팔린다는 것은 확실한 사실이며, 설사 1면에 실리지 않더라도 종종 신문 판촉에 도움을 준다. 하지만 타블로이드판이 강간을 다루는 방식은 단순한 사실 보도보다 좀 더 복잡하다.《뉴욕 데일리 뉴스》같은 대도시 '화보 신문'이 걸핏하면 특집으로 다루는 강간 이야기는 화려한 요소를 강조하고 신중하게 선택한 자극적인 형용사로 힘을 준 **엄선된** 강간 이야기이다. 그것은 남성의 환상에 들어맞도록 꾸민 선정적이고 '섹시'한 강간 이야기이다. 그리고 이런 이야기가 그날 그 신문 지면의 중요한 첫 몇 장에서 유일하게 찾아볼 수 있는 여성에 관한 뉴스일 때가 많다.

여기서 내가 '타블로이드' 저널리즘에 관해 이야기하고 있다는 사실을 강조하고 넘어가야겠다. 전국 단위의 실태를 개괄하기 위해 1971년에 처음으로 신문의 강간 보도를 추적 관찰하기 시작했을 때, 각 신문과 도시마다 강간 사건을 다루는 방식이 모두 다르다는 사실

우리의 의지에 반하여

에 깊은 인상을 받았다. 예를 들어 《워싱턴 포스트》는 강간 사건을 다룰 때 선정적이지 않았으며 꾸준히 유용한 정보를 제공했고, 강간이라는 범죄를 사회적 문제로 다루려는 진지한 노력을 보여주었다. 그러나 내가 사는 뉴욕시의 경우, 《뉴욕 타임스》에서는 강간 범죄를 다룬 기사를 거의 얻을 수 없었다. 이는 오랫동안 문제시되지 않고 유지된 이 신문의 성적 보수주의 때문인 듯하다. 나는 《뉴욕 타임스》가 아주 가끔 작은 후면 기사로 강간을 다룬 것을 몇 개 발굴했다. 그 기사들은 '간호사'나 '무용수' '선생' 같은 중산층에 속한 피해자들과 관련되어 있었고, 주로 센트럴파크를 배경으로 한 사건들을 선호했다.* 이와 대조적으로 타블로이드인 《뉴욕 포스트》와 《데일리 뉴스》는 역설적인 의미에서 내게는 풍부한 금맥이나 다름없었다. 이 두 타블로이드 신문에서 발췌한 기사를 모은 파일은 놀랄 만한 속도로 불어났고, 기사를 오려내어 붙이고 모으는 과정에서 나는 한층 더 놀라운 어떤 경향을 발견하게 되었다. 강간범이 피해자를 고를 때 관습적인 '성적 매력'—피해자는 74세의 치매 노인일 수도, 치아교정기를 한 12세의 아이일 수도 있다—을 유난히 무시한다는 사실을 이미 알고 있던 나로서는 더욱 놀라운 경향이었다. 흑인 여성이 백인 여성보다 더 자주 강간 피해자가 된다는 뉴욕시 경찰이 제시한 통계적 사실에도 불구하고, 타블로이드 신문이 표제로 선호하는 피해자는 '매력적인' 젊은 백인 중산층 여성이었던 것이다.

그렇게 몇 달에 걸쳐 여러 신문을 관찰하다가 나는 현대 타블로이드 신문의 전형이라고 할 수 있는 《데일리 뉴스》를 특정해 연구

---

* 《뉴욕 타임스》쪽에 공평하도록 언급해두자면, 이 신문의 강간 보도는 1974년부터 훨씬 개선되었다. 이는 여성운동에 고무되어 강간에 대해 새로이 관심을 가지게 된 덕이었다.

하기로 결정했다.《데일리 뉴스》는 매일 200만 명 이상, 일요일에는 300만 명 이상이 읽는 신문으로 미국의 다른 어떤 신문보다 독자가 많다. 독자 절반은 여성일 것으로 짐작되는데, 여성 독자가 다른 여성의 삶—혹은 어떻게 해야 여성이 뉴스에 나올 수 있는지—에 관해 읽으면서 자신의 삶과 삶에 대한 전망에 영향을 받지 않기란 쉽지 않다.

　나는 1971년에 나온《데일리 뉴스》의 별 네 개짜리 최종판 1면을 마이크로필름으로 모조리 살펴보며 한 주를 보냈다. 그러자 이 신문이 매일 아침 15센트에 파는 여성의 역할에 관한 고정관념이 너무나 뚜렷하게 모습을 드러냈다. 그렇게 한 주를 보내고 나니 눈은 아팠지만 많은 것을 배울 수 있었다.《데일리 뉴스》의 도덕률은 단순했다. 경찰과 소방관을 포함한 여러 시 공무원으로 대표되는 훌륭하고 정직한 일꾼들과 법질서를 '위해서' 기사를 쓴다는 것이다. 이 신문은 범죄에 홀딱 반해 있으면서도 범죄자가 정의의 심판을 받기를 간절히 원한다. 신문은 백악관에 사는 대통령 가족을 비롯해 미국의 여러 정치 귀족 가문을 진열장 너머의 진귀한 물건을 탐내는 듯한 방식으로 다룬다. 건장한 근육질에 남자다움을 과시하는 '나는 남자다He-man' 유형의 경우, 그의 여자들은 멋진 다리와 가슴을 보여주지만 조용하고 누구로든 교체 가능한 존재로 전시된다. 또 다른 유형인 가정적인 남자의 경우, 이들은 날로 높아지는 세금에 대해 툴툴대지만, 무고한 여성과 아이, 동물이 다치면 격분해 무슨 일이든 할 수 있다. 하지만 '나는 남자다' 파와 마찬가지로 계집들은 주어지는 대로 살아가기 마련이라고 여긴다. (흑인도 동일한 취급을 받아왔다. 하지만 최근 들어《데일리 뉴스》의 흑인관이 조금 흔들렸는데, 이는 정치권력이 어떻게 도덕적 압박을 가할 수 있는지를 보여주는 예로, 우리 여성들이 기억해둘 만한 교훈을 준다.) 나

　우리의 의지에 반하여

는 《데일리 뉴스》의 시선을 통해 여성이 뉴스 보도 가치가 있는 존재가 될 수 있는 확실한 방법이 두 가지 있다는 사실을 알게 되었다. 유명한 정치인이나 우주비행사의 아내가 되는 길과 강간살인이나 다른 재난의 익명의 무고한 희생자가 되는 길이 그것이다. 한 가지 길이 더 있기는 한데, 바로 여성 자신이 범죄를 저지르는 것이다.

　타블로이드 신문이 하는 일은 뉴스를 오락거리로 제공하는 것이며 정부, 산업, 스포츠 및 모험과 범죄가 있는 '저 바깥의 진짜 세계'에 속한 자는 남성이기에 뉴스 역시 남성들에 의해 만들어진다. 신문은 남성에 의해, 남성을 위해 편집된다. 여성 독자는 초대하지 않은 추종자이다. 광고와 '여성란'만이 여성을 염두에 두고 기획된다. 타블로이드 편집자들은 그들이 매일 만들어내는 스튜가 섹스를 필수 양념으로 한다는 전제하에 작업하며, 그들은 남성을 위해 작업하는 남성이기에 여기서 섹스란 곧 여성을 의미한다. 날씨와 상관없이 《데일리 뉴스》가 언제나 기본적으로 싣는 내용은 수영하는 익명의 미녀이다. 여름에는 다양한 지역의 수영하는 미녀들이 나온다. 겨울에는 주로 마이애미나 오스트레일리아가 배경이다. 그녀의 이름이 적혀 있을 때도 있지만 그녀가 누구인지는 전혀 중요치 않다. 그저 남자들의 감탄을 위해 지면에 등장할 뿐이다. 여성 독자에게 그녀는 따라잡기 위해 노력해야 할 불편한 기준이 된다. 아, **남자들이 이런 걸 매력적이라고 여기는군**. 강간살인 이야기 역시 성적 흥미를 돋우는 기삿거리가 되는데, 우리 여성들로서는 다음과 같은 결론을 내리지 않을 수 없다. **그래, 매력적인 여자에게는 이런 일이 일어나는구나.**

　《데일리 뉴스》가 기사의 첫 문단에서 강간살인 피해자를 '매력적'이라는 단어로 수식하는 것은 이 신문이 기사를 쓰는 공식에서 빠져서는 안 되는 중요한 부분이다. 1년분 《데일리 뉴스》를 연구하면서 지켜본 바로는 이 공식이 적용되지 않은 예는 딱 두 건에 그쳤다. 하나는 피해자가 여덟 살인 경우였고, 다른 하나는 내가 사는 거리에서 일어난 강간살인 사건에 관한 기사로 이미 사건이 유명해진 다음날 나온 후속 기사였다. 첫날 나온 기사는 역시나 피해자를 '매력적'이라고 수식했다. 후속 기사를 위해 《데일리 뉴스》는 몇 안 되는 여성 기자 중 한 명을 내보냈는데, 그녀는 곧이곧대로 사실을 다뤘다. 피해자는 매력적이지 않았고, 기자는 그 사실을 그대로 씀으로써 《데일리 뉴스》의 기사 작성 공식을 깼다. 여기서 두 가지 흥미로운 사실이 있다. 이 후속 기사는 내가 1년간 연구한 이 신문의 기사들 중 유일하게 강간살인 사건에 여성 기자를 투입한 사례였다. 내가 신문을 사는 길모퉁이 뉴스 가판대 주인도 기사에서 이상하게도 '매력적'이라는 표현이 **빠져 있다**는 것을 알아보았다. 그는 그것이 죽은 소녀에게 유별나게 몰인정한 일이라고 여겼다.

죽은 젊은 여성을 묘사하는 '매력적'이라는 표현이나 그와 유사한 화려한 수식어는 피해자의 다른 의미 있는 정보를 밀어내고 그 자리를 차지한다. 그 예로 한 훌륭한 기자가 어떤 남성에 관해 묘사하며 어떻게 의미 있는 정보를 배치하는지 살펴보자. 다음은 1972년 1월 16일 자 《데일리 뉴스》의 한 기사의 첫 문단이다. 〈10대 한 쌍의 꿈을 질식시킨 차량 매연〉이라는 1면 헤드라인과 함께 3면에 실린 기사는 이렇게 시작된다. "롱아일랜드대학교 2학년생과 그가 결혼하고 싶어 한 키 크고 보기 좋은 갈색머리 여성이 어제 이른 시간 롱아일랜드 밸리스트림의 자동차극장에서 일산화탄소에 중독되어 사망했다."

우리는 기사를 읽고 죽은 젊은 남성이 세상에 자기 자리를 가지고 있었다는 사실을 바로 알게 된다. 그는 대학교 2학년생이었다. 그러나 젊은 여성의 뉴스 가치는 '그가 결혼하고 싶어 한 키 크고 보기 좋은 갈색머리'일 뿐이다. 세 번째 문단을 읽기 전까지는 소녀에게도 신원이라는 게 있다는 점을 전혀 알아챌 수 없다. 남성에 대해서는 그의 전공 분야가 음악이며 시간제 배달원이었다는 사실까지 알게 되지만 말이다. 그녀 역시 학생이었고 고등학교 상급생이었다. 하지만 이 사실은 그녀의 신체적 조건을 묘사하느라 희생되었다. 이것이 좀 더 '성적으로 끌리는' 이야기를 만드는 비결이다.

《데일리 뉴스》는 끔찍하게 죽은 여성을 그 육체적 매력, 남성에게 호소력 있는 매력을 증명하는 굵직한 헤드라인으로 기념한다. 살아 있을 때는 이야기할 가치를 두지 않는다. 그들의 죽음이 끔찍했다는 점은 그들에게 뉴스 가치를 부여하지만, 이것이 익명성을 줄여주지는 않는다. 피해자의 머리색은 그 죽음과 아무 관련이 없는데도 여성 피해자는 주로 머리카락 색으로 대상화되고 미화된다.

예컨대 〈침대에 묶인 채 교살당한 금발〉(1971년 7월 6일 자)이라는 제목의 기사를 볼 수 있다. 그녀는 누군가의 '별거 중인 아내'라고 소개되었다. 그리고 두 달 후에는 〈26세의 갈색머리, 마을 연립주택에서 살해된 채 발견〉(1971년 11월 19일)이라는 기사가 났다. 그녀는 부모님과 가까운 곳에 살던 내성적인 성격에 과체중인 타이피스트였다. 강간과 강간 후에 발생한 질식사는 모두 '주거 침입' 강도 과정에서 우발적으로 발생한 부산물이었을 가능성이 높지만, 《데일리 뉴스》는 이런 각도에서 접근하지 않았다.

타블로이드 신문 기사에서 여성 피해자의 직업은 관능적 후광을 지닌 직업이 아닌 한 이야기 뒤쪽에 파묻혀 잘 드러나지 않는다. 하지만 피해자의 직업이 조금이라도 관능적 후광을 지녔다면 상황은 달라진다. 모델과 배우, 비행기 승무원, 쇼걸, 고고댄서, 전문직 여성, 상속녀, 이혼녀 등은 마법의 주문이 된다. 이 범주에 해당하는 여성은 뉴스거리가 별로 없는 날이라면 1면에 오를 수도 있다. 〈금발의 전직 쇼걸, 호텔 스위트룸에서 살해당하다〉라는 기사가 1971년 3월 8일 《데일리 뉴스》 1면에 실렸다.

〈비행기 여승무원, 살해된 채 발견되다〉는 1971년 6월 25일 1면에 실렸고, 〈여승무원 섹스 살인범 사냥〉이 6월 26일 다시 1면에 오른다. 이 사건의 피해자 코닐리아 미셸 크릴리는 정말로 아름다웠다. 그녀의 사건은 1971년 뉴욕시에서 발생한 섹스 살인 사건 중 가장 큰 화제를 모았다. 그녀의 사진은 《데일리 뉴스》와 《뉴욕 포스트》의 1면을 도배하다시피 했고, 《뉴욕 포스트》는 3일 내내 그녀를 1면에 내보냈다. 그녀의 직업과 맨해튼 어퍼이스트사이드라는 거주 지역은 타블로이드 기획 기사 작성자에게 풍부한 이야깃거리를 제공했다. 《데일리 뉴스》는 '활기 차고 멋진 싱글들'의 사진과 함께 〈이스트사이드: 처녀들의 메카〉라든가 〈여성 지대의 명소를 샅샅이 뒤져보자〉 같은 제목의 기사를 실었다. 《뉴욕 포스트》는 반대로 〈코닐리아의 화려한 장난감 나라〉라는 제목의 기사로 그 지역을 다뤘다. (코닐리아 미셸 크릴리는 대니얼 엘스버그가 《펜타곤 문서》를 폭로하고 나서야 1면에서 밀려났다. 그러나 내가 지금 이 글을 쓰는 시점에도 그녀를 살해한 범인은 아직 잡히지 않았다.)

여성을 평가할 때 아름다움을 다른 어떤 특징보다 더 높이 치는 문화가 아니라면 아름다운 젊은 여성이 살해된 사건이 그보다 평범한 이가 살해된 사건보다 특별히 더 유감스럽거나 더 비극이 될 이유는 없다. 미인이 살해당해야만 사건에 더 주목하는 관행 덕에 아름다움은 그 자체로 파멸의 씨앗을 품게 된다. 《데일리 뉴스》가 고의로 화려한 파멸의 신화를 만들어낸 것은 아니지만, 이 신문의 편집 방침은 결과적으로 신화를 만드는 기능을 수행한다. 남성은 행동하는 주체로 다루면서, 여성은 피해자로서만, 특히 아름다운 피해자에게 지면을 더 할애하면서 양념처럼 곁들인다. 그리하여 강간은 여성의 아름다움 때문에 유발되는 치정 범죄라는 신화가 엄청난 신빙성을 얻게 되고, 여성 자신도 강간당하는 것이, 심지어는 살해당하는 것이 아름다움의 증거라고 믿게끔 영향을 받게 된다. **미녀의 아름다움은 야수가 확인해준다. 그리고 아름다운 얼굴은 누구나 가진 것이 아니지만, 피해자는 누구나 될 수 있다.**

1971년 1월에서 12월까지, 인디라 간디Indira Gandhi가 압도적인 표차로 선거에서 이기고 골다 메이어Golda Meir가 뉴욕을 방문한 해에《데일리 뉴스》가 여성을 1면 헤드라인으로 다룬 경우는 재해와 범죄, 강간살인 사건에 한정되었고, 트리샤 닉슨*의 결혼 기사만이 딱 하나의 예외였다. 〈어머니와 아기가 퀸스에서 살해되다〉〈앨리스, 일급 범죄로 유죄〉〈실종된 8세 여아, 살해된 채 발견〉〈뉴욕의 상속녀 감옥에서 죽다〉〈엘리베이터에서 칼에 찔려 죽은 여성〉〈미궁에 빠진 이혼녀의 죽음을 조사하다〉 등등. 반면 힘과 용기를 가진 남성들은 살아 숨 쉬며 정부를 통솔하고, 범죄자를 잡고, 화재를 진압하고, 파업을 하거나 파업을 해결하고, 달에 갔다가 승리자의 모습으로 돌아온다.

여성 잡지: "그는 내가 그 짓을 하게 만들었어!"

"마을 연립주택에서 살해된 채 발견된 26세의 갈색머리"인 피해

---

* 리처드 닉슨Richard Nixon 대통령의 딸.-옮긴이

자는 내가 사는 거리에 살았다. 우리는 서로 모르는 사이였다. 우리는 모퉁이의 사탕가게와 신문 가판대를 공유했으며, 그 가판대 주인이 나에게 그녀가 구색을 잘 갖춘 고백 잡지confession magazine 가판대 쪽을 자주 살펴보았다고 알려줬다. 그녀의 이름은 캐시였고, 사건 다음 날《데일리 뉴스》헤드라인에 따르면, "살해당한 마을 여성은 술을 마시지도, 데이트를 하지도 않았다". 하지만 캐시는 잡지를 읽었으며, 연구를 진행하던 어느 날 나는 그 모퉁이 상점에서 한 달분의 고백 잡지를 쓸어 담아왔다. 아마 캐시가 이런 잡지를 탐사하며 환상을 키우고 몽상을 살찌웠을 것이라는 생각이 들었기 때문이다.

누가 로맨스 고백 잡지를 진지하게 받아들이겠는가? 이런 잡지를 편집한 당사자는 물론이고 문학평론가나 문화 기록자 또한 진지하게 여기지 않을 것이다. 사회학자나 심리학자도 이 문제에는 관심을 보이지 않았다. 문화에 스며든 폭력과 그것이 어린이에게 미치는 영향을 논한 프레드릭 웨덤Fredric Wertham의 유명한 책《순수의 유혹Seduction of the Innocent》(1954)이 만화책을 심각한 논쟁거리로 만든 적은 있지만, 그 누구도 로맨스·고백·영화 잡지 산업이 감수성 예민한 시기의 젊은 여성에게 미치는 누적 효과에 대해서는 조사한 적이 없었다.* 누가 이런 잡지를 진지하게 받아들이겠는가? 매달 이런 잡지를

---

* 1954년에 웨덤 박사는 다음과 같이 썼다. "만화책은 온갖 종류의 성적 공포를 만들어낸다. …… 표지에 톰 믹스의 사진이 실린 한 웨스턴물 잡지에는 한 편의 이야기에 여성이 밧줄로 묶여 있는 그림이 연속으로 16장이나 담겨 있다. 등장한 여성의 손은 등 뒤로 묶여 움직일 수 없는 상태인데도 그렇다! 그녀는 성적으로 도발하는 대회라도 나온 듯 온갖 종류의 자세를 보여주며, 그녀의 표정은 그런 취급을 받는 것을 즐기는 듯 보인다. 정신의학적으로 말하자면, 이것은 사디스트의 자위용 환상 그 자체이며, 소년에게 그에 상응하는 효과를 초래한다. 소녀와 자신을 소녀로 여기는 부류의 소년에게는 이것이 마조히스트 환상의 출발점이 될 것이다." Fredric Wertham, *Seduction of the Innocent*, New York: Rinehart & Co., 1954, p.185.

읽는 수백만의 소녀와 여성만이, 대부분 경제적 하층계급에 속하며 고졸 이하의 학력을 지닌 여성들이 이를 진지하게 받아들이며, 통계에 따르면 이들은 강제 강간 피해자 중 다수를 구성한다.

12~15종의 고백 잡지가 가판대에 계속 오르며, 각각의 잡지는 최소 25만 부가 팔린다. 고백 잡지 중독자는 한 달에 한 권 이상의 잡지를 읽고, 평균 아홉 명의 독자가 잡지 하나를 너덜너덜해질 때까지 돌려가며 보는 경향을 보인다. 이처럼 고백 잡지는 다른 장르 잡지보다 여러 명이 돌려가며 보는 빈도가 훨씬 높은 것으로 알려져 있다. 이런 잡지가 폭넓은 독자를 거느리는 남부와 남서부에서는 흑인이 독자층의 40퍼센트를 이루는 것으로 추정된다. 1,000만 명이 넘는 소녀와 여성들이 고백 잡지의 충실한 독자층을 형성하고 있고, 고백 잡지를 가끔 읽는 독자 수는 다시 이 숫자의 두 배에 이를 것이다. 한 수요 조사에 따르면, 표지에 짐승 같은 폭력을 표현하는 문구("그가 내가 그 짓을 하게 만들었어!")가 담긴 잡지가 가장 잘 팔린다고 한다.[52] **

내가 모퉁이 상점에 가서 한 번에 담아온 고백 잡지는 1972년 2월과 3월 사이에 나온 것이었다. 모두 강간이나 강간에 가까운 이야

** 나는 일군의 고백 잡지를 편집하는 보조 편집자로 일한 적이 있고, 이 분야를 직접 경험해 본 사람으로서 이야기하고 있는 것이다. 내가 일하던 곳은 일군의 남성 잡지도 편집했고, 우리는 그에 맞춰 편집 시간을 분할했다. 고백 잡지의 이야기―잘못된 길에 들어선 여성들의 고민 이야기―와는 대조적으로, 남성 잡지는 위험한 짐승을 이기고 감미로운 여성을 얻어내는 유혈 폭력의 공식으로 독자를 끌었다. 남녀 잡지의 표지 미술은 드러내는 바가 많다. 여성 고백 잡지의 표지에는 언제나 죄책감과 곤경을 암시하는 한 줄 기사 요약 문구 사이에서 뭔가를 엿보고 있는 젊은 여성의 모습이 실린다. 남성 잡지 표지에는 두 가지 이미지가 교대로 등장한다. 그중 한 가지는 (종종 나치 제복을 입은) 사악한 박사가 묶인 채 재갈을 문 소녀에게 피하주사를 찔러넣으려는 참에 영웅이 남자답게 구출하려고 하는 장면이다. 또 하나는 정글의 맹수―흑표범일 때가 많다―가 쓰러져서 비명을 지르는 금발 여성을 발톱으로 해치려는 참에 카키색 옷을 입은 백인 사냥꾼이 구하러 들이닥치는 장면이다. 이 표지는 당시 내 상사가 알려준 바로는 인종 간 강간을 상징했다.

기, 강간 환상을 특집으로 다루고 있었다. 이들은 한목소리로 여성 피해자의 남자들 ─ 남편이나 남자 친구 혹은 강간범 ─ 을 공감과 동정을 받을 자격이 있는 복잡한 감정의 소유자로 그리는 반면, 여성 피해자는 비난받을 만한 경우가 많다는 식으로 언급하며 굴복의 철학을 선전한다. 이런 잡지들이 엄격히 고수하는 고백의 공식을 보면, 강간은 여주인공이 새 애인을 찾거나 남편과 관계를 개선하려고 모험을 추구하는 과정에서 긍정적인 변화의 기폭제가 된다. 여기서 그 전형적인 줄거리를 살펴보자.

〈나는 성범죄단의 피해자였다〉(《트루 라이프 컨페션True Life Confessions》, 3월호). 표지의 광고문은 이렇다. "스릴을 맛보고 싶어 밖에 나갔고, 아무도 나를 말리지 않았다! 그래서 근방에서 가장 거친 패거리에게 걸려들게 되었다." 자만심 넘치는 도리는 "너는 말이 너무 많아. 남자들은 농담을 맞받아치는 데 너무 능한 여자는 좋아하지 않아"라고 말하는 착실한 페리를 따분하게 느끼게 된다. 도리는 거친 무리들이 모여서 노는 클럽하우스에 자기 발로 감히 걸어들어가고, 윤간을 당할 뻔한다. 잠시 '정신을 잃었던' 그녀가 정신을 차리자 근엄한 경찰관이 그녀를 굽어보고 있다. 범죄를 저지른 패거리는 소년원에 가지만, 도리는 이렇게 고백한다. "사실 나는 조금 죄책감을 느꼈어." 마지막 단락에서 도리는 이렇게 말한다. "내가 교훈을 하나 얻었는데, 다른 여자애들도 기억해줬으면 해. 내가 한 것처럼 사서 고생하려 들면 원대로 사서 고생하게 될 거야. 독설하는 버릇과 뭐든지 다 안다는 식의 태도가 내 인생을 쉽사리 파멸시킬 수 있었는데도 그렇게 되지 않은 것, 강간당하지 않았다는 것에 나는 감사해." 그녀의 순결은 안전했으며, 그녀는 충실한 페리에게 돌아갔고 "철이 들었다".

〈변태들은 언제나 나 같은 여자애를 고르지〉(《모던 러브Modern Love》, 3월호). 표지 광고 문구는 이렇다. "우연이라기에는 너무 자주 일어나는 일." 수전은 노출증 변태들에게 시달리고 있다. 그녀는 집단 심리 치료 모임에 합류해 자신이 어떤 문제를 겪고 있는지 이야기한다. 심리학자인 그 모임의 지도자는 수전이 마음 깊이 섹스를 두려워하기 때문에 노출증 남자에게 신호를 보낸다고 이야기한다. 수전은 자신이 그 남자들을 무의식적으로 쳐다보고 있었다는 것을 갑자기 깨닫는다. 그녀는 모임에 나오는 젊은 남자 중 하나인 척과 새로운 관계를 시작한다.

〈나처럼 강간 꿈을 꿔본 사람은 없을 거야〉(《리얼 컨페션Real Confessions》, 2월호). 베티 조는 강간을 몽상하는데, 임신은 원치 않는다. 덩치 큰 남자인 남편 잭은 그녀를 조심스럽고 온화하게 대한다. "나는 그의 부드러움에 실망했다"고 베티는 말한다. "나는 짐승 같은 힘으로 압도당하길 원한다." 성직자와 상담을 한 부부는 베티 조의 환상이 정상이라는 이야기를 듣는다. 성직자는 의사와 상담하라고 권하고, 의사는 다시 한 번 이렇게 확인해준다. "강간 환상은 여성들이 매우 흔히 갖는 환상이고, 영화나 책에 강간이 자주 등장하는 것도 그 때문입니다. 이런 환상을 가진 여성들은 대부분 진짜로 강간당하기를 원하는 게 아니에요. 그러니까 학대당하거나 다치는 식으로는 말이죠. 이들은 남자한테 지배당하고 압도당하길 원하는 겁니다." 그러자 안도한 잭이 자백한다. "저에게도 저만의 성적 환상이 몇 가지 있어요. 매순간 철저하게 저항하는 여자와 사랑을 나누는 환상이 있습니다. …… 여자에게 강요한다고 상상하면 흥분됩니다. 제 말은 그녀를 때리겠다는 것이 아니라, 그녀가 뭘 원하든 상관없이 내 뜻대로 되리라는 것을 그녀에게 보여주고 싶은 거죠." 베티와 잭은 집에서

'강간 게임'을 해보기로 결정한다. 첫 시도에서 베티는 다이어프램*을 착용하지 않아서 임신할 수 있다며 저항한다. 잭은 '짐승 같은 힘'으로 집요하게 행위를 계속한다. 그리고 베티는 독자에게 이렇게 말한다. "나에게는 선택의 여지가 없었어. 나는 굴복할 수밖에 없었고 그의 절대적인 힘과 남성성에 압도될 수밖에 없었어. 그때까지 내가 꿈으로만 그렸던 모든 스릴을 맛보면서 왠지 전에 느껴보지 못한 방식으로 자유로워졌어." 마지막 문단에서 그녀는 남편과의 사이에 이제 아이 둘이 생겼다는 사실을 알린다.

〈그는 내가 그 짓을 하게 만들었어. …… 나한테!〉(《트루 라이프 컨페션》, 2월호). 광고 문구는 이렇다. "어떤 유형의 여성이 강간당하는가? 어떤 유형의 남성이 강간범인가? 당신은 답이 뻔하다고 여길 것이다. 하지만 이 이야기를 읽고 나면 당신이 틀렸다는 사실을 알게 될 것이다." 헬렌은 인디애나에서 온 수줍은 소녀로 뉴욕의 한 독신용 바에서 대니를 만나게 된다. 대니는 "커다란 갈색 눈을 지닌 잘생긴" 전직 해군이다. 대니는 자기 취향에 비해 헬렌이 너무 새침을 떠는 유형이라고 생각하고 그녀를 무시한다. 자존심을 짓밟힌 그녀는 "어두워지면 그 어떤 뉴욕 거리도 여자에게 안전하지 않기에 택시를 잡아야만 한다며" 바를 떠난다. 며칠 밤이 지난 후 그녀는 대니를 그냥 놓칠 수는 없다는 생각에 바를 다시 찾는다. 이번에는 그녀가 적극적으로 추파를 던지고 대니는 커피 한 잔을 할 겸 그녀의 스튜디오 아파트에 함께 온다. 그들은 키스를 하고 갑자기 상황은 좀 더 심각해진다. "대니, 난 ……" "입 닥쳐." 그러고는 "그가 내 위에서 강제로

---

* 자궁 경부에 덮어씌워 정자 유입을 막는 피임 기구로, 여성이 성관계 수시간 전에 삽입한다. 피임약이 시판되기 전까지는 여성이 주체적으로 사용할 수 있는 피임 기구로서 널리 쓰였다.─옮긴이

할 때마다 내 목에서는 비명이 터져나오다 끊기고는 했다". 대니는 그녀를 강간한 후 떠난다. 피 흘리고 상처 입은 헬렌은 가까스로 몸을 추스르고 여자 친구에게 전화한다. 이야기를 들은 친구가 경찰에게 전화를 하려 하지만 헬렌은 거절한다. 그녀는 병원에도 가지 않으려 든다. 친구네 건물에 사는 젊은 인턴이 연락을 받고 온다. 그는 헬렌에게 침대에서 며칠 쉬면 "괜찮아"질 거라고 말한다. 헬렌의 친구는 여전히 경찰에게 전화하고 싶어 하지만, 헬렌은 요지부동이다. 이일은 그녀의 잘못인 것이다! "나처럼 그렇게 바보같이 굴 여자가 또있을까? 완전히 낯선 남자를 한밤중에 자기 아파트로 초대해 사랑을 나누는 행위를 시작하고는 남자가 멈춰주길 바랄 여자가 나 말고 또 있을까?" 며칠 후 양심의 가책을 느낀 대니가 헬렌에게 '치료비로' 50 달러를 보낸다. 그러고 나서 그는 그녀에게 전화해 사과하면서 술을 끊겠다고 맹세한다. 헬렌과 대니는 데이트를 하는 사이가 된다. "우리는 서로를 도우며 곤경을 헤쳐나가는 중인 듯하다. 지금은 힘들어도 점점 나아지겠지."

〈나는 강간범의 아이를 지키기 위해 사랑하는 남자를 포기했다〉(《트루 로맨스True Romance》, 2월호). 캐런은 주립 정신병원에서 도망친 자에게 강간을 당한다. 그녀의 가족은 동네 사람들이 "야유할까봐" 두려워한다. 그래서 캐런의 어머니는 신문에 (캐런이 아닌) 본인이 피해자라고 이야기한다. 그러나 캐런은 자신이 임신했다는 사실을 알게 된다. 낙태가 법으로 허용됨에도 캐런은 강간범의 아이를 낳기로 결심하고, 아이는 정신지체 상태로 태어난다. 남자 친구 닐은 그녀를 거부하지만, 그 빈자리에 새로운 남자 친구 마크가 찾아온다. 광고 문구는 이렇다. "자신이 낳은 작고 힘없는 첫 아기를 어떤 여성이 모른 체 하겠는가?"

〈임신 중에 강간당했다! 하지만 남편에게는 이야기할 수 없다!〉(《퍼스널 로맨스Personal Romances》, 3월호). 광고 문구는 다음과 같다. "내가 강간범이 누구인지 밝힌다면 더 끔찍한 폭력으로 끝날 뿐이다." 보조 교사인 캐시는 임신한 상태로 교실에서 강간당한다. 그날 저녁 그녀는 유산을 하게 된다. 캐시는 보안관이나 남편 버트에게 강간 사실을 알리지 않기로 결심한다. 동네 사람들이 야유할 것이고, 또한 버트가 그녀를 강간하는 놈이 있으면 자기 손으로 죽일 거라고 항상 이야기해왔기 때문이다. 우연히도 캐시의 친구 재니스 역시 같은 밤 가까운 카운티에서 강간당한 후 살해된다. 보안관은 재니스를 죽인 용의자를 찾아내지만, 용의자는 특이한 알리바이를 댄다. 자신은 재니스가 아니라 캐시를 강간했다는 것이다. 이 흥미로운 이야기에서 캐시는 결국 자신이 강간당했다는 사실을 시인하기로 하고, 강간범을 더 중대한 범죄인 재니스 살해 혐의로부터 **구해주기 위해** 경찰에게 강간범을 지목해준다. 이 이야기는 캐시가 강간당했다는 사실에 버트가 얼마나 '남자다움을 상실한 듯' 느꼈는지에 관해 잔뜩 늘어놓는다. 버트는 카운티 감옥에 갇힌 캐시의 강간범을 한 대 치고, 이를 두고 보안관의 아내는 수긍하듯 말한다. "그가 그놈에게 본때를 보여줘서 다행이에요, 캐시. 그게 그가 저 독이 되는 감정을 배출하고 다시 자신이 남자라고 느낄 유일한 길이죠."

〈아빠, 엄마는 왜 아빠를 강간범이라고 부르나요?〉(《트루 러브True Love》, 2월호). 아동 강간범이 잡히지 않은 채 활개를 치고 다니는 가운데 밋지의 어머니는 밋지의 아버지를 의심하기 시작한다. 남편이 수년이 넘도록 그녀와 잠자리를 하지 않았고, "남자가 그렇게 지내는 것은 자연스럽지 않기" 때문이다. 물론 이는 밋지의 어머니가 남편을 오해한 것이었다. 마지막 단락에 이르면 이 가족의 성생활은 개선되기 시작한 것처럼 보인다.

　원래 나는 가판대에서 한 번 잡지를 쓸어 오는 정도로 무작위 표본 추출의 범위를 한정하려고 했다. 하지만 몇 주 후 신문을 사러 다시 모퉁이 상점에 갔다가 《리얼 컨페션》 3월호가 막 들어온 것을 알게 되었다. 이미 2월호를 가지고 있었지만 유독 도발적인 제목이 내 시선을 붙들었다. 줄거리는 내가 《트루 라이프 컨페션》 3월호에서 읽은 적 있는 건방지게 굴던 소녀가 소년 패거리를 만나 응분의 대가를 치르게 된다는 이야기 ─ 〈나는 성범죄단의 피해자였다〉 ─ 와 동일했다. 그런데 이번 광고 문구가 세 배쯤은 솔직했다. "나한테도 책임이 있다는 건 알아. 모두의 삶을 바꾸겠다면서 지나치게 오지랖이 넓었으니까." 게다가 제목은 훨씬 더 많은 것을 시사했다! 그 제목은 이랬다. 〈소년 7인에게 윤간당하다 ─ 내가 그들의 여자 친구를 여성 해방 단체로 이끌었기에.〉

11

강간 말하기 [1]

증언: 현재 저는 73세이고, 67세일 때 강간당했습니다. 아파트 엘리베이터를 타려는데 한 젊은이가 따라 들어왔습니다. 그는 녹색 제복을 입고 있었습니다. 저에게 어떤 세입자가 몇 호에 사는지 아느냐고 묻기에 모르는 이름이라고 답하고 이렇게 말했습니다. "오, UPS 택배회사에서 온 분인가요? 물건이 아직 도착하지 않아서 기다리는 중이었어요." 그는 제게 이름과 호수를 묻더니 건물 아래 세워둔 트럭에서 물건을 찾아봐 준다고 했습니다. 몇 분 후 우리 집 초인종이 울렸습니다. 문구멍으로 내다보니 그 젊은 남자가 꾸러미를 들고 있었어요. 별 의심 없이 바로 문을 열어줬습니다. 그는 저를 벽으로 밀치고 들고 있던 렌치로 제 머리를 치기 시작했습니다. 나중에 저는 다섯 바늘을 꿰맸습니다. 그는 소리 내지 말라고 말하더니 집 안을 돌아다녔습니다. 제가 정말로 혼자 있는지 확인하려 했거나, 훔칠 만한 것을 찾으러 다닌 것 같습니다. 그는 다시 돌아오더니 돈을 어디에 숨겼냐고 물었습니다. 저는 숨겨둔 돈이 전혀 없다고, 지갑에 있는 것이 전부라고 말했으나 믿지 않는 것 같았습니다. 그는 저에게 침대에 올라가라고 했습니다. 제 속옷을 벗기고는 저를 갈기갈기 찢어놓았습니다. 그자는 일을 마치더니 제 서랍장을 뒤지더군요. 보석 약간이랑 휴대용 TV를 챙기고는, 계속 조용히 있으라고 경고하고 떠났습니다.

이웃과 경찰 모두 대단히 친절했지만, 경찰은 그를 찾아내지 못했습니다. UPS는 그날 제가 사는 동네에 배달 일정이 있던 트럭은 없었으며 범인의 인상착의가 직원 중 누구와도 일치하지 않는다고 말했습니다. 제가 받아야 할 소포는 며칠 전 다른 아파트에 잘못 배달되었던 것으로 밝혀졌습니다. 그 소포는 내내 소포를 맡아두는 방에 있었던 거죠.

여성이라면 누구나 강간 피해자가 될 수 있다. 나이가 엄청나게 어리든 많든, 외양이 수수하든, 조신한 처녀 같은 태도로 살든, 여성이 어떤 조건과 태도를 지니든 성폭력을 막아주는 억제책은 되지 못한다. 또 어떤 식으로든 성폭력에 영향을 받지 않고 살 방법도 없다.

우리의 태도나 인구 통계상의 지위와 상관없이 어느 정도의 위험이 항상 존재한다. 찰스 헤이먼 박사가 워싱턴의 DC 종합병원에서 5년에 걸쳐 수행한 연구에 따르면, 그 병원 응급실을 거쳐간 강간 피해자의 나이는 15개월짜리 아기부터 82세 여성까지 거의 전 연령대에 걸쳐 있었다. 다른 연구도 헤이먼 연구와 비슷한 결과를 보여준다.[2]

증언: 저는 11세였고 여동생은 7세였습니다. 지금 돌이켜보면 어쩜 그렇게 순진했는지 참 신기합니다. 오후 4시, 여동생과 치과에 갔다가 돌아오는 길이었고, 한 남자가 우리 뒤에 있다는 것을 알아챘어요. 그는 건물 안으로 우리를 쫓아 들어왔어요. 우리는 겁을 먹었죠. 그래서 여동생에게 말했어요. "줄리, 우리 뒤에 누가 있어. 그 남자랑 같이 엘리베이터 타지 말고 뛰어. 계단으로 뛰어 올라가자." 그는 3층 계단 통로에서 우리를 붙잡았고, 내 동생의 목에 칼을 들이댔습니다. 그자가 말했어요. "드레스 끌어올리고 팬티 내려. 다치게 하고 싶지는 않아, 꼬마야."

통계적 확률은 중요한 문제다. 계산을 통해 '전형적인' 강간범의 유형을 추려낼 수 있듯, 그보다 통계적 확실성은 낮지만 '전형적인' 피해자 유형 역시 존재한다. 보통 한 여성이 예비 강간범의 목표 대상이 될 경우, 이 피해자는 강간범과 같은 계급과 인종에 속해 있을 가능성이 높다. 적어도 70~90퍼센트의 범행이 그렇게 이루어진다. 또한 피해자는 강간범과 대략 비슷한 나이이거나 약간 더 어릴 경우가 많다. 종합하자면 10세에서 29세 사이의 여성들이 가장 강간당할 위험이 크다. 10대 소녀들은 단지 10대 소녀라는 그 이유만으로 다른 어떤 나이 집단보다 강간당할 위험이 크다. 아미르의 필라델피아 연구에 따르면, 15세에서 19세 사이의 소녀들이 신고된 강간의 피해자 전체의 4분의 1을 차지했다.[3] 브렌다 브라운의 멤피스 연구에서는 학생이 전체 강간 피해자의 27퍼센트를 차지하는 것으로 나타나 "보고된 직업 중 가장 숫자가 많은 직업군"이 되었다.[4]

아미르의 표현을 빌리면, 강간은 대체로 "생태학적 조건에 얽매인"[5] 범죄이다. 강간범들이 자신과 같은 계급이나 종족의 상대를 선호해서 그런 피해자를 고르는 것이 아니다(개인의 취향은 중요치 않은 것으로 나타난다). 강간은 기회가 생기면 저지르는 범죄이고, 기회는 익숙한 환경에서 가장 자주 생기기에 같은 계급이나 종족의 상대가 피해자가 된다. 중범죄 및 청소년 범죄가 자주 일어나는 지역에 사는 도시 하층계급 여성들이 그 어떤 계급보다 가장 많이 강간 위험에 노출된다. 결국 통계도 증명해주듯, 성폭행 위험에 가장 크게 노출된 여성 집단은 흑인, 10대, 도시의 하층계급 소녀들이 된다. 이들이 폭행이나 협박에 기대 강간을 저지를 가능성이 가장 높은 성향의 집단과 가까이에 살기 때문이다.

우리의 의지에 반하여

증언: 네, 그때 저는 14세였죠. 학교를 마치고 승차 요금을 낼 돈이 충분치 않아서 걸어서 집으로 가는 중이었어요. 거리에서 나와 우리 둘 중 누가 먼저 쳐다봤는지는 모르겠지만, 그가 먼저 말을 걸었습니다. "이봐, 일자리가 필요해?" 와, 내가 일자리를 찾는지 어떻게 알았지? 그래서 대답했죠. "응, 왜?" 그가 말했습니다. "내가 누굴 좀 아는데, 내 친구인데, 자기 사무실에서 시간제로 일할 사람을 찾더라고." 그래서 제가 말했습니다. "친구 사무실이 어딘데?" 그는 이렇게 답했어요. "지금 내가 좀 한가하니까 거기까지 너랑 같이 가줄게." 저는 엄마가 집에서 기다린다고 말했습니다. "거기가 어딘지 그냥 말해주면 되잖아?" 그는 자기가 아는 사람이니까 같이 가는 편이 좋을 거라고 했지요. "엄마한테 전화해서 좀 늦을 거라고 말하면 되잖아?" 우리는 전화 부스로 같이 걸어갔고 그자가 동전을 줬어요. 엄마한테 전화하라고 동전을 준 거죠. 전화를 걸어서 엄마에게 말했어요. "엄마, 나 일자리 생겼어. 지금 거기로 곧장 가는 길이야."

그는 저를 그 건물로 데리고 갔고, 아래층에서 기다리라고 하고는 올라가서 친구가 있는지 보고 온다고 했습니다. 아래층에서 기다릴 이유가 없는데 좀 이상하다고 느꼈지만 기다렸지요. 잠시 후 그가 돌아오더니 위층으로 가자고 했어요. 거기에는 더러운 매트리스 말고는 아무것도 없었습니다. 그놈은 문을 재빨리 잠갔고, 저는 그때서야 무슨 일이 일어날지 깨닫고 울기 시작했습니다. 저는 처녀였습니다. 건드리지 말라고 애원했지만 그는 그 짓을 했습니다. 아팠습니다. 많이 다쳤고, 정말 많이 울었습니다.

그 후 그는 집으로 돌아가라면서 20센트를 줬어요. 다시 전화할 수 있게 전화번호를 달라고 하더군요. 정말 파렴치한 놈이었어요. 내가 엄마에게 그와 데이트를 해도 되는지 물어봐주면 좋겠다나. 저는 가짜 번호와 가짜 이름을 댔습니다. 집에 가서 가족들을 만나야 한다는 것 말고는 아무 생각도 할 수 없었습니다. 집으로 돌아가 저녁을 먹고 웃으며 아무렇지 않은 척해야만 했습니다.

저녁을 먹는데 엄마가 계속 물었어요. "일자리는 어떻게 되었니?" 저는 말했습니다. "그 얘기는 하고 싶지 않아. 날 좀 내버려둬. 잘 안 풀렸어."

근래 몇 년 사이, 예전에는 보호받는 성채였던 대학 캠퍼스 같은 장소에서 강간과 다른 강력 범죄의 빈도가 증가하고 있다는 보고가 줄지어 나왔다. 1927년 조지워싱턴대학교에서 한 외부인이 그 대학 학생이자 국회의원의 아들인 척 가장해 공개된 장소에서 강간을 저지르고 두 학생에게 소도미 행위를 한 사건은 그 사례 중 하나이다. 배심원단은 유죄판결을 거부했다.[6]

1971년 FBI는 〈범죄 총계 보고〉에 주립대학교에서 발생한 중범죄 숫자 일람표를 새로운 통계표로 추가했다(학생이 범인인 경우만 한정하지는 않았다). 그 후 3년간, UC 버클리와 UCLA, 일리노이대, 에드워즈빌 서던일리노이대, 인디애나대, 이스트랜싱 미시간주립대, 캔자스대, 매디슨 위스콘신대와 밀워키대가 그 표에서 수위를 차지했다. 버클리에서는 1년에 11건의 강간이 신고되었는데, 주립대 사상 가장 높은 기록이었다.[7] 다수의(대다수는 아닐지라도) 대학생 강간 사건이 히치하이킹 중에 발생했다.

증언: 저는 트럭운전사에게 차를 얻어 탔습니다. 트럭운전사들은 차를 얻어 타도 될 만큼 좋은 사람들이라 생각했거든요. 아버지가 젊을 때 트럭을 몰았고 사촌도 트럭운전사였으니, 다들 차를 얻어 타도 될 만큼

좋은 사람들이겠거니 여긴 거죠.

제가 트럭에 타자 그가 이런 말을 했습니다. "너 히치하이킹이나 하는 그런 젊은 애들 부류 아냐?" 이 말을 듣자마자 겁이 덜컥 났습니다. 그는 고속도로를 벗어나 다른 동네로 가야겠다고 했습니다. 기억에 그리니치로 가겠다고 했던 것 같네요. 아 이럴 수가, 고속도로를 벗어나서 숲속으로 차를 끌고 간 후 나를 강간하거나 찌르겠구나, 그런 생각이 들었어요. 바로 얼마 전 그런 사건 소식을 접했거든요. 저는 뛰어내려야겠다고 생각했습니다. 그 순간, 차가 고속도로를 달리는 중인데도 그가 운전을 하면서 나를 공격하기 시작한 걸 보면, 내가 무슨 생각을 하는지 알아챘던 것 같습니다. 그는 저를 두들겨 패며 제 블라우스를 벗기기 시작했습니다. 자기 바지 지퍼를 열고 제 입을 때리고는 자기 성기에 제 머리를 밀어댔습니다.

그러는 사이 트럭이 전후로 마구 움직였고, 제가 말했습니다. "이러다 둘 다 죽겠네." 운전대를 붙잡고 이 빌어먹을 트럭을 고속도로 바깥쪽으로 확 틀어서 다 끝장내버리면 안 될까? 그런 생각이 잠시 머리를 스쳤습니다. 그게 제가 그 상황을 끝낼 수 있는 유일한 방법이었지만, 저는 죽고 싶지 않았습니다. 이제 와서 저 혼자 상상하는 것인지는 몰라도, 원하는 대로 하게 내버려두면 풀어줄 거라는 암묵적인 합의 같은 게 그자와 제 사이에 있었던 것 같습니다.

'폭력의 원인과 예방에 관한 국가 위원회'의 태스크포스팀에 따르면, 모든 강간 피해자의 절반(53퍼센트)은 가해자와 전혀 면식이 없었다. 그리고 30퍼센트는 가볍게 아는 사이였다. 7퍼센트는 강간범과 가족 관계(딸, 형제 관계, 사촌이나 조카)였고 3퍼센트는 친척은 아니지만 긴밀한 관계였다.[8] (그 밖에 범죄와 관련된 대부분의 백분율 분포에는 언제나 '알 수 없음'이나 '기타'라는 범주가 있다.) 태스크포스는 이렇게 결론지었다. "여성이 공격당할 경우 가해자가 낯선 사람일 것이라는 두려움에는 상당히 타당한 근거가 존재하는 것으로 나타난다."[9]

앞서 6장에서 언급했듯, 강간범의 통계적 프로필은 폭행범과 강도의 중간 정도에 놓인다. 세 가지 폭력 범죄에서 피해자와 가해자 간 관계를 비교해도 비슷한 경향이 나타난다. 가해자가 낯선 사람인 경우는 폭행에서 21퍼센트, 강간에서 53퍼센트, 강도에서 79퍼센트로 나타난다.[10]

증언: 5년 전 시카고에 살던 때 일입니다. 어느 날 밤 가죽장갑을 낀 누군가가 제 입을 막고 손을 꼼짝 못하게 하고는 목에 면도날을 대는 바람에 잠에서 깼습니다. 제가 정말 잠에서 깬 것인지 믿을 수가 없었어요. 평소보다 훨씬 실제 같으면서 깨어날 수 없는 악몽을 꾸는 중이겠거니 했죠. 거기 있는 것이 진짜 사람인지 확인하려고 애를 썼습니다. 그러다가 손목을 살짝 베이고서야 실제 상황이고 내 목숨이 위험하구나, 이자가 나에게 삽입하도록 가만히 있는 편이 낫겠다고 깨달았습니다. 그는 대단히 잽싸게 움직였습니다. 그는 아랫도리에 아무것도 입고 있지 않은 채로 발코니의 로미오처럼 창문으로 도망쳐 화재비상구를 타고 내려갔습니다.

저는 일어나서 불을 켜고 알코올로 목욕을 했습니다. 저는 혼자 살고 있었습니다. 그 아파트에서 빨리 나가야겠다 생각했죠. 코트를 입고 나가려다 그 남자가 제 지갑에 한 푼도 남겨놓지 않았다는 사실을 알게 되었습니다. 집 안에서 행주를 가져다 제 입을 막은 걸 보면 아마 제가 깨어나기 한참 전부터 아파트에 있었겠구나 싶었습니다. 그 생각을 하자 경찰에게 전화해야겠다는 생각이 들었습니다.

우리의 의지에 반하여

비면식범에 의한 강간은 관할 경찰서의 관점에서 선호되는 범주로서, '근거 있는' 신고로 판정받기 가장 쉬운 범주이다. 전혀 모르는 이에게 강간당한 피해자여야 깨끗하고 흠 없는 진짜 피해자라고 여기는 것이 경찰서에서 통용되는 사고방식이다. 브라운의 1973년 멤피스 연구를 보면, 근거가 있다고 인정된 강간 중 73퍼센트는 범인이 낯선 사람인 경우였다. 브라운은 이렇게 보고했다. "가해자와 피해자의 관계가 가깝다는 점은 범죄 신고가 근거 없다고 판정하는 데 자주 이용된다."[11] 〈범죄 총계 보고〉에 따르면, 범죄로 인정받지 못하는 사건의 경우 "피해자와 가해자 간의 기존 관계가 문제를 복잡하게 만들 때가 많다".[12]

이런 이유 때문에 비면식범이 저지른 강간이 실제로 전체 강간 중 몇 퍼센트를 차지하는지는 정확히 측정하기 어렵다. 여성운동이 일반 대중들을 압박해 강간 범죄를 제대로 이해하게 만들수록 아는 사이인 남성에게 성폭행을 당한 여성들은 더 마음 놓고 범죄를 신고할 수 있을 것이고, 그런 신고가 마땅히 받아야 할 진지한 대우를 받게 될 것이다. 아직까지 관할 경찰서는 아는 남성에게 강간당한 여성을 "사후에 변심한" 여성이라고 전제하고 수사한다.

증언: 17세였을 때, 저는 다음날 해군과 함께 배를 타고 떠나야 했던 약혼자에게 강간당했습니다. 그때까지 저는 우리 두 사람이 자라온 종교, 사회, 도덕의 규칙에 따르면서 그가 원하는 모든 것이 되려고 애쓰며 살았습니다. 그의 판단을 따르고 그의 말을 따랐으며 심지어 옷 입는 방식도 그가 원하는 대로 따르면서 약혼 기간 동안 제게 기대되는 역할에 부응하려 애썼죠. 당시 저는 얌전하고 다소곳하며 순종적이었고, 처녀였습니다. 그는 저에게 삽입성교를 하자고 줄기차게 졸랐고 저는 계

속 이렇게 말했습니다. "안 돼요, 아직은. 옳지 않아요." 마지막 데이트
에서 그는 저를 자기 차 뒤편으로 밀더니 저를 안았습니다. 저는 그냥
포기했습니다. 어차피 나는 모든 면에서 그의 뜻을 따라야 하는 사람이
아닌가?

증언: 정신의학 문헌을 보면 하나같이 싸움은 성 행동의 한 요소라고
쓰여 있습니다. 대학 졸업반일 때 저는 정말로 그렇게 구는 남자 15명을
만나야만 했습니다. 저항하면 할수록 그들은 시그마 파이 입실론 남학
생 클럽 하우스 주차장에서 관계를 가지려고 더 거칠게 굴었습니다. 이
런 상황에서 어떻게 해야 했을까요? 새벽 2시에 밖으로 나와 도망친다?
네, 그게 영리한 처신이겠지요. 하지만 그런 상황에서 도망치지 못하는
여자도 많습니다.

증언: 저는 19세였고, 바에서 웨이트리스로 일하고 있었습니다. 바에
자주 들르던 자와 몇 번 데이트를 했습니다. 그때까지만 해도 그는 괜찮
아 보였고 수상쩍은 짓도 전혀 하지 않았습니다. 그러다가 그가 나에게 쉬
는 날 다른 두 커플과 함께 놀러 가자고 청했습니다.

차에 타고 보니 다른 두 남자가 먼저 타고 있었고, 우리는 여자들을
태우기로 한 장소로 이동했습니다. 하지만 두 사람 다 차례로 자기 데이
트 상대가 모종의 이유로 올 수 없게 되었다는 소식을 가지고 돌아왔어
요. 그즈음 우리는 이미 시골 쪽으로 멀리 나와 있었습니다. 내 데이트
상대가 차를 멈추더니 나에게 손을 대기 시작했습니다. 그렇게 해서 어
딘지도 모르는 곳 한가운데에서 세 명의 남자들과 있게 되었고, 그들이
마음속에 품고 있는 생각은 한 가지뿐이었습니다.

저는 데이트 상대에 대항해 계속 싸웠습니다. 결국 그가 말하더군요.

"내가 하게 내버려두지 않으면 그걸 네 입에 넣어버릴 거야." 저는 항복했습니다. 그리고 다른 남자들도 자기 차례를 기다렸습니다. 저는 더 이상 비명을 지르거나 싸우지 않았습니다. 그저 그 상황이 끝나기만을, 더 나쁜 일이 일어나지 않기만을 빌었습니다. 세 명 모두가 일을 끝낸 후, 저를 집으로 태워다줬습니다.

　며칠 후 저는 바의 나이 많은 남자들에게 어떤 일을 겪었는지 이야기했습니다. 저에게 다쳤냐고 묻더군요. 제가 아니라고 답하자 그냥 잊으라고 했습니다.

　잠재적인 피해자와 잠재적인 가해자가 운명의 힘에 의해 만나게 되면, 범죄의 전체 과정이 가차 없이 진행되기 시작한다. 잠재적인 피해자가 보여주는 모든 말과 행동, 몸짓은 잠재적 가해자의 결심을 강화시킬 수도, 약화시킬 수도 있으며, 그가 범죄를 저지르는 것을 도울 수도, 방해할 수도 있다.

　'피해자 촉발'이란 범죄학의 최신 개념이다. 피해자에게 책임을 돌리려는 것이 아니라, 무엇이 범죄에 기여하는 행위인지 정의해보려는 시도라고 한다. 어쨌든 피해자 촉발 이론은 불법 행위가 일어날 때 피해자가 다른 방식으로 행동하면 문제의 범죄를 **피할 수도 있다**고 이야기하는 셈이다. 피해자 촉발 이론의 일부는 순전한 추측에 불과하며, 소설 속 안락의자 탐정이나 즐길 만한 내용이다. 피해자 촉발 이론은 그 최종 분석이 자의적인 기준에 의존하기 때문에, 강간에 사회학적으로 접근하는 연구들 중 가장 부정확하다.

　증언: 휴스턴에 살 때였어요. 남편은 일하러 가고, 아이들은 학교에 간 뒤였지요. 아마 오후 2시였을 겁니다. 현관 초인종이 울렸고 젊은 남

자가 몇 달러만 주면 낙엽을 갈퀴질해주겠다고 했습니다. 나는 "훌륭하네요, 좋아요"라고 대답했죠. 그는 낙엽을 갈퀴로 모으더니 다시 문 앞으로 와서 물 한 잔 마실 수 있겠냐고 물었습니다. 집에 제가 혼자 있다는 점이 마음에 걸렸지만 물 한 잔이 지나친 부탁 같지는 않았습니다. 그는 물을 마시더니 한 잔 더 부탁했어요. 한 잔을 더 가져다주었죠. 우리는 이런저런 이야기를 나누게 되었습니다. 그가 어서 거실에서 나가주길 바랐지만 어떻게 이야기를 끊어야 할지 난감했습니다. 제가 괜히 불안해하는 건 아닌가 싶기도 했습니다. 그는 흑인이었고 저는 초기 민권운동에 깊이 헌신했던 사람인데, 아무튼 이 사람은 그냥 물 한 잔을 부탁했을 뿐 아닌가. 그는 범행을 벌이기 전에 물 네 잔을 마셨던 것 같습니다. 그리고 범행 과정에서 제 턱을 박살냈습니다.

이성적인 사람이라면 대부분 살인을 촉발하는 경솔하고 무모한 행위가 무엇인지 어느 정도 의견 일치를 볼 수 있겠지만, 강간의 경우 그 기준이 뚜렷하지 않고 유동적이다. 어떤 남성들은 주부가 물 한 잔을 주겠다고 낯선 남성을 집에 들였으니 범죄를 촉발한 책임이 있다고 여길 것이다. 그보다 더 많은 수의 남성들은 여성 히치하이커가 모르는 남성의 차를 얻어 탔으니 범죄를 촉발한 책임이 있다고 여길 것이다. 언제라도 강간할 생각이 있는 부류의 남성들은 두 행동 모두를 언제든 강간해도 좋다는 초대와 마찬가지로 여길 것이다. 반면 나는 이 주부와 히치하이커가 충분히 조심하지는 못했다고 해도, 이들의 행동에 도발적이거나 약간이라도 범죄를 촉발하는 구석이 있다고 생각하지 않는다. 이와 비슷하게 대부분의 남성들은 성적 유희를 함께 나누던 여성이 삽입성교를 거부하면, 그녀가 범죄를 촉발했을 뿐 아니라 변명의 여지없이 잔인할 정도로 도발적인 잘못을 저

우리의 의지에 반하여

지른 책임이 있다고 여길 것이다. 나를 비롯한 페미니스트 자매들은 여성이 전적으로 그렇게 행동할 수 있으며, 그런 행동은 인간의 품위와 합리적인 결정의 한도 내에 있는 것이라고 주장할 것이다.

'폭력의 원인과 예방에 관한 국가 위원회'에서 일하는 이들은 피해자 촉발 개념에 관해 나름대로 정의를 내놓았다. 다음은 어디까지나 내가 아니라 그들이 정의한 것이라는 점을 명시해둔다.[13]

• 살인 범죄에서: "피해자가 살인범에게 먼저 육체적 힘을 사용한 모든 경우."

• 가중폭행에서: "피해자가 살인범에게 육체적 힘이나 불쾌한 말, 몸짓 등을 먼저 보인 경우."

• 강제 강간에서: "피해자가 성관계에 동의했으나 실제 행위 직전에 동의를 철회한 경우 혹은 피해자가 언어나 몸짓 등을 통해 성관계를 요청한 것이 명백한 경우."

• 무장 강도와 비무장 강도에서: "피해자가 돈이나 보석, 다른 귀중품을 사리에 맞게 스스로 보호하려는 행동을 분명히 보이지 않은 '유혹-기회' 상황. …… 예를 들어, 바에서 다량의 돈을 꺼내 보인 후 늦은 밤 어두운 거리를 혼자 걸어서 귀가한 강도 피해자."

위원회의 태스크포스팀은 모호하기는 하지만 어쨌든 이런 작업 정의로 무장한 채 17개 도시를 조사했고, 강력 범죄에서 피해자 촉발이 있었다고 식별 가능한 경우의 비율을 다음과 같이 도출했다.[14]

살인 22%

폭행 14.4%

강간 4.4%

무장 강도 10.7%

비무장 강도 6.1%

이 결과에 따르면 강간 피해자가 촉발 행위 책임이 있는 경우는
다른 강력 범죄 피해자들보다 적다.*

강간 전 상황에서 여성이 취하는 행동은 좀 더 연구할 가치가 있
는 중요한 주제이다. 범행 도중 여성이 취하는 행동 역시 그에 못지않
게 중요한 주제이다. 여성이 맞서 싸웠는가, 그리고 제대로 맞서 싸
울 수 있는가? FBI의 1973년 통계에 따르면, 신고된 강간 범죄 중 25
퍼센트는 목표를 끝까지 이루지 못했다.[15] 이런 경우 관할 경찰서는
강간미수나 강간을 목적으로 한 폭행으로 기록했다.** 긍정적인 측면
에서 볼 때 25퍼센트는 대단히 놀라운 수치다. 강간범은 분명 행위를
완수할 마음을 먹었을 것이다. 무엇이 그들을 멈추게 만들었을까?

---

*   위원회 연구원은 그들이 진행한 조사를 제외하면 피해자 촉발에 관한 유일한 연구인 아미
    르의 1958년 및 1960년 필라델피아 연구의 계산 결과와 위원회의 조사 결과가 대단히 다
    르다는 것을 강조하기 위해 애썼다. 아미르는 그가 연구한 강간 사건 중 놀랍게도 19퍼센
    트에 달하는 사건이 피해자 촉발 사례였다고 믿었으며, 문제의 여성들에 관해 이렇게 결론
    지었다. "사건이 발생하는 데는 우연한 요소들이 작용하기 때문에, 불행한 사건이 발생하
    는 데 피해자만 단독으로 책임이 있는 것은 아닐지도 모른다. 하지만 그녀는 적어도 상호
    보완하는 파트너이며, 순전히 무작위로 선택되는 피해자가 아니다." 내가 필라델피아 연구
    를 읽어본 바로는 피해자 촉발에 관한 아미르의 정의는 강간범들에게 더 관대한 것 같다.
    그는 촉발을 판정하는 기준에 "성적으로 해석할 빌미를 준 상황"이나 모호하고 무제한으
    로 일반화가 가능한 항들을 추가했다. *Crimes of Violence*, Vol.11, p.228; Amir, p.260, 266.
** 법의 관점에서는 사정이 아니라 어느 정도의 삽입이 있었는지를 기준으로 완료된 강간을
    따진다. 1인치(2.54센티)가 통상 기준이다. 물론 사정 증거는 법정에서 강력한 증거가 되
    지만, 가장 확실한 법의학 근거에 따르면 정액의 흔적은 24시간에서 48시간 내에 완전히
    사라지기 때문에 정액 자국이 사건 직후 즉시 채취되어야 한다는 문제가 있다. 강간미수
    는 삽입하지 못한 경우를 의미한다. Frederick P. Bornstein, M. D., "Investigation of Rape:
    Medicolegal Problems," *Medical Trial Technique Quarterly*, 1963, p.233.

증언: 아이가 아프고 저도 아파서 상점으로 약을 좀 사러 가야 했습니다. 사람들은 바보 같은 짓을 했다고 비난하겠지만, 저는 지름길을 택한 답시고 골목길을 따라 집으로 갔어요. 저녁 시간 즈음이었고, 그 골목에서 그자가 나를 기다리고 있었습니다.

처음에는 그가 지갑을 뺏으려 한다고 생각했습니다. 그가 저를 쳤고 저는 맞서 싸웠습니다. 저는 겁먹지 않았습니다. 어쨌든 저는 흑인 여자이고, 흑인이면서 여자로 태어난 사람은 어릴 때부터 일찍 깨우치기 마련입니다. 그는 저를 압도할 만한 체격은 아니었습니다. 저와 체격이 비슷한 길쭉하고 마른 흑인 남자였지요. 밝은 곳에서 덤벼들 만큼 멍청한 자였고, 겁먹은 채 계속 이렇게 말하더군요. "너 나를 봤어, 나를 봤어!" 저는 너무나 화가 나서 그의 손을 쳤습니다. 그게 그를 화나게 만들었고, 그는 저를 벽으로 밀친 후 제 청바지를 찢고 삽입을 시도했습니다. 그가 계속 시도했지만 저는 최대한 싸우며 버티면 그 짓을 할 수 없을 것이라고 생각했죠.

저는 그에게 경찰이 지나갈 거라고 경고했습니다. 일어서서 집으로 가려고 했지만 그가 저를 꽉 붙잡고 누우라고 종용했습니다. 하지만 그 말을 따르면 강간을 당하리라는 걸 저는 알고 있었습니다. 어떻게든 그에게 겁을 줘야겠다고 생각했고, 그래서 미쳐버린 것처럼 행동하기로 했죠. 저는 제 아기가 바로 저쪽 집 안에 있다고, 아기가 아프다고 소리를 지르면서 계속 이러면 더 미친 듯이 소리를 지를 테니 조심하라고 했습니다. 그러자 한발 물러서더군요. 그는 10달러 정도를 빼앗아 도망갔습니다. 이게 제가 강간미수범을 물리친 이야기입니다.

증언: 저는 맞서 싸웠습니다. 어떤 자식의 아랫도리를 발로 차 병원에 집어넣었죠. 제가 그 개자식의 불알을 걷어찼을 때 저는 겨우 17세였

습니다. 그렇게 해서 우리는 강간 사건이 아니라 거의 과실치사에 가까운 사건의 당사자들이 되었습니다. 경찰이 내게 그랬어요. 만약 그놈이 죽는다면 너는 과실치사범이 될 것이라고. 말이 되나요? 제가 경찰에게 강간미수로 놈을 고소하고 싶다고 말하자 경찰이 이런 소릴 하더군요. "저 불쌍한 녀석에게 이미 할 만큼 하지 않았니?" 경찰은 그에게 감정 이입한 거예요. 나를 적의에 찬 미친 히피라고 부르면서 말이죠.

증언: 새벽 3시에 잠에서 깼는데, 어떤 남자가 손으로 내 입을 막고 목에 칼을 겨누고 있었습니다. "움직이면 죽일 거야." 처음에는 꿈이겠거니 여기고 깨어나려고 했지만, 차가운 금속 칼이 느껴졌고 목을 베이면 큰일 날 판이었습니다. 저는 컴퓨터처럼 냉정하게 생각했습니다. 와일리-호퍼트 사건*이 머릿속을 스치고 지나갔고, 《데일리 뉴스》 표지에는 실리고 싶지 않다고 생각했죠. 그 상황이 B급 영화의 한 장면 같다는 생각도 했습니다. 저는 대화를 시도했고, 진짜로 이야기를 나누면서 지연 전술을 폈습니다. 침대 위에 앉아 이야기를 했습니다. "나를 강간할 건가요?" "그러고 싶으면 그렇게 해요. 하지만 칼은 내려놨으면 좋겠어요." 놀랍게도 그는 칼을 내려놨습니다. "너를 3주간 지켜봐왔어." 그가 말했습니다. "지붕 위에서 창문을 통해 너를 지켜봤어." 그때 어디서 그런 용기가 났는지는 모르겠지만, 저는 이렇게 말했습니다. "지붕에서 나를 보고 있었다면 지금 우리 모습도 누군가 볼 수 있어요. 창문으로 가서 확인해보는 게 좋지 않을까요?" 그는 창문으로 갔고 저는 그 틈을 타 냅다 튀었습니다. 영화 보면 '튀었다'고들 하는데, 그 말 그대로였죠.

---

* 1963년 룸메이트였던 제임스 와일리와 에밀리 호퍼트가 집에서 강간살해된 사건. 당시 '직장 여성 살인 사건'으로 유명했다.-옮긴이

현관으로 도망쳐서 자물쇠를 열고 문을 거의 열었습니다. 그가 쫓아와 제 목을 움켜쥐었고 저는 스스로도 어디에서 나온 소리인지 알 수 없을 정도로 비명을 질렀죠. 이웃집 여자가 문을 열자 그는 도망쳤습니다. 싸워서 물리친 것은 아니지만 저는 강간당하지 않았습니다. 제가 그놈보다 한 수 위였고, 컴퓨터처럼 냉정하게 판단했으며 그를 놀라게 한 겁니다.

안타깝게도 강간미수 사건과 완료된 강간 사건에서 피해자의 행동에 어떤 차이가 있었는지 비교한 연구는 아직 없다. 발기부전도 강간이 좌절되는 원인 중 하나일 수 있지만, 피해자 여성의 강력한 저항이 강간을 좌절시킨 원인으로서 좀 더 설득력 있어 보인다.

아미르는 통계에 기초해 강간 피해자의 저항을 측정해보려고 시도했다.[16] 하지만 처음부터 연구 대상을 완료된 강간에만 한정한 탓에 좌절된 강간에서 나타난 피해자의 저항과 비교연구를 할 귀중한 기회를 놓쳤다.

오로지 완료된 강간의 피해자―달리 표현하면 저 대치 상황에서 확실하게 패배한 피해자들―에 관한 기록만을 대상으로 한 아미르의 연구 결과에 따르면, 피해자 중 55퍼센트는 그가 '고분고분한 행동'이라고 이름 붙인 태도를 보였으며, 27퍼센트는 비명을 지르거나 도망치려고 했고, 18퍼센트는 발로 차고 때리거나 물건을 던지며 맞서 싸웠다.**

** 아미르가 다룬 통계에는 어린이 피해자가 높은 비율로 포함되어 있다. 이들이 여러 연령 집단 중 가장 순종하는 집단이라는 결과가 나온 것에 대해서는 이해하기 어렵지 않다. 10 대 소녀와 성인 여성 중에서는 51퍼센트가 고분고분한 행동을 보인 반면, 어린이의 경우 그 비율이 66퍼센트였다.

강간범이 무기(총과 칼부터 막대기와 돌까지 다양하다)를 휘두른 경우는 전체 필라델피아 사례 중 5분의 1에 해당했으며, 이런 경우 피해자가 고분고분한 행동을 보이는 비율이 당연히 높았다(71퍼센트). 강간범이 무기를 내보이지 않았지만 피해자를 질식시키거나 주먹이나 발로 때린 경우(강간을 하기 위해 폭행할 뿐 아니라 폭행 자체가 강간 쾌락의 일부이기도 하다)는 피해자가 훨씬 덜 고분고분한 반응을 보였다. 이런 경우 대단히 많은 수의 피해자들이 비명을 지르고 맞서 싸우며 도망치려고 노력했다. 아미르가 기록한 바에 따르면, 피해자가 처음에는 고분고분한 태도를 보이다가 태도를 바꿔 저항하는 경우가 자주 있었는데, 이들은 "초기의 충격을 극복한 후에 혹은 범인이 무슨 일을 저지를지 알아챈 후에" 저항하기 시작했다. 보통 피해자는 저항을 한번 시작하면 공격을 받아도 중단하지 않고 계속했다. 피해자는 자신이 강간 행위보다 더 심각한 폭력을 겪어야 하는 곤경에 빠졌다는 사실을 깨달았을 때 가장 투지 있게 맞서 싸우며 비명을 질렀다. "난폭한 구타"를 동반한 강간의 경우, 피해자가 고분고분한 태도를 보인 비율이 가장 낮았다(30퍼센트가량). 반면 시작부터 질식당한 피해자들은 꽉 붙잡히거나 주먹으로 한 대 맞거나 두들겨 맞은 경우보다 훨씬 더 수동적인 반응을 보였다. 어떤 경우든 가해자가 여러 명인 윤간 사건이면 가해자가 한 명일 때보다 맞서 싸운 피해자가 적었다. 가해자와 같은 연령의 피해자들은 어떤 피해자군보다도 높은 비율로 가해자에 맞서 싸웠다.

'뉴욕 급진 페미니스트New York Radical Feminists'가 첫 번째 강간 말하기 대회를 열었을 때, 대다수의 여성이 일단 폭행이 시작되면 자신이 죽을 것이라고 확신하게 된다고 증언했다. "내가 겪은 건 성행위가 아닙니다. 살해당하는 줄만 알았어요." 한 여성은 이렇게 회상했다. 이

우리의 의지에 반하여

후에 여러 번 개최된 말하기 대회에서도 비슷한 이야기가 반복해서
나왔다.

　증언: 밤길에 자동차 헤드라이트 불빛 때문에 얼어붙은 듯 서 있는 토
끼를 본 적 있어요? 공포에 사로잡혀 얼어붙은, 마치 자신이 어찌 될지
이미 알아서 그리 돼버린 듯한 상태, 그게 바로 제가 겪은 일이었습니다.

　보스턴 칼리지의 간호학 조교수 앤 월버트 버지스Ann Wolbert Burgess
와 사회학 조교수 린다 라이틀 홀름스트롬Lynda Lytle Holmstrom은 보스턴
시티 병원 응급실에 온 80명의 강간 피해자를 연구했고, 그 결과를
《미국 간호학 저널American Journal of Nursing》에 게재했다. 버지스와 홀름
스트롬이 연구한 여성 중 절반이 무기로 위협을 당했다. 다른 21명은
거칠게 밀쳐지며 마구 다루어졌고, 12명은 언어 위협에 굴복했다. 80
명의 여성들과 긴 인터뷰를 나눈 보스턴 칼리지 교수들은 조금도 에
두르는 구석 없이 이렇게 말했다. "거의 모든 여성이 강간에 대해 보
인 첫 번째 반응은 공포, 다시 말해 목숨을 잃을 수 있다는 공포였다."[17]
　강간당하는 순간 여성은 강간을 일종의 대가로 지불한다는 사고
방식에 사로잡힌다. 강간을 대가로 목숨을 건진다거나 외모를 흉하
게 망가뜨릴 고통스러운 신체 상해를 피할 수 있을지 모른다고 여기
는 것이다. 무기로 위협당하거나 가해 남성이 여러 명인 상황에서는
여성 대부분이 실제로 살해당하거나 최소한 심각한 육체적 손상을
입게 될 것이라고 믿는다. 결국 여성들은 저항한들 소용없을 것이라
는, 자신의 능력에 대한 불신 내지 충격 때문에 강간을 대가로 '공정
하게 거래'하는 도박을 하거나 공포로 얼어붙어버린다.

증언: 그때 저는 19세였고, 하버드에서 주말을 보내고 집에 돌아가는 길이었습니다. 버스를 놓쳐서 지나가는 차를 잡아보려고 했어요. 월요일 8시 수업 전까지 돌아가야만 했거든요. 저는 인상이 괜찮아 보이는 젊은 남자의 차에 타기로 했습니다. 그가 어떤 사람인지 알 수 있을 것 같아서 커피와 도넛을 함께 먹으러 갔습니다. 그때까지만 해도 불안하게 느낄 만한 구석이 전혀 없었어요. 차에 돌아온 후 그는 중간에 친구 몇 명을 태워야 한다고 말했습니다. 그때까지도 저는 뭔가 잘못되어가고 있다고는 꿈에도 생각지 못했습니다. 그의 친구들이 차에 올라탔고, 그들은 저를 버려진 차고로 데려갔습니다.

그들은 저한테 협조하는 게 좋다고, 그러지 않으면 너를 거기에 파묻어버릴 것이고 그렇게 해도 아무도 모를 거라고 했습니다. 그들은 셋이고 저는 혼자였죠. 새벽 1시경이었고, 주변에는 아무도 없었습니다. 그래서 그들에게 협조하기로 했습니다.

무기에 익숙한 사람이 아닌 한, 무기는 성별을 막론하고 사람들을 충격에 빠뜨린다. 벗어나는 법을 특별히 훈련받은 사람이 아니라면 목조르기가 무기보다 한층 더 효과적일 수 있는데, 호흡곤란보다 더 즉각적으로 다가오는 공포는 없기 때문이다. 잠재적 가해자가 여럿인 경우, 피해자는 순전히 그들이 존재한다는 사실만으로도 보통 남성 공격자 한 명에게 느낄 만한 공포를 훨씬 뛰어넘는 감정을 느낄 수 있으며, 싸우는 방법을 훈련받지 않은 이상 저항해봤자 소용없다고 확신하게 된다. 그러나 무기나 죽음의 위협이 없는 일대일 대치 상황이라고 해도 어쨌든 피해자는 극심한 스트레스를 받기에, 저항할지 아니면 협조할지를 결정하는 계산 과정이 반드시 합리적으로 이루어지지는 않는다.

증언: 지금 돌이켜보면, 맞서 싸웠으면 이겼을 것 같네요. 그자가 저보다 작았으니까요. 하지만 그때는 이게 무슨 일인지 차분히 살필 여력이 조금도 없었습니다. 그때 제 머릿속에 떠오르는 것이라고는 사놓고 값을 치르지 않은 새 드레스와 스타킹뿐이었습니다. 저는 계속 이 말만 반복했어요. "내 나일론 스타킹 찢지 마."

증언: 소개를 받아 만난 상대였습니다. 어머니와 친척 아주머니가 주선한 만남이었죠. 그는 뉴욕대학교 의대 인턴이었고, 저녁 먹으러 가기 전에 자기가 사는 곳, 그러니까 인턴들이 사는 곳을 보고 싶지 않냐고 했습니다. 방에 들어가자 그가 절 침대로 밀친 후 강간했습니다. 그러더니 아무 일도 없었던 것처럼 몸을 일으키더군요. 저는 무슨 일이 일어난 건지 어안이 벙벙한 상태였다. 계속 엄마 생각을 했는데, 엄마가 절대 믿을 리 없는 일이었죠. 그다음에 어찌 되었냐고요? 우리는 저녁을 먹으러 나갔어요. 아무 일도 없었던 것처럼 데이트를 계속한 거죠. 그렇게 멍하니 데이트를 계속하고 다닐 정도로 충격을 받은 상태였습니다.

앞 장에서 나는 강간에 관한 관념이 어떻게 문화를 통해 강간범뿐 아니라 피해자에게도 신화화되고 미화되는지 논했다. 하지만 실제 강간은 로맨스 소설과는 아무런 관계도 없다. 막상 강간이 현실로 닥치면 신화는 어이없을 만큼 순식간에 소멸한다. 그러나 이런 전쟁터, 이런 전쟁 방식, 이런 뜻밖의 적을 선택한 것은 여성이 아니다. 그녀는 준비도 되어 있지 않고 방어만 해야 하는 처지다. 그녀는 승리할 수 없다. 기껏해야 패배를 피해 도망칠 수 있을 뿐이다.

힘이나 힘을 행사하겠다는 협박이 이 전쟁에서 그녀에게 사용되는 방법이다. 힘을 과시하는 것은 소위 남자다운 행동의 제일 요건이지만, 여성은 어릴 때부터 그것을 포기하도록 훈련받는다. 여성은 이 전쟁을 수행하기에 적합하지 않다. 여성성은 애초부터 그녀를 패배 자가 되도록 훈련시켜왔다.

통계에 따르면 여성은 자신을 공격하는 상대보다 키가 7.6센티 미터 작고, 무게가 10.9킬로그램 덜 나간다. 이 점은 그녀에게 신체적 으로뿐만 아니라 정신적으로도 불리하게 작용한다. 남성이 어릴 때 부터 근육을 키우고 주먹을 강화하도록 권장받는다면, 여성은 부드 러운 피부와 가는 허리, 매끄럽고 근육 없는 허벅지와 다리에 높은 가치를 두도록 권장받는다. 남성이 입는 옷은 최대한 움직이기 편하 게 제작된다. 신발은 견고하고 튼튼하다. 두꺼운 신발굽은 그에게 힘 을 준다. 여성의 옷은 자유로운 움직임을 방해하도록 디자인되어 있 으며, 그녀를 더욱 취약한 상태로 만들어줄 망가지기 쉬운 소재를 사 용한다. 블라우스는 한 번만 홱 잡아당기면 벗겨진다. 스타킹은 한 번 잘못 스치면 찢어진다. 치마는 접근을 쉽사리 허용한다. 이런 옷 을 입으면 몸짓 하나, 움직임 하나만으로 신체가 노출되어 창피를 당 할 수 있다. 허술한 신발에는 쉽게 헐거워지는 끈과 쉽게 부러지는 굽이 달려 있다. 여성은 뛸 수 없게 된다.

아미르는 자신이 도출한 통계를 검토하며 이렇게 썼다. "피해자 는 자신의 생명과 육체적 안녕을 위협하는 상황을 맞닥뜨렸을 때 저 항하거나 싸우고 싶어 하지 않는 듯 보인다."[18] 법이 피해자의 저항을 기대하거나 요구하는 범죄가 강간뿐인 상황에서 이런 결과는 법에 상당한 영향을 끼칠 수 있지만, 아미르의 분석을 살펴보면 또 다른 중요한 의문이 떠오른다. 고분고분한 행동이 과연 강간 피해자에게 **도움**이 되기는 하는가?

답은 부정적이다. 일단 강간범의 의도가 분명히 드러난 후에는

우리의 의지에 반하여

비명을 지르지 않거나 맞서 싸우지 않는 식으로 묵인하거나 협조한다고 해도 피해자가 쉽게 풀려난다는 법이 없다. 내가 볼 때 아미르의 통계가 말해주는 바는, 피해자가 무엇을 희망했든(피해자의 고분고분한 행동이 어느 정도 계획에 의한 합리적인 대응이라고 해도) 무감각하게 순응하거나 저항을 하지 않는 태도는 추가적인 신체 상해를 막아줄 어떤 보장도 해주지 못한다는 것이다.

이 점은 아무리 강조해도 지나치지 않다. 피해자는 일종의 규칙을 가정하고 그에 따라 움직이려고 하지만, 강간범 또한 비슷한 합리성과 규칙을 갖고 문명인처럼 움직인다는 법은 없다. 앨버트 드살보의 자백에 따르면, 보스턴 교살자의 피해자 중 (에벌린 코빈과 베벌리 새먼스를 포함한) 몇 명은 처음에 목을 졸리고 두려움에 사로잡힌 후, 묶이고 강간당하는 것을 의도적으로 허용했다.[19] 어쨌든 드살보는 이와 상관없이 그들을 살해했다. 피해자들은 어떤 대가도 '얻어내지' 못했다. 1966년에 발생한 리처드 스펙 사건을 보면, 칼 하나를 든 한 남성의 위협에 시카고의 간호 실습생 여덟 명이 그가 침대보를 찢어 그들을 모두 묶은 후 한 사람씩 차례로 방 밖으로 데리고 나가도록 내버려두었다.[20] 그 대학살에서 유일하게 살아남은 이는 23세의 필리핀계 여성인 코라손 아무라오였는데, 그녀는 피해자들에게 함께 힘을 합쳐 도망가자고 제안했다. 하지만 다른 이들은 옆방에서 일어나는 일이 '오직 강간'뿐이라고 짐작했기에, 당황해서 허둥지둥하다가 가해자를 더 자극할 수 있는 일은 하지 말자고 말했다. 코라손은 침대 밑에 숨었고, 스펙은 승리에 도취되어 머릿수를 세는 것을 잊었다. 코라손을 제외한 나머지는 도살장으로 끌려간 양이 되었다. 다음 날 아침 여덟 명의 시체가 발견되었다. 모두 목이 졸리고 난자당한 상태였다.

한 여성이 강간의 신체적 외상을 이겨내고 살아남았을 때, 그 이후의 정서적 반응은 다양한 형태를 취할 수 있다. 울거나 비명을 지르거나 몸을 떨 수도 있고, 완고할 정도로 차분하게 반응할 수도 있으며, 상황에 어울리지 않게 미소를 짓거나 웃음을 터뜨리며 이야기할 수도 있다. 한 가지로 통일된 반응 같은 것은 없으며, 회복하는 데 걸리는 시간도 각기 다르다.

증언: 그건 지연된 공포 반응 같은 거였어요. 그러니까 그 건물 뒤편에서 그가 나를 얼마나 쉽게 죽일 수 있었는지 생각하기만 해도 몸이 벌써 벌벌 떨고 있는 거죠. 남편에게 알리고 싶지 않았고, 경찰에 신고하지 않았습니다. 혼자서 그저 공포에 빠져 허우적거리기만 했어요. 그때 그 길로 집에 돌아오기가 두려웠고, 밤에 혼자 지하철을 타기도 두려웠습니다. 그냥 모든 것이 다 떨리기만 했습니다.

증언: 그 후 몇 년간 그 일이 제 잘못처럼 느껴졌습니다. 그가 저를 쫓아오게 한 것이 뭔지 알아내려고 애썼죠. 내가 입은 옷이 문제였을까, 내 걸음걸이가 문제였을까? 제 잘못**이어야만** 했던 겁니다. 이해가 되나요? 저는 그저 아이, 죄 없는 아이일 뿐이었는데. 그런데도 오랫동안 부끄러워했던 거라고요.

증언: 저는 엘리베이터에서 지갑을 빼앗긴 후 강간당했습니다. 그는 칼을 가지고 있었습니다. 저한테 누우라고 해서 그대로 했습니다. 그러고는 2초 만에 끝났습니다. 섹스 자체는 아무것도 아니었죠. 제가 뭘 어쩌겠습니까? 화를 내고 모든 남자를 미워해야 합니까? 저는 그냥 잊고 싶었어요. 이런 게 뉴욕시의 삶이라고 해도, 그게 나를 망가뜨리도록 놔

우리의 의지에 반하여

두지는 않을 겁니다.

증언: 그 아파트에 더 이상 혼자 머물 수가 없었습니다. 친구와 함께 살기 위해 이사를 했어요. 저는 1년이 넘도록 혼자 살 만큼 스스로가 강하다고 느끼지 못했고, 새로 살 곳을 찾는다면 예전에 살던 엘리베이터 없는 구식 연립보다 훨씬 안전한 건물이어야만 했습니다. 그래서 한 달에 75달러를 내는 아파트에서 225달러를 내야만 하는 곳으로 옮겼습니다. 제가 치러야 하는 비용은 거기서 끝나지 않았습니다. 결국 제 재정은 파탄 났죠.

증언: 계속 그 사람을 본 것 같은 기분이 드는 거예요. 거리에서, 직장 엘리베이터에서, 버스에서 얼핏 본 것만 같은 거죠. 그자가 아직도 나를 찾아다닌다, 내가 그 일을 신고했으니 나를 잡으러 올 거다, 나를 끝장 내러 다시 올 거다. 거의 확신이 들었습니다. 전화를 받자마자 끊길 때마다 그자가 틀림없다고 생각되었습니다. 저는 이사를 했고 전화번호부에 오르지 않은 번호를 새로 받았습니다.

증언: 여자가 눈에 띄는 짓을 해서 목을 내놓는 위험을 자초하면, 가차 없이 목을 잘리게 된다. 이 사회는 늘 여자들에게 말해왔죠. 결국 강간이 그걸 입증해주었습니다. 강간당하기 전까지 저는 카메라를 들고 온 시내를 누볐고, 안전에 대해 전혀 걱정하지 않았습니다. 강간당한 후에는 이상한 지역에 가게 되면 사진 촬영을 멈추거나, 반드시 남자랑 같이 갔습니다. 하지만 어떤 시점이 찾아오죠. 그런 일로 주춤거리거나 멈출 수는 없다고 말해야 하는 시점이. 이건 전쟁이고 그들이 이기게 내버려둘 수는 없다고. 그러지 않으면 집 안에만 머물게 될 테니까.

증언: 가해자는 저와 같은 흑인이었습니다. 그 사건은 제가 남자, 특히 흑인 남자를 대하는 태도를 송두리째 바꿔놓았습니다. 3개월간 저는 흑인 남자를 만나기가 두려웠습니다. 밤에 혼자 거리에 나가는 것도 무서웠습니다. 골목에서 그 남자를 만나기 전까지만 해도 저는 제 삶을 스스로 통제한다고 여기는 사람이었습니다. 그 사건은 그렇지 않다는 것을 가르쳐줬습니다.

증언: 저는 일주일간 잠다운 잠을 자지 못했습니다. 옷을 전부 입은 채 여동생의 아파트 간이침대에 누워만 있었습니다. 자살할 생각을 했어요. 하던 일을 그만둬야만 했는데, 신경쇠약도 있었고, 출퇴근 길에 그가 저를 발견할까봐 무서웠기 때문입니다. 평정을 유지하려고 노력하고 다시 앞으로 나아갈 수 있도록 시간을 가지려고 애썼습니다. 제 인생 경로가 바뀌었고 다시는 전처럼 될 수 없으리라는 느낌이 들었어요. 강간을 당할 때 제 안 깊은 곳의 무엇이 바뀌었는데, 그것을 모르는 척하고 지낼 수는 없었습니다. 평생 동안 남자를 두려워하며 살지도 모르겠구나 싶었습니다.

증언: 우리 가족은 '중산층 흑인 가족'이라고들 부르는 그런 가족이었죠. 다른 말로 가난하단 소리죠. 저는 12세였고 그때 몸에 온갖 이상한 일들이 일어나고 있었습니다. 몸 여기저기가 튀어나오며 자라나고 있었죠. 너무 혼란스러웠지만, 부모님은 계속 이렇게 이야기했어요. "걱정 마, 여자애들은 다 겪는 일이야, 성장하는 거야." 성장. 그게 그들이 사용한 단어였습니다. 제게 그 일이 일어난 후 저는 성장과 그 일이 어떤 식으로든 연관되어 있다는 생각을 뿌리칠 수 없었습니다.

우리의 의지에 반하여

증언: 제가 14세였을 때 집에서 불량한 남자애랑 여자애들에게 강간을 당했습니다. 아버지가 신경쇠약에 걸려서 부모가 저를 두고 집을 비운 상태였어요. 생리를 시작한 지 얼마 지나지 않은 때였습니다. 그 후 21세가 될 때까지 생리를 전혀 하지 않았습니다.

증언: 그 사건이 일어난 지 9개월 정도가 지났을 때, 저는 매독으로 죽을지 모른다는 생각에 시달렸습니다. 또 제가 임신했다고도 믿었죠. 견디다 못해 뉴욕의 어떤 의사를 찾아갔습니다. 그는 매독에 걸렸다고 믿었다니 바보 아니냐고 했습니다. 하지만 저는, 심지어 오늘도, 제가 매독에 걸린 것이 아닐까 두려운 기분을 느낍니다.

증언: 17세 때, 베벌리힐스에서 열린 파티에 갔다가, 끝난 후 윤간을 당했습니다. 제 부모는 그들이 이웃이라는 이유로 고소하지 않았습니다. 대신 부모는 저를 분석가에게 보냈죠. 저는 그들이 사정한 정액을 온통 뒤집어썼습니다. 이상하게 들리겠지만, 그 후 2년간 아무리 여러 번 씻어도 머리카락에서 정액 냄새가 났습니다.

증언: 새벽 3시에 목에 칼이 겨눠진 채 잠에서 깨는 것처럼 끔찍한 일은 없습니다. 절대로 잊을 수 없고, 다시는 전과 같은 상태로 돌아갈 수 없습니다. 그 사건이 제 섹슈얼리티에 영향을 끼치지는 않았는데, 그건 언제나 저를 기쁘게 해주는 제 삶의 강력한 일부분이었기 때문이죠. 하지만 직업 경력에는 영향을 미쳤습니다. 저는 기회를 포기하게 되었습니다. 그 경험이 경력에 문제를 일으켰다고 말하고 싶지는 않지만, 최소한 악화시킨 것은 분명합니다. 그런 경험은 삶에서 가장 취약한 부분을 공격합니다. 저는 문제를 직면하고 굳세게 대처했지만 모든 면에서 더

취약해졌다고 느꼈습니다. 그런 느낌은 6개월에서 1년이 지나서야 어느 정도 사라졌습니다. 그리고 그건 분노로 바뀌었습니다. 아, 그 새끼를 한 대 쳤어야 했는데. 아니면 죽여버리든가.

증언: 그 이후, 모든 것이 내리막길이었어요. 저를 자기 집에 데려가는 여자애는 한 명도 없었고, 남자애들은 제가 학교에 갈 때마다 길에서 저를 빤히 쳐다보았죠. 고등학교를 다니는 내내 저를 따라다니는 평판 탓에 늘 혼자였습니다.

증언: 그래, 사람들은 언제나 '시간이 다 치유해줄 것'이라든가 '나이가 들면 괜찮아진다' 같은 말들을 하지. **나는 내게 그 일이 일어난 날보다 오늘 더 그 개새끼를 증오한다.**

증언: 저는 바로 오늘까지도 어머니에게 말해본 적이 없습니다. 지금 여기에 계시다면 좋을 텐데요. 지금은 말할 수 있을 것 같거든요. 저는 그 사건을 마음 깊숙이 밀어두고 지내왔습니다. 1년 전, 친구랑 세인트 토머스에 갔다가 친구가 강간을 당했습니다. 그전까지는 그 사건을 직면한 적이 없어요. 그때 모든 여성이 오랫동안 시달려온 모든 괴로움과 고통이 속에서 폭발했습니다. 저는 처음으로 다른 여성의 고통을 제 고통으로 공감하게 되었습니다.

"강제 강간은 부정 신고가 가장 많은 범죄 중 하나이다." 캘리포니아 경찰 지침서인 《순찰 절차Patrol Procedure》는 강간을 이런 식으로 설명한다. "'하루가 지나 신고된' 강간의 대다수는 적법하지 않은 경우다." 이 지침서는 정말이지 수다스럽고도 다정하게 순찰 중인 경찰들에게 경계 사항을 말해준다. 남편이 일로 동네를 떠나 있을 때 부인이 "시내를 놀러 다닐" 기회를 누리고는 나중에 후회하며 강간 신고를 해버리는 일이 잦다는 것이다. "이런 상황은 섬세하게 다룰 필요가 있다"고 지침서는 조언한다.[21]

증언: 저는 경찰서에 가서 말했습니다. "강간 신고를 하고 싶습니다." 그들이 말하더군요. "누가 강간당했는데요?" 제가 대답했습니다. "접니다." 경찰은 저를 쳐다보더니 말했습니다. "어우, 누가 당신을 강간하고 싶어 한다고?"

증언: 그들이 놓아주자마자 저는 거리를 달려 도망쳤고, 마주친 우유 배달원이 경찰서가 어디에 있는지 알려줬습니다. 저는 침착하고 논리정연하게 대처했습니다. 아마 너무 침착했던 것 같아요. 저는 경찰이 던진 질문과 마지못해 느릿느릿 타자를 치는 태도에 구역질이 나서 제가 직접 타자기로 신고서를 작성해도 될지 물었습니다. 경찰이 그러더군요. "아, 진짜 또박또박 자세히도 말하네. 당신 사회학자나 뭐 그런 건가?"

페미니스트 운동을 하는 여성들이 강간 문제를 이야기하기 위해 처음으로 모였을 때, 많은 이들이 신고하러 갔다가 몰지각한 태도를 보이거나 심지어 적대적으로 대응하는 경찰을 만났다고 증언했다. (정직한 저자로서 완벽을 기하기 위해 굳이 언급하자면 호의적인 경험을 한 사람들도 있었다. 대부분은 나이 지긋한 여성이거나 백인 어린이, 남편과 함께 관할서를 방문한 여성, 중산층 전문직이었다.)

증언: 이야기를 하면 할수록 신체적 세부 사항에 흥미를 가지더군요. 그 남자가 뭐라고 말했나? 그가 바지 지퍼를 열었는가, 아예 바지를 벗었는가? 시간이 얼마나 걸렸나? 무슨 체위로 했나? 왜 그를 도왔나? 그는 절정에 이르렀는가? 나는? 세부 사항을 확인한다면서 제가 그 이야기를 만나는 경찰관마다 하고 또 하게 만들었습니다. 그가 뒤에서 삽입했다고 말하자, 그런 체위는 불가능하다고들 했습니다. 그때 제가 그토록 놀라고 풀죽은 상태만 아니었다면, 상상력이 한참 부족한 그자들의 성생활을 불쌍히 여겼을지도 모르겠네요.

증언: 사람들은 저를 공영주택 순찰 경찰한테 떠밀었고, 그 경찰이 저한테 묻더군요. "그가 남자 친구였니? 아는 사이니?" 그때 저는 발작하기 직전인 열두 살 짜리 아이였고, 사람들 사이에 그런 일이 일어날 수 있다는 것 자체를 아예 몰랐어요! 어쨌든 경찰은 저를 관할 경찰서로 데려갔고, 거기서 네 명 정도의 형사들이 저를 방에 붙잡아두고 그의 성기가 얼마나 길었는지, 마치 제가 그걸 측정하기라도 했어야 하는 듯 캐물었습니다. 그들은 이런 표현을 사용했죠. "그 **연장**은 얼마나 길었어?" 저는 칼에 대해 묻는다고만 생각했어요. 꼬마가 뭘 알겠어요? 어쨌든 칼 길이라면 볼 만큼 봤으니 나름대로 대답을 했죠.

1972년, 뉴욕 경찰대학교에서 열린 경감으로 승진하기 위해 연수를 받는 경위들을 위한 세미나에 연설자로 초청을 받은 적이 있다. 내가 강간을 주제로 연설을 하자, 거기 모인 30명의 남자들은 콧방귀를 뀌며 낄낄댔다. "자기야, 우린 강간 같은 게 **있다**고 믿지 않잖아. 그걸 믿어?" 한 경위가 외쳤다.

"안 믿지?"

우리의 의지에 반하여

"안 믿지이~" 거의 만장일치로 대답이 나왔다. 세미나가 열린 지 몇 달 후, 나는 내가 사는 그리니치 빌리지의 관할서를 방문해서 경사에게 강간 통계를 보여달라고 부탁했다. 그는 그나마 예의 바른 태도로 도움을 주었다. 그달 그 지역에서는 35건의 강간 신고가 있었으며, 이는 한 해 전 같은 달보다 10건이 더 많은 수치였다. 관할서가 체포한 것은 2건이었다.

"인상적인 실적은 아니네요." 내가 평했다.

"걱정 마세요." 경사가 나에게 장담했다. "이런 신고 대부분이 무엇을 뜻하는지 아시잖아요?"

"뭘 뜻하는데요?" 내가 물었다.

"돈을 못 받은 창녀들이죠." 그는 단언했고, 책을 덮었다.

경찰은 법을 집행하는 데 필요한 지식을 갖춘 이들이지만, 강간에 관한 한 남성 경찰의 사고방식은 여타의 남성문화에서 통용되는 고정관념에서 전혀 벗어나지 않는다. 그런 상태의 경찰관에게 피해 사실 증명을 맡겨야 하는 것이 강간 피해자의 비극이다. 강간 범죄 같은 것은 존재하지 않는다고 믿는 경찰관이 낼 수 있는 결론이란 오직 한 가지뿐이다.

증언: 결국 저한테 거짓말한다고 하더라고요. 제가 남자 친구와 성관계를 해왔을 것이고, 그러다가 임신했을까봐 무서웠던 게 아니냐고 하더군요. 또 남자 친구가 작정하고 저를 그렇게 만들었을 거라는 억측까지 했습니다. 남자 친구가 저한테 자기 친구들과 관계를 가지라고 요구한 적이 있냐고 캐물었어요.

브라운의 멤피스 연구에 따르면, 성매매 여성은 강간 피해자 전체의 1.02퍼센트에 불과했다. 그녀는 상부에 올리는 보고서에 이렇게 썼다. "이 사실은 성범죄 피해자 다수가 실상 요금을 받지 못한 창녀라는 오래고도 편리한 신화를 의심케 한다."[22] 뉴욕시가 여성 경찰관이 지휘하는 성범죄 분석 전담반을 설립하자 여성 경찰관들은 모든 강간 신고 중 2퍼센트만이 허위 신고였다는 사실 — 다른 중범죄와 비슷한 허위 신고율이다 — 을 알아냈다.[23]

《펜실베이니아대학교 법률 논평the University of Pennsylvania Law Review》에 실린 한 연구는 경찰관이 강간 사건을 '근거가 있다'고 판단할 때 어떤 척도를 적용하는지 조사하고 평가하고자 했다.[24] 경찰의 신뢰를 얻을 가능성이 가장 높은 쪽은 사건 후 '수시간 내에' 신고된 강간과 낯선 사람, 무기, '능동적인 폭력'이 동원된 강간의 경우였다. 범인이 낯선 사람이라도 장소가 차량 안이면 집이나 거리에서 일어난 사건보다 좀 더 의혹을 샀다. 이 연구에 따르면 경찰은 자동차 안에서 일어난 데이트 강간을 모두 근거 없다고 판단했다. 피해자가 술이나 약물에 취해 있었다는 이유로 가해자의 죄를 경감해주는 법조문은 없지만, 현장의 경찰은 피해자가 취해 있는 경우 '근거 없다'고 판정하는 비율이 82퍼센트에 달했다. 흥미롭게도 경찰은 조용히 저항했다고 말하는 신고자보다 비명을 질렀다고 말하는 신고자를 더 믿는 경향이 있는 것으로 보인다. 또한 이 연구에서, 흑인 대 흑인 강간 중 22퍼센트가 근거 없다는 판정을 받은 반면, 백인 대 백인 강간 중 근거 없다는 판정을 받은 사건은 12퍼센트였다. 저자들은 이렇게 썼다. "이런 차이가 …… 흑인은 난잡하다는 신화와 흑인 신고자의 진실성에 대한 신뢰 부족 때문에 주로 생긴다는 결론을 피하기는 불가능해 보인다."[25]

증언: 그 일은 플로리다 잭슨빌에서 새벽 3시경에 일어났어요. 저는 학교로 돌아가는 길이었고, 거기, 낯선 동네의 한 버스 정류장에 서 있었죠. 저는 트레일웨이즈 버스를 타고 왔고, 그레이하운드 버스로 갈아 타야 했는데, 그레이하운드 정류장은 한 블록만 더 가면 있다고들 했어요. 덩치가 큰 건장한 남자가, 흑인이었는데, 저에게 말을 걸려고 했습니다. 저는 말을 나누기 싫었습니다. 그를 피하기 위해 여자 화장실에 들어갔다가 작은 옷가방을 들고 재빨리 옆문으로 나갔습니다. 전혀 모르는 동네였지만 어쨌든 그 남자를 따돌렸다고 생각했어요.

그런데 길을 나서자 그자가 따라왔습니다. 총을 꺼내 저에게 겨누고 계속 걸어가라고 했어요. 주변을 둘러보니 조명이 너무나 어두웠고, 온통 창고, 버려진 창고 같은 것들 말고는 아무것도 없었죠. 한 창고에 들어갔고 그가 위층으로 올라가라고 했습니다. 옷을 벗으라고 했습니다. 시키는 대로 다 했습니다. 머뭇거리면 그가 머리에 총을 들이댈 테니까요. 그날 밤은 수천 번을 반복해 살해당하는 것처럼 끔찍했습니다. 계속 기도했어요. 신이여, 살아서 나가게만 해주세요. 나는 이제 막 삶을 시작했고, 학교도 잘 풀렸는데 여기서 이런 일을 당하다니.

그 후 그는 70달러를 빼앗아 갔습니다. 동전 하나 남기지 않았죠. 내가 바닥에서 주운 25센트까지 챙겼어요. 그는 나보고 벌거벗은 채 거리로 내려가라고 협박하더니 무슨 이유에서인지 마음을 바꿨습니다. 결국 그는 떠났습니다. 저는 어쩔 줄 몰라 옷을 입어야 할지도 결정하지 못하는 상태였어요. 겨우 마음을 다잡은 후 되는대로 주워 입고 트레일웨이즈 버스 정류장으로 정신없이 뛰었어요. 수하물 보관소로 가서 거기 있던 남자에게 경찰에 전화해달라고 부탁했습니다.

경찰은 30분이 넘어서야 도착했습니다. 저는 완전히 편집증 상태가 되어 바닥에 주저앉아 울고 있었죠. 경찰은 자기들이 '현장'이라고 부른 곳으로 저를 다시 데려갔습니다.

　그들이 결국 저에게 한 말이란, 그 남자는 남자 친구 아니냐, 돈을 빼앗아 가기 전까지는 아무 문제도 없지 않았냐는 얘기였죠. 어찌나 화가 났던지, 그 순간 저한테 총이 있었다면 그자들을 모조리 죽여버렸을 겁니다.

　심문을 받은 후 저는 나중에 연락을 취할 수 있도록 전화번호와 이름, 주소를 적어줬습니다. 하지만 아무런 후속 조치도 취해지지 않았어요. 시간이 얼마간 흘러 학교에 돌아갔을 때, 제 쪽에서 경찰에게 연락을 해봤습니다. 그냥 전화를 끊어버리더군요.

　앞서 언급한 《펜실베이니아대학교 법률 논평》 연구에서도 저자들이 비슷한 현실을 우울하게 지적하고 있다. 대부분의 신고자가 자신이 신고한 범죄가 근거 없다고 판정되었다는 사실조차 고지받지 못한다는 것이다. 강간을 신고하고 첫 번째 사건 청취에서 가까스로 경찰의 신뢰를 얻더라도 그저 '참고인 조사investigation of persons'로만 분류될 뿐이었다. 가끔 경찰은 어떤 기록도 남기지 않고 신고를 반려하거나, 수사를 진행하지도 않고 사건을 종결해버렸다. 이렇게 처리된 신고는 경찰 사건 기록부에 결코 '강간'으로 기록되지 않기 때문에, 저자들은 신고되었지만 근거 없는 것으로 처리된 사건의 숫자가 공식 기록보다 훨씬 더 많을 것이라는 결론을 내렸다. "강간 신고 중 적어도 50퍼센트가 경찰에 의해 근거 없다고 판정되었을 것이다."[26]

　미국 법정에서 강간을 입증하려면 다음과 같은 기준을 충족해야 한다.

　부인이 아닌 여성에게 그녀의 의지와 동의에 반해 삽입성교 행위를

　우리의 의지에 반하여

저지르는 범죄. 유형력이나 유형력에 의한 협박에 기인한 두려움 또는 약물이나 술로 그녀의 의지를 누르고 삽입성교 행위를 저지른 경우. 혹은 정신적 결함으로 인해 합리적 판단을 행사할 수 없는 여성이나 임의의 '동의 가능한 연령' 이하의 여성에게 삽입성교 행위를 저지른 경우.

배심원 역시 경찰과 똑같은 질문을 다룬다. 실제로 범죄가 일어났는가? 살인 사건에서는 시체의 존재가 사건 발생을 지시하고, 강도 사건에서는 실체가 있는 물건을 증거물 A로 표시하고 꼬리표를 붙일 수 있으며, 가중폭행 사건에서는 신체 상해가 눈에 확연히 드러나 주요한 법적 증거를 구성한다. 이와 달리 강간 사건의 증거는 형태가 없는 경우가 흔하다. '한 여성의 의지에 반해 삽입성교 행위를 저지르는 범죄'는 범죄의 체소corpus delicti*를 남기지 않는다. 이 범죄에는 되찾을 수 있는 물건도 없다. 신체적 상해의 흔적조차 남기지 않을 수도 있다.

그렇다면 배심원은 어디서부터 시작해야 할까? 배심원은 자신이 강간당했다고 말하는 여성의 선서와 그 말을 부인하는 남성의 선서를 출발점으로 삼는다. 배심원단이 존재한 이래로, 그들이 법정에서 이루어진 여러 선서들의 무게를 비교해야만 하는 다양한 범죄 상황이 있었고, 그들이 어느 쪽의 선서를 믿을 것인지 결정하기에 따라 유무죄가 갈렸다. 하지만 강간은 **법이** 처음부터 피해자를 여성으로, 가해자를 남성으로 정해놓은 유일한 범죄이다. 피해자가 '원고'나 좀 더 가혹한 호칭으로는 '기소녀'가 되고, 가해자는 '피고'가 되는 강간 사건 법정에서 선서 대 선서를 대항시킨다는 것은 결국 여성의 말을

---

* 범죄가 실제로 일어났음을 보여주는 기초적 사실.-옮긴이

남성의 말에 대항시키는 것을 의미한다.

강간은 주로 남성이 여성에게 저지르는 범죄라는 속성을 갖고, 정신분석이 대표적으로 보여주듯 강간이란 원초적 장면(상호 동의하에 이루어지는 남녀 간 결합)을 고의로 왜곡한 결과일 뿐이라는 관념이 있다. 이 때문에, 남성의 법은 남성의 걱정거리를 해결해주는 일을 우선시했다. 합의하에 성관계를 한 여성이 복수심이나 원한에 불타 강간이라고 주장할까봐 걱정이 된 나머지, 여성의 선서나 말, 증언에 의존하지 않고 범죄 사실을 객관적이며 확실하게 규명할 방법을 찾고자 했다. 그리하여 품성과 완력, 두려움, 동의, 의지, 저항처럼 서로 얽혀 있는 상대적이고 질적인 개념들을 측정하려고 애써왔다.

17세기 영국의 저명한 법학자이자 대법원장이었던 매슈 헤일은 다음과 같은 문장을 남김으로써 스스로에게 불멸의 지위를 부여했다. "강간은 고발하기는 쉽지만 입증하기는 어렵고, 피고 측에서 변호하기는 더욱 힘들다. 피고가 아무리 결백할지라도."[27]

카미유 E. 르그랑Camille E. LeGrand이 《캘리포니아 법률 논평California Law Review》에 기고한 논문에 따르면, 헤일의 구식 설교는 "강간에 대해 논한 거의 모든 법 관련 글에 인용되어온 오래된 격언"으로 인기를 누렸지만, 시간의 시험을 이겨내지는 못했다. 5건 중 4건의 강간이 신고되지 않는 실상이니, 헤일의 말과는 반대로 여성이 "강간을 고발하기는 쉽"지 않다고 말해야 공정할 것이다. 게다가 자신이 강간당했다고 신고하는 사람들은 이내 "입증하기는 어렵다"는 사실을 알게 된다. 오히려 피고 측으로 말할 것 같으면, 피고의 결백 여부와 무관하게 강간 사건의 피고를 변호하는 것보다 쉬운 일은 없다. 남부의 인종 간 사건을 제외하면 말이다.

르그랑은 헤일의 옛 격언이 20세기 미국의 경험에는 맞지 않는다고 지적했지만, 사실 1973년 캘리포니아 강간 사건에 관한 표준 배심원 지침까지만 해도 이 말의 영향력은 건재했다. 그 지침에는 다음과 같은 경고가 명시되어 있었다. "따라서 제시된 정보에 여성의 이름이 있는 경우, 법에 따라 당신이 그 여성의 증언을 주의해 살필 것을 요구합니다."[28]

여성의 증언을 주의해 살펴야만 한다는 것은 사건이 신고된 순간부터 그 사건이 실제로 법정에 가는 희귀한 순간까지 강간 사건을 처리하는 모든 단계에 적용되는 기본 전제가 된다. 이는 다른 재판에서 '선서 대 선서'의 진위를 가리는 문제보다 더 깊은 전제에 뿌리를 내리고 있다. 여성은 거짓말을 잘한다는 남성들의 해묵은 전제가 바로 그것이다.

증거 구성 요건에 관한 규정을 정의한 미국 교재로, 이 분야에서 독보적이고, 존경과 숭배를 받는 고전인 존 헨리 위그모어의 《증거 Evidence》에는 이런 주장이 나온다.

현대 정신의학자들은 각종 사건으로 법정에 나온 행실이 좋지 못한 소녀나 여성의 행동에 대해 충분히 연구해왔다. 그들은 매우 다채로운 정신적 콤플렉스를 보여주는데, 타고난 결함 때문에 그렇게 비뚤어진 경우도 있고, 병적인 착란 내지 비정상적 충동 때문이거나, 건전치 못한 사회 환경, 일시적으로 나타나는 신체 및 정서 상태 때문에 그렇게 된 경우도 있다. **이런 콤플렉스가 흔히 취하는 형태 중 하나가 바로 남자에게 성폭행당했다며 허위 신고를 꾀하는 것이다**[강조는 저자].*

---

* John Henry Wigmore, *Evidence in Trials at Common Law* (1940), revised by James H. Chadbourn, Boston: Little, Brown, 1970, Vol.3A, p.736 (§ 924a). 인용한 구절이 정신분석 이론이 유행하기 이전인 1923년 판에는 없다는 사실은 의미심장하다. 1940년 판에서 위

거짓말하는 여성이 제기하는 허위 강간 신고에 대한 남성의 두려움—보디발의 아내까지 거슬러 올라가는 유서 깊은 증상—은 강간 사건에만 적용되는 증거 규정의 형태로 미국 여러 주의 강간 관련 법에도 녹아들어 있는데, 다른 강력 범죄에는 없는 증거 구성 규정이 유독 강간 사건에만 적용된다는 점이 눈에 띈다. 이 규정에 맞지 않으면 검사는 사건을 법정으로 가져갈 수 없다. 실제로 범죄가 발생했다는 사실을 검사 자신, 피해자, 강간범 모두가 알고 있을지라도 말이다.

증언: 어쨌든, 너는 목격자가 없잖아. 그게 그가 저에게 대항하며 내세운 말이었어요. 제 사건은 결국 법정 밖으로 쫓겨났습니다. 경찰 한 명이 법정에 있었는데 위로하고 공감해주려 애쓰더군요. 그는 이런 말을 했어요. "이런, 보세요, 적어도 우린 하룻밤은 그를 감옥에 잡아두었잖아요. 그걸로 만족해야지요."

법에 구현된 피고 보호장치 중 하나는 피해자의 정조를 기준 삼는 것이다. 이 정조 기준은 '동의 가능한 연령 이하의' 여성을 성폭행한 경우를 다루는 의제강간 조항에 첨부되어 있다. 의제강간죄의 원리는 일정 나이 이하의 어린이가 피해자일 때는 저항 여부가 중요하지 않다는 것으로, '법이 그녀를 대신해 저항한다'고 일컫는 법이다. 동의 가능 연령은 주에 따라 천차만별이다. 델라웨어시에서는 7세라

그모어는 이렇게 언급했다. "여성 원고의 사회적 과거사와 정신 상태를 의사가 조사해 검토하지 않는 한, 판사는 성폭력 사건을 배심재판까지 가져가서는 안 된다." 위그모어는 1937~1938년에도 증거법 개선을 위한 미국 변호사 협회 위원회에서 비슷한 결의안을 통과시켰다.

우리의 의지에 반하여

는 대단히 어린 나이이고(1973년에 16세로 바뀜),[29] 테네시주에서는 조건에 따라 21세까지도 포함한다. 대부분의 주는 12세에서 16세 사이로 동의 가능 연령을 정해두고 있다. 동의 가능 연령을 높게 설정해놓은 주는 피해자 연령이 높을 경우 정조 기준을 제한 요건으로 적용한다. 몇몇 주에서는 '사건 전까지 지켜지던 정조', 즉 처녀성을 증명할 책임이 검사 측에 부과된다. 다른 주의 경우 사건 전 순결하지 않았음을 증명하는 책임이 피고에게 부과된다. 어린 피해자가 사건 전 순결하지 않았다는 것은 곧 그 의제강간이 유죄판결을 받지 않는다는 것을 의미한다.[30]

증언: 당시 저는 11세였어요. 공판 같은 것이 있었는데, 기억에 남은 것이 있다면 변호사가 아버지에게 제가 어떤 옷을 입어야 하는지 노골적으로 지시했다는 겁니다. 저한테 가능한 한 아기처럼 보이도록 피터팬 칼라가 달린 옷을 입으라고 했어요.

성인 여성을 강간한 사건을 재판할 경우 증거 구성 규정은 의제강간보다 훨씬 더 복잡해진다. 이 역시 주마다 제각각이다. 《예일 법 저널Yale Law Journal》에는 이렇게 적혀 있다. "신고한 증인이 사건 이전의 성행위에 피고와 합의한 증거는 '정신 상태 지속continuing state of mind'의 이론에 따라 그녀가 문제의 행위에도 동의했음을 증명하는 것으로 인정될 수도 있다. 또한 그녀의 전반적인 도덕성에 관한 증거 역시 대체로 인정된다. 법정은 '문란한 품성'을 지녔다는 평판을 사실에 기반을 둔 것으로 간주하고, 그런 성향을 가진 여성은 어떤 상황에서도 성교에 동의했을 가능성이 높다고 추론하는 듯하다."[31]

모든 사법기관이 피해자와 가해자 간 기존의 성행위에 관한 증언을 허용한다. 이뿐만 아니라 여러 주가 피해자의 '문란한 품성'을 입증하기 위해 피해자가 **다른 시기에 다른 남성과 맺은** 특정한 성관계에 대해 증언하는 것을 허용한다. 몇몇 주의 경우 "그녀가 사는 지역에서 그녀의 정조에 대한 평판"이 어떤지 대체적으로 평가하기 위해 몇 명이든 제한 없이 증언하도록 허용하지만, 평판이 '좋다' 혹은 '나쁘다'로만 말하도록 한정한다. 그 밖에 여러 법원에서 여전히 여성의 사건 전 성편력이 그녀의 '신뢰성'에 관해 의미 있는 정보를 준다는 전제하에 피해 여성의 성편력에 관한 증언을 인정하고 있다.

> 증언: 피의자 소환까지 갔지만 대배심이 기소를 거부하더라고요. 내 남자 친구가 다른 인종인 걸 보고 그런 것 같아요. 다른 인종의 남자를 사귀면 나쁜 여자인 거지. 맞죠?

성문법을 따르든 판례법(선례를 세우는 판결들)을 따르든 간에, 미국의 여러 사법기관은 여성의 증언 외에 확실한 증거를 추가로 요구한다. 이를 통해 순전히 여성의 말만으로 남성 피고가 유죄를 받는 일이 생기지 않도록 보호하려 하는 것이다. 보강증거corroboration를 제시할 책임[32]이란, 검사가 피해자의 증언과 별개로 삽입이 있었다는 것(질의 찢어진 상처나 멍, 정액 검출), 완력이 사용되었다는 것(몸의 멍, 무기, 찢어진 옷), 법정에 선 남자가 진짜 범죄자라는 것(강간 장면의 일부를 목격한 증인)을 증명해야만 한다는 것을 의미한다.

보강증거를 요구했던 옛 주법하에서 뉴욕시의 유죄판결율이 보여준 슬픈 역사는 완벽한 보강증거를 제시하는 것이 전적으로 불가능하다는 사실을 대단히 잘 보여준다.[33] 1971년 뉴욕에서 집계된 '근거 있는' 강간 신고는 2,451건이며, 경찰이 체포한 경우는 1,085건에

우리의 의지에 반하여

달했다. 그런데 이 중 대배심까지 간 사건은 단지 100건에 그쳤으며, 다시 그중 34건만이 기소되었고, 오직 18건만이 유죄판결을 받았다. 당시 그 주의 보강증거 법규하에서 실현된 정의란 믿기 어려울 정도로 피고가 아무 일 없이 돌아서 나오는 기이한 회전문과 같았다. 1974년 뉴욕주는 코네티컷주와 아이오와주처럼 보강증거를 요구하는 조항을 제거했다.[34] 내가 이 글을 쓰고 있는 시점에는 보강증거 요구 조항이 법조계에서 확실히 인기를 잃었다. 하지만 유죄판결을 막는 방어벽은 종이에 적힌 법 조항뿐만이 아니다. 설문조사에 따르면 검사들은 일정 형태의 보강증거 없이는 강간 사건을 재판까지 잘 가져가지 않는 경향이 있는데,[35] 보강증거를 요구하는 법 조항이 없다 해도 배심원들이 결국 보강증거 없이는 유죄판결을 내리지 않기 때문이라고 한다.

증언: 그자들은 내 과거의 삶을 몽땅 들춰내고, 그 모든 굴곡을 겪게 만들었습니다. 그러는 동안 정작 그는 변호사들에 둘러싸여 아무 말도 않고 피고석에 앉아만 있었습니다. 물론 그건 법이 보장하는 그의 권리였지만, 마치 재판을 받는 피고는 그가 아니라 내 쪽인 것만 같았습니다.

배심원의 평가를 위해 한 여성의 성편력을 들춰내는 동안, 기존의 강간 고소 및 유죄판결 기록을 포함해 사안과 관련된 남성의 성편력은 그가 증인석에 서지 않는 한 결코 증거로 제시되지 않는다. 그렇게 배심원은 법정에서 성적으로 활발한 한 명의 여성을 보게 되고, 그녀의 활발한 성생활이 그녀의 품성과 신뢰성을 반영한다는 소리를 듣게 된다. 반면 남성은 그 정도로 조사를 받지도, 평가당하지도 않는다.

표면상 강간법은 강제와 저항, 동의라는 서로 연관되어 있는 문제들을 대체로 합리적으로 저울질하는 듯 보인다. 1952년의 《예일 법 저널》에는 이렇게 적혀 있다. "오늘날 대다수의 주에서 저항의 정도는 공격이 이루어지는 상황에 비례해 달라질 수밖에 없다는 사실을 인정한다. 예를 들어 양쪽의 힘의 차이가 크거나 저항을 지속하는 것이 무의미한 경우가 그렇다. 다른 주에서는 여성이 동의하지 않았다는 것을 합리적으로 증명해줄 '선의의' 저항 정도만을 증거로 요구한다."[36] 신체적 상해를 명백히 보여주는 흔적은 유형력이 행사되었다는 증거가 될 수 있다. 몸을 다치게 하겠다는 언어상의 위협이나 무기의 존재 역시 강제성을 보여주는 지표가 되기에 충분하다.

그러나 종이에 적힌 법률상으로는 강제와 저항에 관한 증거 구성 요건이 아무리 합리적이라고 해도, 정작 실제 법정에서 판단을 내리는 배심원들은 멍자국 정도로는 거의 영향을 받지 않으며, 실제 폭행이 아닌 협박만으로도 여성이 두려움에 빠져 복종할 수 있다는 사실도 거의 이해하지 못한다. 강간 사건 재판에서 아예 '다른 놈이 한 짓'이라고 잡아떼는 피고도 물론 있지만, 가장 정석에 가까운 변호 방법은 역시 여성이 자유롭게 행위에 동의했으므로 어떤 강제도 저항도 없었다고 주장하는 것이다. 배심원이 어떤 것을 '동의'로 여기는지는 거의 오로지 강간에 이르기 전에 일어난 사건에 대한 해석과 피해자의 '품성'에 관한 판단에 달려 있다.

증언: 도대체 납득할 수가 없어요. 마치 제가 피고이고 **그자**가 원고 같더라구요. 내가 재판을 받는 게 아닌데. 내가 뭘 잘못한 거야? 나는 비명 지르고 맞서 싸우기까지 했는데. 대체 어떻게 내가 저항하지 않았다

면서 무죄판결을 내린 거지?

뉴욕 변호사 협회의 한 회의에서 로렌스 H. 쿡 판사는 이렇게 말했다. "강간 사건 재판이 사건 당사자가 아닌 이들에게도 감정적 반응을 불러일으킬 수 있다는 것을 알면서도, 피고가 배심재판을 포기하는 일은 거의 없다. 배심원은 자신의 동맹이지 적이 아니라는 것을 알기 때문이다. 배심원단 분위기를 주도하는 사람은 주로 남성이며, 배심원단은 유죄판결을 극도로 꺼린다."[37]

쿡 판사는 한 개인으로서 관찰한 의견을 말했다. 형사 소추되는 모든 범죄 중 강간은 살인에 이어 두 번째로 피고가 판사 한 명에게 재판받는 것보다 배심재판을 선호하는 범죄이다.[38] 배심재판을 선택한 쪽이 옳았다. 배심원단은 피고와 동맹이다. 판사는 더 엄격한 판단을 내리도록 훈련받은 사람들이다. 일단 판사는 형사법을 더 잘 파악하고 있고, 게다가 이전에도 비슷한 사건을 많이 봐왔다. 판사의 입장에서는 피고 변호인의 책략이 그다지 새롭지 않다. 반면 배심원들은 남성 피고인의 동맹이자 여성 원고의 적이 된다. 배심원단이 형법을 잘 모르는 데다 대체로 남성으로 구성되기 때문이기도 하지만, 더 깊은 이유가 있다. 배심원은 강간에 관한 수많은 신화를 믿는 시민들로 구성되며, 그들은 그 뿌리 깊은 신화에 의거해 여성을 판단하기 때문이다.

시카고대학교 법대의 해리 캘번Harry Kalven과 한스 자이젤Hans Zeisel은 미국의 배심원제와 그 기능에 관해 전국 범위의 방대한 연구를 실시했다. 이 연구는 106건의 강간 사건을 검토하면서, 배심원단이 내린 평결과 판사가 본인이라면 어느 쪽에 투표했을지 진술한 내용을 서로 비교했다. 그렇게 해서 캘번과 자이젤은 법과 사실에 대한 배심원의 해석과 판사의 의견 사이에 중대한 차이가 있음을 발견했다.

저자들은 이렇게 썼다. "강간 사건에서 삽입성교 사실을 제외하고 법이 인지하는 주제는 단 하나뿐이다. 삽입성교 순간 합의가 있었는지 여부가 그것이다. 그러나 배심원단은 …… 결코 이 주제에만 관심사를 한정하지 않는다. 배심원단은 사건 발생 이전의 여성의 행실을 판단의 근거로 삼는다. 배심원단은 여성 원고를 매우 면밀하게, 가혹할 정도로 조사하는 경우가 흔하고, 여성 쪽에서 원인을 제공하는 행동을 한 기미가 조금이라도 보이면 피고에게 관대한 쪽으로 움직인다."[39]

캘번과 자이젤이 살펴본 결과 배심원단은 사실상 법을 다시 쓰고 있었다. 그들은 불법 행위법이나 민사소송에서 '과실 기여'와 '위험 감수' 같은 개념을 뒷문으로 들여와 강간 사건에 적용하고 있었다. 그들은 "피고의 유죄 여부를 판단하겠다면서 피해자의 행실을 저울질한다".[40]

두 교수는 연구를 통해 피고가 유형력을 행사한 흔적이 확연히 드러나지 않을 경우 배심원이 무죄판결을 선호한다는 사실을 발견했다. "배심원의 입장은 그런 상황에서 이루어지는 당사자가 원치 않은 삽입성교가 전혀 범죄가 아니라고 여기는 정도까지는 아니지만, 그것이 강간처럼 무거운 범죄는 아니라고 여기는 쪽이다. …… 여성 피해자가 스스로 위험을 감수한 구석이 있어 보이면, 피고의 편의를 위해 그렇게 법을 고쳐 쓰는 행태가 때로 극단적으로 잔인한 지경에 이른다."[41]

이 전국 범위 연구에 따르면, 배심원단은 피해자가 행위 전 가해자와 함께 술을 마시러 갔거나, 사건 전부터 가해자와 아는 사이이거나, 가해자가 '꼬시는' 데 넘어갔거나, 성적으로 "문란하다"고 알려진 경우, 여성이 스스로 과도하게 위험을 감수했다고 보고 도덕적으로 강간으로 판결받을 만한 자격이 없다고 평가한다.

캘번과 자이젤은 자신들이 연구한 표본 중 '외재적 폭력'의 증거가 있는 사건을 따로 분리해냈다. 다시 말해 피고와 피해자가 서로 전혀 모르는 사이거나 가해자가 한 명 이상인 경우를 '외재적 폭력'으로 이름 붙여 따로 분리했다. 외재적 폭력에 해당하는 사건을 제외하고 남은 42건의 사건을 연구의 편의상 '단순 강간'이라고 불렀다. 판사들은 이 42건의 단순 강간 사건 중 22건에 대해 유죄판결을 내리겠다는 의견을 내놓았다. 하지만 배심원단이 실제로 유죄판결을 내린 사건은 단 3건뿐이었다. 캘번과 자이젤은 이렇게 평했다. "놀랄 만한 결과이다."[42]

12

여성이 반격한다[1]

1642년 11월 14일, 애덤 피셔의 여식인 젊은 처자 한 명이 데번셔의 시골길을 서둘러 가는 중이었다더라.[2] 제 손도 보이지 않을 만큼 칠흑 같은 어둠 속에서 한 신사 양반이 말을 타고 나타났는데, 그자는 바로 품위 없는 왕당파 랠프 애슐리로, 이 악마 들린 자는 순진한 처자에게 다가가 자신이 그녀의 아버지와 잘 아는 사이이고 욕정에 사로잡힌 군인들이 근처에 있으니 처자를 집까지 안전하게 데려다 줄 수 있다면 기쁘겠다고 말했다더라.

그러고 나서, 독자들이여, 이자는 마치 독자 여러분의 눈길까지 피할 수 있다는 듯, 말을 달려 처녀를 인적이 없는 곳으로 데려가 범하려 들었고, 처녀는 간절하게 애원했다 하더라. 경, 도와주세요, 안 그러면 저는 죽어요.

바로 그때, 운석이 폭발하며 무시무시한 불길이 뻗어나와 탐욕스러운 기사를 내리쳤고, 그는 비틀거리며 쓰러졌다.

양떼를 몰고 가다가 멀리서 불타는 별을 목격한 양치기들은 이렇게 전했다 하더라. 애슐리 경이 처자를 원두파(의회파) 창녀라 부르며 온갖 신성모독의 말을 토하고 고함을 치다가 그 밤에 죽었노라고. 애덤 피셔의 딸은 품위 있는 아가씨답게 기절했다가 깨어났고, 처녀성이 온전한 것을 확인했으며, 그녀를 도와준 행운의 별과 전능한 신에게 감사했다 하더라.

이 청교도 설화의 원본은 17세기 영국의 의회파가 "살인과 약탈을 자기들 종교의 주요 원칙으로 여기는 왕당파"를 공격하려는 목적으로 제작한 선전선동물로, 현재 대영박물관에 보관되어 있다.

랠프 애슐리가 애덤 피셔의 딸이라고만 알려진 이름 없는 여성을 강간하려 들다가 날벼락을 맞아 그 자리에서 죽은 치명적인 가을밤 이후로 파란만장한 3세기가 지났다. 그사이 많은 것이 변했다. 이제는 우리 모두 거리낌 없이 인정하는바, 우리가 애덤 피셔의 딸처럼 숫처녀인 경우는 드물다. 말 역시 자동차로 바뀌었다. 그리고 불타는 운석은 악인에게 천벌을 내리기 위해 때맞춰 떨어지지 않는다는 사실 또한 누구나 안다. 하지만 남성들은 여전히 강간을 저지르고 있고, 강간을 어떤 식으로 다룰 것인지도 여전히 해결되지 않은 문제로 남아 있다.

여성 입장에서는 강간을 매우 간단하게 정의할 수 있다. 누군가가 자신의 몸에 강제로 성적으로 침입하는 일이자, 사적이고 개인적인 내부 공간을 동의 없이 침입당하는 일이다. 다시 말해 몇 가지 가능한 방법 중 하나로 가능한 침입 경로 중 하나를 택해 한 사람의 신체 내부에 폭행을 가하는 일이며, 한 사람의 정서적, 신체적, 이성적 온전함을 고의로 침해하는 행위이다. 적대적으로 여성을 비하하는 이 폭력 행위를 사람들은 강간이라고 부르는 것이다.

그러나 이제까지 남성이 강간 개념을 어떻게 정의했는지 역사를 거슬러 추적해본 결과, 강간이 최초로 법에 기입될 때부터 여성의 관점은 반영되지 않았다는 사실을 확인했다. 남성이 만든 초창기의 법은 강간 행위를 극형을 적용해 마땅한 범죄로 규정했으나, 이는 어디까지나 남성의 입장과 두려움만을 반영한 결과였다. 그 법은 여성의 몸이 실제로 겪은 성폭력 행위와는 아무런 관계도 없었다. 초기 법은 강간을 아버지가 소유한 딸의 처녀성을 훔치는 범죄, 즉 아직 결혼 시장에 내놓지 않은 상품의 가치를 훼손한 범죄로 정의했다. 그 이후 법이 발전하면서 법이 강간을 인식하는 방식 역시 상당한 변화를 겪긴 했지만, 강간에 대한 현대법의 인식은 여전히 고대 남성의 재산 개념에 뿌리를 내리고 있다.

오래전부터 결혼법과 강간법은 서로 철학적으로 연결되어 있는 관계였다. 한 부족의 남성들이 새 아내를 확보하기 위해 다른 부족 여성을 자유롭게 강간하던 시절은 물론 오늘날조차 두 법은 많은 부분 분리가 불가능할 만큼 얽혀 있다. 가장 초기의 결혼법에서 잘 드러나듯, 남성은 남성만이 수정과 자손 생산, 상속을 지배하는 유일한 신체 기구라고 규정할 필요가 있었고, 여성의 질에 접근할 권리를 독점하겠다는 남성의 유서 깊은 욕망 역시 이런 필요에서 파생되었다. 한 명의 남성 개인의 수준에서 남성의 현실을 생각해볼 때, 다른 부족 여자들을 납치해 강간하는 행위는 합법적인 행위로 취급되어야 마땅했다. 그보다 부족의 번성에 도움이 될 행위가 어디 있단 말인가? 그럼에도 납치와 강간이 불법이 된 것은 자기 소유의 여성이 다른 부족에게 납치와 강간을 당해 모욕을 돌려받게 되는 사태를 원치 않았기 때문이었다. 남성이 두려움을 느끼며 강간으로 이름 붙여 처벌한 행위는 성폭력 행위 그 자체가 아니었다. 남성이 두려워한 것은 그와 그의 친족 남성이 소유한 여성의 질에 다른 남성이 함부로 접근하는 일, 질 접근권을 통제하는 부족 남성의 권리를 침해하는 불법 점유 행위였다.

결혼에 이런저런 구색 맞추기 식 의례가 많이 동반되긴 하지만, 법적으로 결혼을 성립시키는 조건은 단 하나의 행위, 첫날밤에 처녀

우리의 의지에 반하여

성을 빼앗는 행위였다. 이때 강간이란 결혼계약 외부에서 불법으로 처녀성을 파괴하는 일이었다. 나중에 남성들은 이렇게 협소한 강간 정의로는 자신의 권리를 완전히 지킬 수 없다는 사실을 깨달았다. 그래서 범죄의 개념을 확장해 유부녀의 정조를 더럽히는 일도 범죄에 포함시켰으며, 이때서야 법이 처녀가 아닌 여성에게도 관심을 두게 되었다. 그러나 이러한 법의 기원은 역사의 늪에 파묻혀 망각되었고, 강간법은 계속 진화하면서도 초기의 강간 개념을 완전히 탈피하지 못했다. 초기 개념에 따르면 강간 행위로 법을 위반했다는 것은 무엇보다도 **남성의** 재산권을 침해했다는 의미였고, 이때 재산권이란 결혼계약을 통해 여성을 거래하는 과정에서 남성이 조건으로 요구하는 처녀성과 정조, 여성에 대한 독점적 권리를 기반으로 삼고 있었다 (여성에게 속박이자 강요가 되는 이런 결혼계약 조건이 남성의 경제 자산의 기반이 되었던 것이다).

현대적 사고방식을 가진 우리가 보기에 이런 이론적 기원은 일견 납득하기 어려울 정도로 기이해 보인다. 그러나 오늘날 강간이 어떤 식으로 이해되고 있는지 막상 살펴보면, 남성의 논리와 여성의 논리 사이에 여전히 거대한 간극이 있다는 사실을 발견하게 된다. 가장 뛰어난 법적 사고 능력의 소유자들조차 강간이 범죄가 되는 이유를 여전히 혼동하곤 한다. 오늘날의 젊은 강간범은 유산이나 재산을 확보할 목적으로 강간을 하지는 않는다. 오늘날의 강간은 소유권이나 통제권을 획득하기 위한 행위가 아니라 일시적인 정복 행위일 뿐이다. 강간을 통해 경제적 이익을 얻는다는 발상은 잊힌 지 오래다. 이제 남은 것은 그야말로 남성 대 여성의 싸움이다. 모든 여성이 지속적인 심리적 영향을 받아 움츠러들도록 공격하는 행위, 즉 치고 빠지는 공격과 육체적 힘의 단순 과시, 둔탁하고 흉한 성적 침략 행위만이 남은 것이다.

남성 중심적 고대의 법에서 벗어나 강간을 원래 속했어야 할 자리인 현대 폭력 범죄의 맥락에 제대로 배치해보면, 범죄로서 강간은 강도와 폭행의 중간이라는 독특한 위치를 차지한다. 강간은 하나의 행위로 신체와 정신 모두를 공격하는 행위이자, 완력을 쓰거나 협박해서 성교sex를 '빼앗아 취하는' 행위이다. 하지만 강도, 폭행, 강간 사이에는 유사성만큼이나 뚜렷한 차이가 존재한다. 기소 가능한 폭행 사건에서는 피해자가 입은 신체 상해가 뚜렷이 드러나 증거가 될 수 있다. 하지만 강간 사건에 동반되는 협박은 눈에 보이는 증거를 남기지 않을 수도 있다. 남성이 전통적 관념에 따라 성교를 마치 '여성의 귀중한 재산'으로 간주하고 빼앗으려 들었다고 해도, 실제로 손에 잡히는 물품을 빼앗은 것은 아니다. 강간이란 물리적 폭력을 쓰겠다고 협박해 피해자의 내밀한 부위에 일시적으로 접근해 높은 가치가 있는 성적 서비스를 받아내는 것이며, 이때 협박의 목표는 '빼앗는' 것이라기보다 모욕하고 비하하는 것이 된다.

이것이 20세기에 사람들이 실제로 행하는 관행practice으로 정의한 현대 강간의 현실이다. 그러나 20세기 법은 아직 이런 현실에 부응하지 못하고 있다.

미국 법정에서 성폭력이 중죄에 해당되는 강간으로 인정되려면, "매우 경미한 정도일지라도 남성 성기가 질에 강제로 삽입"된 일이 있어야 한다. 다시 말해, 법이 정의한 강간이란 성기 결합을 특징으로 하는 이성애적 범죄이다. 이 장에서는 이처럼 공허하고 협소한 정의가 강간 기소의 필수 조건인 현실을 논의의 출발점으로 삼는다.

법, 남성 중심적 관념의 산물

미국의 몇몇 주에서는 강제 성기 결합을 사람이 겪을 수 있는 '가장 나쁜' 종류의 성폭력으로 간주하고, 단연코 엄중한 처벌을 받아야 하는 범죄로 취급해 살인과 동등하게 처벌한다. 반면 다른 종류의 성폭력은 소도미라는 명칭으로 묶어버린 후 더 가볍게 처벌한다. 하지만 이는 현대 범죄에 더 이상 적용할 수 없는 낡은 남성 중심적 관념의 산물이라고밖에 할 수 없다.

우리는 성폭력을 더 이상 강제 성기 결합이나 남성이 여성에게 저지른 범죄로만 규정할 수는 없는 시대에 살고 있다. 전통과 생물학적 조건으로 인해 질을 통한 강간이 특별한 정치적 배경을 가진 정치 범죄로 취급된 것일 뿐, 성적 공격은 입이나 항문을 통해서도 이루어질 수 있다. 남성 성기는 여전히 강간범이 가장 선호하는 무기이자 복수를 행하고 승자로서 권력을 과시하는 도구이지만, 그게 그들이 사용하는 유일한 도구는 아니다. 막대기, 병, 심지어는 손가락까지도 종종 저 '타고난' 물건을 대체할 수 있다. 또한 남성들이 질 이외의 다른 구멍으로 여성의 몸에 침입할 수 있듯, 다른 남성의 몸에도 같은 방식으로 침입할 수 있다. 강제 구강 삽입이나 항문 삽입이 개인의 내부 공간을 덜 침해한다고, 구강이나 항문 삽입으로 느끼는 성적 수치심이 정신과 영혼, 자아의식에 상처를 덜 입힌다고 말할 수 있을까?

원치 않는 피해자를 강제해 이루어진 성행위라면 어떤 종류의 행위이든 법의 관점에서 동등하게 무거운 범죄로 취급될 자격이 있다. 그런 행위로 상대를 비하하려는 의도에 비하면 어느 부위로 침입했는지는 결코 중요하지 않다. 이 점을 감안하면, 피해자의 젠더에 따라 범죄의 무게를 달리하는 것은 옳지 않다. 우리 시대의 법은 이런 문제의식을 반영하는 방향으로 변화해야만 한다.

그러나 특정한 종류의 삽입 행위나 젠더에 좌우되지 않고 모든 종류의 성폭력을 대상으로 하는 법을 만드는 일은 사법 개혁의 첫걸음에 불과하다. 법이 스스로 제거해야 할 남성 중심적 구닥다리 발상은 이뿐만이 아니기 때문이다.

남성이 강간을 독점 재산을 파괴하는 행위 내지는 자신이 소유한 보물을 훔치는 일로 간주한 이래로, 그들은 재산을 빼앗길까 걱정된 나머지 강간죄에 가능한 한 최대로 무시무시한 처벌을 적용했다. 오늘날 미국의 많은 주에서는 일급 강간으로 유죄판결을 받는 경우 여전히 종신형을 받을 수 있고, 1972년 대법원이 사형 폐지 판결을 내리기 전까지 많은 남부 주에서는 사형도 적용할 수 있었다. 하지만 강간은 순결이나 정조라고 불리는 남성의 재산을 손상하는 것이 아니라 피해자의 신체 온전성을 손상하는 범죄라는 현대적 인식을 법에 적용한다면, 해당 범죄에 대한 처벌 수위 역시 정상화되어야만 하며, 성폭력과 좀 더 가까운 관계에 있다고 할 수 있는 가중폭행죄와 비슷한 선이 되도록 처벌 수위를 현실적으로 조정해야 한다.

이제까지 법이 범죄의 심각성과 그에 따른 형벌을 따질 때는, 남녀 간 삽입성교를 완곡하게 지칭하는 '육욕을 아는 일carnal knowledge'이 판단 기준이 되어왔다. 앞으로는 이런 사고방식에서 벗어나 피해자가 공격을 당하는 과정에서 입은 신체 상해 정도를 객관적으로 측정해 범죄의 경중을 판단하고, 그에 따라 처벌 강도를 따지는 쪽으로 변화해야 한다. 법이 처벌을 부과할 때 객관적 신체 상해 외에도 반영할 수 있는 기준이 하나 더 있다. 바로 구체적인 범행 방식이다. 현행법이 무장 강도와 비무장 강도로 범죄의 경중을 구분하듯, 치명적인 무기를 사용한 성폭력 — 즉 피해자의 생명을 위협한 사실이 겉으로 자명하게 드러나는 경우 — 과 무기 없이 자행된 성폭력도 법적으로 구분해야 한다. 두 명 이상의 가해자가 가세했는지 여부 역시 성폭력의 경중을 따지는 데 유용한 기준이다. 왜냐하면 가해자의 숫자는 그 자체로 피해자를 압도하며, 실제로 신체 상해를 입힐 수 있다는 협박도 되기 때문이다.

이 지점에서 잠시 내 성향에 대해 밝혀두고 싶다. 나는 징역형이 범죄 문제를 해결할 수 있는 공정하고도 적법한 사회적 처벌 방식이자 문명화된 응징이고, 미래의 범죄를 방지하기 위한 대책이며, 현재로서는 우리가 취할 수 있는 최고의 해결책이라고 여기는 사람이다. 나는 범죄자가 자신이 저지른 범죄에 걸맞은 처벌을 받느냐에 비하면 감옥이 정말로 '갱생'에 도움이 되는지는 덜 중요한 문제라고 생각한다. 감옥에서 범죄자가 받는 처우에 관심을 갖는 것도 중요하지만, 범죄를 저지르면 실제로 감옥에 가게 된다는 것을 확실히 해두는 일이 더 우선이라고 생각한다.*

성폭력 입법과 관련한 현재 페미니스트 사상의 경향은 범죄의 경중에 따라 6개월에서 12년 범위의 판결을 내리는 시스템을 선호하는 편이다. 수감자가 형기의 3분의 1을 보내고 모범적인 행실을 보이면 가석방될 수 있다는 사실을 염두에 두면, 페미니스트들의 접근은 너무나 건전하다 못해 관대하기까지 해서 나는 오히려 충격을 받았다. (유죄판결을 받은 강간범은 평균 44개월을 복역한다.[3] 문제는 실제로 감옥에 가

---

* 몇몇 집단이 "강간범을 거세하라"를 구호로 삼았지만, 나는 도둑의 손을 자르거나 밀고자의 귀를 자르는 일을 '지지'하지 않는 만큼이나 거세를 '지지'하지도 않는다는 것을 여기 밝혀두어야겠다. 최근 실제로 일어나기도 했던 몇 건의 보복 살인에 대해 어떻게 생각하느냐고 묻는다면, 나는 법에 따라 이렇게 말할 것이다. 정당한 자기 방어를 위한 살인은 인정되지만, 사건이 있은 지 얼마간의 시일이 지난 후 사전 계획된 살인은 용납할 수 없다고.

는 강간범의 수가 너무나 적다는 것이다.) 피해자가 영구적 신체 상해나 외모 손상, 오래 지속되는 심리적 손상을 입은 성폭력의 경우에는 가중 폭행처럼 범죄자가 추가 벌금 및 형벌을 받도록 해야만 한다.

현행법이 규정하는 강간은 **누군가의 아내가 아닌** 한 여성의 몸에 강제로 삽입성교를 하는 행위이다. 또한 남편이 자기 부인에게 물리적 폭력을 휘둘러 성적 결합 행위를 강요한 경우 강간 기소에서 면제되는 관행이 존재해왔다. 이는 강간이 처음 범죄로 규정된 시기 이래로 지속된 유서 깊은 관행이다. 주지하다시피 초창기 법에서 강간이란 성경에 기원을 둔 고색창연한 문구인 '불법으로 육욕을 아는 일 unlawful carnal knowledge'과 동의어였는데, 성경 시대 조상들에게 결혼계약 바깥에서 이루어지는 성관계는 모두 '불법'이었다. 그리고 결혼계약 내부에서 이루어지는 성관계는 정의상 모두 '적법'한 행위가 되었다. 이후로 법이 진화하는 과정에서도 남편이 자신의 아내를 강간해서 기소된다는 것은 상상조차 할 수 없는 일이었는데, 법이란 그의 아내의 이익이 아닌 **그의** 이익을 보호하기 위한 것으로 여겨졌기 때문이다. 17세기에 매슈 헤일 경은 동료들에게 이렇게 설명했다. "남편은 아내를 강간해서 유죄가 될 수 없는데, 부인이 그런 종류의 일과 관련해 스스로를 완전히 넘겨준다는 내용이 부부 상호 간의 결혼 동의와 계약에 이미 포함되어 있기 때문이다. 부인은 그 계약을 철회할 수 없다."[4] 다시 말해 결혼은 언제든지 성교에 동의하는 것을 의미하므로, 일단 결혼계약을 맺으면 남편은 부인의 의지에 반해 강제로 성교할 수 있는 적법한 권리를 가진다는 것이다.

《포사이트 가家 이야기The Forsyte Saga》(1922)에는 문학작품에서 가장 유명한 부부 강간이랄 수 있는 장면이 등장한다. 이 소설은 동명의 TV 연속극으로 만들어져 인기를 얻었고, 연극으로 상연되기도 했다. 작가 존 골즈워디John Galsworthy는 솜스가 부인 아이린을 강간하는 장면에서 작가 본인의 논리는 아닐지라도 솜스가 자신의 행위를 정당화하는 논리를 통해 모든 남편의 입장을 대변해준다. 부부 강간이란 거절당한 남편이 "결국 자신의 권리를 행사하고 남자답게 행동"한 결과라는 것이다. 어느 날 밤 아내를 강간한 솜스는 아이린이 날이 밝고 나서도 여전히 침실에서 울고 있는 소리를 들으며 혼자 이런 생각을 한다. "지난밤 일어난 일이 그렇게 대단한 건 아니지. 책에서야 그런 일로 여자들이 난리를 치지만, 산전수전 다 겪고 생각이 제대로 박힌 남자들이 냉정하게 판단한다면 이혼 법정에서도 찬사를 받는 일이라고. 결혼의 신성함을 지키기 위해, 그녀가 자기 의무를 저버리는 것을 막기 위해 최선을 다한거니까. …… 그렇다, 그는 후회하지 않았다."⁵

생각이 제대로 박힌 여자들이 냉정하게 내린 판단에 따르면, 강제 삽입성교는 결혼으로 보장된 남편의 권리가 아니다. 그런 것이 '권리'라면 평등이나 인간 존엄 같은 개념은 모조리 거짓이 된다. 남편과 부인은 매번 성관계에 새로이 동의하는 편이 바람직하다. 부부 간 성교가 신체적 상해를 입히겠다는 협박이나 경제적 제재를 통해 부인 쪽에 강제되는 '의무'가 아니라 서로를 욕망하는 행위일 때만, 여성이 부부 관계에서 온전히 동등한 동반자로서 존재할 수 있기 때문이다.

결혼으로 설정되는 권리(남성뿐 아니라 여성의 권리)에 관한 구식 관념은 여전히 혼인 무효 선언과 재판상 이혼(법정에서 민사소송을 통해 이혼하는 것) 과정에서 어느 정도 유효한 기준으로 작용하는 실정이지만, 그런 구식 관념이 남편이 부인의 몸에 강제로 삽입하는 행위를 감싸는 보호막 구실을 해서는 안 된다. 따라서 부부 강간 문제는 법이 거대한 철학적 도약을 감행해야 하는 지점이 된다. 그러나 어떤 이들은 공갈 폭행죄를 다스리는 현행법만으로도 부부 간 강제 강간 사건을 충분히 다룰 수 있다고 믿는다. 이들보다 약간 더 진보한 입장으로는 부인과 법적으로 별거하게 된 후에도 자신의 결혼 '권리'를 '주장'하려는 남성에 한해 성폭력법을 적용할 수 있다는 입장이 있다. 그러나 두 입장 모두 부부 강간에서 발생하는 가장 기본적인 권리 침해를 포착하지 못한다.

글로 쓰인 역사의 시초부터 범죄로서 강간 개념은 결혼 동의에 관한 관습법과 뒤얽혀 존재해왔다. 하지만 바로 지금이야말로 그 뒤얽힌 관계를 단번에 완전히 끊어야 할 때이다. 부부 침실의 안팎 어디에서 일어나든 성폭력은 신체 온전성과 자유, 자기결정권을 침해하는 일이다. 물론 실제로 적용 가능한 법조항을 이끌어내는 일은 이렇게 말로 주장하는 것보다 훨씬 어려운 것이 사실이다. 또한 남편이 그녀의 의지에 반해 강제로 성교를 했다고 고발한 부인을 실제로 재판에서 만나면, 배심원 입장에서는 판단을 내리기 어려울 수 있다는 것 역시 이해한다. 하지만 신체적 자기결정권 원칙이 어떤 층위에서든 고수되어야 할 불가침의 원칙인 한, 부부 강간 사건을 다룰 때도 그 원칙은 조건 없이 관철되어야만 한다. 영미 법학 전통에서는 이 원칙이 혁명적으로 보일 수도 있지만, 스웨덴과 덴마크의 형법과 소련 및 다른 공산주의 국가의 법 체계에서는 마땅히 지켜져야 할 인간 존엄성의 문제로 받아들여진다.[6] 물론 실제로도 그런지는 확인할 수 없지만 적어도 원칙상으로는 그렇다. (스위스와 유고슬라비아를 포함한 몇몇 유럽 국가에서는 강간 사건에서 직업을 빼앗겠다는 식으로 경제적 위협을 가한 경우와 유형력이나 협박을 행사한 경우와 똑같이 취급한다.)[7]

동의 개념은 의제강간 관련 법에서도 논란을 일으켜왔다. 부부 강간의 경우 동의가 한 번 선언되면 철회될 수 없는 것으로 여겨졌던 것과는 반대로, 의제강간에서는 동의 자체가 애초에 성립할 수 없는 것으로 간주된다. 13세기의 웨스트민스터법 이래로, 법은 여성이 스스로 결정하기에는 너무 어려서 강제 여부와 상관없이 성관계가 엄중한 처벌을 받아야 할 범죄가 되는 연령이 몇 살인지 임의로 지정하려고 애썼다. 한편에서는 근친상간 범죄, 즉 혈연 관계에 있는 어린이를 피해자로 삼는 성범죄를 다스리는 법이 의제강간법과 어느 정도 모순을 빚으며 공존해왔다. 그간 근친상간에 적용되는 처벌은 관대하기 짝이 없었는데, 이는 아이가 아버지의 재산에 '속한다'는 관념을 드러내는 또 다른 예라고 할 수 있다. 주마다 다르지만, 현행법에서 의제강간죄는 많은 지역에서 종신형까지 받을 수 있는 반면, 근친상간죄는 10년형을 넘는 경우가 드물다. 소도미법에 해당하는 범죄의 최대 형량과 대략 비슷한 수준인 것이다.[8]

법이 단지 가부장의 이익만 보호하는 것이 아니라 모든 어린이의 신체 온전성이 보호되어야 한다는 원칙을 제대로 반영한다면, 가해자가 가족인지 외부인인지에 따라 근친상간과 의제강간을 나눈 구분은 법에서 삭제되어 마땅하다. 한편 동의 가능한 연령을 정하는 것은 여자아이와 남자아이를 똑같이 보호하기 위해 여전히 필요한 인도적 조치로 보이지만, 성적 성숙과 지혜가 나이를 먹는다고 자동으로 갖춰지는 것은 아니기에 임의로 정한 어떤 연령 제한도 신중한 타협안 이상은 될 수 없다는 사실을 항상 염두에 두어야 한다. 동의 가능 연령을 정하는 이 어려운 문제에 헌신해온 페미니스트들은 12세 이하의 아동은 성폭력법에서 의제강간 조항에 따라 무조건 보호받아야 한다는 데 동의한다. 12세 정도에 대체로 사춘기가 시작되고, 성관계 및 성관계의 생물학적 기능과 파급 효과에 대해 알게 되기 때문이다. 12세 이하 어린이에 대한 범죄의 최고형은 현재의 의제강간 입법 전통과 유사하게 20년으로 정상화해야 한다. 피해자가 12세 이상 16세 이하의 청소년일 경우, 신체적 힘보다는 권위를 이용한 성적 강제(이런 일이 가장 자주 일어나는 장소 세 곳으로 가정, 기관, 의료 시설이 있다)에 특별히 취약하다는 것을 인정하되, '의제 성폭력'이라는 좀 더 제한된 개념하에 이런 경우를 다룰 수 있도록 해야 한다. 또한 이런 사건을 다룰 때는 기소 재량권을 허용할 정도로 법이 유연해져야 하며, 연령 상위 제한에 가까워질수록 형을 경감하는 방식으로 처리해야 한다.

'동의' 개념은 법이 성폭력을 다루는 과정에서 또 하나의 중요한 역할을 맡아왔다. 문제가 된 행위가 법적으로 범죄인지 아닌지 여부를 결정하기 위해 그 행위를 검토할 때 동의 여부를 기준으로 하는데, 실제 법정에서 그것은 오로지 피해자가 공격에 충분히 저항했는가, 피해자가 정말로 유형력 행사나 신체 상해의 위협 때문에 의지를 제압당했는가를 따지는 일이 되어버린다. 이제까지 살펴보았듯, 법은 남성만의 관점을 통해 성범죄를 인식해왔기 때문에 동의 개념 역시 제대로 인식하지 못해왔다. 그런데, 이런 실정에는 성범죄 고유의 특성도 한몫해왔다.

강도 피해자가 강도에게 저항했다고 증명할 필요가 없다는 생각은 굳이 그런 생각을 할 필요조차 없을 정도로 당연하게 받아들여진다. 피해자가 강도에게 돈을 건네줬다고 해서 피해자가 강도행위에 '동의'한 것이며 그러므로 그 행위는 범죄가 아니라는 식으로 추론하는 경우는 없다. 실제로 경찰은 법을 준수하는 시민이라면 저항하지 말고 강도가 나갈 때까지 참고 기다렸다가 관할 당국에 신고하고, 문제 해결은 모두 법의 손에 맡기라고 조언한다. 오늘날 강도에게 저항하는 데 성공하면 사실상 영웅으로 여겨진다.

뉴욕시의 중산층 거주 지역에서는 사람들이 일터에서 귀가하거나 간단한 요깃거리를 사러 델리에 가거나 개를 산책시키는 등의 이유로 밤늦게 거리에 나가야 할 경우 10달러짜리 지폐를 '강도용 돈'으로 지참하곤 한다. 강도를 만날 경우 그 돈으로 강도를 만족시키고 강도가 분노해 더 심하게 공격할 가능성을 피하려는 것이다. 누구나 물리적 폭력을 당할 위험을 감수하는 것보다는 몇 달러 잃는 쪽으로 협상하는 편이 더 낫다고 여긴다. 물론 칼을 꺼내 든 상대에게 돈을 건네거나, 운이 좋아 무기는 없을지라도 갑자기 어둠 속에서 나타난 위협적인 인물을 달래기 위해 지갑을 비우는 일은 재정적 어려움을 주거나 감정적으로 괴로운 일이 될 수 있다. 하지만 성폭력으로 인해 겪어야 하는 막대한 자기결정권 손상에 비할 바는 아니다.

성폭력에서 신체 손상은 그저 위협에 그치지 않는다. 신체적 폭력은 성범죄 행위와 불가분의 요소이기에 피해자에게 신체 손상은 기정사실이나 다름없다. 돈처럼 물리적으로 분리되는, 몸에서 뗄 수 있는 물건을 빼앗는 것이 아니라 몸을 접촉하고 침범하는 것이 이 범죄의 목적이기 때문이다. 그렇지만 이 범죄가 실행될 때는 또 강도와 상당히 유사한 성질을 띠는데, 강도의 목적이 금전인 것처럼 강간범 역시 성적인 목적을 갖고 있기 때문이다(피해자가 여성인 경우 한 번의 대치로 금전적, 성적 목적을 모두 성취하기도 한다). 그 때문에 성범죄에서도 범죄자와 피해자 사이에 협상이 이루어질 수 있다. 이런 면에서 성폭력 피해자의 반응은 단순 폭행보다는 강도 사건 피해자의 반응과 더 비슷하다. 스포츠 경기가 아닌 이상 이렇다 할 목표가 있을 리 없는 폭행 사건에서는 대체로 폭행당한다고 깨닫는 즉시 피해자가 반격을 통해 스스로를 지키는 편을 택하기 때문이다.

강도와 폭행의 피해자는 저항 여부나 동의 여부, 의지를 꺾을 만큼 충분히 힘으로 강요당하거나 위협당했는지 여부를 증명할 필요가 없다. 왜냐하면 자선이나 대의를 위해서가 아닌 한 기꺼이 돈을 내놓을 사람은 없으며, 잔인한 구타와 몸에 영구적인 상해까지 남길 수 있는 가해를 기꺼이 받아들일 사람 역시 없다고 법이 전제하기 때문이다. 그러나 강간 및 여러 형태의 성폭력 피해자들은 증거 구성 요건을 충족시켜야만 한다. 즉 저항했다는 것, 동의하지 않았다는 것, 압도적인 힘과 공포 때문에 의지가 꺾였다는 것을 피해자 자신이 증명해야만 하는 것이다. 이렇게 된 것은 법이 서로 원해서 이루어진 성적 결합 행위와 강요를 통해 성적으로 공격하는 범죄 행위를 구분하는 데 무능했기 때문이다.

물론, 남성들의 성행위에 대한 잘못된 인식도 법의 이런 무능과 혼동에 한몫했다. 강제 없는 성행위에서도 남성이 절차상 응당 맡게 되어 있는 정상적이고 생물학적인 움직임, 즉 남성의 성기 삽입(내가 보기에 삽입insertion이 관통penetration 같은 표현보다 의미론상 부담이 덜한 듯하다)은 많은 남성이 생각하는 것처럼 그 자체로 남성의 지배 행위가 아니다. 무엇이 강간 행위이고 무엇이 상호 합의에 의한 성행위인지를 법이 계속해서 혼동하는 진짜 이유는 정해진 목표를 공격적으로 추구하는 것이 남성의 타고난 역할이고 '저항'하거나 '굴복'하는 것은 여성의 타고난 역할이라는 문화적 전제이다. 바로 이 문화적 전제로 인해 법은 유형력이나 유형력을 행사하겠다는 협박**만으로는** 범죄인지 아닌지 결정할 수 없다고 믿게 된다. 그래서 피해자가 공격당하는 동안 어떤 자세로 대처했는지 저울질해 오히려 남성의 이익을 보호하려 드는 것이다.

아미르의 연구에 따르면, 가해자가 실제로 위험한 무기를 꺼내

우리의 의지에 반하여

든 경우는 경찰이 입건한 전체 사건의 5분의 1 이하였다.[9] 이렇게 무기를 꺼내 든 경우는 분명 배심원이 믿어줄 가능성이 높다. 그러나 대다수 강간은 칼이나 총, 쇠파이프 등의 도구를 이용해 달성되지 않는다. 강간에 이보다 더 자주 동원되는 유형력은 기선제압용 목 조르기, 손으로 거칠게 밀고 당기기, 구타, 몸으로 떠밀기, 옷 찢기, 죽이거나 외모를 망가뜨리겠다고 말로 위협하기, 두 명 혹은 셋, 넷, 다섯 명에 이르는 가해자들의 존재 자체 등이다. 이 모두가 피해자를 꼼짝 못하게 만들 공포를 유발할 수 있는 상황이다. 피해자가 저항할 수 없게 되거나, 저항해도 소용없다고 믿고도 남을 상황인 것이다.

어느 정도의 유형력이나 협박이 행사되었는지에 따라 피해자의 저항이나 동의 여부를 저울질해온 현행법의 기준은 정작 피해자가 느끼는 공포의 무게는 한 번도 제대로 측정하지 못했다. 배심원의 무죄선고율이 이 사실을 단적으로 보여준다. 공포란 심리적 반응이지 사건 6개월 후 법정에서 행위를 계량해 측정할 수 있는 객관적 지표가 아니기 때문에 그렇게 된 것이다. 이 때문에 페미니스트들은 유독 강간 피해자만 다른 강력 범죄 피해자에게는 적용되지 않는 종류의 입증 책임, 즉 '납득할 만한 범위 안에서' 저항했으며, 결국 가해자의 지시에 따랐다 해도 암묵적인 '동의'가 아니었다는 점을 입증할 책임을 지는 것은 명백히 부당하다고 주장해왔다. 다른 강력 범죄 피해자는 이런 종류의 입증 책임을 지지 않기 때문이다. 배심원단은 피해자인 원고의 말을 액면 그대로 신중히 따져봐야 하는데, 사실 이것은 다른 범죄의 피해자에게 당연히 부여되는 권리일 뿐이다.

법은 범행 당시 피해자의 반응을 평가하고 저울질할 뿐 아니라, 피해자의 과거 성편력까지도 면밀히 조사한다. 피해 여성이 '동의하기 쉬운 성향'인지, 믿을 만한지, 진실한지, 거짓을 말할 소인이 있는지를 판단하기 위해 조사할 필요가 있다는 것이다. 실제로 법정에서 피해 여성의 과거 성생활에 관한 증거를 제공받은 배심원들은 여성의 품성을 도덕적으로 판단하는 데 그런 정보를 사용한다. 이 과정에서 온갖 강간 신화가 판을 친다. 배심원들은 품행이 단정한 여성은 강간당할 리 없다거나, 강간당할 수 있는 상황에 빠지지 않는다는 식의 편견에 지배받기 때문이다. 결국 배심원들이 협의실에서 토론하는 주제란, "그 여자는 그런 일을 당할 만했는가, 아닌가?" "그 여자가 진짜로 훌륭한 여자라면 자신의 '보물'을 지키기 위해 목숨 걸고 싸우지 않았을까?" "저 골 빈 미녀가 한 남성의 경력과 평판을 망칠 자격이 있는지?" 따위이다.

따라서 다시 한 번 강조하건대, 강간 범죄 개념은 정조 내지 순결에 관한 모든 전통적인 관념과 완전히 분리되어야만 한다. 정조라는 말 자체가 (남성이 아니라) 여성에게만 혼외 성관계를 자제할 의무가 있음을 상정하는 말이다. 여성이 성적으로 활발한 모습을 보인다고 '정숙하지 못하다'고 표현하는 사고방식은 여성을 순전히 남성이 쓰는 그릇으로 간주하는 남성 중심적 관점에서 비롯된 것이다. 정조 관념뿐 아니라 '사건 전까지 지켜지던 정조' 같은 표현 역시 '기소녀'처럼 원고에 대한 편견을 조장하는 선동적인 표현으로 모두 법률 어휘에서 제거되어야 한다.

많은 상대와 성생활을 한 이력은 여성이 성과 관련해 건강한 취미를 갖고 있다는 표시일 수도 있고, 자기 의향을 주장할 수 없는 만성화된 성적 착취의 피해자라는 표시일 수도 있다. 또한 그런 이력은 모험을 추구하는 영혼을 드러내는 것일 수도 있고, 반항이나 호기심, 기쁨, 좌절을 드러내는 것일 수도 있다. 어떤 이유에서든 강간 사건의 원고가 사건 이전 다른 상대와 합의해서 가진 성관계가 몸과 마음의 순수함 혹은 불순함을 가리겠다는 목적으로 조사되어서는 안 되며, 배심원의 숙의 과정에서 그런 조사가 강제 성행위 여부를 가리는 데 이용되어서는 안 된다. 단 사건 이전 원고가 피고와 합의하에 나눈 성관계는 사건과 어느 정도 관련이 있으므로, 그에 관한 정보는 법정에서 제외되지 말아야 할 것이다.

법 집행자 대다수가 남성인 현실

현행법을 점검하고 새로운 관점에서 성폭력 법률을 제정하는 일은 법을 집행하는 과정에 새로운 관점을 도입하는 작업과 함께 진행되어야 한다. 누가 법률을 해석하고 집행하는가는 법의 내용 자체만큼이나 중요한 문제이기 때문이다. 성폭력 범죄 사건에서 사법 정의를 추구하기 위해서는 매 단계마다 남성 권위자에게 의지할 수밖에 없는 것이 현실이다. 이 남성들은 대체로 가해자의 입장에 자신을 위치시키는 남성 중심적 편향과 가치관 그리고 두려움을 품고 있다.

강간과 관련한 가장 신랄한 역설은 유사 이래 남성들은 누군가가 강간 폭력을 당하는 것보다 자신이 허위로 고발당할 가능성을 더 두려워해왔다는 것이다. 이 두려움은 성경 시대 히브리인 요셉과 보디발의 아내 이야기를 위시해 여러 가지 전승설화로 표현되어왔고, 프로이트와 그 추종자들의 정신분석 교리로 새로운 생명과 의미를 부여받았다. 또한 강간 고소에 대항하는 법적 방어 논리의 가장 문제적인 핵심을 형성했고, 강간 사건에만 특수하게 적용되는 증거 구성 요건의 형태로 법의 지원과 방조를 얻었다. 이 특수한 증거 구성 요건(동의, 저항, 정조, 보강증거)은 오로지 하나의 집단 목표를 염두에 두고 설계된 것이다. 책략을 꾸미고 거짓말을 하며, 앙심을 품고 보복하려고 하는 여성으로부터 남성을 보호하자는 목표 말이다.

　실제로 오인이나 악의 없는 실수도 있을 수 있기에 허위 고발 가능성을 두려워하며 방책을 세우는 일이 전혀 쓸모없는 것은 아니다. 하지만 남성들이 여성들은 상대를 골탕 먹이려 손쉽게 강간을 외친다는 식으로 믿게끔 서로 부추기고, 여성들 스스로도 그렇게 믿도록 만드는 데 성공하는 동안, 역설적이게도 현실의 피해 여성은 그 범죄를 신고하고 사법 정의를 추구하는 일을 언제나 주저해왔다. 그럴 수밖에 없는 이유가 너무나 많다. 성폭력 사실을 공개하거나 노출당할 때 겪을 수치심, 어떤 종류의 성폭력이든 피해 여성이 스스로 비난받을 만하며 심지어 책임이 있다고 느끼게 하는 복잡한 이중 기준, 가해자가 보복할 가능성(강간당한 여성의 입장에서는 다시 와서 보복하겠다는 협박을 허풍으로 듣고 넘기기 어려운 것이 당연하다). 또한 여성들은 자신이 증언을 한다 해도 남성을 감싸는 첫 번째 방어선인 가혹한 의심과 냉소를 맞닥뜨리게 될 것이라는 현실적인 결론에 이를 증거를 살면서 너무나 많이 접해왔다.

　10년 전 FBI의 〈범죄 총계 보고〉에 따르면 경찰에 신고된 강간 중 20퍼센트가 "수사에 의해 근거 없는 것으로 밝혀졌다". 이 수치는 1973년에 이르면 15퍼센트까지 떨어진다. 하지만 FBI 기록만 봐도 강간은 여전히 '가장 덜 신고되는 범죄'였다. 근거 없는 신고가 실제로 15퍼센트나 된다면, 허위 신고를 우려할 만도 하다고 생각할 수 있다. 하지만 뉴욕시가 성범죄 분석 전담반을 꾸리고 (남성이 아닌) 여성 경찰관에게 고소인 면담을 지휘하게 하자, 뉴욕의 허위 고발 비율은 2퍼센트라는 엄청나게 줄어든 수치를 기록했다. 이 2퍼센트는 다른 강력 범죄의 허위 신고율과 일치하는 수치였다. 15퍼센트와 2퍼센트라는 이 커다란 차이가 시사하는 교훈은 명백하다. 여성은 다른 여성의 말을 믿지만, 남성은 그렇지 않다.

전통적으로 여성은 관할 경찰서와 검찰, 배심원단, 판사석에서 상고법원과 대법원에 이르기까지 법이 집행되는 모든 주요한 영역에서 배제되어온 것이 사실이다. 이런 현실은 강간 피해자에게 남성이 고안한 사법 체계 내에서 정의를 추구해야만 한다는 이중의 핸디캡을 부과한다. 그러므로 현실을 반영하도록 바뀌어야 하는 것은 법뿐만이 아니다. 법을 집행하고 정의를 수호할 막대한 책임을 부여받은 사람 역시 바뀌어야만 한다.

여성이 완전한 평등을 쟁취할 수 있는지 없는지는 법 집행의 핵심 영역에서 남성과 동등한 지위parity를 획득하는 투쟁에 달려 있다. 나는 정말로 그렇게 확신한다. 법 집행enforcement이란 말 그대로 사회질서를 유지하기 위해 필요한 경우 강제력force을 행사하는 것을 의미한다. 이 강제력은 초보적인 형태의 탈리오 법칙이 등장한 이래로 남성의 특권이었다. 남성의 몸집과 무게, 힘, 생물학적 구조뿐 아니라 여성의 진출을 차단하면서 **의도적으로 남성만** 특정 훈련을 받을 수 있도록 허용해온 법과 관습 덕택에 남성은 독점적으로 법을 집행할 특권을 누려왔다.

과거에는 여성이 남성을 자신의 합법적인 보호자로 인정하고, 입법 과정부터 법의 집행까지 남성들에게 맡겨두는 것 외에는 달리 선택의 여지가 없었지만, 이제는 그런 불균형을 바로잡는 일을 당장 최우선의 과제로 삼아야 한다. 드디어 그럴 수 있는 조건이 모두 갖추어졌다. 강간을 이용하고 강간으로 협박하는 것을 가능하게 만든 생물학적 조건은 여전히 존재하지만, 오늘날의 사회계약은 법질서 유지에 짐승 같은 육체적 힘이 더 이상 중요한 요소가 되지 않는 세련된 수준에 이르렀다고 본다. 물론 여러 도시의 현장에서 일하는 많은 경찰 구성원들은 여전히 체격과 힘이 법 집행관의 핵심 자질이라고 믿고 싶어 한다. 하지만, 그렇게 낡아빠진 남성적 가치관에 집착하는 태도를 이해받을 수 있는 날은 그리 많이 남지 않았다. 최근 발표되는 새로운 연구들을 보면, 여성 경찰관은 소란을 잠재우거나 범인을 체포하는 일을 남성 경찰관만큼 잘 수행하며,[10] 폭력 가능성이 있는 상황에서 '경찰의 잔혹 행위'라는 말을 들을 만큼 불필요한 강제력에 의존하지 않고도 임무를 잘 수행한다[11]는 사실을 확인할 수 있다.

나는 '혁명'이라는 말을 가볍게 휘두르는 부류가 아니지만, 우리가 거주하는 도시의 경찰서에서 완전한 성별 통합을 이루어내는 일은 여성의 권리를 확보하는 데 가장 중요한 혁명적 목표이다. 여기서 '완전한' 성별 통합이란 여성과 남성의 비율이 50 대 50이 되는 것을 의미한다. 그리고 군대가 계속 유지되어야 한다면(아마 앞으로 한동안은 그렇지 않을까 싶은데), 군대 역시 완전한 성별 통합을 이루어야 하며, 주방위군, 주 경찰, 지역 보안관실, 지방 검사실, 주 검사실 역시 그렇게 되어야 한다. 즉 여성이 남성의 식민화된 보호 대상이기를 그만두려면 국가가 합법적으로 힘(그야말로 물리적 의미에서의 힘)을 행사하는 조직 전체에서 남성의 지배와 통제를 걷어내야만 한다.

형사 사법 체계와 집행 당국이 진정으로 여성의 권리를 보장하기 위해, 특히 남성에게 성폭력당하지 않을 권리를 보장하기 위해 복무한다면, 가해자를 신속히 공판에 회부하고, 원고를 위해 최선을 다해 사건을 입증하고, 유죄판결 시 적절한 처벌을 적용함으로써 강간을 통제하는 효율적인 장치가 될 수 있다. 성폭력법이 제대로 운용되면 '전선을 설정'하고 실질적인 억지력을 발휘할 것이다. 이런 유익

한 효과를 과소평가해서는 안 되겠지만, 사실 페미니스트들(과 모든 올바른 신념을 지닌 사람들)이 궁극적 목표로 삼아야 할 것은 효과적인 억제 정책 정도가 아니라 강간을 완전히 근절하는 것이다.

법과 법 집행에 새로운 관점을 도입하는 것은 우리가 가야 할 여정의 시작일 뿐이다. 물론 법을 집행하고 질서를 유지하는 힘의 50퍼센트를 여성이 접수하는 것은 남성우월주의를 끝장내는 결정적인 행보가 될 것이다. 그러나 가해자를 보호하는 관대한 법 제도만이 강간 이데올로기를 지원하는 것은 아니다. 남성 강간 이데올로기로 사회를 선동하는 데는 남성이 독점한 법 집행 권력 이상의 힘이 작용했다. 우리 사회 모든 영역에 걸쳐 영속화된 문화적 가치가 남성 강간 이데올로기에 끊임없이 발화성 높은 연료를 제공해왔다. 그러므로 문화적 폭력을 격퇴하는 정면 공격을 감행해야 한다.

미디어의 반여성 선전선동

여성을 공격적으로 지배하는 것이 남성의 타고난 권리라는 발상은 우리 문화의 가치 체계에 너무나 깊이 뿌리내린 나머지, 영화나 TV 광고, 심지어는 아이들의 교과서에까지 그런 발상이 침투해 있는 실정이다. 최근 이런 실상을 폭로하는 노력이 계속되고 있으나, 아직은 표면에 가까스로 흠집을 낸 정도에 불과하다. 이런 문화는 남자는 행동가, 여자는 구경꾼으로 성별화된 역할을 제시하고 여성의 몸을 수동적인 성적 대상으로 과장되게 묘사한다. 이런 묘사는 여성의 존엄성과 자아 개념을 깎아내리며, 어린 소녀들은 긍정적인 역할 모델을 제공받지 못한 채 자라게 된다. 하지만 진짜로 심각한 문제는, 문화적 성차별주의가 여성을 비하한다는 사실을 알면서도 남성의 자아를 북돋기 위해 이런 묘사를 이용한다는 것이다. 이런 문화적 환경 속에서 남성은 어디에 눈길을 두든 남성이 선천적으로 우월하다는(그리고 여성은 열등하다는) '증거'를 발견하게 된다.

여성운동을 비판하는 이들은 페미니스트들이 옷차림이 단정치 못하다거나, 머리가 마구 뻗쳤다든가, 신발이 지저분하다든가, 불평하고 화내기 좋아하는 낙오자라고 흠잡곤 한다. 혹은 페미니스트들의 태도와 반응에서 어쩐지 빅토리아 시대 사람 같은 고지식함과 성을 기피하는 내숭이 보인다고 주장한다. 그들의 요지는 다음과 같다. "이 여자들아, 너희가 하는 여성 해방 투쟁이 우리가 성 해방을 위해 하고 있는 더 큰 투쟁의 일부라는 걸 모르겠어? 낡은 사고방식에서 스스로를 해방시키라고! 남자들이 네 여성스러운 매력에 감탄해서 거리에서 너를 향해 짐승 소리 좀 내고 육두문자를 좀 썼다고 해서 정말 범죄라도 당했다는 듯 굴지 말라고. 우리가 수백만 부씩 팔리는 번드르르한 잡지 표지를 너희 여자들의 얼굴 없는 나체로 도배하는 건 너희의 영원히 변치 않는 아름다움 앞에 관능적인 숭배와 찬양을 바치는 거야. 아, 물론 '영원히 변치 않는' 건 너희가 스무 살 근방일 때까지만이야. 우리가 좀 재미를 보겠다는 마음으로 밖에 나가 30분 정도 창녀의 몸을 세낸다면, 그건 두 성인 간의 합의로 이루어지는 행위인데 너희랑 무슨 상관이지? 우리가 영화관을 포르노 영화 공개 행사장으로 만들고 서점을 대량생산된 음란물 판매점으로 만들면, 너희는 응당 우리의 자유기업 체제가 보여주는 경이로움에 감탄해야 하는 거라고. 또 우리가 억압적인 중산층 도덕의 경계를 확장하고 너희가 그렇게 소중히 여기는 시민의 자유를 힘들여 지켜냈다고 박수를 쳐야 하는 거 아니겠어. 고결한 진보의 전통인 표현의 자유를 옹호하는 투쟁에서 우리가 외설을 새로운 전선으로 만들었으니 말이지. 너희 지금 시민의 자유와 표현의 자유에 반대하는 건 아니지? 그렇지?"

포르노그래피를 반대하고 성매매를 용인하지 않는 입장은 강간 반대 운동의 중심이 되어왔다. 그런데 이 점이 여러 리버럴의 화를 돋운다면, 나는 오히려 그들에게 묻고 싶다. 도대체 정치가 뭐라고 생각하는 것인지, 여성의 권리에 정말 관심이 있기는 한 것인지. 좀 더 친절하게 다시 말해보겠다. 페미니스트 분석은 그 위대한, 의심받은 적 없는 리버럴 전통을 포함한 모든 기존의 전제를 수정하고자 한다. 기존의 모든 전통이 여성의 대의에 반하는 방향으로 작동해왔고, 관용을 미덕으로 삼는 진보적 자유주의 역시 예외가 아니기에 그 어떤 가치 체계도 재검토와 도전의 대상이 될 수밖에 없다. 리버럴 정치가 다른 현대 정치의 사조에 영향을 받아온 것에 비하면, 페미니즘으로부터 받은 영향은 아직 거의 없다시피 하다. 리버럴 정치는 그 자체의 힘만으로 완벽한 이상을 구현하지 않을뿐더러 선함을 보장받지도 않는다. 오히려 타자에게 자극을 받아 민감해졌을 때, 그러한 가치들을 가장 잘 수용해왔다.

미국 리버럴의 전통에서는 피고 측 변호인의 관점에 서는 사고방식이 위력을 발휘해왔다. 하지만 여성운동을 하는 우리는 1971년 처음으로 강간을 정치화하기 시작하면서 뉴욕주 강간법에서 보강 증거 요구 조항을 폐지하기 위해 검사 측에 서야 했고, '미국 시민자유 연맹ACLU'으로 대표되는 리버럴 진영이 이에 반대해 들고일어났다. 2년 후, ACLU는 강간 피해자가 법적으로 겪는 곤경에 좀 더 민감해졌는데, 이는 페미니스트 법률가들의 로비 활동 덕분이었다. 원고인 강간 피해자에 대한 이런 새로운 관심이 오랜 기간 모든 피고인의 권리에 관심을 가져온 ACLU의 경향과 어느 정도 균형을 이루게 되자, 민권운동 단체들은 보강증거 조항 폐지에 반대하던 기존 입장을 철회했다. 이는 실로 상당한 수준의 철학적 변화였으며, 어쩌면 앞으로 일어날 중대한 변화를 예고하는 조짐이기도 하다. 여성운동의 역사를 아는 이라면 누구나 여성해방운동이 급진좌파로부터 분리되어 탄생했을 때 가장 첫 번째로 맞닥뜨린 심각한 투쟁이 우리가 후일 **남성** 좌파로 부르게 된 이들이 만든 구조와 사고방식, 우선순위에서 우리 자신을 해방시키는 일이었다고 회상한다. 지금 우리가 남성의 진보 전통에 불과한 사고방식과 우선순위에 대해 철학적으로 동의하지 않는 것이 그렇게 놀라운 일이 아니게 된 것은 바로 이런 투쟁을 거친 결과였다.

강간은 비이성적이고 충동적이며 통제할 수 없는 욕정에 의한 범죄가 결코 아니다. 정복자가 되고 싶은 남성이 여성에게 두려움을 주고 협박하려는 의도로 계획한 비하 및 점령 행위, 즉 의도적으로 여성을 적대하는 폭력 행위이다. 이것이 바로 강간의 실체이다. 이 사실을 인정한다면, 우리 문화 속에 그런 폭력적인 태도를 장려하고 선전선동하는 요소가 있다는 사실을 직시해야 한다. 문화에 내재한 그런 요소들은 남성들, 특히 잠재적인 강간 예비군을 형성하며 쉽게 외부의 영향을 받는 남성 청소년들이 폭력 행위를 저지르도록 심리적으로 부추기고 그들에게 이데올로기를 제공하면서도, **그런 행위가 도덕적으로 잘못되었다는 것을 알려주기는커녕 처벌받을 수 있는 범죄라는 것조차 인지하지 못하게 만든다.** 강간범을 유혹에 성공한 남자로 보는 것부터 '자기가 원할 때 원하는 것을 거침없이 취하는 남자'로 보는 방식까지, 남자다움에 대한 그릇된 관념을 조장하는 강간 영웅 신화가 어린 소년에게 주입된다. 남자가 된다는 것은 여자의 몸을 살 권리를 포함한 어떤 비밀스러운 통과의례와 특권에 접근하는 것을 의미한다는 사실을 소년이 눈치채는 바로 그 순간부터 강간 신화가 주입되는 것이다. 젊은 남자가 여자란 가격만 적당히 치르면 살 수 있는 것이라고 배우거나 성행위를 하려면 가격을 불러야 한다고 배운다면, 돈을 내고 살 수 있는 것이니 금전 교환이라는 규칙을 무시하면 그냥 빼앗을 수도 있겠다는 결론에 이르는 것을 과연 막을 수 있을까?

성매매가 강간으로 연결될 수도 있다는 생각이 새로운 발상은 아니다. 남성들은 그간 성욕과 충동, 이완을 특정한 방식으로 연결 짓는 (신빙성 없는) 구닥다리 이론에 기대 성매매 합법화를 통해 합리적인 가격으로 언제든 여성의 몸에 접근할 수 있도록 보장하는 것이 강간 범죄를 통제하는 해결책이라고 주장하곤 했다. 그렇게 하면 남성은 성가신 일 없이 쉽고 효율적으로 만족을 얻어 충동을 잠재울 수 있다는 것이다. 이 남성 중심적 실용주의자들에게는 안된 일이지만, 킨제이 박사조차 성매매와 강간이 그런 식으로 연결된다는 주장이 "진실인지 거짓인지 증명해줄 만한 데이터가 전혀 없다"[12]고 밝힌 바 있다. 킨제이의 보고서가 나온 지 20년 후, 비슷한 생각을 가진 이들이 다시 한 번 이 관계를 규명해보려고 했지만, 성매매 업소에 자주 가는 남성들은 강간으로 기소되는 남성들보다 나이가 몇 살 더 많다는 결과만 나왔을 뿐이다.[13] 내가 보기에는 미군을 위한 성매매 업소가 공식 허가 아래 운영되었을 뿐 아니라 기지 내 유흥 시설에 아예 포함되기까지 했던 베트남전쟁의 경험이 이 관계에 대해 증명해주는 바가 있다. 미군의 베트남전쟁 경험은 군사기지 내 사격장에서 총을 쏠 수 있다고 해서 비무장 민간인과 어린이를 쏴죽이는 일이 억제되지 않듯, 저렴한 가격에 성관계를 할 수 있다고 해서 강간이 억제되지는 않는다는 사실을 확실히 보여준다.

하지만 내가 성매매를 합법화하자는 발상을 두려워하는 것은 그것이 효과적인 강간 억제책이 아니라는 점 때문만은 아니다. 성매매 합법화는 여성의 몸에 대한 접근권이 남성의 신성불가침의 권리까지는 아닐지라도 금전적 권리라고 여기는 관념과, 섹스란 문명화된 남성을 거부하지 않아야 할 여성의 봉사 의무라는 관념을 제도화한다. '남성의 강력한 충동'은 곧바로 충족되어야만 하는 것이며, 그에 협력하도록 특별히 확보되어 면허를 받은 특정 부류의 여성이 있어야 한다는 관념이야말로 강간의 대중심리의 핵심이다. 그야말로 완전히 성매매가 근절되는 날이 오지 않는 한(공급자인 여성이 아니라 수요자인 남성들을 모조리 법으로 고소하지 않는 한 족히 1,000년은 넘게 걸릴 텐데), 여성에 대한 성적 접근권이 남성의 권력과 특권의 일부라는 잘못된 인식은 강간범식 사고방식에 계속해서 양분을 제공할 것이다.

오늘날 포르노그래피는 표현의 자유라는 보기 좋은 허울을 덮어쓰고 있다. 정치적 의견 표명의 자유(민주주의의 필수 조건)와 아이들을 위한 솔직한 성교육(공공선)을 흉측한 음란물(외설적이고 왜곡된 묘사를 통해 여성의 역할을 고의적으로 평가절하하는 것)과 구분하는 것이 무척이나 중요한데도, 이를 혼동하는 사람이 절망적일 정도로 많다. 포르노에 가장 활발히 반대해온 사람들이 성적인 주제를 노골적으로 이야기하는 일에 무조건 몸서리를 치는 부류의 사람들이라는 것도 문제의 일부이다. 그런 사람들은 감시에 혈안이 된 자경단 같은 관점을 고수한다. 낙태, 피임, 출산 및 여성의 생리 일반에 관한 교육물을 자유롭게 배포하는 일마저 위험하고 체제 전복적이며 추잡한 일로 치부하는 것이다. ('입에 담을 수 없는 범죄'인 강간에 관해 솔직하고도 자유롭게 토론하는 것 역시 이 도덕군자 자경단에게는 몸서리칠 일이다.) 전선은 여성운동이 목소리를 내기 한참 전부터 잘못 그어져 있었는데, 반포르노그래피 진영은 대부분 종교색이 짙고 남부에 근거지를 둔 보수 우파였고, 친포르노 진영은 동부의 무신론적 리버럴 정체성과 연결된 구도였다.

하지만 여성의 관점은 완전히 새로운 전선 배치를, 최소한 사안을 새롭게 평가할 것을 요구한다. 〈외설과 포르노그래피에 관한 대통령 위원회의 다수파 보고〉(1970)는 소프트 포르노든 하드 포르노든 상관없이 포르노그래피에 관한 모든 법적 규제를 없애야 한다고 힘주어 주장한다. 하지만 이 보고서에 따르면 모든 포르노그래피물의 90퍼센트가 남성 이성애자 수요에 맞춰져 있다(시장의 나머지 10퍼센트는 남성 동성애자의 취향에 맞춰져 있다). 포르노 구매자는 "대부분 백인, 중산층, 중년 기혼 남성"[14]이고, 포르노가 이미지로 묘사해 제시하는 단골 메뉴는 벌거벗은 여성의 몸과 그 몸에 가하는 다양한 행위들이다.[15]

이 위원회의 보고서는 "미국 장르 중 친숙하고도 확고히 성립된 장르"[16]라는 스태그 필름stag film*에 관해 논하며 다음과 같이 설명했다. "이제까지 포르노그래피는 주로 남성의 관심사로 간주되어왔기에, 스태그 필름에서 두드러지는 특징들 역시 중산층 미국 남성의 선호도를 대변하는 것으로 보인다. 그에 따라 남성 동성애와 수간은 상대적으로 드문 반면, 레즈비언 관계는 오히려 자주 등장한다."[17]

이 부분에서 위원회는 포르노 공급업자라면 항상 알고 있는 사실을 확인해주었을 뿐이다. 하드코어 포르노그래피는 성적 자유를 찬양하는 것이 아니다. 포르노그래피는 여성의 모든 성적 활동을 '저속한' 것으로 만들고, 그에 따라 모든 여성을 '저속한' 존재로 만드는

---

* 성 해방과 영상 기술 발달로 포르노 산업이 새로운 국면을 맞기 이전인 1960년대 중반까지 검열을 피해 몰래 생산되던 짧은 포르노 영화.-옮긴이

장치를 통해 여성의 성적 활동을 냉소적으로 착취한다. 포르노그래피의 소비자인 이성애자 남성은 레즈비언 성행위 장면을 보며 흥분한다(레즈비언 성행위 장면은 결코 마지막 장면으로 들어가는 법이 없이 전주 격으로 등장한다). 이 이성애자 남성들은 벌거벗은 남자들이 서로를 애무하는 장면이 나오면 마치 수도꼭지를 잠그듯 갑작스럽게 흥분이 가라앉는다고 한다. 보고서에 인용된 한 연구는 "남성 동료들과 함께 스태그 필름을 보면 남자로서의 자부심이 강화된다"[18]는 하나도 놀랍지 않은 결론에 이르렀다. 어련하시겠나. 남자끼리 모여서 영화를 보는 것뿐이지 벌거벗고 보는 건 아니라는 점을 빠뜨리지 않고 적어드려야겠지.

포르노그래피에 대한 남성과 여성의 반응을 비교해보면, 태도에서 확연한 차이가 드러난다. 위원회에 따르면, "남성은 나체 여성의 이미지에 여성보다 더 많이 흥분하며, 더 많은 흥미를 보인다고 보고되었다".[19] 위원회는 킨제이 연구의 수치를 인용하면서 다수의 남성(77퍼센트)이 노골적인 성관계를 시각적으로 보여주는 장면에 '흥분'한 반면, 다수의 여성(68퍼센트)은 흥분하지 않았다고 기록했다. 이뿐만 아니라 "여성은 남성보다 더 자주 '역겹다'거나 '불쾌하다'고 느낀 것으로 알려졌다".[20]

여성들이 느낀 이 역겨움과 불쾌함은 어디에서 온 것일까? 여성들이 성적으로 퇴행했거나 선천적으로 보수적이어서 그런 것일까? 그런 불쾌감을 인정하면 어이없게도 유행에 뒤처진 사람 취급을 받지만, 포르노그래피를 볼 때 다수의 여성이 느끼는 배 속에서 곧장 우러나오는 이 불쾌감은 너무나 터무니없는 목적을 위해 우리 자신과 우리 몸을 벗기고 노출시키며 짓밟고 있다는 사실을 직감하는 데서 오는 것이다. 여성을 익명의 헐떡거리는 장난감, 성인용 장난감,

이용하고 학대하고 망가뜨린 후 버리면 되는 인간성이 말살된 사물로 보는 것을 통해 권력을 쥔 느낌과 쾌락을 얻어야 부풀어오른다는 저 '남자다운 자부심'을 강화하겠다는 터무니없는 목적 말이다.

이것은 강간의 철학이기도 하다. 포르노그래피 장르에서 여성의 역할이 붙잡혀 '따먹히는' 처녀 아니면 만족할 줄 모르는 색녀 둘 중 하나인 것은 결코 우연이 아니다(여성을 이런 식으로 그리는 것 외에 포르노그래피에 다른 의도가 있기는 한가?). 두 역할을 하나의 이야기로 엮으면 가장 인기 있고 널리 퍼진 포르노그래피 환상이 된다. 순수하며 성에 대해 알지 못하는 여성이 강간을 당하고 '비정상적인 행위를 하도록 복종하게 되면서', 커다란 남성 성기에 중독된 성노예이자 침을 질질 흘리는 미친 색녀가 된다는 것이 인기 있는 포르노그래피의 전형적인 줄거리이다.

외설적 즐거움의 이름으로는 그 어떤 '평등'한 포르노도, 기존의 포르노에 상응하는 여성 포르노도, 반전도 불가능하다. 포르노그래피는 강간과 마찬가지로 여성을 비인간화하고 성적으로 접근할 대상으로만 환원하도록 설계된 남성의 발명품이다. 이것이 도덕주의나 부모의 간섭에서 벗어나 자유롭게 관능을 추구하는 일로 미화되어서는 안 된다. 포르노가 파는 주된 품목은 언제나 여성의 벌거벗은 몸, 여성의 노출된 가슴과 성기일 수밖에 없다. 남성이 고안한 구도, 즉 여성의 나체는 여성의 '수치'이고 그녀의 사적인 부위는 남성의 사유재산인 반면, 남성의 그 부위는 성스러우며 유서 깊고 보편적인 가부장적 권력의 수단이자 그녀를 힘으로 지배하는 수단이라는 구도가 이미 존재하는 까닭에, 여성의 나체만 포르노가 파는 상품이 된다.

포르노그래피는 반여성 선전선동의 정수를 보여준다. 리버럴은 히틀러 치하 제3제국의 강력한 선전선동 기관이 의도적으로 제작해 유포한 반유대주의 캐리커처와 외설들이 홀로코스트와 최종 해결책(유대인 말살 정책)에 이데올로기적 기반을 제공한다는 사실을 재빨리 간파하면서도, 포르노그래피에 대해서는 다른 태도를 보인다. '검둥이' 농담이라든지, 흑인을 눈알을 굴리며 거짓 변명을 일삼는 한심한 하인으로 묘사하는 영화를 용인하는 것만으로도 흑인을 열등한 존재로 깎아내리는 신화를 영속화하는 데 기여하는 일이 되며, 흑인 억압에 이데올로기적 기반을 제공하는 일이 된다는 지적을 받으면 잘못을 깨닫고 자신의 양심을 검토해보는 바로 그 리버럴이, 노골적인 육두문자 욕설로 표현되거나 '성인물' 혹은 '성애물'이라고 에둘러 지칭되는 책과 영화에 담긴 여성 혐오와 경멸만은 유독 헌법상의 권리로 보호받아야 하는 확장된 표현의 자유라며 열정적으로 수호한다.

만약 어떤 미친 미국인 나치 하나가 나타나 모든 유대인을 말살하자는 선전선동물을 홀로 만들어 뿌리는데 ACLU가 표현의 자유라는 미명하에 그 나치를 옹호한다면, 너무 의로운 척한다는 소리를 들을 수는 있어도 엄청난 비난을 각오해야 할 만큼 용기가 필요한 일은 아닐 것이다. 현재 미국의 유대인이 나치 돌격대나 강제수용소, 말살 위협 따위를 겪고 있는 상황은 아니기 때문이다. 하지만 요즘 뉴욕시 43번가의 서점과 극장들이 강간과 고문으로 여성을 모욕하는 일에 전념하는 만큼 유대인을 가스실로 보내거나 흑인에게 린치를 가하는 일을 가학적인 즐길 거리로 묘사하는 체계적이고도 잘 팔리는 선전선동물을 생산하는 일에 전념한다면, 과연 그때도 ACLU가 표현의 자유를 옹호하는 입장을 고수할 수 있을까?

이런 비유가 극단적인가? 항상 강간 위협을 의식하고 사는 것도 모자라 포르노그래피를 마치 '해방된 시민의' 오락처럼 간주하는 문화 이데올로기가 확산되는 것까지 의식해야 하는 여성의 입장에서 이런 비유는 전혀 극단적이지 않다. 미국의 법 집행기관들은 포르노물을 소지한 범죄자를 체포한 실제 경험에 입각해 포르노물이 성폭력 범죄의 한 원인이라는 의견을 제출했으나, 〈외설과 포르노그래피에 관한 대통령 위원회의 다수파 보고〉는 그런 의견에 콧방귀를 뀌었다.[21] 위원회는 현재로서는 포르노그래피와 성범죄의 연관 관계를 과학적으로 입증할 수 없다는 입장을 고수했다.

미국의 문화생산물에 속속들이 스며들어 있는 반여성 선전선동이 여성에 대한 성적 적대 행위를 용인할 뿐 아니라 이데올로기적으로 장려하는 분위기를 만든다는 결론을 얻는 데 과학적 방법론까지 필요한가? 만연한 폭력 미화(영화, 책, TV가 폭력배를 영웅으로 다루고, 총격전을 즐겨 다룬다)가 범죄율 상승, 특히 청소년 범죄율 상승과 직접적인 연관이나 인과 관계가 있는지를 주제로 비슷한 논쟁이 수년간 크게 유행한 바 있다. 흥미롭게도 성적이지 않고 특별히 여성 학대와 연관이 없는 폭력 장르에 관한 논쟁에서는 오락물의 노골적인 폭력이 유해한 영향을 끼친다는 쪽으로 여론이 기울었다. 노골적인 폭력을 담은 오락물을 반복적으로 보면 폭력에 무감각해지고, 폭력을 경악해 마땅한 도덕적 파탄이 아닌 흔한 일상처럼 여기게 된다는 쪽으로 여론이 기운 것이다.

더 주목할 만한 점은 우리 아이들의 예민한 감수성과 좋은 취향을 위한 최선의 방책이라는 명분으로 영화와 TV에서 폭력 장면을 삭제하라고 요구하는 이들은 결코 검열 찬성자라든지 표현의 자유를 반대하는 자라는 식으로 비난받지 않는다는 사실이다. 이와 유사하게 흑인, 히스패닉, 일본계, 이탈리아계, 유대계, 미국 인디언 등의 소수자들이 인종차별적 비방이나 영화에서 소수 인종을 비하하여 묘사하는 일에 반대하는 운동을 할 경우 이것은 정치 투쟁으로 인식된다. 소수 집단이 동화 속 인물 '꼬마 블랙 삼보'*나 스낵 광고 속의 '프리토 밴디토'** 같은 특정 인종을 묘사한 캐릭터를 보고 불쾌감을 표하고, 그런 캐릭터가 소수 집단을 조롱하고 억압해온 역사의 연속선상에 있다고 지적할 때, 감히 앞에 나서 헌법을 읊어대며 관념적인 반대 의견을 늘어놓을 리버럴은 많지 않을 것이다. 리버럴 자격증을 영영 잃고 싶은 것이 아니라면야. 그런데 이렇게 의식이 깨어 있는 리버럴이 유독 여성 문제와 관련해서는, 소위 성혁명의 시대에 고지식하게 점잖은 척하는 것이야말로 그 무엇보다도 끔찍한 범죄라는 듯, 지독하게 고집을 부리며 의견을 바꾸길 거부한다.

여성들의 첫 번째 반격

여성의 현실을 반영해 법을 다시 만들고, 법 집행기관에서 여성을 배제하지 않고 남성 강간 이데올로기를 장려하지 않는 쪽으로 사회 시스템을 개혁해간다고 해도, 성폭력 범죄를 완전히 근절하기까지는 긴 시일이 걸릴 것이다. 이 기나긴 투쟁에서 최후의 방어선은 언제나 우리 여성의 몸과 정신일 수밖에 없다. 이미 여성운동은 강간을 수치스러워해야 할 문제가 아니라 **드러내 말할 수 있는** 범죄로 만

---

* 영국의 동화 작가 헬렌 배너먼의 《꼬마 블랙 삼보》의 주인공으로 남부 인도 사람이다. 당시 영국인은 인도 사람을 종종 흑인이라고 불렀다. 'sambo'는 아프리카 출신 노예를 모욕적으로 일컫는 말이다. ─옮긴이
** 과자 프리토스의 광고 캐릭터. '프리토 도둑'이라는 뜻으로 라틴계 미국인들의 저항에 부딪혀 사라졌다. ─옮긴이

들었고, 그렇게 해서 문명 자체만큼이나 오래된 전쟁에서 복수의 첫 한 방을 날리는 데 성공했다. 바로 몇 년 전, 우리가 교회 회당을 반나절 빌려 강간 말하기 대회와 토론회를 열고, 고등학교 강당과 교실을 빌려 한 주간 워크숍과 토론회를 열었을 때, 급진주의 페미니즘 바깥의 세상은 그것을 우습게 여겼다.

"**강간**에 대해 이야기한다고? 말도 안 돼! 강간이 여성을 탄압하는 **정치** 범죄라고? 성범죄가 어떻게 정치적일 수가 있지? 자기가 강간을 당했다고 주장하며 경찰, 병원, 법원에서 어떤 일을 겪었는지 증언하는 여자들이 진짜로 있다고? 너무 나갔구만!" 이런 말들을 내뱉으며 부지불식간에 혼란과 두려움, 수치심을 드러내는 억지 코웃음이 잦아들고 나면, 그 얼굴에는 여성들이 감히 말할 수 없었던 것을 말함으로써 억압의 또 다른 부분, 어쩌면 핵심을 폭로했다는 희미한 깨달음이 자리 잡는다. 역사적으로 지속되어온 신체적 억압, 의도적인 협박의 과정, 여성에게 강요되어온 죄책감과 두려움이라는 핵심을.

2년도 되지 않아 바깥 세계에서는 더 이상 비웃지 않게 되었고, 강간 반대 운동은 말하기 대회와 토론회, 의식 고양 소모임의 형태를 넘어 전례 없이 상상력 넘치고 독창적인 지역사회 지원활동으로 발전했다. 24시간 직통전화 대기 직원이 있는 강간 위기대응 센터는 강간당한 지 얼마 되지 않은 피해자뿐 아니라 수년 전 성폭력을 겪었으나 다른 여성들에게 말할 기회를 갖지 못했던 여성에게도 상담과 관련 정보, 자매애에 기반을 둔 연대를 제공하며 억압된 분노를 표출할 수 있도록 돕는다. 강간 범죄 법제화 연구 모임은 새로운 관점에 근거한 법률 모델을 만들기 위해 노력하고, 새로운 법안이 채택되도록 국회의원들과 함께 일한다. 시 병원 응급실과 연계하는 강간 대응 프로젝트도 있다. 이 프로젝트는 경찰이 성범죄 분석 전담반과 수사대를 새로이 꾸리는 과정에서 충원된 여성 경찰관들과도 밀접히 제휴한다. 전단, 소식지, 범퍼 스티커, '지명수배' 포스터, 전투적 표어 ─ "강간 중지" "강간을 몰아내는 여성의 전쟁" "성차별을 박살내고 강간범을 무장해제하자!" ─ 와 자기방어 교습을 통해 여성들은 이제 돌아서서 공격의 기선을 잡았다.

여성들은 시애틀과 인디애나폴리스, 앤 아버, 토론토, 볼더, 콜로라도를 비롯해 각지에서 탈중앙집중식 풀뿌리 여성운동 조직과 각종 프로그램을 단시간에 만들어냈다. 유사 이래 5,000년이 넘는 시간 동안 남성들이 여성들에게 수없이 쏟아낸 엄격한 경고와 다정한 충고, 아버지다운 배려 그 무엇도 이런 여성운동을 예견하거나 응원하거나 희미하게나마 제안한 적조차 없다는 사실을 생각하면 놀라운 일이다. 강간에 맞서 싸우기 위해 여성과 여성이 손을 잡고 조직화해야 한다는 발상은 오로지 여성운동이 발명한 것이다.

남성들의 충고는 필요 없다

남성들 역시 강간 문제에 무관심하지는 않다. 남성이 만든 가부장적 법률은 강간을 재산권 침해로 여겨 가혹한 처벌을 고수했다. 그러나 강간을 허락받지 않은 침입자가 저지른 범죄, 즉 외부인의 불법 침해죄로 보는 관점 탓에, 남성들은 언제나 하나같이 똑같은 충고(지금도 여성에게 비슷한 충고를 하고 싶어서 안달인데)를 내놓았다. 양치기가 양이 무리에서 너무 멀리 벗어나지 못하게 예방해 가축 도둑으로부터 양떼를 지키듯, 그들의 충고는 자기 재산이 울타리를 벗어나지 않게 만들려는 규칙과 통제를 모아놓은 것이나 다름없다. 남성은 언제나 강간범을 그들의 일원이 아닌 외부에서 온 늑대로 간주하고, 여성을 제자리에서 벗어나려고 하는 유감스러운 경향이 있는 조심성 없고 멍청한 짐승으로 간주했다. 그 전제 위에서 남성은 여성에게 가능한 한 다른 남성의 눈에 띄지 말고 숨어 있을 것을 열렬히 촉구하고 질책하고 경고했다. 한마디로 남성들은 그들만을 위해 마련된 특권을 여성이 자기 것으로 주장해선 안 된다고 말해온 것이다. 좋은 의도로, 세심한 배려로, 진심 어린 걱정으로 충고를 한다지만, 충고에 담긴 메시지란 실상 평생을 두려움 속에서 살라는 것 이상은 아니다. 여기에 남성의 충고나 규칙을 따르지 않은 여성은 자신이 저지른 위반에 응당 책임을 져야만 한다는 심각한 경고까지 덧붙였으니 도움을 주기는커녕 문제만 악화시킬 뿐이었다.

샌쿠엔틴의 유명한 교도소장 클린턴 더피는 여성들이 왜 자신의 안전을 최대한 확보하기 위해 스스로를 감옥에 가두지 않는지 이해하지 못했다. 그는 이렇게 썼다. "많은 이들이 매일같이 가장 기본적인 경계 규칙을 위반한다. 술집에 혼자 가거나, 낯선 자의 차를 얻어 타거나, 눈에 띄게 딱 붙는 스웨터나 치마를 입거나, 지분거리는 습관을 보이는 등 경계 규칙을 노골적으로 위반하는 이들은 자기 행동만으로도 강간을 불러들이는 미끼 노릇을 하는 것이다. 이러니 강간을 당한들 자기 자신 말고 누굴 비난하겠는가."[22]

더피는 "걸핏하면 상식적인 경계 규칙을 어기는" 여성들에게 멸시의 말을 퍼붓는다. 집 안에서 옷을 벗을 때 창문 가림막을 내리거나 불을 끄지 않는다고, 창문과 문을 모두 잠그는 것을 잊었다고, "전화를 걸고 대답하면 끊어버리거나 주위를 수상쩍게 어슬렁거리는 자가 있는데도 신고"하지 못했다고, 낯선 남자를 집 안에 들어오게 했다고, 밤늦게 혼자 걸어 다녔다고 비난한다. "밤에 외진 거리를 피해갈 수 없다면, 여성은 도로의 연석에 가까이 걸으며 고개를 들고 앞을 똑바로 보며 빠르게 계속해서 걸어야만 한다. …… 이런 상황에 처한 여성은 위험한 지역에서 벗어날 때까지 손에 경찰 호루라기를 쥐고 있어야 한다. 바보같이 들릴 수도 있지만 그래야 한다." 그는 이렇게 말을 마친다. "여성들은 속옷을 가장 눈에 덜 띄는 곳에 널어 말리도록 주의해야만 한다. 혼자 사는 여성은 절대로 속옷을 바깥쪽에 걸어선 안 된다."

《리더스 다이제스트The Reader's Digest》 1974년 3월호에 두 명의 남성이 강간을 주제로 아주 볼만한 글을 기고했는데, 그들은 다음과 같이 경고해야만 한다고 여겼다.

당신이 혼자 살거나 여자와 살고 있다는 사실을 광고하지 말라. 우편함과 전화번호부에는 이름 첫 글자와 성만 넣어라. 차에 타기 전에는 뒷좌석이나 뒤쪽 바닥에 누가 숨어 있지는 않은지 확인하라. 차 안에 혼자 있을 경우, 문을 잠그고 창문은 끝까지 닫아둔다. 누군가가 쫓아오고 있는 것 같다면 …… 집에 성인 남자가 없을 경우 집으로 곧장 가지 말라. 모자 고정용 핀, 코르크 따개 나사, 펜, 열쇠, 우산은 무기가 될 수 있다. 무기로 쓸 만한 것이 없으면 확실한 효과를 낼 수 있을 **때만** 신체적 힘으로 반격하라.[23]

교도소장 더피와 《리더스 다이제스트》의 충고를 읽은 후 머릿속에 바로 떠오르는 것은 옛 스탠드업 코미디언들이 좋아하던 바보 같은 히스테리 노처녀가 모자 고정핀과 우산으로 무장하고 매일 밤 취침 전 침대 밑을 살펴보는 모습이다. 오랫동안 성적으로 억압된 여성의 우스꽝스러운 전형이었던 저 미친 늙은 여자가 이제 건전한 정신의 선구자처럼 제시되는 것이다.

그냥 웃어넘길 수 있다면 좋겠지만, 저런 충고의 해악은 그 장점을 한참 넘어선다. 저런 종류의 충고가 암묵적으로나 명시적으로나 우리에게 말하는 바는 다음과 같다.

1. 여성은 혼자서 스스로를 방어할 수 없을 것이다. 다른 여성이 도우러 올 수 있다 해도 전혀 도움이 되지 않을 것이다.

2. 강간범이 남성이라는 사실에도 불구하고 여성은 언제나 남성을 동반해야만 궁극적인 안전을 보장받을 수 있다.

3. 자신의 성적 온전성sexual integrity을 중요시하는 여성은 남성들이 늘 상 아무렇지도 않게 즐기는 정도의 자유와 독립을 기대할 수 없다. 차창을 열고 차를 모는 정도의 작은 즐거움마저도 위험하고 무모한 행동이다.

4. 합리적인 주의 사항을 실천하려면 여성은 놀라울 정도로 가식적으로 행동해야만 한다. 남성 보호자가 없어도 여성은 마치 그가 있는 것처럼 행동해야만 한다. 여성은 자신의 신원과 생활 방식, 독립적인 삶을 부정하거나 모호하게 얼버무려야 하며, 편집증을 진단받을 수준에 가까울 정도로 항상 주변을 불신하며 지내야만 한다.

당연히, 남녀노소를 불문하고 누구든 범죄가 일어날 기미가 없는지 경계하고 대비할 필요가 있다. 어둡고 낯선 밤거리라든가 누군가 예기치 않게 현관문을 두드리는 경우처럼 위험 가능성이 높은 상황에서는 누구나 주의를 기울여야 마땅하다. 그러나 유독 여성에게만 경계할 책임을 지우는 것은 전혀 해결책이 될 수 없다. 강간 문제에는 어떤 개인적인 해결책도 있을 수 없다. 여성이 이런 식의 주의 사항을 글자 그대로 따르면서 사회의 이익에 따라, 심지어는 자기 자신의 이익을 위해 행동하고 있다고 여긴다면, 그녀는 슬프게도 스스로를 기만하고 있는 것이다. 그렇게 행동하면 한 개인의 수준에서는 피해자가 될 가능성이 약간 줄어들 수도 있다(하지만 내가 보기엔 이것 자체도 의문스러운데, 벽으로 둘러싸인 수녀원에 있던 수녀가 강간당한 경우도 있기 때문이다).[24] 하지만 자유롭게 돌아다니는 잠재적 강간범의 숫자는 여전히 그대로일 뿐 아니라, 무엇보다도 강간이 여성의 정신과 정서적 건강에 발휘해온 결정적인 악영향이 '**강간이 실행되기도 전에**' 발현되는 셈이다. 그러므로 여성에게 일방적으로 주어지는 자기보호 책임을 스스로 덥석 짊어지는 것은 결국 여성은 어디에서든 항상 두려움을 안고 살아야 하며 남성들이 누리는 개인의 자유와 독립성, 자신감은 평생 기대할 수 없다는 관념을 강화하는 것이 된다.

강간은 여자가 조심하면 되는 문제 아닌가? 누구보다 우리를 걱정하는 선의 넘치는 남자들조차 강간 억제 대책을 제시한다면서 진부한 주의 사항이나 늘어놓는다. 강간은 공격성을 찬양하는 왜곡된 남성적 가치관이 만들어낸 사회 문제라는 현실을 외면하고 여성만의 문제로 취급하고 싶은 것이 그들의 본심이기 때문이다. 남성들은 신원 미상 강간범의 유령을 들이밀 때조차 정작 그런 강간 행위의 본질적 원인에 심리적 책임을 지는 일은 거부하고 싶은 것이다.

반격! 이제 강간 이데올로기를 끝장내자

우리는 안다. 통계로 드러나는 것만 보더라도 신고된 강간 중 낯선 자가 저지른 강간은 절반도 미치지 못한다. 게다가 신고조차 되지 않은 5건 중 4건의 강간에서 범인이 완전히 낯선 사람일 비율은 더 낮아질 것이다. 골목에서 튀어나오거나 창문으로 기어들어온 남성이 강간범으로 붙잡히면, 남성들도 그를 '강간범'이라고 부를 것이다. 그러나 강간범이 피해자와 아는 사이이면서 그 관계에서 자신이 누리는 유리한 지위를 이용하거나, 자신의 권위적 지위를 이용해 자신의 '관심을 받아들이도록 강요'(이 얼마나 멋진 빅토리아 시대식 표현인가)하면서 여성이 '아니오'라고 답해도 받아들이지 않고, 여성에게 성적으로 접근하는 것을 자신의 당연한 권리로 여기고, 물리적 폭력을 남성성과 지배력, 힘을 표현하는 정당한 방법으로 전제하는 남성일 경우, 최선의 상황에서조차 그 남성이 법의 심판을 받을 가능성은 적다.

내가 보기에는 가장 사려 깊은 시민들이 이 세상에서 가장 완벽한 강간법을 엄격히 집행한다 해도, 강간을 방지하기에는 결코 충분치 않다. 명백한 범죄자가 처벌받게 만드는 일도 물론 그 자체로 중요한 개혁이다. 하지만 어떤 형사사법 제도상의 해결책도 손길을 뻗을 수 없는 성 착취의 거대한 회색지대는 어떻게 할 것인가? 신체적으로나 정신적으로나 저항할 수단을 갖지 못해 원치 않는 성관계를 심리적으로 강요당하는 여성들이 있는 회색지대 말이다. 남성은 성적으로 공격적이며 여성은 수동적이고 복종적이라는 구도가 존속하는 한 사라지지 않을 혼탁한 회색지대 역시 언젠가는 법의 구속을 순순히 받아들이게 될 것이라고 주장한다면 이는 기만이 될 것이며, 실은 그래서도 안 된다. 위협적이고 불쾌한 상황에 처한 자매들에게 페미니스트가 권하는 최선의 대책이라는 것이, 모욕을 견디다가 문제가 커지면 법정에 가자는 것이 되어서는 안 된다.

법률을 엄격하게 해석하고 싶어 하는 이들이나 반듯하고 질서정

연한 사고방식의 소유자들은 받아들이기 어렵겠지만 불행하게도 현
단계 인류의 남성–여성 간 성 역학은 객관적 중재를 하기 어려운 지
대를 만들어낸다. 강압에 의한 성범죄까지는 아니지만 수동적이고
자아가 빈약한 여성이 상대의 접근을 애써 뿌리치기(거절하는 자신의
행위를 정당한 것으로 느끼기) 어려워서 의지를 굽히는 불쾌한 사건도 강
간 사건과 마찬가지로 억압적 남성 이데올로기의 기반 위에서 발생
한다. 둘 사이의 구분선은 결코 뚜렷하지 않다. 이런 불쾌한 사건은
무시할 수 없을 정도로 너무나 많이 발생하는데, 남성의 강간 이데올
로기를 반영할 뿐 아니라 여성을 의도적으로 '여성스럽게' 길들여온
강력하고 파괴적인 과정으로 인해 여성의 의지가 마비된 상태를 보
여준다.

성폭력이라 부를 수 있는 상황에서는 큰 체격이나 무거운 체중
보다 남성이 얼마나 더 심리적 우위에 있는지가 훨씬 더 결정적인 영
향을 미친다. 그들은 어린 시절부터 자신의 몸을 공격과 경쟁에 이
용하도록 장려받고 훈련받아왔으며, 자신이 싸우는 법을 안다는 것
을 **알고 있다**. 반대로 어린 소녀들은 몸싸움과 건강한 스포츠 경쟁
에서 이기는 일을 경멸하도록 학습받는다. 그런 활동은 숙녀답고 여
성스러운 행동이 무엇인지를 규정하는 사회의 관습적 가치관을 위
협하기 때문이다. 강인한 정신이 깃들 수 있는 강인한 신체를 추구
하는 것이 평등을 위한 전투의 필수 단계라는 주장(수전 B. 앤서니Susan
B. Anthony가 페미니스트 신문 《혁명The Revolution》의 초기 호에서 열정적으로 논한 바
있는데[25])은 매번 엄청난 결과를 이끌어낸 논의를 촉발시켰다. 오래전
이 논의의 주역이었던 우리의 여성 프로 운동선수들은 마침내 여성
스타로 떠오르는 중이며, 최근에는 소녀들도 리틀 리그에 들어갈 수
있도록 하고, 초·중·고등학교와 대학교의 여학생 스포츠 프로그램

에 평등하게 예산을 지원하도록 하자는 투쟁이 있었다.

최근 급격히 활기를 띠고 있는 여성 스포츠에 대한 관심은 스포츠를 좋아하는 여자아이에게 잠재력을 충분히 시험해볼 기회를 제공해주자는 주제에 한정되지 않는다. 여성들은 스포츠 경쟁에서 배울 수 있는 중요한 가르침이 있다는 사실(남성들은 이미 항상 알고 있던 사실)을 새로이 깨달았다. 승리란 어렵고도 끈기를 요하는 진지한 훈련 및 속임수와 허세를 포함한 멋지고 교활한 전략의 결과이며, 모든 반사 시스템을 활성화시키는 긍정적인 사고방식의 결과라는 가르침이 그것이다. 그간 여성들은 승리가 무엇인지 알 기회를, 승리를 직접 쟁취할 기회를 포기하도록 길들여져왔던 것이다.

대부분의 여성이 신체적 폭력을 직면했을 때 완전히 무너져 의지가 마비되는 고통을 겪는 것은 놀랄 일이 아니다. 우리는 울고, 좋은 말로 구슬리고 빌며 남성 보호자를 찾도록 길들여져왔을 뿐 싸워서 이기도록 훈련받은 적이 없다.

싸우는 여성을 금기시하고 억압한 증거는 성경에서도 찾아볼 수 있다. 〈신명기〉에 너무나 흥미로운 구절이 있다. "두 사람이 서로 싸울 때에 한 사람의 아내가 그 치는 자의 손에서 그의 남편을 구하려 하여 가까이 가서 손을 벌려 그 사람의 음낭을 잡거든, 너는 그 여인의 손을 찍어버릴 것이고 네 눈이 그를 불쌍히 여기지 말지니라."[26] 그러나 가부장들은 이런 규율을 작성할 때 여성이 남성과의 전투에서 한 가지 유리한 점을 타고났다는 사실을 인정하기 고통스러웠을 것이고, 그리하여 여성의 기억에서 그 이점을 지워버리기로 결정했다.

남성의 성문법은 초보적인 보복 제도로부터 진화한 것으로, 지금껏 살펴보았듯 그 시작부터 여성들은 잘 적응할 수 없었을 뿐 아니라, 시간이 흐를수록 여성을 보호한다는 미명하에 고의로 여성을 배제해왔다. 전통적으로 싸움은 오직 남성에게만 허용된 영역으로, 싸우는 여성이란 그런 여성이 존재한다는 발상만으로도 웃음거리가 되거나 혐오와 불신의 대상이 되고 '비정상적'이라는 평가를 받았다. 현대의 지역 관할 경찰서 역시 반쯤은 스스로 조장한 이런 사고방식으로 인해 모순된 메시지를 내놓곤 한다. 한편으로는 경찰 고유의 남성 논리에 따라 여성이 정상적인 저항을 하지 않았다는 이유를 들어 강간 사건을 입건하지 않는다. 그러면서도 또 한편으로 극히 잔혹한 강간 사건에 관해 언론에 발표할 때는 여성이 저항했기 때문에 범인이 격분해 칼로 수차례 찔렀다고 이야기하는 것이다.

사타구니를 발로 차거나 눈을 엄지손가락으로 찌르면 기적 같은 효과를 볼 수 있다는 식의 이야기(《리더스 다이제스트》 같은 지면에서)를 남성은 물론 심지어 일부 페미니스트까지 조언이라고 내놓는다. 이는 해결책이 아니라 기만이며 경솔하고 잔인한 짓이다. 그런 조언이 종종 인간 신체의 급소를 표시한 그림과 함께 제시되는 것을 보면, 마치 급소 지점을 알기만 하면 당장 강력한 일격을 가할 수 있을 듯해 보인다. 과거에는 여성들이 이런 급소에 관해 알지 못하도록 일부러 관련 지식을 모호하게 만들고 감춰온 것이 사실이지만, 이런 단순한 지식만으로는 결코 충분치 않다. 여성에게 필요한 것은 어린 시절부터 시작하는 체계적인 자기방어 훈련이며, 그런 훈련을 통해서만 금지에서 유래한 우리 내면의 장애물을 극복할 수 있다.

이 지점에서 내가 3개월간 일주일에 세 번씩, 한 번에 2시간 반의 주짓수와 가라테 훈련을 받았고, 어느 날 저녁 매트에 처박혀 쇄골이 부러지면서 그만두게 된 경험이 이 책을 위한 내 연구의 일부를 이룬다는 사실을 밝혀야 할 듯하다. 나는 한 달 동안 내 쇄골의 완벽한 대칭과 글 쓸 시간을 잃었지만, 뉴욕 메츠 야구팀의 부상자 명단과 동일시해볼 기회를 얻었고, 차고 때리며 목조르기를 벗어나는 법을 배우기에 38세는 최상의 나이가 아니라는 교훈과 상대에게 손상을 입힐 수 있는 잠재력이 내 몸에 실제로 있다는 사실을 알게 되었다. 나는 팔꿈치와 무릎이 내가 가진 줄도 몰랐던 타고난 무기라는 사실을 배웠다. 나는 앞으로 차기와 뒤로 차기를 배웠다. 나는 수단과 방법을 가리지 않고 싸우는 법을 배웠으며 내가 그런 싸움을 사랑한다는 사실을 배웠다.

무엇보다도 스스로 놀라웠던 점은 급반전과 찌르기, 주먹으로 치기 같은 기본 공격 동작들이 숙녀다운 몸가짐의 규범과는 거리가 멀뿐더러, 내 자신에게도 대단히 낯선 동작인 반면, 남자아이들은 누구나 자라면서 그런 동작을 배우고, 통달하면 박수까지 받는다는 사실을 알게 된 것이다. 이 사회는 남자아이가 그런 동작을 배울 때, 여자아이에게는 하얀 앞치마와 애나멜 메리제인 구두를 입히고는 그것을 더럽히지 말라고 이야기해왔다. 그리고 양육 초기의 그런 차이가 무시무시한 차이를 키웠다! 교습 첫 시간에 내 일본인 지도자는 수업에 들어온 여성 모두에게 차례로 와서 자기 가슴을 마음껏 때려보라고 권했다. 그건 전혀 무모한 권유가 아니었다는 사실이 밝혀졌다. 첫 시도에서 우리는 아무도 실제로 때릴 엄두조차 내지 못했던 것이다. 그 정도로 우리 내면에는 때리면 안 된다는 금기가 강하게 자리 잡고 있었다. 우리가 싸우는 여성이 되는 것을 막는 가장 커다란 장애물은 비참할 만큼 발달되지 않은 우리의 근육이 아니라, 우리의 내면에 자리한 때리는 것에 대한 금기였다. (물론 훈련을 받으며 이 두 가지 약점을 모두 빠르게 개선할 수 있었다.)

누구나 예상하겠지만, 함께 수업받은 남성들은 여성들과 달리 내면에 어떤 장애물도 지니고 있지 않았다. 공격적으로 몸을 사용해 드잡이하는 것도 남자들만 상속받는 유산의 하나였던 것이다. 그럼에도, 또 그럼에도…… 우리 여성들은 정확히 노려 발로 차고 손으로 찌르는 것을 배웠고, 그 과정에서 우리가 실제로 남성에게 두려움을 안길 수 있다는 사실을 발견하면서 감탄하고 놀라워했다. 우리는 그들을 다치게 할 수 있다! 놀랍게도 우리는 그들의 성적 존재의 핵심을 다치게 할 수 있다는 것을 배웠다. 저 성경의 명령을 어긴다면.

헤아릴 수 없이 오래전부터 여성에게 테러를 가하는 무기로 오용되어온 남성 성 기관의 뿌리에 고통에 극도로 취약한 지점이 있다는 해부학적 사실. 이 사실에 일종의 형이상학적 공정함이 존재한다면? 고환이 쉽게 손상을 입을 수 있다는 사실을 몹시 잘 의식하고 있는 남성들은 역사를 통해 갑옷과 보완물, 허리띠 위쪽으로만 공격하자는 '정정당당한' 신사협정 따위를 만들어 고환을 보호해왔다. 신사협정을 할 만도 하다. 물론 신사들 사이에서만. 여성이라면 공격당할 경우 '그의 불알을 차라, 그것이 최선의 묘책이다'. 나는 자기방어 교습에서 그렇게 배웠다. 내 인생 최초로 여성이 맞서 싸울 수 있으며, 맞서 싸워야만 하고, 타고난 이점을 완전히 이용해야 하며, 그렇게 하는 방법을 배우는 것이 우리의 목표라는 말을 듣는 것이 얼마나 낯설었던지. 남성이 (특히 여성에게) 심리적으로 위축된 상태를 암시할 때, '거세emasculation, castration되었다거나 '남자를 기죽이는ball-breaking 여자' 같은 표현을 사용하는 이유가 다름 아닌 남성만의 저 신체적 약점 때문이라는 사실을 예상치 못한 폭로로 알게 된 순간, 얼마나 낯설었던지.

반격하라. 우리가 스스로의 힘으로 불균형을 바로잡고, 우리 자신과 남성들을 강간 이데올로기로부터 벗어나게 하고자 한다면, 우리 모두가 여러 층위에서 함께해야만 하는 일은 바로 맞서 싸우는 것이다.

그저 한 개인의 수준에서 강간을 피할 방도를 찾거나, 강간이 더 빈번히 일어나지 않도록 통제하는 것만이 능사가 아니다. 강간은 근절할 수 있다. 하지만 강간 근절은 장기간에 걸쳐 다수가 협력해야만 가능하며, 여성만큼이나 남성의 이해와 선한 의지가 필요하다.

나는 이 책을 통해 강간에 역사를 부여하고자 했다. 이제 우리가 함께 강간의 미래를 단호히 부인할 차례이다.

감사의 말

강간에 관한 책을 쓰겠다고 결심한 후 편집자에게 원고를 넘기기까지 4년의 기간 동안, 나는 사상적으로나 정서적으로나 재정적으로나 많은 빚을 졌다. 이렇게 말하긴 했지만 무엇이 사상적 빚이고, 무엇이 정서적, 재정적 빚인지 구분할 수 없을 정도로 여러 사람의 우정과 지원 속에 많은 빚을 졌다.

사상적으로 빚을 졌다는 말이 어떤 뜻인지는 운동에 헌신한 사람들만이 진정으로 이해할 수 있다. 우리가 여성운동을 하면서 처음으로 강간의 여러 측면을 탐사하기 시작한 시기에 나는 바로 거기 있었으며, 나보다 이 사안에 대해 훨씬 잘 이해하는 이들(다이앤 크로더스, 세라 파인즈, 릴리아 멜라니)의 말을 경청하는 기회를 누릴 수 있었다. 이 운동은 역사상 처음으로 강간이라는 주제를 여성의 관점에서 다루게 만든 개인들의 증언을 통해, 그 용기와 상상력을 통해 내 책이 나올 수 있게 해주었다. 그중 특히 세 가지 행사는 언급해둘 가치가 있는데, '내가 목숨 바쳐 피 흘렸다'고 기꺼이 말하고 싶은 집단이 조직한 행사여서 더욱 자랑스럽다. 그 세 행사는, 1971년 1월 24일 열린 '뉴욕 급진 페미니스트 강간 말하기 대회The New York Radical Feminist Speak-Out on Rape', 1971년 4월 17일 열린 '뉴욕 급진 페미니스트의 강간에 관한 학술 대회The New York Radical Feminist Conference on Rape', 그리고 1974년 8월

25일 '뉴욕 급진 페미니스트와 전국 흑인 페미니스트 조직 연합 주최 강간 및 성 학대 말하기 대회the joint New York Radical Feminist-National Black Feminist Organization Speak Out on Rape and Sexual Abuse'이다.

강간의 역사를 재구성하면서 동시에 현재 상황을 종합해 다루기 위해서는 광대한 규모의 연구 문헌을 섭렵해야만 했다. 여러 지인이 요청하기도 전에 자료 수집을 도와주었다. 그들은 내가 혼자 힘으로 는 다 모을 수 없었을 단서와 자료, 인용구, 발췌한 신문기사들을 제공해주었다. 어느 순간부터인가 나만의 '강간 관련 언론인 페미니스트 네트워크'라고 여길 만한 관계가 생겼는데, 이렇게 도와준 이들의 이름을 열거하자면 다음과 같다. 앤 레인, 루이즈 톰프슨, 도리스 오도넬, 글로리아 스타이넘, 베치 스튜어트, 벤 브래들리, 빌 레너드, 발트라우트 에셴바흐, 앤 블랙먼, 메리 앤 크럽색, 데이비드 거린, 잭키 버나드, 비비언 리온, 케이 셔, 제임스 애론슨, 민다 비크먼, 앨릭스 케이츠 슐먼, 루시 코미사, 셸리 클레이먼, 커스틴 그림스태드, 수전 레니, 로즐린 플리겔, 엘리자베스 에번스, 아이린 머호니, 루스 그로스, 노에미 에머리, 바버라 메로프, 팸 캐런, 메리 오러반, 홀리 포스먼, 레티 몰리, 하워드 메이어, 메리 헬렌 머트너, 캐런 코릴러즈, 앨런 M. 시걸, 앨 매컬로, 앤 펄론, 조앤 굴리아노스, 제인 제이콥스, 마르타 비바스, 그레이스 리히텐슈타인, 렌 샌들러, 노라 에프론, 프랜 골딘, 조너선 골드버그, 시나 해머, 바버라 제인즈, 조 로만, 아서 루빈, 비키 슐츠, 린다 패린이 그 기여자들이다.

훌륭한 도서관이 없었다면 이 책을 쓸 수 없었을 것이다. 올버니의 뉴욕 공립 도서관에 가서 나는 그때까지 존재하는지조차 몰랐던 각종 초록과 색인을 소개받을 수 있었다. 뉴욕 정신분석학 연구소의 A. A. 브릴 컬렉션에 진을 치고 지낸 한 달은 나에게 이 나라에서 가장 훌륭한 프로이트주의 문헌을 가장 좋은 상태로 섭렵할 기회를 선사했다. '특권을 가진 비학생' 신분으로 뉴욕대학교 법학도서관 지하 서고에서 배회한 수주간의 밤낮은 내가 정말 특권을 부여받은 듯 느끼게 해주었다. 컬럼비아대학교의 국제법 도서관과 워싱턴의 국립 자료원은 다른 곳에서 구할 수 없는 자료들을 보유하고 있었다.

그런데 이 책을 쓸 동안 나의 일터가 되어주고 심리적 고향이 되어준 위대한 기관인 뉴욕 공립 도서관에는 어떻게 감사를 표해야 할지조차 모르겠다. 뉴욕 공립 도서관의 소장 자료가 없었으면 이 책을 집필할 수 없었을 것이다. 3년간 매일같이 뉴욕 공립 도서관의 대리석 홀을 걸었고, 도서관의 훌륭한 시설을 사용하는 데 익숙해졌으며, 그곳에만 있는 특별한 컬렉션(특히 미국사와 유대 문헌 컬렉션)에 관한 사서들의 전문 지식에 기댈 수 있었고, 도서관 경비원들과 사무직원들, 책 회수인들과 알게 되었으며 직원 식당에서 점심을 먹었다. '뉴욕 공립 도서관'에 어찌나 익숙해졌던지 누군가가 직업이 뭐냐고 물으면 아무 생각 없이 '43번가 도서관에서 일한다'고 답할 정도였다. 말 그대로 사실이니까.

나는 뉴욕 공립 도서관에서도 대단히 특별한 장소인 프레더릭 루이스 앨런 실에서 집필하는 행운을 누렸다. 나는 그 방에 타자기와 책을 둘 책장을 배정받았다. 또한 나에게 어떻게 일이 되게 만들지 가르쳐준 개인적인 토론식 수업을 제공해준 십수 명의 저자들과의 우정 역시 그곳에서 얻을 수 있었다. 앨런 실 친구들과 내가 주고받은 관계는 자세히 다 설명하기에는 너무나 복잡하다. 열심히 일하고 성취하는 데 전념할 수 있게 지원해주는 환경에서 서로의 발전을 존중하며 따로 또 함께 고투했으며, 저자의 유토피아에 가까웠다고, 저자의 유토피아 그 자체였다고 말하는 것으로 여기서는 충분하겠다.

집필을 시작한 지 얼마 되지 않아 돈이, 돈이 부족한 것이 문제라는 사실을 직면해야 했다. 에덴 립슨과 존 J. 사이먼, 낸시 밀포드는 내가 기금을 요청하자 응해준 사람들이다. 알리시아 패터슨 재단과 루이즈 M. 라비노비츠 재단은 2년간 나를 지원했다. 거의 묻지도 않고 성원을 보내준 리처드 H. 놀테와 제인 하트위그, 빅터 라비노비츠에게는 특별히 감사를 표하고 싶다. 또한 열렬한 추천서를 써준 모든 이들에게 감사의 빚을 졌다.

길고 고된 기간 동안 나와 관계를 유지해준 친구들은 내 유일한 집착이었던 '그 책'에 어떤 식으로든 관여하게 되었다. 그들은 아무런 대가 없이 내가 한 가지 주제로만 대화하려는 것을 들어주면서 나에게 훌륭한 인격을 증명해 보였다. 특히 네 명의 친구가 가장 많이 당해야만 했는데, 그들이 얼마나 많은 도움을 주었는지 이루 다 말할 수 없을 만큼 수많은 조언과 시간을 내주었다. 뉴욕과 워싱턴에서 앨리슨 오윙즈는 내가 어떤 지점에 있든 언제나 정확히 반 발자국 앞서 길을 제시했다. 그녀는 섬뜩한 통찰력으로 언제나 딱 맞는 조언을 해주었다. 플로렌스 러시는 똑같은 관심사를 가진 두 사람만이 나눌 수 있는 방식으로 늦은 밤에도 기꺼이 활기찬 토론을 전개해주었고, 수많은 철학과 기법상의 문제들을 해결하는 데 도움을 주었다. 잔 굿맨은 내가 쓴 원고를 들이밀 때마다 충실히 읽어주었고, 그녀의 예리한 법적 사고방식을 적용해 어떤 부분을 잘라내야 하고 어떤 부분이 정확하지 않은지 솔직하게 충고해주었다. 그녀는 논쟁이 필요할 때는 용맹한 논쟁 상대가 되어주었을 뿐 아니라, 탄탄한 지원이 필요할 때마다 수많은 방식으로 나에게 힘을 주었다. 케빈 쿠니는 나와 함께 살면서 내 책과 내내 함께했다. (그가 아니라 나의) 연구 자료 수집, 문체상의 교착 문제, 잦은 좌절이 우리 삶을 지배했고, 케빈은 그 모든 것을 평정한 태도로 대처하는 극기를 보여주었는데, 내가 새벽 3시에 모든 것이 어수선하고 꼬여버린 것만 같아서 아무것도 제대로 풀리지 않으리라는 느낌으로 안절부절못할 때도 예외가 아니었다. 이렇게 쓰고 보니 가깝고 소중한 이들의 지원이 있었기에 내가 이 책을 쓰는 일을 마칠 수 있었다는 사실이 새삼 분명해진다.

미주

1장

1 Richard von Krafft-Ebing, *Psychopathia Sexualis* (1886), trans. from the Latin by Harry E. Wedeck, New York: Putnam, 1965, p.435.

2 August Bebel, *Women Under Socialism*, trans. from the German by Daniel DeLeon (1883), New York: Labor News Press, 1904, p.27, p.29, pp.56 – 58.

3 Wilhelm Reich, *The Sexual Revolution*, trans. from the German by Theodore P. Wolfe, New York: Farrar, Straus, 1969, p.27.

4 Jane van Lawick-Goodall, *In the Shadow of Man*, New York: Dell, 1972, pp.193 – 194.

5 Leonard Williams, "The male monkey", *Man and Monkey*, London: Deutsch, 1967, p.80, 88, 157.

2장

1 William Blackstone, *Commentaries on the Laws of England*, 10th ed., London, 1787, Vol. IV, p.208.

2 Amy Kelly, *Eleanor of Aquitaine and the Four Kings*, New York: Random House Vintage ed., 1959, p.4.

3 John Noble Wilford, "Stone-Age Tribe in Philippines Is Imperiled," *New York Times*, Oct. 17, 1971.

4 Peter Kayser, "Situationer— Women," *Reuter*, Rome, Aug. 7, 1973. "최근 시칠리아에서는 또 다른 성 의례 방식이 등장했는데, 30세의 양치기 주제페 리야르도가 18세의 안나 푸치아를 납치해 강간한 후 그녀가 명예를 회복하기 위해 그와 결혼해주면 좋겠다는 희망을 피력했다. 시칠리아 전통에 따라 그는 친구들을 통해 소녀에게 도움의 손길을 청했으나, 안나는 거절했고 경찰이 강간 혐의로 리야르도를 체포해 구속하도록 길을 내줬다. 그녀의 행동은 모든 전통에 강력히 저항하는 행위로⋯⋯"

5 Robert A. LeVine, "Gusii Sex Offenses: A Study in Social Control," *American*

Anthropologist, Vol. 61 (Dec. 1959), p.966.

6   Chilperic Edwards, *The Hammurabi Code*, London: Watts, 1921, pp.27‒31.

7   〈요한복음〉 8장 7절.

8   〈신명기〉 22장 13~29절.

9   Louis M. Epstein, *Sex Laws and Customs in Judaism*, New York: Bloch Pub. Co., 1948, p.180.

10 〈창세기〉 34장.

11 〈사사기〉 19~21장.

12 〈창세기〉 39장.

13 H. R. Hays, *The Dangerous Sex* (1964), New York: Pocket books, 1972, p.109.

14 Epstein, p.188.

15 Epstein, pp.183-191. 나는 성경에 나타난 법 제도를 해석하면서 엡스타인이 같은 책 177~182쪽에서 펼친 논의에 많은 빚을 졌다. 또한 그가 예리하게 잡아낸 '처녀성 절도' 개념을 내가 뻔뻔스럽게 전유했다는 사실을 밝혀둔다.

16 Epstein, p.188n.

17 Blackstone, IV, p.211.

18 G. G. Coulton, *Medieval Panorama*, Cambridge, Eng.: The University Press, 1938, pp.48‒49.

19 Ibid.

20 Blackstone, IV, p.208.

21 Samuel E. Thorne, trans, and ed., *Bracton on the Laws and Customs of England*, Cambridge, Mass.: Belknap Press of Harvard, 1968, Vol. II, p.418.

22 Ibid.

23 Blackstone, IV, p.211.

24 Frederick Pollock and Frederic William Maitland, *The History of English Law Before the Time of Edward I* (1895), Cambridge, Eng.: The University Press, 1968, Vol. I, p.485.

25 Bracton, II, pp.414-415.

26 Bracton, II, pp.419.

27 Bracton, II, p.415.

28 Bracton, II, pp.416-417.

29 Bracton, II, p.417.

30 Sidney Painter, *A History of the Middle Ages*, New York: Knopf, 1960, p.120.

31 Ibid.

32 다음 책을 보면 초야권에 관해 흥미로운 논의를 볼 수 있다. August Bebel, *Woman Under Socialism*(1883), trans. from the German by Daniel DeLeon, New York: Labor News Press, 1904, pp.56‒58.

33 *The Trial of Frederick Calvert Esq., the baron of Baltimore in the kingdom of Ireland, for a Rape on the Body of Sarah Woodcock*, held at the Kingston Assizes for the County of Surry, taken in shorthand by Joseph Gurney, London: W. Owen, 1768.

34 Bracton, II, p.415.

35 Pollock and Maitland, Vol. II, pp.490 - 492.

36 웨스트민스터법은 다음의 책에 주석과 함께 전문이 실려 있다. Edward Coke, *The Second Part of the Institutes of the Laws of England* (2 vols.), London: W. Clarke, 1809. 에 드워드 1세 즉위 3년(1275)에 제정된 Westminster I, Cap. 13은 Vol. 1, pp.179 - 181. 에드워드 1세 13년(1285)에 제정된 Westminster II, Cap. 34는 Vol. 2, pp.432 - 436. 웨 스트민스터 강간 법규의 역사적 중요성에 대해서는 폴록과 메이틀랜드의 위의 책 참 고.

37 *American Journal of Legal History*, Vol. 7, 1963, pp.162 - 163. 그리고 *South Carolina Law Review*, Vol. 18, 1966, p.254.

38 Matthew Hale, *History of the Pleas of the Crown*, Philadelphia: R. H. Small, 1847, Vol. I, p.628.

39 현대 영국법에서 강간 최고형은 종신형이다.

40 Blackstone, IV, p.213.

3장

1   George S. Patton, Jr., *War As I Knew It*, Boston: Houghton Mifflin, 1947, p.23.

2   Colin Wilson, *A Casebook of Murder*, London: Leslie Frewin, 1969, p.27.

3   John C. Fitzpatrick, ed., *The Writings of George Washington from the Original Manuscript Sources, 1745–1799*, Washington: U.S. Government Printing Office, 1937, Vol. 19, p.224.

4   Kasturi Rangan, "Bhutto Regrets 'Crimes' in Bangladesh," *New York Times*, June 29, 1974.

5   〈신명기〉 20장 14절, 21장 10~14절.

6   Augustine, *City of God* (414), II, 17 trans. by Henry Bettenson; ed. by David Knowles; Middlesex, Eng.: Penguin, 1972, pp.66 - 67.

7   Thomas A. Walker, *A History of the Law of Nations*, Cambridge, Eng.: The University Press, 1899, Vol. I, p.65.

8   William Winthrop, *Military Law and Precedents*, Boston: Little, Brown, 1896, Vol. II, p.1412.

9   Walker, I, p.316.

10 이런 말이 어떻게 영국군에게(심지어는 잭슨 본인에게도) 붙어다니게 되었는지 더 살펴보려면, Robin Reilly, *The British at the Gates: The New Orleans Campaign in the War of 1812*, New York: Putnam, 1974, pp.265 - 266 참조.

11 *Memoires de Claude Haton*, Vol. I, pp.501 - 502, Paris: 1857. 인용한 문단은 아이린 머 호니가 날 위해 특별히 번역해주었다.

12 Sidney Painter, *French Chivalry*, Baltimore: Johns Hopkins Press, 1940, pp.141 - 146.

13   John Prebble, *Culloden*, London: Seeker & Warburg, 1961, pp.123, 208, 210, 216, 222, 224, 225, 323.

14   Arnold Joseph Toynbee, *The German Terror in Belgium*, New York: George H. Doran, 1917; Arnold Joseph Toynbee, *The German Terror in France*, London: Hodder & Stoughton, 1917.

15   J. H. Morgan, *German Atrocities: An Official Investigation*, New York: Dutton, 1916, pp.81 - 83. 다음 책에도 인용되어 있다. Toynbee, France, pp.210 - 211.

16   Toynbee, Belgium, p.16.

17   Harold D. Lasswell, *Propaganda Technique in the World War*, New York: Knopf, 1927, pp.81 - 82.

18   Newell Dwight Hillis, *German Atrocities: Their Nature and Philosophy*, New York: Fleming H. Revell, 1918, pp.25 - 26, 54 - 56.

19   James M. Read, *Atrocity Propaganda, 1914–1919*, New Haven: Yale University Press, 1941, pp.80, 153.

20   Eva Figes, *Patriarchal Attitudes*, New York: Stein and Day, 1970, pp.133 - 134.

21   Friedrich Nietzsche, *Thus Spake Zarathustra* (1883), Part One, 18 (*The Philosophy of Nietzsche*, New York: Modern Library, 1927, p.69).

22   Albert Speer interview, *Playboy*, June 1971, p.76.

23   Figes, pp.121 - 134. 그리고 Kate Millett, *Sexual Politics*, New York: Doubleday, 1970, pp.159 - 168.

24   Raul Hilberg, *Destruction of the European Jews*, Chicago: Quadrangle, 1961, p.28; William L. Shirer, *The Rise and Fall of the Third Reich*, New York: Simon and Schuster, 1960, pp.430 - 431.

25   *The Black Book: The Nazi Crime Against the Jewish People*, New York: The Jewish Black Book Committee, 1946, p.301, 329, 340, 342, 366, 436.

26   *The Black Book*, pp.342-343.

27   Hilberg, p.28; Shirer, p.431; Nora Levin, *The Holocaust*, New York: Thomas Y. Crowell, 1968, p.150.

28   Sala Pawlowicz with Kevin Klose, *I Will Survive*, New York: Norton, 1962, p.41.

29   Pawlowicz, p.54.

30   Jacob Apenszlak, ed., *The Black Book of Polish Jewry*, New York: The American Federation for Polish Jews, 1943, pp.25 - 29.

31   Hilberg, pp.126-127.

32   Harry Gersh, *The Sacred Books of the Jews*, New York: Stein and Day, 1968, pp.181 - 183.

33   *Trial of the Major War Criminals before the International Military Tribunal* (42 vols.), Nuremberg, 1947, Vol. 7, pp.456 - 457.

34   Testimony of Jan. 31 1946, Nuremberg war-crimes tribunal, Vol. 6, pp.404 - 407.

35   *Life*, Jan.10, 1938, p.51

36   Nanking International Relief Committee, *War Damage in the Nanking Area*, Shanghai: The Mercury Press, 1938, p.8.

37   *International Military Tribunal for the Far East*, Tokyo, 1946 (typed transcripts), p.4467.

38   Tokyo tribunal (typed transcripts), pp.4464 – 4466.

39   Tokyo tribunal (typed transcripts), pp.3904 – 3943, 4459, 4476, 4479, 4526 – 4536, p.4459, 4476, 4479, 4544, etc.

40   Tokyo tribunal (typed transcripts), pp.4506 – 4507.

41   Tokyo tribunal (typed transcripts), p.4501.

42   Tokyo tribunal (typed transcripts), p.4515.

43   *Judgment of the International Military Tribunal for the Far East* (2 vols.), Tokyo, 1948, p.1012.

44   Judgment, pp.1012 – 1019.

45   Judgment, p.707.

46   Judgment, p.1001.

47   Tokyo tribunal (typed transcripts), p.33869.

48   Tokyo tribunal (typed transcripts), p.33874.

49   Tokyo tribunal (typed transcripts), p.21944.

50   Judgment, p.1023.

51   Agnes Newton Keith, *Three Came Home*, Boston: Atlantic-Little, Brown, 1947, p.150.

52   Paul Hoffman, "Pius Knew in 1941 of Drive on Jews," *New York Times*, Apr. 27, 1974. 슬로바키아 정부는 이 보고 내용을 부인했다. 보고 서신 및 관련 내용은 다음 책에서 볼 수 있다. *The Holy See and the War Victims, January 1941–December 1942*, Libreria Editrice Vaticana, 1974, p.470, 475, 504, pp.543 – 544.

53   Ka-Tzetnik, *House of Dolls*, New York: Simon and Schuster, 1955.

54   R. J. Minney, *I Shall Fear No Evil; The Story of Dr. Alina Brewda*, London: William Kimber, 1966, pp.141ff.

55   *The Black Book: The Nazi Crime Against the Jewish People*, p.164.

56   *New York Times*, Nov. 13, 1944, p.1.

57   앞서 인용한 "The Molotov Note".

58   Judgment, p.1022.

59   Ilya Ehrenburg, *Russia at War*, London: Hamish Hamilton, 1943, pp.116 – 117.

60   Ehrenburg, p.254.

61   Hildegard Knef, *The Gift Horse*, trans. from the German by David Anthony Palastanga, New York: Dell, 1972, p.70, 77.

62   Knef, p.98.

63   Cornelius Ryan, *The Last Battle*, New York: Simon and Schuster, 1966, pp. 26 – 33, 484 – 493.

64   Theodor Schieder, ed., *Documents on the Expulsion of the Germans from Eastern-Central Europe* (4 vols.), Bonn, 1953 – 1960. Vol. I, *The Expulsion of the German Population from*

the Territories East of the Oder-Neisse Line.

65 Schieder, I, p.257.

66 Schieder, I, p.244.

67 Schieder, I, p.49.

68 Ibid.

69 Karl Doenitz, *Memoirs: Ten Years and Twenty Days*, Cleveland: World Pub. Co., 1959, p. 431.

70 Karl Bednarik, *The Male in Crisis*, New York: knopf, 1970, p.69.

71 Ryan, p.493n.

72 Milovan Djilas, *Conversations with Stalin*, New York: Harcourt, Brace, 1962, p. 89, 95.

73 Aleksandr I. Solzhenitsyn, *The Gulag Archipelago, 1918–1956*, trans, from the Russian by Thomas P. Whitney, New York: Harper, 1973, p.21.

74 Patton, p.23, 71.

75 이 사건 관련 인용 출처는 다음과 같다. *U.S. Congressional Record*, Senate, June 29, 1945, Vol. 91, Part 5, pp.6995 – 6996; "Eastland's Charges Hit, SHAEF Has No Knowledge of Offenses Laid to Negroes," *New York Times*, July 3, 1945, p.4; "Rape Story Unsupported, 6th Army Group Says Stuttgart Inquiry Finds No Basis For It," *New York Times*, July 7, 1945, p.4; "Rape Story Dispute Grows in Stuttgart," *New York Times*, Aug. 11, 1945, p.10.

76 Robert H. Adleman and George Walton, *Rome Fell Today*, Boston: Little, Brown, 1968, p.184. 또한 p.259, 268.

77 Danilo Dolci, *Report from Palermo*, trans. from the Italian by P. D. Cummins, New York: Orion Press, 1959, p.68.

78 미국 군사재심법원 서기장(법무감) 에이브러햄 넴로우와 1973년 2월 2일 워싱턴에서 인터뷰했다. 이후 강간 유죄 판결 통계와 서기장의 언급은 모두 이 인터뷰에서 나온 것이다.

79 William Drummond, "Raped Bengalis Called 'Heroes,'" *New York Post*, Dec. 22, 1971.

80 Joseph Fried, "Women Back in Jessore as Terror Lifts," *New York Daily News*, Dec. 27, 1971.

81 *Associated Press*, Jan. 17, 1972; *United Press International*, Jan. 17, 1972; *New York Times*, Jan. 18, 1972.

82 Shelley Steinberg et al., "To the Editor" (Jan. 24, 1972), *New York Times*, Feb. 9, 1972.

83 Jill Tweedie, "The Rape of Bangladesh," *The Guardian*, London, Mar. 6, 1972; Robert Trumbull, "Dacca Raising the Status of Women While Aiding Rape Victims," *New York Times*, May 12, 1972.

84 방글라데시 전쟁과 관련해 정확한 통계를 얻기는 불가능하다. 대체로 이의가 없거나 최소한 편파적이지 않다고 인정되는 통계는 전쟁 전 인구와 파키스탄이 탄압한 기간, 인도가 군사적 개입을 한 기간이 며칠인가 정도이다. 사망자와 난민, 강간당한 여성의 수는 방글라데시의 실상이 점차 드러나면서 매체에 따라 크게 변동하는 경향

을 보였다. '수만 명'이 목숨을 잃고 또 '수만 명'이 국경을 넘어 도망쳤을 것이라는 식으로만 기록하는 매체도 있다. 이 책을 쓰는 입장에서 가장 중요한 숫자인 강간당한 여성의 수는, AP와 UPI의 경우 1972년 1월 17일에 20만 명을 헤아릴 것이라고 보도했고,《뉴욕 타임스》는 1972년 5월 5일 5만 명이라고 보도했으며,《뉴욕 타임스 매거진》은 1973년 1월 21일에 40만 명이라고 보도했다. 다른 매체에서도 5만에서 40만 사이의 숫자로 보도했다.

85 Bérengère d'Aragon, 사진 설명 및 자료집, Black Star, March 1972.

86 Rounaq Jahan, Dacca University, "Women in Bangladesh," the IX International Congress of Anthropological and Ethnological Sciences에서 발표된 논문, Chicago, Aug. 28 – Sept. 8, 1973 (mimeo); Ruby Rohrlich Leavitt, ed., *Women Cross-Culturally: Change and Challenge*, The Hague: Mouton Publications, 1975.

87 Bérengère d'Aragon.

88 Ibid.

89 Aubrey Menen, "The Rapes of Bangladesh," *New York Times Magazine*, July 23, 1972, pp.11ff.

90 Bérengère d'Aragon.

91 Jill Tweedie. 또한 *New York Times*, Mar.5, 1972.

92 Jill Tweedie, 인도 작가 물크 라지 아난드Mulk Raj Anand 재인용.

93 Bérengère d'Aragon, 같은 자료.

94 Robert Trumbull.

95 "Killing of Babies Feared in Bengal" (AP), *New York Times*, Mar. 5, 1972.

96 Robert Trumbull.

97 Menen; d'Aragon.

98 Trumbull; d'Aragon; Jane E. Brody, "Physicians Thoughout the World Are Studying New, Simple Techniques for Terminating Pregnancies," *New York Times*, Dec. 20, 1973.

99 Bérengère d'Aragon.

100 Khushwant Singh, "Bangladesh, after the first year: Will it ever be a workable country?" *New York Times Magazine*, Jan. 21, 1973, p.22.

101 위와 같은 기사.

102 Aubrey Menen.

103 Jill Tweedie.

104 *The Pentagon Papers* as published by *The New York Times*, New York: Bantam, 1971, p.55.

105 AP 특파원인 피터 아넷과 나눈 대화 내용은 뉴욕시에서 1972년 12월 11일, 12월 19일, 이듬해 1월 22일 3회에 걸쳐 진행한 인터뷰에서 발췌한 것이다.

106 이런 현상에 관해 내게 처음으로 알려준 사람은 남북전쟁 마니아이자《하퍼스 매거진Harper's Magazine》편집장인 존 피셔였다. 피셔는 1973년 1월 18일 나에게 이런 편지를 보냈다. "남북전쟁에 관한 회고록을 꽤 섭렵했다고 자부하지만, 강간 이야기는 전혀 발견하지 못했습니다. 예를 들어, 셔먼의 군대는 애틀랜타에서 해안까지 진군하면서 티스푼 하나까지 남김없이 털어가고 모든 외양간을 불태운 것으로 악명이 높

지만, 그들이 강간이나 어떤 심각한 무례를 저질렀다고 고발한 사례는 한 건도 보지 못했습니다." 컬럼비아대학교에서 연구하는 제임스 셴튼을 비롯한 다른 역사학자들 역시 피셔의 언급이 사실임을 확인해주었다. 물론 다른 전쟁의 사례에서 역사학자들이 강간 이야기를 무시하는 경향이 있었던 것도 사실이지만, 남북전쟁의 경우 내가 자문을 구한 사학자들이 나에게 들이민 문헌이나 내가 직접 찾아낸 문헌을 봐도 강간을 고발한 기록은 없었다. 직접 조사해본 결과, 미국 독립혁명이나 다른 전쟁의 경우와는 달리, 남북전쟁 문헌들에서는 어떤 강간 기록도 얻지 못했다. 메리 보이킨 체스넛Mary Boykin Chesnut의 《남부 일기Diary from Dixie》(1905)를 비롯한 몇몇 문헌에서 셔먼의 군대가 오면 강간당할지도 모른다는 두려움을 언급한 대목을 찾아냈지만, 실제로 강간 사건이 확실히 있었다는 언급은 찾지 못했다. 나는 개인 회고록에 강간 기록이 없다는 사실이 남북전쟁에서 실제로 강간이 적었다는 것을 의미한다고 보지만, 이후의 역사가가 다른 증거를 발견할 경우 언제든지 의견을 수정하겠다.

107 Henry Kamm, "Big Rubber Tract in Cambodia Falls to Saigon Troops," *New York Times*, May 25, 1970, p.1, 6.

108 *New York Times Magazine*, Aug. 12, 1973, p.31.

109 "Thieu's Political Prisoners of War," *Time*, Dec. 25, 1972, p.18.

110 Henri Alleg, *The Question*, New York: Braziller, 1958, p.42.

111 Juan de Onis, "The Political Torture of a Woman Shakes Argentina," *New York Times*, May 25, 1972, p.3.

112 "Amnesty Group Accuses Brazil of Torturing Political Prisoners," *New York Times*, Sept. 7, 1972, p.10.

113 "Torture is Reported" (Reuter), *New York Times*, Mar. 26, 1973, p.11.

114 David Binder, "Chile Accused of Torture By OAS Investigators," *New York Times*, Dec. 10, 1974, p.8.

115 Judy Klemesrud, "Prisoner of the Vietcong for 23 Days, She Calls the Experience Rewarding," *New York Times*, Aug. 8, 1972, p.38.

116 Vietnam Veterans Against the War, *The Winter Soldier Investigation: An Inquiry into American War Crimes*, Boston: Beacon Press, 1972, p.133.

117 Bernard Fall, *Street Without Joy*, New York: Schocken, 1972, p.133.

118 Fall, pp.132 – 134.

119 Andrew Borowiec, Associated Press Special Report, Saigon, July 8, 1966.

120 Charles Winick and Paul M. Kinsie, *The Lively Commerce*, Chicago: Quadrangle, 1971, pp.245 – 267. 또한 Stuart H. Loory, *Defeated: Inside America's Military Machine*, New York: Random House, 1973, pp.214 – 234.

121 Winick and Kinsie, p.266.

122 *Time*, Feb. 26, 1973, p.14.

123 베트남에서 군은 4종의 성병 예방 영화를 배포했으며, 군대 의료진을 위해 추가로 3종의 영화를 배포했으나, 강간 방지 영화는 만들어진 적도, 배포된 적도 없다. 1974년 8월 23일 워싱턴 DC의 군정보안내소Army Information Office에서 린 건스미스와 나눈

대화가 이 정보의 출처이다.

124 Abraham Nemrow, U.S. Army Court of Military Review (JAG), in Washington, Feb. 2, 1973; JAG의 V. M. 매켈로이가 1974년 9월 20일 이 정보를 다시 확인하고 보충했다.

125 다음 인물과 전화 통화로 얻은 정보. Col. Audrey Thomas, press officer, Department of Defense, Washington, Sept. 16, 1974.

126 V. M. 매켈로이와의 전화 인터뷰. 1974. 9. 1.

127 전화 인터뷰. Col. Audrey Thomas, DOD, Sept. 10, 1974.

128 전화 인터뷰. Lt. Steve Becker, Navy Information Office, Washington, Sept. 18, 1974.

129 Daniel Lang, *Casualties of War*, New York: McGraw-Hill, 1969, 그리고 Lang, *The New Yorker*, Oct. 18, 1969.

130 Seymour M. Hersh, *My Lai 4: A Report on the Massacre and Its Aftermath*, New York: Random House, 1970, p.18, 34, 47, 67, 72, 83, 85, 87, 147, 185. 또, Joseph Lelyveld, "The Story of a Soldier Who Refused to Fire at Song My," *New York Times Magazine*, Dec. 14, 1969.

131 W. R. Peers, Report of the Department of the Army Review of the Preliminary Investigations into the My Lai Incident, Washington: U.S. Government Printing Office, Mar. 14, 1970, Vol. 1 (released Nov. 13, 1974), p.6/18.

132 Peers Report, pp. 2/ 3, 6/ 8, 6/ 10, 6/ 20, 12/ 2, 12/ 33. 전사한 스티븐 브룩스 소위에 관한 증언. "그는 자기 동료들이 마을에서 작전을 수행할 때 상습적으로 베트남 여성을 강간한다는 것을 알고 있었지만, 1968년 3월 16일 밀라이에서 소대원들이 강간을 저지르는 것을 목격하고도 제지하거나 보고하지 않았다."

133 Seymour M. Hersh "Army Issues My Lai Cover-Up Report," *New York Times*, Nov. 14, 1974, p.16.

134 U.S. Army, Office of the Judge Advocate General, *Court of Military Review*, CM 419652, United States v. Specialist Four William C. Ficke, Jr., Apr. 25, 1969; U.S. Army, Office of the Judge Advocate General, *Court of Military Review*, CM 420332, United States v. Captain Leonard Goldman, Dec. 4, 1970. Supplementary material from Maurine Beasley, "Court Clears Captain of Hiding Viet Atrocity," *Washington Post*, July 31, 1971, pp.A‑3.

135 Lucy Komisar, "The Machismo Factor"(미발표 · 미완성 원고).

136 Roger Neville Williams, *The New Exiles: American War Resisters in Canada*, New York: Liveright, 1971, p.276.

137 Winter Soldier Investigation, p. 13, 28, 29, 44, 46, 53, 67, 94, 118.

4장

1 관련 자료는 Oliver Morton Dickerson, comp., *Boston Under Military Rule, 1768–1769* 에서 재인용. 원출처는 *A Journal of the Times*, Boston: Chapman and Grimes, 1936. Dickerson의 서문, pp.vii-xii.과 다음 페이지에서 재인용. p. 21, 29, 34, 93, 100, 114.

또한 p. 71, 79, 90, 99, 108, 118도 참조.

2   Henry Steele Commager and Richard B. Morris, eds., *The Spirit of Seventy-Six*, Indianapolis: Bobbs-Merrill, 1958, p.424.

3   Col. George Measam to Gen. Anthony Wayne, Albany, Jan. 11, 1777, Anthony Wayne Correspondence, New York Public Library.

4   Commager and Morris, p.524.

5   *New Jersey Historical Society Archives*, Series 2, Vol. 1, Trenton: 1901, pp.245 - 246.

6   Varnum Lansing Collins, ed., *A Brief Narrative of the Ravages of the British and Hessians at Princeton in 1776–1777*, Princeton: The University Library, 1906, pp.14 - 15.

7   Commager and Morris, p.525.

8   Commager and Morris, pp. 525 - 527.

9   Elizabeth Evans, *Weathering the Storm: Women in the American Revolution*, New York: Scribner's, 1975, p.26.

10   Papers of the Continental Congress, Item 53: Papers and Affidavits Relating to the Plundering, Burnings and Ravages Committed by the British, 1775 - 1784, folios 29 - 40. 이 자료는 손으로 쓴 선서진술서로 현재 다음 기관에서 보관하고 있다. The Center for the Documentary Study of the American Revolution, The National Archives, Washington, DC. 나에게 원본 사진의 복사본을 제공해준 조지 찰루에게 감사를 표하고 싶다.

11   Ronald Sanders, *The Downtown Jews*, New York: Harper & Row, 1969, p.17.

12   Ande Manners, *Poor Cousins*, New York: Coward, McCann, 1972, pp.37 - 39.

13   이와 관련된 증언과 기록은 모두 다음에서 인용했다. *Massacres and Other Atrocities Committed Against the Jews in Southern Russia*, New York: American Jewish Congress, pamphlet, 1920.

14   Louis M. Epstein, *Sex Laws and Customs in Judaism*, New York: Bloch Pub. Co., 1948, pp.191 - 192, p.215.

15   Jean-Paul Sartre, *Anti-Semite and Jew* (1946), trans. George J. Becker, New York: Schocken, 1965, pp. 48 - 49.

16   Herman C. Smith, "Mormon Troubles in Missouri," *Missouri Historical Review*, Vol. IV, No. 4 (July 1910), pp. 238 - 251.

17   Elder B. H. Roberts, *The Missouri Persecutions*, Salt Lake City: George Q. Cannon & Sons, 1900.

18   Ibid.

19   Jack D. L. Holmes, "The Underlying Causes of the Memphis Race Riot of 1866," *Tennessee Historical Quarterly*, Vol. 17, No. 3 (Sept. 1958), pp.195 - 221.

20   프랜시스 톰프슨, 루시 스미스, 루시 팁스와 신시아 타운젠드가 의회 조사 위원회에서 증언한 내용은 다음 책에서 재인용한 것이다. Gerda Lerner, ed., *Black Women in White America: A Documentary History*, New York: Pantheon, 1972, pp.174 - 177.

21   "Kukluxism in Tennessee, 1865 - 1869," *Tennessee Historical Quarterly*, Vol. 8, No.

3 (Sept. 1949), pp.195 - 219. 그리고 Stanley F. Horn, *Invisible Empire*, Cos Cob: Edwards, 1969.

22 해리엇 심릴과 엘런 파튼의 증언은 다음에서 재인용. Lerner, pp. 183 - 186. 한나 터 트슨의 증언은 다음에서 재인용. Herbert Aptheker, *A Documentary History of the Negro People in the United States* (1951), New York: Citadel, 1968, Vol. 2, pp.579 - 585.

23 Lerner, p.180.

24 Irving Leibowitz, *My Indiana*, New York: Prentice-Hall, 1964

25 *New Statesman*, July 23, 1960, pp.107 - 108.

26 *National Review*, Aug. 27, 1960, p.101.

27 E. D. Morel, *The Future of the Congo*, London: Smith, Elder & Co., 1909, pp.34 - 35. 포 르스 퓌블리크의 역사에 대해 더 참고하려면, Colin Legum, *Congo Disaster*, London: Penguin, 1961.

28 Catherine Hoskyns, *The Congo Since Independence*. London: Oxford University Press, 1965, p.89.

29 Helen Kitchen, ed., *Footnotes to the Congo Story: An "Africa Report" Anthology*, New York: Walker & Co., 1967, pp.21 - 23.

30 Edwin S. Munger, "Conflict in the Congo, Part III: An Inquiry into Rape Charges" (Sept. 1960), *African Field Reports*, American Universities Field Staff, 1961.

31 Philippa Schuyler, *Who Killed the Congo?*, New York: Devin-Adair, 1962, pp.185 - 190.

32 *New Statesman*, July 23, 1960, p.108.

5장

1 *The Narrative of the Captivity and Restoration of Mrs. Mary Rowlandson* (1682), Boston: Houghton Mifflin, 1930, p.71.

2 Frederick Drimmer, ed., *Scalps and Tomahawks: Narratives of Indian Captivity*, New York: Coward-McCann, 1961, p.13.

3 Drimmer, p.12.

4 Peter Farb, *Man's Rise to Civilization as Shown by the Indians of North America from Primeval Times to the Coming of the Industrial State*, New York: Avon/Discus, 1971, pp.130 - 131.

5 James Seaver, *A Narrative of the Lite of Mary Jemison* (1824), American Scenic and Historic Preservation Society, 1932.

6 William B. Rice, "The Captivity of Olive Oatman," *California Historical Society Quarterly*, June 1941, p.97.

7 Drimmer, p.14.

8 Seaver, p.421.

9   Abbie Gardner-Sharp, *History of the Spirit Lake Massacre and Captivity of Miss Abbie Gardner*, Des Moines: Iowa Printing Co., 1902, p.217.

10 Drimmer, pp. 330 – 369.

11 Stanley Vestal, *Sitting Bull, Champion of the Sioux*, Boston: Houghton Mifflin, 1932, pp.65 – 69.

12 J. P. Dunn, *Massacres of the Mountains, A History of the Indian Wars of the Far West 1815–1875* (1886), New York: Archer House, 1958, p.319.

13 Dunn, p.367.

14 Dunn, p.368.

15 "Reply of Governor Evans of the Territory of Colorado to that part referring to him of the Report of the Committee on the Conduct of the War, headed 'Massacre of Cheyenne Indians,'" Denver, 1865 (Eames Indian Collection, New York Public Library), p.6 and Appendix. 유뱅크스 부인의 진술은 당대 여러 신문에도 기사로 실렸다.

16 Marshall Sprague, *Massacre: The Tragedy at White River*, Boston: Little, Brown, 1957. 화이트리버 대학살의 정치적 배경과 정부가 우테족을 콜로라도에서 몰아낸 과정에 대해서는 다음 책도 참고할 수 있다. Dee Brown, *Bury My Heart at Wounded Knee*, New York: Holt, Rinehart, 1970, pp.367 – 389. 세 여성의 증언 전문은 "White River Ute Commission Investigation," House of Representatives, 46th Congress, 2nd Session, 1880, Ex. Doc.83, pp.13 – 19, 21 – 27, 40 – 50. Comment of Chief Ouray re "oath of a woman," Ex. Doc.83, pp.12 – 13.

17 Brown, p.xv.

18 Dunn, pp.621 – 623.

19 Dunn, pp.342 – 382.

20 Stan Hoig, *The Sand Creek Massacre*, Norman: University of Oklahoma Press, 1961, p.186.

21 Brown, p.328.

22 L. V. McWhorter, *Hear Me, My Chiefs*, Caldwell, Idaho: Caxton, 1952, p.116.

23 McWhorter p.121.

24 "An Indian's Views of Indian Affairs," *North American Review*, Vol.128 (Apr. 1879), p.427.

25 Winthrop D. Jordan, *White Over Black: American Attitudes Toward the Negro, 1550–1812*, Chapel Hill: University of North Carolina Press, 1968, p.141.

26 Gerda Lerner, ed., *Black Women in White America: A Documentary History*, New York: Pantheon, 1972, pp.47 – 48.

27 Frederic Bancroft, *Slave Trading in the Old South* (1931) New York: Ungar, 1959 – 1967.

28 Bancroft, pp.68 – 69.

29 Bancroft, p.79.

30 Bancroft, p.71.

31 Theodore Weld, ed., *American Slavery As It Is: Testimony of a Thousand Witnesses* (1839),

New York: Arno Press & The New York Times, 1968, p.182.

32 Weld, p.15.

33 Frances Anne Kemble, *Journal of a Residence on a Georgian Plantation in 1838–1839* (1863), John A. Scott edn., London: Jonathan Cape, 1961, p.222.

34 Bancroft, pp.77n, 81–82.

35 Weld, p.175.

36 Bancroft, p.85.

37 이 때문에 편 브로디를 비롯한 여러 사람이 토머스 제퍼슨과 그의 노예였던 샐리 헤밍스의 연인 관계에 대해 흥미로운 추정을 내놓기도 했다.

38 Bancroft, p.84. 또한 Kenneth M. Stampp, *The Peculiar Institution*, New York: Knopf, 1956, p.341.

39 Ulrich B. Phillips, *Life and Labor in the Old South*, Boston: Little, Brown, 1929, p.278.

40 Stampp, p.335.

41 Phillips, p.204.

42 Stampp, p.342.

43 Charles Ball, *Fifty Years in Chains*, H. Dayton, 1859, p.122, 197.

44 Stampp, p.355.

45 Stampp, p.355.

46 Lydia Maria Child, comp., *The Patriarchal Institution as Described by Members of its own Family*, New York: The American Anti-Slavery Society, 1860, p.28.

47 James Thomas Flexner, *George Washington and the New Nation (1783–1793)*, Boston: Little, Brown, 1970, p.24.

48 Stampp, p.354.

49 Weld, p.15.

50 "Twelve Years a Slave, the Narrative of Solomon Northup" (1853), Gilbert Osofsky, ed., *Puttin' On Ole Massa*, New York: Harper Torchbooks, 1969, pp.327–328, 333–334, 350–351, 367–369.

51 Child, p.28.

52 Child, p.28.

53 Child, p.34

54 Frederick Law Olmsted, *A Journey in the Seaboard Slave States* (1856), New York: Negro Universities Press, 1968, p.601.

55 Weld, p.157.

56 Ball, p.295.

57 James H. Johnston, *Race Relations in Virginia and Miscegenation in the South, 1776–1860* (1937), Amherst: University of Massachusetts Press, 1970, p.307.

58 올리히 필립스는 이렇게 썼다. "…… 노예를 멋대로 죽일 경우 보통 살인으로 여겼으나, 노예의 여자를 범하는 일은 범죄로 처벌하지 않았다." 필립스에 따르면 한 대농장주는 감독관에게 다음과 같은 규칙을 부과했다고 한다. "내 여자 노예와 관계를 맺을

경우 반드시 해고당할 것이며, 예외는 없다." Ulrich B. Phillips, *American Negro Slavery* (1918), Baton Rouge: Louisiana State University Press, 1969, pp.273 – 274, p.500. 또한 Jordan, p.157.

59 Jordan, p.160.

60 Jordan, p.139; Johnston, pp.172 – 175.

61 Jordan, p.140.

62 Jordan, p.139; Johnston, pp.175 – 179, 250 – 257.

63 Helen T. Catterall, ed., *Judicial Cases Concerning American Slavery and the Negro* (1932), New York: Octagon, 1968, Vol.3, p.316.

64 Johnston, pp.218 – 236.

65 Child, p.29.

66 Gerda Lerner, *The Grimké Sisters from South Carolina*, Boston: Houghton Mifflin, 1967, p.179.

67 Frances Anne Kemble, *Journal of a Residence on a Georgian Plantation in 1838–1839*, New York: Harper & Brothers, 1863, pp.140 – 141n. 글에 등장하는 인물들에게 해가 될 가능성을 우려한 켐블은 이름을 이니셜로 처리했으나, 내가 이 일기의 Scott 편집본과 비교해 이름을 채워넣었다는 사실을 밝혀둔다.

68 Kemble, 1863 edn., p.232.

69 Kemble, 1863 edn., p.228.

70 Scott edn.,의 편집자 서문을 보면 이 일기가 어떤 운명을 겪었는지 알 수 있다. 리디아 차일드의 역할에 관해서는, Kemble, *Records of a Later Life*, New York: Holt, 1882, p.324, 이혼 과정과 버틀러가 책 출판을 방해한 과정에 관해서는 *Mr. Butler's Statement*, Philadelphia: J. C. Clark, 1850, pp.15 – 18.

71 Bancroft, pp.329 – 338.

72 Frederick Douglass, *Lectures on American Slavery*, Buffalo: G. Reese, 1851, "Lecture No. 2, December 8, 1850." 또는 Herbert Aptheker, ed., *A Documentary History of the Negro People in the United States*, New York: Citadel, 1951, Vol.1, p.313.

73 Bancroft, p.329.

74 Ibid.

75 Ibid.

76 Robert William Fogel and Stanley L. Engerman, *Time on the Cross: The Economics of American Negro Slavery*, Boston: Little, Brown, 1974, Vol.I, pp.130 – 138, 143 – 144; Vol. II, pp.24 – 25, 114 – 115, p.106, 169.

77 H. Katchadourian and D. T. Lunde, *Fundamentals of Human Sexuality*, New York: Holt, Rinehart, 1972, p.86.

78 Ashley Montagu, *Sex, Man and Society*, New York: Tower Publications, 1969, pp.115 – 128 (Chap. 14, "Adolescent Sterility"); Clellan S. Ford and Frank A. Beach, *Patterns of Sexual Behavior*, New York: Harper Colophon, 1972, pp.172 – 173. Ford and Beach, 예일대 교수들은 간단명료하게 이렇게 말했다. "15세 이전에 재생산 능력을 갖추는 소

녀는 상대적으로 극히 적고, 15세가 되어도 재생산 능력은 완전히 성숙한 상태가 아니다. 여성이 재생산 능력을 완전히 성숙하게 갖추는 나이는 대략 23세이다. 즉, 사춘기 직후의 소녀들은 성숙한 여성보다 성관계 후 임신할 가능성이 적다는 뜻이다."

6장

1   Federal Bureau of Investigation, *Uniform Crime Reports*, 1973, p.15.(이후 UCR로 표시)

2   Menachem Amir, *Patterns in Forcible Rape*, Chicago: University of Chicago Press, 1971, pp.27 – 28.

3   이에 관한 자세한 논의는 이 책의 11장을 보라.

4   UCR, p.15.

5   1974년 1월 16일, 맨해튼 지방검사보 레슬리 스나이더가 뉴욕 변호사 협회 회의에서 연설한 내용. 스나이더가 내놓은 통계는 1972년 뉴욕 카운티에서 강간으로 체포된 숫자에 근거한다. 그녀는 다른 지역에서 체포된 숫자 대비 유죄판결 비율도 언급했는데, 시카고 17퍼센트, 보스턴 11.5퍼센트, 샌프란시스코 28퍼센트였다.

6   살인, 폭행, 강도 간 비교 통계는 모두 UCR, p.6, 11, 15.

7   '처리율' 통계 관련 내용은 UCR, p.10, 11, 16.

8   UCR, p.15.

9   Evan S. Connell, Jr., *The Diary of a Rapist*, New York: Simon and Schuster, 1966, throughout.

10 Manfred S. Guttmacher, *Sex Offenses*, New York: Norton, 1951, p.15.

11 Benjamin Karpman, *The Sexual Offender and His Offenses*, New York: Julian Press, 1954, p.477.

12 Karpman, p.372.

13 Karpman, pp.347, 479, 482.

14 Guttmacher, p.50.

15 Guttmacher, pp.81 – 86.

16 David Abrahamsen, *The Psychology of Crime*, New York: Columbia University Press, 1960, p.165.

17 Marvin E. Wolfgang, ed., *Studies in Homicide*, New York: Harper & Row, 1967, p.5.

18 Marvin E. Wolfgang and Franco Ferracuti, *The Subculture of Violence*, London: Tavistock, 1967, p.154.

19 Amir, pp.314 – 331.

20 Amir, p.334.

21 Amir, p.337.

22 Amir, p.52.

23 Amir, p.65.

24 Amir, p.339.

25 Amir, pp.112 – 114.

26 Amir, pp.89 – 94.

27 Amir, p.43.

28 Amir, p.336.

29 Amir, p.341.

30 Amir, pp.140 – 143, 213 – 214.

31 Amir, pp.141 – 142.

32 Amir, p.339.

33 Amir, pp.154 – 156.

34 여기에 언급한 도시는 강간 신고 건수가 인구 10만 명당 50건에 육박하거나 초과하는 수치를 보인 도시이다. "Table 5, Index of Crime, 1973, Standard Metropolitan Statistical Areas," UCR, 1973, p.77ff.

35 UCR, p.13.

36 UCR, p.6, 11, 13.

37 이에 관해서는 *Crimes of Violence*, Vol.11, pp.75 – 80.

38 Brenda A. Brown, "Crime Against Women Alone," A System Analysis of the Memphis Police Department Sex Crime Squad's 1973 Rape Investigations, May 18, 1974 (mimeo), pp.7 – 8.

39 *Crimes of Violence*, Vol.11, p.221.

40 Amir, p. 145, pp.138 – 139.

41 Stephen Schafer and Gilbert Geis, "Forcible Rape: A Comparative Study of Offenses Known to the Police in Boston and Los Angeles, 1967," 1969년 샌프란시스코에서 열린 미국 사회학회 발표문.

42 By J. W. Mohr. 다음에서 재인용. John M. MacDonald, *Rape Offenders and Their Victims*, Springfield: Charles C. Thomas, 1971, p.160.

43 Charles R. Hayman et al., "Rape in the District of Columbia," 1971년 10월 12일, 미니애폴리스에서 열린 미국 공공보건학회 99주년 기념 학회 발표문.

44 Amir, p.200.

45 Ibid.

46 Amir, p.200.

47 W. H. Blanchard, "The Group Process in Gang Rape," *Journal of Social Psychology*, 1959, No.49, pp.259 – 266.

48 Hubert Selby, *Last Exit to Brooklyn*, New York: Grove, 1965, p.116.

49 G. D. Woods, "Some Aspects of Pack Rape in Sydney," *Australian and New Zealand Journal of Criminology* (1969), Vol.2, No.2, pp.105 – 119.

50 Amir, pp.158 – 161, 222 – 225.

51 Amir, p.160.

52 Amir, p.222.

53 Amir, p.159 (Table 56).

54 Robert Daley, "Police Report on the TV Cop Shows," *New York Times Magazine*, Nov. 19, 1972.

55 뉴욕 경찰국의 성범죄 분석 전담반 소속 앤 갤러거와의 전화 인터뷰. 1974년 9월 24일.

56 Brown, p.10n.

57 DC 살인 사건 수사과 소속 윌리엄 캘드웰 경위와의 인터뷰. 1974년 9월 24일.

58 *Crimes of Violence*, Vol. 11, pp.209 – 210, 216 – 218.

59 *Crimes of Violence*, Vol. 11, p. 209, 211, pp.217 – 219.

60 Table 19, *Crimes of Violence*, Vol.12, p.544.

61 *Time*, June 26, 1964, pp.21 – 22.

62 *Time*, Nov. 20, 1972, p.74.

63 보스턴 교살자 이야기는 다음 책에 대단히 많이 기댔다는 사실을 밝혀둔다. Gerold Frank, *The Boston Strangler*, New York: NAL Signet, 1967

64 Frank, pp.347 – 349.

65 Frank, pp.335 – 336.

66 Frank, p.256.

67 Frank, p.257, 258, 296, 323.

68 Frank, p.353.

69 Frank, pp. 165 – 172.

70 Frank, p. 329, 345.

71 Frank, p.300.

72 Frank, p.276.

73 Frank, pp.338 – 339.

74 Frank, p.327.

75 Frank, pp.302 – 303.

76 Frank, pp.106 – 108.

77 John Kifner, "DeSalvo, Confessed 'Boston Strangler,' Found Stabbed to Death in Prison Cell," *New York Times*, Nov. 27, 1973.

78 U.S. Department of Justice, *National Prisoner Statistics: Prisoners Released from State and Federal Institutions*, 1960, Figure B, Figure C.

79 Karpman, p.72.

80 Bernard Glueck, "Final Report, Research Project for the Study and Treatment of Persons Convicted of Crimes Involving Sexual Aberrations," submitted to the Governor of the State of New York, 1956, p.303.

81 Karpman, p.72.

82 R. J. McCaldon, "Rape," *Canadian Journal of Collections*, Vol.9, No.1 (Jan. 1967), pp.37 – 59.

83 McCaldon, p.47.

84 Clinton T. Duffy with Al Hirshsberg, *Sex and Crime*, New York: Doubleday, 1965

85 Duffy, p.58.

86 Duffy, p.58.

87 Duffy, p.57.

88 Duffy, p.132.

89 Duffy, p.58.

7장

1   Susan Brownmiller, "Rashomon in Maryland," *Esquire*, May 1968, p.130ff.

2   Federal Bureau of Investigation, *Uniform Crime Reports*, 1973, p. 15, 10, 19.

3   미국 인구조사국, 1974년 11월 1일 전화 확인.

4   Donald J. Mulvihill et. al., *Crimes of Violence, a staff report to the National Commission on the Causes and Prevention of Violence*, Washington: U.S. Government Printing Office, 1969, Vol.11, p. 209, 212.

5   Brenda A. Brown, "Crime Against Women Alone," a System Analysis of the Memphis Police Department Sex Crime Squad's 1973 Rape Investigations, May 18, 1974 (mimeo), pp.10 – 11.

6   Menachem Amir, *Patterns in Forcible Rape*, Chicago: University of Chicago Press, 1971, p.44.

7   Charles R. Hayman et al., "Rape in the District of Columbia," presented to the 99th Annual Meeting, American Public Health Association, Minneapolis, Oct. 12, 1971 (mimeo), pp.6 – 7.

8   Charles R. Hayman, "Comment," *Sexual Behavior*, Vol.1, No.8 (Nov. 1971), p.33.

9   James Q. Wilson, "The Death Penalty," *New York Times Magazine*, Oct. 28, 1973, p.34, 36.

10 Marvin E. Wolfgang and Bernard Cohen, *Crime and Race*, New York: Institute of Human Relations Press, 1970, p.81.

11 U.S. Department of Justice, National Prisoner Statistics Bulletin No.46: Capital Punishment (Aug. 1971), Table 1.

12 "Negroes Accuse Maryland Bench: Double Standard Is Charged in Report on Rape Cases," *New York Times*, Sept. 18, 1967, p.33.

13 Winthrop D. Jordan, *White Over Black*, Chapel Hill: University of North Carolina Press, 1968, p.153.

14 Ibid.

15 Herbert Aptheker, *American Negro Slave Revolts*, New York: Columbia University Press, 1943, p.224n.

16 John Henrik Clarke, ed., *William Styron's Nat Turner: Ten Black Writers Respond*, Boston: Beacon Press, 1968, p.85.

17 Eugene D. Genovese, *In Red and Black: Marxian Explorations in Southern and Afro-*

American History, New York: Pantheon, 1971, pp.211 - 212.

18 C. L. R. James, *The Black Jacobins: Toussaint L'Ouverture and the San Domingo Revolution* (1938), New York: Vintage Books, 1963, p.88.

19 Ulrich B. Phillips, *American Negro Slavery* (1918), Baton Rouge: Louisiana State University Press, 1969, p.458.

20 Jordan, p.463

21 Jordan, p.157.

22 Donald H. Partington, "The Incidence of the Death Penalty for Rape in Virginia," *Washington and Lee Law Review*, Vol.22 (1965) p.50.

23 Phillips, pp.460 - 461.

24 Harriet Martineau, *Society in America* (3 vols.) London: 1837, Vol.2, p.328. 이 언급은 마티노의 책 본문에는 블라인드로 처리되어 있었으나, 돌리 매디슨 덕분에 원 내용을 확인할 수 있었다.

25 James H. Johnston, *Race Relations in Virginia and Miscegenation in the South* (1937), Amherst: University of Massachusetts Press, 1970, pp.172 - 180.

26 이 사례에서 법원이 노예로 추정되는 흑인 남성에게 내린 명령은 단지 "목숨을 내놓을 각오가 아니면 다시는 백인 여자를 건드리지 말라"는 것이었는데, 이 흑인 남자가 "그녀가 먼저 유도했다"고 선서증언했기 때문이었다. Johnston, p.179.

27 Johnston, pp.257 - 263.

28 Johnston, p.261.

29 Johnston, pp.262 - 263.

30 Milton MacKaye, "The Birth of a Nation," *Scribner's*, Nov. 1937, p.46.

31 W. J. Cash, *The Mind of the South*, New York: Knopf, 1941, pp.115 - 117.

32 *Thirty Years of Lynching in the United States, 1880–1918*, New York: National Association for the Advancement of Colored People, 1919.

33 *Thirty Years of Lynching*, p.10.

34 *A New Public Opinion on Lynching*, Atlanta: Association of Southern Women for the Prevention of Lynching, Bulletin No.5, 1935.

35 Jessie Daniel Ames, *Toward Lynchless America*, Washington: American Council on Public Affairs, 1941, p.5.

36 *Are the Courts to Blame?*, Atlanta: Association of Southern Women for the Prevention of Lynching, Bulletin No.3, 1934, p.7.

37 Ames, p.5.

38 *Feeling Is Tense*, Atlanta: Association of Southern Women for the Prevention of Lynching, Bulletin No.8, 1938, p.7.

39 *Feeling Is Tense*, p.8.

40 Harry Haywood and Milton Howard, *Lynching, A Weapon of National Oppression*, New York: International Publishers, International Pamphlet No.25, 1932.

41 Haywood and Howard, p.5.

42 Haywood and Howard, p.7.

43 *To Secure These Rights*, Report of The President's Committee on Civil Rights, Washington: U.S. Government Printing Office; New York: Simon and Schuster, 1947, p.24.

44 Haywood and Howard, pp.7 - 8.

45 이에 관해서는 이 책의 11장을 보라.

46 Clara Zetkin, *Lenin on the Woman Question*, New York: International Publishers, 1934, pp.6 - 7, p.15; Ella Reeve Bloor, *We Are Many*, New York: International Publishers, 1940, pp.92 - 104.

47 John Dollard, *Caste and Class in a Southern Town* (1937), New York: Doubleday Anchor Books, 1957, pp.169 - 170n.

48 Helene Deutsch, *The Psychology of Women*, New York: Grune & Stratton, 1944, Vol.I, p.254.

49 스코츠버러 사건에 관해서는 다음의 책에서 가장 많은 도움을 받았다. Arthur Garfield Hays, *Trial by Prejudice*, New York: Covici, Friede, 1933, pp.25 - 150. 그 밖에도 도움이 되었던 문헌은 다음과 같다. Mary Heaton Vorse, "How Scottsboro Happened," *The New Republic*, May 10, 1933, pp.356 - 358; "Report on the Scottsboro, Ala. Case made by Miss Hollace Ransdell representing the American Civil Liberties Union," New York, May 27, 1931 (mimeo); "Opinion of Judge James E. Horton of the Alabama Circuit Court granting a motion for a new trial in the Scottsboro Case," reproduced by the ACLU, July 1933 (mimeo); appellant briefs for Haywood Patterson and Clarence Norris, argued before the Supreme Court of the State of Alabama by Osmond K. Fraenkel and Samuel S. Leibowitz, 1934, 1937; Quentin Reynolds, *Courtroom: the Story of Samuel S. Leibowitz*, New York: Farrar, Straus, 1950, pp.248 - 314; Haywood Patterson and Earl Conrad, *Scottsboro Boy*, New York: Doubleday, 1950; Allan K. Chalmers, *They Shall Be Free*, New York: Doubleday, 1951.

50 Hays, pp.115 - 116.

51 Hays, pp.61 - 64.

52 이런 팸플릿의 예를 보려면, Guy Endore, *The Crime at Scottsboro*, Hollywood: Hollywood Scottsboro Committee, 1938, pp.11 - 12. 그리고 두 여성에 대한 비방이 어떻게 '사실'이 되었는지 보려면, Elias M. Schwarzbart, "The Scottsboro Case," *New York Times*, Jan. 25, 1975, p.27.

53 이 사실은 1974년 9월 10일 앨러배마 몽고메리 법무부 차관 윌리엄 맥퀸이 전화 인터뷰로 확인해주었다.

54 Reynolds, p.305.

55 Hays, p.35; Chalmers, p.19.

56 Ransdell to the ACLU, p.3.

57 Vorse, *The New Republic*, p.357.

58 "J. E. Horton Dies; Scottsboro Judge," *New York Times*, Mar. 30, 1973, p.42.

59 Horton opinion, ACLU mimeo, p.15; 다음 문헌에도 재인용되어 있다. Hays, Reynolds

and Patterson.

60 Oakley C. Johnson, "Is the Punishment of Rape Equally Administered to Negroes and Whites in the State of Louisiana?" (1950), *We Charge Genocide* (1951), New York: International Publishers, 1970, Appendix, Document B.

61 Donald H. Partington, "The Incidence of the Death Penalty for Rape in Virginia," *Washington and Lee Law Review*, Vol.22 (1965), p.43, pp.68 - 70. 파팅턴은 이 연구에서 다룬 사례 중 피해자가 백인인 경우가 절반이라는 사실을 확인할 수 있었다. 그리고 피해자가 흑인인 경우는 한 건에 그쳤다. 나머지 사건(대부분 1930년 이전)은 피해자의 인종을 확인할 수 없었다고 한다.

62 Earl Conrad and Eugene Gordon, *Equal Justice Under the Law*, New York: Committee for Equal Justice for Mrs. Recy Taylor, 1945, pp.9 - 10.

63 *We Charge Genocide*, p.149.

64 Mel Fiske, "The Story of the Martinsville Frameup," *Daily Worker*, Feb. 4 and 5, 1951.

65 윌리 맥기 사건에 대해서는 다음 문헌들에 크게 의존했다. Carl T. Rowan, *South of Freedom*, New York: Knopf, 1952, pp.174 - 192; *New York Times*, May 8, 1951, p.1; *Time*, May 14, 1951, p.26; *Life*, May 21, 1951, p.44; 그리고 《데일리 워커》에 1951년 3월에서 5월 사이 실린 몇몇 기사.

66 *Time*, May 14, 1951, p.26; *Life*, May 21, 1951, p.44.

67 *Daily Worker*, Mar. 12, 1951, p.4.

68 *Daily Worker*, Mar. 12, 1951, p.4.

69 *Daily Worker*, Mar. 12, 1951, p.4.

70 *Daily Worker*, Mar. 15, 1951, p.6.

71 *Daily Worker*, Mar. 19, 1951, p.2

72 *Daily Worker*, Mar. 27, 1951, p.1.

73 *Daily Worker*, Apr. 25, 1951, p.1.

74 Rowan, p.190; *New York Times*, May 8, 1951, p.1.

75 *Daily Worker*, May 9, 1951, p.1.

76 *Life*, May 21, 1951, p.44.

77 *Time*, May 14, 1951, p.26.

78 Rowan, pp.174 - 192.

79 Rowan, pp.32 - 33.

80 여기 인용된 것은 1973년 12월 27일 뉴욕에서 저자가 벨라 압주그와 직접 인터뷰한 내용이다.

81 에메트 틸 사건에 관해서는 다음의 문헌들에 크게 의지했다. Carl T. Rowan, *Go South to Sorrow*, New York: Random House, 1957, pp.38 - 56; "Emmett Till's Day in Court," *Life*, Oct. 3, 1955; William Bradford Huie, "The Shocking Story of Approved Killing in Mississippi," *Look*, Jan. 24, 1956; William Bradford Huie, "What's Happened to the Emmett Till Killers?" *Look*, Jan. 22, 1957.

82 Huie, *Look*, Jan. 22, 1957, p.63.

83 1974년 9월 10일, 미시시피 잭슨 법무부 차관보 메리 리비 페인과 전화 인터뷰로 확인.

84 *Life*, Oct. 3, 1955, pp.36 – 37.

85 *Life*, May 4, 1959, p.44; Look, Jan. 19, 1960, p.82.

86 Huie, *Look*, Jan. 22, 1957, p.63.

87 Eldridge Cleaver, *Soul on Ice*, New York: Dell-Delta/Ramparts, 1968, p.11.

88 Cleaver, p.13-14.

89 Cleaver, p.15.

90 Calvin C. Hernton, *Sex and Racism in America*, New York: Grove Press, 1966, pp.67 – 68.

91 Hernton, p.79.

92 Hernton, p.45.

93 Frantz Fanon, *Black Skin, White Masks* (1952), trans. from the French by Charles Lam Markmann, New York: Grove Press, 1967, p.166.

94 Fanon, p.179.

95 Fanon, p.156.

96 Fanon, pp.179 – 180.

97 Cleaver, p.14.

98 Cleaver, p.14.

99 Cleaver, p.15.

100 클리버의 《플레이보이》 인터뷰. *Playboy*, December 1968, 다음에서 재인용. John M. MacDonald, *Rape Offenders and Their Victims*, Springfield: Charles C. Thomas, 1971, p.53.

101 맥스웰 가이스마의 해설, p.xii.

102 Tad Szulc, "George Jackson Radicalizes the Brothers in Soledad and San Quentin," *New York Times Magazine*, Aug. 1, 1971, p.10.

103 Cleaver, p.10.

104 Sandra Sutherland and Donald J. Scherl, "Patterns of Response Among Victims of Rape," *American Journal of Orthopsychiatry*, Vol.40, No.3 (Apr. 1970), pp.503 – 511.

105 *New York Post*, June 8, 1973, p.39.

106 *Sister*, Vol.4, No.12 (Mar. 1974), p.3.

107 1972년 6월 29일 미국 대법원이 "잔혹하고 이례적인 형벌"이라는 이유를 들어 사형을 폐지함에 따라 재심에 들어간 3건의 재판 중 2건(Jackson v. Georgia, Branch v. Texas)은 백인 여성을 강간해 사형을 선고받은 흑인 남성에 대한 재판이었다. 다른 한 건(Furman v. Georgia)은 강도-살인 사건이었다. 이에 관해서는 Jack Himmelstein, NAACP Legal Defense and Educational Fund. 그리고 *New York Times*, June 30, 1972, p.1, 14.

108 Paul L. Montgomery, "New Drive on to Make Rape Convictions Easier," *New York Times*, Nov. 13, 1973, p.47.

8장

1   Ted Morgan, "Entombed," *New York Times Magazine*, Feb. 17, 1974, p.19.

2   Jared Stout, "Quaker Tells of Rape in D.C. Jail," *Washington Star-News*, Aug. 25, 1973; David L. Aiken, "Ex-Sailor Charges Jail Rape, Stirs Up Storm," *The Advocate* (" Newspaper of America's Homophile Community"), Sept. 26, 1973, p.5.

3   Reuter file, June 9, 1973.

4   "Florida's Rape Law Held No Protection for Males," *New York Times*, Jan. 13, 1974.

5   "Judge Releases a Homosexual Rather Than Send Him to Attica," *New York Times*, Nov. 13, 1972.

6   "Panel Offers Dean Limited Immunity," *New York Daily News*, May 9, 1973, p.2; Edward B. Fiske, "Trying to Explain to a Young Son Why His Father Must Go to Jail", *New York Times*, Feb. 4, 1974, p.25 (Egil Krogh).

7   Haywood Patterson and Earl Conrad, *Scottsboro Boy*, New York: Doubleday, 1950, pp.79 - 85.

8   Jean-Paul Sartre, *Saint Genet*, trans. from the French by Bernard Frechtman, New York: Braziller, 1963, p.79.

9   Jean Genet, *Miracle of the Rose* (1951), trans. from the French by Bernard Frechtman, London: Anthony Blond, 1965.

10   Jean Genet, *The Thief's Journal* (1949), trans. from the French by Bernard Frechtman, New York: Grove Press, 1964, pp.21 - 22.

11   *Miracle of the Rose*, p.248.

12   *Miracle of the Rose*, pp.266 - 268.

13   *Miracle of the Rose*, pp.180 - 181, p.199.

14   주네의 모든 작품에서 이런 주제가 반복해 나타난다. 나치에게 매력을 느끼는 이야기는 《장례식Funeral Rites》(1947)에서 두드러진다.

15   Jean Genet, *Our Lady of the Flowers* (1943), trans. from the French by Bernard Frechtman, New York: Grove Press, 1963, p.253.

16   Sartre, p.367.

17   Sartre, p.457.

18   T. E. Lawrence, *Seven Pillars of Wisdom*, New York: Doubleday, 1935, p. 443; Anthony Nutting, *Lawrence of Arabia*, London: Hollis & Carter, 1961, pp.112 - 116, 244 - 247.

19   John H. Gagnon and William Simon, *Sexual Conduct*, Chicago: Aldine Pub. Co., 1973, p.250.

20   Alan J. Davis, "Sexual Assaults in the Philadelphia Prison System," Gagnon and Simon, eds., *The Sexual Scene*, Chicago: Transaction/ Aldine, 1970, pp.107 - 124.

21   Wayne King, "Killing of Carolina Jailer, Charged to a Woman, Raises Question of Abuse of Inmates," *New York Times*, Dec. 1, 1974. 이 기사에 따르면, 기사가 나오기 한 달 전 미국 법무부 장관이 노스캐롤라이나 교도소에서 "흑인과 백인을 통틀어 수백 명

의 여성 수감자가 교도소장과 관리자에게 불법적이고 비도덕적인 성폭력을 당했다"는 사실을 알렸다고 한다. 그 밖에 다음 기사들은 모두 시설을 배경으로 발생한 성 학대 사건에 관한 것이다. "2 Mental Patients Raped by Prisoners," *Washington Post*, Jan. 12, 1972, p.B-3; "31 in Ohio Charged with Mistreating Asylum Inmates," *New York Times*, Nov. 25, 1971, p.42; Jerry M. Flint, "31 Ex-Employees at Ohio Hospital Appear in Court," *New York Times*, Nov. 27, 1971, p.24; Grace Lichtenstein, "Allegation of Staff Violence Tainting Rome State School," *New York Times*, May 5, 1973.; "Legislator Asserts Crime Rose at Willowbrook School in 1973," *New York Times*, Feb. 14, 1974.

22 Giallombardo, *Society of Women: A Study of a Women's Prison*, New York: John Wiley, 1966, Chaps. 8, 9 and 10.

23 Frances Farmer, *Will There Really Be a Morning?*, New York: Dell, 1973, pp.145 – 152.

24 Murray Schumach, "Gangs of Girls Terrorize Staff and the Retarded at Children's Unit Here," *New York Times*, Sept. 8, 1974, p.1; Murray Schumach, "Teen-Aged Girls to Leave Center," *New York Times*, Sept. 12, 1974, p.1.

25 "City Patrolman, Accused of Raping Girl, Suspended," *New York Times*, Oct. 8, 1972.

26 "Former City Detective Given 15-Year Sentence for Rape," *New York Times*, Feb. 5, 1974.

27 1974년 9월 13일 맨해튼 사건으로 팔리를 기소한 지방 검사보 레슬리 스나이더와의 전화 인터뷰로 확인한 내용이다.

28 "Cop Guilty in Queens Sex Case," *New York Post*, June 29, 1971.(31세 브루클린 순찰관이 퀸즈 우드사이드의 모텔에서 15세 소녀를 의제강간 및 성 학대해서 유죄판결); "Patrolman Held in Sex Attacks on Two Women in Forest Hills," *New York Times*, June 4, 1972.(맨해튼 근무에 배정된 24세 퀸즈 순찰관이 총기로 위협해 두 개 사건에서 강간, 소도미, 불법감금을 벌여 정직 처분 후 체포, 고발됨. 피해자 중 한 명은 44세 여성); "TPF Cop Is Accused of Rape," New York Post, Feb. 24, 1973.(26세의 TPF[Tactical Patrol Force] 경관이 29세 여성의 집 복도에서 그 여성에게 강간 및 소도미를 저지른 혐의로 체포되어 즉시 정직 처분. 사건은 퀸즈 형사법원에 배정)

29 "Policeman Charged in Second Rape," *Washington Post*, Nov. 12, 1971.; "2nd Girl Says Patrolmen Raped Her," *Cleveland Plain Dealer*, Feb. 25, 1972.; "City civil service commissioners have suspended two policemen for insubordination stemming from the controversy over whether they beat and raped a prostitute," United Press International, Houston, Mar. 23, 1974.

30 Michael Graham, "Officers Accused of Sex Crimes, Three Suspended After Investigation," Detroit Free Press, Nov. 22, 1973, p.1. 그리고 United Press International, Detroit, "Police," Nov. 22, 1973.

31 디트로이트 경찰서 언론 담당 경사 제임스 잭슨과 1974년 9월 13일 전화 인터뷰로 확인.

32 *We Charge Genocide* (〈미국 정부에게 흑인에 대한 국가범죄 근절을 요구하는 역사적 탄원서〉 1951), New York: International Publishers, 1970, p.82.

33 Ann Landers' column, *New York Daily News*, Sept. 16, 1974. 앤 랜더스가 독자들을 대상으로 의사, 치과의사, 이혼 변호사, 성직자 등에게 성적 접근을 받은 적이 있는지 약식 조사를 벌인 결과에 대해 이야기하는 글.

34 *New York Post*, Feb. 11, 1972.

35 Clinton T. Duffy with Al Hirshberg, *Sex and Crime*, New York: Doubleday, 1965, p.58. 이는 미구엘 피네로Miguel Pinero의 희곡 〈쇼트 아이즈Short Eyes〉(1974)의 주제이기도 하다('Short Eyes'는 어린이를 성희롱하는 사람을 의미하는 속어이다-옮긴이).

36 Paul H. Gebhard et al., *Sex Offenders* (1965), New York: Bantam, 1967, pp.81 - 82.

37 Charles R. Hayman et al., "Rape in the District of Columbia," presented to the 99th Annual Meeting, American Public Health Association, Minneapolis, Oct. 12, 1971 (mimeo), pp.5 - 6.

38 Brenda A. Brown, "Crime Against Women Alone," a System Analysis of the Memphis Police Department Sex Crime Squad's 1973 Rape Investigations, May 18, 1974 (mimeo), Appendix, K-1.

39 Menachem Amir, *Patterns in Forcible Rape*, Chicago: University of Chicago Press, 1971, p.52.

40 Quentin Bell, *Virginia Woolf*, New York: Harcourt, Brace, 1972, pp.42 - 44, p.61, 78, pp.95 - 96.

41 Billie Holiday with William Dufty, *Lady Sings the Blues* (1956), New York: Lancer, 1972, pp.15 - 17.

42 Viva, *Superstar*, New York: Putnam, 1970, pp.25 - 28.

43 Maya Angelou, *I Know Why the Caged Bird Sings*, New York: Bantam, 1971, pp.57 - 73.

44 Sigmund Freud, *New Introductory Lectures on Psychoanalysis* (1933), No.33, "Femininity." (New York: Norton, 1965, p.120.) 프로이트는 다른 기회를 통해서도 이런 생각을 여러 번 밝혔고, 이는 헬렌 도이치를 비롯한 다른 이들에게 분명 영향을 끼쳤을 것이다.

45 Lauretta Bender and Abram Blau, "The Reaction of Children to Sexual Relations with Adults," *American Journal of Orthopsychiatry*, 1937, pp.500 - 518.

46 Lauretta Bender and Alvin E. Grugett, "A Follow-Up Report on Children Who Had Atypical Sexual Experience," *American Journal of Orthopsychiatry*, 1952, pp.825 - 837.

47 Yvonne M. Tormes, *Child Victims of Incest*, Denver: American Humane Association, *Children's Division*, 1968 (pamphlet); 또한 John M. MacDonald, *Rape Offenders and Their Victims*, Springfield: Charles C. Thomas, 1971, pp.201 - 202.

48 Alfred C. Kinsey et al., *Sexual Behavior in the Human Male*, Philadelphia: W. B. Saunders, 1948, pp.237 - 238.

49 Alfred C. Kinsey et al., *Sexual Behavior in the Human Female*, Philadelphia: W. B. Saunders, 1953, pp.117 - 118.

50 Kinsey, Female, p.121.

51 Vincent DeFrancis, *Protecting the Child Victim of Sex Crimes Committed By Adults*, Denver: American Humane Association, Children's Division, 1969.

52 DeFrancis, pp.25 – 26.

53 DeFrancis, p.37.

54 DeFrancis, p.vii,66.

55 DeFrancis, p.vii, pp.68 – 69.

56 DeFrancis, p.xi.

57 DeFrancis, p.x, pp.152 – 179.

58 DeFrancis, p.160.

59 DeFrancis, pp.160 – 161.

60 DeFrancis, p.162.

61 DeFrancis, p.66.

62 Gebhard, p.248, 270.

63 *Time*, Dec. 25, 1972, p.41.

9장

1 그리스 신화에 관한 이야기는 대부분 이 책을 참조했다. H. J. Rose, *A Handbook of Greek Mythology*, New York: Dutton paperback, 1959.

2 W. B. Yeats, "Leda and The Swan," *Collected Poems of W. B. Yeats*, New York: Macmillan, 1954, pp.211 – 212.

3 Robert Graves, *The Greek Myths*, New York: Braziller, 1957, p.56n.

4 Ludwig Eidelberg, *The Dark Urge*, New York: Pyramid, 1961, p.147.

5 Margaret Mead, *Sex and Temperament in Three Primitive Societies* (1935), New York: Dell, 1968, p.110.

6 Mead, p.219.

7 Margaret Mead, *Male and Female*, New York: Morrow, 1949, p.52.

8 Margaret Mead, *The Changing Culture of an Indian Tribe* (1932), New York: Capricorn, 1966, pp.91 – 92.

9 Robert F. Murphy, "Social Structure and Sex Antagonism," *Southwestern Journal of Anthropology*, Vol.15 (1959), pp.89 – 98.

10 Murphy, p.94.

11 Napoleon A. Chagnon, *Yanomamö, The Fierce People*, New York: Holt, Rinehart, 1968, p.123.

12 Robert A. LeVine, "Gusii Sex Offenses: A Study in Social Control," *American Anthropologist*, Vol.61, No.6 (Dec. 1959), pp.965 – 990.

13 Peter Kayser, "Situationer— Women," Reuter, Rome, Aug. 7, 1973.

14 Table 5, *Uniform Crime Reports*, 1973, p.77ff

15 G. Rattray Taylor, *Sex in History*, New York: Vanguard, 1954, p.138.

16 J. R. Hale, ed., *Renaissance Venice*, Totowa, N. J.: Rowman & Littlefield, 1973, p.133.

17   Richard Halloran, "Picasso's 'Erotic' Prints Exhibited in Tokyo, After a Little Censorship," *New York Times*, June 20, 1973, p.2.

18   Christopher Hibbert, *The Roots of Evil*, London: Weidenfeld & Nicolson, 1903, p. 45.

19   Nathanael West, *Miss Lonelyhearts* (1933), New York: New Directions, pp.33 – 34.

20   Ian Fleming, *Casino Royale* (1953), New York: NAL Signet, 1960, p.127.

21   다음에서 인용. Harold D. Lasswell, *Power and Personality*, New York: Norton, 1948, p.43.

22   Andreas Capellanus, *The Art of Courtly Love* (1186), trans. from the Latin by John Jay Parry, New York: Norton, 1969, p.150.

23   다음에서 재인용. Robert Briffault, *The Mothers*, New York: Macmillan, 1927, Vol.3, p.404.

24   Ibid.

25   Thomas Malory, *Le Morte d'Arthur*, III, 5 (Eugene Vinaver, ed., *The Works of Sir Thomas Malory*, Oxford: Clarendon, 1967, Vol.1, p.103).

26   Edward Hicks, *Sir Thomas Malory: His Turbulent Career*, Cambridge: Harvard University Press, 1928, pp.25 – 26, p.96, 105.

27   Kittredge의 서문. Hicks, p.viii.

28   Hicks, p.56.

29   Hicks, p.53.

30   Hicks, p.57.

31   Thomas Wilson, *Blue-Beard*, New York: Putnam, 1899; A. L. Vincent and Clare Binns, *Gilles de Rais: The Original Bluebeard*, London: Philpot, 1926.

32   Vincent and Binns, p.42.

33   Wilson, p.xiii. 페로의 이야기집은 1697년에 출판되었다.

34   "The Mind of the Mass Murderer," *Time*, Aug. 27, 1973, p.56.

35   *The Report of The Commission on Obscenity and Pornography*, Washington. U.S. Government Printing Office, Sept. 1970, p.115.

36   *New York Review of Books*, Dec. 17, 1970, p.39.

37   *San Francisco Chronicle*, Oct. 7, 1971, p.43.

38   Colin Wilson, *A Casebook of Murder*, London: Leslie Frewin, 1969, pp.133 – 148.

39   Wilson, pp.223 – 225.

40   Wilson, p.220.

41   Kermit Jaediker, "Was DeSalvo the Boston Strangler?" *New York Sunday News*, Jan. 6, 1974, Leisure, pp.20 – 21.

42   Don Heckman, "As Cynthia Sagittarius Says—' Feeling …… I mean, isn't this what the Rolling Stones are all about?'" *New York Times Magazine*, July 16, 1972, p.38.

43   음악 연구자라면 믹의 노랫말과 제롤드 프랭크의 책《보스턴 교살자》(1966)의 페이퍼백판 354~356쪽을 비교해보고 싶을 것이다.

44   "Midnight Rambler," words and music by Mick Jagger and Keith Richard. © 1969

ABKCO Music, Inc. Reprinted by permission. All rights reserved.

45 Ralph J. Gleason, "Aquarius Wept," *Esquire*, Aug. 1970, p.84ff.

46 Irving Shulman, *The Amboy Dukes*, New York: Doubleday, 1947.

47 Hunter S. Thompson, "The Motorcycle Gangs: Losers and Outsiders," *The Nation*, May 17, 1965, pp.522–526.

48 Hunter S. Thompson, *Hell's Angels*, New York: Random House, 1967, 인용 문구는 pp.190–196.

49 J. Anthony Lukas, "The Prince of Gonzo" (More), a journalism review, Nov. 1972, p.7. 톰슨이 허위 강간 신고로 감옥에 갔다는 설도 있다. Timothy Crouse, *The Boys on the Bus*, New York: Ballantine, 1974, p.334.

50 Wilson, p.60.

51 Edgcumb Pinchon, *Viva Villa!*, New York: Harcourt, Brace, 1933, p.131.

52 비야 전설의 서로 다른 네 가지 판본을 보려면 다음을 보라. Pinchon; Haldeen Braddy, *Cock of the Walk*; Louis Stevens, *Here Comes Pancho Villa*; 그리고 John Reed, *Insurgent Mexico*. 리드는 다른 저자와 달리 비야의 누이가 강간당했다는 전설에 큰 의미를 두지 않지만, 비야 본인이 저지른 강간도 마찬가지로 대수롭지 않게 여겼다.

53 Burton B. Turkus and Sid Feder, *Murder, Inc.: The Story of "the Syndicate"*, New York: Farrar, Straus, 1951, pp.111–112; *New York Times*, Nov. 13, 1941, p.29.

54 "Policemen Accused in Gang Rape," *Washington Post*, Oct. 24, 1971, pp.A-30. 또, *El Grito del Norte* (Espanola, N. M.) special issue, Oct. 28, 1971. 이 기사의 1면 헤드라인에는 다음과 같이 적혀 있었다. "그들은 나를 감옥에 넣고, '공동체에 위험한 존재'라고 부르면서 내 아내를 강간했다!" 그리고 11쪽에는 '옛날식 전술'이라는 제목으로 비야의 이야기를 다뤘다. 또한 *El Grito del Norte*, Dec. 6, 1971, p.2에도 비슷한 이야기가 나온다.

55 Harold Robbins, *The Adventurers*, New York: Pocket Books, 1966, p.39, 49.

56 Paul D. Zimmerman, "Kubrick's Brilliant Vision," *Newsweek*, Jan. 3, 1972, pp.28–31.

57 Victoria Sullivan, "Does 'Frenzy' Degrade Women?," *New York Times*, July 30, 1972.

58 Paul D. Zimmerman, "Return of the Master," *Newsweek*, June 26, 1972, p.83.

59 *Time*, Dec. 27, 1971, p.49.

60 Aljean Harmetz, "Rape—an Ugly Movie Trend," *New York Times*, Sept. 30, 1973.

61 Aljean Harmetz, "Rape—an Ugly Movie Trend," *New York Times*, Sept. 30, 1973.

62 Morty Sklar, "Rape," *New York Quarterly*, No.11 (Summer 1972), p.86.

63 Norman Mailer, *The Prisoner of Sex*, Boston: Little, Brown, 1971.

64 *Time*, Nov. 6, 1972, p.70.

65 Ed Bullins, *The Reluctant Rapist*, New York: Harper & Row, 1973. Quotations I use appear on pp.70–72, p.82.

66 David G. Hubbard, *The Skyjacker*, New York: Collier Books, 1973, Chap.13.

67 *Newsweek*, Nov. 20, 1972, p.35.

68 Pranay Gupte, "Governess is Raped by One of 4 Robbers in Greenwich Home," *New York*

Times, Aug. 31, 1973, p.29.

69　"Youth Sentenced for Raping Victim in Spouse's Presence," *New York Times*, May 18, 1974, p.63.

70　"3 Convicts in Killing Wave Flee into Forest in Texas," *New York Times*, Aug. 26, 1974, p.60.; "3 Convicts Are Sighted in Texas as Hundreds of Police Close In," *New York Times*, Aug. 27, 1974, p.1.; "2 Convicts Boast to Police of Crime Wave in Texas," *New York Times*, Aug. 28, 1974, p.15.

10장

1　Balzac, "The Maid of Portillon," "How the Portillon Beauty Scored Over the Magistrate" (Honoré de Balzac, *Droll Stories*, trans. Alec Brown, London: The Folio Society, 1961, pp.357-362).

2　John Updike, *Couples*, New York: Knopf, 1968, p.415.

3　John Updike, *Rabbit Redux*, New York: Knopf, 1971, p.37.

4　Ayn Rand, *The Fountainhead* (1943), Indianapolis: Bobbs-Merrill, 1968, p.220.

5　Rand, p.223.

6　Helene Deutsch, *The Psychology of Women*, New York: Grune & Stratton, 1944, 1945, Vol.I, pp.219 - 278 (Chap.6, "Feminine Passivity"; Chap.7, "Feminine Masochism"), Vol.II, pp.77 - 105 (Chap.4, "The Psychology of the Sexual Act").

7　Deutsch, II, p.77.

8　Deutsch, II, p.78.

9　Deutsch, II, p.80.

10　Deutsch, II, p.78.

11　Deutsch, II, pp.79 - 80.

12　Deutsch, I, p.230.

13　Deutsch, I, p.233.

14　Deutsch, II, p.82.

15　Deutsch, II, p.92.

16　Deutsch, I, p.277.

17　Deutsch, I, p.221.

18　Deutsch, I, p.222.

19　Deutsch, I, p.222.

20　Deutsch, I, p.223.

21　Deutsch, I, p.223.

22　〈신명기〉 22장 13~21절.

23　Deutsch, I, p.254.

24　Deutsch, I, p.255.

25 Karen Horney, "The Problem of Feminine Masochism"(1935), *Feminine Psychology*, New York: Norton, 1967, pp.214 – 233; Karen Horney, *The Neurotic Personality of Our Time*, New York: Norton, 1937, p.280; Karen Horney, *New Ways in Psychoanalysis*, New York: Norton, 1939, pp.113 – 117.

26 Karen Horney, "The Denial of the Vagina"(1933), *Feminine Psychology*, pp.154 – 155.

27 Karen Horney, "The Denial of the Vagina"(1933), *Feminine Psychology*, pp.154 – 155.

28 Deutsch, I, p.225

29 Viva, *Superstar*, New York: Putnam, 1970, p.27.

30 Gunther Stuhlmann, ed., *The Diary of Anaïs Nin*, Vol.2, 1934 – 1939, New York: Harcourt, Brace, 1967, p.184.

31 Nin, p.209.

32 Nin, p.7.

33 두 시는 다음에 수록되어 있다. Sylvia Plath, *Ariel*, New York: Harper & Row, 1966, pp.6 – 9, 49 – 51.

34 Deutsch, I, p.276.

35 Augustine, *City of God*(414), Book I, Chaps.16 – 19 (trans. by Henry Bettenson; ed. by David Knowles; Middlesex, Eng.: Penguin, 1972, pp.26 – 31).

36 Thomas Aquinas, *Summa Theologiae* (1266 – 1273), 2, 2, Question 154, Article 12 (New York: Blackfriars—McGraw–Hill, 1968, Vol.43, p.249).

37 John Coulson, ed., *The Saints*, New York: Hawthorn Books, 1958; Thurston and Attwater, eds., *Butler's Lives of the Saints*, New York: J. J. Kennedy & Sons, 1956.

38 Coulson; Thurston and Attwater; Maria Cecilia Buehrle, *Saint Maria Goretti*, Milwaukee: Bruce Pub. Co., 1950; Alfred MacConastair, *Lily of the Marshes*, New York: Macmillan, 1951; Pietro DiDonato, *The Penitent*, New York: Hawthorn Books, 1962.

39 DiDonato, pp.147 – 148.

40 "Slayer Attends Girl's Beatification 45 Years After He Murdered Her," *New York Times*, Apr. 28, 1947, p.25.

41 DiDonato, p.159.

42 Thurston and Attwater, Vol. III, pp.28 – 29. 또한 다음 기사에서도 연설 내용을 찾을 수 있다. *New York Times*, June 25, 1950, p.9.

43 Buehrle, p.158.; Thurston and Attwater, loc. cit.

44 DiDonato, p.185.

45 *L'Art Sacre* (Paris), May – June 1951, p.14.

46 Coulson, p.323.

47 S. M. Dubnow, *History of the Jews in Russia and Poland*, trans. from the Russian by I. Friedlander, Philadelphia: Jewish Publication Society of America, 1916, Vol.I, p.147.

48 Genia Demianova, *Comrade Genia*, preface by Ronald Scarfe, London: Nicholson & Watson, 1941.

49 *The Reconstructionist* (New York), Mar. 5, 1943, p.23.

50 Adrienne Rich "The Burning of Paper Instead of Children," *The Will to Change*, New York: Norton, 1971.

51 Augustine, *City of God*, Book 14, Chap.17.

52 여기 적은 고백 잡지 관련 통계 내용은《퍼스널 로맨스》편집자인 조안나 로만 스미스가 저자와의 인터뷰에서 언급한 것이다. 인터뷰는 1972년 뉴욕시에서 이루어졌다.

11장

1 11장에 발췌 삽입된 강간 피해자 증언의 출처는 다음과 같다. New York Radical Feminist Speak-Out on Rape, St. Clement's Episcopal Church, New York City, Jan. 24, 1971; New York Radical Feminist Conference on Rape, Washington Irving High School, New York City, Apr. 17, 1971; New York Radical Feminist—National Black Feminist Organization Speak-Out on Rape and Sexual Abuse, Junior High School 104, New York City, Aug. 25, 1974. 그 밖에도 저자가 직접 인터뷰해 기록한 증언과 다음 문헌에서 재인용한 증언이 포함되어 있다. *Women: A Journal of Liberation*, Baltimore, Vol.3, No.1, p.18; Nancy Gager Clinch and Cathleen Schurr, "Rape," *The Washingtonian*, June 1973; transcript of "The Rape Tape," produced by the Under One Roof Women's Videotape Collective, in Noreen Connell and Cassandra Wilson, eds., *Rape: The First Sourcebook for Women*, New York: New American Library Plume Book, 1974, pp.46-53; Karlyn Barker, "She Felt Like a Defendant: Rape Victim Calls Jury Verdict 'Preposterous,'" *Washington Post*, Dec. 2, 1972, p.E-1.

2 Charles R. Hayman et al., "Rape in the District of Columbia," presented to the 99th Annual Meeting, American Public Health Association, Minneapolis, Oct. 12, 1971 (mimeo), p.5.

3 Menachem Amir, *Patterns in Forcible Rape*, Chicago: University of Chicago Press, 1971, pp.51-52.

4 Brenda A. Brown, "Crime Against Women Alone," a System Analysis of the Memphis Police Department Sex Crime Squad's 1973 Rape Investigations, May 18, 1974 (mimeo), p.9.

5 Amir, pp.87-94.

6 Barker, "She Felt Like a Defendant," *Washington Post*, Dec. 2, 1972, p.E-1.

7 Federal Bureau of Investigation, *Uniform Crime Reports*, 1972, p.257.

8 Donald J. Mulvihill et. al., *Crimes of Violence, a staff report to the National Commission on the Causes and Prevention of Violence*, Washington: U.S. Government Printing Office, 1969, Vol.11, p.217.

9 *Crimes of Violence*, Vol.11, p.219.

10 *Crimes of Violence*, Vol.11, p.217.

11 Brown, p.10.

12 UCR, 1973, p.15.

13 *Crimes of Violence*, Vol.11, pp.224 – 229.

14 *Crimes of Violence*, Vol.11, p.226.

15 UCR, 1973, p.13.

16 Amir, pp.166 – 171, p.226.

17 Ann Wolbert Burgess and Lynda Lytle Holmstrom, "The Rape Victim in the Emergency Ward," *American Journal of Nursing*, Oct. 1973, pp.1740 – 1745.

18 Amir, p.169.

19 Gerold Frank, *The Boston Strangler*, New York: NAL Signet, 1967, p.272, 355.

20 Colin Wilson, *A Casebook of Murder*, London: Leslie Frewin, 1969, pp.243 – 247.

21 George T. Payton, *Patrol Procedure*, Los Angeles: Legal Book Corp., 1967, p.312.

22 Brown, pp.9 – 10.

23 "Remarks of Lawrence H. Cooke, Appellate Division Justice, Before the Association of the Bar of the City of New York," Jan. 16, 1974 (mimeo), p.6.

24 "Police Discretion and the Judgment That a Crime Has Been Committed—Rape in Philadelphia," *University of Pennsylvania Law Review*, Vol.117 (Dec. 1968), pp.277 – 322.

25 "Police Discretion," p.304.

26 "Police Discretion," p.279n.

27 Matthew Hale, *History of the Pleas of the Crown*, Philadelphia: R. H. Small, 1847, Vol.I, p.634.

28 Camille E. LeGrand, "Rape and Rape Laws: Sexism in Society and Law," *California Law Review*, Vol.61 (1973), p.932.

29 저자가 법무부 차관 존 덴니와 윌링턴에서 진행한 인터뷰. 1975년 2월 18일.

30 Earle G. Prevost "Statutory Rape: A Growing Liberalization," *South Carolina Law Review*, Vol.18 (1966), pp.254 – 266; "Forcible and Statutory Rape: An Exploration of the Operation and Objectives of the Consent Standard," *Yale Law Journal*, Vol.62 (Dec. 1952), pp.55 – 83; Isabel Drummond, *The Sex Paradox: An Analytic Survey of Sex and the Law in the United States Today*, New York: Putnam, 1953, pp.101 – 103; Samuel G. Kling, *Sexual Behavior and the Law*, New York: Bernard Geis, 1965, pp.216 – 218.

31 *Yale Law Journal*, Vol.62 (Dec. 1952), p.59.

32 "The Rape Corroboration Requirement," *Yale Law Journal*, Vol.81 (June 1972), pp.1365 – 1391.

33 "Remarks of Lawrence H. Cooke," pp.1 – 2.

34 David A. Andelman, "New Law on Rape Signed by Wilson, Corroboration No Longer to be Needed," *New York Times*, Feb. 20, 1974; Conn.: "Meskill Signs a Rape-Corroboration Act Repealer," *New York Times*, May 7, 1974; 아이오와주의 현황은 1975년 2월 18일 디모인 차관보인 록산느 콜린과의 전화 인터뷰로 확인.

35 "The Rape Corroboration Requirement," pp.1382 – 1383.

36 *Yale Law Journal*, Vol.62 (Dec. 1952), pp.56 – 57.

37 "Remarks of Lawrence H. Cooke," p. 10.

38 Harry Kalven and Hans Zeisel, *The American Jury*, Boston: Little, Brown, 1966, p.26.

39 Kalven and Zeisel, p.249.

40 Kalven and Zeisel, p.243.

41 Kalven and Zeisel, pp.250 – 251.

42 Kalven and Zeisel, pp.252 – 254.

12장

1 12장에 나오는 강간 관련 법 제도 개혁에 관한 제안들은 모두 내 자신의 의견이지만, 본보기가 된 법안과 입법안들 덕분에 생각을 정리하고 새로운 통찰을 얻을 수 있었다는 사실을 밝혀둔다. 나에게 통찰을 준 안들은 다음과 같다. Lee Cross et al., "Report of the District of Columbia Task Force on Rape," Washington: July 9, 1973 (DC 시의회에 제출된 인쇄물); Jan BenDor et al., "Background Material for a Proposal for Criminal Code Reform to Respond to Michigan's Rape Crisis"를 비롯한 Senate Bill 1207에 관련된 여러 문헌, Ann Arbor: Michigan Women's Task Force on Rape, 1974. (미출간 인쇄물).

2 *A Blazing Starre Seene in the West*, London: Jonas Wright, 1642 (Joseph Arnold Foster, ed., *Reprints of English Books, 1475–1700*, Ingram, Pa.: 1939, No.20).

3 U.S. Department of Justice, *National Prisoner Statistics: Prisoners Released from State and Federal Institutions*, 1960, Figure B.

4 Matthew Hale, *History of the Pleas of the Crown*, Philadelphia: R. H. Small, 1847, Vol.I, p.628.

5 John Galsworthy, *The Forsyte Saga*, New York: Scribner's, 1922, pp.245 – 246.

6 Ernst Livneh, "On Rape and the Sanctity of Matrimony," *Israel Law Review*, Vol.2, No.3 (July 1967), pp.415 – 422.

7 Richard C. Donnelly, "The New Yugoslav Criminal Code," *Yale Law Journal*, Vol.61 (Apr. 1952), pp.527 – 528.

8 Isabel Drummond, *The Sex Paradox: An Analytic Survey of Sex and the Law in the United States Today*, New York: Putnam, 1953, pp.347 – 351.

9 Menachem Amir, *Patterns in Forcible Rape*, Chicago: University of Chicago Press, 1971, p.153.

10 "Women Effective on Police Patrol, Men Differ Little on Job, Capital Survey Shows," *New York Times*, May 21, 1974, p.38.

11 "The Women in Blue," *Time*, May 1, 1972, p.60.

12 Alfred C. Kinsey et al., *Sexual Behavior in the Human Male*, Philadelphia: W. B. Saunders,

1948, p.608.

13 R. N. Barber, "Prostitution and the Increasing Number of Convictions for Rape in Queensland," *Australian and New Zealand Journal of Criminology*, Vol.2, No.3 (1969), pp.169 – 174; Charles Winick and Paul M. Kinsie, *The Lively Commerce: Prostitution in the United States*, Chicago: Quadrangle, 1971, p.224.

14 *The Report of The Commission on Obscenity and Pornography*, Washington: U.S. Government Printing Office, Sept. 1970, p.21

15 *The Report of The Commission on Obscenity and Pornography*, Washington: U.S. Government Printing Office, Sept. 1970, pp.15 – 16.

16 *The Report of The Commission*, p.114.

17 *The Report of The Commission*, p.115.

18 *The Report of The Commission*, p.201.

19 *The Report of The Commission*, p.175.

20 *The Report of The Commission*, p.167.

21 *The Report of The Commission*, pp.217-242. 소수파 보고서는 pp.562-582.

22 Clinton T. Duffy with Al Hirshberg, *Sex and Crime*, New York: Doubleday, 1965, pp.128 – 130.

23 Carl T. Rowan and David M. Mazie, "The Terrible Trauma of Rape," *The Reader's Digest*, Mar. 1974, p.204.

24 "Man Convicted of Raping Nun, 63," *New York Times*, Feb. 1, 1975, p.31.

25 *The Revolution* (New York), Vol.1, No.2 (Jan. 15, 1868), p.17; Vol.1, No.13 (Apr. 2, 1868), p.194.

26 〈신명기〉 25장 11~12절.

옮긴이의 말

"유사 이래 여성은 언제나 테러와 함께 살아왔고, 테러가 여성의 삶 자체를 형성하는 틀이 되었으며, 여성의 포부와 열망을 가로막아왔다. 그러나 그토록 긴 역사 동안 남성 폭력이 끊임없이 만연해왔는데도 이상하게도 그에 대항하는 정치 운동은 없었다. 1970년대가 되어서야 비로소, 대담하고 창조적인 방식으로 남성 폭력에 대항하는 조직 운동이 출현했다."

— 수전 브라운밀러,《우리 시대에는: 혁명 회고록

In Our Times: Memoir of a Revolution》(1990)

이 책은 강간을 중심으로 여성을 재산으로 간주하는 가부장제부터 전쟁, 집단 강간, 아동 성 학대, 수동적 피해자성을 여성의 정체성 자체로 새겨넣는 대중문화에 이르기까지 무거운 주제를 다루고 있다. 하지만 책을 끝까지 읽고 나면 어둡고 비관적이기는커녕 낙관적인 전망을 얻게 된다. 길고 긴 역사에 걸쳐 강간과 폭력이 여성 전체를 협박해 가둬두는 남성권력의 도구였다고 고발하는 책이기도 하지만, 또 그 길고 긴 역사 동안 남성의 시점에서만 정의되고 이용되던 강간을 마침내 여성운동의 집단적 힘을 통해 '성폭력'으로 재구성하고 맞선 승리의 역사를 압축한 책이기도 하기 때문이다.

이 역사적인 운동, 성폭력 반대 운동은 즐겁고 재치 있는 시위로 시작되었다. 1968년 브루클린 출신의 프랜신 고트프리드Francine Gottfried가 여성으로서는 최초로 월스트리트에서 거래 업무를 맡게 되자, 그녀가 출근할 때 수천 명의 남성들이 지하철 출구에 모여들어 고트프리드의 몸매를 품평하고 성희롱을 했다. 이 사건에 자극받은 페미니스트 칼라 제이Karla Jay와 앨릭스 케이츠 슐먼Alix Kates Shulman은 1970년, 여성이 그간 길거리에서 당해온 성희롱을 남성에게 그대로 '미러링'해서 돌려주는 '월스트리트 추파의 날Ogle-In' 시위를 기획했다. 브라운밀러는 당시 그가 속해 있던 '뉴욕 급진 페미니스트' 집단의 동료들과 함께 거리에 나갔다. 이들은 지나가는 남자들을 노골적으로 음흉한 표정으로 쳐다보고, 입맛을 다시며, 휘파람을 불고, '엉덩이가 실한데' '너무 작다~' '너무 빈약하네~' '이쁜이, 커피 한 잔 타줄래?' 같은 말을 던졌고, 한 동료는 남자 행인의 바짓가랑이를 움켜쥐기도 했다고 한다. 이 시위는 성공적으로 언론의 주목을 끌면서 세상에 반성폭력 투쟁의 시작을 알렸다.*

급진 페미니스트 집단은 기존의 민권운동 및 좌파 운동에 헌신하다 온 여성들과 베티 프리던Betty Friedan이 만든 전미 여성 기구National Organization for Women, NOW의 제도 개혁 중심 운동에 불만을 가진 사람들이 모이면서 만들어졌다. 이들은 주로 대학을 나왔으나 성차별로 괜찮은 일자리를 구할 수 없었던 20대 백인 여성들이었다.

1960년대 미국에서는 흑인 민권운동이 전국 규모의 운동으로 발전했다. 법적으로는 노예 해방이 이루어지고, 제2차 세계대전 기간

---

* 이 시위에 관한 정보는 브라운밀러의 회고록《우리 시대에는》8장에서, 당시의 모습을 담은 생생한 영상은 메리 도어Mary Dore의 다큐멘터리 영화 〈분노할 때 그녀는 아름답다She's Beautiful When She's Angry〉(2014)에서 찾아볼 수 있다.

에는 흑인이 군에 입대하고 군수 공장을 비롯해 여러 일터에서 일하며 동등한 국민으로서 권리를 요구하는 목소리가 점점 커졌는데도, 남부에서는 인종 간 공간 분리를 정당화하는 '짐 크로법' 등으로 인종차별이 계속되었다. 많은 백인 남녀 대학생들이 이 민권운동에 뛰어들었으나 결국 백인으로서 많은 한계를 노출하며 비판받아 흑인 민권운동에서 물러난다. 가난한 흑인 가정에서 생계를 책임지는 가장은 남성이 아니라 여성이었고, 흑인 민권운동을 조직할 때도 흑인 여성들이 중심적 역할을 맡았으며, 이 과정에서 백인 남성들은 큰 역할을 하지 못했다. 한편 백인 여성들은 다른 흑인 남성들에게 일종의 '트로피'처럼 여겨지거나, 성적 접근을 거부할 경우 '인종차별주의자'로 취급받는 곤란한 입장에 빠지는 일이 많았다.** 브라운밀러 역시 이때 미시시피에 가서 흑인 민권운동에 참여했다. 그런 경험이 이 책에서 가장 논란이 되었다는 '인종 문제'에 관한 장의 바탕을 이룬 것으로 보인다.

흑인 민권운동에서 물러난 백인 운동권 남성들은 군 입대 거부 운동 등을 중심으로 베트남전 반대 운동에 뛰어들었다. 그리고 백인 여성들은 운동에 헌신해왔는데도 커피 타고 문건을 복사하는 역할만 하는 존재로 취급받는 자신들을 발견한다. 저자 브라운밀러는 미시시피에서 돌아와서 ABC TV에 취직했는데, 베트남전에 반대하던 입장이라 정부가 원하는 보도 방향에 크게 저항하지 않던 방송국 분위기가 마뜩치 않았으나, 그보다 더 큰 문제는 남성 동료들이 그녀를 진지한 일원으로 받아주지 않은 것이었다고 한다. 운동에서도 직

** 이 과정에 대해서는 앨리스 에콜스Alice Echols의 《나쁜 여자 전성시대: 급진 페미니즘의 오래된 현재, 1967~1975》(유강은 옮김, 이매진, 2017)에 상세히 나와 있다.

장에서도 여성에게는 구색 맞추기로 할당된 자리만 조금 주어졌고, 그 자리를 겨우 차지한다 해도 남성연대를 이룬 조직에 진짜로 끼워주지는 않았다. 그러다가 브라운밀러는 1968년 뉴욕시에서 낙태 경험을 이야기하는 '의식 고양 모임'에 참여한 것을 계기로 페미니스트 운동에 참여하게 된다.

의식 고양 과정: 여성의 목소리로 말하다

브라운밀러의 회고록에 따르면, 당시 미국 각지에서 수많은 여성들이 누가 시킨 것도 아닌데 동시다발적으로 경험을 말하고 공유하는 모임을 만들어냈으나, '의식 고양consciousness raising'이라는 명칭을 처음으로 생각해낸 사람은 뉴욕 급진 페미니스트 집단의 앤 포러Anne Forer였다. "노동자들이 자신이 억압당하는 계급이라는 것을 의식하지 못하니, 그런 의식을 고양할 필요가 있다고 구좌파들이 말해온 것"에 착안해, 자기 삶에서 여성으로서 억압당한 사례를 말해보자고 제안했다고 한다.

의식 고양 과정은 1970년대 급진 페미니스트 운동의 조직화 동력이자 이론적 기반이 되었다. 미국 각지에서 각계각층의 여성들이 크고 작은 방에 모여 여성 자신의 관점에서, 여성 자신의 목소리로 여러 가지 차별과 낙태, 성폭력 경험을 모두 이야기한 이 과정은 일상 구석구석 스며들어 있어 거의 당연한 현실처럼 여겨지던 남성 지배 이데올로기를 발견하고 상대화하는 과정이었으며, 여성의 목소리와 시각으로 '여성 경험'이라는 집단의 경험을 구축해내는 과정이었다. 집단으로서 '여성 경험'은 실재하는 구체적인 현실인 동시에, 이전까지는 인간(남성)의 경험과 역사에 파묻히고, 여성 각자의 사적이고 사소한 역사로 파편화되어 존재하지 않던 새로운 창조물이었다. 그리고 이 거대한 집단 경험과 집단 의식은 급진 페미니즘이 여성과 남성의 관계를 인간 사회에서 적대적인 관계에 있는 두 계급으로 인식하는 데 강력한 기반을 제공했다.

성차별 문제를 지적하면 흔히 듣게 되는 이야기 중 하나가 "이거 뭐 남자 여자 편 갈라서 싸워야 하는 건 아니잖아요?"이다. 이런 질문 아닌 질문에 대응하려다보면 페미니즘은 여성과 남성 모두를 위한 것이라든가, 여성의 권익이 보장되는 편이 사회 전체에도 이득이 된다고 말하기가 쉽다. 그러나 급진 페미니스트들, 그리고 이 책이 내놓는 답은 '그래, 남성과 여성 간의 싸움이 맞아'이다. 그동안 남성은 여성을 통제하고 가둬두려고 거대한 폭력을 자행해왔다는 것이다. 그리고 여성이 마침내 반격을 시작했으니, 이 책의 유명한 구절, "모든 남성이 모든 여성을 공포에 사로잡힌 상태에 묶어두려고 의식적으로 협박하는 과정이 바로 강간이다"는 강간과 성폭력을 남성권력에 대항하는 전쟁의 핵심 공격 지점으로서 지목한 것이었다.

성폭력: 투쟁은 계속된다

2018년 한국에서 검찰 내부 성폭력 사건이 터지고, 미국의 '#MeToo' 운동이 언급되면서 이미 2년 전 한국에서 있었던 '#ㅇㅇ계_내_성폭력' 고발 해시태그 운동이 재조명되었다. 이때 한 남성 정치인은 이를 응원한다면서, SNS에서 "피해자 편에 서주세요. 평생 뿌듯하고 마음이 편할 테니까요"라고 말했다가 빈축을 샀다. 성폭력 사건이 발생하면 피해 당사자나 그를 돕는 사람들은 그 일이 어떻게 '성폭력'으로 성립되는지 수없이 되새기고 이야기하며 거의 끝없는 혼란과 의혹에 시달리는 데 비해, 제3자, 특히 남성들은 그 사건이 성폭력인지 아닌지를 확실히 구분하고 문제를 해결할 수 있다고 믿는 경향이 있다.

그러나 성폭력의 문제는 개념 인식부터 해결까지 그렇게 간단하지 않고, 이 책이 잘 보여주듯 성폭력이 남성권력을 과시하고 유지하는 기제로 이용되는 현실을 상기한다면, 그 어떤 남성도 제3자의 입장에서 도울 수 없고, 마음이 편해질 수도 없는 그런 문제이다.

집단으로서 여성 혹은 '여성 경험'이 페미니스트 운동의 의식 고양과 이론화 작업을 통해 구축된 역사적 구성물이듯, 오늘날 통용되는 '성폭력'이라는 개념 역시 1970년대 급진 페미니스트의 강간 반대 운동 이후로 복잡한 논쟁과 변천사를 통해 구축된 역사적 구성물이다. 이 책은 그런 구성의 과정을 보여주는 책이기도 하다.

초기에 남성이 강간을 한 것은 재산으로서 여성을 차지하고 권력을 확인하기 위해서였고, 남성의 입장에서 강간이 범죄가 되는 이유는 한 남성의 다음 세대를 재생산할 가축으로서 여성의 몸을 다른 남성이 무단으로 이용하는 일이기 때문이었다. 이 책은 국가가, 민족이, 가문이, 어떤 인종이, 어떤 남성 집단이 강간당한 것이 아니라, '여성'이 강간당했다는 진술이, 여성의 목소리가 의미를 획득하기 위해서는 놀랍도록 긴 시간이 필요했다는 것을 보여준다. 여성의 관점에서, 여성의 고통을 이야기할 수 있게 된 것이 인류 역사에서 너무나 최근의 일인 것이다.

하지만 대대적인 집단 운동을 통해 강간당한 여성의 목소리가 사회에 '들리게' 만들고, 법을 개혁할 수 있게 되고 나서도 문제는 간단치 않았다. 남녀 사이의 강제 삽입성교로 강간을 정의하고 그것을 다른 성적 강제보다 무거운 죄로 보는 관점 자체가 여성의 '정조'를 중시하는 남성 중심적 관점이기 때문이었다. 여성의 입장에서 강간을 고발하는 동시에 강간을 해체해, 여성의 성적 자기결정권과 신체 온

전성을 침해하는 포괄적인 범죄인 성폭력으로 재구성해야만 했다.

미국뿐 아니라 한국에서도 이 과정은 간단치 않았다. 《한국 여성인권운동사》(1999)에 실린 민경자의 글 〈성폭력 여성운동사〉와 이현숙·정춘숙의 글 〈아내 구타 추방운동사〉를 보면 그 지난한 운동과 논쟁의 과정을 엿볼 수 있다. 성폭력특별법 제정을 추진하던 당시 "여성의전화는 성폭력을 '여성에 대한 폭력'의 의미로서, 아내 구타를 포함한 포괄적인 개념gender violence으로 사용하고자 한 반면 한국성폭력상담소는 협의의 개념으로서 성관계 중심의 개념sexual violence으로 이 말을 사용하고자 했다"(145)고 나와 있다. "여성의전화는 상담을 통해 여성에 대한 구타가 여성에 대한 강간으로 이어지고 또는 그 역으로 이어지는 여성에 대한 폭력의 연속성을 잘 알고 있었기 때문에"에 '광의의 성폭력' 개념을 채택해 법을 제정하고자 했다. 결국 오랜 논쟁 끝에 성관계 중심의 성폭력 개념이 선택되어 '성폭력 범죄의 처벌 및 피해자 보호 등에 관한 법률'이 1993년 국회에서 통과되었지만, 이후에도 여러 번 개정을 거쳐야 했다.

형법 32장의 '정조에 관한 죄'는 1995년에야 '강간과 추행의 죄'로 바뀌었다. 형법 제297조는 "폭행 또는 협박으로 사람을 강간한 자는 3년 이상의 유기징역에 처한다"라고 규정하고 있다. 한국 사법기관은 여기서 '폭행 또는 협박'이 피해자의 항거가 현저히 불가능할 정도여야 한다는 이른바 '최협의설'을 여전히 따르고 있는 실정이다.

미국에서도 'FBI 범죄 총계 보고 프로그램'이 공식적인 강간 정의를 수정한 것은 2014년에 이르러서였다. 2014년 이전까지는 브라운밀러의 시대와 마찬가지로 "여성의 의지에 반해 강제적으로 이루어진 삽입성교the carnal knowledge of female forcibly and against her will"였다. 2014년 이후에야 'FBI 범죄 총계 보고 프로그램'의 공식 강간 정의는 '강제'의 정도를 따지는 대신 피해자의 동의가 있었는지를 기준 삼는 것으로 바뀌었다. "피해자의 동의 없이 어떤 신체 부위나 물건을 질이나 항문에 삽입하는 행위 또는 타인의 성기를 입에 삽입하는 행위. 삽입이 얼마나 가벼운 정도로 이루어졌는지는 상관없음."

'강간'과 '성폭력'이 간단히 정의되지 않는다는 사실. 이 개념들이 역사적으로 여성들의 투쟁을 통해서 재구성되어온 개념이라는 사실을 명심하는 것은 앞으로도 지난한 투쟁을 계속해야 한다는 의미인 동시에, 이제까지 여성의 시각과 목소리로 성폭력과 투쟁해왔던 용감한 피해자들과 수많은 페미니스트 운동가들의 노고를 기억하는 일이기도 하다.

강간은 섹스가 아닌 권력의 문제다

브라운밀러는 동물 중 오직 인간 수컷만이 강간을 하며, 어린아이와 노인이 피해자인 경우도 상당한 비율을 차지하기에 강간의 동기는 단지 생물학적 충동에서 비롯되는 것이 아니라 '권력'을 확인하려는 것이라고 주장했다. 강간은 섹스가 아니라 권력의 문제다. 그런데 생물학자 랜디 손힐Randy Thornhill과 인류학자 크레이그 팔머Craig T. Palmer가 《강간의 자연사A Natural History of Rape》(2000)라는 책을 내서 이 주장을 반박했다. 브라운밀러는 직접 진행한 라디오 방송에서 손힐과 격한 설전을 벌이기도 했다. 브라운밀러가 이 책 서문에서 쓰고 있듯 손힐 등은 강간이 진화 과정에서의 적응의 산물 내지는 적응의 부산물이라고 주장했다.

그러나 손힐과 팔머의 책은 이후 프란스 드 발Frans de Waal 같은 영장류학의 대가를 비롯해 많은 학자들에게 비판받았다. 프란스 드 발은 강간을 하는 남성이 강간을 하지 않은 남성과 유전적으로 다르거

우리의 의지에 반하여

나 더 많은 자손을 낳았다는 증거가 없다는 점을 지적했다. 또한 브라운밀러와 마찬가지로 피해자 중 어린이와 노인의 비중이 높은데, 이들은 결코 생식에 유리한 나이가 아니라는 점도 지적했다. ("Survival of the Rapist", *The New York Times*, Retrieved March 27, 2013.)

사실 인간 사회의 현상을 지칭하는 복잡하고 정치적인 용어인 '강간'을 동물의 강제적 성행위에 바로 가져다 붙이는 태도 자체가 강간과 성폭력에 대한 몰이해를 보여준다고 할 수 있다. 역사를 통해, 여성운동을 통해 두껍고 불투명하게 구성된 '강간'이라는 개념을 벗어난 원초적 행위를 관찰하는 것은 사실 불가능하다. 이 책이 보여주는바, '강간'이 무엇이냐는 그 의미를 두고 계속해서 남성 집단 간에, 또 여성운동과 남성 중심 사회 간에, 피고 측 변호인과 피해자와 배심원 간에 의미의 경합이 벌어졌다. 그리고 그것은 과학의 영역에서도 마찬가지였다.

진 알트만Jeanne Altmann이라는 진화생물학자는 1980년대에 학술지 《동물행동Animal Behavior》에서 편집자로 일하면서, 필드에서 관찰한 동물의 행동에 곧장 '강간'이라는 이름을 붙인 원고를 보내는 기고자들과 복잡한 협상을 감수했다고 한다. 그녀는 1974년에 필드에서 동물을 관찰하고 데이터를 수집하는 방식을 혁신하는 논문을 써서 유명해졌다. 그 새로운 방식은 이전까지의 동물행동학 대가들이 싸움이나 짝짓기 등 눈에 띄는 사건에만 집중했던 방식에서 벗어나, 매일매일 반복하는 먹이 찾아다니기나 의미 없고 사소해 보이는 행동까지 시간을 어떻게 분배하는지 측정하는 방식이었다. 그 방식은 관찰자가 확고부동하다고 믿는(착각하는) 인간 사회의 개념을 가져다가 동물의 행동을 규정하던 이전의 학문 방식을 해체했다. 페미니스트 과학사가 도나 해러웨이Donna Haraway는 《영장류의 시각Primate Vision》(1990)에서 진 알트만의 연구 방식을 페미니스트 과학의 본보기로 평가했다.

기억의 정치: 여성이 세운 기념비

1975년에 나온 이 책의 후반부에서 브라운밀러가 이미 이야기하고 있듯, 후일 '급진 페미니스트' 내지 전투적 페미니스트는 약간의 추파에도 부들부들 떠는 성적으로 보수적인 여자, 성에 보수적인 태도 때문에 생긴 성적 불만을 공격적 언사로 해소하려는 신경증적 노처녀 같은 이미지를 뒤집어쓰게 된다. 이 책 역시 비슷한 취급을 받기도 했다. 커밀 파글리아Camille Paglia 같은 이는 "극단적인 정서 상태나 행위를 잘 이해하지 못하는 백인 중산층의 한계를 보여주는 책"이라고 평했다. 급진 페미니스트를 '브라 태우는 여자'로 폄하하는 시도도 계속되었다.

이런 기억의 정치는 여성이 상대를 비교하고 평가하는 성적 주체가 되는 것을 남성이 얼마나 애써 외면하고, 잊으며, 두려워하는지 보여준다.

1970년대 급진 페미니스트 운동은 20세기 초중반의 성해방 혁명과 피임약의 등장으로 마침내 성적 주체로서 자기 권리를 주장할 물질적·담론적 기반을 갖게 된 여성들이 진정으로 평등한 성해방을 외친 운동이기도 했다. 여성에게 낙태할 권리를 비롯해 자기 몸의 상태를 결정할 권리가 없으며, 직장과 가정에서 성별 간 경제적 사회적 지위에 큰 격차가 있고, '남자가 그럴 수도 있지'와 '여자가 조심했어야지'를 아주 어린 시절부터 주입하는 강간 문화를 극복하지 않은 상태에서 자유로운 개인들이 상호 동의한 섹스라는 것은 기만이라는 사실을 폭로한 운동이었다. 2015년 메갈리아에서 그간 남성들이 인터넷 공간에서 해왔던 혐오 발언과 성희롱을 그대로 반사해서 돌려주며 '한국 남자는 섹스를 못하고, 6.9센티미터밖에 안 된다'고 남성들을 성적 대상 삼아 비교 평가한 여성들이 출현하고, 2016년 SNS에서 '○○계_내_성폭력' 해시태그 운동이 연달아 세상에 목소리를 낸것과 다르지 않다.

유사 이래 여성의 목소리는 좀처럼 기록으로 남지 못하고, 여성의 목소리가 가까스로 역사에 기입된다고 해도 '여성의 역사'로는 누적되지 못했다. 자신의 권리와 존엄을 주장한 여자의 이야기는 그저역사로 누적되지 않는 정도가 아니라, 마녀로, 미친 여자로, 거리에서 비명횡사한 여자로 후세대 여성에게 경고를 남기는 예화가 되기일쑤이다. 이를테면, 나혜석에게 끈질기게 붙어 다니는 '비운의 신여성' 같은 수식어가 그렇다.

이 책의 저자 수전 브라운밀러는 1970년대 미국에서 거침없는발언과 행동으로 누구보다도 많은 논란의 중심에 있었던 전투적 급진 페미니스트였다. 뉴욕시 20층의 바다가 보이는 자신의 멋진 아파트에서 화단 가꾸는 법에 관한 책을 포함해 여러 권의 저서를 내며80대인 지금도 멋지게 살고 계시다.

이 책에서 브라운밀러는 말한다. 남성들이 어릴 때부터 스포츠경기와 싸움을 장려받으며, 속임수와 폭력을 비롯해 갖가지 수단과방법을 가리지 않고 전선을 긋고 적을 설정하며 전투에서 이기는 법을 배우는 동안, 여성들은 움직임이 불편하며 망가지기 쉬운 옷을 입고 공격받기 쉬운 '취약성'을 학습당한다고. 브라운밀러는 싸워서 이기는 법을 배우자고, 반격하자고 말한다. 이 책 자체가 기존의 강간정의를 해체하고 뒤흔든 페미니스트 이론서인 동시에, 전선을 긋고,적을 지목하고, 싸우는 법을 보여주는 거리낌 없는 선전선동서이기도 하다.

이 책에 관한 미국 언론의 평을 보면 '기념비적 작업'이라는 표현이 여러 번 등장하는데, 두껍고 무거운 책에 의례적으로 붙이는 수식어가 아니라 이 책은 정말로 '기념비'이다. 여성을 길들여온 남성 폭력에 대항하는 역사적인 전쟁의 커다란 전투에서 의미 있는 승리를 거둔 여성이 자신의 손으로 세운 기념비이다. 민족, 국가, 계급, 인종 그 무엇이든 남성 집단끼리 벌인 전쟁을 기리는 기념비에 꽃과 애도를 바치는 일은 더 이상 하지 않을 것이며, 자신의 전쟁을 하겠다고 단호히 선언한 여성이 세운 당당한 기념비이다.

개인적으로, 많은 한국 남성들이 마음 깊이 혐오하며 꿈에 나올까 두려워할 바로, 그 '전투적인 부르주아 백인 페미니스트'의 기념비적 저작을 번역하게 되어 커다란 보람을 느낀다. 번역 과정에서 생겼을 모든 오류와 실수는 역자의 책임임을 밝혀둔다. 제목《우리의 의지에 반하여》는 의지will를 좀 더 의미가 명확한 '의사'로 번역할 수도 있었으나, 이 책의 표현으로는 '회색지대', 즉 겉으로 의사를 드러내 표시할 수 없는 여성의 상황까지 모두 다루고 있는 책이기에 '의지'로 번역했다. 여러 가지 어려움에도 불구하고 이 두꺼운 책의 교정교열을 꼼꼼히 봐주셨을 뿐 아니라 날카로운 눈으로 오류를 지적해 수정할 기회를 주신 임세현 편집자님께 감사드린다. 예정보다 여러 달 늦은 원고를 기다려주신 도서출판 오월의봄 박재영 대표님께도 감사드린다. 초고를 읽어봐주시고 요긴한 조언을 주신 메이 선생님, 문영희 선생님, 박소현 선생님, 허윤 선생님께도 감사드린다. 끝으로 이 책을 번역할 시간을 준 딸 승리와 가족, 딸을 돌봐주신 두 선생님께 감사드린다.

박 소 영

찾아보기

ㄱ

가드너샤프, 애비 220
가부장제 30, 432, 437, 496, 510, 511
가이스마, 맥스웰 387, 660
《가족, 사유재산, 국가의 기원》21
간디, 인디라 123, 531
간통 32, 33, 200, 201, 252, 353, 512, 513
감옥 강간 396, 397, 399, 400, 410, 411
강간 말하기 대회 13, 558, 621, 634
강간 영웅 446, 459, 466, 473, 474, 476, 612
강간 이데올로기 22, 78, 143, 285, 287, 411,
    412, 490, 504, 609, 620, 626, 632
강간 재판 44, 327
강간미수 47, 152, 155, 159, 269, 270, 279,
    303, 306, 328, 334, 335, 338, 359,
    425, 427, 514~516, 554~557
《강간범의 일기》271
강간살인(범) 159, 301~304, 314~316, 450,
    485, 527, 528, 531
강간 환상 352, 494, 498, 501, 502,
    504~506, 534, 535
강제 강간 47, 268, 269, 276, 277, 280~283,
    304, 533, 553, 568, 598
거세 41, 42, 271, 335, 392, 519, 595, 632
《검은 피부, 하얀 가면》384
게토 80, 81, 83~86, 100, 109, 268, 280,
    327, 386

갭하드, 폴 275, 276, 432
경찰 강간 413~416
고레티, 마리아 514~516
고백 잡지 532, 533, 669
〈고잉 홈〉468
곤조 저널리즘 462
골즈워디, 존 597
공산당 135, 323, 347~350, 361, 365, 373
공산주의/반공산주의 109, 112, 113, 115,
    138, 186, 323, 348, 355, 360, 365,
    371~374, 516, 598
괴벨스, 요제프 78
교수형 52, 57, 97, 115, 162, 248, 249, 362
교황 바오로 6세 516
교황 비오 12세 515
구달, 제인 23
구로사와 아키라 471
구시족 30, 441~443
구트마허, 맨프레드 272~274, 287
〈국가의 탄생〉196, 340
그라츠, 로버타 브란데스 390
그레이브스, 로버트 437
그로티우스, 휴고 57, 58
그리피스, D. W. 340
그림케 자매 246, 254
그림케, 세라 246
그림케, 앤젤리나 246, 254, 255, 258, 262
근친상간 32, 427, 432, 433, 599

글루쉬키나, 소피아 80, 82
기사도 41, 55, 57, 60, 61, 196, 447~450, 515
〈김미 셸터〉 458

ㄴ

나이팅게일, 플로렌스 59
나카야마, 야스토 97
낙태 13, 86, 101, 130~132, 134, 209, 537,
    614
난징 국제 구호 위원회 91
남베트남군 136, 137, 139, 151, 223
《남부 일기》 341, 646
《남부의 정신》 340, 341, 351
남색 300
남성연대 24, 25, 287, 296, 297, 444
《내가 아는 전쟁》 52
네즈퍼스족 235, 236
노섭, 솔로몬 244~246
노예 소녀 260, 261
노예무역 203, 252, 260
노예제 30, 31, 35, 82, 191, 196, 236~239,
    242, 244, 246, 250, 251, 253~255,
    258~262, 265, 323, 325, 332~335,
    340, 363, 388, 394
노예제 폐지론자/노예제 폐지 운동/반노
    예제 217, 241, 246, 251, 254, 259, 261,
    262, 336, 349
노출증 272, 273, 295, 508, 535
누굼족 438
뉘른베르크 인종법 82
뉘른베르크 재판 87~89, 101
뉴기니 438
뉴욕 급진 페미니스트 13, 558, 634, 635
뉴욕 시민자유 연맹 391
뉴욕시 성범죄 분석 전담반 302, 572, 606,
    622, 655
뉴욕 정신분석학 연구소 272, 327, 635
니체, 프리드리히 78

닌, 아나이스 508

ㄷ

대량 강간 91, 108, 133, 186
대량학살 54, 186
대로우, 클래런스 348
《대부》 472
대중문화 465, 473, 487, 502, 518
《대지의 저주받은 사람들》 385
더글러스, 마거릿 246, 247, 254
더글러스, 프레더릭 259
《더치맨》 384
더크워스, 조지 419
더피, 클린턴 318, 319, 623, 624
던, J. P. 222, 223
덜라드, 존 351
데 시카, 비토리오 115, 116, 473
데이비스, 앨런 J. 407~411
도이치, 헬렌 21, 272, 351, 352, 384, 385,
    437, 490~501, 503, 505, 506, 510, 663
도쿄 (전범) 재판 92, 96, 97, 101, 109, 119
독립전쟁 123, 125, 135
《독일의 잔혹 행위: 그들의 본성과 철학》
    72
《돌아온 토끼》 487
돌치, 다닐로 118
동성 간 강간 396, 407, 408, 410, 469
되니츠, 카를 110, 111
〈두 여인〉 115, 473
듀보이스, W. E. B. 348, 471
드리머, 프레더릭 218
드살보, 앨버트 306~310, 312~315, 455,
    456, 563
디 프랜시스, 빈센트 426
디나 이야기 34, 35
디키, 제임스 469

ㄹ

라만, 셰이크 무지부르 123, 130, 134
〈라쇼몽〉 471~473
라스웰, H. D. 71, 72
라이보위츠, 새뮤얼 355, 357
라이언, 코닐리어스 104, 105, 111
라이히, 빌헬름 22
란스델, 홀리스 357, 358
래더, 댄 142
랜더스, 앤 663
랜드, 에인 488~490
랜스데일, 에드워드 G. 134, 135
랭, 다니엘 155~157
랭크, 오토 509
러너, 거다 200
〈러브 스토리〉 521
러빈, 로버트 A. 442, 443
러시, 플로렌스 426, 431, 637
러시아혁명 186
레, 질 드 450, 451
레닌, V. I. 350
레다 신화 436, 437, 495
레시 테일러 사건 362, 363
레아주, 폴린 503
레오폴트 2세 202
로던, 프랜시스 178
로렌스, T. E. 406
로빈스, 해럴드 465, 466, 473
로슨, 존 하워드 115, 116
로완, 칼 372~374
롤러, 룰루 433
롤런드슨, 메리 217
롤링스톤스 456~458
루뭄바, 파트리스 201~203, 207
루베르튀르, 투생 333, 334
르그랑, 카미유 E. 576
리드, 제임스 M. 77, 78
리드, 존 463, 666

리처드 2세 57
리처드, 키스 456
리치, 에이드리언 520
린치 반대 투쟁 344
린치 방지를 위한 남부 여성 협회 344, 356
릴리스, 에이브 464

ㅁ

마르쿠제, 허버트 389
마르크스주의 21, 323, 333, 351,
마사지 업소 145, 146
마스터스, 윌리엄 503
마쓰이, 이와네 92, 97
마이모니데스 39
마조히즘 79, 294, 296, 351, 352, 385, 405,
    406, 489~494, 496, 497, 499, 500
사도마조히즘 405
《마지막 전투》 104
《마지못한 강간범》 474, 475
마초 278, 287, 296, 463~465
마틴, 로버트 A. 398
마틴즈빌 7인 366
매너스, 안데 185
매디슨, 제임스 335
매캘던, R. J. 317
매캘럼, 제임스 93
매케이브, 찰스 453, 454
맥기, 윌리 323, 367, 377, 659
맥호터, L. V. 235
맨슨, 찰스 452
맬러리, 토머스 449, 450
머피, 로버트 F. 439~441
멍거, 에드윈 S. 207~209, 211, 212
메넌, 오브리 127~129, 133
메로프, 바버라 520
메이틀랜드, F. W. 41, 641
메일러, 노먼 474
멤피스 (경찰청) 연구 284, 544, 549, 571,

329, 419
멤피스 폭동 193, 195
모건, J. H. 68, 78
모권제 297, 437
모렐, E. D. 202
모르몬 박해 190
모세 율법 31, 34
모즐리, 원스턴 305, 306, 309, 315
《모험가들》465
〈목구멍 깊숙이〉504
《목사와 성가대원》201
〈목화로 가득 찬 27개의 마차〉470
몰로토프 문서 88
몰로토프, V. M. 88
몽스트렐레, E. 61
문두루쿠 439, 440, 461
미 공군 군법회의 통계 153
《미국 노예제의 실상: 목격자 천 명의 증
언》254
미국 시민자유 연맹(ACLU) 357, 358, 611,
612, 618, 658
《미국의 성과 인종주의》383
미드, 마거릿 438, 439
미섬, 조지 179
미성년자와의 성관계/성기 접촉 121, 427
《미스 론리하트》445
〈미스 존스 안의 악마〉504
미 육군 고등 군법회의 관련 통계 119, 152
미첼, 마거릿 342
미커, 아빌라 224, 225, 229, 230, 232
미커, 조지핀 224~229
믹스, 에버니저 220
민족주의 109, 133, 184, 185, 202, 406
밀라이 학살 158, 159, 161
밀러, 헨리 189
밀렛, 케이트 79

ㅂ

바라카, 이마무 아미리/르로이 존스/존
스-바라카 383, 384
《바람과 함께 사라지다》342
바빌론법 31~33
《반유대주의자와 유대인》189
발자크, 오노레 드 485
방글라데시 강간 124, 14, 53, 65, 96,
123~134
배심재판 578, 583
밴뷰런, 애버게일 417, 418
밴크로프트, 프레더릭 260
버지스, 앤서니 466
버지스, 앤 월버트 559
버클리, 윌리엄 202
번식용 여자/여성 238, 239, 241, 258,
범죄학 4, 269, 272~277, 501, 502, 551
베드나리크, 카를 110~112
베벨, 아우구스트 21
베스탈, 스탠리 221, 222
〈베이비 돌〉470
베이츠, 루비 353~358
베일리, F. 리 314, 315
베트남전쟁 62, 121, 134, 135, 137,
142~145, 148, 149, 152, 153, 157, 165,
223, 459, 613
벨, 쿠엔틴 419
벨기에 53, 66~68, 71, 72, 75, 76, 133,
201~203, 208~210, 212, 482, 483
보강증거 580, 581, 605, 611, 612
보나파르트, 마리 385
보두앵 203
보디발의 아내 37, 244, 350, 578, 605
보스턴 교살자 306, 307, 309, 310, 314, 315,
449, 452, 455, 456, 563, 655
《보스턴 교살자》456, 665
볼, 찰스 242, 249
볼티모어 공 45

볼프강, 마빈 276~278, 282, 330

봉건법 45

부뉴엘, 루이스 468

부르지오, 주세페 100

부부 강간 596~598

북베트남군 138, 140, 160, 161

불린스, 에드 474, 475

브라운, 디 233

브라운, 브렌다 284, 328, 329, 419, 544, 549, 571

브랙턴, 헨리 드 40~44, 46

브루다, 알리나 100

브루클린-브롱크스 연구 428, 430, 431, 433

《브루클린으로 가는 마지막 비상구》 297

블랑샤르, W. H. 288~295

블랙스톤, 윌리엄 40, 48

《블루스를 노래한 여인》 420

〈블룸 인 러브〉 469

〈비리디아나〉 468

비바 420, 423, 507, 508

ㅅ
_____

사도마조히즘 405

사디즘 296, 405

사르트르, 장 폴 189, 387, 402, 404, 405

사비니 여성 56, 446

사생아 131, 338

《사슬에 묶여 보낸 50년》 242, 249

사회 계층 431

《산악지대 학살》 222

상파뉴 백작부인 마리 447

《새장에 갇힌 새가 왜 노래하는지 나는 아네》 420

색빌, 조지 63

샌드크리크 학살 224, 234

샌쿠엔틴 (교도소) 318, 623

생물학/진화생물학 15, 22, 24, 273, 320, 494, 497, 499, 507, 593, 599, 602, 607

샤이엔 222, 224, 234

샤피로, 마이어 464

새그년, 나폴리언 A. 441

서덜랜드, 샌드라 390

〈서바이벌 게임〉 469

《선물로 준 말》 104

선전선동 66, 70~72, 75, 76, 78, 85, 109, 111, 151, 174, 212, 482, 589, 609, 612, 617~619

설리번, 빅토리아 468

성매매 45, 59, 88, 100, 101, 118, 119, 129, 132, 137, 142~149, 172, 258, 259, 273, 411, 429, 430, 518, 571, 611, 613, 614

성매매 업소/시설 88, 100, 101, 119, 129, 137, 142, 144~149, 613

성범죄(자) 154, 272, 275~276, 302, 304, 317, 419, 425~431, 462, 484, 491, 534, 539, 599~601, 606, 619, 621, 622, 628, 655

《성범죄》 273

《성범죄자》 275

《성범죄자와 그 범죄》 273

성병 131, 146, 148~150, 187, 203, 208, 398, 646

성 아우구스티누스 56, 57, 511, 512, 516, 520

《성역》 300

성 연구소 275, 432

《성의 정신병리》 20

성적 괴롭힘 16

성차별주의 302, 322, 610

성 충동 276, 313, 315

성 학대(범) 13, 17, 29, 99, 181, 183, 206, 218, 246, 251, 309, 396, 413, 417~419, 426, 428, 430~432, 508, 635, 662

《성혁명》 22, 620

《세계대전에서의 선전선동 기법》 71

세레넬리, 알레산드로 514, 515

셀비, 휴버트 297
셀웰, 마이크 333
《셋이 집에 왔다》 99
소도미(법) 121, 152~155, 162, 163, 300,
    406, 414, 427, 546, 593, 599, 662
소유권 개념 30
솔제니친, 알렉산드르 113, 114
솔즈베리, 해리슨 114
숌버그 (흑인문화 연구) 센터 325, 327
《수용소 군도》 113
수족 224
《순수의 유혹》 532
《슈퍼스타》 507
슈페어, 알베르트 79
술만, 어빙 458
슐츠, 타드 388
스미스, 조지프 191, 192
스카일러, 필리파 210, 211
스코츠버러 사건 15, 324, 352, 356~359,
    361, 658
스타이런, 윌리엄 333
스탈린, 이오시프 110, 112, 113
스트레이치, 리튼 404, 405
〈스트로우 독스〉 468, 469
스펙, 리처드 452, 563
스피릿 호수 대학살 220
《시계태엽 오렌지》 466, 477
〈시계태엽 오렌지〉 467, 468
시력 박탈 42
시아누크 왕자 138
《시팅불》 221
신부 납치 30
《신학대전》 512
심리전 135
《십자가를 진 시대: 미국 흑인 노예 경제
    학》 261
싱싱 형무소 317

ㅇ

아넷, 피터 136~141, 143~149, 151, 152,
    645
아동 강간(법) 315, 396, 538
아동 성추행(법) 276, 307, 418, 424
아동 성 학대(법) 13, 417~419, 426, 431,
    432
아들러, 알프레트 20, 271, 499
아라페시족 438,
아르메니아 여성 강간 사건 186
아름다운 피해자 518, 531
아미르, 메나헴 276~282, 284, 286, 287,
    300, 301, 328, 329, 419, 430, 431,
    544, 554, 557, 558, 562, 563, 602
아서 왕 448, 449
《아서의 죽음》 449
아시리아의 피의 복수 원칙 34
아퀴나스, 토마스 512
아통, 클로드 60
아파치족 222, 233
안젤루, 마야 420, 423
알렉시우스 황제 58
압세커, 허버트 323, 324
압주그, 벨라 374, 376, 659
애넌, 노엘 453
앤서니, 수전 B. 628
앰보이 듀크스 458
앰스터댐, 앤서니 330
야노마뫼족 441
〈어벤져스〉 524
《얼음 위의 영혼》 382, 387
업다이크, 존 487, 488
에드워드 1세 46, 47, 641
에드워드 3세 61
에렌부르크, 일리야 103, 110~112
에멧 틸 (사건) 6, 15, 323, 377, 378
에이브러햄슨, 데이비드 275
에임스, 제시 대니얼 344~346

엔거먼, 스탠리 261~265
엘레오노르 30, 42
〈엠〉418
엥겔스, 프리드리히 21
《여성론》21
여성성 79, 275, 299, 404, 405, 423, 485, 492, 501, 508, 562
여성연대 297
여성운동 7, 172, 270, 297, 389, 391, 525, 549, 610~612, 614, 620, 622, 634
《여성의 심리학》491, 492
〈여신〉521
〈열차강도의 사랑〉473
영국법 39, 41, 335, 641
예이츠, W. B. 437
《옛 남부의 노예무역》260
와글리, 찰스 441
〈외설과 포르노그래피에 관한 대통령 위원회의 다수파 보고〉615, 619
〈욕망이라는 이름의 전차〉471
《우리는 인종학살을 고발한다》364, 415
《우리들의 꽃의 성모》404
《우스꽝스러운 이야기》485
우테족 224~226, 230~232, 650
〈운명과 세인의 눈〉396
울프, 버지니아 419, 423
워싱턴 연구 419
워싱턴, 조지 53, 181, 243
웨덤, 프레드릭 532
웨스트, 너새네이얼 445
웨스트모어랜드, 윌리엄 C. 148
웨스트민스터법 46~48, 599, 641
웨인, 앤서니 179
웰드, 시어도어 254, 255, 258
웹, 케이트 143
위그모어, 존 헨리 48, 577, 578
윈터솔저 164, 172
윌리 맥기 사건 367, 372, 375, 659
윌리엄스, 레너드 23

윌리엄스, 테네시 470, 471
윌슨, 콜린 455
유뱅크스, 루신다 223, 224, 650
윤간 12, 25, 80, 95, 115, 139, 151, 155, 156, 158, 161, 277, 292, 299, 366, 397, 407, 408, 410, 439~441, 445, 461, 485, 539, 558, 567
융, 카를 구스타프 21, 271
의식 고양 (모임) 13, 291, 295, 497, 621
의제강간 46, 47, 121, 154, 270, 578, 579, 598~600, 662
이로쿼이족 218
이스트랜드, 제임스 O. 116
이아트물 438
《인간 수컷의 성적 행동》424
《인간 암컷의 성적 행동》425
인디언전쟁 181, 217, 222, 236
인류학 265, 432, 438~442, 461
《인형의 집》100
《일리아스》55
일부일처제 28, 29

ㅈ

〈자국〉418
《자유의 남쪽》374
자이젤, 한스 583~585
잔혹 행위 15, 67~73, 76, 77, 85, 88, 90, 91, 95, 97, 102, 105, 111, 141, 142, 150, 152, 157, 164, 169, 180, 188, 309, 415, 451, 518, 608
《장미의 기적》403
장제스 91
재거, 믹 456~458, 473
잭 더 리퍼 452~456
잭슨, 앤드루 59, 641
잭슨, 조지 388, 402
전미 흑인 지위향상 협회NAACP 117, 326, 342, 343, 345, 348, 391, 660

전시 강간 12, 14, 52~55, 57~59, 61, 65, 66,
    76, 78, 89, 92, 101, 104, 113, 118, 119,
    125, 150, 152, 287, 299, 394, 446
전쟁에 반대하는 베트남 참전용사들
    VVAW 164, 165
정복자 윌리엄 41
정신분석 13, 20, 272, 275, 327, 423, 424,
    491, 492, 499, 508, 509, 576, 577, 605,
    635
정조 130, 218, 325, 337, 344, 503, 511,
    578~580, 591, 594, 604, 605
제1차 세계대전 66~78
제2차 세계대전 78~122
제네시 인디언 218
제노비스, 유진 333
제노비스, 키티 304~306
《제니야 동무》 517
제미슨, 메리 219
제임스 팔리 사례 413
제임스, C. L. R. 334
제퍼슨, 토머스 335, 350, 651
조던, 윈스럽 D. 237
존슨, 버지니아 503
주네, 장 402~405, 661
주더 141
증거 구성 요건 577, 605
《지옥의 천사들》 460
《지혜의 일곱 기둥》 406
질라스, 밀로반 112
짐머먼, 폴 D. 467, 470

★

차일드, 리디아 254, 258, 652
찰리제, 발레리 114
처녀 강간 42, 46, 47
처녀 순교자 513, 517, 518
처녀성 31, 38, 43, 45, 403, 432, 436, 443,
    494, 496, 497, 507, 579, 590, 591, 640
처녀성 절도 31, 38
처녀성 파괴 43, 494, 496, 497, 507, 591
체스먼, 카릴 462
체스트넛, 메리 보이킨 341
체트킨, 클라라 350
초야권 45, 640
축첩 252~254
치빙턴, 존 M. 234
칭기즈칸 447

ㅋ

카체트니크 100
카프먼, 벤저민 273, 274
캐시, W. J. 340~342, 351
캘리, 윌리엄 150, 157
캘번, 해리 583~585
커티스, 린 282
《커플》 487
컬로든 전투 63
컬킨스, 느헤미야 239, 243
켈리, 패니 221, 222
켈트 신화 37
켐블, 패니 240, 241, 255~258, 262, 342,
    652
코닐, 에번 271
코닐리아 미셸 크릴리 강간 사건 530
코미사, 루시 163, 223, 635
코얼, 딘 앨런 451, 452
코크, 에드워드 40
콘래드, 얼 363, 364
콘스탄티노플 52, 58
콩고 201~203, 205, 207, 209~213
쿡, 로렌스 H. 583
쿤닐링구스 300, 301
쿤스틀러, 윌리엄 M. 201
룰튼, G. G. 40
큐브릭, 스탠리 466~468, 473
크네프, 힐데가르트 104

크라프트에빙, 리하르트 폰 20
클리버, 엘드리지 381~383, 386~389, 475, 660
클린턴, 제임스 218
키스, 아그네스 뉴턴 98~100
키친, 헬렌 203
키트리지, G. L. 449
킨제이, 앨프리드 C. 275, 276, 424~426, 431, 432, 503, 613, 616

ㅌ

타블로이드 저널리즘 524
타사다이족 30
타이거, 라이오넬 287
탈리오 법칙 28, 34, 607
탐욕스러운 처녀 37
터너, 냇 333
터크먼, 바버라 67,
토인비, A. J. 67, 69, 70, 78, 109
토틸라 57, 58
톰슨, 헌터 459~461, 475, 666
트로타, 리즈 124
트루아, 크레티앵 드 448
티예리나, 레이에스 로페즈 464, 465
티예리나, 패치 465
틸, 에멧 6, 15, 323, 377, 378

ㅍ

파농, 프란츠 384~387
파머, 프랜시스 412
파블로비치, 살라 82, 83
파시즘 78, 79
《파운틴헤드》 488, 489
파이지스, 에바 79
파커, 맥 찰스 379
팔라치, 오리아나 138
패터슨, 헤이우드 358, 400~402, 410

패튼, 조지 S. 52, 114, 115, 143, 144
팬시걸 259, 260
페로, 샤를 451, 665
페리, 엘리너 473
페미니즘 6, 79, 134, 350, 502, 611, 621
페인터, 시드니 44, 61
페킨파, 새뮤얼 468
《펜타곤 문서》 134, 135, 530
펠라티오 300, 301, 405
평원 인디언 222, 223, 438, 439
포겔, 로버트 261~265
포그롬 184~188, 190, 517
포르노그래피 404, 452, 503, 504, 611, 614~619
포르스 퓌블리크 202, 203, 208
《포사이트 가 이야기》 596
포크너, 윌리엄 300
폭도 폭력 192, 201
폰티액 전쟁 219
《폴란드 유대인의 블랙 북》 84, 85
폴록, 프레더릭 41, 46, 641
푸른 수염 451
푸조, 마리오 472
프라이드, 조지프 123
프라이스, 빅토리아 353, 355~358
프라이스, 플로라 엘런 224, 225, 227, 229~232
프랭크, 제롤드 307, 311, 312, 456, 665
프레블, 존 63, 65
〈프렌지〉 468
프로이트, 지그문트 20, 22, 24, 271, 351, 423, 424, 490~492, 500, 501, 605, 663,
프로이트주의 351, 384, 490, 493, 499, 501, 636
프루아사르, 장 60, 61
플라스, 실비아 509, 510
플레밍, 이언 446
피의 복수 34, 443, 463, 464

피임 86, 264, 536, 614
피해자 촉발 551, 553, 554
필라델피아 연구 278, 284, 300, 329, 554
필립스, 울리히 B. 334, 335, 651

ㅎ

하메츠, 앨진 469, 473
《하얀 미국의 검은 여성들》 200
하일랜드 63, 66, 109
《한 남부 소도시의 사회 계층과 계급》 351
한국전쟁 62, 152, 153, 361
할리우드 힐스 사건 288
함무라비 법(전) 31, 32
허시, 세이무어 M. 157, 158, 160
헌턴, 캘빈 C. 383, 384, 387
헤이먼, 찰스 329, 419, 543
헤일, 매슈 40, 48, 576, 596
헨리 2세 42
헨리 7세 40
헨토프, 냇 387
헬스 에인절스 458, 459, 461, 474, 475
《현대 살인백과》 455
호나이, 카렌 21, 272, 499~501, 506, 507

호메로스 55
호킨스, 윌라머타 368~371, 375~377
호턴, 제임스 E. 358, 359
홀름스트롬, 린다 라이틀 559
화이트, 월터 348
화이트리버 우테족 조사위원회 224
화이트리버 학살 232, 650
훈족 71, 73, 75, 109, 482, 483
휴이, 윌리엄 브래드퍼드 378~380
히버트, 크리스토퍼 444
히브리법 33
히치콕, 앨프리드 468, 519, 520,
히틀러, 아돌프 22, 78, 79, 87, 107, 618
힉스, 에드워드 450
힐리스, N. D. 72~74

FBI 268~271, 279, 280, 282, 283, 286, 319,
    327, 328, 419, 546, 554, 606
FBI의 〈범죄 총계 보고〉 268, 270, 277,
    282, 286, 327, 328, 419, 546, 549, 606
KKK(큐 클럭스 클랜) 186, 192, 195, 196,
    198, 200, 201, 340
《O 이야기》 404, 503